同济·中国思想与文化丛书

儒学与古典学评论
（第一辑）

柯小刚 主编

世纪文睿

世纪出版集团 上海人民出版社

"同济·中国思想与文化丛书"编委会

编委会主任：孙周兴

名誉主编：张文江、林安梧

主编：柯小刚

编委（按姓氏笔画排序）

丁 耘、方 用、齐义虎、刘 强、吴 飞、吴小锋、
杨立华、李长春、李 欣、李 猛、陈 明、陈 畅、陈壁生、陈 赟、
陈 徽、周春健、季 蒙、柯小刚、娄 林、唐文明、殷小勇、郭晓东、曾 亦

目录

经子义疏

《孝經·開宗明義章》鄭注疏證

[汉]鄭　玄　注　陳壁生　疏①

仲尼凥，曾子侍。【注】仲尼，孔子字。凥，凥講堂也。曾子，孔子弟子也。【疏】云"仲尼，孔子字"者，以類命爲象也。《左傳·桓公六年》申繻言名之法，"其三曰以類命爲象。"杜預注云："若孔子首象尼丘，蓋以孔子生而圩頂，象尼丘山，故名丘，字仲尼。"《史記·孔子世家》：孔子生魯昌平鄉陬邑。其先宋人也，曰孔防叔。防叔生伯夏，伯夏生叔梁紇。紇與顏氏女野合而生孔子，禱於尼丘得孔子。魯襄公二十二年而孔子生。生而首上圩頂，故因名曰丘云。字仲尼，姓孔氏。《白虎通·聖人》亦云："孔子反宇，是謂尼甫。"云"凥，凥講堂也"者，皮《疏》云："據《郡國誌》、《齊地記》，則古有講堂之名。據《益州記》、《華陽國志》，則講堂即學堂。是孔子講堂，亦即孔子學堂。而此所凥講堂，又非王屋臨河之講堂，蓋即曲阜之孔子宅，後世稱爲夫子廟堂者，即當日之講堂矣。"皮説甚當。《後漢書·明帝紀》云："幸孔子宅，祠仲尼及七十二弟子，親御講堂。"即其地也。云"曾子，孔子弟子也"者，《史記·仲尼弟子列傳》云："曾參，南武城人，字子輿。少孔子四十六歲。孔子以爲能通孝道，故授之業，作《孝經》，死於魯。"經言"仲尼凥，曾子侍"，孔子稱字，曾參稱子，後世惑而不解，宋代之後，其説益

---

① 　陳壁生，1979 年出生於廣東潮陽，現爲中國人民大學國學院副教授，著有《經學、制度與生活》，發表論
　　文若干篇。

芬。考漢人舊說，班固《漢書·藝文志》云："《孝經》者，孔子爲曾子陳孝道也。"《孝經緯》云："孔子云：'欲觀我褒貶諸侯之志，在《春秋》；崇人倫之行，在《孝經》。'"《鈎命決》云："孔子曰：'吾志在《春秋》，行在《孝經》。'"又云："孔子曰：'《春秋》屬商，《孝經》屬參。'"鄭玄《六藝論》徑言之曰："孔子以六藝題目不同，指意殊別，故作《孝經》以總會之。"是《孝經》出於孔子，可無疑也。《孝經緯》、《鈎命決》皆先言《春秋》，後言《孝經》，《白虎通》亦云："已作《春秋》，后作《孝經》何？欲專製正於《孝經》也。"《三國志·蜀志·秦宓傳》又云："孔子發奮作《春秋》，大乎居正。復製《孝經》，廣陳德行。"是《孝經》之作，在孔子七十一歲作《春秋》之後。《史記·仲尼弟子列傳》言曾參，"孔子以爲能通孝道，故授之業，作《孝經》"，則孔子於講堂廣延生徒，講其所作《孝經》一經，因曾子爲弟子中以孝著聞者，故以《孝經》屬之。今存《大戴禮》中《曾子》諸文，多爲《孝經》之羽翼也。

子曰："先王有至德要道，以順天下，民用和睦，上下無怨，汝知之乎？"【注】子者，孔子。禹，三王最先者。至德，孝悌也。要道，禮樂也。以，用也，睦，親也。至德以教之，要道以化之，是以民用和睦，上下無怨也。【疏】云"禹，三王最先者"者，鄭氏釋"先王"爲"王者之先"，非"先代之王"，先代之王，古天子之通稱，王者之先，王天下之最先者也。王者，董仲舒《春秋繁露·王道通三》曰："古之造文者，三畫而連其中，謂之王。三畫者，天地與人也，而連其中者，通其道也，取天地與人之中以爲貫，而參通之，非王者庸能當是。"孔子之前，古之有王位者，必有聖德，有聖德者，必有王位，王即圣，圣即王。曹元弼《孝經學》云："天降下民，作之君，作之師。孔子論孝道，必稱先王，即《春秋》發首書王之義。"案：一經之起，首書"先王"者，正始也。《春秋》、《孝經》，皆夫子製作，志行所在，《春秋》起書五始，立聖王之法。《孝經》以至德要道系於托始之王，明六藝之大原。孔子追先王之法，即孔子製作之法也。王者所立，天下之大本，天下之大本，即在此德之至，道之要也。皮《疏》云："鄭注云'禹，三王最先者'，據周制而言也。《繁露·三代改制質文篇》曰：'王者之後必正號，絀王謂之帝，封其後以小國，使奉祀之。下存二王之後以大國，使服其服，行其禮樂，稱客而朝。故同時稱帝者五，稱王者三，所以昭五端，通三統也。是故周人之王，尚推神農爲九皇，而改號軒轅，謂之黃帝，因存帝顓頊、帝嚳、帝堯之帝號，絀虞，而號舜曰帝舜，錄五帝以小國。下存禹之後於杞，存湯之後於宋，以方百里，爵號公，皆使服其服，行其禮樂，稱先王客而朝。’據此足知後世稱舜以上爲五帝，禹以下爲三王，皆承周制言之。孔子周人，其稱先王，當以禹爲三王最先者矣。”章太炎《孝經本夏法説》以爲全經皆述禹道，又以墨子之法證之，非也。云“至德，孝悌也。要道，禮樂也”者，皮《疏》云：“注以‘至德’爲‘孝悌’，‘要道’爲‘禮樂’者，《周禮·鄉大夫》‘考其德行道藝’，《疏》云：‘德行，謂六德六行。道藝，謂六藝。’是德與行爲一類，道與藝爲一類。六行以孝友爲首，六藝以禮樂爲首。故鄭君分別至德爲孝悌，要道爲禮樂，據《周禮》爲説也。”《禮記·檀弓下》“斯道也，將亡矣”，鄭注云：“道，猶禮也。”曹元弼《孝經學》又云：“鄭氏曰：‘至德，孝悌也。要道，禮樂也。’案：孩提之童無不知愛其親，及其長也，無不知敬其兄。孝則必弟，孝弟皆須禮以行之，樂與禮同體。孟子曰：‘仁之實，事親是也。義之實，從兄是也。禮之實，節文斯二者。樂之實，樂斯二者。’《傳》曰：‘孝，禮之始也。’大本謂之孝，達道謂之禮。禮之大義，尊尊也，親親也，長長也。人人親其親，長其長，而天下平。故民用和睦，上下無怨。”案：至德言孝悌倫理，要道言禮樂制度，至德要道，合而用之，不可偏廢。先王之教民也，必本於天而立其德，使民人有所從而效。又必製作禮樂，使民人日用而不知。王肅解經，與鄭立異，故解此經曰：“孝者，德之至，道之要也。”明皇之注，本不取典禮，徒空言説經，故從王説，使鄭注千年湮没。今觀《廣至德章》，所言莫非禮樂之本，乃知鄭注皎然不可駁也。云“以，用也”者，用至德要道也。“順天下”，鄭氏無注，《三才章》“則天之明，因地之利，以順天下，是以其教不肅而成”，《治要》存鄭注云：“用天四時地利，順治天下，下民皆樂之，是以其教不肅而成也。”皮《疏》據此以爲“此‘順’字鄭亦當以‘順治’解之”。然敦煌寫本鄭注《三才章》經文則曰：“用天時，順地利，則天下民皆樂之，是以其教不肅而成。”校之《治要》，敦煌寫本辭氣通達，《治要》傳抄誤也。明皇注云：“能順天下人心”，順天下者，順天下人心也。云“至德以教之”者，《廣至德章》云：“君子之教以孝也，非家至而日見之也。教以孝，所以敬天下之爲人父者也；教以悌，所以敬天下之爲人兄者也；教以臣，所以敬天下之爲人君者也。”云“要道以化之”者，《廣要道章》云：“教民親愛，莫善於孝；教民禮順，莫善於悌；移風易俗，莫善於樂；安上治民，莫善於禮。禮者，敬而已矣。故敬其父則子悦，敬其兄則弟悦，敬其君則臣悦，敬一人而千萬人悦。所敬者寡，而悦者衆。”

曾子避席，曰："參不敏，何足以知之！"【注】參，名也。敏，猶達也，參不達。【疏】"曾子避席"句，鄭君無注。皮《疏》云："鄭注《文王世子》'終則負墙'云：'卻就后席相辟。'又注《孔子閒居》'負墙而立'云：'起負墙者，所問竟，辟後來者。'然則曾子避席，正以同在講堂，獨承聖教，故辭不敢當，而引避他人也。"

子曰："夫孝，德之本也，教之所由生也。復坐，吾語汝。【注】**人之行莫大於孝，故曰德之本也。教人親愛，莫善於孝，故言教之所由生。【疏】**云"人之行莫大於孝，故曰德之本也"者，"人之行莫大於孝"，《聖治章》文。《孟子·離婁上》云："仁之實，事親是也；義之實，從兄是也。智之實，知斯二者弗去是也；禮之實，節文斯二者是也；樂之實，樂斯二者。"有事親之孝，然後有從兄之悌。親親之仁，敬長之義，不學而能，不慮而知，智、禮、樂皆知保此二者者也。故事親之孝，爲德之大本。《中庸》"立天下之大本"，鄭注："大本，《孝經》也。"延篤《仁孝論》云："夫仁人之有孝，猶四體之有心腹，枝葉之有根本也。"云"教人親愛，莫善於孝"者，《廣要道章》文，鄭注云："孝者德之本，又何加焉。"

身體髮膚，受之父母，不敢毀傷，孝之始也；【注】**父母全而生之，已當全而歸之。【疏】**云"父母全而生之，已當全而歸之"者，皮《疏》云："《祭義》樂正子春曰：'吾聞諸曾子，曾子聞諸夫子曰：天之所生，地之所養，無人爲大。父母全而生之，子全而歸之，可謂孝矣。不虧其體，不辱其身，可謂全矣。'曾子聞諸夫子，當即《孝經》之文。故鄭君引之以注經也。邢《疏》云：'身謂躬也，體謂四支也，髮謂毛髮，膚謂皮膚。''毀謂虧辱，傷謂損傷。'鄭注《周禮》'禁殺戮'云'見血爲傷'是也。"所以如此者，己之身體，父母之遺體也。《大戴禮·曾子大孝》云："身者，親之遺體也。行親之遺體，敢不敬乎？"故《祭義》引樂正子春云："壹舉足而不敢忘父母，壹出言而不敢忘父母。壹舉足而不敢忘父母，是故道而不徑，舟而不游，不敢以先父母之遺體行殆。壹出言而不敢忘父母，是故惡言不出於口，忿言不反於身。不辱其身，不羞其親，可謂孝矣。"《論語·泰伯》："曾子有疾，召門弟子曰：'啟予足！啟予手！詩云：戰戰兢兢，如臨深淵，如履薄冰。而今而後，吾知免夫，小子！'鄭注云："曾子以爲受身體於父母，不敢毀傷，故使弟子開衾視之也。"守身之敬，可至於家國天下焉，故黃道周《孝經集傳》云："不敢毁傷，敬之至也。爲天子不敢毁傷天下，爲諸侯大夫不敢毁傷家國，爲士庶不敢毁傷其身，持之以嚴，守之以順，從之以敬，行之以敏，無怨於天下而求之於身，然後其身見愛敬於天下。"不敢毁傷，常道也，苟遇義利之辨，則當捨身取義，殺身成仁。故李顒《四書反身録》云："孝以保身爲本。身體髮膚，受之父母，不敢毁傷，故曾子啟手足以免於毁傷爲幸。然修身乃所以保身，手不舉非義，足不蹈非禮，循理盡道，方是不毁傷之實。平日戰兢恪守，固是不毁傷，即不幸而遇大難，臨大節，如伯奇、孝己、伯邑考、申生死於孝，關龍逢、文天祥之身首異處，比干剖心、孫揆鋸身，方孝孺、鐵鉉、黄子澄、練子寧諸公寸寸磔裂，死於忠，亦是保身不毁傷。若舍修身而不言毁傷，則孔光、胡廣、蘇味道之模棱取容，褚容、馮道及明末諸臣之臨難苟免，亦可謂保身矣。虧節辱親，其爲毁傷，孰大於是。"

立身行道，揚名於后世，以顯父母，孝之終也。【注】父母得其顯譽也者。【疏】云"父母得其顯譽也者"者，皮《疏》云："《釋文》语未竟，或當作'者也'，轉寫倒。"邢《疏》云："皇侃云：'若生能行孝，没而揚名，則身有德譽，乃能光榮其父母也。'因引《祭義》曰：'孝也者，國人稱原然，曰：幸哉！有子如此。'又引《哀公問》稱孔子對曰：'君子也者，人之成名也。百姓歸之名，謂之君子之子。是使其親爲君子也。'此則揚名榮親也。"

夫孝，始於事親，中於事君，終於立身。【注】父母生之，是事親爲始。四十強而仕，是事君爲中。臣年七十，耳目不聰明，行步不及逮，退就田里，懸車致仕，是立身爲終也。詳習孝道，以教弟子，足以立身揚名而已。【疏】鄭君以年齒説終始，據《禮記》而言也。皮《疏》云："《曲禮》曰'四十曰彊而仕'，又曰'大夫七十而致仕'。《内則》曰'四十始仕，七十致仕'。鄭君據此爲説。"是也。云"父母生之，是事親爲始"者，親，謂父母也。人之生，即有事父母之責，如《禮記·曲禮》所謂"凡爲人子之禮：冬温而夏清，昏定而晨省，在醜、夷不爭。""見父之執，不謂之進不敢進，不謂之退不敢退；不問，不敢對。""爲人子者，居不主奥，坐不中席，行不中道，立不中門。食、饗不爲概，祭祀不爲尸。聽於無聲，視於無形。不登高，不臨深。不苟訾，不苟笑。"之類是也。云"四十強而仕，是事君爲中"者，人生二十曰弱，體猶未壯，血氣未定。三十曰壯，血氣已定，可以有室。四十曰強，孔穎達疏《禮記·曲禮》云："三十九以前通曰壯，壯久則強，故'四十曰強'。強有二義，一則四十不惑，是智慮強；二則氣力強也。"《内則》又云："四十始仕,方物出謀發慮,道合則從,不可則去。"云"臣年七十,耳目不聰明,行步不及逮,退就田里,懸車致仕,是立身爲終也"者,《禮記·曲禮》云:"大夫七十而致事。"鄭注云:"致其所掌之事於君而告老。"孔疏云:"七十曰老,在家則傳家事於子孫,在官致所掌職事還君,退還田裏也。不云置而云致者,置是廢絕,致是與人,明朝廷必有賢代已也。"《白虎通》曰:"臣年七十,懸車致仕者,臣以執事趨走爲職,七十耳目不聰明,是以退老去避賢也,所以長廉遠恥。"懸車致仕,古有二義。一者,陳立疏《白虎通·致仕》云:"《公羊疏》引《春秋緯》云:'日在懸輿,一日之暮。人生七十,亦一時之暮,而致其政事于君,故曰懸輿致仕。'《淮南子·天文訓》:'至於悲泉,爰止其女,爰息其馬,是謂懸輿。'二說皆以人年七十與日在懸輿同。故云'懸輿致政'。"一者,《白虎通·致仕》云:"臣懸車,示不用也。致事,致職於君。君不使退而自去者,尊賢也。"鄭義同《白虎通》說。《三國志·徐宣傳》、《陳矯傳》并云:"七十有懸車之禮。"應劭《風俗通義·十反》云:"年漸七十,禮在懸車。"《論衡·自紀》亦云:"年漸七十,時可懸車。"七十之所以懸車致仕,退就田里者,《白虎通·致仕》云:"君不使退而自去者,尊賢者也。"《晉書·劉寔傳》云:"七十致仕,亦所以優異舊德,厲廉高之風。"《庾峻傳》又云:"可聽七十致仕,則仕無懷祿之嫌矣。"云"詳習孝道,以教弟子,足以立身揚名而已"者,《尚書大傳·略說》云:"大夫七十而致仕,老於鄉里。大夫爲士師,士爲少師。"鄭君注云:"所謂里庶尹也。古者仕焉而已者,歸教於閭里。"《禮記·學記》云:"古之教者,家有塾。"鄭君注云:"古者仕焉而已者,歸教於閭里,朝夕坐於門,門側之堂謂之塾。"《白虎通·辟雍》云:"古之教民者,里皆有師,里中之老有道德者爲里右師,其次爲左師,教里中之子弟以道藝,孝悌,仁義也。"

　　大雅云:'無念爾祖,聿修厥德。'"【注】《大雅》者,《詩》之篇名。云,言也。無念,猶無忘。祖,先祖。聿,述也。修,治也。厥,其。爲孝之道,無敢忘爾先祖,當修治其德矣。不言"詩"而言"雅"者何?"詩"者通辭,"雅"者正也。方始發章,欲以正爲始。【疏】云"《大雅》者,《詩》之篇名"者,"無念爾祖,聿修厥德"出自《詩經大雅文王》。《詩序》云:"言天下之事,形四方之風,謂之雅。雅者,正也,言王政之所由廢興也。政有大小,故有小雅焉,有大雅焉。"《文王》之詩,《詩序》云:"《文王》,文王受命作周也。"云"無念,猶無忘。祖,先祖"者,《詩》"無念爾祖"句,《毛傳》云:"無念,念也。"鄭箋云:"當念汝祖爲之法。"毛、鄭解

《詩》，以"無"爲語辭。而鄭注《孝經》則以無爲實詞，訓念爲忘，釋訓不同，而意不異。云"聿，述也。修，治也。厥，其"者，《詩》"聿修厥德"句《毛傳》云："聿，述。"鄭箋亦云"述修祖德"。厥，其祖也。云"爲孝之道，無敢忘爾先祖，當修治其德矣"者，皮《疏》云："述修祖德，其德屬祖德，非己德，己之德不可言述也。邢疏云：'述修先祖之德而行之。'與鄭義合。《漢書·匡衡傳》衡上疏曰：'《大雅》曰：無念爾祖，聿修厥德。孔子著之《孝經》首章，蓋至德之本也。'"云"不言'詩'而言'雅'者何？'詩'者通辭，'雅'者正也。方始發章，欲以正爲始"者，曹元弼《孝經學》云："此即《春秋》大始正本之義。孔子尊周，憲章文武。周以文王爲大祖，禮樂法度所自出，故《春秋》'元年春王正月'，《傳》曰：'王者孰謂？謂文王也。'《孝經》首章引文王之詩，以證孝德，故曰：'文王既没，文不在兹乎。'"

《經筵詩講義》二卷

[宋]張　綱　撰　周春健① 點校

案：漢代以來，《詩》居"王官學"地位，對於世道人心的維持與貞定，發揮了獨特而持久的作用，《禮記‧經解》所謂"温柔敦厚，詩教也"，《毛詩序》所謂"經夫婦，成孝敬，厚人倫，美教化，移風俗"，良不誣也！然而現代以來，受"五四"新文化運動尤其是"疑古辨僞"思潮的影響，人們對待《詩經》不再以經學眼光審度，而將其降爲史學乃至文學。文學角度的"就詩論詩"成爲認識和解説《詩經》的主流，這便没有把握住《詩》之爲"經"的本質。長此以往，勢必會造成現代與傳統的日益隔膜，甚至迷失思想的方向。故此，今日學人之首要任務，乃在於好好補古典學養的課②，還經學以"清白"。時下境遇中究心古典，"經筵講義"便是一個絶好視角，因其受講人身份的特殊，由之可以很好地窺測經學時代詩教義自上而下的發揮。鑒於此，今擇宋人"經筵詩講義"二卷，加以點校，以享讀者。

《經筵詩講義》二卷，宋人張綱（1083—1166）撰。綱字彦正，潤州丹陽（今江蘇鎮江）人，晚號"華陽老人"。入太學，以上舍及第，特除太學正，遷博士，除校

---

① 周春健，历史學博士，中山大學哲學系副教授、中山大學古典學中心副主任。
② 參見柯小剛：《"五四"九十年古今中西學術的變遷與今日古典教育的任務》，"中國文化論壇"第五屆年會論文，見收氏著《道學導論（外篇）》第六章，華東師範大學出版社，2010年。

書郎。建炎初除給事中，因與秦檜有隙，遂致仕。檜卒，召爲吏部侍郎兼侍讀等職，位至參知政事，爲官清正自守。孝宗乾道二年卒，年八十四。初諡“文定”，後特賜“章簡”。《宋史》有傳。綱健於爲文，有《華陽集》四十卷等傳世。《四庫總目》卷一五六所撰提要云：“詩文典雅麗則，講筵所進故事，因事納忠，亦皆剴切。至南宋之初，盡革紹述之弊。凡元祐諸臣之後，無不甄錄，轉相標榜。”足見其文影響之大。

《經筵詩講義》二卷收入張綱《華陽集》中，分別屬第二十四、二十五卷，爲張綱當年任侍讀時爲皇帝所陳《詩經》講稿。《宋史》本傳載：“初講《詩·關雎》，因后妃淑女事，歷陳文王用人，寓意規戒。上曰：‘久不聞博雅之言，今日所講，析理精詳，深啟朕心。’”據綱之行歷，“上”當爲宋高宗趙構。

《華陽集》的傳世版本，主要有明萬曆本（《四部叢刊》三編以之爲底本景印）、清鈔本（《宋集珍本叢刊》第38册以之爲底本景印）、《四庫全書》本（集部第七十“別集類”三）三種。清鈔本和四庫本皆源自萬曆本，清鈔本居四庫本之前，四庫本與萬曆本文字差別較大。兹以萬曆本爲底本，參校清鈔本和四庫本，施以現代標點，並撰校勘記。因三種版本今日皆較常見，故爲反映各本面貌，凡底本不誤而校本誤者，亦出校記羅列異同，以備參考。

卷　　一①

故《詩》有六義焉：一曰風，二曰賦，三曰比，四曰興，五曰雅，六曰頌。

臣聞：聲詩之作，本乎民情之自然，其所歷非一時，所述非一事，所出非一人，故衆體並列，咸有攸當。方其作之也，志各有爲，故賦、比、興之旨分焉；及其序之也，事各有本，故風、雅、頌之名別焉。詩人之言，顧豈一端而已？或美或刺，或規或諷，苟可以直言而無害，則鋪陳其事而賦之；若其避諱忌之嫌，畏指斥之過，必將引類以寓意，則取象於物而比之；至於耳聞目見，有以動蕩其心志而

---

①　此卷名爲點校者所加，下“卷二”同。

不能自已，則又感發於所寓之時，而謂之興。此賦、比、興之辨也。若夫採於國史，播在樂章，其述諸侯之事而止於一國，則列而爲風①；言天子之政而及於天下，則列而爲雅；形容盛德之美，成功以告於神明，則列而爲頌。此風、雅、頌之辨也。然而論《詩》之旨莫先於風，風之所言，賦也、比也、興也互見而兼備焉，故一曰風，而繼之以二曰賦，三曰比，四曰興。積風而爲雅，積雅而爲頌，故五曰雅，六曰頌。《周官》"太師教六詩"，考其先後，亦同乎六義之序。

上以風化下，下以風刺上，主文而譎諫，言之者無罪，聞之者足以戒，故曰風。至於王道衰，禮義廢，政教失，國異政，家殊俗，而變風變雅作矣。

臣聞：《詩》之爲風，政教之本也。上以是而化其下，無非躬行之德；下以是而諷其上，無非愛君之誠。是二者皆有巽人之道，而不見於形迹，故曰"上以風化下，下以風刺上"。夫禮有五諫，而莫善於諷②，聖人樂於聞③過，必使瞽爲詩，工誦箴。然則詩之爲諫，諷諫之謂也。主於文則叙其情而不至於訐，名以譎則陳其事而不斥以正。夫如是，則無拂心逆指之辭，言之者安所加其罪？得將順救正之道，聞之者豈不知所戒？故曰"主文而譎諫，言之者無罪，聞之者足以戒"。夫天之有風，披拂於萬物之上，而其功密庸④，詩之溫⑤柔篤厚而所以感動於人者似之，故序詩者言詩之功用，必繼⑥之以"故曰風"。至主⑦于"王道衰，禮義廢，政教失，國異政，家殊俗"，則文、武、成、康之澤微矣，天下之人不復見先王之治，乃發其憂思感傷之心，而變風變雅於是乎作。辭雖已變，而所以述作之意，依違諷諫，於治道猶有補焉，此叙《詩》者所以取之而

---

① "風"，萬曆本、清鈔本作"諷"，誤，據四庫本改。
② "諷"，四庫本作"風"。
③ "聞"，萬曆本作"文"，誤，據清鈔本、四庫本改。
④ "密庸"，四庫本作"微密"。
⑤ "溫"，萬曆本、清鈔本作"濕"，誤，據四庫本改。
⑥ "繼"，四庫本作"先"。
⑦ 四庫本"至"下無"主"字，或爲衍字。

不棄也。

　　國史明乎得失之迹,傷人倫之廢,哀刑政之苛,吟詠情性,以風其上,達於事變而懷其舊俗者也。

　　臣竊謂:此言變詩之所由作也。孔子曰:"文勝質則史。"先儒以謂苟能制作文章,亦可謂之史。然則國史,國人之文勝者是也。惟其文勝,故多識前言往行而明乎得失之迹。故感於平世而政用和①,感於衰世而諷刺之意不能自已。今夫人倫廢則五品不遜,自一家而推之國②者,失其序矣;刑政苛則百姓不親,自一國而達③之天下者,失其理矣。人倫失其序,刑政失其理,此詩人所以動其哀傷之情也。然百姓之不親,未若五品之不遜,故傷之,爲義有甚于哀。詩人遭時如此,而概以古今得失之迹,則吟詠性情以風其上,不亦宜乎? 所以風其上者,則以達於事變而懷其舊俗故也。且唐之風舊矣,其後變而爲晉;邶、鄘之國舊矣,其後變而爲衛。詩人當晉、衛之世,發于吟詠,雖述一時之事,而憂思感傷,猶不忘其本。故晉詩十二篇而特謂之唐,衛詩三十九篇而兼存邶、鄘之國,以此見詩人懷舊之心,發於辭氣必有以感動於人,所以能使序《詩》者述其本意而不敢没其實也。然達事變、懷舊俗,舉是二國之詩考於其他,可以類見矣。

　　故變風發乎情,止乎禮義。發乎情,民之情④也;止乎禮義,先王之澤也。

　　臣竊謂:此言變詩之旨也。夫詩之爲變,則以事有不得平者怫乎吾心,故作爲箴規怨刺之言,以發其憤懣⑤不洩之氣。夫如是,則宜有怒而溢惡、矯而過正者。然以詩辭考之,雖觸物寓意,所指不同,而要其終極,一歸於禮義而已。蓋

①　"平世而政用和",萬曆本、清鈔本作"乎得失之跡故",或爲抄寫之誤,據四庫本改。
②　"國",萬曆本、清鈔本作"家",誤,據四庫本改。
③　"達",四庫本作"推"。
④　"情",四庫本作"性"。
⑤　"憤懣",四庫本作"感憤"。

人生而靜，乃天之性，感物而動，斯謂情。情雖出於性，其動於中也，物實有以感之。既感於物矣，非先王之澤薰陶漸漬①，不忘於心，則吟詠以風②，其能止於禮義乎？今自《邶》、《鄘》而下百有餘篇，刺奢刺儉、刺貪刺虐，如此之類，皆變風也。然雖其間或出於婦人女子、小夫賤隸之所爲，是乃一時有激而云然。其比興述作，優游而不迫，返覆顛倒而不亂，孜孜焉若將救其時弊而反之於正者，得非禮義之教使之然歟？由是觀之，變風之詩雖不純乎文武之序，亦足見先王之澤，垂數百年猶未泯也。

　　是以一國之事，繫一人之本，謂之風；言天下之事，形四方之風，謂之雅。雅者，正也，言王政之所由廢興也。政有小大，故有小雅焉，有大雅焉。頌者，美盛德之形容，以其成功告於神明者也。是謂四始，《詩》之至也。

　　臣以謂：此申言風、雅、頌之體③也。風猶天之風也，動於上而其下化之，如《關雎》之化行而公子信④厚，《鵲巢》之功致而在位正直，齊君好田而成馳逐之風，魏君儉嗇而變機巧之俗。若此之類，無非本於國君之躬行⑤，故曰“一國之事，繫一人之本，謂之風”。雅者正也，猶言王之政也。王畿雖止於千里，而其政之所及，則侯甸男衛，自東南西北，皆其所經略，非如諸侯止於一國而已。是以雅之所言，皆天下之大，而四方之風於是乎觀焉。故曰“言天下之事，形四方之風，謂之雅”。其言王政之所由廢興，則以雅有正變故也。文武興而民好善，王政之所由興，正雅是也；幽厲興而民好暴，王政之所由廢，變雅是也。若夫小大之辨，則隨其所主之意而已。如《小雅》言飲食賓客、賞勞羣臣之類，皆事之小者；如《大雅》言受命尊祖、致太平成福祿之類，皆事之大者。然則政有小大⑥，分

---

① “漬”，四庫本作“積”，誤。
② “風”，清鈔本作“諷”。
③ “體”，萬曆本、清鈔本作“休”，誤，據四庫本改。
④ “信”，四庫本作“仁”。
⑤ “之躬行”，四庫本作“躬行也”。
⑥ “小大”，四庫本作“大小”。

爲二雅宜矣。風也雅也，國治之始也，及其告成功，則有頌焉。《周頌》、《商頌》殆四十篇，皆所以言祭祀，猶今之樂章爾。事實而義明，言簡而意足，以是而告於神明，可謂無愧辭矣。若乃《魯頌》，非爲祭祝①設，特以頌僖公之美而已。德薄辭侈，視商周之作，不能無少貶②。雖然，前乎商周，獨虞舜之載賡，五子之述戒，他詩未有聞也。孔子自衛反魯，然後刪《詩》，斷自周始，《國風》、《雅》、《頌》方序而傳焉。謂之"四始"，有以見後世之作詩者，皆權輿於此，而莫之或先也。非獨莫之或先，而其述作之美亦無以復加矣，故曰"是謂四始，《詩》之至也"。

然則《關雎》、《麟趾》之化，王者之風，故繫之周公。南，言化自北而南也。《鵲巢》、《騶虞》之德，諸侯之風也，先王之所以教，故繫之召公。

臣竊謂：《二南》之詩，文王一人躬行之化，而特繫之二臣，何也？文王三分天下有其二，以服事商③，則所居者諸侯之位也；受命作周而維新舊邦，則所行者王者之道也。當是時，天下之人誦詠而歌舞之，述其事則有小大，感其化則有淺深。序《詩》者合《關雎》、《鵲巢》之風，皆以爲王者之事而名之歟？無以見文王事商之心；皆以爲諸侯之事而名之歟？則無以顯文王作周之德。故取其事之大而所感之深者繫之周公，謂之王者之風；事之小而所感之淺者繫之召公，謂之諸侯之風。夫如是，然後可以備盡文王之道。蓋周公、召公分陝而治，舉周、召，則文王所治之地皆在是矣。周公聖人也，召公賢人也，以王者之風繫之聖人，以諸侯之風繫之賢人，理固然也。且《周南》之后妃，即《召南》之夫人也，而其見於詩者不能無異。蓋無嫉妬之心者《周南》也，《召南》則無嫉妬之行而已；男女正行④、婚姻以時者《周南》也，《召南》則男女得以及時而已；勉以正者《周南》也，《召南》則勸以義而已。類而推焉，自《關雎》至於《麟趾》，人之感化爲甚深；

---

① "祝"，清鈔本、四庫本作"祀"。
② 四庫本"貶"上無"少"字。
③ "商"，四庫本作"殷"。
④ "正行"，四庫本作"以正"。

自《鵲巢》至於《騶虞》，人之感化爲尚淺，序《詩》者不得不兼陳而備載之也。夫文王北居岐周，而其化南被江漢，故曰"自北而南"。其曰"先王之所以敎"者，指太王、王季而言也。文王始基，實因於此，是乃諸侯之事，故特於《召南》言之。

《周南》、《召南》，正始之道，王化之基。

臣竊謂：王者之治莫大於人倫，而夫婦者，人倫之所造端也。文王受命作周，其治始於閨門而達之天下，於是人倫正而風化行。此《二南》之詩所以爲《國風》之首。在《易》之《家人》曰："風自火出。"家人，風者化也。火者，取象於《離》，神所麗也。化出於人，故能妙萬物而不見其迹。當文王之時，天下得於觀感，人倫以正，若出于性之所①自爲者，豈有他哉！神而化之，自内而外，一本於自然而已。故《家人》之《彖》②曰："夫夫③婦婦而家道正，正家而天下定矣。"然則序《詩》者以《周南》、《召南》爲正始之道，王化之基，其知治之本歟！

是以《關雎》樂得淑女以配君子，憂在進賢，不淫其色。哀窈窕，思賢才，而無傷善之心也，是《關雎》之義焉。

臣聞：《詩》三百五篇，而《關雎》爲之首。其所言乃后妃求淑女以配君子之事，而説者止稱其無妬忌之行，臣以謂此未足以盡《關雎》之義。蓋天子聽天下之外治，故有三公九卿二十七大夫八十一元士；后妃聽天下之内治，故有三夫人④九嬪二十七世婦八十一御妻。治外者莫急於人材，治内者求淑女以爲助，固其理也。文王之所以興，周詩稱《棫樸》之官人，《書》美五臣之迪敎，濟濟多士，並列於疏附先後、奔走禦侮之職，固未始不以人材爲先務。是以其化刑于寡妻，

---

① 四庫本"之"下無"所"字。

② "彖"，四庫本作"象"，誤。

③ "夫夫"，清鈔本作"大大"，誤。

④ "夫人"，萬曆本原作"大夫"，誤，據清鈔本、四庫本改。

而后妃於是乎有《關雎》之德。觀其求淑女也，寤寐反側而不能自已，蓋以謂不如是，不足以配文王而成内外之治。夫惟文王得多士而立政於外，后妃得淑女而輔佐於内，則自閨門而達之朝廷，宜無一事之不理，所以協濟大業而卜世卜年之永者，其本實基於此。序《詩》者既論《詩》之大概，而卒舉后妃之德以明《關雎》之義，言后妃之於淑女，非特求之盡其勞，而以得之爲可樂，故曰"樂得淑女，以配君子"。凡女子矜其容色者必有忌心，能以進賢爲憂，則以不淫其色故也，故曰"憂在進賢，不淫其色"。且女子也，而或稱其淑，或稱其賢，或稱其才，蓋以其性之善則曰淑，以其行之美則曰賢，以其女功之事則曰才。性之善①，行之美，能於女功之事，是三者宜爲人之所忌也。而后妃乃能去其忌心，方且憂其求之未得而不得進御於其君。猶以爲未也，而又哀其或在窈窕之中，思念而不忘，自非至誠接下而無傷善②之心，何以及此？當是時，凡爲淑女者，后妃皆得以用之，雖幽遠之地無遺才矣。周有亂臣十人，而后妃與其一。觀夫閨内之政如此，則其助周家之治，信有力焉。宜乎！《關雎》之詩列爲《二南》之首也。

卷　二

1."關雎"③：

關關雎鳩，在河之洲。窈窕淑女，君子好逑。

臣以謂：此言淑女之德宜爲君子之配也。雎鳩之爲物，其性則摯而有别，其聲則關關而和。有别而不失其和，淑女之況也。水中可居曰洲，而河又水之險者。"在河之洲"，則去人遠矣。淑女者，窈窕之況也。窈窕者，幽閒深遠之謂也。逑，匹也。淑女雖在窈窕，而其德乃可以爲君子之好匹，此后妃所以樂得也。説詩者以《大序》首言"《關雎》后妃之德"，故以雎鳩爲后妃之況。臣以文義

---

① "善"，萬曆本、清鈔本作"美"，誤，據四庫本改。
② "善"，四庫本作"害"。
③ 本卷五詩之標題，爲點校者所加。

考之，當況淑女而不當況后妃也。蓋所謂"《關雎》后妃之德"者，《關雎》一篇之詩乃后妃之德耳。亦猶"《鵲巢》夫人之德"，而詩乃以鵲巢比國君，其所以爲夫人之德者，亦《鵲巢》一篇之詩而已。舉《鵲巢》以證《關雎》，則《關雎》爲淑女之況義，固曉然矣。

參差荇菜，左右流之。窈窕淑女，寤寐求之。求之不得，寤寐思服。悠哉悠哉，輾轉反側。

臣以謂：詩人欲述后妃求淑女之事，故于首章先言淑女有宜配君子之德，然後序后妃所以求之之意。夫澗溪沼沚之毛，可薦於鬼神，則荇菜者，供祭祀之物也。后妃之求淑女，在於協心以供祭祀，故以荇菜言之。流，求也。其意若曰：荇菜之生，參差而不一，求之者當左右而無方，譬猶淑女之在下，窈窕而難見，求之者亦當寤寐而不已。然后妃之心猶以爲未也，求而不得，則寤寐而至於思服。悠者，思之長也。輾轉反側者，臥而不周也。思服而至於輾轉反側不能安寢，則其求之可謂至矣。於此有以見后妃憂在進賢，出於至誠，有不能自已者。

參差荇菜，左右采之。窈窕淑女，琴瑟友之。參差荇菜，左右芼之。窈窕淑女，鐘鼓樂之。

臣以謂：此二章言后妃至誠，待淑女之心有加而無已也。芼之爲言擇也，求而後采，采而後擇者，共荇菜之序也。"寤寐求之"，然後"琴瑟友之"、"鐘鼓樂之"者，待淑女之序也。琴瑟，常御之樂也，故《鹿鳴》燕羣臣則曰"鼓瑟鼓琴"。鐘鼓，至大之樂也，故《彤弓》饗諸侯則曰"鐘鼓既設"。此蓋燕禮小而饗禮大，所用之樂亦從以異。今后妃之待淑女，始則欲以常御之樂友之，而通其交際之心；終則欲以至大之樂樂之，而極其歡欣之意。此所謂至誠有加而無已也。且天子之於人材，不患其不能尊顯於朝廷之上，而常患其遺逸於下。是以先王之治，於丘園巖谷之士尤加意焉。然則《關雎》之求淑女，每章必以"窈窕"爲言者，可見后妃進賢之志，首及於疏遠矣。此所以能輔佐文王而協成周家之治也。

2. “葛覃”：

《葛覃》，后妃之本也。后妃在父母家，則志在於女功之事，恭儉節用，服澣濯之衣，尊敬師傅，則可以歸安父母，化天下以婦道也。

臣聞：《禮》曰：“甘受和，白受采。忠信之人，可以學禮。”蓋言其有本也。文王之化，刑于寡妻，而后妃所以能成《關雎》之德者，則以《葛覃》之本有以受其化也。蓋后妃之賢出於天性，方其在父母家，志則在於女功之事。惟其志在女功之事，則知夫身所被服勤勞而不易得，故能恭儉節用，服澣濯之衣。夫履后妃之位，則勢既尊矣；恭儉節用，服澣濯之衣，則德既成矣。然猶尊欽①師傅而不敢忽，則躬行於閨門者，豈復有過舉之累哉！此其所以能歸安父母也。如上所陳，而卒至於歸安父母，此其所以能化天下以婦道也。《孟子》曰：“孰不爲事？事親，事之本也。孰不爲守？守身，守之本也。”《葛覃》之詩，事親守身之道備矣，故序《詩》者以爲“后妃之本”。

葛之覃兮，施于中谷，維葉萋萋。黃鳥于飛，集于灌木，其鳴喈喈。
葛之覃兮，施于中谷，維葉莫莫。是刈是濩，爲絺爲綌，服之無斁。

臣以謂：此二章言后妃女功之志也。葛所以爲絺綌，女功之末者。志在於葛，則絲枲可知矣。“葛之覃兮，施于中谷，維葉萋萋”，則葛方茂盛未成之時也。“葛之覃兮，施于中谷，維葉莫莫”，則葛已成就可采之時也。后妃之於女功，志焉而不敢忘，故往來於中谷以觀葛之漸長而采之。方其初往也，葛茂盛而未成，但見黃鳥飛鳴于灌木之上，顏色之美，聲音之好，有可以悦其耳目。及其繼往也，葛

---

① “欽”，四庫本作“敬”。

成就而可采矣，於此無暇及於耳目之所聞見，唯知刈葛而濩之以爲絺綌，專心致志，服之而無厭斁焉。雖然，后妃，大邦之子也，豈其實然哉？詩人賦其意而已。

言告師氏，言告言歸。薄汙我私，薄澣我衣。害澣害否？歸寧父母。

臣以謂：此一章言后妃既嫁而歸寧父母也。后妃之勢可以專矣[1]，及其歸寧，必先告於師氏，此叙所謂尊欽[2]師傅。汙，煩撋之也。澣，濯之也。汙其燕居之服，而澣其事宗廟舅姑之衣，在常人有不足道，唯后妃服之，則可謂恭儉之盛德。然其汙也澣也，固非好潔其衣服，薄而已矣。非止於薄而已也，又擇其何所當澣，何所當否。然則后妃修飾其身如此，而歸于父母之家，父母之心有不寧者哉？《斯干》之卒章，祝其女子無詒[3]罹於父母。觀后妃之歸寧，然後知其父母免於憂也。

3. "卷耳"：

《卷耳》，后妃之志也。又當輔佐君子，求賢審官，知臣下之勤勞。內有進賢之志，而無險詖私謁之心，朝夕思念，至於憂勤也。

臣竊觀《葛覃》之序，言"后妃在父母家，則志在於女功之事"，此則后妃之本志也。及其作合于周，而供內助之職，則不特女功之事而已。又當輔佐君子，求賢審官，是以有《卷耳》之詩。蓋人君之治，無大於求賢審官者。誠能求賢以官[4]使之，審焉而勿忽，則衆職並舉，天下不足爲矣。故后妃既求淑女以協成內治，而於輔佐君子，又必以求賢審官爲先也。文王之時，羣臣戮力以趨事，后妃知其勤勞，是以欲燕勞之。而進其賢者，則非有險詖私謁之心也。然求賢審官，文王

---

① "可以專矣"，四庫本作"可謂尊矣"。

② "欽"，四庫本作"敬"。

③ "詒"，四庫本作"貽"。

④ "官"，四庫本作"任"。

之政，后妃唯當輔佐之，而不敢與其事焉。有其志而不敢與其事，是以朝夕思念，至於憂勤而不釋。序《詩》者以爲后妃之志又當如此，故以其詩次于《關雎》、《葛覃》之後也。

采采卷耳，不盈頃筐。嗟我懷人，寘彼周行。

臣聞：卷耳，易得之菜也。頃筐，易盈之器也。夫采易得之菜以實易盈之器，又采采而不已，然且不能頓盈，況賢材之士爲難得，百官之位爲至衆。欲求難得之材以實至衆之位，可不思念之乎？此后妃所以有懷賢人之德，而欲寘之周行也。

陟彼崔嵬，我馬虺隤。我姑酌彼金罍，維以不永懷。
陟彼高岡，我馬玄黃。我姑酌彼兕觥，維以不永傷。
陟彼砠矣，我馬瘏矣，我僕痡矣，云何吁矣！

臣聞：崔嵬，山之險也。虺隤，馬之病也。臣下之從征役者，陟山之險，乘馬之病，可謂勤勞矣。后妃欲酌金罍之酒以勞之，庶慰其永懷之心也。山脊之岡，則其險甚於崔嵬；玄馬變黃，則其病甚於虺隤。山甚險而馬甚病，則勞之宜加厚，故欲酌罰爵以樂之。樂之以罰爵，則非止金罍而已。蓋人有甚勞，則其心必至於永傷，尤當有以慰之也。若夫山極險而謂之砠，馬極病而謂之瘏，不特馬病，而僕且病，則臣下之勤勞至矣。如此乃不言酌酒以勞之，但吁嗟而已，何哉？蓋酒食者后妃之事也，爵賞者朝廷之政也。臣下之勤勞彌至，則報之在乎爵賞，而酒食有不足用焉。然朝廷之政，后妃所不敢與聞，此其所以吁嗟而已也。

4. "樛木"：

《樛木》，后妃逮下也。言能逮下，而無嫉妒之心焉。

南有樛木，葛藟纍之。樂只君子，福履綏之。

南有樛木，葛藟荒之。樂只君子，福履將之。

南有樛木，葛藟縈之。樂只君子，福履成之。

臣聞：后妃正位宮闈，同體天王。顧夫人、嬪婦之屬，貴賤之勢固有間矣。惟貴賤之勢有間，故每以逮下爲難。《小星》言惠及下而曰"夫人無妬忌之行"，《樛木》言逮下而曰"無嫉妬之心"。然則逮下之事，唯無妬忌者能之耳。木上竦曰喬，下曲曰樛。喬則與物絕，故曰"南有喬木，不可休息"；樛則與物接，故曰"南有樛木，葛藟纍之"。葛藟，在下之物也，以木之樛，故得附麗以上。諭嬪婦之屬所處在下，以后妃有逮下之德，故亦得進御於其君。若是者，上恩達於下，下情通於上，閨門之内，不失其和矣。文王之治，始於憂勤，終於逸樂。后妃逮下而閨門以和，則内治成矣，文王安得而不樂哉？惟樂其内治之成，所以能安享福禄，故曰"樂只君子，福履綏之"。臣嘗觀《易》之設卦，剛柔相雜而變生，故或吉或凶，相爲倚伏，唯謙之爲體。自卦、彖、象、象以至六爻之辭，無一言及於凶咎悔吝，以是知謙之爲德，所以致和於天下，無往而不利。既無凶咎悔吝，則福隨之矣。夫逮下而無嫉妬之心，謙德也。以是而和其閨門，則其君子免於凶咎悔吝而安享福禄也，宜矣。"葛藟纍之"，則附麗以上而已；"荒之"，則又言其奄覆之也；"縈之"，則不止於奄覆，又旋繞之矣。"福履綏之"，不若"將之"之大，"將之"不若"成之"之備。詩人美其事有加而無已，故其言之序如此也。且《天保》之《序》，言"君能下下以成其政"，而一篇之詩備述福禄之事，然則文王之治外，固已下下而致福禄矣。以此見《樛木》之逮下，乃所以化文王之德而輔佐之也。

5. "螽斯"：

《螽斯》，后妃子孫衆多也。言若螽斯不妬忌，則子孫衆多也。

螽斯羽，詵詵兮。宜爾子孫，振振兮！

螽斯羽，薨薨兮。宜爾子孫，繩繩兮！

螽斯羽，揖揖兮。宜爾子孫，蟄蟄兮！

臣聞：螽斯，蚣蝑也。鄭康成云："凡物有陰陽情慾者，無不妬忌，唯蚣蝑不耳。"然則螽斯於萬物中獨有不妬忌之性，且生子之多，故詩人取以爲況。後之說詩者謂螽斯微物，性或難知，是以於此《序》不能無疑。臣竊嘗深求之：蓋上古穴居野處，日與鳥獸相親，故能畢知萬物之性。三代去古未遠，學者皆有師承，研窮物理尚皆精審，故其所言有後世不能及者。且《七月》詩言"斯螽動股"、"莎雞振羽"，以至歷紀在野、在宇、在户之候；《月令》言螳螂生、腐草化，以至獺祭魚、豺祭獸、鳩拂羽、虎始交，皆非後人所嘗見而知者。然載在典籍，垂信萬世。由是觀之，螽斯之不妬忌，詩人必有以知其性矣，固無足疑也。詵詵，生之多也；薨薨，飛之多也；揖揖，聚之多也。振振，言其性厚；繩繩，言其戒慎①；蟄蟄，言其和集。子孫衆多而不賢，則適足爲患，故又及其賢德也。

---

① "慎"，萬曆本及清鈔本均註明雙行小字"御名"，今據四庫本及《毛傳》文字改。

赵州从谂

张文江

一

赵州观音院〔亦曰东院〕从谂禅师,曹州郝乡人也。姓郝氏。

赵州在今河北省石家庄市赵县。观音院最早建于东汉末年,金元起改为柏林禅寺,这一名称沿用至今。此处位于赵州城东,当时又称为东院,离著名的赵州桥不远。曹州治所在今山东省曹县。和《五灯会元》不同,《宋高僧传》称他为青州临淄人,未知孰是。

本文来自《五灯会元》卷四,赵州从谂(shěn, 778—897)的事迹,亦见《祖堂集》卷十八、《景德传灯录》卷十、《宋高僧传》卷十一、《古尊宿语录》卷十三、十四。

童稚于本州扈通院从师披剃。未纳戒便抵池阳,参南泉。

在幼年出家以后,还没有受戒,就得到机缘接触禅门。池阳,在安徽省池州贵池县。南泉指南泉普愿(748—834),马祖道一弟子,事迹见《五灯会元》卷三。

值泉偃息而问曰："近离甚处？"师曰："瑞像。"泉曰："还见瑞像么？"师曰："不见瑞像，只见卧如来。"

"近离甚处？"问你从何处来，同时也是试探。"瑞像。"赵州刚离开瑞像院。"还见瑞像么？"禅门经常利用双关，这里顺手引逗一下。"不见瑞像，只见卧如来。"瑞像院传授的是普通佛法，在这里我看见了真正的大德。赵州其时还是小孩子，说话乖巧的背后，在于识人，尤其在于识师。

泉便起坐，问："汝是有主沙弥，无主沙弥？"师曰："有主沙弥。"泉曰："那个是你主？"师近前躬身曰："仲冬严寒，伏惟和尚尊候万福。"泉器之，许其入室。

南泉原来躺着休息，听他这么说，不自觉地坐了起来。新来的少年，引起了大师注意。"汝是有主沙弥，无主沙弥？"问他是否有带教师傅，否则怎么可能出语不凡。"仲冬严寒，伏惟和尚尊候万福。"老师请多保重，我找到的主就是你呀。仲冬是冬季第二个月，也就是农历十一月。

他日问泉曰："如何是道？"泉曰："平常心是道。"

"平常心是道。"可当师徒授受口诀，为禅门的最高境界。《五灯会元》卷三马祖道一章次和南泉普愿章次都言及"平常心"，此语来自师门真传。名言警句，流布人口，近代为吴清源所引用。

师曰："还可趣向也无？"泉曰："拟向即乖。"师曰："不拟争知是道？"泉曰："道不属知，不属不知。知是妄觉，不知是无记。若真达不疑之道，犹如太虚，廓然荡豁，岂可强是非邪？"

阐发细致入微，摆脱种种造作。若真达不疑之道，相应于太虚。

师于言下悟理。乃往嵩岳琉璃坛纳戒。仍返南泉。

悟理后仍需纳戒，以避免狂禅之失。

一日问泉曰："知有底人向甚么处去？"泉曰："山前檀越家作一头水牯牛去。"师曰："谢师指示。"泉曰："昨夜三更月到窗。"

"知有底人向甚么处去？""知有底人"，真实有所得之人，或者说，悟道之人。当然，有所得亦即无所得，知有亦即知无。"山前檀越家作一头水牯牛去。"不辞劳苦，入世服务于众生。檀越谓施主。水牯牛，实践菩萨道，成就自性之象。"谢师指示。"完全明白，非常亲切。"昨夜三更月到窗。"以证量相印。三更者，活子时也。

参见《五灯会元》卷三南泉普愿章次：师将顺世，第一座问："和尚百年后向甚么处去？"师曰："山下作一头水牯牛去。"座曰："某甲随和尚去还得也无？"师曰："汝若随我，即须衔取一茎草来。"又，《五灯会元》卷四长沙景岑章次，问："南泉迁化向甚么处去？"师曰："东家作驴，西家作马。"

泉曰："今时人，须向异类中行始得。"师曰："异即不问，如何是类？"泉以两手拓地，师近前一踏，踏倒。却向涅槃堂里叫曰："悔，悔！"泉令侍者问："悔个甚么？"师："悔不更与两踏。"

"今时人，须向异类中行始得。"异类，指佛果位以外之因位，如菩萨、众生之类。此南泉阐发水牯牛之象，乃度四生之大勇。"异即不问，如何是类？"不要说得那么远，具体到底是哪一类？泉以两手拓地，相似于五禽戏的动作。师近前一踏，踏倒。此亦不可执著，知其类，不可不更知其异。却向涅槃堂里叫曰："悔，悔！"原来如此，余力未消，试图招致反应。"悔个甚么？"南泉令侍者接应。"悔不更与两踏。"遣之再遣之，贯通所有的异类。

南泉上堂，师出问："明头合，暗头合？"泉便下座，归方丈。师曰："这老和尚被我一问，直得无言可对。"首座曰："莫道和尚无语好！自是上座不会。"师便打一掌曰："此掌合是堂头老汉吃。"

"明头合，暗头合？"合与不合，涉及阴阳变化，如何可以事先确定？泉便下座，归方丈。阴阳不测，在无语中完成印证。"这老和尚被我一问，直得无言可对。"心知其意而有意曲解，还是余力未消，挑战其余诸人。"莫道和尚无语好！自是上座不会。"首座果然被激发了，出来维护师尊。然而，他只看出南泉的好，却看不出赵州的好，实际上仍在梦中。"此掌合是堂头老汉吃。"我不打你打方丈，谁让他没有教会你。

参见《五灯会元》卷四镇州普化章次。振一铎曰："明头来，明头打。暗头来，暗头打。四方八面来，旋风打。虚空来，连架打。"又，《五灯会元》卷十二大愚守芝章次。示众，擎起香合云："明头合，暗头合。道得天下横行，若道不得且合却。"

师到黄檗，檗见来便闭方丈门。师乃把火于法堂内，叫曰："救火！救火！"檗开门捉住曰："道！道！"师曰："贼过后张弓。"

赵州行脚，参访诸方，有言曰："七岁童儿胜我者，我即问伊。百岁老翁不及我者，我即教他。"（《古尊宿语录》卷十四《赵州录》）黄檗希运（？—855？）是百丈怀海弟子，事迹见《五灯会元》卷四。檗见来便闭方丈门。壁垒森严，避其锋芒。"救火！救火！"逼着你不得不现身。"道！道！"只要你一动，就会有破绽显出来。"贼过后张弓。"时机已过，你的反应慢了。

"贼过后张弓。"是禅门常用之语，用来斥责机思迟滞者。参见卢梭《忏悔录》："当我读到关于萨瓦大公的一个笑话，说这位大公正在路上走着，突然转过头来喊道：'巴黎商人，当心你的狗命。'我不禁想道：'我正是这样。'"原注："关于这里所说的故事，是指萨瓦大公在巴黎遇到一个出言不逊、粗野无理的商人，他到了里昂后才想出这句答复那个巴黎商人的话。"（《忏悔录》第一部，黎星译，商务印书馆,1986年,第137页。)

　　到宝寿,寿见来,于禅床上背坐。师展坐具礼拜。寿下禅床,师便出。

　　宝寿沼,临济义玄弟子。事迹见《五灯会元》卷十一。双方交流,彼此未发一言。宝寿出招试探,赵州应对自如,展现了风采。

　　又到道吾,才入堂,吾曰:"南泉一只箭来也!"师曰:"看箭!"吾曰:"过也。"师曰:"中。"

　　道吾宗智,药山惟俨弟子,事迹见《五灯会元》卷五。"南泉一只箭来也!"赵州是南泉门下大弟子,此言可以说是最好的赞誉。"看箭!"应机出招。"过也。"我早已闪开了。"中。"哈哈,你上当了,后机才是真正的机。

　　又到茱萸,执拄杖于法堂上,从东过西。萸曰:"作甚么?"师曰:"探水。"萸曰:"我这里一滴也无,探个甚么?"师以杖倚壁,便下。

　　茱萸指鄂州茱萸,此人也是南泉普愿弟子,事迹见《五灯会元》卷四。执拄杖于法堂上,从东过西。在道场扫视一周,极富挑战性。"作甚么?"发问。"探水。"看看你的水有多深,是否相通于华严性海。"我这里一滴也无,探个甚么?"这些玩艺我早就收起来了,你哪里还有什么可探? 师以杖倚壁,便下。你的境界我已经测量过了,那么就不探了。

　　师将游五台,有大德作偈,留曰:"无处青山不道场,何须策杖礼清凉。云中纵有金毛现,正眼观时非吉祥。"师曰:"作么生是正眼?"德无对。〔法眼代云:"请上座领某卑情。"同安显代云:"是上座眼。"〕

此相应文喜遇文殊的传说,发出"前三三后三三"的千古话头,参见《五灯会元》卷九无著文喜章次。大德作偈,应该是对这一故事的回应。清凉,即五台山。云中金毛,指文殊的坐骑金毛狮子。此偈语意清空,荡相遣执,大体无误,唯一缝隙就是"正眼",被赵州抓住击破。

法眼指法眼宗开创者清凉文益(885—958),雪峰义存的三传弟子,事迹见《五灯会元》卷十。"请上座领某卑情。"你的境界确实很高,但也不能完全否定我的粗浅感受呀。同安显即同安绍显,法眼弟子,事迹见《五灯会元》卷十。"是上座眼。"正眼不是别的,就是你的眼。

师自此道化被于北地。众请住观音院。

经历各大道场的考较,在北方建立了声望。至众请住观音院之时,赵州年已八十(《古尊宿语录》卷十四《赵州录》)。

上堂:"如明珠在掌,胡来胡现,汉来汉现。老僧把一枝草为丈六金身用,把丈六金身为一枝草用。佛是烦恼,烦恼是佛。"僧问:"未审佛是谁家烦恼?"师曰:"与一切人烦恼。"曰:"如何免得?"师曰:"用免作么?"

"如明珠在掌,胡来胡现,汉来汉现。"应物而不留,成大圆镜智之象。"老僧把一枝草为丈六金身用,把丈六金身为一枝草用。佛是烦恼,烦恼是佛。"阴阳自由变化。"与一切人烦恼。"佛的烦恼就是众生的烦恼,故有《法华经》"开示悟入"之说。《周易·系辞上》亦云"吉凶与民同患"。参见《安般守意经》:"佛复独坐九十日者,思惟校计,欲度脱十方人及蜎飞蠕动之类。""用免作么?"此即菩萨之无缘大慈,同体大悲,也是彻底的解决办法。

扫地次,僧问:"和尚是大善知识,为甚么扫地?"师曰:"尘从外来。"曰:"既是清净伽蓝,为甚么有尘?"师曰:"又一点也。"

"尘从外来。"时时勤拂拭,莫使惹尘埃。"又一点也。"你这样想就动心了,这就是尘,由内而生。

师与官人游园次,兔见乃惊走。遂问:"和尚是大善知识,兔见为甚么走?"师曰:"老僧好杀。"

大善知识亦有锐利的剑气。显教之寂静尊以外,尚有密教之忿怒尊。

问:"觉华未发时,如何辨贞实?"师曰:"开也。"曰:"是贞是实?"师曰:"贞是实,实是贞。"曰:"甚么人分上事?"师曰:"老僧有分,阇黎有分。"曰:"某甲不招纳时如何?"师佯不闻。僧无语。师曰:"去!石幢子被风吹折。"

"觉华未发时,如何辨贞实?"如果我没有开悟,怎么知道工夫用得对不对(讨论花与种子的关系)?"贞实",《赵州录》作"真实"。"开也。"你就在觉悟的状态中,只是被业力挡住了,自己看不到(花开是种子的显现)。"是贞是实?"知二而未知一。"贞是实,实是贞。"贞(真)与实不二。贞者正也,真者非伪,实者不虚。"甚么人分上事?"什么人才能感受到呢。"老僧有分,阇黎有分。"众生皆有佛性,我和你都不在其外。"某甲不招纳时如何?"我怎么就感受不到呢?招纳谓招引接纳。师佯不闻。刚才的话我没听见,你还好意思这样说。你开的是恶之花,自己去检查种子吧,我可不想再浇水。僧无语。终于感到惭愧了。"去!石幢子被风吹折。"发力,何止生物,与非生物也相互影响。石幢子,指刻着佛号或经咒的石柱。又,《赵州录》无此句。

僧问:"陀罗尼幢子作凡去,作圣去?"师曰:"也不作凡,亦不作圣。"曰:"毕竟作甚么?"师曰:"落地去也。"

踏踏实实修行,走平常心之道,浮气必须落地。参见河上公注《老子》四十一章:"大法象之人,质朴无形容。"

僧辞,师曰:"甚处去?"曰:"诸方学佛法去。"师竖起拂子曰:"有佛处不得住,无佛处急走过。三千里外,逢人不得错举。"曰:"与么则不去也。"师曰:"摘杨花,摘杨花。"

"有佛处不得住,无佛处急走过。"不住圣,不住凡,应无所住而生其心。"三千里外,逢人不得错举。"出门合辙,即使远走天涯,也能得到印证。"与么则不去也。"如此说来,那就用不着去了。"摘杨花,摘杨花。"去不去为不确定之象,我谈的不是这个。又"摘杨花,摘杨花",应该是当时当地景象,《赵州录》作"柳絮,柳絮"。

问:"承闻和尚亲见南泉,是否?"师曰:"镇州出大萝卜头。"

亲证,且镇之以无名之朴。

大众晚参,师曰:"今夜答话去也。有解问者出来。"时有一僧便出礼拜。师曰:"比来抛砖引玉,却引得个墼子。"
〔保寿云:"射虎不真,徒劳没羽。"长庆问觉上座云:"那僧才出礼拜,为甚么便收伊为墼子?"觉云:"适来那边亦有人恁么问。"庆云:"向伊道甚么?"觉云:"也向伊恁么道。"玄觉云:"甚么处却成墼子去,丛林中道才出来,便成墼子,只如每日出入,行住坐卧,不可总成墼子。且道这僧出来,具眼不具眼。"〕

"今夜答话去也。有解问者出来。"话中包含着暗扣,字面上在于引出提问之人,然而真正懂得提问之人,就是知道答案之人。如果出来自以为解问的人,必然会遭到打压,一般人不敢轻易尝试。时有一僧便出礼拜。此人自认为看懂,故不问而出来礼拜,同时也是展示答案。"比来抛砖引玉,却引得个墼子。"

佛法难道只是问答么？你不识大体，不仅不是玉，而且还不如砖。比来，刚才。墼（jī）子，未烧的砖坯。

这件事在丛林里引起了热烈讨论。保寿，可能指保寿匡佑，事迹见《五灯会元》卷八。或谓即前文之宝寿沼。"射虎不真，徒劳没羽。"用汉代李广故事，没羽指没羽箭。这句话是说，赵州虽然花了大力气，然而标的物太差，浪费了禅机。长庆即长庆慧稜，雪峰弟子，事迹见《五灯会元》卷七。玄觉指玄觉澂，事迹不详。"那僧才出礼拜，为甚么便收伊为墼子？"他什么还没说呢，为什么归入墼子？"丛林中道才出来，便成墼子"，因为问了才出来，早已落入后天气。"将如每日出入，行住坐卧，不可总成墼子。"在在处处，不可凭后天气而生活。

参见《史记·李将军列传》："广出猎，见草中石，以为虎而射之，中石没镞，视之石也。因复更射之，终不能复入石矣。"

上堂："金佛不度炉，木佛不度火，泥佛不度水，真佛内里坐。菩提涅槃，真如佛性，尽是贴体衣服，亦名烦恼。实际理地甚么处著。一心不生，万法无咎。汝但究理，坐看三二十年，若不会，截取老僧头去。梦幻空华，徒劳把捉。心若不异，万法一如。既不从外得，更拘执作么？如羊相似，乱拾物安向口里。老僧见药山和尚道：'有人问著，但教合取狗口。'老僧亦教合取狗口。取我是垢，不取我是净。一似猎狗专欲得物吃。佛法在甚么处？千人万人尽是觅佛汉子，于中觅一个道人无。若与空王为弟子，莫教心病最难医。未有世界，早有此性。世界坏时，此性不坏。一从见老僧后，更不是别人，只是个主人公。这个更向外觅作么？正恁么时，莫转头换脑。若转头换脑，即失却也。"

"金佛不度炉，木佛不度火，泥佛不度水，真佛内里坐。"五行生克，而真佛不在五行之中。"菩提涅槃，真如佛性，尽是贴体衣服，亦名烦恼。实际理地甚么处著。"不必执著名相，实际理地，不著一尘。"一心不生，万法无咎。"语出三祖僧璨《信心铭》，见《五灯会元》卷一。心生种种法生，心灭种种法灭。无咎者，本来无事也。"汝但究理，坐看三二十年"，禅门参究工夫。"若不会，截取老僧头去。"过来人讲述亲身经验，断然肯定。"梦幻空华，徒劳把捉。心若不异，万法一如。"亦用《信心铭》之语。"万法无咎"亦即"万法一如"，前者遮诠（否定说法），后者表诠（肯定说法）。"既不从外得，更拘执作么？"放散内外，与法界和谐，犹《庄子》"在宥"之象。"如羊相似，乱拾物安向口里。"喜欢找些词语嚼舌头，却不知道其中的意思。"老僧见药山和尚道：'有人问著，但教合取狗口。'老僧亦教合取狗口。"药山和尚指药山惟俨，《五灯会元》卷五本传有言："不如且各合口，免相累及。"合取狗口，闭上你的狗嘴。"取我是垢，不取我是净。一似猎狗专欲得物吃。"广谈有我无我，取垢取净，凡此种种皆非。"佛法在甚么处？千人万人尽是觅佛汉子，于中觅一个道人无。"参见《四十二章经》之十一："饭千亿三世诸佛，不如饭一无念、无住、无修、无证之者。""若与空王为弟子，莫教心病最难医。"空王即佛，佛为大医王，医治最难医的心病。"未有世界，早有此性。世界坏时，此性不坏。"参见《五灯会元》卷四大随法真章次："僧问：'劫火洞然，大千俱坏，未审这个坏不坏？'师曰：'坏。'"两者有所矛盾。赵州，雪峰称为古佛（《五灯会元》卷七雪峰义存章次）；大随，投子称为古佛（《五灯会元》卷四大随法真章次）。两尊古佛有高下么，试一参之。"一从见老僧后，更不是别人，只是个主人公。"找到佛性，找到自我。"这个更向外觅作么？正恁么时，莫转头换脑。若转头换脑，即失却也。"转头换脑谓拟议，故当香象渡河，截流直过。

　　僧问："承师有言，世界坏时，此性不坏。如何是此性？"师曰："四大五阴。"曰："此犹是坏底，如何是此性？"师曰："四大五阴。"〔法眼云："是一个两个，是坏不坏，且作么生会？试断看。"〕

　　"四大五阴。"四大原无我，五蕴本来空。此性坏即不坏，一个即两个，两个即一个，或可泯合赵州和大随之矛盾。

　　师因老宿问："近离甚处？"曰："滑州。"宿曰："几程到这里？"师曰："一蹋到。"宿曰："好个捷疾鬼。"师曰："万福大王。"宿曰：

"参堂去!"师应喏喏。

"近离甚处?"常见的试探。"滑州。"在今河南省安阳市滑县。"几程到这里?"走了多少路到这里?"一蹉到。"很快就到了。蹉,失足跌倒的样子。一旦受到考较,赵州就开始活跃了。"好个捷疾鬼。"老宿错认赵州,试图收场,其实已经被带动了。"万福大王。"不知不觉中,赵州早已悄悄把速度降下来了。"参堂去!"老宿完全没有感觉,还在维持上手的架子,赵州不加点破。这样的人完全不可救药,故师应喏喏,不再和他交流了。

尼问:"如何是密密意?"师以手掐之。尼曰:"和尚犹有这个在。"师曰:"却是你有这个在。"

此涉及男女之相,甚深。密密意,在生理和心理交涉处。

僧辞,师问:"甚么处去? 曰:"闽中去。"师曰:"彼中兵马隘,你须回避始得。"曰:"向甚么处回避?"师曰:"恰好。"

"彼中兵马隘,你须回避始得。"在唐末的兵荒马乱中,狭路相逢,遭到危险,是大概率事件。"恰好。"隐故不自隐,中庸,不得已。或谓"彼中兵马隘",指雪峰道场,亦成一说。

问:"如何是宾中主?"师曰:"山僧不问妇。"曰:"如何是主中宾?"师曰:"山僧无丈人。"

"山僧不问妇。"此于同一层观之,僧为主,妇为宾。"山僧无丈人。"此于上下层观之,僧为宾,丈人为主。不仅一层有一层的主宾,而且在下一层次为主者,在上一层次仍为宾。此当认识事务的两种方法,甚为精妙。前者阴中有阳,后者阳中有阴,宜识此阴阳变化。

有僧游五台，问一婆子曰："台山路向甚么处去？"婆曰："蓦直去。"僧便去。婆曰："好个师僧，又恁么去。"后有僧举似师，师曰："待我去勘过。"明日，师便去问："台山路向甚么处去？"婆曰："蓦直去。"师便去。婆曰："好个师僧，又恁么去。"师归院谓僧曰："台山婆子为汝勘破了也。"〔玄觉云："前来僧也恁么道，赵州去也恁么道，甚么处是勘破婆子处。"又云："非唯被赵州勘破，亦被这僧勘破。"〕

　　这是著名的公案。"台山路向甚么处去？"犹通往既济之路。"蓦直去。"禅门当下之理。"好个师僧，又恁么去。"此僧屁颠屁颠地走了，被婆子勘破。原来"蓦直去"是虚招，话中还藏着话。"待我去勘过。"激起了赵州校验之心。"台山婆子为汝勘破了也。"婆子的虚招也已成套，她能知此僧之不知，却不能知赵州之已知，故被勘破。"非唯被赵州勘破，亦被这僧勘破。"完全相同的举措，完全相同的话语，意义完全不同。僧人被赵州点透以后，再也不受虚招迷惑了。

　　参见《五灯会元》卷十七黄龙慧南章次：明(慈明，亦即石霜楚圆，987—1041)复问："赵州道：'台山婆子，我为汝勘破了也。'且那里是他勘破婆子处？"师汗下不能加答。次日又诣，明诟骂不已。师曰："骂岂慈悲法施邪？"明曰："你作骂会那！"师于言下大悟。作颂曰："杰出丛林是赵州，老婆勘破有来由。而今四海清如镜，行人莫与路为雠。"

　　问："恁么来底人，师还接否？"师曰："接。"曰："不恁么来底，师还接否？"师曰："接。"曰："恁么来者从师接，不恁么来者如何接？"师曰："止止不须说，我法妙难思。"

　　阴阳不测之谓神。"止止不须说，我法妙难思。"语出《法华经·方便品》。

　　师因出，路逢一婆。婆问："和尚住甚么处？"师曰："赵州东院西。"婆无语。师归问众僧:"合使那个西字?"或言东西字,或言栖泊字。师曰:"汝等总作得盐铁判官。"曰:"和尚为甚恁么道?"师曰:"为汝总识字。"〔法灯别众僧云:"已知去处。"〕

"赵州东院西。"赵州东院指地理位置,西者波峭,直指精神层面。婆无语。婆子听懂了,却无法上出。师归问众僧,以此作为内部测试。"汝等总作得盐铁判官。"斤斤计较于琐碎事件,而不明大体。"为汝总识字。"你识的只是字,却不知道意思。《五灯会元》中至少有两法灯,此处未知何人。一为泰钦清凉,事迹见《五灯会元》卷十。一为鹿门法灯,事迹见《五灯会元》卷十四。"已知去处。"我知道你在哪里了。

参见《赵州录》。问:"和尚生缘什么处?"师以手指云:"西边,更向西。"(《古尊宿语录》卷十三)

问:"如何是囊中宝?"师曰:"合取口。"〔法灯别云:"莫说似人。"〕

"如何是囊中宝?"囊中宝,指身体中最为珍贵的东西,囊谓皮囊。"合取口。"闭口不用谈。参见《五灯会元》卷十五云门文偃章次、卷十八东林常总章次:"乾坤之内,宇宙之间,中有一宝,秘在形山。"(语出僧肇《宝藏论》)"莫说似人。"说出便失效用。

有一婆子令人送钱,请转藏经。师受施利了,却下禅床转一匝。乃曰:"传语婆,转藏经已竟。"其人回举似婆。婆曰:"比来请转全藏,如何只为转半藏?"〔玄觉云:"甚么处是欠半藏处,且道那婆子具甚么眼,便与么道。"〕

转藏经,诵读藏经。受施利,接受布施的财物。"比来请转全藏,如何只为转半藏?"婆子知道赵州是高僧,姑且承认你没有偷工减料,并进一步破之。"转半藏"者,许可他已成自度,而未成度人之大愿,实际上已心领神会。

因僧侍次,遂指火问曰:"这个是火,你不得唤作火。老僧道了也。"僧无对。复英起火曰:"会么?"曰:"不会。"师曰:"此去舒州,有投子和尚,汝往礼拜,问之,必为汝说。因缘相契,不用更来。不相契却来。"其僧到投子,子问:"近离甚处?"曰:"赵州。"子曰:"赵州有何言句?"僧举前话。子曰:"汝会么?"曰:"不会,乞师指示。"子下禅床,行三步却坐。问曰:"会么?"曰:"不会。"子曰:"你归举似赵州。"其僧却回,举似师。师曰:"还会么?"曰:"不会。"师曰:"投子与么,不较多也。"

"这个是火,你不得唤作火。老僧道了也。"洞察实相,变其象而语之。"此去舒州,有投子和尚,汝往礼拜,问之,必为汝说。因缘相契,不用更来。不相契却来。"赵州和投子的交往,参见《五灯会元》卷五投子大同章次。赵州有得益于投子处,比如问:"如何是尘中人。"师云:"布施茶盐钱来。"(《赵州录》)此语当来自投子:"茶盐钱布施来。"子下禅床,行三步却坐。赵州之言,于投子化为行。行而却坐者,包含内在的节奏,有阴阳调和之象。屡屡言"会么","还会么",犹如晨钟暮鼓,有呼唤觉醒之意。"投子与么,不较多也。"投子这样做,还算差不多啦。两大师心心相印,借助此僧传递信息。

有新到谓师曰:"某甲从长安来,横担一条拄杖,不曾拨著一人。"师曰:"自是大德拄杖短。"〔同安显别云:"老僧这里不曾见恁么人。"〕僧无对。〔法眼代云:"呵呵。"同安显代云:"也不短。"〕

"某甲从长安来,横担一条拄杖,不曾拨著一人。"此人豪气万丈,自视极高。"自是大德拄杖短。"赵州眼光何等锐利,在身形一晃间就看出破绽,轻轻制住他的死穴。

同安显指同安绍显,事迹见《五灯会元》卷十。"别云"是帮助赵州,"代云"

是帮助新到，操左右互搏之术。"老僧这里不曾见恁么人。"我目中未见悟道之人，也包括你在内，不关乎拄杖长短。"呵呵。"含笑不语。我能够帮你，但是我不出手。"也不短。"因为我的拄杖，至少拨著了你。

僧写师真呈。师曰："且道似我不似我？若似我，即打杀老僧。不似我，即烧却真。"僧无对。〔玄觉代云："留取供养。"〕

写真是死的，人是活的。两者的维度不能等同。"留取供养。"参透阴阳两界。

参见《二程遗书》卷二上："以书传道与口相传煞不相干。相见而言，因事发明，则并意思一时传了；书虽言多，其实不尽。"卷十九："旧尝令学者不要如此编录，才听得，转动便别。他人多只依说时，不敢改动，或脱忘一两字，便大别。"卷十五："传录言语，得其言，未得其心，必有害。虽孔门亦有是患。"

问："如何是祖师西来意？"师曰："庭前柏树子。"曰："和尚莫将境示人？"师曰："我不将境示人。"曰："如何是祖师西来意？"师曰："庭前柏树子。"

这也是著名公案。"如何是祖师西来意？"普通的发问。"庭前柏树子。"此为无意义语，或可当法界之生机，境、量合一。"和尚莫将境示人？"试图开启公案。"我不将境示人。"否定他的进路，重新合拢。"如何是祖师西来意？"再发问。"庭前柏树子。"破后再立，仍成无缝隙之象。

问："僧发足甚处？"曰："雪峰。"师曰："雪峰有何言句示人？"曰："寻常道尽十方世界，是沙门一只眼。你等诸人，向甚处屙？"师曰："阇黎若回，寄个锹子去。"

"僧发足甚处？"起心动念，从何处来，都是禅门盘诘的起点。"雪峰。"从雪峰道场而来。"雪峰有何言句示人?"那里近来在参究什么呢。"寻常道尽十方世界,是沙门一只眼。你等诸人,向甚处屙?"以唯识学而论,此即所谓阿赖耶识以末那识的相分为见分。又,此语亦见《祖堂集》卷七本传:"尽乾坤是一只眼,是你诸人向什么处放不净?""阇黎若回,寄个锹子去。"那就再挖一个坑吧。此破第七识、第八识,显出第九白净识。

　　师谓众曰:"我向行脚到南方,火炉头有个无宾主话,直至如今无人举著。"

　　"火炉头有个无宾主话",促膝谈话,无言印心。无宾主者,主看主,相应也。
　　参见《五灯会元》卷九沩山灵祐章次:"侍立次,丈问:'谁?'师曰:'某甲。'丈曰:'汝拨炉中有火否?'师拨之曰:'无火。'丈躬起深拨得少火,举以示之曰:'汝道无,这个聻!'师由是发悟。"《五灯会元》卷十九龙门清远章次:"深深拨,有些子。平生事,只如此。"又曰:"拨火悟平生。"
　　又,参见古希腊柏拉图《第七封信》:"通过不断交谈,与问题共同生活,它就突然产生于灵魂之中,就像跳动的火焰点燃了火把,立即自足地延续下去。"(341c6—d2,用马涛红译文,彭磊选编《叙拉古的异乡人——柏拉图"书简七"探幽》,华夏出版社,2010年,第154页。)

　　上堂:"至道无难,唯嫌拣择。才有语言是拣择,是明白。老僧不在明白里,是汝还护惜也无?"时有僧问:"既不在明白里,护惜个甚么?"师曰:"我亦不知。"僧曰:"和尚既不知,为甚道不在明白里?"师曰:"问事即得,礼拜了退。"

　　赵州极其熟悉《信心铭》,此次上堂,犹内部举行小型研讨会。"至道无难,唯嫌拣择。"出于三祖僧璨《信心铭》首句,下文言:"但莫憎爱,洞然明白。""才有语言是拣择,是明白。"《信心铭》的意思是,消除了拣择,才能明白。赵州的意思是,运用语言就是拣择,拣择就是明白。"老僧不在明白里,是汝还护惜也无?"

一超直上，我虽然用的是语言，却并不在明白里。这是什么境界，你看得懂么？参见《维摩诘经·不思议品》龙女曰："言说文字皆解脱相，无离文字说解脱也。""既不在明白里，护惜个甚么？"至道无难，唯嫌拣择，就是要明白呀。不在明白里，还护惜什么？"我亦不知。"因为知就在明白里，而此在明白之上。参见《圆觉经》六（清净慧菩萨）："居一切时不起妄念，于诸妄心亦不息灭，住妄想境不加了知，于无了知不辨真实。""和尚既不知，为甚道不在明白里？"赵州已关闭，此僧还想开启。"问事即得，礼拜了退。"壁立千仞，停止抽象玄思，有事谈事，此即超越明白的境界。

别僧问："至道无难，唯嫌拣择。是时人窠窟否？"师曰："曾有人问我，老僧直得五年分疏不下。"

"至道无难，唯嫌拣择。是时人窠窟否？"盖其时已成丛林之显学。"曾有人问我，老僧直得五年分疏不下。"耳熟口滑者未必真懂，我于此曾化过长久的参究工夫。

又问："至道无难，唯嫌拣择。如何是不拣择？"师曰："天上天下，唯我独尊。"曰："此犹是拣择。"师曰："田库奴甚处是拣择？"僧无语。

"如何是不拣择？"那么到底怎样才对？"天上天下，唯我独尊。"没有到达成佛的能量级，谈拣择、不拣择皆非。"此犹是拣择。"此以思辨而言，而不是证量及此。"田库奴甚处是拣择？""田库奴"是福建骂人的土话，犹言傻瓜、乡下人。《祖堂集》卷十一作"田舍奴"。

问："至道无难，唯嫌拣择。才有语言是拣择。和尚如何为人？"师曰："何不引尽此语。"僧曰："某甲将念得到这里。"师曰："至道无难，唯嫌拣择。"问："如何是道？"师曰："墙外底。"曰："不问这个。"师曰："你问那个？"曰："大道。"师曰："大道透长安。"问："道人相见时如何？"师曰："呈漆器。"

讨论《信心铭》，至此已四番反复。"才有语言是拣择。和尚如何为人？"不通过语言，怎么度人？"何不引尽此语。"按下文为："但莫憎爱，洞然明白。毫厘有差，天地悬隔。"内心洞然，不可毫厘有差。你还没有自度呢，却先讨论如何度人。念下去，就自己知道不对了。"某甲将念得到这里。"我还没有念呢，就出现了问题。"至道无难，唯嫌拣择。"从头校正，重新再念，如果开头念对了，下文就懂了。"如何是道？"显出第一句中的问题。"墙外底。"所有形而上皆返归形而下，打破抽象而言具体。"不问这个。"问话者思想跟不上了。"你问那个？"赵州佯作不知。"大道。"还想返回文本。"大道透长安。"禅门境界，直通目的地。"道人相见时如何？"参见同时代禅僧贯休（832—912）有诗云："禅客相逢只弹指，此心能有几人知。"（《书石壁禅居屋壁》）"呈漆器。"只知道较量语言机锋的人，原来都是不懂的。告诫不要不懂装懂。

二

上堂："兄弟若从南方来者，即与下载；若从北方来者，即与上载。所以道，近上人问道即失道，近下人问道即得道。"

南北文化，有不同之象。《中庸》："南方之强与，北方之强与。"《北史·儒林传序》："南人约简，得其英华；北学深芜，穷其枝叶。"下载、上载（《古尊宿语录》卷十三《赵州录》作"装载"）者，培补、平衡之。近上人问，问上达或玄虚；近下人问，问下学则踏实。永远下学，即是上达。

参见《碧岩录》四十五："上载者，与尔说心说性，说玄说妙，种种方便。若是下载，更无许多义理玄妙。上载，指悟入佛法者；下载，指修证透脱者。"

师因与文远行，乃指一片地曰："这里好造个巡铺。"文远便去路傍立曰："把将公验来。"师遂与一掴。远曰："公验分明过。"

师徒出门，逢场作戏，随时随地印证。文远为赵州侍者，后来辑录赵州之语成《赵州和尚语录》，亦即《赵州录》。巡铺为防盗防火的哨所，公验为官府开具的证件。

师与文远论义曰："斗劣不斗胜。胜者输果子。"远曰："请和尚立义。"师曰："我是一头驴。"远曰："我是驴胃。"师曰："我是炉粪。"远曰："我是粪中虫。"师曰："你在彼中作甚么？"远曰："我在彼中过夏。"师曰："把将果子来。"

"斗劣不斗胜。胜者输果子。"此胜负程序和常规相反，难以行进顺畅。"请和尚立义。"你来起个头吧。"我是一头驴。"一般用"驴"来骂人，此处赵州自居之，以后每下愈况。"我在彼中过夏。"文远口中，出现了浪漫的辞句。中国人往往是不可救药的乐天派，虽然可当扶阳抑阴，亦有美化事物之嫌。"把将果子来。"你输了。

新到参，师问："甚么处来？"曰："南方来。"师曰："佛法尽在南方，汝来这里作甚么？"曰："佛法岂有南北邪？"师曰："饶汝从雪峰、云居来，只是个担板汉。"〔崇寿稠云："和尚是据客置主人。"〕

"佛法尽在南方，汝来这里作甚么？"试探，且略有讥讽之意。"佛法岂有南北邪？"此言出于《坛经》，为慧能答弘忍之语，然而此处已成套话。云居指云居道膺，事迹见《五灯会元》卷十三。担板汉，只看到一面之人。

崇寿稠指崇寿契稠，事迹见《五灯会元》卷十。"和尚是据客置主人。"赵州批评新到之僧，也将背后的雪峰、云居轻轻带上一笔。参见《赵州录》卷上："兄弟但改往修来。若不改，大有著你处在。老僧在此间三十余年，未曾有一个禅师到此间。设有来，一宿一食急走过，且趁软暖处去也。"

问：“如何是佛？”师曰：“殿里底。”曰：“殿里者岂不是泥龛塑像？”师曰：“是。”曰：“如何是佛？”师曰：“殿里底。”

佛就是殿里底泥龛塑像，还有其他么？不用打妄想了。

问：“学人乍入丛林，乞师指示。”师曰：“吃粥了也未？”曰：“吃粥了也。”师曰：“洗钵盂去。”其僧忽然省悟。

“吃粥了也。”“洗钵盂去。”佛法无多子，只在平常日用之间。

上堂：“才有是非，纷然失心，还有答话分也无？”僧举似洛浦，浦扣齿。又举似云居，居曰：“何必。”僧回举似师。师曰：“南方大有人丧身失命。”曰：“请和尚举。”师才举前话，僧指傍僧曰：“这个师僧吃却饭了，作恁么语话。”师休去。

“才有是非，纷然失心”，来自《信心铭》，还是上文讨论的余波。“还有答话分也无？”比较上文“有解问者出来”。“南方大有人丧身失命。”洛浦、云居皆未获许可。“请和尚举。”那你说如何回应？“这个师僧吃却饭了，作恁么语话。”洛浦、云居皆作回应，僧却根本否定赵州所举，此侧击成功，故师休去。

问：“久向赵州石桥，到来只见略彴。”师曰：“汝只见略彴，且不见石桥。”曰：“如何是石桥？”师曰：“度驴度马。”曰：“如何是略彴？”师曰：“个个度人。”后有如前问，师如前答。又僧问：“如何是石桥？”师曰：“过来！过来！”〔云居锡云：“赵州为当扶石桥，扶略彴？”〕

赵州桥是世界上第一座石拱桥(安济桥为宋哲宗所取之名)，为隋匠李春所建,在中国建筑史上有崇高地位。此桥和赵州所在的观音院,相距十里,遥遥相望。"久向赵州石桥,到来只见略彴。"借助谈眼前景物,讽刺赵州的境界。略彴(zhuó)是当地土语,意为独木桥。"汝只见略彴,且不见石桥。"那是你程度有限,所以看不懂。"度驴度马。"正面之显。"个个度人。"侧面之密。"过来!过来!"不必执著于石桥、略彴,走过来,就知道了。

参见《赵州录》:"如何是赵州关。"师云:"石桥是。"

师闻沙弥喝参,向侍者曰:"教伊去。"者乃教去,沙弥便珍重。师曰:"沙弥得入门,侍者在门外。"〔云居锡云:"甚么处是沙弥入门,侍者在门外,这里若会得,便见赵州。"〕

借助外人,教育身边人。禅林中职位身份较低者,在尊长前报到,称为喝参。"沙弥得入门",因为他懂了而不言。"侍者在门外",因为他不知"人之患在好为人师"(《孟子·离娄下》)。

问僧:"甚么处来?"曰:"从南来。"师曰:"还知有赵州关否?"曰:"须知有不涉关者。"师曰:"这贩私盐汉。"

"还知有赵州关否?"意谓赵州禅关,后世有所谓"无门关"。"须知有不涉关者。"我不走你的那条路。"这贩私盐汉。"想偷渡,哪有那么容易。

问:"如何是西来意?"师下禅床立。曰:"莫只这个便是否?"师曰:"老僧未有语在。"

"莫只这个便是否?"师下禅床立,已经给了答案。此僧仍未感到踏实,还要多此一问。"老僧未有语在。"我可没有说,因为说了就成为死句,又进入了语言。

问菜头：“今日吃生菜，吃熟菜？”头拈起菜呈之。师曰：“知恩者少，负恩者多。”

“今日吃生菜，吃熟菜？”犹如辨识阴阳。“知恩者少，负恩者多。”若不能辨识，则辜负食物。参见《中庸》：“人莫不饮食也，鲜能知味也。”故当珍惜人生福报，不可虚耗信施。

问：“狗子还有佛性也无？”师曰：“无。”曰：“上至诸佛，下至蝼蚁，皆有佛性，狗子为甚么却无？”师曰：“为伊有业识在。”

宋代禅籍《无门关》列此公案为第一则，以“无”字扫荡恶知恶觉。以后元代杨歧派雪岩祖钦（约 1218—1287）亦参究此：“只这个‘无’字，便是剖牢关，断生死、破疑团之利刃”（《祖钦语录》卷下）。“为伊有业识在。”业识障碍佛性，若未消除，说有说无皆非，你反身自观吧。

师问一婆子：“甚么处去？”曰：“偷赵州笋去。”师曰：“忽遇赵州，又作么生？”婆便与一掌，师休去。

“甚么处去？”两人路上相遇。“偷赵州笋去。”艺高胆大，确为高手风范。“忽遇赵州，又作么生？”人赃并获，你被活捉了。婆便与一掌，你的路数我全知晓，不要来这一套。

师一日于雪中卧，曰：“相救！相救！”有僧便去身边卧，师便起去。

师便起去，因为机关已被识破。

问：“如何是赵州一句？”师曰：“老僧半句也无。”曰：“岂无和尚在？"师曰："老僧不是一句。"

一句，指超越所有语言知识的禅法妙句。《坛经》："经诵三千部，曹溪一句亡。"《永嘉证道歌》："一句了然超百亿。""老僧半句也无。"有句不如无句。"岂无和尚在？"获得证悟之人，怎么可以没有一句。"老僧不是一句。"我是活人，用一句怎么限得住我。

师问新到："曾到此间么？"曰："曾到。"师曰："吃茶去。"又问僧，僧曰："不曾到。"师曰："吃茶去。"后院主问曰："为甚么曾到也云吃茶去，不曾到也云吃茶去？"师召院主，主应喏。师曰："吃茶去。"

三言"吃茶去"，亦即后世闻名的"赵州茶"，与"云门饼"相对。

问："二龙争珠，谁是得者？"师曰："老僧只管看。"

阴阳争执于太极，观照其核心能量。二龙争珠，为禅门常见问答，落实于当时情形，也可能指卢龙镇节度使李匡威（燕王）与成德镇节度使王镕（赵王）的交锋。后来二王息斗，俱称赵州弟子。

参见《五灯会元》卷十七，北院通章次。问："二龙争珠，谁是得者？"师曰："得者失。"曰："不得者如何？"师曰："还我珠来。"

问："空劫中还有人修行也无？"师曰："汝唤甚么作空劫？"曰："无一物是。"师曰："这个始称得修行，唤甚么作空劫？"僧无语。

"空劫中还有人修行也无？"空劫为成、住、坏、空四劫之一，亦指天地未开之前，禅门往往讨论空劫以前面目。"汝唤甚么作空劫？"考查其证悟之境。"无一物是。"举出空劫定义，本来无一物。"这个始称得修行，唤甚么作空劫？"你可以算花过工夫了，但还是没有明心见性。盖真空即妙有，空劫应该反身显其象。

问："如何是玄中玄？"师曰："汝玄来多少时邪？"曰："玄之久矣。"师曰："阇黎若不遇老僧，几被玄杀。"

临济宗"三玄三要"，有所谓体中玄、句中玄、玄中玄（参见《古尊宿语录》卷四）。"阇黎若不遇老僧，几被玄杀。"不可入而不出，限于思辨而不能自拔。参见《韩非子·解老》："道譬诸若水，溺者多饮之即死，渴者适饮之即生。"

问："万法归一，一归何所？"师曰："老僧在青州作得一领布衫，重七斤。"

此与"镇州有大萝卜头"相同，亦即镇之以无名之朴也。

问："夜生兜率，昼降阎浮，于其中间，摩尼珠为甚么不现？"师曰："道甚么？"其僧再问。师曰："毗婆尸佛早留心，直至如今不得妙。"

"夜生兜率，昼降阎浮"，参见《大唐西域记》卷五："无著菩萨，夜升天宫，于慈氏菩萨所受《瑜伽师地论》、《庄严大乘经论》、《中边分别论》等，昼为大众讲宣妙理。""于其中间，摩尼珠为甚么不现？"即使能讲经说法，却依然未见性。摩尼珠为如意宝珠，譬喻心地光明。"道甚么？"说似一物即不中。"毗婆尸佛早留心，直至如今不得妙。"从古以来皆修习此，然而没有见性，此珠之光明不显。毗婆尸佛为七佛之首，见《五灯会元》卷一。

问院主："甚么处来？"主曰："送生来。"师曰："鸦为甚么飞去？"主曰："怕某甲。"师曰："汝十年知事作恁么语话？"主却问："鸦为甚么飞去？"师曰："院主无杀心。"

"送生来。"《赵州录》作"送生饭来"。于食前留出少许食物，布施禽鸟等以作功德。"鸦为甚么飞去？"为什么未成鸥鸟不惊的景象呢？（参见《列子·黄帝》）"怕某甲。"因为它们害怕生人。"汝十年知事作恁么语话？"你长期做这些事情，怎么还搞不定呢，修习的工夫到哪里去了？"鸦为甚么飞去？"那你说为什么？"院主无杀心。"送生无杀心，故度不了。有杀心，成忿怒之象。鸦为甚么飞去，不是因为怕，而是看出来你不是度它们之人。

师拈起钵曰："三十年后若见老僧，留取供养。若不见，即扑破。"别僧曰："三十年后敢道见和尚？"师乃扑破。

三十年为一世，看到其中的变与不变，才可能见老僧。别僧无此能力，对此疑疑惑惑，故赵州扑破钵。

师在东司上，见远侍者过，蓦召文远，远应诺。师曰："东司上不可与汝说佛法。"

东司即厕所。见远侍者过，蓦召文远，远应诺。赵州忽然感到，这就是时机，故完成瞬间之交流。"东司上不可与汝说佛法。"因为文远知"诺"就是佛法，故赵州阻断惯性思维，同时也是提醒。这句话表面不可说，实际已说了也。

僧辞，师问："甚么处去？"曰："雪峰去。"师曰："雪峰忽若问和尚有何言句，汝作么生将对？"曰："某甲道不得，请和尚道。"师曰："冬即言寒，夏即道热。"又曰："雪峰更问汝毕竟事作么生？"僧又曰："道不得。"师曰："但道亲从赵州来，不是传语人。"其僧到雪峰，一依前语将对。峰曰："也须是赵州始得。"〔玄沙闻曰："大小赵州败阙也不知。"云居锡云："甚么处是赵州败阙，若检得出，是上座眼。"〕

某僧去雪峰,临行前赵州调教之。"雪峰忽若问和尚有何言句,汝作么生将对?"雪峰路滑,他的考试不容易通过。"某甲道不得,请和尚道。"这个人很老实,知道自己回答不出。"冬即言寒,夏即道热。"本分回答,不可自作聪明。"雪峰更问汝毕竟事作么生?"前面提出的是普通测试,这里提出的是压轴难题。赵州代拟了两个问题,一浅一深,然而浅者未必浅,深者未必深。"道不得。"那就更回答不出了。"但道亲从赵州来,不是传语人。"在大高手面前,以守拙为长。赵州两答,皆含有言外之意。"也须是赵州始得。"从使者身上获取赵州的信息,在于解读者的能力。雪峰和赵州遥遥相对,也通过了考试。

玄沙闻曰:"大小赵州败阙也不知。"玄沙指玄沙师备,雪峰弟子,事迹见《五灯会元》卷七。玄沙历来一切否定,此时又起波澜。赵州为什么教他呢,出出丑也不要紧呀。懂的人自然会知道,弟子不等于老师。云居锡补充玄沙,然而赵州败阙,即无败阙。

问:"如何是出家?"师曰:"不履高名,不求苟得。"

此二语,求学者当置于座右,反复诵之。

问:"澄澄绝点时如何?"师曰:"这里不著客作汉。"

"澄澄绝点时如何?"谓修行到达纯一之境。"这里不著客作汉。"客作汉谓主人之佣工,有不见自性,向外驰求之意。

参见《赵州录》,问:"澄澄绝点时如何?"师曰:"堕坑落堑。"(《古尊宿语录》卷十三)又,明末憨山德清有言:"荆棘林中下脚易,月明帘下转身难。"(《憨山大师年谱》卷下,七十一岁)

问:"如何是祖师意?"师敲床脚。僧曰:"秖这莫便是否?"师曰:"是。"即脱取去。

脱取去,脱卸之,才是"是"。

问:"如何是毗卢圆相?"师曰:"老僧自幼出家,不曾眼花。"曰:"岂不为人?"师曰:"愿汝常见毗卢圆相。"

"如何是毗卢圆相?"毗卢圆相是极深修行境界,然而此时只是名辞。"老僧自幼出家,不曾眼花。"你所见的毗卢圆相,只不过是眼花的幻像罢了。"岂不为人?"接引人总需要一套名辞。"愿汝常见毗卢圆相。"亲证毗卢圆相者,早已透过名辞的障碍,故愿汝常见之。

官人问:"和尚还入地狱否?"师曰:"老僧末上入。"曰:"大善知识为甚么入地狱?"师曰:"我若不入,阿谁教化汝?"

"老僧末上入。"我早就入地狱了。末上,意思为最初。"我若不入,阿谁教化汝?"此相应地藏菩萨之大愿,地狱不空,誓不成佛。官场尔虞我诈,勾心斗角,有地狱之象。

真定帅王公携诸子入院,师坐而问曰:"大王会么?"王曰:"不会。"师曰:"自小持斋身已老,见人无力下禅床。"王尤加礼重。翌日令客将传语,师下禅床受之。侍者曰:"和尚见大王来,不下禅床。今日军将来,为甚么却下禅床?"师曰:"非汝所知。第一等人来,禅床上接。中等人来,下禅床接。末等人来,三门外接。"

真定帅王公,指成德镇节度使赵王王镕。"自小持斋身已老,见人无力下禅床。"前句谓岁久时深,曾花过几十年工夫。后句犹《庄子·齐物论》"答焉似丧其耦",亦为自重身份。赵州和赵王在问答之间,已有所破除其执念,培补其元气。赵王真实受益,故尤加礼重。"第一等人来,禅床上接。中等人来,下禅床接。末等人来,三门外接。"阎王好见,小鬼难当。

因侍者报大王来也，师曰："万福大王。"者曰："未到在。"师曰："又道来也。"

王者将至，气场透入所在地，其时尚在门外。赵州随感应而回答，侍者不明白他的无所容心。

师到一庵主处，问："有么？有么？"主竖起拳头。师曰："水浅不是泊船处。"便行。又到一庵主处，问："有么？有么？"主亦竖起拳头。师曰："能纵能夺，能杀能活。"便作礼。

一否定，一肯定。两庵主状态不同，赵州判断不在形式上。

问僧："一日看多少经？"曰："或七八，或十卷。"师曰："阇黎不会看经。"曰："和尚一日看多少？"师曰："老僧一日祇看一字。"

观想汉字之象，最后看字不成字。

文远侍者在佛殿礼拜次，师见以拄杖打一下曰："作甚么？"者曰："礼佛。"师曰："用礼作甚么？"者曰："礼佛也是好事。"师曰："好事不如无。"

参见《老子》四十八章："为学日益，为道日损。损之又损，以至于无为。无为而无不为。取天下常以无事，及其有事，不足以取天下。"

上堂："正人说邪法，邪法悉皆正。邪人说正法，正法悉皆邪。诸方难见易识，我这里易见难识。"

"正人说邪法,邪法悉皆正。邪人说正法,正法悉皆邪。"此贯通于正邪两道,落实于正人,有大密宗之象。"诸方难见易识,我这里易见难识。"难见易识,来往者门庭若市,或以艰深文浅陋。易见难识,其象质朴平实,细究则深不可测。

问:"如何是赵州?"师曰:"东门、西门、南门、北门。"

初闻之别无奇特,此即奇特。化其整体者,亦当知其窍之出入。

问:"初生孩子还具六识也无?"师曰:"急水上打毬子。"僧却问投子:"急水上打毬子,意旨如何?"子曰:"念念不停留。"

又涉及赵州和投子的交往。一切种子如瀑流,初生孩子能接受外来影响,甚至可以说心里是懂的,可作为研究早期教育的借鉴。

问:"和尚姓甚么?"师曰:"常州有。"曰:"甲子多少?"师曰:"苏州有。"

问姓名、问甲子,欲得其基本信息。姓名、甲子,车载斗量,赵州的不平常处,就在其平常处。

问:"十二时中如何用心?"师曰:"汝被十二时辰使,老僧使得十二时。"乃曰:"兄弟莫久立,有事商量,无事向衣钵下坐穷理好。老僧行脚时,除二时粥饭是杂用心处,除外更无别用心处。若不如是,大远在。"

"十二时中如何用心?"问修行工夫。"汝被十二时辰使,老僧使得十二时。"前者业力也,后者解脱也。旧题八仙著《天仙金丹心法》有云:"收心十二时,放眼三千界。"（中华书局,1990 年,第 7 页）"兄弟莫久立",不要停留于外在形式,不要虚耗时间。"有事商量,无事向衣钵下坐穷理好。"有疑问提出来讨论,没有疑问自己去下工夫。"老僧行脚时,除二时粥饭是杂用心处,除外更无别用心处。若不如是,大远在。"陈述修行经验,至于二时粥饭是否需要不杂用心,可能有不同意见。

　　僧问:"如何是古佛心?"师曰:"三个婆子排班拜。"

　　由一而三,由阴而阳。排班拜者,有虔敬之心。

　　问:"如何是不迁义?"师曰:"一个野雀儿从东飞过西。"

　　参见僧肇《物不迁论》。马祖、百丈野鸭子因缘,参见《五灯会元》卷三百丈怀海章次。

　　问:"学人有疑时如何?"师曰:"大宜小宜?"曰:"大疑。"师曰:"大宜东北角,小宜僧堂后。"

　　故意曲解,以避开回答。"大宜小宜?"大便、小便。

　　问:"柏树子还有佛性也无?"师曰:"有。"曰:"几时成佛?"师曰:"待虚空落地时。"曰:"虚空几时落地?"师曰:"待柏树子成佛时。"

　　追踪究极之理,构成循环论证。又,"柏树子还有佛性也无?"此问题从"庭前柏树子"引申而来。

　　问:"如何是毗卢师?"师便起立。僧曰:"如何是法身主?"师便坐。僧礼拜。师曰："且道坐者是？立者是？"

师者时，主者空。或起或坐，阴阳变化。僧礼拜。他自以为懂了。"且道坐者是？立者是？"再问阴阳不测之象，以解消其执念。

师谓众曰："你若一生不离丛林，不语五年十载，无人唤你作哑汉。已后佛也不奈你何。你若不信，截取老僧头去。"

"你若一生不离丛林，不语五年十载，无人唤你作哑汉。"修习不语禅，多说是不对的。《庄子·列御寇》："知道易，勿言难。知而不言，所以之天也；知而言之，所以之人也。""已后佛也不奈你何。你若不信，截取老僧头去。"反复言之，以本人修行经验作背书。

师《鱼鼓颂》曰："四大由来造化功，有声全贵里头空。莫嫌不与凡夫说，只为宫商调不同。"

声音从空而来。不与凡夫说，盖其间频率不同，未能同声相应也。

师因赵王问："师尊年有几个齿在？"师曰："只有一个。"王曰："争吃得物？"师曰："虽然一个，下下咬著。"师寄拂子与王曰："若问何处得来，但说老僧平生用不尽者。"

"虽然一个，下下咬著。"一生修行得力之处，在于下下而非上上。盖永远下学而不言上达，乃赵州以本分事接人的宗风。参见《赵州录》："问：'如何是毗卢向上事。'师云：'老僧在你脚底。'云：'和尚为什么在学人脚底。'师云：'你元来不知有向上事。'""若问何处得来，但说老僧平生用不尽者。"所谓一拂子禅用不尽。

师之玄言,布于天下。时谓赵州门风,皆悚然信伏矣。唐乾宁四年十一月二日,右胁而寂,寿一百二十岁,谥真际大师。

赵州禅法,流布于天下。于五家七宗之外,别树一帜。悚然信伏,有其身心感受。乾宁为唐昭宗年号,四年为公元 897 年。

附录:汉藏大德论平常心

论平常心

> 赵州问南泉:"云何是道?"
> 泉曰:"平常心是道。"
> 州曰:"还可趣向也无?"
> 泉曰:"拟向即乖。"

西藏密宗的最高法门大手印,摄要言之亦不过是上面这两句话而已。中原禅宗与藏密大手印法之传承和流派虽然不同,但所传之法的本质却是完全一样的。两派的宗风和格调虽然有着很大的差异,但在许多节骨眼的表达词语上却有许多相似之处,因为法身空性中所流露出来的东西毕竟有其根本之相同处也! 最令人注意的例子就是"平常心"一词了。

> 赵州问:"云何是道?"
> 南泉直下说:"平常心是道。"

藏传大手印法也说"平常心即是大手印法"。藏文 Tha. Mal. Shes. Pa 译成中文是不折不扣的平常心。Tha. Mal 是平常、普通的意思。Shes. Pa 是心、觉或知道的意思,因此 Tha. Mal. Shes. Pa 的直译就是中文的"平常心"。

然则什么是平常心呢？就字面讲"平常"是普通的，一般的，大家所共的意思，稍深入些就是原来的，本质的，不修改增添的，时常都是如此的，"本来就是这个样子"的意思。因此，平常心或 Tha. Mal. Shes. Pa 就是指那时常如此本来如斯的自心了。禅宗对"平常心"一词的详明解释我不太清楚。冈波巴大师对平常心一词在《教言广集》三四九、三五零页中却有很明确的解释，兹译出如下：（以上这段是译者诠释）

尊者冈波巴仁波且说：

行人如果痛感世事无常，生死迅速，深信业果不坏，轮回是苦，见小乘过患而发起慈悲菩提之心亟求解脱之道，他就应该知道和认识一切法之根本——平常心。平常心者：就是这个不为任何法相所掺杂，不被世间意识所搅乱，不为沉掉和妄念所鼓动，当下安置于本来之处（的自心）。如果能认识它，那就是自明之智慧；如果不认识它，那就是俱生的无明。认识它，就叫做"明体"、体性、俱生智、平常心、本元、离戏、光明等。若是认识它，就要比深通五明的班智达（博士）还要（尊贵和）功德大。班智达是把总相定义、语义等作为研究的对象，而研学广泛的知识。但如果能认识此自心明体，就能够知一而知一切。因为能够把当下现前的真理用之以为道，所以其功德最大。至于长时间的"深定"，则外道长寿天，甚至冬眠的熊和蛇类都是有的。（但他们因为不认识平常心的缘故，所以毫无用处。）因为平常心是不共的，所以功德最大。能够不知昼夜的相续，住于禅定三摩地中，也远不及认识平常心的重要，因为那是普通相共的禅定。依四种灌顶渐次修习生起次第法，知触相……知声相等（皆是五方佛自性，甚至）面见本尊佛，也不及认识平常心之重要。见到本尊只是属于贤善之世俗谛，为障碍清净之相而已。但（认识）平常心则属于胜义谛，功德远为广大。能够具足天眼天耳等五种神通，亦远不及认识平常心的功德大。因为神通亦是有漏法，饿鬼和畜生道（的某类众生）也是具有神通的。若能认识平常心，则如颂云：

智慧智慧极殊胜，具智慧故知有无。

因为那是属于无漏心的缘故，所以极为殊胜。

再者，即使有不现诸相，或无相可现，或甚至感受到如清净虚空之空性觉受时,也还是赶不上认识平常心来得重要！因为前者是将理之总相作为"境"(而缘观之),属于比量道,而平常心则是以现前透露之理而为道,故远为殊胜也。

若能认识平常心,即是智慧之王。因为(平常心)不是各各分别慧之所缘境。颂曰:

刹那显现大智慧,即趋诸法根源处,现前证悟诸法(性)……

因此说(平常心即)是一切智慧之王。佛之五种智慧(平常心)中亦全部具足之,因为(平常心)能证悟无能所之二相,所以能成就妙观察智。如颂云:

一刹那中知差别,一刹那中成佛位,刹那了达心实义……

不必历经五道之次第,于一刹那中能成办一切事,所以是成所作智。一切世俗谛中所有诸法皆似影像一般的显现于明镜中,如是悟人,故即是大圆镜智。见轮回涅槃一切诸法于自心明体中平等平等,故名平等性智。因此佛陀无始亦无终,最初佛无因,智慧眼无障,此具慧之体即是善逝,故为一切智慧之王,一切功德之王。诸大神通亦不如平常心尊贵。一切三昧中,此为三昧之王。不论你得到了什么样的三昧,如果能够证悟到(平常心),其他一切三昧就会像果皮或树皮一样的剥落净尽了。此即是一切法之心要,轮回与涅槃之根元皆系乎是否能够认识这个平常心！所以说,认识平常心实在是最重要的事哟！

(张澄基译《冈波巴大师选集·教言广集零选》,收入《米拉日巴大师集》下卷,民族出版社,2001年,第1152—1155页)

刘立千译《直指觉性赤见自解》:

五、名相

称之为心者,就是那明明了了。说存在,它却没有一法存在,说根源,它却是轮回苦与涅槃乐种种生起之根源。由于对他的见解不同,始有十一乘门。从名相上讲,它有无穷的名称:有人称它为心性或本心,外道则称它为梵我,声闻独觉则称无我教义,唯识家称之为识,有人称它为般若到彼岸,有人称它为如来藏,有人称它为大手印,有人称它为惟一明点,有人称它为法界,有人称它为一切种,亦有人称它为平常心(谈锡永译文作"根本觉性")。

二十一、中道

觉性是远离断常八边,不堕任何一边才谓之中道。觉性就是那觉念恒常不断,空性乃觉性之核心,是故则称之为如来藏。若明了此义则超胜一切,因此又称它叫智慧到彼岸。超越思维从本离边故,因此称为大手印,这仅是悟与不悟差别之故,它便成为轮涅苦乐一切之根,故又被称为一种(阿赖耶)。它在安住无改平常之位时,即此清楚明亮的觉性,故又称为平常心(谈锡永译文同)。不论安它什么美妙的名称,实际就是当下的那一点灵知而已。

(刘立千译文,见《大圆满虚幻休息论妙车释、大圆满禅定休息论清净车释、深法寂静忿怒尊密意自解之直指觉性赤见自解(合编)》,民族出版社,2000年,第207、216页。谈锡永译文,见《大中观论集》,菩提文化出版公司,2006年,第371—372、382—383页。)

竹简《五行》章句

陈 来①

竹简《五行》篇,子思氏之遗书,原本共 28 章,实可分为上下,前 14 章为经,后 14 章为解。按典籍章次之分,古来经师各有不同。今仿朱子《大学章句》,为《五行章句》。重订其章句,以全篇为 32 章,上经下解各 16 章。经文次序不变,解文有 2 章错简,则改之矣。

按竹简《五行》文本,先有《郭店楚墓竹简》,后有庞朴《竹帛五行篇校注》,李零《郭店楚简校读记》最后出,故本文简文与分章,多参之于《郭店楚简校读记》。本文所谓原本者,即《校读记》也。而所与之异者,即增多析出另成章者,然不过数条而已,盖以简易为则,以清其条理为要。而上下篇各章尾章号即《校读记》原章序号,括号注出以参比之也。

上　　解

1. 五行。仁形于内谓之德之行,不形于内谓之行。义形于内谓之德之行,不形于内谓之行。礼形于内谓之德之行,不形于

---

① 陈来,清华大学国学院教授。

内谓之行。智形于内谓之德之行,不形于内谓之行。圣形于内谓之德之行,不形于内谓之德之行。(1)

2. 德之行五和谓之德,四行和谓之善。善,人道也;德,天道也。

3. 君子无中心之忧则无中心之智,无中心之智则无中心之悦,无中心之悦则不安。不安则不乐,不乐则无德。君子无中心之忧则无中心之圣,无中心之圣则无中心之悦,无中心之悦则不安。不安则不乐,不乐则无德。(2)

4. 五行皆行于内而时行之,谓之君子,士有志于君子道谓之志士。善弗为无近,德弗志不成,智弗思不得。(3)

○五行,即仁义礼智圣。行,即德行也。○形于内,即表现于心。不形于内,则惟是行也。郑玄所谓在心为德,施之为行,乃此意也。○"德之行五和谓之德,四行和谓之善。"其意为:德之行五,和谓之德;行四,和谓之善。盖德之行与行为对也。○"君子无中心之忧则无中心之圣,无中心之圣则无中心之悦,无中心之悦则不安。不安则不乐,不乐则无德。"此句据帛书本补。按经3章原本接"德,天道也"连读,今使独立成章。"中心",魏启鹏云即内心也。忧,诸读皆可疑,当近仁之端也。

○以上经1至4章,为五行概说者也。盖子思之意,固以仁义礼智诸行为善,然以形于内而在中心者为本,以成德也。

5. 思不精不察,思不长不得,思不轻不形。不形不安,不安不乐,不乐无德。

6. 不仁,思不能精,不智,思不能长。不仁不智,"未见君子,忧心不能辍辍;既见君子,心不能悦;亦既见之,亦既觐之,我心则悦"。此之谓也。不仁,思不能精,不圣,思不能轻,不仁不圣,"未见君子,忧心不能忡忡;既见君子,心不能降"。(4)

7. 仁之思也精,精则察,察则安,安则温,温则悦,悦则戚,戚则亲,亲则爱。爱则玉色,玉色则形,形则仁。(5)

8. 智之思也长,长则得,得则不忘,不忘则明,明则见贤人,见贤人则玉色,玉色则形,形则智。(6)

9. 圣之思也轻,轻则形,形则不忘,不忘则聪。聪则闻君子之道。闻君子之道则玉音,玉音则形,形则圣。(7)

○经5章"思不精不察"至"不乐无德",原接"智弗思不得"连读,今以之独立成章。此句乃承上章以启下章也。○引诗二,皆出《诗·召南·草虫》。○"仁之思也精,精则察。""精"简本原作"清",已据帛书本改。"思",即心之所发,精察安温,皆发之端也。○"玉色则形","玉音则形",此"形"即心之德形于外者也。

○以上经5至9章,论仁智圣三思三形,即心之德思所发之序,以明德之行由内发于外,以见有本者如是。

10. "淑人君子,其仪一也"。能为一,然后能为君子。君子慎其独也。(8)"瞻望弗及,泣涕如雨"。能"差池其羽",然后能至哀。君子慎其独也。(9)

11. 君子之为善也,有与始,有与终也。君子之为德也,有与始,有与终也。金声而玉振之,有德者也。(10)

12. 金声,善也;玉音,圣也。善,人道也;德,天道也。唯有德者,然后能金声而玉振之。(11)

13. 不聪不明,不明不圣,不圣不智,不智不仁,不仁不安,不安不乐,不乐无德。(11)

14. 不变不悦,不悦不戚,不戚不亲,不亲不爱,不爱不仁。(12)

15. 不直不肆,不肆不果,不果不简,不简不行,不行不义。(13)

16. 不远不敬,不敬不严,不严不尊,不尊不恭,不恭无礼。(14)

○经 10 章原本分两章,今合并一章。引诗一见于《诗·曹风·鸤鸠》,一见于《诗·邶风·燕燕》。○"一",心之专一;"独",即心也。心者身之主宰,盖欲慎之以宰耳目手足也。"然后能至哀"后"君子"二字据帛书本补。○"玉音",庞朴云当作"玉振"。○"圣也",以前后善、德相对观之,当作"德也"。○经 13 章"不聪不明"至"不乐无德",原接"金声而玉振之"连读,今则独立成章。○不变不悦,变字于义无解,庞氏、魏氏皆以或读为恋,疑为眷之意。

○以上经 10 至 16 章,论圣智仁义礼五行之发端次序,皆明五行当根于心之所发之端,循其情思之自然而发以成行也。

下 解

1. 未尝闻君子道,谓之不聪;未尝见贤人,谓之不明。闻君子道而不知其君子道也,谓之不圣;见贤人而不知其有德也,谓之不智。(15)

2. 见而知之,智也;闻而知之,圣也。明明,智也;赫赫,圣也。"明明在下,赫赫在上",此之谓也。(16)

3. 闻君子道,聪也;闻而知之,圣也。圣人知天道也,知而行之,义也;行之而时,德也。见贤人,明也;见而知之,智也。知而安之,仁也,安而敬之,礼也。

4. 圣、知,礼乐之所由生也,五行之所和也。和则乐,乐则有德,有德则邦家兴。文王之示也如此,"文王在上,于昭于天",此之谓也。(17)

5. 见而知之,智也。知而安之,仁也。安而行之,义也。行而敬之,礼也。仁,义礼所由生也,四行之所和也。和则同,同则善。(18)

○"明明在下,赫赫在上",诗出《大雅·大明》。○"文王在上,于昭于天",

诗出《大雅·文王》。○解 4 章"圣知礼乐之所由生"至"此之谓也",原本上接 3 章连读,今则另起成章,以见条理,盖此段论五行和,下章论四行和,可相对照也。○解 5 章首句"见而知之,智也",疑为衍文,盖解之 3 章已言之矣。

○以上解 1 至 5 章,释经文圣智之思,亦以发经文不聪不明、不明不圣、不圣不智、不智不仁、不仁不安之意。

6. 颜色容貌温,变也。以其中心与人交,悦也。中心悦旃,迁于兄弟,戚也。戚而信之,亲也。亲而笃之,爱也。爱父其继爱人,仁也。(19)

7. 中心辩然而正行之,直也。直而遂之,肆也。肆而不畏强御,果也。不以小道害大道,简也。有大罪而大诛之,行也。贵贵其等尊贤,义也。(20)

8. 以其外心与人交,远也。远而庄之,敬也。敬而不懈,严也。严而畏之,尊也。尊而不骄,恭也。恭而博交,礼也。(21)

9. 不简不行,不匿不辩于道。有大罪而大诛之,简也;有小罪而赦之,匿也。有大罪而弗大诛,不行也。有小罪而弗赦也,不辩于道也。(22)

10. 简之为言,犹练也,大而晏者也。匿之为言,犹匿匿也,小而轸者也。简,义之方也;匿,仁之方也。强,义之方也;柔,仁之方也。"不强不绿,不刚不柔",此之谓也。(23)

11. 大而晏者,能有取焉。小而轸者,能有取焉。胥虑虑达诸君子道,谓之贤。君子知而举之,谓之尊贤。知而事之,谓之尊贤者也。前,王公之尊贤者也;后,士之尊贤者也。(24)

○不强不绿,不刚不柔,出《诗·商颂·长发》。○解 11 章原本在解 12 章"各止其里"下,盖错简或抄误也。

○以上解 6 至 8 章,释仁义礼,解 9 至 11 章则复推明简义之意。统论之,则皆推明经 12 至 14 章之意。

12. 君子集大成。能进之,为君子。弗能进也,各止于其里。(24)

13. 目而知之,谓之进之。喻而知之,谓之进之。譬而知之,谓之进之。几而知之,天也。"上帝临汝,毋贰尔心",此之谓也。(26)

14. 耳目鼻口手足六者,心之役也。心曰唯,莫敢不唯;诺,莫敢不诺;进,莫敢不进;后,莫敢不后;深,莫敢不深;浅,莫敢不浅。和则同,同则善。(25)

15. 天施诸人,天也。其人施诸人,狎也。(27)

16. 闻道而悦者,好仁者也。闻道而畏者,好义者也。闻道而恭者,好礼者也。闻道而乐者,好德者也。(28)

〇解 13 章"目而知之"以下至"此之谓也",原本在解 14 章"同则善"之后,疑错简也。引诗,见《诗·大雅·大明》。〇进之,谓致知进德也。〇狎,李零云狎与习近,犹习也。

〇以上解 12 至 14 章,释君子之道。其 12 章,乃发经文君子慎独之意,其 14 章乃发君子有德之意。

此《五行》章句之定,大抵以朱子为法,非图冒为古本,亦非汉学训诂之涂,盖以求见其纲领旨趣,而知古人精神所在。此性理学之旧途径,诠释学之新伎俩,今世学者多不措意者也。至于窃疑错简,而重次其编者,虽云一二小处,且意欲其有益初学之士,然在朱子亦早云"忘其固陋"矣,知我罪我,乃俟后之君子。

参考文献:

荆门市博物馆:《郭店楚墓竹简》,文物出版社,1998 年。

李零:《郭店楚简校读记》,北京大学出版社,2002 年。

庞朴:《竹帛五行篇校注及研究》,万卷楼图书有限公司,2000 年。

魏启鹏:《德行校释》,巴蜀书社,1991 年。

朱熹:《四书章句集注》,中华书局,1984 年。

经史源流

經 學 史 論

吳　飛①

學　則

心學善治庶人，理學善治士，古文善治卿大夫，今文善治王侯。此自孝經言也。

致良知，進矣，未曰復性，復性待性理而然。窮理，仁矣，未曰中庸，中庸待先王之禮。守禮，立矣，未曰與權，與權待奉元正始。然則欲奉元，不可以不學禮；欲學禮，不可以不盡性；欲盡性，不可以不用心。王侯卿大夫士庶人，分殊而理一，惟扣其兩端，允執厥中而已矣。

意志不足者，曰小人。思而未得者，曰士。性和強立者，卿大夫之質也。化民成俗者，諸侯之質也。天下歸往者，天子所在也。

教小人當鼓舞之，教士當發其端。教卿大夫者，先王之禮。天子諸侯之始受命者，執禮勤事而弘者也；其繼體之君，亦如士、卿大夫，而提其要。

鼓舞者，心學。復性者，理學。守禮者，古文學。綱紀者，今文學。守其位，

---

① 吳飛，字笑非。幼承庭訓，業鄭學，兼左傳，略通公穀。長而結友，慕朱子，稱陸王，矢志皇明。深衣撫琴，無愧鄭君；幅巾錦帶，不輸緇黃。唯身短一尺，腰減一圍，或不足爲聖人執鞭。然讀書竟日，隱几經年，尚得與前賢周旋耳。

敬諸學，賢也。身家國天下，一以貫之者，可以爲師矣。身者，士庶人也。家者，卿大夫也。國者，諸侯也。天下，天子也。

心學之狂，不學者，猶小人也。理學之固，不中者，上不足爲卿大夫，下不能服庶人。古文之壞，上無王道，下不足士庶心。今文之弊，好言制作，而無卿大夫士之學，其誰信諸？

漢 宋 學 説

漢宋雖別，王心則一。所難言者，漢學不論圖書，宋學不談周禮，則漢宋淪空言矣。

以經解經，宋學也。獨尊師法，漢學也。蓋漢學尚授受，然非學海、經神之師，不能遍覽群經（若康成注禮時且未見毛詩，況俗師乎？）。且漢家去古未遠，多稱口授。故漢學治經，先問家法如何，不以他經解之也。所以他經、故訓解之者，不得已，亦不爲典要處爲然。漢學所謂師承者，讖緯之論先王授受，論興替徵兆，論四太、神祇者，是宇宙之概觀也，此皆經文所無，而漢儒縱有非之，無不受其大意也。漢學師承，實多背經任意，一如明儒之惜宋學也，賓四先生論之詳。若夫邵公以母以子貴，而古公羊以上堂稱妾。伏生大傳以周公踐祚，而邵公以攝則不王。其譏背經任意者且如此，況若康成之箋小序者乎？然而康成以古文名世，未嘗不以周公踐祚，未嘗不以是子爲漢王，未嘗不信端門受命。蓋漢儒所分殊者，訓詁、師説云爾。所不可易者，師門之宇宙概觀也。然則漢儒之詁訓，後世頗道之，而漢儒之讖緯，後世未嘗以緯經，是以宋儒不見大義，清人不成報章。既唐儒疑傳，宋儒斥緯，則不能不以時論補漢學宇宙之闕，是以性理之學興焉。去古既遠，口説不信，故須以經解經也。若詩書但曰天曰帝，故宋儒不謂天有六名；若夫春秋禘祫説亂，則宋儒約爲等次。又治易，則漢儒偏信象數，宋明但言理，則必以禮、以史詁之，然後義理有可道。

漢學師法，本於一家經説，故雖辯難群經，皆有所本，若邵公本公羊，康成本周禮。此一經一説既立，以整百家之不齊。故凡不合周禮者，康成徑謂之夏殷。又若武庫之於左氏，凡經傳不合，一概謂之赴告。此家法先於解經然也。夫如此者，漢時經學用諸廟堂，非守詁訓，涵養山林而已。故解經不求無過，但求一家一經之説，足以應對時宜耳。此周時士大夫之性情猶在，亦漢雖郡縣，猶存封建之綱常然也。唐宋之後，士夫轉爲文人，天下純然郡縣，則經學難於行政，況蠻夷猾夏，君子有不能爲乎？故以漢儒觀之，公羊非常異議可怪之論，周禮恤溝、市政、名號，莫不可漸漸行於斯世也。而以宋明儒觀之，則無關雎麟趾之德，後人豈敢？故漢儒言經，其所動心者，經緯是也，制度是也，筆法是也，名物是也。以宋明言經，則百世可知者，唯天道人情而已矣！故漢儒説經，以一經一家爲大本，然後包舉群經，以爲一代之制可也（規模有不同，今文重大義，古文偏制度）。而宋明固不信一家之説，亦曰六經皆通而求其道，欲爲萬世開太平也。故宋明之立大本，謂明理復性也。

漢儒多形而中，蓋介乎上下，象事知器者也。雖先師法於經文。然則師法者，形而上也；經文者，形而下也。漢學介乎中，見於器，故經學本非所守，而守之莫嚴焉。宋明好道。道者本爲經學而發，以求乎聖賢之心，其賢者，既得道焉，以抱其器。而不肖者，未足其器，先躋其上。故漢學之末流，尚能傳經。理學之末學，不足言經。竊謂理學至於狂禪，然後知返乎經訓。漢學窮於解詁，然後歸於玄意。此學術之大概也。

鄭學雖繁，不過語人周禮如何，供采擇耳。公羊雖簡，功夫卻在時事上，損益質文，以承三正，周公不必法，秦制不必去，唯義所在。故鄭學繁而易知，公羊簡而難盡。但以公羊言時事，質文之辨，不得不資於鄭學。

學　理

學理何在？今文以家法，直承素王也。古文以禮制，先王典册也。以今文言之，夫子删定，即理之所在，餘無足論，論亦不雅。古文則史，雖夫子，論之矣，其失已博。則爲學日益，能消者息，玄學其消也，理學其息也。然則今文尚師法，古文尚訓詁者，蓋以爲直承先王素王，其合外内，不待辯也。自古文破其法而失之煩，玄學惡其博而移其例，則先王素王遂祧矣。則非聖非王，理據何在？故先有朱子博學反約，後有陸子問其本體，亦不得不然也。蓋聖王既祧，或失則外，或失則内，中庸不可能也。

朱子曰：物理既窮，吾知自致。象山謂：本體不立，徒功外索。蓋三代無外内，夫子而後有仁通。漢學亦不論外内，而朱陸有所不安矣。竊謂：心非内也，人人自具而異者也；理非外也，人人所循而同者也。好理者，其實尚同也。明心者，在乎自具也。人各有體，所履則同，物以類聚，情亦不齊，是以先王有禮樂焉。人必感物，故干戚羽旄以感，禮樂不可謂外也。公家之利，則知無不爲曰忠，義理不可謂内也。惟禮崩樂壞，忠信爲薄，朝廷無制作之美，百姓失進退之局，是以外内分而上下手也。苟無禮樂，苟禮樂不足以動衆，則内外猶畔，而本體無從矣。然則宋明之弊，在無先王素王之極而先儒之傳，必人人自道，而莫可道人也。況今日海宇既開，自道而必欲道人者又多之矣！必窮諸理，或求於心，適不足協好惡也。

朱子道問學，陸子尊德性，朱子則博學矣，陸子則明辨矣。而心學至陽明乃顯者，以象山言理言道，質之者耳，非作之者，心學猶未得也。至皇明建極，然後士子莫不以此心可道，知無不爲，乃有陽明挈良知之旨，而本體灼然矣。此非陽明善辯，時使之然也。然則立本體者失之狂禪，窮物理者惑於虛無，奈何學問良知，莫可以已？曰：亦時使然也。故予謂朱子陸子，猶宋學也。明之理學心學，皆明學焉。

今文制作，古文明禮，蓋凡人能學，未必天也；凡人自立，未必本也。是以子曰：先王以承天之道，以治人之情。天道近乎明理，人情近乎立本，而凡聖各因才而篤焉。能大者上，能小者守。蓋有王者立極於大，則手足自能得之，小大由之，不中者亦不遠矣。

宋明之學，生猾夏之餘，因二教之萃。朝廷無復土宇，鮮能制作；士生耽美辭章，況能學古？唯二三夫子，發先師所不言，漢儒所未習，以行之禮制叢脞，而氣質夾雜之時，尚亦難哉！然則學既乏古，雖曰天理，雖致良知，而凡夫焉知夫子之傳？則不安理者求諸心，不安心者求諸理，或任人以心，或求人以理，或心理不別以責人，或理心不辨以自安，伊于胡底？夫佛老之有空無，清真耶穌之有天主，尚一之不貳。唯我聖門，宋明以降，必曰一之，實則二矣，嗚呼！至於言入心而不問人心安，講章句而唯恐人博學，又不知心耶，理耶？

窮理者盡其學，立心者行其志，宋明則彝倫尚在，去古未遠焉，故亦學古入官，憑心論理，工夫到處，亦足以發。至於神州陸沉，蠻夷猾夏，則名在實非，冠履倒置，惡足以發之？則今之業宋明者，縱不必潛心古禮，亦當以大明集禮、大明律、朱子小學、通鑒綱目張本，然後慎言天理，好生用心是矣。

以朱子而極言之，虛靈不可恃也。以陸子而極言之，工夫不可恃也。然則所可恃者，王與聖而已。王與聖不世，則從先王之法，春秋之制而已。此非推論，史實耳。陸沉至今，諸學者是何氣象，諸君末之見乎？非才不美也，無所措手足然。

今則上不能明周公之心，夫子之志，中不能守先儒之訓，傳記之微，下於紫陽之學，僅取己意；於大明之法，置若罔聞。則惡乎儒者之風？

朱子以問學同人，陸子以德性自立，亦自有同異外內之合，故爲千年不替之學。蓋問學尚文，有流派之異。德性用質，復虛靈之統。朱子之天理，萬物所同然者也。故至於物者，非外求也，反其所自生耳。天地即理之所存，人秉天命而生。明乎萬物所同，即明乎我之所立矣。故朱子之學，實無內外。論者詰曰：既曰所同，何不求心。朱子學則曰：天理則同，氣秉則異。同，故求乎天地非外也。異，則求乎虛靈非正也。蓋天理之蔽，以問學言之，百家紛紜是也；以稟賦言之，氣質清濁亦是也。以爲己之論，則曰格除人欲可也，以問學言之，則整齊百家是也。百家不齊者，其實氣質不同耳；氣質有別也，固有百家興替之曲。故二者似異而實同也。然則朱子以問學求所同，是立乎似異似外，以同乎大同大內者也，是以成其格局。心學之本體，人人所秉受者也。故陸子所謂尊德性，只在血脈上感移他，所謂與民同處而已。故陸子伎倆，先立其大者而已。陽明子曰：無善無惡心之體，有善有惡意之動。蓋天理人心所同者甚簡，而善惡見乎知行而已。故心學理在虛靈，而功在日用，則學理可異，德性則一。難者嘗曰：功夫不到，氣質不除。心學則曰：所謂理一，必以簡能，易言其變，龍謂其神。德性所立，何妨分殊？若夫學之支離，是功在氣質，非在本體。若夫人情世故，亦理氣所結，立本者理一而氣定，使氣者多事而無心。故此心在，諸事皆理，理亦自見；此氣在，則雖聖賢語錄，不亦多端？故功夫可異，德性則一；天理雖一，由來則異。然則心學以德性成人，是其天理貴簡，而功夫可大，故立乎似同似粗，以通乎大分大功。嗚呼，聖王既沒，師傅已絕，不資乎周孔以成己，而猶能以成性之德者，莫大乎二家也。朱子欲全乎二說，陽明作晚年定論，則觀其大者，取其性理，是善學者也。末學以尊德性而求同，道問學而立異者，則二家之罪人也。以同求同，人將不堪；以異立異，學必不古。且同以求同，則不容問學矣，是言天理而背朱陸；

以異立異，則不容德性矣，是稱功夫而蔑聖賢。前者宋明之清客，後者滿清之賤儒，而今諸君將一任一聽之乎？

又：今文以師承，古文以古制，皆經學也；理學以格物，心學以德性，皆理學也。天下事，經學與理學參半。必則古昔，經學也。慎思明辨，理學也。周漢亦有理學，宋明亦有經學，各自致曲而已。必曰性理然後理學，則理學褊矣。必曰注疏然後經學，則經學盡矣。

經學者，先王素王之範式也，不假理學，不能明體達用。理學者，聖王既没，世事陵遲，學者追既往而復三代也（通三代以言道，是宋儒不足漢儒處，亦宋儒之不能爲漢儒處。雖然，無謂理學唯有性理），不假經學，亦不足以定是非（如朱子論喪服事）。故經學之期乎理學者，致用也。理學之繼以經學者（曰繼者，繼明儒之志古學也），建極也（本體）。

今文、古文所不同者，三代改制質文也。古文主禮而守常，今文行權而通變。是以撥亂反正，今文之大功也。必則古昔，古文之墨守也。故興起莫若今文（漢初、當代是也），而不足守成，故繼之以古文。禮制莫若古文，而變通不足，故繼之以今文（陸沉後，乾嘉之學變而爲常州，變而爲改制，亦可爲比）。然則窮經而不變，不足言今文，變而無法，是不學古文也。古文亦有變，周公制禮然也，故周禮有盟誓，左氏稱文襄，唯不若今文之達耳。五胡亂華後，質文之變，反爲一依漢唐，則今文不足言也。三代既祧，周爲具文，則古文不足用也。然則古文之學，得存於史家、雜家；而今文之識，必爲儒林之避諱。二家中絶，本不足論。托二家之先王素王之道，於是乃斬，是學術之大變也。

漢武，今文之功也。新莽，古文之慚也。然則今古文者，莫不爲天下建極。故今古之爭，亦萃於春秋、周禮、尚書，蓋治道所出也。又漢時經學政事非若涇渭，若太史公之繼春秋，蔡中郎之訓名號，未嘗以古今懸隔也。康成主周禮，亦赫然漢學殿軍，其出乎公羊、大傳，不違春秋之志也。何邵公粹然專家，亦博覽群經，間取王制明堂之流，亦漢學風骨。鄭子又的然清高之人也，深衣幅巾，以爲宋學表率，其子赴義而死，其孫述道短折，是其教法得當，非徒辭章也。至於魏晉再篡，讖緯爲禁，而公羊之授受敢復言乎？夫三代之伐，封建時代，地廣人稀，故不敢違天，而享國長也。至於郡縣時代，篡權得政，腥聞海内，孰能無忌？或外强而短折，或内苟而彈壓，不正之統，不出此類也。然則三正之説盡空言矣。又公羊最忌世官，而魏晉以世官竊位，賴世官幸存，則公羊惡乎行於斯世？自王莽之敗，而古文制作殆可疑也。魏晉以降，則公羊微言亦不得矣。是以禮學不得不竟於喪服，而性理不得不讓於佛老。蓋國則島夷，君則獨夫，臣則世官，而漢家制度不行，漢學何以能存？豈二氏玄學之過與？自茲以降，兩京榮耀已去，漢學制作皆亡，嗣後之儒學，鮮有能治者也。

今文、古文，一質一文。古文善守，氣質（志意）則不足，陰陽分然也。故漢古文之勝，偶於今文也。至於今文成諱，則與古文偶者，前之玄學，後之佛老也。昔者今文之偶古文，以天下之大志也。而佛老之偶古文，以虛靈之崇信也。然則古文非無天理性命也，以宋明之偶觀之，則不見其志意也。既見古文之不足，而思以偶之，則五胡之後，亦不得不失於虛靈也。欲言三代，而三統不得言之；欲言心志，而恩疾不欲言之；是今文之不得不亡，而古文之不得不失也。

雖然，理學以心學收之者，非以歧出，蓋以成之也。失偶之古文，不得偶於王制，得偶於自修而然也。則無心學之頡頏，非理學也。無古學之收攝，亦非理學也。後者象山獨推古注，陽明重疏古本，而明儒若何元朗、張天如，皆道古學。前者，則戴東原之謂以理殺人者，其不見心學乃爾。則理學無心學之比，或失慘苛；無經學之統，流於支離。朱子遍注群經，欲合德性，故爲理學之大宗。後之宗朱者衆，而德不及者，或乏經術，或無心學故也。若夫述陸王而又不及者，良知之發，不假理學、古學以正之，亦非陸王所知也。然則人云朱子，而不知朱子所由來。人云陸王，亦不知陸王所由來。況能反本乎？

經學者，以宋明觀之，爲天理人情之收攝也。學經學而不收，不如無經學也。學經學而欲收之理學，則得魚忘筌，非理學之義也。然則善乎理學者，自當立乎經學理學之間，以經正心，以理正行，然後不失理學之出處去處也。此明儒之義，而未及發者也。

理學自收爲心學，自發爲實學，亦晚明之義也。然則理學非始於關閩伊洛也。公羊曰緣心，穀梁曰成志，禮記曰心安，性理之用也。何曰隱括，許曰貫通，鄭曰整齊，皆窮神知化之謂也。是以春秋返經，昌黎論道，若固有然。而後有尊王發微，大學立本，而范希文公固若先知也。故善以理學觀漢學者，當曰春秋即所以養心，周禮即所以明理。所謂讖緯者，或識於人鬼神祇之名，或明乎堯舜授受之跡，不必輕侮也。至於漢儒多干祿，則漢承秦弊，非制作不足以復三代，非循吏不足以刑亂國而已，豈敢唐突也？且先王典册俱在，漢儒之無言，亦若陸王之不作；古學之博物，固若朱子之問學；飲水思源，良有以也。

宋明業經者亦多，於道學無聞焉。然則經學失於墨守，既無明理之用，亦愧虛靈之宅，則後世目為史家、雜家，不亦宜乎？則宋明經學失於多，而陸沉之經學失於寡，皆不足為古學也。

又：今文、古文，師法尚存之兩端也。理學、心學，師承已絕之二軌也。今文者，以夫子口義，守文字之既成。古文者，以先師訓詁，求先王之史册。蓋去古未遠，先王之史，即後世之經；夫子之義，即天人之理。初無二志，本無二心，故唯先王素王，好識好禮之別耳。理學、心學，皆去古既遠，雖有典册，不足行事，雖有聖賢，不足安心，乃不得不分說天理，反躬求道，不得不然耳。

聖王之義，至安至得也，安故有得，得故可安。唯道有明夷，世有陵替，先王既没，聖人不出，華夏留名，不能成實。則五方之民，不能無物化也。欲安於至不安者，將以無常為安，而冥求之，達摩、佛教是也。求助於至無助者，必曰真主萬能，以宗奉之，則基督、清真是也。至於道家者流，尚可即安於塵世，故無常不若佛家之妙也。神道者流，尚可求助於彝倫，則究極不若景教之勤也。

又：畏有簡書，國初仍有此意，黨之片語，皆曰保證完成任務。然則王道實抽象之物，雖意識形態不同，不違君臣之實也。凡聖賢之教則著相，此佛家常言之，道家仿佛之，理學視若當然，皆非王道本義。

正統、無易道，蓋治國第一要義。善哉穀梁疏言，多賢不可以多君，無賢不可以無君。統有貴於賢也，是曰大居正。中西古今，正之者勝，易之者亡，非凡俗所見也。

漢學重制度，甚矣大哉。國家正則百姓有其正，尚書之義於斯為大。後儒於天下悖逆之時，雖欲正，何如方外之民？亦何怪乎化外之道興焉？予未知左道（借佛家語）之不可辟也，然則左道固不得以言語辟也。爾無會極之制作，是自居方外之民耳，何怪乎外道之勝？爾亦一外道耳！

彼英語國家，雖蠻夷，猶有君臣也。爾等口含天憲，亦知有天子乎？昔者英夷君臣妥協，蓋其君無道而有以道，今曰憲政者也。其臣不臣而實以臣。蓋法夷板蕩所以敗，英夷妥協所以強，是英夷之臣實能臣也。又英夷之殖民，殘毒則然，然而強幹弱枝，亦固有之義。我皇明不征，究亦不正，失司馬之政，而亡於夷狄。則英夷之霸道失於暴，皇明之伯道失於恩，皆非王道之正。而英夷且以霸道自存自強，稍愈於亡國也。當是時也，洋夷本無制度，而制度漸立；洋夷本無格物，而格物漸精。以聖人之道言之，則洋夷之制度格物，皆悖逆教廷而生，罪莫大焉。以霸道言之，則君臣之制漸備，是以無限量焉。嗣後或立元首，或稱主席，國非無君，君令且行矣。諸君以有君之名為君，我以有君之命為君，所謂因名責實耳。昔者洋夷有君無命，或廢於教區，或止於領主，或狃於商團，或失於無吏。陸沉以來，土地漸辟，人口滋生，教戰使民，固若質勝也。漸漸令行禁止，法司漸一，司法漸密，司寇之教也。土地之圖，人民之數，漸無飛灑詭寄之憂，司徒之善政也。是其君命會極也。此後政隨物長，法緣事精，盡其格致，密其廟算，學校由之起，宗教是以興，以能左右四海也。

善言王道者，當見其君臣之制，觀其事物之曲。若夫專指聖賢，則天下豈有自逆聖賢而成事者乎？以彼自逆而勝，是非毀聖賢莫大矣！且君言聖賢，彼亦有聖賢。彼雖毀其古聖賢，亦不妨立今之聖賢。則賢賢相攻，何以為訓？且我之聖賢，我先王所用也。彼之聖賢，我有時王，亦焉不可用？但簡在帝心而已。為學當立大者。

漢 宋 合 璧

今言理學皆在性命，故與漢學相違。其實理學貴在格物，成於天理。鄭學、公羊，未必真周孔，而不知鄭學、公羊，必不足稱周孔。況周孔之制禮，昔者天理已盡。公羊之時事，今日天理流行。抱一以為天下式，此老莊所能，而道學之大忌也。漢學甚分辨，春秋之長也。然則漢學功夫如此，理學且省之乎？

性理者，不過天理之分於匹夫耳。制度精微，則堯舜以俟君子者。以匹夫言性理，雖多，不過天理之一分殊，非天理也。制度損益，則堯舜周孔所傳，萬民分殊之歸於一理者也。今理家徒見先王典冊浩繁不一，徒知虛極靜篤可以不二。乃不知天理之歸一，必陳分殊，然後示之簡。天理之一分，如不能二，已非生生之大德。

設官分職，尚書之天工也。文物制度，聖人之所作也。撥亂反正，夫子所俟，而百姓所僚者也。夫子，聖人也。百姓，天聽也。欲言天理，莫此為急。若夫一人之性理者，苟無忠信之人，則禮不虛道耳。然則君子明性理，成忠信可也。既知忠信之義，則君子之藏脩息遊，當在是非褒貶之大處。

至於性理精義，則理學廣大漢學者也，以廣人之道自狹，無取於天理也。然則漢宋會通，在於格物、功夫、天理。

又今之學者，或竟不知時事，或未熟思其理，或從蠻夷以應聲，或反蠻夷以自道，皆無天理之甚也。且不及時事，何以徵實？不見事上功夫，何以成己？若知天下興廢，見於民俗，經文片言，散在萬殊，然後日格一物，夜明一理，則何處莫非天理之具體，何處莫非經文之流行？必有事焉！

格物及明學

陽明子曰：後世不知作聖之本是純乎天理。卻專去知識才能上求聖人。以爲聖人無所不知，無所不能。我須是將聖人許多知識才能，逐一理會始得。故不務去天理上看工夫，徒弊精竭力，從册子上鑽研，名物上考索，形逃上此擬。知識愈廣而人欲愈滋，才力愈多而天理愈蔽。（《傳習錄》薛侃錄）

案：所論後世，蓋朱子學者耳。然則朱子學者，焉有不稱天理者乎？蓋謂朱子末學，不由當事上可行處見天理，卻於無端處做工夫，是所謂支離也。以格物訓詁言之，朱子訓格爲至，而康成訓來。來者，主於物，無來之，我則知其終始。至者，主於我，固非物外別有一天理，則我必於萬物中擇一物至之。陽明子訓格爲正，爲良知本在我心，物來之，則以心正之。然則理學之險，在雖曰格物，其所格，亦不過腔子裏所擇所好耳，且縱令所好，無端至之，亦未必看得仔細。固朱子必謂格十分，遍格物。則更甚者，末學無朱子之功，貪天理之名，必空立一説，名曰天理，而工夫未下，物亦未嘗格，且自此亦不能格物矣。然則陽明學者，以朱子學言之，則萬物不能一併格之，必則其要，何若腔子裏最近？且心中本來至善，孟子言之矣。則至物當自我心始，心自得，雖不中不遠矣，以之格正事物，亦可免化物矣。固然以朱子學言之，此心雖具天理一體，而工夫未必到十分，未必此物便見得天理，則不得徑謂之天理矣。陽明子亦有見焉，故亦有習心、假知云者。然則理學家雖憂於此，亦未嘗有切實路徑。

陽明子則曰：此心若無人欲，純是天理，是個誠於孝親的心，冬時自然思量父母的寒，便自要求個温的道理。夏時自然思量父母的熱，便自要求個清的道理。又曰：使在我果無功利之心，雖錢谷兵甲，搬柴運水，何往而非實學？何事而非天理？況子史詩文之類乎？使在我尚存功利之心，則雖日談道德仁義，亦只是功利之事，況子史詩文之類乎？（《傳習録》徐愛録）

案：則陽明學之格物，非一日至物既多，而渾然徹悟，以自證天理也。蓋先致腔子裏事，行於父母，行於鄉黨，行於本分（有司）以證之。又非但存腔子裏事，且正之至之於父母，正之至之於鄉黨，正之至之於實業，此則格物有先後有本末，且格一分便有一分可證，便有一分所知，此之謂知行合一也。然則亦陽明學觀朱子學，則朱子學何以證其至物爲真，其十分爲足乎？苟非明誠，孰敢自證？若證以倫常日用，則與陽明何以異，且何必立異？竊謂朱子學亦有求證善於陽明者，該證諸九經也（焦弱侯、顧涇陽言之），此所謂堯舜傳心，孔顏樂處，故朱子亦頗尊古注，以經解經，以禮證經。而陽明學既以知行合一爲證，則知行與經術別爲兩途，故陽明後學，敢發異議可怪之論也。

問：名物度數，亦須先講求否？先生曰：人只要成就自家心體，則用在其中。如養得心體，果有未發之中，自然有發而中節之和，自然無施不可。苟無是心，雖預先講得世上許多名物度數，與己原不相干，只是裝綴，臨時自行不去。亦不是將名物度數全然不理，只要知所先後，則近道。又曰：人要隨才成就。才是其所能爲，如夔之樂，稷之種，是他資性合下便如此。成就之者，亦只是要他心體純乎天理。其運用處，皆從天理上發來，然後謂之才。到得純乎天理處，亦能不器，使夔、稷易藝而爲，當亦能之。（《傳習録》徐愛録）

陽明曰：子以明道者使其反樸還淳而見諸行事之實乎？抑將美其言辭而徒以譊譊於世也？天下之大亂，由虛文勝而實行衰也。使道明於天下，則六經不必述。删述六經，孔子不得已也。自伏羲畫卦，至於文王、周公，其間言易如連山、歸藏之屬，紛紛籍籍，不知其幾，易道大亂。孔子以天下好文之風日盛，知其說之將無紀極，於是取文王、周公之說而贊之，以爲惟此爲得其宗。於是紛紛之說盡廢，而天下之言易者始一。書詩禮樂春秋皆然。書自典謨以後，詩自二南以降，如九丘、八索，一切淫哇逸蕩之詞，蓋不知其幾千百篇。禮樂之名物度數，至是亦不可勝窮。孔子皆删削而述正之，然後其說始廢。如書詩禮樂中，孔子何嘗加一語？今之禮記諸說，皆後儒附會而成，已非孔子之舊。至於春秋，雖稱孔子作之，其實皆魯史舊文。所謂筆者，筆其舊，所謂削者，削其繁，是有減無增。孔子述六經，懼繁文之亂天下，惟簡之而不得，使天下務去其文以求其實，非以文教之也。春秋以後，繁文益盛，天下益亂。始皇焚書得罪，是出於私意，又不合焚六經。若當時志在明道，其諸反經叛理之說，悉取而焚之，亦正暗合刪述之意。自秦漢以降，文又日盛，若欲盡去之，斷不能去；只宜取法孔子，錄其近是者而表章之，則其諸怪悖之說，亦宜漸漸自廢。不知文中子當時擬經之意如何？某切深有取於其事，以爲聖人復起，不能易也。天下所以不治，只因文盛實衰，人出己見，新奇相高，以眩俗取譽，徒以亂天下之聰明，塗天下之耳目，使天下靡然爭務修飾文詞，以求知於世，而不復知有敦本尚實，反樸還淳之行，是皆著述者有以啟之。（《傳習錄》徐愛錄）

又曰：聖人無所不知，只是知個天理；無所不能，只是能個天理。聖人本體明白，故事事知個天理所在，便去盡個天理。不是本體明後，卻於天下事物都便知得，便做得來也。天下事物，如名物度數、草木鳥獸之類，不勝其煩。聖人須是本體明瞭，亦何緣能盡知得？但不必知的，聖人自不消求知；其所當知的，聖人自能問人。（《傳習錄》黃直錄）

案：此以名物度數爲支離之學，該朱子末學之流弊也。其實程朱之學，以懲義疏學之名物度數而起。然則古文學之變爲義疏學，理學之變爲支離之學，非名物度數之罪，蓋質文之變也，陽明子述其義矣。漢學，質也，質在家法，今文家不待言，古文如康成，亦以周禮之制，公羊之義，緯書之跡爲本，然後箋詩說書，思整不齊，亦其家法然。其末，取巧者流爲玄學，篤實者衍爲義疏，皆文過也。宋學，亦質也，雖以家法爲贅瘤，其道統、義理、明辨、問學，蓋於立天理爲極，去章句之蕪也。宋學之義，起於王子雍駁鄭乎？以經解經，自明其義，可謂似之。起於陸啖趙乎？棄古傳，用折中，可謂似之。起於鄭學乎？以禮說經，左右小序，亦謂如之。而宋學之流，或空言天理而不自知，或支離章句以爲博學，亦如漢學之墮爲玄學也。空言天理，則雖經文可非，雖支離章句，亦不過欲自證其天理而已。亦如魏晉南北朝，雖曰禮學興盛，亦不過辯說名義，僞飾閥閱耳，豈如康成之從周禮？

唐荊川曰：讀書以治經明理爲先，次之讀史，可以見古人經綸之跡，又次則載諸世務，可爲應用資者。數者本末相籍，皆有益之書，餘非所急也。

焦弱侯曰：余惟學者患不能讀書。能讀書矣，乃疲精力於雕蟲篆刻之間，而所當留意者，或束閣而不觀，亦不善讀書之過矣。夫學不知經世，非學也。經世而不知考古以合變，非經世也。

又曰：居官以明習國朝典制爲要，衙門一切條例既能洞曉，臨事斟酌行之，滑胥自無所措其手矣。此外，治經第一，詩文次之。

徐保祿論幾何原本曰：有三至、三能：似至晦，實至明，故能以其明明他物之至晦；似至繁，實至簡，故能以其簡簡他物之至繁；似至难，實至易，故能以其易易他物之至难。又曰：易生于簡，簡生于明，綜其妙，在明而已。

又其泰西水法序，分西學爲三：格物窮理之學，象數之學，西人之教。**案**：國朝何俊先生、劉海濱先生，謂徐閣老爲中國哲學中的笛卡爾，謂科學與神學，西洋時未分殊，而閣老能別之者，蓋陽明學分德性之知與聞見之知爲二也。竊謂理學則天理、格物，固有別也，性理、名物，固不同也。唯末學假稱天理，不復有格物矣，其曰格物者，不過把玩自己天理而已。朱子編古禮，訂家禮，皆欲假禮樂以坊化物，然則名物制度之學，固不得以性理代之矣。而末學好求不已，不知制度所以坊民，唯一性理剪裁制度，是以國無定是，民有川決。陽明學之就正者，性理歸於腔子，則天理復可以承天之道，治人之情，而得以徵實耳。於是晚明考據之學興，三教之怨解，亦可求西學之用於彼神學之中矣。昔日讀書，憶利翁謂明人以儒學越在諸教上，爲其基本而已。又徐閣老謂利翁欲學數學，而神學云者非所急。蓋時明儒不以真理定在儒書，故三教合美，西海可學。而明儒所以爲儒者，口雖誦梵唄，身猶在倫常耳。且求於緇黃者，凡人之性命安頓須有神道設教耳，西士修身雖嚴，而性理未如佛老也。故所取於西海者，爲其器用優長也。故徐閣老言：會通以求超勝。

劉海濱先生《焦竑與晚明會通思潮》（華東師大出版社 2010）謂會通派既勝，而師道派如許孚遠、劉蕺山駁四無說，東林派則謂非聖人己心不足以自明，爲免氣拘物蔽，需尊經。顧涇陽曰：尊經云何？經，常道也。且反對陸九淵之六經注我。錢啟新謂存心當行仁與禮，耿橘謂德行便是禮。然則東林派又反對三教合一，反耶教。

焦弱侯曰：禮者，體也。仁不可名，而假於禮以名。又：我有此禮而已。見爲生則歧，克之，所以還於禮也。

李卓吾曰：由中而出者謂之禮，從外而入者，謂之非禮。從天降者，謂之禮。從人得者，謂之非禮。由不學不慮不思不勉不識不知而至者，謂之禮。由耳目聞見心思測度前言往行，仿佛比擬而至者，謂之非禮。

又曰：理即禮也，即中庸也。又：世儒不知禮爲人心之所同然，本是一個千變萬化活潑潑之理，而執之以爲一定不可易之物，而故欲強而齊之。

袁伯修曰：仁義禮知，性之德也。聖門單提一字，即全該性體。如復禮之禮，不違仁之仁，義之與比之義是矣。又曰：己、禮，非一非二，迷之則己，悟之則禮。

我非治明學，以上唐荊川、李卓吾、袁伯修先生語，轉自龔鵬程先生《晚明思潮》（商務印書館，1994），讀之可知經學、禮學之淵源。又何元朗之崇注疏，於其《四友齋叢説》（中華書局，1997）甚詳，而張天如及復社之崇古學，編纂注疏大全，雖文存不多，而蔣逸雪先生《張溥年譜》（齊魯書社，1982），論爲清漢學之濫觴。又今存汲古閣十三經注疏，讀毛氏序，豈不見好古學風？

廖可斌先生《明代文學復古運動研究》（商務印書館，2008）引李空同曰：宋儒興而古之文廢。曰：文必秦漢，詩必盛唐。謂方希直於建文時，即架軼漢唐，鋭復三代。王世懋論明朝法度曰：要難以中世漢唐爲例矣。又錢福爲百川學海作序譏時人曰：名物不分而高談性理，制度莫識而任作禮樂。其時古籍漸刻，如楊石淙有五子書序，蓋序鶡子、鶡冠子、子華子、尹文子、公孫龍子。又穆文熙、李空同亦序戰國策。然則皇明好古復古之風，古學禮教之旨，良有原委矣。

古學，張天如以稱注疏之學，並以合編注疏大全踐行之。其源頭，尚可追溯至於何元朗、楊升庵、歸震川、王浚川等。或指注疏爲旦要，或行編纂之功，或博通古學。又若王清瀾之參與十三經注疏編纂，汲古閣之重校注疏。若魏莊渠之周官沿革考，孫子雙之古微書。此皆漢學之濫觴。然則明儒氣象，自是博采眾長，不拘門户。此當考證流傳并發揚者也。

周禮學舉要

一、闕文。周禮之闕，不獨冬官與夏秋闕職也。尚書周官，王制皆有三公，而周禮無之。然而地官司徒序官曰：鄉老，二鄉則公一人。鄉大夫，每鄉卿一人。又無其職，故大明柯氏，有元丘氏，皆以爲三公論道經邦也。然而經不言之者，蓋闕文也。又大宰、小宰制官署；地官小司徒、鄉師掌其屬之廢置；然則餘四官，其自辟與？聽天官與？必有闕文也。又土均爲上士，而和邦國都鄙之政令，匡人、撢人爲中士，其屬各十六人而已，然而巡行邦國，其間必有缺損錯簡也。觀地官之密，足知周公致太平之書也。然而荊公行之不勝者，闕文斷義，不能諧行，是其義理不精也。然則治此經者，可不參考時政，以補殘文乎？

二、兼官。大明郝氏曰：小宰以下職六十有三，其人三千八百二十有一。又大宰一職而用人至三百一十有三，是書之作主官人，欲以官該天下事。不知官多事愈擾，徒設官以分事，不擇人以任官，未有能理者。然則先儒以兼官解之。若夫夏采，不過招魂一用。若夫射鳥氏、羅氏、蟈氏，民間本自有貢（閩師），又從而捕之。周家士夫皆射，四時天子田獵。又奈何妖鳥爲多，尚需蟈蔟氏、庭氏主之？是知官以事言，本不必備；其府史則庶民在官，亦不過官田而已，與庶民不差；而胥徒則民之徭役，本不破費。蓋周時農、教、兵、刑、政、禮本不相分。故處士則躬耕，徵役則勤勞，召辟則入仕，任事則出謀，國難則操戈，返鄉則正教，其行之一也。荊公之時，清流濁流，涇渭分明；務農入仕，霄壤之別；故民不堪其擾也。然而周禮官吏雖多，使事浮於人；荊公新政循舊，使人浮於事；是未見其本也。

三、補亡與全經。自大宋俞壽翁作復古篇，而補亡周禮之說，於明爲盛。蓋周禮本字闕疑，而儒者方欲資制，不能不周全立義也。竊謂周禮雖言周制，而作於六國（何邵公，今張亞初、劉雨先生以金文證之矣）。其分六官，亦未必如郝氏所云；周禮法天地四時而有六官，然則天地之運成於五。且四時唯冬無事，造作皆有地官，故冬官不得不缺。然則百工器物司空不得不任，而就非設官之屬，故考工亦不得不補。**案**：且以經文論之，內司服、追師屬天官，而司服屬春官，弁師屬夏官。天官世婦掌祭祀，而春官世婦亦主祭祀。春官御史而曰贊冢宰。春官司常而曰贊司馬。又養牲一事本爲禮儀，而天官、夏官、秋官皆養之，獨春官主禮，但養雞養龜而已。先儒或言官聯，或皆五行。竊恐六官之分，本無定論。蓋官事雜多，如甸師本掌藉田，因之受王晉，因以刑大夫。司門、司關本爲關鍵，然而商旅所經，是以爲廛取稅。就如亡國之社本主土谷，然而聽陰誦。先儒亦言之，各官有所本，有所兼，有所聯，是以漫延相和，勢所當然。於是宋明以來，借規劃六官以表彰事本，良可長思也。如有元吳草廬，以地官純爲教官，其掌土掌民之事全畀司空。則讀之豁然清新，深感爲教之諄諄也。然而明儒皆言之，地官主教，則不能不牧民而後教之，牧民，則不能不辨地利而後牧之，是以地官必掌土掌民而後教行也。是其略具事制曲防之心，不圖空想矣。有清以來，必斥補亡說爲竄亂經書。然若郝氏主三禮無闕文，以攻康成錯簡論，又非清學所肯認。然則各家自有觀念。倍經任意，今文固然；錯簡誤字，康成所啟。孫氏正義，非鄭學也；周禮政要，直西學耳！經學之道，本在事功，何必章句之拘也？

四、田制、賦役、兵制。宋明以來莫衷一是，蓋見什一而稅，公羊之說深入人心。然而周禮民分九職，物從九貢，地分三等，家有小大，役有疏密，地從遠近。是以漢家制法，遠近亦所不同也。有清孫氏以西洋論周典，而倡人頭稅、印花稅、普遍兵役之鄭說。事雖異域，而通中古，真所謂禮失求諸野也。竊謂周禮，郊外以至畿疆，皆六遂也。然而六遂者，以萬兩千五百戶言也。則六遂之口，與方圓百里不異。見當時地廣人稀，是以一家百畝，雖有世臣環顧，不虞兼并也。後世田制，非無善政，蓋有豪強也。後世軍政，非無吉士，失諸綏靖也。縱有井田均田，府兵軍屯，民賦不加，商稅從簡之論，亦何益也？詭寄飛灑，狼狽爲奸；鹿皮貂帽，尾大不掉。至於陸沉，非天子不仁，蓋賤丈夫無恥也！今人之讀周禮，亦仿孫氏明訓詁而考時政，則庶幾先王之心也。

五、辟屬。大明王氏昭明曰：羣吏之廢置誅賞，皆各屬長官自專之。觀鄉師歲終考六鄉之治，以詔廢置。大比則考校察辟稽器展事以詔誅賞。乃各官之著例也。夫然則大僚務以求賢爲急，而必明于其官，百揆不侵，百官府之權使得精于用舍，此其大小煩簡所以各得其職。後世百官皆考選于吏部，豈爲長官者不能知其屬吏，而爲吏部獨能詳其各屬？各部之官皆不可信，獨吏部爲可信耶？是所謂舛也！**案**：蓋明儒見當朝之弊。然則屬官之考，四官所無，闕文難察也。李大經曰：太宰施典於邦國，其命卿，大宰制之。其餘則夫命者以聞，不命者則不聞，此外官之法也。都鄙，則宗伯九儀之命，曰六命賜官，又周公以蔡仲爲卿士，亦假之自擇其長也。然廢置祿位皆大宰掌之，是假之不盡假也。王之大夫四命，則大夫無私官。同伯之命，擇長而已矣。外臣不命者，從其長自擇而以名聞也。總之，長官須朝廷擇之，長官之僚佐則自辟，但記名而已。**案**：最爲允當。竊謂自辟小吏，不拘出身，而循吏積能而進，是漢室所以盛也。而國朝之弊，則徵辟雖考出身，而進退權在上司，未有吏部綜名核實，是以上下植黨爲奸也。則李氏所言，勝王氏也。

六、理財。《周禮集説》：周之三府今分爲四，凡天下金玉之物皆歸之奉宸，山澤鹽鐵之賦皆歸之内藏，以爲天子私藏。其它泛常所入，一歸之南庫，謂之宰相兼制國用。至於天下户口租入，則歸之户部。所以户部多做不行，只緣分散四出，權不歸一，所以今日財用漫不可考。又：大府至外府只爲朝廷管許多財賦，而會計支用皆不與焉。先王措意甚遠，自後世看來疑若利權散出，漫不可考，所以設官皆并合之，凡會計之事，皆司農之屬官。如唐置三司，使凡山澤之利盡歸於鹽鐵使，凡財賦之入盡歸於户部，而度支則會計之。故三司只設副使，而三司使爲之長。雖説别設官而相稽考，然已是三司使之屬，已非先王之意。王昭明曰：平天下在用人理財，宰臣當務大體，而國計唯至纖至悉乃能周知，此萬命鯛鯛之所賴也，故設司會爲計官之長，主考天下會計，以贊冢宰。唐以宰相判度支，是冢宰自行司會也。後世理財歸于户部，是司會爲大司徒也。漢蕭何爲相國，張倉爲計相，其古之遺意乎？今日國家財政分爲各部，又有銀行、股市、國營、私企、外資之别，然而權歸地方，賣地窮民，賣廠傷工，紛紛賣國求榮。又今日經濟極爲隱蔽，名曰中華，而外資控股；稱曰創匯，實作嫁衣。今日固無天子私庫，然而買辦洋奴，盆滿缽滿，然而國家竟無計相！外資操盤股市，控股銀行，而莫知誰出！持米國債券，購外資濫股，而莫知誰何！將免南宋舊事乎？

七、治中。古今異制，言乎宫中，則聞者必笑。然而今日豈無貴游？古者宫正、宫伯、諸子掌凡國子之政也。國子者，王之庶子，公卿大夫之適庶子，士之適子，及鄉遂大比之俊秀也。今日言之，則以高幹子弟爲主。然而古之子弟，名在宫正，役於王家，教養於師氏、保氏、大司樂、大胥。國有事難，則守公宫下宫也。宋明以降，大學之政，取代漢宫郎官。然而儒者猶念國子之守，以其出身權貴，縱非顯宦，亦是豪强。若不與太子遊學宫中，相規正道，則不免石厚之禍矣。方今之高幹，權貴如古；而藏名百姓，壟斷商邦。國人尚莫知爲誰，而彼人已卷資海外。則爲其父兄而當朝者，究爲中國人耶？外國人耶？難免首鼠兩端。有其事，當立其名；雖除其名，能滅其事乎？讀周禮者，當深思也。

八、制衡。大宋葉秀發曰：太府爲財官長，僅有下大夫二人。司會爲會官長,乃有中大夫二人,下大夫四人。掌財何其卑且寡,會財何其尊且多也。蓋分職以受貨賄之出入者,其事易。持法以校出入之虛實者,其事難。以會計之官,鉤考掌財用財之吏,苟其權不足以相制,而爲太府者反得以勢臨之,則將聽命之不暇,又安敢校其是非,不惟無以遏人主之縱欲,而且不足以防有司之姦欺也。今也以尊而臨卑,以多而制寡,則糾察鉤考之勢得以行於諸府之中。**案:**又小吏不會王后世子之用,葉氏曰:夫百官有司平時既惟其命之是供,歲終又拘於勢而不會王后世子,若可以自便而自取矣。今以太宰執九式之法臨乎其上,一毫一縷動皆九式之是。聽其取不至妄取,聽其供未嘗妄供,雖曰不會而實無待於會也。**案:**蓋卑不可以臨尊,先王制禮,不違物性也。今之制官,雖曰三權分立,實則了無制衡。但凡行政、司法、監察,一地之官,皆屬平級,奈何執法?不若大明御史,以七品之賤僚,在外則五品如其僕役。然後調案卷,對證詞,方有所曲處。

　九、民治。周禮九兩之法,宋明以降,皆非鄭注。要之,則以師儒爲鄉間德表,主吏爲基層小官也。《周禮傳》冢宰九兩:師曰:兩猶耦也,所以協耦萬民繫聯綴之,使不渙散。先王能以天下爲一家,中國爲一人者,有道以固結其心耳。《太平經國書》保治:或問九兩之中,曰牧者,君也;曰長,曰主,曰吏者,官也,彼其分君之職,居民之上,凡可以助君而得民者,固其分也。有如師儒之間,宗族朋友之際,山林藪澤之豪,豈常有位於朝,有祿於國者邪?而均之曰得民,與牧、長、主、吏並立而相參,何也?曰:此先王防患之深意也。夫千里王畿之外,公侯而下,伯子男而上,其君皆牧伯也。千里王畿之內,近而鄉遂,遠而都鄙,其官皆長吏也。三等采地之間,卿之有邦縣,公之有邦都,其人皆主也。牧伯皆有分地,則其地大,有以服民。公卿各有采地,則其利入,有以得民。長與吏雖有祿而無地,然既食其祿,則民亦有以尊其貴;既專其政,則民亦有以悅其治。蚩蚩之民,其聚必以類,其分必以羣。不爲之兩則渙散四出,而其勢不可合矣。是以牧長主吏,先王各使之繫其民,而聽其兩,不可縱也。不聽其兩,則其勢將至於渙散;聽其兩而從其得民,他日有懷詐挾邪之諸侯,傾側擾攘之士出於其間,則逆節之萌,禍心之包藏,其將何以制之?先王於是有師儒朋友,宗族豪富之兩,以參互於其間,是九者相與爲兩,而後邦國之民有所耦合,有所耦合,而後有相訓相保相及相共相利相安之道。昔者孔子、孟子,以布衣匹夫,而衣冠禮樂足以師表一世,其門人弟子不遠數千里而從之,雖饑寒流落濱於死而不去,此師以賢得民也。庚桑子居乎畏壘，而畏壘之人相與尸而祝之，社而稷之；陽城居於晉之鄙，人薰其德，而善良者幾千人，此儒以道得民也。商之七族，宋戴武莊之族，齊諸田，楚懷屈，率以強宗大族，更相維持繫，屬人心；若漢郭解之游俠，輕財重義，出萬死一生以救人之急，而任之事，則民心爭慕，而惟恐或後；蜀卓氏、孔氏，程鄭刁閒之徒，占山林藪澤之利，殖貨累鉅萬，而富比封君，隱民皆取食焉，此三者，以族、以任、以富而得民也。九者各有以得民之心，各有以聯民之族類，相悅而相附，相制而相持，故彼動而此禁，一萌則一握，先王經理邦國之大意，隱然可見於此。後世王制不明，是九者雖未嘗不兼有，而爲治者不知也，徒爲之牧長，爲之主吏，而所謂師儒朋友，富家大族，未嘗過而問焉。是以越雪蜀日，吠噬狂走，上之人不以爲意，而師之得民者廢。溺冠騎項之餘，俳優侏儒，爭以儒爲戲，而儒之得民者廢。禁游俠，破黨伍，而朋友之得民者廢。誅鋤強宗，遷徙大族，嫉惡州縣之富室，而宗族豪右之得民者又廢。五者盡廢，而牧長主吏雖存，又皆割人以自奉，役人以自安耳。州縣之守令，大抵以辦財賦爲職。而得民之道，百郡千邑，無復一人經意矣！秦漢以來，牧長主吏之間，如有番令。吳芮南海尉佗才得江湖嶺海之人心，遂起而王其地。魏其武安以招致賓客之勢，而傾動天下。吳王濞擅山海之利，賦不及民，拊循招納，而山東七國之變相某矣。士不考論後世之變，而能見太宰九兩繫民之說，則孰知先王防患之意深？然而今之中國，視民如仇。民國搞鄉治，國初搞公社，而不顧宋明七百年來鄉約民軌。改革之後，則村村單幹，公社之合耦亦蕩然焉。教育雖曰官辦，而財政爲限；教師雖比公務員，而待遇不及。公立學校不能育人，民間辦學又不正名。橫行中國者，唯權錢而已，坐視民族一盤散沙。當年宋明儒者，道不行於廟堂，則自存於鄉黨，庶存正道於一隅。然則今之學者將奈何？

　　十、市政。觀內宰立市，地官司之。又檀弓：歲旱，穆公召縣子而問。曰：天子崩，巷市七日；諸侯薨，巷市三日。爲之徙市，不亦可乎。徙市者，移市於巷，便民也。見周人甚知市場之用。而司市之政，曰：亡者使有，利者使阜，害者使亡，靡者使微；曰：國凶荒札喪，則市無征而作布。以今日觀之，靡者使微者，價格政策也；作布者，貨幣政策也。蓋凡爲民利者，王者無所不用其極。今之學者，則必爭計劃經濟、市場經濟之格局，而不顧富者侈靡，貧者束手。於是國家好惡無節，而阜通不行。予觀周禮，則有行商坐賈，阜通貨賄是也。有賈師掌市,相名實保質量是也。又有王制助王觀民好惡,儀禮輔成嘉禮。先王用商賈亦極矣。然則今日非用商賈也,爲商賈所用也。

十一、選舉。周時鄉遂,三年大比,以興賢能,大夫賓之,天子藏之。又長官辟屬,自主徵召;歷年德顯,爵先故主。則宋明雖在科舉之世,尚心慕之,蓋有美玉於斯,望人知之也。今之國家,廣建大學,碩士博士,濫竽充數,然而國家亦視如土芥。便有一二顯官賞識,又須學歷身份,莫能用之。則國家雖有院校,不過牢籠人才;雖有選舉,不過敷衍了事也。

十二、心性。今人論心,皆勦理學語類而已。然則語類者,勸誘學生之話而已,焉可爲治國之基? 理學家注經則不然。若雜說:爵祿者,屬世磨鈍之具也。古人制爵必以德,制祿必以功,蓋所以抑夫人僥倖之心,而作其進德興功之志,固不容以濫授也。然有當然之報,亦有特厚之恩。當然之報,固人臣所宜得也。人或視之以爲常,而無激昂自奮之志,惟有特厚之恩,以神其機於不測,則所以鼓舞人心,而使之奔走於事功者,又寧有已耶? 此八柄予以馭幸之深意也。葉氏時曰:其云均節何也? 均者欲其多寡豐殺之得其中也。均節者,人情之所安。苦節者,人情之所厭。安則久,厭則易窮。然則以均爲節,其又聖人所以節財之道歟。明齋王氏曰:蓋大事而弗從其長,則政出多門,小臣橫而大臣無權;小事而不專達,則大臣親細務,以多事自敝,下僚賢者不得盡其才,不肖者得以推姦藉口。二者皆非也。王氏曰:徒善不足以爲政,則制治必有瀘。徒瀘不能以自行,故行瀘存乎人。先王建六官而授之以瀘,其瀘則有六典焉,其官則有六職焉,典爲署,職爲詳,署以立其始,詳以成其終,此六典六職所以相因爲用也。王齊日三舉,潛溪鄧氏、明齋王氏皆謂不舉。芸閣呂氏曰:仁者以天下爲一身者也。一氣同體,天理之所自然也,非引而譬之。今吾有是身,無尺寸之膚非我有,故無尺寸之膚不愛也。疾痛痒疴,所以感吾憯怛怵惕之心,非有智力與乎其間也。以天下爲一身者,一民一物莫非吾體,故舉天下所以同吾愛也。禹思天下溺者猶已溺之,稷思天下飢者猶已飢之,非猶已溺之飢之,天下之溺與飢,是已親受之也。南軒張氏:誠以人心易動,貴驕易溺,處其極而無所畏憚,則其可憂將有不可勝言者。是以古之明王與其后妃,相與警戒而不可忽乎此也。魏氏曰:僞者,外有所爲,喪其天真者也。情者,中有所感,離其天性者也。禮所以節其僞,使不偏;樂所以養其情,使不淫。潛溪鄧氏曰:德與行並言,欲內外兼舉;

道與藝並言,欲精麤一貫也。媒氏。王氏曰:按程子云:取失節者以配身,是已失節也。此云司無夫家而會之,非歟?夫天下之人,上智寡而中材衆。一與之齊,終身不改,固女子之節。苟盡責以此事,則失所者必多。且非貞節之人,徒使之不嫁以避失節之名,則其陰至於敗俗,必有甚者。故聖人於牧民之政,而開爲此灋,所以待中人其娶之者。即孟子所謂娶妻非爲養,而有時乎爲養也。

讀戴東原《孟子字義疏證》

東原疏證,徒論心學同於理學,而不及救弊,亦可怪哉。量海堂謂理學爲漢學歧出,心學爲理學歧出,最是的當。明乎此,則無謂理學大不然矣。又戴氏譏宋儒之抱一貞一,實出周易正義,而唐時儒道不分,罪固在唐也。至於戴氏必謂理者,情之不爽,事之條例,而血氣心知,以排宋儒如有物焉之說。噫!昔者宋儒排緯書,而清人因以排宋儒以爲佛老矣!易緯有太易、太初、太始、太素之說,朱子以理在氣先,則太易是也。或謂太易即老子之道,而無之謂也。嗚呼!是以佛老解緯,非緯書自云也。謂之太易,以謂易之理然也。易有三義,非有無之比。易者,象事知器,仰觀俯察,取諸器而上達也。道不以器不能名,器不象類不能盡,是易之道也。然則所謂太易者,謂氣之先,而品物之象,象之理固在焉,然後氣始陰陽,卑高以陳。曾謂宋儒之謂理,非漢儒之謂太易,而必以佛老說理,又以佛老說易乎?至於義理之性,氣質之性,則白虎通既曰情貪而性仁矣,苟宋儒分言爲罪,則白虎觀諸生逃乎?且混言,對舉,特舉,皆有時焉。漢儒多混言性情,宋儒多特舉性情,然則戴氏之情,非混言乎?戴氏之理,非特舉乎?情之不爽,固待五性然後不爽。條例爲理,曾謂合莫獨非理乎?戴氏辨性與欲,道與器,皆惡宋學之支離耳。然則宋之支離,固末學工夫不到,叩其兩端,未能用中也。其謂以理驕人之類,蓋宋學能於士君子,不能庶人耳。然則明儒皆知之,而心學、古學、實學興焉。戴氏生於明後,而特以理學爲的,亦世不繼之哀也。然則此書亦受用,學理學者無惑,參合宋明學,行於士庶人,則自有折中矣。戴氏謂古人多言命,後人多言理,甚是。又謂之由性之自然,明於其必然云者爲命,命即實體之無憾無失。是則至於戴氏,終不能無真宰也,何怪乎佛老有之,漢儒有之,而宋儒亦有之?且謂宋儒以天理非血氣,性非欲,以隔絕於黎庶,然則後之末學，何不可以此無憾無失，條理明辨者，自絕於國族？且夫清人是也！蓋宋儒曰如有物焉，而誘於此物，天理是也。清人未嘗曰物，未嘗通名，而亦有無形而莫呵者，是亦陷於事也。然則宋儒有名而受其過而已。戴東原其漢學乎？曰：其訓詁出漢學，而宋儒亦出漢學。其言說則宋學，而明儒亦嘗宋學矣。視之理學殿軍可也，可資救弊。然則理學固有本，而戴之漢學猶未根。

概論皮鹿門《經學通論》

一、皮氏以西京片言毀古文說，必曰今文有師承，古文無師承（其毛詩、孔傳皆偽造），則何邵公背經任意謂誰？韓詩何以別於齊魯？又何氏母以子貴奈何不同古公羊說？然則皮氏之證古文為偽，頗類現代學術，若曰：古文苟真，奈何先漢不及？毛傳有證，奈何金石不與？掩卷思之，皮氏生乎今日，必將以孔子詩論及金甲文說經矣！然以詩論、論語證之，則孔子時並無詩序若關雎刺康王或文王后妃者。三家及毛，蓋因夫子晚年作春秋，然後以史說詩耳。且詩曰諷諫，則焉知作於何代？苟三百篇不傳，孔子無聞，唯傳曰漢儒以當諫書，則後人將謂漢儒風者乎？然則夫子不言，賦詩斷章，則齊魯韓毛，各自解之，托曰誰作，有何高下？且如皮氏春秋借事明義，則四家亦不過借事耳。孟子有曰：盡信書不如無書，然則孟子豈非鄒人而生孔子後？以鄒之密爾曲阜，私淑聖孫，猶作是說。然則夫子述詩書，而分八之後，一體之辭，未必不博采府藏，亦猶漢儒之好山崖屋壁也。然則時凡先王遺志，莫不可謂書矣。夫子刪述之功，該詩書因以為重，因為有傳，非謂此後諸生但聞夫子，不閱舊藏也。則夫子之功，在為詩書禮易建極耳。又皮氏說易重義，以夫子言之甚是。而誠以金文證周禮，則漢儒以占候風角說易，或非周禮，義實一也。掩卷思之，欲以史爭經，終不過以史滅經耳。然則諸君亦知古文曰史，以史能載經，猶儀禮之儀，周官之制，自能達義耳。設無禮記、公穀解說，徑謂禮經、春秋非經可乎？然則以史學治經學者，不至於滅經亦不得已。良可深思也。

二、雖然，師伏堂所以為經師者，尚信今文，有師承之義也。然以王制為素王制，則西京不言，無根之說也。且皮鹿門康南海可以公羊說之，廖季平亦能以穀梁說之，與康成以夏殷說之何異？又爻辭、儀禮，今文未曰夫子作，何必特立，然後爲尊？祖述堯舜，憲章文武，足稱聖人，何必況古一人，禮加周公，樂過季子，易比文王，詩書自出，然後聖人？且漢儒重三統，說五帝，夫子亦赤烏血書受命，有德無位，亦足爲萬事尊隆。且書大傳亦曰周公踐祚，則兩漢無位而立德者，周公亦其人也。何必作周禮刊鼎彝，然後周公，又何必專六經之文，然後爲夫子？過尊周公，或武庫啟釁，然而過尊夫子，豈漢儒之義？

三、師伏堂兼采漢宋，略見允平。而割裂典冊，改竄經文，亦清人之弊。然則宋之割裂，爲其理一耳，讀者知其一理，亦不妨漢學自有乾坤。惟清之改竄，必掣文字以就私意，讀者不明漢學，則從而和之，則名爲漢相，其實漢賊也。惟有清之學，實不出理學範圍，以經解經一也，以小學解經二也，以六經注我三也。然則理學支離，性理則有心學，經義則有古學，處事則有實學，考據則有清學耳。

四、先生實好義理，有可觀，有不及。若先生不解賁其趾，亦不知禮運本不雜黃老。讀者至此，亦知義理之學，沒身而已矣。至於家法，清今文雖自稱，沒以自專壞之耳。僅舉數例：1.其論行權、讓國、宋襄等事，乃至三統、三世皆是借事明義，黜周王魯亦是借事明義。然則徐疏曰：閔因叙云：昔孔子受端門之命，制春秋之義，使子夏等十四人，求周史記，得百二十國寶書，九月經立。又：昭十二年齊高偃帥師納北燕伯于陽。傳云：伯于陽者何？公子陽生也。子曰：我乃知之矣。在側者曰：子苟知之，何以不革？曰：如爾所不知何？春秋之信史也。其序則齊桓晋文，其會則主會者爲之，其辭則丘有罪焉爾。何故孔子修春秋有改之者何？可改而不改者何？答曰：其不改者，勿欲令人妄億措。其改者，所以爲後法。故或改或不改，示此二義。**案：**然則夫子作春秋，用百二十國寶書，固公羊師說也。夫子於春秋，改或不改，皆有義也。如皮鹿門之說，是以改爲義，而減不改之義也。且傳有明言，有所不革，以示春秋信史也，得無春秋之大義乎？苟事不必實，義不必精，托之而已，則何爲夫子？2.春秋篇曰：獨臣子于君父，不得計是非曲直，所謂天下無不是的父母，春秋弑君三十六，而弑父者三，文二年楚世子商臣弑其君，襄三十年蔡世子般弑其君固，昭十九年許世子止弑其君買，被弑三人，皆兼君父，許止進藥而殺，非真弑者，而春秋以弑書，蔡侯淫而不父，禍由自取，楚子輕於廢立，機泄致禍，春秋亦以弑書，蓋君父雖有過惡，臣子無可解免，以此推之，臣子之于君父，不當論是非曲直，亦不當分別有道無道，臣子既犯弑逆之罪，即人倫之大變，天理所不容。**案：**天下無不是底父母，出羅仲素論瞽瞍底豫（朱子小學引），於宋學，亦不可作的論，況移於春秋乎？且傳曰：葬許悼公，是君子之赦止也。趙盾復見，是夫子之與趙盾也。春秋有實與文不與，論語有既往不咎，董子有可以然之域，周禮有大司馬之政。孟子曰：沈同問：燕可伐與？吾應之曰：可。彼然而伐之。彼如曰：孰可以伐之？則將應之曰：爲天吏則可以伐之。**案：**臣若策名委質，自無弒君之道。如州吁自立，而石碏殺之，則有何不可？傳曰：事君猶事父也，此其爲可以復讎奈何？曰：父不受誅，子復讎可也；父受誅，子復讎，推刃之道也。**案：**然則伍子胥以楚之無道，兼復其讎，春秋稱之。而不以父命辭王父命，不以家事辭王事，公羊以正衛出公之拒蒯聵。然則君父無道，臣子得以有道討之，不得以惡制惡而已，豈曰不別？3. 謂夷狄不必攘。**案：**不與夷狄之主中國，公羊之恒言也。而清人解經不與之背，亦風氣使然，萬馬齊喑也。

五、附：皮鹿門鄭志疏證曰：是其所著書，先後不合，並非有意矛盾，故示參差之迹，學者因其參差之迹，正可考見經學門户之廣，去聖久遠，記者各尊所聞，今古文皆有師承，不可偏廢。又曰：疏家例不駁注，專守一家之注，不欲牽引他人異説，其體例固如是。至因專守一經之故，并注家一人先後之説，不能疏通證明，以其少異而疑爲不可信，則唐人已不知是書之可寶貴，宜其至宋而遂亡佚矣。又曰：唐人宗鄭既專守一經之注，其餘若鄭志等棄之弗顧。宋以後人宗朱，又專守四書之注，其餘若語類、或問有異於四書注而可備參考者，亦復棄之如遺。其所見狹隘不能盡厭後儒之意，後儒起而捃摭他説以反攻鄭君與朱子。又：是爲以鄭攻鄭，以朱攻朱。人但議輸攻者不睹全書，而不知墨守者已先不能折衷壹是。嗜古之士，蓋其閔矣。然則鄭志者，豈非今日所當急治者歟？**案：**鄭志皮序甚是，甚善，可慨今日之弊。恨其《經學通論》、《經學歷史》，挈片語以駁傳，非能各尊所聞，亦乏一家之誠，至今弊仍相沿，而門户不廣焉。其諸鄭君門下，人乃樸略乎？

《左氏春秋》与晚清今古学问题

曾　亦①

刘逢禄,字申受,亦字申甫,号思误居士,江苏武进人。生于乾隆四十一年 (1776),卒于道光九年(1829),年五十有四。祖父纶,官至文渊阁大学士、军机 大臣、太子太傅大学士,入祀贤良祠。其父召扬,无意仕宦,屡主湖南、陕西讲 席,课徒授业。外祖父庄存与、舅庄述祖,并以经术名世,逢禄尽传其学。内兄 庄绶甲、表弟宋翔凤亦善经学。嘉庆十九年(1814)进士,选翰林院庶吉士,改礼 部主事。道光四年,补仪制司主事。

刘逢禄在礼部为官十二年,常"据古礼以定今制,推经义以决疑难"。②嘉庆 二十五年(1820),嘉庆皇帝崩,逢禄撰《庚辰大礼记注长编》十二卷,典章备具, 体例谨严。道光四年,越南贡使陈请为其国王母乞人葠,而谕中有"外夷贡道" 之语,其使臣欲请改为"外藩",逢禄为牒复之曰:"案《周官·大司马·职方氏》, 王畿之外分九服,夷服去王国七千里,藩服去王国九千,是藩远而夷近也。又许 氏《说文》谓羌狄蛮貊字皆从物旁,惟夷从大从弓者,东方大人之国,夷俗仁,仁 者寿,有东方不死之国,故孔子欲居之。且乾隆间奉上谕申饬四库馆,不得改书

---

①　曾亦,哲学博士,同济大学人文学院教授。

②　刘承宽:《先府君行述》,《刘礼部集》卷十一。又参见戴望:《故礼部仪制司主事刘先生行状》(《谪麐堂 遗集》,文一)。

籍中'夷'字作'彝'、'裔'字。舜东夷之人,文王西夷之人,我朝六合一家,尽去汉唐以来拘忌嫌疑之陋,使者无得以此为疑。"遂无辞而退。《行述》称刘逢禄以经义决疑事,"有先汉董相风"。①

刘逢禄为学务通大义,不专章句。逢禄由董仲舒《春秋繁露》而窥六艺家法,由六艺求观圣人之志。逢禄于《诗》、《书》大义及六书小学多出于外家庄氏,《易》、《礼》多出于皋文张氏,至《春秋》则独抱遗经,自发神悟。尝谓:"世之言经者,於先汉则古《诗》毛氏,后汉则今《易》虞氏,文词稍为完具。然毛公详古训而略微言,虞翻精象变而罕大义,求其知类通达、微显阐幽者,则《公羊》在先汉有董生、后汉有何邵公氏、子夏《丧服传》有郑康成氏而已。先汉之学,务乎大体,故董生所传非章句训诂之学也。后汉条理精密,要以何邵公、郑康成氏为宗,然丧服於五礼特其一端。《春秋》文成数万,其旨数千,天道浃,人事备,以之贯群经,无往不得其原;以之断史,可以决天下之疑;以之持身治世,则先王之道可复也。"(《清史稿·儒林传》)于是寻其条贯,正其统纪,为《公羊春秋何氏释例》三十篇,又析其疑滞,强其守卫,为《笺》一卷,《答难》二卷。又推原榖梁氏、左氏之得失,为《申何难郑》四卷。又博徵诸史刑、礼之不中者,为《仪礼决狱》四卷。又推其意为《论语述何》、《夏时经传笺》、《中庸崇礼论》、《汉纪述例》各一卷。别有《纬略》二卷,《春秋赏罚格》一卷。愍时学者说《春秋》皆袭宋儒"直书其事,不烦褒贬"之辞,独孔广森为《公羊通义》能抉其蔽,然尚不能信三科、九旨为微言大义所在,乃著《春秋论》上、下篇以张圣权。又成《左氏春秋考证》二卷,知者谓与阎、惠之辩《古文尚书》等。

逢禄于《易》主虞氏,于《书》匡马、郑,于《诗》初尚毛学,后好齐、鲁、韩三家。有《易虞氏变动表》、《六爻发挥旁通表》、《卦象阴阳大义》、《虞氏易言补》各一卷。又为《易象赋》、《卦气颂》,提其指要。有《尚书今古文集解》(1824)三十卷,《书序述闻》(1824)一卷,《诗声衍》二十七卷。所为诗、赋、连珠、论、序、碑、记之文约五十篇。

逢禄卒后,其遗稿交由邵阳魏源整理。《春秋公羊经何氏释例》(1805)一书为刘逢禄最为重要的著作,稿成二十余年后,逢禄生前曾于道光八年重校,魏源

---

① 李兆洛《礼部刘君传》则称逢禄"虽未肯抗行仲舒,以视嬴公,固有余矣"(《养一斋文集》卷14)。

至是乃将之与其他一些重要的公羊学著作一并结集刊行,曰《春秋公羊经何氏释例》与《春秋公羊释例后录》。其中《后录》包括逄禄重要的一些公羊学著作,如由《公羊解诂笺》(1809)改题的《公羊申墨守》,由《答难》与《公羊通义条记》(此为对孔广森《春秋公羊通义》的笺释)所合成的《公羊广墨守》,由《左氏春秋考证》(1812)改题的《左氏广膏肓》,由《穀梁废疾申何》改题的《申穀梁废疾》与《穀梁广废疾》,由《箴膏肓评》(1812)改题的《左氏申膏肓》。而此外《论语述何》(1812)、《春秋论》与诸通例笺释及诗文杂著,则以《刘礼部集》十一卷结集刊行。《皇清经解》卷1280至1298辑有逄禄主要著作。

一、历史上关于《左氏》与《春秋》之关系问题的诸种争论

《左氏》为《春秋》经之传,抑或别为一史,历来是今学派与古学派聚讼不已的问题。站在古学的立场,《左氏》为孔子同时人左丘明所作,是解释孔子圣经的传,故应称作《春秋左氏传》;而站在今学的立场,《左氏》不过为记述过去历史事实之书籍,不应称为《左氏传》,而与《吕氏春秋》、《虞氏春秋》性质相同,当称为《左氏春秋》。此种争论一直延续至清代,都未得到妥当解决,兹就此问题之由来以及相关讨论作一番厘清。

(一)《左氏》之发现

左氏之学自刘歆以后始大显于世,故其所依经籍《左氏》之真伪,遂成千古之疑问。大致言之,关于《左氏》传本之发现,共有三说:

1. 汉代藏于秘府,为刘歆所发现。

《汉书·刘歆传》载歆《移让太常博士书》云:"《春秋》左氏丘明所修,皆古文旧书,多者二十余通,臧于秘府,伏而未发。孝成皇帝闵学残文缺,稍离其真,乃陈发秘臧,校理旧文,得此三事,以考学官所传,经或脱简,传或间编。传问民间,则有鲁国桓公、赵国贯公、胶东庸生之遗学与此同,抑而未施。"据刘歆所说,《左氏》传本有二,其一为歆校秘书所得,其二早已行于民间,只是抑而未施而

已。不过，经过刘歆的对照，秘府所发之古文《春秋》与民间流传、用今文书写的《春秋》却是相同的。

此处所言"三事"即《逸礼》三十九篇、《书》十六篇与《左氏》。刘歆谓此三书较之学官所传为完备，《左氏》既不得立为学官，那么，相对于《左氏》而言，"学官所传"自然就是指《公》、《榖》的经文。因此，刘歆所认为《左氏》的优点自然在于经文的完备，换言之，《左氏》的经文较之《公》、《榖》的经文多了鲁哀公十五年后的记载，甚至还叙及悼公四年的历史，然而这些多余的记载恰恰成了后来公羊家批评左氏家最有力的证据。也正因为如此，后来的左氏家基本上不再重复刘歆所强调的那些理由。

2. 北平侯张苍所献。

据许慎《说文解字序》云："北平侯张苍献《春秋左氏传》。"这已是东汉人的说法，未曾见于西汉之书。不过，按照刘歆的说法，在其发秘府藏书之前，当世已有治《左氏》者，不仅如鲁国桓公、赵国贯公、胶东庸生有其遗学，而且刘歆本人也是先从翟方进、尹咸而受《左氏》的。可见，若依刘歆所言，民间早有《左氏》之学。那么，后人依此逻辑而比附于汉初名公巨卿，如张苍、贾谊辈，实在是顺理成章的事。此说实际上是对刘歆之说的进一步的发挥，即把刘歆所发现的两个《左氏》本都溯诸共同的源头，即汉初博极群书的丞相张苍。

今学派对此说的批评，或者讥为后人的伪托，或者把左丘明的《左氏春秋》与刘歆所主张的《春秋左氏传》分离开来。

3. 鲁恭王坏孔子宅得之。

王充《论衡·案书篇》云："《春秋左氏传》者，盖藏孔子壁中。孝武帝时，鲁恭王坏孔子教授堂以为宫，得佚《春秋》三十篇，《左氏传》也。"又《佚文篇》云："鲁恭王坏孔子宅以为宫，得《春秋》三十篇，……上言武帝，武帝遣吏发取。"清段玉裁《说文解字序》则否认王充此说。

而刘歆《移让太常博士书》唯言鲁恭王坏孔子宅，得《逸礼》三十九篇、《书》十六篇，而不及《左氏》，那么，即便在刘歆那里，秘府古文《左氏》的来历也没有说清楚，而仅仅强调其与民间《左氏》相同而已。然而，王充的推衍则显得干脆得多，也更为武断，认为古文《左氏》也得自鲁恭王坏孔壁所得。此说明显来自古学家，即为了补刘歆说所未备。

上述三说，皆未足深信，而今所见《左氏》传本，实始于刘歆之校秘书，则断无疑矣。至于刘歆所发书，系其作伪，抑或汉世别有传本流行，唯刘歆所见止古字耳，殆未可知也。

(二) 左氏与左丘明

关于《左氏传》的作者，相传为孔子同时的左丘明。关于左丘明作《左氏传》，现存最早史料，当首推史公《十二诸侯年表序》：

> 孔子明王道，干七十馀君，莫能用，故西观周室，论史记旧闻，兴於鲁而次《春秋》，上记隐，下至哀之获麟，约其辞文，去其烦重，以制义法，王道备，人事浃。七十子之徒口受其传指，为有所刺讥褒讳挹损之文辞不可以书见也。鲁君子左丘明惧弟子人人异端，各安其意，失其真，故因孔子史记具论其语，成《左氏春秋》。

史公之书，不论今学与古学，皆喜引以为据。然就此段而论，古学派以为左氏丘明为孔子《春秋》作传，断无可疑；然今学派则别有所取，如刘申受据此认为丘明非孔子弟子之伦，而不得"口受微旨"，故史公认为丘明所成之书乃《左氏春秋》，而非《春秋左氏传》。至于近人崔适《史记探原》，以为这段乃后人依刘歆《七略》而窜入，当删除。

又，据孔颖达《正义》引陈沈文阿语云：

> 《严氏春秋》引《观周篇》云：孔子将修《春秋》，与左丘明乘，如周，观书于周史，归而修《春秋》之经，丘明为之传，共为表里。

严氏即严彭祖，《观周篇》乃《孔子家语》篇名。案严氏乃公羊博士，而不为右祖之语，所言当可信。然今学家或以《孔子家语》乃王肃伪书，不足信，或以为非真严氏语。如皮鹿门《春秋通论》云："《严氏春秋》久成绝学，未必陈时尚存。汉博士治《春秋》者，惟严、颜两家，严氏若有明文，博士无缘不知。如《左氏传》与《春秋经》相表里，何以有丘明不传《春秋》之言？刘歆博极群书，又何不引《严氏春秋》以驳博士？则沈引《严氏春秋》必伪。"

又，《汉书·艺文志》云：

> 仲尼思存前圣之业，……以鲁周公之国，礼文备物，史官有法，故与左丘明观其史记，据行事，仍人道，因兴以立功，就败以成罚，假日月以定历数，借朝聘以正礼乐。有所褒讳贬损，不可书见，口授弟子，弟子退而异言。丘明恐弟子各安其意，以失其真，故论本事而作传，明夫子不以空言说经也。

班书此段近乎史公《十二诸侯年表序》。又，《刘歆传》云：

> 歆以为左丘明好恶与圣人同，亲见夫子，而公羊、穀梁在七十子后，传闻之与亲见之，其详略不同。

案：《汉志·艺文志》本袭自刘歆《七略》，故班固所论，不足服今学之心。

又，杜氏《春秋经传集解》序云：

> 左丘明受经于仲尼，……身为国史，躬览载籍，必广记而备言之。

杜氏为左氏专家，其偏袒尤甚，故不可信。

而就今学派而言，自西汉博士反对刘歆，认为"《左氏》不传《春秋》"，东汉博士范升亦有类似之语，谓"《左氏》不祖于孔子而出于丘明"，晋王接遂谓"《左氏》赡富，自是一家书，不主为经发"，此时尚谓《左氏》为丘明所作，只是不传《春秋》而已。至唐赵匡，始论左氏与《论语》之左丘明为两人，宋之王安石、陈振孙、郑樵皆祖此说。凡此，皆为清儒辟古学所张本。

(三)《左氏》经师传习脉络

《左氏》出自丘明，此或有据焉，然自此以后，传习脉络不明，故东汉范升谓《左氏》"师徒相传，又无其人"，此西汉博士之所共见，而古文家亦莫如之何也。

至《汉书·儒林传》，乃将《左氏》源流上溯至汉初的张苍，其云："汉兴，北平侯张苍及梁大傅贾谊、京兆尹张敞、太中大夫刘公子皆修《春秋左氏传》。谊为《左氏传》训故，授赵人贯公，为河间献王博士，子长卿为荡阴令，授清河张禹长子。禹与萧望之同时为御史，数为望之言《左氏》，望之善之，上书数以称说。后望之为太子太傅，荐禹于宣帝，征禹待诏，未及问，会疾死。授尹更始，更始传子咸及翟方进、胡常。常授黎阳贾护季君，哀帝时待诏为郎，授苍梧陈钦子佚，以《左氏》授王莽，至将军。而刘歆从尹咸及翟方进受。由是言《左氏》者本之贾护、刘歆。"此说稍有本于刘歆者，歆《移让太常博士书》即有言赵国贯公于民间习《左氏》之学。

唐陆德明《经典释文·叙录》更上推至春秋时之曾申、吴起，其云："左丘明作传以授曾申，申传卫人吴起，起传其子期，期传楚人铎椒，椒传赵人虞卿，卿传同郡荀况，况传武威张苍，苍传洛阳贾谊，谊传至其孙嘉，嘉传赵人贯公，贯公传其少子长卿，长卿传京兆尹张敞及侍御史张禹。"而刘向《别录》云："左丘明授曾申，申授吴起，起授其子期，期授楚人铎椒，椒作《抄撮》八卷授虞卿，虞卿作《抄撮》九卷授荀卿，荀卿授张苍。"此说当伪，盖此后古学之申《左氏》者皆未有引以为据者。可见，陆氏所说实兼采刘向之伪《别录》及《汉书·儒林传》而成。由此看来，《左氏》学的传授，在刘歆以前是不足信的。

刘歆之后，《左氏》之传授始明白可据。刘歆传于贾徽。徽撰《春秋条例》，传其子逵。逵撰《左传长义》及《左氏条例章句》。又陈钦受业于尹咸，传子元；元撰《左氏同异》。又郑兴亦受业于刘歆，传子众；众撰《左氏条例章句》。其后，马融、郑玄等皆治《左氏》。郑玄以其所注授服虔，虔撰《左氏章句》；晋杜预袭贾、服旧注，成《春秋经传集解》，又撰《春秋释例》。则《左氏》学遂分两枝，南北朝时，或宗杜注，或遵服传，互相排击。

(四)《春秋》经传终始之差异

三传所本经文有不同,尤以《左氏》与《公》、《穀》二传差别为大。《左氏》较之《公羊》与《穀梁》,既有续经,亦有续传。《公羊》与《穀梁》之经与传皆至鲁哀公十四年为止,凡二百四十二年。而《左氏》之续经则至鲁哀十六年,多两年;其续传至鲁哀二十七年,又续至悼公四年,较之《春秋》本经多出十七年。此种差异亦是今学派批评《左氏》不解经最为有力的理由之一。

(五)《左氏》不传经

据刘歆《移让太常博士书》,"《左氏》不传《春秋》"之说肇始于西汉博士,而东汉范升谓"《左氏》不祖孔子"亦其义也,此后今学之辟古学者皆颇张大此说。

据《晋书·王接传》载,接"常谓《左氏》辞义赡富,自是一家书,不主为经发。《公羊》附经立传,经所不书,传不妄起,于文为俭,通经为长。"此说以《左氏》与《春秋》二书也。后世公羊学辟《左氏》者,多引以为助。

唐陆淳撰《春秋纂例》,以为《左氏》为史,而不得为释《春秋》经之传。此说以经、史分别《左氏》与《春秋》,又较王接说进一层也。皮鹿门《春秋通论》云:"陆氏自言其所作《集传》,不取《左氏》无经之传之义,治《春秋》者皆当知此义,分别《春秋》是经,《左氏》是传。离之双美,合之两伤,经本不待传而明,故汉代《春秋》立学者,止有《公羊》,并无《左氏》,而《春秋》经未尝不明。"此处皮氏谓《左氏》为传者,非以其为类于《公》、《穀》之"训诂之传",而止为记事之"载记之传"也。

据孙光宪《北梦琐言》卷一"驳杜预"条,唐大中时,陈商立《春秋左传学议》,"以孔圣修经,褒贬善恶,类例分明,法家流也。左丘明为鲁史,载述时政,惜忠贤之泯灭,恐善恶之失坠,以日系月,修其职官,本非扶助圣言,缘饰经旨,盖太史氏之流也。举其《春秋》,则明白而有实;合之《左氏》,则丛杂而无征。杜元凯曾不思夫子所以为经,当与《诗》、《书》、《周易》等列;丘明所以为史,当与司马迁、班固等列,取二义乖剌不侔之语,参而贯之,故微旨有所未周,琬章有所未一。"①此外,吴郡陆龟蒙所论亦与陈商义同。凡此,皆承王接之说而来。

清中叶以后,今古纷争再起,此说竟成为今学攻古学最为有力的理据之一。

(六)《三传》与经传之别合

《春秋》之经文,现在皆无单行,而分经附传,各自系于《公羊》、《穀梁》、《左氏》三传文之前。然据孔颖达《左氏疏》,《春秋》经最初与传别行,三传皆然。《汉书·艺文志》有《春秋古经》十二篇,又有《春秋经》十一卷。《春秋古经》即古文本的《春秋经》,亦即《左氏》所依据的古文经;《春秋经》即今文本的《春秋经》,亦即《公羊》、《穀梁》二传所根据的今文经。徐彦《疏》谓"左氏先著竹帛,故汉儒谓之古学",则所谓《古经》十二篇,即《左传》之经,故谓之古。且今文经与古文经有不同,《四库提要》谓"以《左传》经文与二传校勘,皆《左氏》义长,知手录之本,确于口授之经也"。

《公羊》、《穀梁》经传之合,不知何人始为之;②而《左氏》经与传的配合,最早可追溯至刘歆,《汉书·刘歆传》称"歆治《左氏》,引传文以解经,转相发明,由是章句义理备焉",而此种思路之完成则是杜预《经传集解》。杜氏《集解序》云:"分经之年,与传之年相附,比其义类,各随而解之,名曰《经传集解》。"孔《疏》云:"经传异处,於省览为烦,故杜分年相附,别其经传,聚集而解之。杜言'集解',谓聚集经传为之作解,何晏《论语集解》乃聚集诸家义理以解《论语》,言同而意异也。"陆德明《释文》亦云:"旧夫子之经与丘明之传各异,杜氏合而解之。"

杜氏分经附传,其意在于欲成立《左氏》为解经之《左氏传》,然《左氏传》中经与传的配合却不是那么严密的,而时有阙文。如庄二十六年,冬,十有二月,癸亥,朔,日有食之。此经文《左氏》无传,而别出传文"秋,虢人侵晋。冬,虢人又侵晋"又不释经,杜氏《集解》释云:"此年经、传各自言其事者,或经是直文,或策书虽存而简牍散落,不究其本末,故传不复申解,但言传事而已。"诸如此类经

---

① 陈商所议又载于令狐澄《大中遗事》。

② 《四库提要》疑《公羊》经传的配合始于徐彦,《穀梁》经传的配合始于范宁。然段熙仲认为何休时《春秋》经与《公羊》传已不别行,然又据稍早之蔡邕石经残字,经与传尚未有合,则《公羊》经传之合,殆在东汉末时欤?

与传之不相应者颇多,刘申受《春秋左氏考证》辨之尤详,今不赘论,后当详之。

又,《左氏》经传有十二篇,盖以鲁之十二公各为一篇之故。而《公羊》、《穀梁》之经传皆止十一卷,而合闵公于庄公为一卷,其所以如此,据何劭公所云,以"子未三年,无改于父之道",而闵公仅二年而薨,故附于庄公。

二、唐、宋学者关于《左氏》问题的新见解

唐中叶以前,《春秋》学研究实际上不过是《公羊》、《穀梁》、《左氏》三传各别的研究,即释传以通经。至代宗大历年间(766—779),以啖助、赵匡所开创的新《春秋》学派,对以《五经正义》为代表的官方经学进行挑战,其兼采三传、进而舍传求经的治学方法,不仅直接影响到后来的《春秋》学研究,而且直接开启了后世的疑古学风,对于宋代义理之学的兴起有着重要的推动作用。

(一) 啖、赵、陆论三传得失

啖、赵、陆以前,学有专门,《公羊》、《穀梁》与《左氏》三传各是其所是,非其所非,彼此相诋议,势同水火,未有平心论三传得失者。盖自前汉以降,由传而通经实治《春秋》之津筏故也。至大历间,啖、赵、陆诸子以直探本经为鹄的,遂能平议三传得失。不过,观其所论,多偏袒《公》、《穀》二传,而不慊《左氏》为多,故无怪乎清之公羊家颇引为己助也。

1. 口授与著于竹帛

自汉哀、平以后,今学据口说,古学宗传记,各以为近乎圣人,而啖、陆之徒于斯二说各有抑扬。

啖助曰:"古之解说,悉是口传,自汉以来乃为章句。"(《春秋集传纂例》卷一《三传得失议》)可见,不独《公》、《穀》二传最初是口传,《左氏》亦然,故啖氏又曰:"三传之义本皆口传,后之学者乃着竹帛,而以祖师之目题之。"(同上)

口授能得圣人大义,此固《公》、《穀》之所长,而《左氏》亦传大义。啖助曰:"左氏得此数国之史以授门人,义则口传,未形竹帛,后代学者乃演而通之,总而

合之，编次年月以为传记。"（同上）故《左氏》叙事独详，然非仅为记实，实则演《左氏》之义也。可见，三传皆得圣人之义，故《新唐书》卷二〇〇乃谓"三家言经，各有回舛，然犹悉本之圣人，其得与失盖十五，义或谬误"，以圣人而定三传得失，此啖、陆之徒兼采三传之所本也。

故啖、陆之徒，固扬《左氏》能得圣人大义，然其对口说的重视，亦屡为清公羊家所力主。

2. 论《左氏》叙事虽多、释意殊少

《左氏》叙事独详，此其长处，啖助扬之曰："博采诸家，叙事尤备，能令百代之下颇见本末，因以求意，经文可知。"（同上）不过，啖氏又认为《左氏》本为口说，故今所见之传记之文实左氏门人弟子所为，故不得以"亲见夫子"为辞，且多"是非交错，混然难证"、"妄有附益，故多迂诞"之病。如此，《左氏》叙事之详，是其长也，然不免舛误，亦其所短也。

啖氏又谓《左氏》"叙事虽多，释意殊少"，（同上）"习《左氏》者，皆疑经存传，谈其事迹，酞其文彩，如览史籍，不复知有《春秋》微旨"。（《春秋集传纂例》卷一《啖氏集传集注义》）这种批评基本上重复了晋王接以来以经、史判分三传的观点，亦为清公羊家所力主，如刘申受认为"经不待事而著"，廖季平认为"解经则当严谨，今有经者多阙，乃侈陈杂事琐细，与经多不相干"等。

不过，综观啖氏之说，其于三传基本上是各有抑扬。如其谓《左氏》初为口传，故亦得圣人大义，此其回护左氏家也；又谓《左氏》因门人弟子之误，而叙事多，释意少，又迁就公羊家也。

3. 论《公》、《穀》钩深文义、曲生条例

啖助认为，《公羊》、《穀梁》二传就发明经义而言优于《左氏》，然其弊则在于钩深文义，曲生条例。啖氏云：

《穀梁》意深，《公羊》辞辨，随文解释，往往钩深。但以守文坚滞，泥难不通，比附日月，曲生条例。义有不合，亦复强通，踳驳不伦，或至矛盾，不近圣人夷旷之体也。夫《春秋》之文，一字以为褒贬，诚则然矣。其中亦有文异而义不异者，二传穿凿，悉以褒贬言之，是故繁碎甚于《左氏》。《公羊》、《穀梁》又不知有不告

则不书之义,凡不书者皆以义说之,且列国至多,若盟会征伐丧纪不告亦书,则一年之中可盈数卷。况他国之事,不凭告命,从何得书?但书所告之事,定其善恶,以文褒贬耳。(《春秋集传纂例》卷一《三传得失议》)

在啖氏看来,《春秋》固有一字褒贬之例,但二传却是将此夸大了,而有“繁碎”之病。啖氏尤其反对《公》、《穀》二传的“日月例”,《春秋集传纂例》卷九《日月为例义》载啖氏语云:

> 《公》、《穀》多以日、月为例,或以书日为美,或以为恶。夫美、恶在于事迹,见其文足以知其褒贬,日月之例,复何为哉?假如书曰“春王正月,叛逆”与言“甲子之日,叛逆”,又何异乎?故知皆穿凿妄说也。假如用之,则蹉驳至甚,无一事得通,明非《春秋》之意审矣。

《左氏》家亦言例,然《左氏》例与《公》、《穀》例最大的不同则在于《左氏》不以日月为例,而《公》、《穀》二家言日月例尤详。啖氏在这个问题上则采《左氏》家说,甚至认为公羊家极其重要的“三世异辞”说不过是史事记载上的“久远遗落”而已,并非别有深意,因此,啖氏在三传的取舍原则上,甚至主张“凡《公》、《穀》日月时例,一切不取”。

(二) 赵匡“左氏非丘明”说

今学与古学争论的一个重要问题就是“《左氏》传《春秋》与否”的问题,此问题自西汉博士提出以后,便以不同的方式屡屡被讨论。从刘歆的“左丘明好恶与圣人同,亲见夫子”,到范升的“《左氏》不祖孔子,而出于丘明”,及王接“《左氏》赡富,自是一家书,不主为经发”,都可以看作对此问题不同形式的重复。至赵匡,首先提出左氏与《论语》中孔子所提及的丘明并非同一人。[1]

---

[1] 此前即便就啖助而言,尚依旧说,“以左氏为丘明,受经于仲尼”。(赵匡《春秋集传纂例》卷一《赵氏损益义》)然《新唐书·啖助传》则误以为啖氏之说,非也。

关于左丘明其人的最早记载，见于《论语·公冶长》："巧言令色足恭，左丘明耻之，丘亦耻之；匿怨而友其人，左丘明耻之，丘亦耻之。"仅从此段文字而言，看不出左丘明与《春秋》有何关系，且大致类似于孔子所称述的老彭、伯夷一类的前贤，至少也不会晚于孔子。而把左丘明与《左氏春秋》联系起来，主要见于如下记载：

是以孔子明王道，干七十余君，莫能用。故西观周室，论史记旧闻，兴於鲁而次《春秋》，……七十子之徒口受其传指，为有所刺讥褒讳挹损之文辞不可以书见也。鲁君子左丘明，惧弟子人人异端，各安其意，失其真，故因孔子史记，具论其语，成《左氏春秋》。（司马迁《十二诸侯年表序》）

《严氏春秋》引《观周篇》云：孔子将修《春秋》，与左丘明乘，如周，观书于周史，归而修《春秋》之经，丘明为之传，共为表里。（孔颖达《春秋左传正义》引沈文阿语）

左丘明，鲁太史。（班固《汉书·艺文志》）

仲尼思存前圣之业，……以鲁周公之国，礼文备物，史官有法，故与左丘明观其史记，据行事，仍人道，因兴以立功，就败以成罚，假日月以定历数，借朝聘以正礼乐。有所褒讳贬损，不可书见，口授弟子，弟子退而异言。丘明恐弟子各安其意，以失其真，故论本事而作传，明夫子不以空言说经也。（同上）

歆以为左丘明好恶与圣人同，亲见夫子，而公羊、穀梁在七十子后，传闻之与亲见之，其详略不同。（《刘歆传》）

《春秋》左氏丘明所修，皆古文旧书，多者二十余通，藏于秘府，伏而未发。……谓左氏为不传《春秋》，岂不哀哉！（同上）

左丘明受经于仲尼，以为经者，不刊之书也。……身为国史，躬览载籍，必广记而备言之。（杜预《春秋左传集解》序）

仲尼自卫返鲁，修《春秋》，立素王，丘明为素臣。（同上）

丘明为经作传，故言受经于仲尼，未必面授受使之作传也。（孔颖达《春秋左传正义》）

此外，司马迁又认为左丘明作《国语》，其《报任安书》及《史记·太史公自序》俱称"左丘失明,厥有《国语》",班固《司马迁传》又称"孔子因鲁史记而作《春秋》,而左丘明论辑其本事以为之传,又纂异同为《国语》",后人因此认为《左传》与《国语》为《春秋》之内外传,同为左丘明一人所作。至清刘逢禄,更指《左传》即为《古文春秋国语》,而康有为甚至认为《左传》乃刘歆割裂《国语》之伪作。

赵匡对《左氏》作者的意见,见于《春秋集传纂例》卷一《赵氏损益义》一文中。赵匡虽兼采三传,然此文主要是辟《左氏》家的见解,故此所提出的"左氏非丘明"之说亦为后世《公羊》家所乐道。

赵匡所主张的理由主要有如下几点:

其一,《左氏》为史,《公羊》、《穀梁》守经,文体不同。赵氏云:"今观《左氏》解经浅于《公》、《穀》,诬谬寔繁。若丘明才实过人,岂宜若此,推类而言,皆孔门后之门人。但《公》、《穀》守经,《左氏》通史,故其体异耳。且夫子自比,皆引往人,故曰'窃比于我老彭',又说伯夷等六人,云'我则异于是'。并非同时人也。丘明者,盖夫子以前贤人,如史佚、迟任之流见称于当时耳。"赵氏一方面就《左氏》文体而言,当为孔门后人;而另一方面,就孔子在《论语》中对左丘明的称许来看,应为孔子以前之贤人。换言之,左氏与丘明绝非一人。此说不仅颠覆了史迁等人的成说,[1]又公开批评啖助"以左氏为丘明"的错误。

其二,批评班固《汉书·艺文志》沿袭刘歆《七略》之谬。赵氏云:"刘歆则以私意所好,编之《七略》。班固因而不革,后世遂以为真,所谓传虚袭误、往而不返者也。"

其三,批评杜预以《左氏》凡例本之周公之谬。赵氏云:"杜预云凡例皆周公旧典礼经,按其传例云:'弑君称君,君无道也;称臣,臣之罪也。'然则周公先设弑君之义乎?又云:'大用师曰灭,弗地曰入。'又周公先设相灭之义乎?又云:'诸侯同盟,薨则赴以名。'又是周公令称先君之名以告邻国乎?周以讳事神,不应有此也。又云:'平地尺,为大雪。'若以为灾诊乎?则尺雪,丰年之征也。若以为常例须书乎?不应二百四十二年唯两度大雪。凡此之类,不可胜言。则刘、杜之言,浅

---

① 赵氏为了进一步证成其观点,就《史记》对史实的记载也提出疑问,如吕不韦修《吕氏春秋》的时间问题在《史记》中却有两种互相矛盾的说法。因此,在赵匡看来,既然司马迁在此问题上有错误,甚至常常"好奇多谬",那么在左丘明问题上的看法也未必是完全值得信赖的。

近甚矣。左氏决非夫子同时，亦已明矣。"此类批评可以说是相当有力的。

其四，批评《竹书纪年》之谬，不足为《左氏》亲受夫子之据。赵氏云："或曰：若《左氏》非授经于仲尼，则其书多与《汲冢纪年》符同，何也？答曰：彭城刘惠卿著书云：'《记年》序诸侯列会，皆举其谥，知是后人追修，非当世正史也。至如齐人歼于遂、弃其师，皆夫子褒贬之意，而《竹书》之文亦然。其书"郑杀其君某"，因释曰："是子亹。""楚囊瓦奔郑"，因曰："是子常。"率多此类。别有《春秋》一卷，全录《左氏传》卜筮事，无一字之异。故知此书按《春秋》经传而为之也。'刘之此论当矣。且经书'纪子伯、莒子盟于密'，《左氏》经改为纪子帛，传释云鲁故也，以为是纪大夫裂繻之字，缘为鲁结好，故褒而书字，同之内大夫，序在莒子上，此则鲁国褒贬之意。而《竹书》自是晋史，亦依此文而书何哉？此最明验。其中有俱见《纂例》诸篇及《辨疑》中，言若亲授经，不应乖缪至此也。郑庄公杀公子圣，鲁桓公、纪侯、莒子盟于区蛇，如此等数事，又与公羊同。其称今王者，魏惠成王也。此则魏惠成王时史官约诸家书追修此《纪》，理甚明矣。观其所记，多诡异鄙浅，殊无条例，不足凭据而定邪正也。"

其五，认为《左传》与《国语》非一人所为。赵氏云："且《左传》、《国语》文体不伦，序事又多乖剌，定非一人所为也。盖左氏广集诸国之史以释《春秋》，传成之后，盖其家子弟及门人见嘉谋事迹多不入，或有虽入传而复不同，故各随国编之而成此书，以广异闻尔。自古岂止有一丘明姓左乎？何乃见题左氏悉称丘明？"

其六，批评陆德明《经典释文·序例》所述《左氏》传授源流。赵氏云："近代之儒又妄为记录云：'丘明以授鲁曾申，申传吴起，起传其子期，期传楚铎椒，椒传虞卿，卿传荀况，况传张苍，苍传贾谊。'此乃近世之儒欲尊崇《左氏》妄为此记。向若传授分明如此，《汉书》张苍、贾谊及儒林传何故不书，则其伪可知也。"

赵匡虽然提出"左氏非丘明"之说，但证据却嫌不足，然其开创之功实不没。后人多有承其说者，如宋陈振孙《直斋书录解题》、刘安世《元城语录》、元程端学《春秋本义》、清崔述《洙泗考信录》、梁启超《古书真伪及其年代》等，皆颇推衍此说，可见赵匡对《春秋》学研究有着极重要的贡献。①

---

① 《河南程氏遗书》卷二十载："'左氏即是丘明否？'曰：'《传》中无丘明字，不可考。'"这可见赵匡对宋人的影响。

啖、赵、陆之新《春秋》学,一方面,自是对两汉以来专门之学的反动,而以一种取舍三传或兼采三传的姿态而直探本经;另一方面,又是对东汉以后浸盛的《左氏》学的反动,因此,啖氏多取《公》、《穀》二传,而斥《左氏》尤多,故《新唐书·啖助传》谓啖氏"爱《公》、《穀》二家,以《左氏》解义多谬"。这两方面态度直接影响到宋以后《春秋》学的研究。

(三) 刘敞对《左氏》之批评

刘敞,字原父,临江新喻人。生于宋真宗天禧三年(1019),卒于神宗熙宁元年(1068),年五十。历仕仁宗、英宗两朝,官至集贤院学士。原父学问渊博,自佛老、卜筮、天文、方药、山经、地志,皆究知大略。朝廷每有礼乐之事,必就其家以取决焉。敞长于《春秋》,有《春秋传》十五卷、《春秋权衡》十七卷、《春秋意林》二卷(《玉海》作五卷,《宋志》作二卷)、《春秋文权》五卷(《宋志》作五卷,《玉海》作二卷)、《春秋说例》一卷(《玉海》作二卷,《中兴书目》作一卷)。《文权》久佚。《说例》一卷,《经义考》云佚,但《四库全书》有著录,称"今检《永乐大典》,尚杂引《说例》之文,谨详加缀辑,仍厘为一卷。据《书录解题》称,《说例》凡四十九条,今之所裒,仅二十五条,止得其半,且多零篇断句,不尽全文",知《四库》所收实为辑本。

原父的《春秋》学著作,以《春秋传》、《春秋权衡》、《春秋意林》为主。陈振孙《直斋书录解题》卷三云:原父"始为《权衡》,以平三家之得失;然后集众说,断以己意,而为之《传》;《传》所不尽者,见之《意林》"。则《春秋权衡》成书在最先,《春秋传》在其次,《意林》之成又在《传》之后。《四库提要》遂谓《春秋权衡》为刘敞《春秋》学之"根柢"。

原父袭中唐以来"直探经旨"之学风,而每自出新意,不同于三传。然原父又不同于孙明复,《四库提要》谓"复沿啖、赵之余波,几于尽废三传。敞则不尽从传,亦不尽废传,故所训释,为远胜于复焉",又谓《权衡》"进退诸说,往往依经立义,不似复之意为断制"。故原父名其书为《权衡》,其用意则在于:"权衡者,天下之公器也,所以使轻重无隐也,所以使低昂适中也,察之者易知,执之者易从也。不准则无以知轻重,不平则轻重虽出不信也。故权衡者,天下之至信也。凡议《春秋》亦若此矣。"则原父之为论,稍有取于三传者焉。

（四）《春秋》褒贬与鲁史旧文

刘原父祖王接、赵匡之说，重申经史之分别。在刘敞看来，《左传》以史解经，不免把史法与《春秋》笔削之法混同起来，其《春秋权衡》卷七论《左氏》之蔽云：

大率左氏解经之蔽有三：从赴告，一也；用旧史，二也；经阙文，三也。所以使白黑混淆，不可考校。

刘氏《权衡》论"从赴告"之说曰："史之记事，虽据赴告而书，至其日月，犹当依先后次序。假令宋、郑同用二月出师，宋则即时来告，郑则逾时来告，所告虽迟，其告之言犹曰二月也。国史岂得但据告时编之于夏乎？必若所云，岂唯大泯乱事实哉，亦颠倒天时矣。然《左传》日月与经不同者多，或丘明作书，杂取当时诸侯史策，史策有用夏正者，有用周正者，错杂文舛，往往而迷，故经所云冬，传谓之秋也。"不过，刘氏并不是一般地反对"赴告"之说，春秋列国间之赴告自是事实，是史，然所据以录之文则非赴告之词，尤其是在某些能够体现"褒贬"的地方，更是圣人之微意存焉。

刘氏进而对《左氏》家以《春秋》为鲁史旧文之说进行了批评。杜预《春秋经传集解序》云："仲尼因鲁史策书成文，考其真伪，而志其典礼。上以遵周公之遗制，下以明将来之法。其教之所存，文之所害，则刊而正之，以示劝戒。其余则皆即用旧史，史有文质，辞有详略，不必改也。"刘氏针对杜说进行了批评，曰："苟唯文之所害则刊而正之，其余皆因而不改，则何贵于圣人之作《春秋》也？而传又何以云'非圣人莫能修之'乎？大凡《左氏》本不能尽得圣人《春秋》之意，故《春秋》所有义同文异者，皆没而不说。而杜氏患苦《左传》有不传《春秋》之名，因为作说云'此乃圣人即用旧史尔'。观丘明之意，又不必然。按隐公之初，始入《春秋》，丘明解经，颇亦殷勤。故克段于鄢，《传》曰'不言出奔，难之也'，'不书城郎，非公命也'。不书之例，一年之中，凡七发明，是仲尼作经，大有所删改也，岂专用旧史者乎？（《春秋权衡》卷一）可见，刘敞与杜氏的区别在于，在杜氏认为是鲁史原样（旧文）的地方，而刘敞则认为孔子实际上作了有意的修改，从而体现了《春秋》的义旨。

刘氏据此申论经与史之关系云："故《春秋》一也，鲁人记之，则为史；仲尼修之，则为经。经出于史，而史非经也。史可以为经，而经非史也。譬如攻石取玉，玉之产于石，必也，而石不可谓之玉；披沙取金，金之产于沙，必也，而沙不可谓之金。鲁国之史，贤人之记，沙之与石也；《春秋》之法，仲尼之笔，金之与玉也。金玉必待拣择追琢而后见，《春秋》亦待笔削改易而后成也。谓《春秋》之文皆旧史所记，无用仲尼者，是谓金玉不待拣择追琢而得，非其类矣。"（《权衡》卷四）

刘氏论《左氏》"经阙文"之蔽曰："简牍虽有阙失，其史非圣人所遗也。""如谓经之阙文皆圣人所遗者，苟传有所说而不与经同，尽可归过于经，何赖于传之解经哉！"（《权衡》卷七）如僖元年，夫人氏之丧至自齐。《公》、《穀》均以不书"姜氏"为贬，而杜注曰："不称姜，阙文。"既以经为阙文，则褒贬之义无从得见。故刘氏批驳此说曰："《春秋》之义，以一字为褒贬，苟所不通者，则谓之阙文，《春秋》何文不阙也！'夫人孙于齐'，不称姜氏，亦阙文邪？"（《权衡》卷四）此处所提的"夫人孙于齐"乃是庄元年经文，亦不称"姜氏"，而《左传》释谓"绝不为亲"，显有贬绝之义，如此，僖元年不书"姜氏"，自不当仅以阙文视之。

（五）论《左传》五十凡

刘原父对《左传》颇多不满，不仅否定左丘明授经于孔子，而且对杜预所总结的传自周公的《左传》五十凡提出了批评。

首先，原父同样主张以例治《春秋》。他本人有《春秋说例》一书，列《春秋》例共四十九条，惜乎此书已亡佚，四库馆臣从《永乐大典》仅辑出二十五条。另外，观其《春秋权衡》、《春秋传》、《春秋意林》，亦见其以例治《春秋》，且归纳有诸多凡例。

其次，原父反对"周公定例"之说，认为当属孔子所创制。

再次，原父对杜预所说的"五十凡"进行了具体的分析。刘氏认为"五十凡"可分为两类，一类为"史书之旧"，本来就是解旧史的；一类则为左丘明自己解经所加。如隐公九年《左传》云："凡雨，自三日以往为霖。平地尺为大雪。"原父对之说道："按《左氏》诸言'凡'者，皆史书之旧章，然则此大雨霖、大雨雪，亦皆旧章常例所必书者也，则《春秋》固应书此二者宜甚多矣，何以言之？三日雨、平地尺雪皆非可怪者也，曷为二百四十二年之间，独此而一哉！用此推之，左氏'凡例'亦不必皆史书之旧也，乃丘明推己意以解经为'凡'尔。"（《春秋权衡》卷二）

又，杜预以"凡"为周公之正例，而孔子所定则为变例，刘敞则指出，即便就"凡"而言，仍然存在着许多例外的情况。如宣七年，公会齐侯伐莱。《左传》曰："凡师出与谋曰及，不与谋曰会。"刘氏则曰："非也。古者行师，非无奇术秘策以给人者也。诸侯相率而讨罪伐畔，则是与谋已，焉有连兵合众，人君亲将而曰不与谋者哉？且用《左氏》考之，凡先谋而后伐者称会多矣，不必云及也。此其自相反者，吾既言之矣。"（《春秋权衡》卷五）又，成八年，卫人来媵。《左氏》曰："凡诸侯嫁女，同姓媵之，异姓则否。"刘氏曰："非也。诸侯三归，归各一族，自同姓耳。若嬴、曹、妫、弋之君嫁女者，必同姓媵之，则诸侯之媵或不能备矣。天子之妃百二十，又可一姓乎？"（同上）

刘原父的《春秋》学既取折衷三传的立场，又可以看作对官方《左传》学的反动，因此，《四库提要》称其"其经文杂用三传，不主一家"，又谓"其褒贬义例，多取《公羊》、《穀梁》"。另一方面，刘氏的经学研究又下启有宋一代改经学风，《四库提要》称其"好减损三传字句，往往改窜失真"，又谓"宋代改经之弊，敞导其先，宜其视改传为固然矣"。

（六）赵汸对史法与圣人笔削之法的区分

中唐以后治《春秋》之学者，如赵汸《春秋集传》序所言，大致有两种取向：

其有兼取三传者，则臆决无据，流遁失中。其厌于寻绎者，则欲尽舍三传，直究遗经，分异乖离，莫知统纪。

因此，至元中叶以后，黄泽、赵汸师徒开始试图回归三传本身，即从三传互补的角度从事《春秋》学研究。他们治《春秋》的取向既不同于啖、赵"兼取三传"之学,也不同于孙复、刘敞"尽舍三传"之学。

黄泽治《春秋》,基本上立足于三传,而各有取舍。大致而言,一方面,因左氏亲见国史,《春秋》经旨可由所载事实而见,如其所云:

> 凡《左传》于义理时有错谬,而其事皆实。若据其事实而虚心以求义理至当之归,则经旨自明。泽之所得实在于此。然则学《春秋》者姑置虚辞,存而勿论。(《论汉唐宋诸儒得失》,《春秋师说》卷中)

《左氏》记载史实,自有记事之法,此为史法。孔子笔削鲁史旧文,自有其书法,而与史法绝不同。对此,黄泽颇论此义云:

> 史纪事从实,而是非自见,虽隐讳而是非亦终在;夫子《春秋》多因旧史,则是非亦与史同,但有隐微及改旧史处,始是圣人用意然,亦有止用旧文而亦自有意义者。大抵圣人未尝不褒贬,而不至屑屑焉事事求详,若后世诸儒之论也。孟子曰:"其义则丘窃取之矣。"窃取者,谓无其位而不敢当,故谦辞也。二百四十二年者,夫子之《春秋》;自伯禽至鲁灭,史官所书者,鲁《春秋》也。(《论春秋述作本旨》,《春秋师说》卷上)

黄泽明确将作为鲁史旧文的《春秋》与孔子笔削之《春秋》区分开来,其中自有事实相同而意义不同者,亦有是非相同而别有隐微处。黄泽此种对史法与圣人笔削之法的区分盖本诸刘敞,而赵汸之学实承此而来,其《春秋属辞》目录云:

> 始汸闻诸师曰:"《春秋》本鲁史成书,故必先考史法,而后圣人之法可求。"尝退而考诸《左氏传》,以尽夫为其学者之说,则鲁史遗法大略可见,而惜其不知经。既又考之《公羊》、《穀梁》二传以及陈氏《后传》诸书,又知笔削之法端绪可求,而惜其不知史。因悟《三传》而后,诸家纷纭之失,不越此二端。

明宋濂为赵汸《春秋属辞》所作序云:

《春秋》，古史记也，夏商周皆有焉。至吾孔子，则因鲁国之史修之，以为万代不刊之经，其名虽同，其实则异也。盖在鲁史，则有史官一定之法；在圣经，则有孔子笔削之旨。自鲁史云亡，学者不复得见，以验圣经之所书，往往混为一涂，莫能致辨。所幸《左氏传》尚存鲁史遗法，《公羊》、《穀梁》二家多举书、不书，以见义圣经笔削，粗若可寻然。其所蔽者，《左氏》则以史法为经文之书法，《公》、《穀》虽详于经义，而亦不知有史例之当言，是以两失焉尔。《左氏》之学既盛行，杜预氏为之注，其于史例推之颇详。杜氏之后，唯陈傅良氏因《公》、《穀》所举之书法以考正《左传》笔削大义，最为有征。斯固读《春秋》者之所当宗，而可憾者，二氏各滞夫一偏，未免如前之蔽。

赵汸《春秋集传》序亦云：

《左氏》有见于史，其所发皆史例也，故常主史以释经，是不知笔削之有义也。《公羊》、《穀梁》有见于经，其所传者犹有经之佚义焉，故据经以生义，是不知其文则史也。

《左氏》存"鲁史遗法"，其蔽所在则"以史法为经文之书法"；而《公》、《穀》虽得"孔子笔削之旨"，"亦不知有史例之当言"，即不知别有所谓史法。大致在赵汸看来，孔子据鲁史旧文所修之《春秋》经，既有"史官一定之法"，又有"孔子笔削之旨"，三传之中，《左氏》明史法，《公》、《穀》得经义，各有所蔽。

自东汉以后，治《左氏》亦自言例，与《公》、《穀》之例各争是非。其后王接、赵匡之徒，虽以经、史区别《公》、《穀》与《左氏》，要之，不过以《公》、《穀》传圣人微旨，而《左氏》徒记其事实而已。至黄泽、赵汸师徒，则两是之，以《左氏》例为纪事之法，《公》、《穀》例为笔削之体，而共为圣经之祐护。此说虽不作左右袒，然其绪余实可远溯王接、赵匡，而颇为清公羊家所乐道。

三、《左氏春秋考证》与《后证》

乾隆五十二年(1787)，刘逢禄时仅十二岁，即对《左氏》产生疑问。逢禄自叙其早年为学曰："余年十二，读《左氏春秋》，疑其书法是非多失大义。继读《公羊》子董子书，乃恍然于《春秋》非记事之书，不必待《左氏》而明。左氏为战国时人，故其书终三家分晋，而续经乃刘歆妄作也。"①逢禄幼年时的这种认识显然代表了唐、宋以后攻《左氏》者之基本立场，即攻其书法，而肯定其史实，即《左氏》是史非经也。其冢子承宽谓逢禄十三岁即精研《公羊传》及何休《解诂》，尽通其条例。② 诚若此说，逢禄可谓早慧也。

刘逢禄论《左氏》得失之书有三，为《箴膏肓评》、《左氏春秋考证》及《后证》，皆成于嘉庆十七年(1812)。③

《箴膏肓评》上承《穀梁废疾申何》，以"申何难郑"为旨。何休作《左氏膏肓》十卷，郑玄作《箴膏肓》，而所存不过百分之一二，又服虔有《膏肓释痾》十卷，尽亡。就何、郑关于《左氏》的争论，基本上没有涉及刘歆作伪的问题，后世攻驳《左氏》者也大都在经、史分别上作文章，故逢禄虽然一方面肯定何休申李育意以破《左氏》，另一方面，又谓"然何君于《左氏》未能深著其原，于刘歆等之附会，本在议而勿辨之科"，④其目的皆"为护持《公羊》家言计耳"⑤。因此，刘氏在《箴膏肓评》主要是"援群书所引何、郑之论三十余篇评之，更推其未及者证之"，关于刘歆伪说虽稍有涉及，尚非主要关注之点。

至《左氏春秋考证》与《后证》二书，刘氏在其中所形成的一些论点对晚清今、古学之争影响极大，值得充分重视。二书体例不同。《考证》节录《左氏》之文，一一进行驳斥；而《后证》则具列史籍中论《左氏》之文，如《史记·十二诸侯年表》、《汉书·艺文志》、《刘歆传》、《王莽传》、《儒林传》、《房凤传》、《后汉书·郑兴传》、《贾逵传》、《范升传》、《李育传》、《班彪传》、《说文解字》序、刘向《别录》、《经典释文》等，条分缕析，极具史料价值。

刘氏对《左氏》的批驳，上承晋、宋以来以经、史论《左氏》得失之论，即以《左氏》得之在史，而《左氏》之失则在经，而发刘歆作伪之旨。如其论《左氏》三书

---

① 刘逢禄：《左氏春秋考证》。
② 刘承宽：《先府君行述》，《刘礼部集》。
③ 张广庆：《武进刘逢禄年谱》，台湾学生书局，1997年，第70—72页。
④ 《箴膏肓评》、《左氏春秋考证》及《后证》三书并《叙》。
⑤ 周中孚：《郑堂读书记》，卷11。

《叙》云：

> 观其文辞赡逸，史笔精严，才如迁、固，有所不逮，则以所据多春秋史乘及名卿大夫之文，固非后人所能附会。故审其离合，辨其真伪。其真者，事虽不合于经，益可以见经之义例，如宋之盟，楚实以衷甲先晋，而《春秋》不予楚是也；其伪者，文虽比于经，断不足以乱经之义例，如展无骇卒而赐谥、单伯为王朝卿子、叔姬为齐侯舍之母、鄅世子巫为鲁之属是也。

此《左氏》所得在史也。又云：

> 左氏以良史之材，博闻多识，本未尝求附于《春秋》之义，后人增设条例，推衍事迹，强以为传《春秋》，冀以夺《公羊》博士之师法，名为尊之，实则诬之，左氏不任咎也。

此《左氏》所失在经也。盖《左氏》本为史书，后人"增设条例，推衍事迹"，以与《春秋》经相比附，此其所以失也。故刘氏云：

> 事固有离之则双美，合之则两伤者。余欲以《春秋》还之《春秋》，《左氏》还之《左氏》，而删其书法凡例，及论断之谬于大义、孤章绝句之依附经文者，冀以存《左氏》之本真。

在刘氏看来，唯有删削后人所附益于《左氏》者，还《左氏》之本真，此不独《春秋》之幸，亦《左氏》之幸也。

后人之所附益者，刘逢禄基本上完全归之于刘歆的作伪，由此而重新澄清了今、古之争的一系列问题。兹逐一析论如下：

(一)《左氏》作者与两个丘明

刘氏在《左氏》作者问题上稍不同于前人。赵匡以前，不论今学、古学，对于左丘明撰《左氏》殆无疑义，而其所疑者主要在于左丘明与孔子的关系。至赵匡，始怀疑《左氏》作者与《论语》中孔子所称道的左丘明并非同一人，而兼及对《史记》的可信度提出了质疑。

刘逢禄采取的做法不同于赵匡。一方面，刘氏完全肯定《史记》的说法，即认为《史记·太史公自序》所提到的撰有《国语》的左丘明与《十二诸侯年表》中提到的"惧人人异端"而作《左氏春秋》的左丘明是同一人。另一方面，又据《左氏》所载鲁悼公之事，断言此鲁君子左丘明当生于悼公以后。这样就出现了两个左丘明，一为《论语》中孔子引以自比、大致早于孔子的左丘明，另一为晚于孔子、大致生于鲁悼之后的左丘明。可见，刘氏实在是另辟蹊径而否定了《左氏》作者与孔子的关联。这样，《左氏》未得圣人口授微旨，自不为《春秋》之传。如《后证》明此义云：

> 《论语》之左丘明好恶与圣人同，其亲见夫子，或在夫子前，俱不可知。若为《左氏春秋》者，则当时夫子弟子传说已异，且鲁悼已称谥，必非《论语》之左丘，其好恶亦大异圣人，知为失明之丘明。犹光武讳秀，刘歆亦可更名秀，嘉新公为刘歆，祁烈伯亦为刘歆也。

在东汉以后，攘辟《左氏》之学者，如范升、赵匡等，其锋芒所至，常不免累及史公。然史公之学，颇得胶西之论，毕竟公羊得其助力为多。故刘氏如此处理，关键就在于重新肯定了《史记》的价值，从而将其批驳的焦点集中于古学奉为始祖的刘歆，以及颇受其影响的《汉书》等史籍。[1]

（二）《左氏春秋》与《春秋左氏传》

史公《十二诸侯年表序》云：

---

[1] 其后如皮鹿门谓"太史公书成于汉武帝时经学初昌明、极纯正时代，间及经学，皆可信据"，（《经学历史》，第 58 页）并历引《史记》所载经说以驳古学家言。

鲁君子左丘明惧弟子人人异端，各安其意，失其真，故因孔子史记具论其语，成《左氏春秋》。铎椒为楚威王传，为王不能尽观《春秋》，采取成败，卒四十章，为《铎氏微》。赵孝成王时，其相虞卿上采《春秋》，下观近势，亦著八篇，为《虞氏春秋》。吕不韦者，秦庄襄王相，亦上观尚古，删拾《春秋》，集六国时事，以为八览、六论、十二纪，为《吕氏春秋》。及如荀卿、孟子、公孙固、韩非之徒，各往往捃摭《春秋》之文以著书，不同胜纪。

可见，在史公看来，《左氏》之名为《左氏春秋》，而与《铎氏春秋》、《虞氏春秋》、《吕氏春秋》一类的诸子书相等，谈不上传圣人微旨。

这在今学家看来，是一个非常有力的证据。故逢禄《后证》云：

夫子之经书于竹帛，微言大义不可以书见，则游夏之徒传之。丘明盖生鲁悼之后，徒见夫子之经及史记晋乘之类，而未闻口受微旨。当时口说多异，因具论其事实，不具者阙之。曰鲁君子，则非弟子也。曰：《左氏春秋》与《铎氏》、《虞氏》、《吕氏》并列，则非传《春秋》也，故曰《左氏春秋》，旧名也。曰《春秋左氏传》，则刘歆所改也。

又云：

太史公时名《左氏春秋》，盖与晏子、铎氏、虞氏、吕氏之书同名，非传之体也。《左氏传》之名，盖始于刘歆《七略》。

史籍关于传《春秋》者在七十弟子之列，这是左氏家无法否认的。所以，左氏家只能通过采取拔高《左氏》作者丘明地位的做法，而压服《公羊》，如《史记·十二诸侯年表序》"鲁君子左丘明，惧弟子人人异端，各安其意，失其真"，《汉书·艺文志序》中丘明与孔子共观鲁史之语，《刘歆传》"左丘明好恶与圣人同，亲见夫子"，《孔子家语·观周篇》"孔子将修《春秋》，与左丘明乘，如周观书于周史，归而修《春秋》之经，丘明为之传，共为表里"，诸如此类，都是左氏家所乐言的。那么，对于公羊家来说，就强调史籍谓丘明为"鲁君子"，表明非孔子弟子，则不在得圣人口受微旨之列,其所作《左氏》只能称作《左氏春秋》,而不得谓为《春秋左氏传》。

然陈澧据《汉书·翟方进传》"方进虽受《穀梁》,然好《左氏传》"之语,以为西汉已有"左氏传"之称,非东汉以讹传讹者也。①

《史记》关于《左氏》的记载最古,自然最可信。而既然《史记》之记载为真,那么此后的史籍,因为受到刘歆伪窜不同程度的影响,当左氏家引以为助时,就不那么有力了。这也是刘逢禄全力维护《史记》的原因所在。

(三)秘府《左氏》与民间《左氏》

《史记》中未曾提到《左氏》的传授问题,当范升谓《左氏》"师徒相传,又无其人"时,古学派亦无如之何,只好强调传记的可靠性。可见,在刘歆校秘府中书,发现古文《左氏》之前,民间是否早已有《左氏》流传,这是颇为可疑的。

然而在《汉书》的记载中,却肯定了在秘府《左氏》之外,民间已有《左氏》流行,并且还提及传授《左氏》的经师。对此,简单的态度是完全可以否定此类说法的,但是,历来今学派对《汉书》基本上采取两分的态度,刘逢禄亦然。《后证》云:

> 此《春秋》、《国语》,史公所据古文旧本,非《艺文志》所云《春秋古经》十二篇、《左氏传》三十卷者也。以年表所载事实,与今《左氏》多违,知今本非史公所见之旧也。

逢禄从维护《史记》的角度,自然要肯定《左氏》的存在,而且认为是古文旧本,只不过不同于《汉书·艺文志》所载的《左氏》经、传而已。又云:

> 《古经》十二篇,盖刘歆以秘府古文书之,而小变博士所习,或析闵公自为一篇,或附续经为一篇,俱不可知,总之非古本也。

可见,《汉书》所载之《春秋古经》实非史公所见之古本,乃刘歆所伪。又云:

① 陈澧:《东塾读书记》,卷10。

若《左氏春秋》非出孔壁,民间亦有,但非引文解经,转相发明,如歆所托之章句义理浅陋名为《春秋左氏传》者耳。

《刘歆传》谓歆从翟方进受《左氏》,质问大义,这表明在刘歆作伪之前即有《左氏》流传民间。逢禄完全接受了《汉书》的这一说法。而《刘歆传》又谓"歆治《左氏》,引传文以解经,转相发明,由是章句义理备焉",这在逢禄看来,"今本《左氏》书法及比年依经饰左、缘左、增左,非歆所附益之明证乎?"这恰恰证实了刘歆的作伪。

因此,一方面,刘逢禄认为《汉书》的记载受刘歆《七略》的影响,如《艺文志》所载《左氏传》三十卷,《左氏微》二篇,《张氏微》十篇,《虞氏微》传二篇,凡此皆刘歆之伪托;另一方面,又肯定《汉书》的某些记述,如在秘府《左氏》之前有所谓古文《左氏》,非出自孔壁,而民间素所传习,太史公、西汉博士皆得见之,因为这类说法,适足以证成刘歆之作伪。这样,逢禄在最大限度利用了古学所乐于引用的《汉书》有关资料,又同时证成了古学所依据的《左氏》不过是刘歆之伪窜而已。

(四)《左氏》传授次第之伪

《汉书》始叙及《左氏》师徒传授之次第。如《刘歆传》谓歆受《左氏》于尹咸、翟方进,而歆《移让太常博士书》谓鲁国柏公、赵国贯公、胶东庸生传《左氏》。至《儒林传》,则历叙自汉初张苍、贾谊以下《左氏》之传授,而《后证》——驳证之,以张苍、贾谊、张敞之列传皆无明文谓其修《左氏》,逢禄以此为刘歆之谋,以为"不托之名臣大儒,则其书不尊不信也"。

而陆德明《经典释文·叙录》则采刘向伪《别录》与《汉书·儒林传》之说,而推衍其说云:"左丘明作传以授曾申,申传卫人吴起,起传其子期,期传楚人铎椒,椒传赵人虞卿,卿传同郡荀况,况传武威张苍,苍传洛阳贾谊,谊传至其孙嘉,嘉传赵人贯公,贯公传其少子长卿,长卿传京兆尹张敞及侍御史张禹。"逢禄驳之云:

然《左氏》传授不见太史公书,班固别传亦无征。当东汉初,范升廷争,以为师徒相承又无其人,若果出于《别录》,刘歆之徒及郑兴父子、贾逵、陈元、郑元诸人欲申《左氏》者多矣,何无一言及之。曾申即曾西,曾子之子,羞称管仲,必非为《左氏》之学者。吴起，曾事子夏，或《左氏》多采其文。《姚姬传》以《左氏》言魏氏事造饰尤甚，盖吴起为之以媚君者尤多，要非《左氏》再传弟子也。张苍非荀卿弟子，贾生亦非张苍弟子。贾公《毛诗》之学，亦非贾嘉弟子。嘉果以《左氏》为传《春秋》，授受详明如此，何不言诸朝为立博士，此又从《贾谊传》增设之。嘉与史公善，当武帝时，贾公为献王时弟子，必非嘉弟子。《史记》、《汉书》具在，而歆之徒博采名儒，牵合佚书，妄造此文。

此《左氏》先秦传授次第始见于陆德明《经典释文》，而托本于西汉刘向《别录》，然东汉陈元、郑兴父子、贾逵诸人，皆申《左氏》之有力者，而无一言及之，可见此所托之《别录》为伪。

（五）《左氏》凡例之增设与《公羊》义之迷乱

杜预定周公"五十凡"与孔子变例之前，郑、贾之徒亦治《左氏》条例。如贾徽作《左氏条例》二十一篇，《后汉书·贾逵传》谓"逵悉传父业"，则贾逵治《左氏》亦明条例也。《郑兴传》谓兴"少学《公羊春秋》，晚善《左氏》。天凤中，将门人从刘歆讲正大义，歆使撰条例、章句、训诂及校三统术。世言《左氏》者多祖于兴。兴子众作《春秋杂记条例》"，则郑兴于《左氏》书法、凡例之属，亦有所附益矣。而刘歆使兴撰条例，足见歆于《左氏》章句、训诂之学外，亦主条例也。

史籍于刘歆增设条例，其文不显。据《刘歆传》，此前治《左氏》者"传训故而已"，至刘歆，"引传文以解经，转相发明，由是章句义理备焉"，则《左氏》章句之学自歆始也。殆歆期以郑兴、贾徽，其后始有条例之作，而歆本人则未暇治之。然逢禄《后证》乃云：

歆引《左氏》解经，转相发明，由是章句义理始具，则今本《左氏》书法及比年依经饰左、缘左、增左，非歆所附益之明证乎？

逢禄显以刘歆增饰《左氏》，除比年依经，为章句之学外，尚以后来《左氏》之书法亦为刘歆所附益。又谓《汉书·艺文志》所载《左氏微》二篇，乃"歆所造书法凡例之类也",则逢禄以歆亦为条例也。不过,此说似嫌武断,别无所据。

　　刘歆以经附传,至有改经、续经之事,故《左氏》经、传多有不合。如庄二十六年,《左氏》传文曰:"秋,虢人侵晋。冬,虢人又侵晋。"《考证》引杜预注云:

　　此年《经》、《传》各自言其事者,或《经》是直文,或策书虽存,而简牍散落,不究其本末,故《传》不复申解,但言《传》事而已。

又引孔颖达疏云:

　　曹杀大夫,宋、齐伐徐,或须说其所以。此去丘明已远,或是简版散落,不复能知故耳。上二十年亦传不解经,彼经皆是直文,故就此一说,言下以明上。

逢禄证云:

　　左氏后于圣人,未能尽见列国宝书,又未闻口授微言大义,惟取所见载籍,如晋《乘》、楚《梼杌》等,相错编年为之,本不必比附夫子之经,故往往比年阙事。刘歆强以为传《春秋》,或缘经饰说,或缘《左氏》本文,前后事或兼采他书以实其年。如此年之文,或即用《左氏》文,而损春夏秋冬之时,遂不暇比附经文,更缀数语,要之,皆出点窜文采,便陋不足乱真也。然歆虽略改经文,颠倒《左氏》二书,犹不相合,《汉志》所列《春秋古经》十二篇,经十一卷,《左氏传》三十卷是也。自贾逵以后,分经附传,又非刘歆之旧,而附益改窜之迹益明矣。①

　　《左氏》本不解《春秋》,至刘歆,始引传文解经,而有章句之学,然不免"比年阙事","附益改窜之迹亦明",而《春秋》大义乖矣。故逢禄《考证》自谓"余年十二,读《左氏春秋》,疑其书法是非,多失大义。继读《公羊》及董子书,乃恍然于《春秋》非记事之书,不必待《左氏》而明"。

　　刘歆之徒除分经附传,为章句之学外,又增设书法条例。《考证》颇有叙及

———————————

① 向以杜预作《经传集解》,始分经附传,今逢禄乃谓始于贾逵。

因刘歆所增设书法而导致迷乱《春秋》大义者。如隐元年《左氏》传文:"元年,春,王周正月。不书即位,摄也。"《考证》云:

　　此类皆袭《公羊》而昧其义例,增周字亦不辞。

此为《左氏》之不明于《公羊》义例者。又《左氏》传文:"三月,公及邾仪父盟于蔑,邾子克也。未王命,故不书爵。"《考证》云:

　　未王命云者,欲乱以《春秋》当新王之义也。

此为《左氏》之乱《公羊》义例者。又《左氏》传文:"夏,四月,费伯帅师城郎。不书,非公命也。"《考证》云:

　　此类皆故作体例,以文饰不书之事,意谓惟《左氏》真亲见不修《春秋》,非《公羊》所及耳。不知《春秋》城筑悉书,重民力也。若果无君命,而擅兴工作,又当变文以诛之。且费伯为费庈父,亦缘古文钟鼎有庈父鼎而记之。城郎非疆运田之义,何为帅师乎?

案此条经文不书,本《传》之"自言其事"而已,本不解经,而刘歆于此乃增益"不书"之例,盖于无例处而别生例也。又隐三年《左氏》传文:"君子曰:'宋宣公可谓知人矣。'"《考证》云:

　　且子遭弑,安能飨国,以此为义,岂大居正之君子所言。此故与《公羊》为难,以殷礼有兄终弟及之道,实非义命也,欲破危不得葬之例耳。《宋世家》亦引此文,而论赞仍引《公羊》义正之,朱子亦以《公羊》为君子大义,而斥此论之妄。卓哉!

此盖《左氏》之破大居正之义与危不得葬例耳。又隐八年《左氏》传文:"无骇卒,羽父请谥与族。公问族于众仲。众仲对曰:'天子建德,因生以赐姓,胙之土而命之氏。诸侯以字为谥,因以为族。官有世功,则有官族。邑亦如之。'公命以字为展氏。"《考证》云：

> 欲迷疾始灭之义，故言卒而后有氏族。入极时本无氏也，不知经有追书之法，且《公羊》所谓氏，乃公子非展氏也。

此为《左氏》之迷《公羊》义也。又宣九年《左氏》传文："孔子曰：'《诗》云："民之多辟，无自立辟。"'其泄冶之谓乎？"《考证》云：

> 自此言出，而仗马寒蝉者得志矣，非《论语》比干、《春秋》拨乱世之义也。

此为《左氏》之非《论语》、《春秋》之义也。

故刘歆增设《左氏》书法，不独乱史书之真，而于孔子《春秋》之大义，或昧，或非，或迷，或乱，其害有不可甚言者。逢禄《考证》一书极论刘歆作伪之害，如谓"自伪书法出，而纵秦桧之奸，掣武穆之柄，祸有不可胜言者矣"，又谓"歆视余分闰位为正统，宜其为国师嘉新公矣"，盖观乎刘歆之为人，可见其学术矣。

结语：《左氏》学与晚清学术中的今古问题

西汉末年以后，今古之争主要体现为《公羊》与《左氏》之争，虽自魏源之后，此种争论进一步扩展到《诗》、《书》乃至整个六经，但重心始终在《春秋》，这一点实未有改变，这大概与今、古学者对"孔子作《春秋》"这一共同认识是有关的。唐、宋以降，会通三传乃至舍传求经之学风主导了《春秋》学的研究，至清嘉、道年间，刘逢禄、宋翔凤诸辈虽以复西汉专门之学为志，以述何宗董为要旨，然又多引唐、宋人议论为助，至于"规何"、"从《穀》"之论调亦在所多有，而其志皆在攻《左氏》也。观其所论，虽似以得失二分处《左氏》，甚至对《左氏》之言例亦曲意含容，然其会归处皆不过祖述晋王接区别经史之论调而已。[1]

---

[1] 南海谓汉以前只有今学，无古学，自魏、晋至清，有古学、朱学，不知今学，至道、咸之后，始有今学。（康有为：《答朱蓉生书》，《康有为全集》第一集，人民大学出版社，2007 年，第 322 页。）

刘逢禄作为清代今文经学最重要的代表人物，一方面上承汉、晋、唐、宋诸《春秋》家的研究成果，另一方面，其开辟的经学研究新路向，尤其是其对《左氏春秋》的批评，简言之，至少在以下几个方面影响到晚清经学的发展。

其一，由"述何"至"规何"，进而上溯至宗董，此种自东汉回归西汉的学术进路与公羊家对社会政治现实问题的关注相表里，直接影响到晚清的思想风潮。其中，魏源、康有为对董仲舒的研究最有代表性，与之相反，反对今文经学的古文家则试图通过批评何休以及重新阐释董仲舒来达到他们的目的。

董、何之间的异同，素不为学者所重视，然自清中叶以后，随着常州今文学派之兴起，开始注意到董、何之间的差异。刘逢禄早期在讨论何、郑之间的争论时，完全以申何为宗旨。1805年，刘逢禄撰成其最重要的著作《春秋公羊何氏释例》一书，即以发明劭公义例为宗旨。此时已涉及如何处理董、何关系的问题，一方面，他认为，董、何之书"若合符节"，另一方面，他在讨论张三世例时，有"鲁愈微，而《春秋》之化益广，内诸夏，不言鄙疆是也"一段，其下有小字注文曰："董子《观德篇》云：'稻之会，先内卫。'《奉本篇》云：'诸侯伐哀者，皆言我。'俱胜何氏注义。"可见，逢禄此时认为董氏优于何氏。

1809年，逢禄又撰成《解诂笺》一书。此书开始对何氏进行了"匡弼"，共胪举五十余条以批评何休。其序自谓"余初为《何氏释例》，专明墨守之学，既又申其条理，广其异义，以裨何氏之未备"，不过，这种"裨何氏之未备"的说法，却未必得到当时其他公羊学者的认同，如陈立即批评这种做法是"自乱家法"。

刘逢禄在《解诂笺》中表现出来的倾向对以后公羊学的发展，影响极深远。此种影响大致有两方面：一方面，如陈立等，强调胡、董、何之一致，因此，回到劭公，即是回到西汉家法。另一方面，如龚、魏、康之徒，则由劭公进一步回到董子，这就事实上造成了这样一种认识，即董、何之间是有差异的。至于古文家，也是抓住董、何之间的差异而批评三世、改制之说乃出自公羊末学。

刘逢禄之后，魏源撰《董子春秋发微》，自谓"发挥《公羊》之微言大义，而补胡毋生《条例》、何劭公《解诂》所未备也"。可以说，清代公羊学至魏源乃有一根本转折，即由何休转向董子。盖魏源倡言复古，不独由东汉之古学复归西汉之今学，亦将由东汉之何学复归于西汉之董学。其后，康有为盖承魏源绪余，乃以述董为标旨。

宋人推崇孟子为孔子嫡传，而康有为则尊董仲舒在孟子之上，盖康氏欲变法，则不得不尊《公羊》改制之说。并且，宋以后学者多尊孟，故牵引孟子以就《公羊》；又雅不欲夷之变夏，故上尊孔子，不得不推孟子、《公羊》也。康氏《春秋董氏学》自序云："其传师最详，其去先秦不远，然则欲学《公羊》者，舍董生安归？"甚至以董子有过于孟、荀者，"故所发言，轶荀超孟，实为儒学群书之所无。若微董生，安从复窥孔子之大道哉！""因董子以通《公羊》，因《公羊》以通《春秋》，因《春秋》以通'六经'，而窥孔子之道本"。①

治《公羊》者，或以义，或以例，或以礼。以例治《公羊》者，莫善于劭公《解诂》"三科九旨"之例。清世治《春秋》者，首推庄存与，然只发其义而已；同时又有孔广森，始知《春秋》有例，然不知"三科九旨"，此为学不由径也。自刘逢禄，始由劭公例入手，遂通《公羊》也。其后，魏源亦谓劭公例可上溯于董子，康氏盖祖其说也，其谓"言《春秋》以董子为宗，则学《春秋》例亦以董子为宗。董子之于《春秋》例，亦如欧几里得之于几何也"。②康氏遂于《春秋董氏序》备列董子所发《春秋》之例，以见劭公例之所本。③

至于《春秋》之言礼，尤关乎孔子之改制也。盖孔子为后世改定之制度，莫不在礼之中也，南海谓"《春秋》为改制之书，包括天人，而礼尤其改制之著者"，又谓"孔子之文传于仲舒，孔子之礼亦在仲舒"。④ 此劭公之不及董子也。

至于《春秋》之义，所谓"文成数万，其旨数千"，而其义之尤大，又不得微言之者，盖素王改制之说也，以畏当世大人之故，历来赖口说而传之，至董子乃明言之，"董子为《春秋》宗，所发新王改制之非常异义及诸微言大义，皆出经文外，又出《公羊》外，然而以孟、荀命世亚圣，犹未传之，而董子而知之"，⑤"公羊传《春

① 康有为：《春秋董氏学》自序，《全集》第二集，第307页。
② 康有为：《春秋董氏学》卷二，《全集》第二集，第323页。
③ 不过，南海认为董、何亦有同功者，盖《公》、《谷》不过传《春秋》大义耳，至于非常可怪之微言，如升平、太平之说，则赖董、何将七十子后学之口说而笔之于竹帛。南海甚至以为，后世中国治教始终停留在据乱之阶段，就是因为人们不重视董、何之说，不明白董、何之说实出于孔子之口说耳。（康有为：《春秋笔削大义微言考》发凡，《全集》第6、7页。）
④ 同上，卷三，第330页。
⑤ 同上，卷四，第357页。

秋》托王于鲁,何注频发此义,人或疑之,不知董子亦大发之"。①改制王鲁之说如此,又谓三统之说,"惟董子乃尽闻三统,所谓孔子之文传之仲舒也"。②康氏又具录汉人所言《春秋》之义,皆在《公羊》之外,盖皆始由董子口说传之。康氏极称道董子书,谓"《春秋》微言暗绝已久矣,今忽使孔子创教大义如日中天,皆赖此推出。然则此篇为群书之瑰宝,过于天球河图亿万无量数矣"。③康氏又常谓董子超轶孟、荀者,"孔子立教宗旨在此,虽孟、荀未能发之,赖有董子,而孔子之道始著"。④故欲知《春秋》之义者,舍董子而莫由也。

而且,董仲舒与何休阐发《春秋》之义的政治意图不尽相同。董仲舒大概有约束君权的意思,如《春秋繁露·为人者天》云:"一国受命于君,君命顺,则民有顺命;君命逆,则民有逆命。"《王道》云:"五帝三皇之治天下,不敢有君民之心。"《仁义法》云:"独身者,虽立天子、诸侯之位,一夫之人耳,无臣民之用矣。如此者,莫之亡而自亡也。《春秋》不言伐梁者,而言梁亡,盖爱独及其身者也。"又攻刘歆"诋素王为怪谬,或且以为僭窃,尽以其权归之人主。于是,天下议事者引律而不引经,尊势而不遵道。其道不尊,其威不重,而教主微;教主既微,生民不严不化,益顽益愚,皆去孔子素王之故",⑤是公羊家之以孔子为素王,实有约束君权之意,乃为君主立宪张目也。而何休则不然,则颇有增强君权的意思。⑥

康氏是以推尊董子,以为汉四百治术出于董子,犹元、明以后五百年治术、言语出于朱子也。⑦

其二,刘逢禄《解诂笺》中对何休的批评导致了其对《穀梁》的重视,并认为《穀梁传》同样是圣人之传,这种牵引《穀梁传》以释《春秋》的"从《穀》"立场,多少带有唐、宋人会通三传的意味,这多少消解了逢禄等人标榜的专门之学这一路向,而为晚清混通群书的学风提供了可能。

① 康有为:《春秋笔削大义微言考》,卷五,第367页。
② 同上,卷五,第370页。王仲任亦曰:"孔子曰:文王既没,文不在兹乎? 文王之文在孔子,孔子之文在仲舒。"则汉人盖以董子传孔子也,可见董子在汉代地位之高。
③ 同上,卷五,第365页。
④ 同上,卷六上,第375页。
⑤ 康有为:《孔子改制考》卷八,《全集》第三集,第101页。
⑥ 萧公权:《康有为思想研究》,第51页。又参见氏著:《中国政治思想史》,第300、307页。
⑦ 康有为:《春秋董氏学》卷七,《全集》第二集,第416页。

学者素以《公羊》为今学根本,而廖平则以《穀梁》根本,遂以此区别今、古之不同。又以地域区分《公羊》、《穀梁》,《公羊》为齐学,《穀梁》为鲁学,盖鲁一变而至于齐,是以《穀梁》乃圣门之嫡传也。廖平又以制度区别今古,遂以《王制》一篇与《穀梁》合。①而康氏谓孔子改制之学,不独传在《公羊》,亦见诸《穀梁》,汉世四百年政事皆本之,又推许刘逢禄、陈立、钟文烝有发明之功。②

其三,逢禄批评《左氏》的最后落脚点在刘歆作伪上,这为后来康有为假攻伪经而行变法之实提供了学术上的前提。③

逢禄攻刘歆,主要就其伪《左氏》例而已,至康有为,则攻刘歆遍伪群经,不独伪例,至于史实、制度,莫不作伪。④康氏谓“《左氏春秋》至歆校秘书时乃见,则向来人间不见可知。歆治《左氏》,乃始引传文以解经,则今本《左氏》书法,及比年依经饰《左》缘《左》,为歆改《左氏》明证”⑤,又引刘逢禄语云:“刘逢禄《左氏春秋考证》曰:《左氏》记事在获麟后五十年,丘明果与夫子同时,共观鲁史,史公何不列于弟子?论本事而作传,何史公不名为‘传’,而曰‘春秋’?且如鄫季姬、鲁单伯、子叔姬等事,何失实也?经所不及者独详志之,又何说也?经本不待事而著,夫子曰:其义则丘窃取之矣。何左氏所述君子之论多乖异也?如刘说,歆亦不能自辨矣。”⑥又谓“得魏氏源《诗古微》,刘氏逢禄《左氏春秋考证》,反复证勘,乃大悟刘歆之作伪”。⑦凡此,皆见康氏之攻刘歆,与逢禄有莫大关系,非尽如后来学者以为概出于廖平之说也。

---

① 参见廖平《今古学考》。
② 康有为:《新学伪经考》第十,《全集》第一集,第 472 页。
③ 康有为《新学伪经考》对此说道,“得魏氏源《诗古微》、刘氏逢禄《左氏春秋考证》,反复证勘,乃大悟刘歆之作伪”(《汉书河间献王鲁共王传辨伪第四》),“刘申受《左氏春秋考证》,知《左氏》之伪,攻辨甚明”(《汉书艺文志辨伪上》)。
④ 康氏如此说道,“歆造古文以遍伪诸经,无使一经有缺,至于《论语》、《孝经》亦复不遗”。(康有为:《新学伪经考》第三下,《全集》第一集,第 402 页。)
⑤ 康有为:《新学伪经考》第六,《全集》第一集,第 430 页。
⑥ 康有为:《新学伪经考》第三上,《全集》第一集,第 399 页。康氏又谓“刘申受《左氏春秋考证》,知《左氏》之伪,攻辨甚明”,又谓“申受《左氏春秋考证》谓‘楚《屈瑕篇》年月无考’,固知《左氏》体例与《国语》相似,不必《春秋》年月也,是明指《左传》与《国语》相似矣”,则康氏之攻刘歆,皆不溯于逢禄,未必得自廖平也。康氏又以逢禄为未足,谓“刘申受虽未悟《左传》之撱于《国语》,亦知由他书所采附,亦几几知为《国语》矣”。(同上,第 400 页。)
⑦ 康有为:《新学伪经考》第四,《全集》第一集,第 417 页。

政治上作为保皇派的康有为以推衍逢禄之说为能事,而革命派的章太炎则站在古文经学的立场,撰有《春秋左传读》,对逢禄《左氏》不传《春秋》之说,多所驳难,至谓逢禄"以《公羊传》佞谀满洲"。[1]太炎攻逢禄尤力,尚撰有《左氏春秋考证砭》、《砭后证》、《驳箴膏肓评》,自谓"乃因刘氏三书,《驳箴膏肓评》以申郑说,《砭左氏春秋考证》以明《传》意,《砭后证》以明称'传'之有据,授受之不妄"。[2]而同为革命派的刘师培则撰有《读左劄记》,谓"刘氏所言未足为信"[3],又称章氏《春秋左传读叙录》"明皙辨章,足以箝申受之口"[4]。此外,保守派的叶德辉亦极恶康、梁,遂攻逢禄《左氏春秋考证》"不过以空文攻驳《汉志》而已,儿童辨日,岂足以服左氏之心耶?"至于龚自珍《左传决疣》、康有为《新学伪经考》,则"窃刘氏之绪余耳"。[5]而作为今文家殿军的皮锡瑞则折衷诸家之说,谓"刘氏以为刘歆改窜传文,虽未见其必然,而《左氏传》不解经,则杜、孔极祖《左氏》者,亦不能为之辨",又称"近人有驳刘氏者,皆强说不足据"。[6]

此外,朱一新极论《左氏》非刘歆所伪,甚至攻逢禄,以为"《左氏》不传《春秋》,此汉儒至当之言,刘申受作《考证》据以分别真伪,仆犹病其多专辄之词,深文周内,窃所不取",[7]又攻申受改制之说,"刘申受于劭公所不敢言者,毅然言之,危辞日出,流弊甚大"。[8]

不过,当时古文家不尽明白康氏攻刘歆之用心。[9]盖康氏欲攻刘歆之伪经

---

① 章太炎:《检论·学隐》,《章太炎全集》卷三,上海人民出版社,1980 年。

② 章太炎:《驳箴膏肓评》叙,《章太炎全集》卷二。

③ 刘师培:《刘申叔先生遗书》之一。

④ 刘师培:《答章太炎论左传书》,《刘申叔先生遗书》之三。

⑤ 叶德辉:《輶轩今语评》,《翼教丛编》卷 6。

⑥ 皮锡瑞:《春秋通论·论左氏传不解经杜孔已明言之刘逢禄考证尤详晰》。

⑦ 朱一深:《朱侍御答康长孺书》,《康有为全集》第一集,第 318 页。

⑧ 同上,第 319 页。

⑨ 是以康氏与一新辨,又谓其攻刘歆,尚有政治考虑。如古者无宦官,武帝始置之,然不为常典,后世人主之取法,盖始于刘歆伪《周礼》,此后遂有阉宦之祸也。又以古之君主之侈糜,归罪于《周礼》。古、今制度变化如此,此康氏所以攻刘歆也。(康有为:《致朱蓉生书》,《康有为全集》第一集,第 315 页)南海欲改制,而以两千年制度皆刘歆伪经之遗毒,"后世大祸,曰任奄寺,女女色,人主奢纵,权臣篡盗,是尝累毒生民、覆宗社者矣,古无有是,而皆自刘歆开之"。《孔子改制考》,《康有为全集》第一集,第 355 页)而朱一新谓南海之孔制,几比孔子为刘歆也,(朱一新:《朱侍御答康长孺书》,《全集》第一集,第 319 页。故南海不得攻孔子,唯刘歆是攻也,至谓"刘歆之伪不黜,孔子之道不著"。《新学伪经考》叙,《康有为全集》第一集,第 355 页。)

恰恰导致中国数千年之专制政治,遂致中国长处于据乱世,而不得进化于升平、太平也。康氏《春秋笔削大义微言考》序对此说道:"汉世家行孔学,……若推行至于隋、唐,应进化至升平之世。至今千载,中国可先大地而太平矣。不幸当秦、汉时,外则老子、韩非所传刑名法术、君尊臣卑之说,既大行于历朝。民贼得隐操其术以愚制吾民;内则新莽之时刘歆创造伪经,改《国语》为《左传》,以大攻《公》、《穀》。……于是三世之说不诵于人间,太平之种永绝于中国。……昧昧二千年,瞀焉惟笃守据乱世之法,以治天下。……使我大地先开化之中国,五万万神明之种族,蒙然荼然,耗矣衰落,守旧不进,等诮野蛮,岂不哀哉!"①又曰:"若无伪古学之变,《公羊》不微,则魏晋十六国之时,即可进至升平,则今或至太平久矣。自刘歆作《左传》,攻《公羊》,而微言绝。"②

　　总之,刘逢禄对《左氏春秋》的研究,以及清季学者对刘逢禄的踵述与批评,涉及当时社会、政治的各个方面,直接影响到当时社会思潮的转向。历来学者通常只注意到康有为与廖平间的学术公案,完全忽视了晚清思潮实可上溯至刘逢禄的经学研究,从而未能更准确把握到今文经学的内在学术脉络,以及对晚清学术与思想乃至后来新思想、新文化的巨大作用。

---

① 《全集》第六集,第4页。
② 康有为:《春秋笔削大义微言考》卷一,《全集》第六集,第18页。

义理发明

"道""德"释义：儒道同源互补的义理阐述

——以《道德经》"道生之、德蓄之"暨《论语》
"志于道、据于德"为核心的展开

林安梧①

启赞：道术未裂，儒道同源，文明既启，儒道互补，和合不二，刚柔以济。

1. "道"是就其"总体的根源义"、"根源的总体义"说。

1.1. "道"是"不可说"而"可说"的，"不可说"而浑归于"默"，"可说"则开显为"说"，由"说"而"说"出了"万物"。

1.11. "道"之为"不可说"，此是一"场域的空无"，是一"意识的透明"此是"无名天地之始"。

1.12. "场域的空无"、"意识的透明"，此是"境识俱泯"而不可分的"默然状

---

① 林安梧，上海同济大学哲学系讲座教授，博士生导师。国立台湾大学哲学博士、傅尔布莱德访问学者、台湾慈济大学宗教与文化研究所教授、台湾师范大学国文系所博士指导教授、中央大学哲学研究所教授，曾任清华大学教授暨通识教育中心主任、南华大学哲学所创所所长、《鹅湖》学刊主编、社长、《思与言》人文社会学刊主编。现为通识教育学会理事、国际儒学联合会理事。

态”,这如同《易传》所说的“寂然不动”。

1.13. “寂然不动”的“默”是“人”之作为一个“活生生的实存而有”参与于其中，而处在“未发”的状态，并不是“断灭”，而是“空寂而生生”的。

1.14. 换言之，虽是“寂然不动”，但却隐含着“感而遂通”，“即寂即感”寂感不二。

1.2. “道”是“言之源”，而且跨过“言”，入于“无言”；此不同于“Logos”之为“言之源”，而即此以为“言”。

1.21. “道”可以有“话语”、“途径”、“思维”、“存在”诸义，然“因而通之”，则上遂为一“言之源”，是一“无言”的“言之源”。

1.22. “道”之理解与诠释随“巫祝”，转而“气化”成一哲理，是从“帝”而“天”，再转而为“道”义。

1.23. “帝”取其“神圣威权义”，而“天”取其“普遍广摄义”，“道”则取其“总体根源义”、“根源总体义”，此乃“天地人交与参赞而构成之总体义根源义”。

1.24. “天地人交与参赞”此即彰明“道”之为“道”是不离此世间之为道，不离天地万物之为道，此是在“存有的连续观”下理解的。

1.3. “道”之在“存有的连续观”下理解，故“道”不必从“超越”与“内在”两词对举来说，而宜从“总体的根源”与“根源的总体”来说。

1.31. “存有的连续观”指的是“天地人我万物通而为一”，此是“一个世界论”，而不是“两橛世界观”，在两橛世界观下才有超越与内在的对举。

1.32. 以是之故，可以免除用“既超越而内在”这样的词去诠释“道”，因“道”之为“道”是一总体之道，一根源之道，是浑沦为一的，是在此世间的，无分于此岸与彼岸的。

1.33. “道”是“总体的根源”，此着重在“根源义”，此是就其“理想义”而说的，此中既有其“存在面向”，亦复含有其“意义面向”、“价值面向”。

1.34. “道”是“根源的总体”，此着重在“总体义”，此是就其“广摄义”而说的,此中一样有其"存在面向",亦复有其"意义面向"、"价值面向"。

1.4. "道"是在"存在与价值的一致性"来说的,此不同于"Logos"之在"存在与思维的一致性"下来说的。

1.41. "存在"、"意义"与"价值"究其极而说,有其"和合性",吾人当就其"和合性"而说其为"一致性"也;"和合"之"一致性"不同于"等同"的"一致性"。

1.42. "和合"之"一致性"重在"两端之互融交摄"而为"一致",此是经由辩证之交融而成的总体一致,而不是"主体"摄其"对象"之为"一致",亦不是两者"等同"之一致。

1.43.《易传》所说"一阴一阳之谓道",此是究极之论,此中彰明了"存有之道的律动",亦显示两端互融交摄之为一致,互藏为宅、交派其发。

1.44. 如此之"道"不是"抽象的理型"之为道,亦不是"纯粹的形式"之为道,"道"之为道,它是"活生生的实存而有"进到"天地之间"所成的"场域",在彼此相互迎向的过程中而构成之为"道",此"道"是"实存的"、"具现的"、"生活的"、"根源的"、"理想的"。

1.5. "道"论亦可以有"本体论"与"宇宙论"的姿态,但此不同于西方哲学主流所说之为"本体论"之为"宇宙论"。

1.51. "道论"下所揭示下之"本体论"是"验之于体,以体验之"的本体论,是人之作为"活生生的实存而有"这样的存在开启者,在"人能弘道"下所开启的本体论。

1.52. 这样的本体不是一凝然坚住之物,不是一复然绝待之物,而是彼此交与参赞而构成之总体义、根源义。换言之,本体论不离人生论,不离实践论,不离价值论。

1.53. "道论"所揭示下的"宇宙论"是"吾心不离宇宙、宇宙不离吾心"的宇宙论,"上下四方之为宇,古往今来之为宙",如此之宇宙不是一客观之自然义下的宇宙,而是一主体交融义下的宇宙。

1.54. 如此之宇宙不是纯理之宇宙,不是一客观之对象义下的宇宙;而是一有情世间,是一鸢飞鱼跃所成的有情宇宙,是一归根复命、天命之常的宇宙。宇宙论不离人生论,不离实践论,不离价值论。

1.6. "道论"不是"本体论中心论",不是"宇宙论中心论",不是"主体中心论",不是"客体中心论";"道论"不是某个定向下的"中心论",而是"互际"以为论。

1.61. 从"去中心论"来理解"道"是可以的,而"去中心"则显为"多元"与"差异",中国之为专制与一元,并不是此道论所决定的,相反地,正因有此"道论",而对如此之"专制"与"一元"有其柔化之作用。

1.62. 更为有趣的是,如此之"多元"与"差异"并不是散殊而分列的,而是交融而互摄的,它揭示一"多元而一统"("多元而一体")的风貌。《易传》所谓"殊途而同归,百虑而一致",如是之谓也。

1.63. "互际论"可以说成"互藏以为宅,交派以为发",而且"藏互宅而各有其宅,用交发而各派以发","天人、物我、人己"都可放在如此"两端而一致"的互际论来理解。

1.64. 如此之"互际论"亦有所异于西哲挽近所谓之"主体际论",主体际论是朝向一语言学之转向,此是在"主客两橛"下,而思有以破除之也;而"互际论"则是存有学之回归。

1.7. "道生之"指的是由此"根源之总体、总体之根源"而开启者,是由"境识俱泯"而"境识俱显",如其自如的显现其自己,这样的"不生之生"。

1.71. 如此之"不生之生"并不是如梵天大我之生出一切,也不是上帝之创造万物,也不是如 Plotinus 之"太一"(the One)生出一切,而是关连着"人"这个"活生生的实存而有"之为"互际"而引申者。

1.72. 换言之,如此之"生"并不是一溯及于"他者",由此"他者"而来之"生";而是在"我与你"(I and Thou)义下的"互际"之生;如此的互际之生可以说是儒道两者之通义。

1.73. 儒家之"生"或有解释为"道德的创生"者(如牟先生),然此实无碍于其当为"我与你""互际"之生,亦唯在此义下,才可以免除道德主体主义之倾向。牟先生之解释,其道德主体主义之倾向较浓,而熊先生则溯及于"乾元性海",此或较能免于主体主义的倾向。

1.74. "道生之"亦可以说是"天命流行,于穆不已",此是一广袤无边、普遍义下的生发动能而开启者,是在天人的"互际"下而开启的;此实不适合于说是一道德实体的创生。

1.8. "志于道"此是就人之为一"活生生的实存而有"之有一定向朝向于那"总体之根源""根源之总体",因之而有一道德之创生。

1.81. "志"是"定向",是"心有存主",是心之所发的"意"之调适而上遂于道者,如此而为"意志"。

1.82. 关联着"人能弘道"而言,如此之"志于道"重在人的自觉义、定向义、存主义,但人之为一"活生生的实存而有"其实只是一参赞者、触动者;而不是以人为中心。

1.83. "人能弘道,非道弘人",此是说"人之主体能动性",若论其实,则是在彼此"两端而一致"下的"互际",因其互际,在"我与你"(I and Thou)下,而开启者。

1.84. 换言之,如此"形而上之谓道"的"道论"这样的形而上学,并不是人这活生生的实存而有之道德主体所安立的"道德的形而上学",而是天地人交与参赞而成的总体之根源所成之"道论"。

1.9. "天地人交与参赞"而成的总体之根源的"道论"是"人"在"天地"之"场域"之相互迎向的"互际"中而"相生相养"以成的。

1.91. 如若《中庸》所说"诚者,天之道也","诚之者,人之道也":前者是就"总体之根源"说,关连着宇宙造化之源,关连着"存在与价值的一致性"而说;后者是就"主体之自觉"说,关连着人的主体能动性,关连着人的自由意志而说;而"天人不二"。

1.92. "天人不二"可以通过阳明所说"一体之仁"来理解,但此"一体"之为"一体"不是一切归诸于"主体"而透显出来之"一体",而是在"互际"以为"体"下的"一体";盖"仁"之为"仁",乃以其"互际"也。

1.93. 换言之,"仁"并不是自家主体之自觉而已,而是在"互际"以为体下的"自觉",此不是一独白式的自觉,而是一交融式的感通与润物。

1.94. "道生之"此是就"根源之总体义"说,而"志于道"此是就人之为一"活生生的实存而有"之参赞而说;此两者之所谓"道"都是"天地人交与参赞而成之总体"的道,如此之"道"有其"根源义"、"总体义"、"场域义"、"开启义"、"彰显义"、"生生义"、"自发义"、"和合义"。

2. "德"是就其"内在的本性义"、"本性的内具义"说。

2.1. "天地有道,人间有德":"道"重在"总体义"、"根源义"、"场域义","德"重在"内在义"、"本性义"、"主体义";承于道,而着于德。

2.11. 由此"总体根源的场域",在"人"这"活生生的实存而有"之参赞下,"道"因之而开显之;其开显落实而为"德",特别于"人"而说是一"内在本性之主体"。

2.12. 如此之"志于道",而"道生之";落实于"德",则为"德蓄之"而"据于德";"道"之落实于"人"而为"德",据此德,而为可蓄也;以其可蓄也,而为可据也。

2.13. 德之可蓄,"蓄"有"蓄养义"、"内具义"、"长成义";德之可据,"据"有"根据义"、"依循义"、"聚成义";此中可涵两向,一为涵养用敬,一为致知格物,此两者通为一体。

2.14. "总体根源的场域"不离于"人内在本性之主体";"人内在本性之主体"不离于"总体根源的场域",此可以通过"域中有四大,而人居其一焉;人法地,地法天,天法道,道法自然"来理解,亦可以经由"天行健,君子以自强不息;

地势坤,君子以厚德载物"来理解。

2.2. "直心行之"以为"德",此是通于人性之根源而说;"十目"以为"直",此是就政治社会之公体而说。

2.21. "直心行之",溯于人性之根源而实践之,如其怵惕恻隐而实践之,此人性之根源义,原初义,盖取其"定向义",而非"本质义"。《易蒙卦大象传》:"山下出泉,君子以果行育德",《孟子》:"源泉滚滚,沛然莫之能御也"。

2.22. 以孔孟先秦儒学言之,如此之定向义,根源义,原初义,此是一"善向论",而非"向善论";"善向论"是内在根源本具的说,而不是"外在超越理念"的说。

2.23. "直心行之"以为"德",落而实之,此是就人与人之间的存在道德真实感说,这是"仁",这是通"道德实践论"与"道德本体论"为一体的。

2.24. 若落在政治社会之公体而说,"十目以为直",道德实践当然与社会总体之理想、普遍之意志密切相关,此是从生活之场域所成之规范说,此是"礼",而仁礼不二。

2.3. "德"之为德,是以"仁"的感通润物为功用,而以"礼"的规范体现为节度;仁礼不二,本为一体,皆成于天地之道,人具之德也。

2.31. "仁"之强调重在"主体义"、"自觉义"、"创造义","礼"之强调重在"客体义"、"法则义"、"具成义";此两者于《论语》中兼而有之。

2.32. 于《孟子》则重在由"仁"转而为"仁义内在",并因之言"性善",此"即心言性"也;于《荀子》则重在由此"礼"转而言"知通统类",并因之言"性恶",此"以心治性"也。

2.33. "人而不仁,如礼何;人而不仁,如乐何","仁"是感通,"礼"是分寸、"乐"是和合,礼乐不二,仁礼乐为一。

2.34. "学者须先识仁,仁者与天地万物为一体也"、"大礼者与天地同节也,大乐者与天地同和也";此皆须通于"实存之场域"以为说,须溯及于"总体之根源"以为说,又"实存之场域"与"总体之根源"是二而一,一而二的,皆人之所参赞也,此又不离于"主体之自觉"也。

2.4. "总体之根源"、"实存之场域"与"主体之自觉"此三者是通而为一的。盖"道"之在"天地","天地"育"万物","人"生"天地"之间,"自有其觉"。

2.41. "道之在天地"本为不可说,原乃境识俱泯,此是"无名天地之始"也。"不可说"而"可说",此是"境识俱显";进之为"可说"而"说",此是"以识执境",此是"有名万物之母"也。

2.42. "不可说"而"可说",此"道"开显之几也,盖人之与于其中,而有此开显之几也;又人本在道中,因道之为"道"是"天地人交与参赞而成的总体之根源",如是之为道也。

2.43. "主体之自觉"是那"存有之门"(道之门)的叩启者,"总体之根源"的叩启者;而经由如此之叩启而得开显,其开显之天地即此"实存之场域"也。

2.44. 即此主体之自觉的叩启,即此总体之根源的显现,即此实存之场域的落实,如此而有其内具之本性。总体之根源亦可以就"天命"说之,此内具之本性即"天命之谓性",落实之,即"率性之谓道"也。

2.5. 将此"道德"落实于人性的实践历程论之,则"一阴一阳之谓道,继之者善,成之者性","命日降,性日生生成","习与性成"、"未成可成,已成可革"也。

2.51. 如若《易传》所言"一阴一阳之谓道,继之者善,成之者性","一阴一阳"是就"翕辟成变"而说,是就"存有的根源"之开启而说,此是就"开启义"、"彰显义"说;"继之者善"是就人之"承继义"、"参赞义"说;"成之者性"是就人之"本性义"、"具成义"说。

2.52. "翕辟成变"、"开启彰显"、"参赞承继"、"本性具成"是通而为一的,盖人与于其中也。无人则无此翕辟成变,无人则无此开启彰显,无人则无此参赞承继,无人则无此本性具成。

2.53. "习与性成","性"是"本性义"、"原初义",而"习"是"习成义"、"具现义";"习与性成"是原初之本性的具现与习成也。依此而说之"德性",不取其本质义,而取其生成义、历程义。盖存有之道依时间之流衍而生也,此所以为生生之德也。

2.54. 如此而说,"性善"之性是在"继善成性"上说,是在一善之定向之落实凝成上说,不是本质上是个善也。盖"道大而善小,善大而性小","德性"在生生中,在凝成中,未成可成,已成可革,唯在"操存"之间而已。

2.6. 就"总体之根源、根源之总体"说,"道"本无为也;就其开显处、彰显处,则"几"有善恶也。以其"无为",是乃"无伪"也,此"无伪"斯为"真实无妄"也;如此可转语说"诚无为,几善恶"也。

2.61. 依据前所述"存有与价值之和合性原理",则此总体之根源的道,就其存有义是无善无恶之无为,而此存有义即含价值义,是为"至诚无伪"也。

2.62. 存有的根源与价值的根源是通而为一的,天地场域之自然义,亦可因之转为人之自觉义,并由此自觉义再映现而为天地之自发义,并落而实之为人之自由义。

2.63. 天地人交与参赞而构成一不可分之总体,自然自发、自觉自由,天地之道德创生义因之得以立,人间之自觉裁成义因之得以成。《中庸》说"诚者,天之道也;诚之者,人之道也",如是之谓也。

2.64. 由天地之道德创生,由存有根源之开显,落实于活生生的实存而有的人身上,此是"自诚明谓之性";由人间之自觉而明白,入于造化之源,再启教化之契几,此是"自明诚谓之教"。如上所述,俱可体现"天地人交与为体""天地人交发为用"之义也。

2.7. 由"天人合一"而说"天人合德"说,此是从"道德的冥契主义"转向"道德的理性主义";此为先秦儒道所共许。

2.71. 值得强调的是,儒道两家都在"存有的连续观"下所成的理性,此是一"连续型的理性",此不同于在"存有的断裂观"下所成"断裂型的理性"。

2.72. 正因它之为一"连续型的理性",因此"冥契主义"与"理性主义"并不是截然分隔的,而是连续的;但总的来说,儒道两家虽亦可以有冥契主义之向度,但仍宜以"理性主义"说之。

2.73. 儒道两家皆可以"道德"一词表之,唯道家重在"实存之场域",而儒家则重在"主体之自觉",然此两者是互际的,并且通极于道,"道"是"总体之根源、根源之总体"。

2.74. "总体之根源、根源之总体"的显发、呈现,所谓"见乃谓之象",并不是"纵贯的创生",而较切合的说是"存有的彰显";"存有"是天地人交与参赞而成之总体根源也。

2.8. 就天地人我万物交与参赞互际为一不可分的总体,而言其为连续也,此即是前所说之和合观,而不是主客两橛观。

2.81. 如此说来,儒道两家的"道德论"既不适合说成主体自觉的道德创生义,也不适合说成主体修养的境界工夫义;而较适合以船山学之"两端而一致"义说之。

2.82. 或者,我们可说宜将当代新儒家所强调之儒家主体自觉的创生义,消融于天地、场域之中,以成就"互藏以为宅、交发以为用"的互际参赞,融通为一。

2.83. 或者,我们可说宜将当代新儒家所强调之道家为主观境界的工夫义,还归于天地、场域之中,体会"无名天地之始,有名万物之母","此两者同出而异名"的"玄同"之境,盖"有无相生"者也。

2.84. 进一步说之,儒道两家在此互际参赞的哲学模型中开启其哲学,故并无"实体型态"与"境界型态"的对橛,而亦不必以此两对橛而论之也。盖实中有虚,虚中有实;实不外虚,虚不外实;实以载虚,虚以涵实,虚实不二也。

2.9. "道生之,德蓄之",道家重在由"存有的根源"之"开显"而"落实"为"内在之本性";"志于道,据于德",儒家重在经由"主体的自觉"之"参赞造化之源",并依据此自觉,而充实于天地人我万物之中,成就其人伦之教化也。

2.91. 道家对于"话语的介入"所成之"物势"(物形之、势成之),多所戒慎,强调必须经由"涤除玄览"、"为道日损"、"致虚守静"、"尊道而贵德"的方式,才能免除"话语的异化",达到"存有的治疗"。

2.92. 儒家重在"主体的自觉"参赞互际所成之"存在的实感",并依循于此,而悠游涵泳于艺文器物生活之中(依于仁、游于艺),他强调的是一"正名以求实"、"仁礼不二",进而达到"一体之仁"的境地。

2.93. 儒家重在"建构",然此"建构"不是"以主摄客"、"以能摄所"的建构;而是"主客不二"、"能所和合"的建构。道家重在"解构",然此"解构"不是"泯客于主",不是"泯所于能"的解构;而是"主客俱泯"、"能所俱泯"的"解构"。

2.94. 儒家之"建构"与道家之"解构"是和合不二的,是一而二、二而一的;此两者俱是那天地人交与参赞而成的总体之根源的"彰显"。盖主客俱泯、能所俱泯,所以契入"存有之根源",由此"存有之根源"方得以"范围天地,显现其象","曲成万物,名以定形"也,此即进而由其"存有之彰显",并话语介入,而有"存有之论定"也。

3. 如上所述,儒道两家,追本溯源,若论其理,同源互补,和合与共。世人多言儒家主流,道家旁支,此盖不思之过也;又有言道家主干,儒非主流,此盖激俗而故反之为论也。默识于心,相视而笑可也;恢诡谲怪,道通为一可也。

初夏仲夜,群蛙吠鸣,敛手低眉,吾竟默然!

"天钧"与"两行":《齐物论》辨正

陈　徽①

一、物 与 物 论

　　逍遥或逍遥游是庄子思想的立言宗旨。欲达此逍遥,需审视人与物、人与世界的关系,反思定位人的存在。《齐物论》即是为此而作。钟泰云:"'齐物论'者,齐物之不齐,齐论之不齐也。"②此说诚是。逻辑地看,"齐'物论'"实由"'齐物'论"而来。故欲明"物论"之齐,尚需明"齐物"者何谓;而所谓物,更先需仔细理会。

　　物在古代典籍中多为天地万物之统称。物首先谓"万物",如刘武概云:"《玉篇》:'凡生天地之间,皆谓之物。'《荀子·正名篇》:'故万物虽众,有时而欲遍举之,故谓之物。物也者,大共名也。'本书《达生篇》:'凡有貌、象、声、色者,皆物也。'"③公孙龙进而将"天地"亦涵摄于物,曰:"天地与其所产者,物也。"(《公孙龙子·名实论》)然亦有例外,《诗》云:"天生烝民,有物有则。"(《大雅·烝民》)又如《周礼》述"乡大夫"之职云:"退而以乡射之礼五物询众庶:一曰和,二曰容,三曰主皮,四曰和容,五曰兴舞。"(《地官司徒》)其中之"物",皆作"事"

---

① 陈徽,哲学博士,同济大学人文学院副教授。
② 钟泰:《庄子发微》,上海古籍出版社,2002年,第26页。
③ 刘武:《庄子集解内篇补正》,中华书局,1987年,第30页。

解，此即为"事"之"物"，是为"事物"。

"事"之本义为官职，《说文》云："事，职也。"在甲骨文中，"事"与"吏"同字。官职之设、制度之立，乃因于治世的需要，是为了解决相关问题，故官职及其职责之当行、之所行皆可谓之"事"。其后，"事"之官职意不断弱化，职责之"行"意渐成主流，"事"或作动词（意为修、治等），或作名词（意为政务或政事）。前者如《书·皋陶谟》云："翕受敷施，九德咸事，俊乂在官。"后者如《书·尧典》云："询事考言，乃言厎可绩。"又《皋陶谟》亦云："政事懋哉懋哉！"、"庶事康哉！"、"万事堕哉！"等等。至于后来不仅政务为"事"，人伦日用之行皆可谓之"事"，乃其义进一步引申的结果。无论是本义还是引申义，"事"皆为先民生存实践的现实展开，皆是人之存在的具体表现。

物之可以解作事，或曰"事物"的存在，表明事与物之间关系密切。此种密切性，往往在于物因事而得在，或者说，万物只有进入人类的生存之域，为人所谋划、利用、交换、欣赏等，亦即尽其所用，它们才具有存在的意义，从而获得其性。物融入、构成人的现实生存，并因此融入或构成而成其为物，正如《庄子》所示：

惠子谓庄子曰："魏王贻我大瓠之种，我树之成而实五石。以盛水浆，其坚不能自举也。剖之以为瓢，则瓠落无所容。非不呺然大也，吾为其无用而掊之。"庄子曰："夫子固拙于用大矣。宋人有善为不龟手之药者，世世以洴澼絖为事。客闻之，请买其方百金。聚族而谋之曰：'我世世为洴澼絖，不过数金。今一朝而鬻技百金，请与之。'客得之，以说吴王。越有难，吴王使之将。冬，与越人水战，大败越人，裂地而封之。能不龟手一也，或以封，或不免于洴澼絖，则所用之异也。今子有五石之瓠，何不虑以为大樽而浮乎江湖，而忧其瓠落无所容？则夫子犹有蓬之心也夫！"（《逍遥游》）

瓠之实或可为瓢以盛水，或可"虑以为大樽而浮乎江湖"，其性如何，完全在于人如何用它，赋予其何种存在意义。不龟手之药亦然。惠子与"宋人"执著于瓠之实和不龟手之药以某种特定属性，实是其心僵滞所致。此心封闭了事与物的通融性，亦封闭了存在。

物之所以能作为物而存在，不仅在于它关涉于事，甚至它本身就是事。相应地,古人虽喜辨物,亦精于辨物,实则所言者往往为事,如《书·禹贡》述"青州"滨海之地的献贡云:"厥贡盐、绨,海物惟错。""海物"即是海鱼①。其存在意义不在于种类之如何、体态之大小,而在于作为贡品之呈现,以及由此所彰显的政治地理之情状。又如《书·洛诰》云:"享多仪,仪不及物②,惟曰不享。"祭享③之道必备币牲,以供鬼神之享,否则便不成其道。然祭享之成又不以祭物之丰盛与否为条件,而在于与祭者心之虔诚及行之合礼。若"仪不及物",文质相乖,此"物"亦不为神所享。

物固然离不开事,因事而在,事同样也因物而在,正如《洛诰》所示:祭享之道必备币牲。事乃历史文化的具体展开,其主要内容虽以解决人的生存问题、协调人与人的关系为核心,最终则往往落实在如何处理物上。而且,倘无对于诸物的谋划、利用、欣赏等,人生自是枯寂,历史文化亦将为虚无,不仅物不成其为物,人亦不成其为人。只有通过事,或曰倾心参与到事中,人与物才能相互成就,各得其性(或曰各正其性),世界因此而敞开其意义,生生不已。人与物的这种关系,可从王阳明的"南镇看花"之说④中见其一斑:若无人观此花,心与花同归于寂;只有来观此花,心与物契,情与景合,不仅花的颜色"一时明白起来",心与世界也"一时明白起来"。就此而言,自然是"心外无物"。所以,"成己"与"成物"、"尽人之性"与"尽物之性"是一体不分的。⑤ 理想之世必表现为天、地、神、人以及万物之间的协畅调和状态,世之所治即系于此,故《周礼》云:"以礼乐合天地之化、百物之产,以事鬼神,以谐万民,以致百物。"(《春官宗伯》)所谓"赞天地之化育"和"开物成务(按:务即事义)"者(《易传·系辞上》),便成为人生在世

---

① 郑玄云:"海物,海鱼也。鱼种类尤杂。"转引自皮锡瑞著《今文尚书考证》,中华书局,1989年,第145页。

② 对于此"物",学者释义虽有所不同,如赵岐解为"事",郑玄释作"贡篚"(参见皮锡瑞著《今文尚书考证》,第347页),蔡沈则谓"币也"(蔡沈著《书集传》,凤凰出版社,2010年,第187页),然究其实,彼此可通。

③ 颜师古认为此"享"为"祭享"(参见皮锡瑞著《今文尚书考证》,第347页),赵岐、郑玄和蔡沈等则曰此"享"为"朝享"或"享见之礼",义均通。若细审之,师古之说为善。

④ 《传习录下》记云:"先生游南镇,一友指岩中花树问曰:'天下无心外之物,如此花树,在深山中自开自落,于我心亦何相关?'先生曰:'你未看此花时,此花与汝心同归于寂。你来看此花时,则此花颜色一时明白起来。便知此花不在你的心外。'"王阳明著:《王阳明全集》,上海古籍出版社,1992年,第107—108页。

⑤ 如《礼记·中庸》云:"唯天下至诚,为能尽其性;能尽其性,则能尽人之性;能尽人之性,则能尽物之性;能尽物之性,则可以赞天地之化育;可以赞天地之化育,则可以与天地参矣。"又云:"诚者物之终始,不诚无物。是故君子诚之为贵。诚者非自成己而已也,所以成物也。成己,仁也;成物,知也。性之德也,合外内之道也,故时措之宜也。"

不可逃避的、应该勇于承担之责。

在《庄子》中，其所言之物，庶几皆如《达生》所谓"凡有貌象声色者"，而罕有事义。然不可便谓庄子主张人物隔膜、彼此悬绝，亦不可因人易受物之所诱而有"倒悬"之苦便谓庄子排斥物、否定物与逃避物，甚至以为欲达逍遥就必须"使对象（物）消失"。在庄子思想中，人与物同样是一体相关的；且其所谓逍遥之游也并非弃事绝物、"孤独无依"，而是应世而行、因物而化的，此即《天下》所谓"不敖倪于万物，不谴是非，以与世俗处"。

首先，就本根而言，"通天下一气耳"（《知北游》），人与万物本为一气流通、未尝隔膜，故人若"壹其性，养其气，合其德"，自能"通乎物之所造"（《达生》），而"游乎天地之一气"（《德充符》）。若弃事绝物，何以能通达一气之运化？

其次，庄子所谓的逍遥，表现为"旁礴万物以为一"（《逍遥游》）。此种境界，乃是修德成和之所致。《德充符》云："德者，成和之修也。德不形者，物不能离也。"真正的逍遥，不是绝物，反倒聚物。①

复次，在《人间世》中，庄子还云："且夫乘物以游心，托不得已以养中，至矣。"人生天地之间，自然要与物打交道，自然要面对诸种"不得已"之事，否则便非生存。其间，自然亦会陷溺于物、羁梏于事，乃至心有撄扰，生有倒悬。然逍遥恰是在与物的打交道中成就的，诚如钟泰所云："游者，无入而不自得也。"②倘能"物物而不物于物"（《山木》），或者"应于化而解于物"（《天下》），则非逍遥而何？倘如绝物，又何所"乘"而能逍遥？

因此，欲达逍遥则需积极地应事答物，而非逃避。就此而言，若谓庄子反历史、斥文明，则不免有偏。当然，庄子在论"坐忘"时亦云"忘"仁义礼乐，甚至认为所谓"躬服仁义而明言是非"实乃黥、劓其人（《大宗师》）。对于庄子此说，需要仔细审视，明其本意。至于所谓"泥涂曳尾"之喻，③亦需会看，未可轻易据此言其弃世。

---

① 刘武亦云："物不能离者，物自最（引按："最"即"聚"义）之也，此为德之符。"（刘武著：《庄子集解内篇补正》，第 140 页）又释该篇"官天地、府万物"之说云："《玉篇》：'府，聚也，藏货也。'言官使天地，府聚万物也。"同上书，第 130 页。

② 钟泰：《庄子发微》，第 628 页。

③ 《秋水》篇云："庄子钓于濮水。楚王使大夫二人往先焉，曰：'愿以境内累矣！'庄子持竿不顾，曰：'吾闻楚有神龟，死已三千岁矣。王巾笥而藏之庙堂之上。此龟者，宁其死为留骨而贵乎？宁其生而曳尾于涂中乎？'二大夫曰：'宁生而曳尾涂中。'庄子曰：'往矣！吾将曳尾于涂中。'"

关于论,《说文》云:"论,议也。"唐贾公彦云:"直言曰论。"①二说皆有未备。段玉裁指出:"毛曰:'论,思也。'……凡言语循其理、得其宜谓之论。故孔门师弟子之言曰论语。……《王制》'凡制五刑,必即天论'、《周易》'君子以经论'、《中庸》:'经论(引按:今本多为"纶",段氏作"论",不知何据。)天下之大经。'皆谓言之有伦有脊者。"②据此,论作为言说,乃有思之言,非谓随意、不经之语。而论之所言,其中自有理义,其方式可为"直言"、说明、辨析、诘辩等等。所谓"物论",即是对于物或事的言说,它反映了言说者对于世界或存在的某种"循其理"或"得其宜"的评断,如真假、美丑、是非、善恶、治乱等。

晚周之世,王室衰微,礼崩乐坏,社会动荡,思想观念分歧日益,以致诸论蜂起,莫衷一是。儒、墨、道、名、法等家奔竞于世,既张扬己说,亦评判各家是非,以祛邪说、正视听。结果不仅人心益乱,且若因言立事,事亦不免妄行,甚乃失性伤生,船山尝概云:

> 盖春秋以降,迄乎战国,其君既妄有欲为,于是游士争言道术,名、法、耕、战,种种繁兴,而墨氏破之;墨氏徒劳而寡效,而杨氏破之;杨氏绝物已甚,而儒又破之;其所讬俱以仁义为依,故天下之伤日甚。稽之以心,役之以耳目,而取给于言以见德;有其言因有其事,以其事徇其言,而天下争趋之。言道术者,乐于受天下之归,而天下翕然趋于膻以伤其生。③

对于庄子来说,如何看待物之纷纷,如何处置诸论之异,以宁静心神,领会妙道,通达逍遥,自亦其学之当然。《齐物论》即以解决此等问题为核心而逐次展开。与诸子立说往往从具体问题入手不同,庄子直接以"道眼"观世,他具体考察了心与物、物与物的关系问题,指出了所谓的"是非"成因及其执著之害,提出了明物之要与应物之方,等等。这些思想对于准确、深入地把握"无己"、"坐忘"和逍遥游等内涵,皆具有关键性的意义。

---

① 转引自刘武著《庄子集解内篇补正》,第 30 页。
② 段玉裁:《说文解字注》,上海古籍出版社,1988 年,第 92 页。
③ 王夫之:《庄子解》,中华书局,1964 年,第 211 页。

二、"成心"与是非

《齐物论》之所谓齐物之不齐、齐论之不齐,实皆就人心而言,皆是为了化解人心之偏与执著之害。尽管从本根上看,"通天下一气耳",万物皆为一气之流通,皆为道之呈现,可谓"万物一齐"(《秋水》),然倘无人的存在,倘无人心之感应,这种万物之间的齐或不齐是毫无意义的(按:此说并非意味着"人类中心主义")。故郭子玄以"自足其性"解逍遥,遂使逍遥流于浅薄,支道林讥之,实不为过。①所谓鸠枪榆枋、鹢翔蓬蒿乃至"儵鱼出游从容"②者,尚不可曰逍遥,此其本性使然,非为境界所现。不过,人们确实可以从上述现象中悟得天机自然与逍遥之乐,就像周濂溪不除窗前草、张横渠观驴鸣,以悟得生理流行一般。③然"儵鱼出游从容"与"鱼之乐"(乐者,人之所赋),毕竟是两种意思。

故庄子作《齐物论》并非漫论"万物一齐",实为解决心、物关系等问题。且此所谓"齐",是以"道心"(按:"道心"谓见道之心)观物之所得,有别于"成心"之偏执。以此出发,所谓"物论"之齐自亦为题中之义。那么,"成心"与物的关系如何?这一关系又会导致何种结果?《齐物论》云:

> 大知闲闲,小知间间;大言炎炎,小言詹詹。其寐也魂交,其觉也形开,与接为构,日以心斗。缦者,窖者,密者。小恐惴惴,大恐缦缦。其发若机栝,其司是非之谓也;其留如诅盟,其守胜之谓也;其杀如秋冬,以言其日消也;其溺之所为之,不可使复之也;其厌也如缄,以言其老洫也;近死之心,莫使复阳也。喜怒哀乐,虑叹变慹,姚佚启态;乐出虚,蒸成菌。日夜相代乎前,而莫知其所萌。已乎,已乎!旦暮得此,其所由以生乎!非彼无我,非我无所取。是亦近矣,而不知其所为使。若有真宰,而特不得其眹。可行已信,而不见其形,有情而无形。百骸、九窍、六藏,赅而存焉,吾谁与为亲?汝皆说之乎?其有私焉?如是皆有

---

① 参见郭庆藩撰《庄子集释》,中华书局,2004年,第1页。
② 《秋水》篇记庄子之言云:"儵鱼出游从容,是鱼之乐也。"
③ 大程尝云:"周茂叔窗前草不除去,问之,云:'与自家意思一般。'子厚观驴鸣,亦谓如此。"程颢、程颐撰:《二程遗书》,上海古籍出版社,2000年,第112页。

为臣妾乎？其臣妾不足以相治乎？其递相为君臣乎？其有真君存焉！如求得其情与不得，无益损乎其真。一受其成形，不亡以待尽。与物相刃相靡，其行尽如驰而莫之能止，不亦悲乎！终身役役而不见其成功，苶然疲役而不知其所归，可不哀邪！人谓之不死，奚益！其形化，其心与之然，可不谓大哀乎？人之生也，固若是芒乎？其我独芒，而人亦有不芒者乎？夫随其成心而师之，谁独且无师乎？奚必知代而自取者有之？愚者与有焉！未成乎心而有是非，是今日适越而昔至也。是以无有为有。无有为有，虽有神禹且不能知，吾独且奈何哉！①

在此段文字中，庄子论述的概念与相关问题丰富而驳杂。因语义浑沦，历来注家解说存有差异，生出许多歧见。其实，上述内容主要是围绕"成心"问题展开的：从"成心"的产生、表现及其所致后果，庄子皆有深思。其关于心物关系的基本思想，亦据此而见。

其一，形体与物交接而心生知、情（按：情、欲混杂，言情亦含论欲）。形体即"百骸"、"九窍"、"六藏"等，所谓形体与物交接，即文中所云"其觉也形开，与接为构"。钟泰释此句云："'魂交'、'形开'互文，'魂交'则形亦交，'形开'则魂亦开。形者魄也。'接'谓所接物也。'与接为构'，'构'与交一义，犹《孟子》言'物交物矣'。"②钟氏解"魂交"、"形开"与"接"义甚善，唯释"构"、"交"同义，尚有未安。因"与接为构"中之"接"已是"交"义，若再释"构"为"交"，不仅"接"、"构"义重，且有伤文义。"构"原作"構"，本指架木造屋，既有"交"义，又有"成"义。作"成"解即为"构成"，如《荀子·劝学》云："邪秽在身，怨之所构。"在"与接为构"中，此"构"即是"构成"义，或曰"生成"。故"与接为构"义为形体与物交接而有所"生成"，其"所成者"者，知、情是也。知与情虽有区别，彼此又渗透融合，成为一体。故言知则已涵情，言情亦已摄知。庄子此处主要是从情感入手发论，于是而有下文的"喜怒哀乐，虑叹变慹，姚佚启态"等十二种心相（即情绪或内心感受）之说。③

---

① 按：此部分文字，注者多将其分成两段乃至数段解之，由是义有破碎，概念不明。王先谦《庄子集解》和钟泰《庄子发微》等视此等文字为一段，甚善，今从之。

② 钟泰：《庄子发微》，第32页。

③ 旧注多谓"喜怒哀乐，虑叹变慹，姚佚启态"为十二情，少数如船山认为其中只有"喜怒哀乐，虑叹变慹"言情，而"姚佚启态"实为八情所显之态（参见王夫之著《庄子解》，第13—14页）。两说皆通，此取前说。

其二,诸情与"我"彼此不分,互为生成。诸情之发乃因于形开接物而生于心,是自然所成,并无所谓"真宰"使之然,故其踪莫测,此起彼伏,生灭相续:"日夜相代乎前,而莫知其所萌"。尽管如此,诸情之发及其存在却是真实可信、非为虚幻的:"可行已信,而不见其形,有情(引按:此情作"实"解)而无形"。而诸情的存在意义则在于:它们和"我"(按:当指常人之心)之间是彼此不分、互为"生成"的,即:"非彼(引按:"彼"即十二种心相)无我,非我无所取。"在此意义上,"我"实为诸情之凝聚,或者说,诸情亦可谓"我"的现实展开即"我"之所现(心相)。

其三,若溺于诸情,心便随物流转,而不知止归。诸情皆感物而发,真实不虚,同时也易胶结于物,以至心有桎梏,为物所役。对于这种心物纠结之状,庄子形象地称为"心斗"①,认为与物交接,不可心生执著,而应如《应帝王》之所谓"至人":"用心若镜,不将不逆,应而不藏。"如此,方能"胜物而不伤"。否则,心必为物所牵制,逐而不反。此既是生存之昧,亦为人之大哀。②

其四,滞溺于知、情之心即为"成心","成心"生则是非之辨出。随物流转、系于诸情之心可谓之"成心",或曰"执心"。③因知、情交融,"成心"当亦含有对于物的认知,故其乃滞溺于知、情之心。"成心"若生,则是非之辨(按:不独是非之辨,所谓善恶、美丑等别亦是生于"成心",庄子此处仅举其一。下同)亦必出:

---

① 关于"心斗",注家异解纷纷,此取林希逸与陆西星之释(参见林希逸著《庄子鬳斋口义校注》,中华书局,1997年,第16页、陆西星撰《南华真经副墨》,中华书局,2010年,第17页),义为"心物之斗",实则谓物对于心的牵扰影响。

② 此即引文所谓:"与物相刃相靡,其行尽如驰而莫之能止,不亦悲乎!终身役役而不见其成功,苶然疲役而不知其所归,可不哀邪!人谓之不死,奚益!其形化,其心与之然,可谓大哀乎?人之生也,固若是芒乎?其我独芒,而人亦有不芒者乎?"

③ 关于"成心",历来注家有相反之解:其一谓"成心"乃胶滞于情之心,如成玄英云:"夫域情滞著,执一家之偏见者,谓之成心。"(郭庆藩:《庄子集释》,第61页)刘武亦云:"成心,言已发动而成为情意之心也,即心已为情所胶着也。"(刘武:《庄子集解内篇补正》,第42页)钟泰则直谓"成心"为"执心"。(参见氏著《庄子发微》,第35页)但亦有许多学者谓"成心"为"天理浑然之心"或"真心"、"真宰"者,如林希逸云:"成心者,人人皆有此心,天理浑然而无不备者也。言汝之生,皆有见成一个天理,若能以此为师,则谁独无之!"(林希逸:《庄子鬳斋口义校注》,第21页)又,憨山德清云:"现成本有之真心也。""言人未悟本有之真心,而便自立是非之说。"(释德清:《庄子内篇注》,上海:华东师范大学出版社,2009年,第30页)陆长庚则云:"成心者,见心成成,不假补续,乃天命之本然,吾人之真宰也。"(陆西星撰:《南华真经副墨》,第22页)近人蒋锡昌亦认为:"'成心'者,即吾人天然自成之心,用以辨别事物者也。"(蒋锡昌著:《庄子哲学》,上海书店,1992年,第124页)若细审庄子之文,当以前说为是,后说实乃不经。今人多谓"成心"为"成见",即先入为主之观念。此说虽通,然对于"成心"与诸情之间的关系却未得标明。

"夫随其成心而师之，谁独且无师乎？……未成乎心而有是非，是今日适越而昔至也。是以无有为有。""师心自用"者，即此谓也。既然各师其心而有各自之是非，则各种是非之见之间又必发生是非之争，以是其所是而非其所非。结果，或为"司是非"而言若机栝之发、迅捷刁钻，或求"守胜"而固执己见、留如誓盟，以致用心忧劳，溺而不复，生气老衰，日渐败坏。[①]

心、物之间若存有上述关系，以及由此而发"成心"之执与是非之辨，不仅不能通达逍遥，反而还会使人完全为物所囿和为情所困，故庄子遂有"丧我"、"无己"、"无情"之说。言虽不同，意旨却一，皆表明逍遥境界是无所黏滞、自在无碍的。无论是"丧我"、"无己"抑或是"无情"，皆非谓逍遥以绝物自守为前提。因为，三者皆为逍遥境界之所现，而非指具体的修养工夫。

三、"浮明"与"真明"

对于情流于一偏而生"成心"，此事易理解，为何关于物的认识也可能变为"成心"？既如此，认识还可信吗？但人生在世与物交接实属自然，此交接所生之知亦非虚幻，实则"反映"了物的存在状态与属性。尽管其中会有偏差，甚至扭曲。我们必须正视这些认知。否则，一切皆不可信，无所取舍，生命漂浮于虚空，其将如何展开？况且，庄子论逍遥是以积极地应事答物为前提的。既然要"应答"，就需认知事物及其存在，而非无视物在我们身上引发的诸种反应。因此，欲解决心、物关系问题，破除"成心"之执，化解是非、然否、美丑等辨，首需解决认知问题，分清何谓真知，何谓伪知。只有去蔽存真，以"道眼"观世，方可免堕于流俗之见，因应于物，优游于世。

据庄子之述，认知之所以会化为"成心"，存在多种原因：或如《大宗师》所云："其耆欲深者，其天机浅。"即嗜欲太盛，易为物诱，知发浅薄而流于一偏；[②]或因认知能力有限，而所知之物无限，知者却不知止归，逞其辨才，以致舍本逐末，

---

① 此即文中所谓："其发若机栝，其司是非之谓也；其留如诅盟，其守胜之谓也；其杀如秋冬，以言其日消也；其溺之所为之，不可使复之也；其厌也如缄，以言其老洫也；近死之心，莫使复阳也。"

② 嗜欲深者不仅知易浅薄，其形神之发皆易流于浅薄。陆长庚云："机者，发动所由。凡人形生神发，皆属天机。""其耆欲深者其天机浅，多欲之人易为物诱，貌言视听自为浅薄。"陆西星：《南华真经副墨》，第 90 页。

随物流转:"吾生也有涯,而知也无涯。以有涯随无涯,殆已!"(《养生主》)或因知者视野狭隘之所致:"自我观之,仁义之端,是非之涂,樊然淆乱,吾恶能知其辩!"(《齐物论》)或者"知有所待而后当,其所待者特未定也"(《大宗师》),而知者却执物为定然,以致执其所知以为定见。

在上述情形中,庄子尤为重视批驳后二者。因嗜欲太盛而左右认知的情形虽较常见,然其弊显豁,不足以论;而以知随物、流荡不反之举却又罕见,这要求知者既保持旺盛的求知欲,又需具穷辩之才,常人难及于此。惠施等辩者即属此例,《天下》篇评其才、学云:"惜乎! 惠施之才,骀荡而不得,逐万物①而不反,是穷响以声,形与影竞走也,悲夫!"至于因视野之隘、定见之执而生"成心"者,不仅普遍存世,而且也是天下人心纷乱、彼此扞格的主要原因。《齐物论》之所辟,即是集中于这二端。

执物以为定然,且据此所知以为定见,乃至毋庸置疑,此是人人易患之弊。若以道观之,"通天下一气耳",万物皆为气之凝聚,本非恒久如斯,彼此互生互化,未尝隔膜。《知北游》"臭腐复化为神奇,神奇复化为臭腐"之说,即是因此而发。《齐物论》亦云:"(物)其分也,成也;其成也,毁也。凡物无成与毁,复通为一。"故若视物为定然,实为眼界狭窄、思虑僵滞之所致。

又,前文已明:物之作为物,是在事中获得其性、成其为自身的。而事则是历史文化的现实展开,是人的生存的具体表现。在不同的时空情境下,同一物可能会以不同的"面貌"或"性质""现身"于世,展现出不同的存在意义。庄子对此洞若观火,曰:"可乎可,不可乎不可。道行之而成,物谓之而然。恶乎然? 然于然。恶乎不然? 不然于不然。物固有所然,物固有所可。无物不然,无物不可。"(《齐物论》)所谓"物谓之而然"者,昭示了物的存在性,亦昭示了物与事之间的亲缘关系。而事的展开,亦即为道之运行。物既在事中获得其"性",其"性"便非凝固不变,而是因事之不同表现有异。故关于物之认知,亦需具体对待,不可心生执著,持之为定见。

相较而言,基于视野之隘而来的知之褊狭在生活中更为常见,且此知更易为人所坚执。视野之隘源于知者的生存态度、利益诉求或价值取向等方面的特殊性,庶几无可逃避,它构成了任何认知的解释学境域。立场既不同,标准便有异,认知的"普遍性"也就成了问题,《齐物论》云:

---

① 准确地说,惠施等辩者实则是逐物之"名"而不知反。参见后文"'不道之道'与'不言之辩'"一节所论。

民湿寝则腰疾偏死，鳅然乎哉？木处则惴栗恂惧，猨猴然乎哉？三者孰知正处？民食刍豢，麋鹿食荐，蝍蛆甘带，鸱鸦耆鼠，四者孰知正味？猿猵狙以为雌，麋与鹿交，鳅与鱼游。毛嫱丽姬，人之所美也；鱼见之深入，鸟见之高飞，麋鹿见之决骤，四者孰知天下之正色哉？

此段文字想象丰富，虽不合逻辑，义却显豁，即：不可执境域之知以为定见。否则，不仅知有滞溺，且因知、情互摄，知为情囿，任何知解都将流于固执，以各是其所是而非其所非。同时，诸知之间又必互相攻讦，恰如儒墨之争："以是其所非而非其所是。"（《齐物论》）以致道有遮蔽，亏欠不显，正所谓"是非之彰也，道之所以亏也。道之所以亏，爱之所以成"（《齐物论》）。

认知本为揭示事物，是对世界或存在的"去蔽"，此之曰"明"。"明"之本义为"照"，《说文》云："明，照也。"《左传》亦云："照临四方曰明。"（《昭公二十八年》）在光照之下，一切无所遁形。知之于物，亦当如日月之光，其朗朗之照而使物性彰显，故《书·洪范》论"视"与"思"皆以"明"喻之，曰："视曰明，……思曰睿（按："睿"亦"明"义）。"同样，庄子认为欲去蔽息争，也应"莫若以明"（《齐物论》）。当然，此为"真明"，而非作为"成心"之显的"浮明"[1]。"真明"者，"真知"也，"且有真人而后有真知"（《大宗师》）。既有"真明"与"真知"之说，则俗论所谓庄子的"认识论"为不可知论或相对主义之判，便有未达。恰恰相反，由"浮明"之"知"却会引出关于物与世界的不可知或相对性的结论。

在"真明"的朗照下，万物之"现身"是流变、多样的，而非单一与固定，《齐物论》云："物无非彼，物无非是。自彼则不见，自知则知之……方生方死，方死方生；方可方不可，方不可方可。"《秋水》亦云：

以道观之，物无贵贱；以物观之，自贵而相贱；以俗观之，贵贱不在己。以差观之，因其所大而大之，则万物莫不大；因其所小而小之，则万物莫不小；知天地之为稊米也，知豪末之为丘山也，则差数睹矣。以功观之，因其所有而有之，则万物

---

[1] "真明"与"浮明"之名，出自船山。此处取其义，但对于船山谓《齐物论》中两"莫若以明"皆谓"浮明"而非"真明"之说（参见氏著《庄子解》第16—17页），则不予苟同。结合上下文，本文认为：此两处"莫若以明"之"明"皆是指"真明"。

莫不有；因其所无而无之，则万物莫不无；知东西之相反而不可以相无，则功分定矣。以趣观之，因其所然而然之，则万物莫不然；因其所非而非之，则万物莫不非。

那么，如何实现知之"真明"？《齐物论》曰："是以圣人不由而照之于天。""不由"者，不循"成心"也；"照之于天"即"照之以道"或"照之以自然"。《大宗师》论"真人"境界时亦云："是知之能登假于道者也若此。""真明"乃是以道或自然之"光""观照"万物及其存在之所得。所以，"真知"或"真明"之得本来甚简易：不过是存"道心"与弃"成心"而已。所谓"道心"与"成心"者，非谓心之有二，实曰心之达滞与否。此一存一弃，是为"吾丧我"（《齐物论》）。"吾"即"真人"，为"道心"之凝聚；"我"则为"成心"之凝聚。虽说简易，要真正做到"存吾"与"丧我"，却又非易事。正如与弟子颜成子游论"丧我"之境时，南郭子綦云："今者吾丧我！""今者"表明：子綦之"丧我"是有时间性的，其中必有涵养工夫①之"曾在"。

四、"大言"与"小言"

一般地，有知解便会有所言说。言随知生，亦随知而行；知有深浅，言亦有大小。《齐物论》云："大知闲闲，小知间间；大言炎炎，小言詹詹。""大知"是指"真知"或"真明"，其发于言语是为"大言"②；"小知"亦即"浮明"，乃"小言"之所

---

① 先秦诸子论修养虽无后儒所谓"工夫"或"工夫论"之说，然其中自有此义在，故借用之。

② 关于"大知闲闲"与"大言炎炎"，历来注家多以"广博"释"闲闲"、以"美盛"释"炎炎"，并据此而谓"大知"与"小知"、"大言"与"小言"之间虽有大小之别，实则皆非真知或真言，其于道皆有未及处。故钟泰云："'大知'、'小知'，承上篇'小知不及大知'言，然上篇褒大贬小，此篇则大小俱遣。"（钟泰著：《庄子发微》，第32页。）然而，亦有学者视"大知"与"大言"为见道之知和见道之言，如刘武指出："知，如字，音智非。……《诗·魏风》：'桑者闲闲兮。'传：'闲闲然，男女无别往来之貌。'武按：传中'无别'二字，释闲闲之义，以其承桑者言，故加'男女''往来'字。此承大知言，谓大知无所分别，即不事小察也，以与小知之间间反照。下文'知止其所不知'，即证明此义。间，《广韵》：'厕也'，《前汉·韦玄成传》注'隔也'。'厕''隔'二字，均有分别义。再兼觇义言之，谓小知好分别视察，非若大知之兼照无别也。……《释文》：'炎炎，于廉、于凡二反。李颐云："同是非也。"詹詹，音占。李颐云："小辩之貌。"'武按：以李训为是。"（刘武：《庄子集解内篇补正》，第35—36页。）刘氏之说诚然，当从之。又，《知北游》（按：此篇义理精深，且与内篇思想浃洽，学者庶几皆谓其出自庄子。陆长庚甚至认为："读《南华》者，《知北游》最为肯綮。"陆西星：《南华真经副墨》，第309页。）亦有"大言"之说，曰："至道若是，大言亦然。"此处"大言"，显为见道之言。文中所引《齐物论》之"大言"，不当与此有所分别。

出。作为见道之言，庄子有时又称"大言"为"至言"，如《知北游》既云："至道若是，大言亦然。"又曰："至言无言。"为与"真明"和"浮明"相对应，可将"大言"（或"至言"）名之曰"真言"，而将"小言"称之为"浮言"。

就"浮明"而言，其于物既易生是非之辨，则"浮言"之间亦必有是非之辩。而辨与辩之害，前文已稍有所论（见《"成心"与是非》一节）。故在庄子，欲达逍遥，欲存"道心"而破"成心"，除了要破知之囿蔽与情之陷溺，还需破"浮言"之惑、解辩之纠纷。于是，语言哲学的许多重要问题在庄子思想中亦有表现。其中，又尤以名实关系与言意关系为枢要。

（一）名与实

名是语言中的基本单位，本义为命名，名词化后义为名字或名称，亦即今之概念；实本指财物充于屋下，有"富"（《说文》云："实，富也。"）、"塞"、"满"等义，又引申为"有"义："有者为实，故凡中质充满皆曰实。"（《素问·调经论》）在语言的运用中，名、实结合成为一对范畴，《墨子》云："所以谓，名也；所谓，实也。"（《经说上》）名即是能指；实则为所指，是名之内涵或意义的"承载者"，一般是指物①。由实之"塞"、"有"等义可知：此"承载者"当亦是"实有之物"，而非虚幻。②

《经说上》又云："有实必待文名③也。……是名也，止于是实也。"《公孙龙子》亦云："物以物其所物而不过焉，实也。"（《名实论》）④《逍遥游》所谓"名者，实之宾（按："宾"有"服从"义，其所从者，即实也）也"，亦是此义。故有实方有名，无实应无名，名之内涵理应反映实的"本来面目"："名实耦，合也。"（《经说上》）

---

① 如《经说上》云："名物，达也。"孙诒让释曰："言物为万物之通名。《荀子·正名篇》云：'故万物虽众，有时而欲遍举之，故谓之物；物也者，大共名也。'即此义。"孙诒让：《墨子间诂》，上海书店出版社，1986年，第211页。

② 此所谓"实有之物"不仅指具体存在的世界诸物，也可能是天帝、鬼神、山精水怪等"灵物"。因在先民的生存视野里，这些"物"也"确实"是"有"的，是"存在"的。

③ "名"原作"多"，孙诒让指出："'多'当作'名'，言名为实之文也。"（孙诒让：《墨子间诂》，第211页）孙说诚是，当从之。

④ 此句王琯释云："所谓物者名也。凡名某物，与其所名某物之自性相适相符合，而不过分；其某物之自性相，即谓之实。"王琯：《公孙龙子悬解》，中华书局，1992年，第88页。

且若循名而察,实的本来面目亦理应无所遁形,此即循名责实。这一观点,是为晚周思想主流。

然而,庄子对于所谓名实相符或循名责实的观念却颇为怀疑。人们在言说时,皆有所揭示(意义)。名作为言说(语言)中的基本单元,同样亦有所揭示。而言与名之所指,既可能是本根之道,又可能是芸芸众物。就道而言,作为本根,它是世界之所由,是"诸物"的存在根据。作为"诸物"之一,语言也是在道中生成与展开的,故不可以言道,即道不能成为语言的对象,不能被命名和言说。否则,道就"坠落"为和语言同一层面甚至更低的东西了。关于道与语言之间的这种关系,《老子》早有论说,曰:"道可道,非常道。名可名,非常名。"(《一章》)、"道常无名。"(《三十二章》)《二十五章》更是直言:"有物混成,先天地生。寂兮寥兮,独立不改,周行而不殆,可以为天下母。吾不知其名,字之曰道,强为之名曰大。"所谓"道"之名,仅仅是"字之"而成。既如此,它究竟"反映了"那个"先天地生"之"物"的多少本质和特点?对于道的不可说性,庄子亦指出:"道不可闻,闻而非也;道不可见,见而非也;道不可言,言而非也!知形形之不形乎!道不当名。"(《知北游》)道既然不可名、不可言,自然也就不可问、不可应了:"有问道而应之者,不知道也;虽问道者,亦未闻道。道无问,问无应。"(《知北游》)

即便是名之所指为芸芸众物,名实之间也未必是符合关系。因名有所定,其义有所凝滞;物则是流变不息、生灭不已、彼此又是流通一体的,故《齐物论》有"方生方死,方死方生"之说,且曰:"其分也,成也;其成也,毁也。"《大宗师》亦云:"浸假而化予之左臂以为鸡,予因以求时夜;浸假而化予之右臂以为弹,予因以求鸮炙;浸假而化予之尻以为轮,以神为马,予因以乘之,岂更驾哉!"同时,庄子还怀疑能够命名的"吾"(按:此不同于"吾丧我"之"吾",相当于生于"成心"之"我")的确定性,曰:"且也相与吾之耳矣,庸讵知吾所谓吾之乎?且汝梦为鸟而厉乎天,梦为鱼而没于渊。不识今之言者,其觉者乎?其梦者乎?"(《大宗师》)既然命名者("吾")与被命名者(物)皆为流变,名实之间何可曰符合?

又,物之所以能作为物而存在,在于它关涉于事,在于其性是在事中显现的,事与物本来不分。《齐物论》云:"夫道未始有封,言未始有常,为是而有畛也。"道以物为载体,其既"未始有封",则物当亦"未始有封";名为言之构成,言既"未始有常"，则名亦当"未始有常"。事实上，名却常常"有常"（"为是"），具有确定性（"畛"）。以此"有常"之名应对彼"未始有封"之物，自然会有"名不达实"之虞。《大宗师》尝以"孟孙才善处丧"之例喻云：

> 颜回问仲尼曰："孟孙才，其母死，哭泣无涕，中心不戚，居丧不哀。无是三者，以善处丧盖鲁国，固有无其实而得其名者乎？回壹怪之。"仲尼曰："夫孟孙氏尽之矣，进于知矣。唯简之而不得，夫已有所简矣。孟孙氏不知所以生，不知所以死；不知就先，不知就后；若化为物，以待其所不知之化已乎！且方将化，恶知不化哉？方将不化，恶知已化哉？吾特与汝，其梦未始觉者邪！且彼有骇形而无损心，有旦宅而无情死。孟孙氏特觉，人哭亦哭，是自其所以乃。……造适不及笑，献笑不及排，安排而去化，乃入于寥天一。"

依丧礼，孝子当哭泣有涕、中心有戚、居丧有哀，如此方合"善处丧"之名。孟孙才无是三者却"以善处丧盖鲁国"，"孔子"同样也谓其尽了丧礼之实。顺此"逻辑"，倘若孟孙才之行符合丧礼之制（名），反而会有悖于"善处丧"之实。名实之相背，竟至于此！究其原因，除了孟孙才之知已臻于化境而不为世俗知见所累外，还在于任何有意之为（如命名）都不及于造化之变和天机自然（"造适不及笑，献笑不及排。"）。"孟孙才善处丧"之例还表明：真正的名实相符表现在人伦日用（按：此"用"即《齐物论》"为是不用而寓诸庸"之"庸"。关于"庸"，后文有论）中，而不在于僵化、机械的形式上一致。

在语言的运用中，名还可能因其过度的"自我演绎"而"脱离"于实；乃至与实无涉，空有其名。此种情形，尤以辩者之说为最。如惠施云："卵有毛。鸡有三足。郢有天下。犬可以为羊。马有卵。丁子有尾。火不热。山出口。轮不蹍地。目不见。指不至，至不绝。……"（《天下》）公孙龙亦有"白马非马"（《公孙龙子·白马论》）论，又认为石之坚、白之性"不相盈"，主张"离"坚白①（《公孙

---

① "坚白"问题盖为晚周思想论争热点之一，如墨家针对公孙龙坚白"不相盈"之论云："坚白，不相外也。"（《墨子·经上》）惠施亦有坚白之论，庄子评其学云："故以坚白之昧终。"（《齐物论》）又曰："天选子之形，子以坚白鸣。"（《德充符》）惜乎其说不传。

龙子·坚白论》)。辩者之说充分展现了思、辩的智巧,结论却往往荒诞不经。它们不仅挑战人们的常识,且若循名责实,实亦无所着落。辩者展开其思、辩的主要方法,表现为割裂名、实,卑实而尊名,并赋予名以实在性。如公孙龙云:"坚未与石为坚而物兼。未与为坚而坚必坚。其不坚石物而坚,天下未有若坚而坚藏。白固不能自白,恶能白石物乎?若白者必白,则不白物而白焉。黄黑与之然。"(《公孙龙子·坚白论》)又曰:"天下无指而物不可谓指者,非有非指也。非有非指者,物莫非指也。"(《公孙龙子·指物论》)对于辩者之说,儒、道二家皆有所辟。如荀子斥公孙龙等说为"用名以乱实"(《荀子·正名》),斥惠施等人"好治怪说,玩琦辞,甚察而不惠,辩而无用,多事而寡功,不可以为治纲纪"(《荀子·非十二子》);《天下》则批评惠施等辩者"以反人为实,而欲以胜人为名,是以与众不适也。……其道舛驳,其言也不中";《天道》亦辟"辩士"(辩者)为"一曲之人"。曲者,偏也;其所偏者,坚执于名也。

"名止于是实"与"名者,实之宾也"之说,本来也为辩者所接受,前引公孙龙"物以物其所物而不过焉,实也"之言,即是此意。然经过辩者的演绎,名却获得了实在性,以致凌驾于实之上,甚至可以消解或解构实,表明名(思想)具有"僭越"实的"冲动"。坚执于名,自有其害。荀子认为辩者之言"持之有故","言之成理","足以欺惑愚众"(《荀子·非十二子》)。"欺惑愚众"乃"智者"之所为,对于庸众而言,执著于名则有"忘实溺情"之患,如庄子以"朝三暮四"喻之云:"狙公赋芧,曰:'朝三而暮四'。众狙皆怒。曰:'然则朝四而暮三。'众狙皆悦。名实未亏而喜怒为用。"(《齐物论》)庄子还依辩者之言而更进之,以彰执名之蔽。如公孙龙既云"白马非马",既云"物莫非指,而指非指"(《公孙龙子·指物论》),庄子则曰:"以指喻指之非指,不若以非指喻指之非指;以马喻马之非马,不若以非马喻马之非马也。天地一指也,万物一马也。"(《齐物论》)物不可以无名,否则,事即不得展开,道亦不得而行。然物之名毕竟只是因事而成,乃"谓之而然"。对于物之名,不可执著于心,以致忘实而逐名,故"圣人无名"(《逍遥游》)。"无名"者,"无为名尸"(《应帝王》)也。辩者之蔽,在于只知"有名",而不知"无名"。逐实固是"成心"之所致,逐名亦然。

逐名之蔽与"无名"之意还不仅于此。名亦有种类,类与类之间自有不同。《尹文子》谓"名有三科":"一曰命物之名,方圆、黑白是也;二曰毁誉之名,善恶、贵贱是也;三曰况喻之名,贤愚、爱憎是也。"①《荀子·正名》则云:"后王之成名,刑名从商,爵名从周,文名从《礼》,散名加之于万物者则从诸夏之成俗曲期。"上述划分实则可归为两类:其一为"命物之名"或曰"散名",其所指主要为有形有色之物;其二即所谓"毁誉之名"、"况喻之名"或者"刑名"、"爵名"与"文名"等,其所指乃作为事或者"构建"着事之物。就后一种"物"来说,它可能无形可显,却有"象"可见。如在"孟孙才善处丧"之例中,孟孙才即是以其"哭泣无涕,中心不戚,居丧不哀"之行(实)而赢得"善处丧"之名的。这种名实关系深刻关联着一定的伦理结构、政治体制、道德观念、意义诉求和审美趣味等,构成了历史文化的主要内容,并范导着人们的生存态度与处世方式。相应于上述的名之分类,也存在着两种逐名之行:一曰执著于"命物之名",一曰执著于是非、善恶、美丑、尊卑等名。前者主要表现于名家或辩者的学思中,如惠施的"卵有毛"、"鸡有三足"、"犬可以为羊"以及公孙龙的"白马非马"、"离坚白"等说,便是因此而发;后者则几乎为人人所难免。前者虽蔽在"欺惑愚众"或"殆荡不得(实)",然其害一般尚不至于"失性伤生";后者之蔽则不然:逐名者或避毁求誉,或弃恶扬善,或争爵尚贤,不一而足。至于其弊,轻者会殉名丧德,乃至彼此相轧、争斗不已,甚而招致杀身之祸,《人间世》指出:

德荡乎名,知出乎争。名也者,相札也;知也者争之器也。二者凶器,非所以尽行也。

且昔者桀杀关龙逄,纣杀王子比干,是皆修其身以下伛拊人之民,以下拂其上者也,故其君因其修以挤之。是好名者也。

因此,"行名失己,非士也"(《大宗师》)。若人主有求实逐名之好,则更是天下生民之苦:"昔者尧攻丛枝、胥、敖,禹攻有扈。国为虚厉,身为刑戮。其用兵不止,其求实无已,是皆求名实者也。……名实者,圣人之所不能胜也。"(《人间世》)圣人于名实尚且不能当任之,更何况庸常之众?

要之,在庄子看来,名当以实为主,是为"实之宾",然这并非简单地意味着

① 转引自杨倞著《荀子注》,第 232 页。

名实相符：一方面，实流变不已，本无定然；另一方面，名则有其确定性。真正的名实相符只有在人伦日用（即"为是不用而寓诸庸"之"庸"）中方才可能。庄子主张"无名"，即不为名所囿。否则，将有逐名之蔽。其结果，或者会执名而忘实，或者会殉名而丧德，直至有"失性伤生"之祸。

(二) 言、意与道

名实问题是在言中展开的。由名实之辨而进之，则必入于言意之辨；而言、意与道之间的关系，亦须有辨。

言者，说也。人生在世要有所言说，人们因语言而相互聚集，亦因语言而彼此区分，甚至还是通过语言生存于世的。倘无语言，人们根本无法彼此交接、与诸物打交道，也不可能有所谓的精神生活。维特根斯坦云："我的语言的界限意味着我的世界的界限。"①此说虽是从逻辑主义角度发论，其所谓语言亦为逻辑性语言，世界亦仅为原子事实之集合，然若大而化之，实不为过。故古希腊所谓"人是会说话的动物"之说，实乃意味深长：语言既建构着人类的存在与历史，也深深地契入最根本的哲学问题。

无论何种言说，皆有所揭示（意义），有所诉求，其存之于心，是为意，或曰志（按：《说文》意、志互训，曰："意，志也。"、"志，意也。"）。关于言、意之间的关系，《左传》云："志以发言。"（《襄公二十七年》）又云："志以定言。"（《昭公九年》）庄子亦云："夫言非吹也，言者有言。"（《齐物论》）、"言者所以在意。"（《外物》）言、意本来应是同一的：意发而为言，亦限定着言；言说应以意为鹄的，不可言不由衷。若有意而不言，不仅意不可见，名实问题亦不得充分展开。

然而，言意问题远非如此简单。一方面，言不由衷或顾左右而言他等情形很是普遍；另一方面，即便想达意，有时人们说了很多却未真正达意，甚至还会"无话可说"。前一情形是有意逃避意或扭曲意，在此不论。这里据庄子思想要探讨的是：言为何常常不能达意？

先来看《秋水》中一段文字，其曰：

---

① 维特根斯坦著、郭英译：《逻辑哲学论》，商务印书馆，1962 年，第 79 页。

夫精，小之微也；郭，大之殷也：故异便。此势之有也。夫精粗者，期于有形者也；无形者，数之所不能分也；不可围者，数之所不能穷也。可以言论者，物之粗也；可以意致者，物之精也；言之所不能论，意之所不能察致者，不期精粗焉。

在此，《秋水》谈了三种所指：精者、粗者和"不期精粗者"。其中，精、粗皆是就物而言，即物因其"有形"而可期"精粗"；相应地，"不期精粗者"因其"无形"或"不可围"而"超越了"物。《秋水》表明：言、意皆只能达于物，对于"不期精粗者"则"不能论"或"不能察致"；且言、意之别，实在于二者各自所达于物的精粗之不同。《秋水》以精、粗言物，并以小、大论精、粗，显非实指，实乃比喻。精、粗对言，前者义为挑选过的好米，或曰精米，故《说文》训"精"为"择"；后者为糙米，引申为疏略义。事物固无精粗之分，它们本来"自在地"存在。所谓"物之粗"或"物之精"之说，皆是就物进入人的生存视野所引发的知解反应而言。我们可视"物之精"为"物的本来面目"，视"物之粗"为"物的表面现象"。"本来面目"即是物性之呈现，亦即物的意义之敞开。《秋水》谓语言只能达于"物之粗"，而不能达于"物之精"，表明语言是有其局限的，它不能直达"物的本来面目"，直达物的意义（意）。言虽只能达于"物之粗"，然此"粗"（"表面现象"）毕竟又是"精"（"本来面目"）的某种显现，故言又可曲通于意。言、意既有如此关系，庄子遂有"得意忘言"之说，曰："荃者所以在鱼，得鱼而忘荃；蹄者所以在兔，得兔而忘蹄；言者所以在意，得意而忘言。吾安得夫忘言之人而与之言哉！"（《外物》）

语言之所以不得直接达意，主要在于它的迟滞性和限制性。意随物转，通达物性之意则是灵动幽微、难以定然的。《齐物论》云："夫言非吹也，言者有言，其所言者特未定也。""有言"即谓言有所指，有所确定；"未定"则谓意有不定。何以"所言者（意）"殊有不定？曰：物不定也。物之所以不定，又在于物的存在乃是道的具体展开，其性（意义）之彰亦是随着道的运化而得以可能的。所谓物之贵贱、大小、少多、长短等性（意义），皆是在具体的存在境遇中显现出来的，本无定然，故《秋水》又云：

以道观之，何贵何贱，是谓反衍；无拘而志，与道大蹇。何少何多，是谓谢施；无一而行，与道参差。严乎若国之有君，其无私德；繇繇乎若祭之有社，其无私福；

泛泛乎其若四方之无穷,其无所畛域。兼怀万物,其孰承翼?是谓无方。万物一齐,孰短孰长?道无终始,物有死生,不恃其成。一虚一满,不外乎其形。年不可举,时不可止。消息盈虚,终则有始。是所以语大义之方,论万物之理也。物之生也,若骤若驰。无动而不变,无时而不移。何为乎,何不为乎?夫固将自化。

进一步来说,在生存实践上,正如前文所反复申明的:物之所以为物乃在于它关涉于事,或者物本身就是事,其性(意义)是在事中或曰操作(实践)中呈现的。操作是流动的过程,非为凝滞。在此过程中,物性(意义)亦随之敞开。然对于此敞开之物性(意义),人们往往可以身体神会却不能口说言传。对此情状,《天道》[①]尝以"轮扁斫轮"之喻论曰:

桓公读书于堂上。于堂下,释椎凿而上,问桓公曰:"敢问公之所读者何言邪?"公曰:"圣人之言也。"曰:"圣人在乎?"公曰:"已死矣。"曰:"然则君之所读者,古人之糟魄已夫!"桓公曰:"寡人读书,轮人安得议乎!有说则可,无说则死!"轮扁曰:"臣也以臣之事观之。斫轮,徐则甘而不固,疾则苦而不入,不徐不疾,得之于手而应于心,口不能言,有数存乎其间。臣不能以喻臣之子,臣之子亦不能受之于臣,是以行年七十而老斫轮。古之人与其不可传也死矣,然则君之所读者,古人之糟魄已夫!"

所谓"得之于手而应于心,口不能言",言之不能达意,于此而见一斑。

---

① 关于《天道》,诸家看法不同,评价差别亦大。如陆长庚推崇之曰:"此篇言帝王之道,以天地为宗,以道德为主,以虚静恬淡寂寞无为为道之本。本在于上,末在于下,要在于君,详在于臣,皆极醇无疵之语。尝谓《庄子·天道篇》,辞理俱到,有蔚然之文,浩然之气,苍然之光,学者更当熟读。"(陆西星:《南华真经副墨》,第 193 页。)显谓此篇当为庄子自作。钟泰亦谓《天道》与《天地》、《天运》三篇,"而与上《在宥》之义相承,为庄子自作无疑。"(钟泰:《庄子发微》,第 244 页。)王船山却不然,认为:"此篇之说,有与庄子之旨迥不相侔者;特因老子守静之言而演之,亦未尽合于老子?盖秦汉间学黄老之术、以干人主者之所作也。无为固老庄之所同尚,而庄子亦不滞于无为,故其言甫近而又远之,甫然而又否之,不示人以可见之迹。而此篇之说,滞于静而有成心之可师,故其辞卞急烦委,以喉息鸣,而无天钩之和。……此篇以无为为君道,有为为臣道,则剖道为二,而不休于天均。"(王夫之:《庄子解》,第 114 页。)然船山对于此篇后几段文字,则无有质疑。其中,就包括此处和下文所引的关于言、意、道之间关系的两段。就内容而言,这两段文字可谓深契于内篇的相关思想,可视之为庄子之意。

那么，《秋水》中那个不但"言之所不能论"，且意之也"不能察致"的"不期精粗者"，究竟何谓？曰：道也。道因其"无形"而无精粗可期，且正因此之故，道才成为可期精粗的"有形"之物的存在之根，故《知北游》曰"形形者""不形"①。对于"无形"之道与"有形"之物，《易传·系辞上》分别以"形而上"和"形而下"喻之，曰："形而上者谓之道，形而下者谓之器(按：物因其所"用"而成为器，是为器物)。"庄子认为言语亦有形色名声(如文字和言谈)，属"形而下"诸物之一，如《天道》又云：

> 世之所贵道者，书也。书不过语，语有贵也。语之所贵者，意也，意有所随。意之所随者，不可以言传也，而世因贵言传书。世虽贵之，我犹不足贵也，为其贵非其贵也。故视而可见者，形与色也；听而可闻者，名与声也。悲夫！世人以形色名声为足以得彼之情。夫形色名声，果不足以得彼之情，则知者不言，言者不知，而世岂识之哉！

表面上，《天道》谈的是语(言)、意、道三者的关系，即：言之所贵者曰意，意之所随者曰道，实则是说言与道之间的关系。意在此不具有独立的存在意义，只是在言与道之间起着"连接"作用。道既无形色名声可言(即无迹可见)，若"以形色名声"(即有迹之言)论道，自然"不足以得彼之情"。在此意义上，可以说"知者不言"。倘若对道有所言说，则可谓之"浮言"，非为"真言"，此即"言者不知"。

"意之所随"也表明：道是运行不已的。万物随着道的展开而"到来"或"现身"，作为末的万物皆是作为存在之根的道"生成"的结果。语言亦是一物。尽管它可以将道作为所指(意之所在)，但道不能成为语言和思维的对象，它是不可言说、不可思议的。任何言说或思议只有以道为"基础"方才可能，且任何言说或思议本身就是道的某种展开。即便是"浮言"或妄言亦可谓道的展开，只不过这一展开是以遮蔽的方式进行的。庄子云："天地有大美而不言，四时有明法而不议，万物有成理而不说。"(《知北游》)"大美"、"明法"与"成理"皆为道之展现。对于这些展现，语言尚有其"无能为力"处，更何况源始之道？

---

① 如《知北游》云："道不可闻，闻而非也；道不可见，见而非也；道不可言，言而非也！知形形之不形乎！道不当名。"

不仅如此，人们对于世界的知解常不免有"浮明"之惑，若师心（"成心"）自用，不免有是非之辨。辨之发于言语，则为是非之辩。然所谓是非者，本非世界的"本来面目"，则其辨愈精，其辩愈盛，言语愈妙，却离道愈远。道之运行"无心"而自然，无可无不可，事物之存在亦本无所谓是非真伪，然或不然皆于特定情境而彰显，故《寓言》云：

> 有自也而可，有自也而不可；有自也而然，有自也而不然。恶乎然？然于然；恶乎不然？不然于不然。恶乎可？可于可；恶乎不可？不可于不可。物固有所然，物固有所可。无物不然，无物不可。

"有自"云者，[①]有所由来也。其所来者，道也。事物之可或不可、然或不然，非为先定，亦非滞而不迁，皆因道而成，亦因道而化。倘若耽于"浮言"，执著于是非之辩，辩之固然无意义，[②]道亦将"隐遁"不见。由是，沉默便显得很是必要：

> 故分也者，有不分也；辩也者，有不辩也。曰，何也？圣人怀之，众人辩之，以相示也。故曰："辩也者，有不见也。"夫大道不称，大辩不言，……道昭而不道，言辩而不及。……孰知不言之辩，不道之道？（《齐物论》）

沉默也是言说，是一种无言之说。但它对于意或道却有所呈现，甚至这种呈现还具有"本真的"意义。《大宗师》喻云："子祀、子舆、子犁、子来四人相与语曰：'孰能以无为首，以生为脊，以死为尻，孰知死生存亡之一体者，吾与之友矣！'四人相视而笑，莫逆于心，遂相与为友。""相视而笑"即是一种无言之说，它无需言辞，却洞达"道心"。《在宥》亦云："尸居而龙见，渊默而雷声，神动而天随。"善乎此言也。

---

① 郭象释"有自"句云："自，由也。由彼我之情偏，故有可不可。"（参见郭庆藩撰《庄子集释》，第951页）误之甚也。

② 为了说明基于"成心"或"浮明"之辩的无意义，庄子曾说了一段非常著名的话："既使我与若辩矣，若胜我，我不若胜，若果是也，我果非也邪？我胜若，若不吾胜，我果是也，而果非也邪？其或是也，其或非也邪？其俱是也，其俱非也邪？我与若不能相知也。则人固受其黮闇，吾谁使正之？使同乎若者正之，既与若同矣，恶能正之？使同乎我者正之，既同乎我矣，恶能正之？使异乎我与若者正之，既异乎我与若矣，恶能正之？使同乎我与若者正之，既同乎我与若矣，恶能正之？"（《齐物论》）

"不道之道"和"不言之辩"表明：庄子并非否定一切言说，对于言说他还是有所认可的，此即为"真言"，又曰"大言"或"至言"。《齐物论》云："道恶乎隐而有真伪？言恶乎隐而有是非？道恶乎往而不存？言恶乎存而不可？道隐于小成，言隐于荣华。"其中之"言"与道相应，指的就是"真言"。"真言"易受"浮言"蒙蔽，隐晦不彰，恰如道易受"成心"遮蔽，隐遁不见。

"真言"往往以沉默"说话"，然又不止于沉默，否则，世界岂非虚寂？道与意之于庸众亦岂非永远晦暗不明？《知北游》所谓"至言无言"并非意味着绝对沉默。"无言"之"言"是指"浮明"之"言"，而非谓"真明"之"言"。且并非"沉默"即代表着"真明"，"浮明"有时也需要沉默，也可能会"无话可说"（"无言"）。所以，除了沉默，"真言"同样也以"说出来"的方式言说，此即为"三言"。"三言"者，"寓言"、"重言"、"卮言"是也。论及"三言"之用，《天下》尝云："以天下为沈浊，不可与庄语，以卮言为曼衍，以重言为真，以寓言为广。"庄子以"三言"说话，不仅仅患于言不达意，亦是忧于天下"沈浊"之状，故不得以"正言"或"直言"（按：皆"庄语"也）立说，遂发"谬悠之说、荒唐之言、无端崖之辞"（《天下》），以达道妙。那么，何谓"三言"？《寓言》论云：

> 寓言十九，重言十七，卮言日出，和以天倪。寓言十九，藉外论之。亲父不为其子媒。亲父誉之，不若非其父者也。非吾罪也，人之罪也。与己同则应，不与己同则反。同于己为是之，异于己为非之。重言十七，所以己言也。是为耆艾，年先矣，而无经纬本末以期年耆者，是非先也。人而无以先人，无人道也；人而无人道，是之谓陈人。卮言日出，和以天倪，因以曼衍，所以穷年。不言则齐，齐与言不齐，言与齐不齐也。故曰无言。言无言，终身言，未尝言；终身不言，未尝不言。有自也而可，有自也而不可；有自也而然，有自也而不然。恶乎然？然于然；恶乎不然？不然于不然。恶乎可？可于可；恶乎不可？不可于不可。物固有所然，物固有所可。无物不然，无物不可。非卮言日出，和以天倪，孰得其久！万物皆种也，以不同形相禅，始卒若环，莫得其伦，是谓天均。天均者，天倪也。

关于"三言"之义，自古以来学者意见分歧，莫衷一是，而尤以"重言"为甚。考校诸家之说，结合《庄子》文本，特别是内篇诸文，本文认为："寓言"当从陆长庚说，即:"寓言者,谓己之言未能直证,往往藉外物以相比论。"①而非仅谓"寄之他人"之言②;"重言"之"重"当读如"重复"之"重",其义亦当谓"增益之言",即借"道中人"之口所说之言③;而"卮言"当取司马彪之说,即"支离无首尾言也",或曰:"卮,支也。支离其言,言无的当,故谓之卮言耳。"④对于"三言",学者一般将它们视为《庄子》中三种不同的言说方式,彼此相别。王船山则心裁别出,曰:"寓言重言与非寓言重言者,一也,皆卮言也。"⑤船山此说虽可能引致非议,然不可不谓其只眼独具。观上引《寓言》之文,较之于"寓言"和"重言","卮言"似更为重要:不仅其中多半文字谈论的是"卮言",且"卮言"似更便于言道和得物之情,故曰:"非卮言日出,和以天倪,孰得其久!""日出"者,即"时出"也,庄子对于"卮

① 陆西星:《南华真经副墨》,第 419 页。

② 郭象释"寓言"云:"寄之他人,则十言而九见信。"(郭庆藩:《庄子集释》,第 947 页)后世学者多从之。此说实有未审:庄书中鲲鹏之喻、蜩鸠之笑、罔两问景等皆有所寄,何限于寄之于人欤?

③ 关于重言之"重",旧解多以"庄重"之重释读之,故谓重言为"为人所重者之言"或"老者(古人)之言"(持此说者甚众,如:郭象、成玄英、陆德明、吕惠卿、林希逸、陆西星、蒋锡昌、顾实、钱基博和钟泰等);或曰"重"乃"借重"之义,谓"重言","是指借重前人的言论和故事,来证明庄子所要表达思想。"(吴怡:《逍遥的庄子》,广西师范大学出版社,2006 年,第 22 页。按:吴氏此说,似有未安)亦有学者主张当读为"重复"之"重",不过其间又有释义之歧:王船山谓当解为反复地说(王夫之:《庄子解》,第 2 页),郭嵩焘亦主此说(参见郭庆藩撰《庄子集释》,第 947 页);高亨以为再述古人或他人之言(高亨:《〈庄子·天下篇〉笺证》,收于张丰乾编《〈庄子·天下篇〉注疏四种》,华夏出版社,2009 年,第 214 页);崔宜明认为:所谓"重复地说""就是肯定与否定同时并举的言说方式",即以语言自身的局限性以发挥不可说之理(崔宜明:《生存与智慧——庄子哲学的现代阐释》,上海人民出版社,1996 年,第 29 页。按:崔氏此说,义尤未安)。孙以楷指出:"'重',读若从,义训为加,增益。《胠箧》云:'虽重圣人而治天下,则是重利盗跖也。''重言'之重,正与'重圣人'之重用法同。'重言'即为'增益之言'。为什么叫'增益之言'呢? 重言'所以己言','己'与'外'相对待,当指道中人,道中人说了道中话,所以为真,但是按照'亲父不为其子媒'的原则,道中人本不该说话,既然说了,就自当是'增益之言'了。又《列御寇》记庄子曰:'知道易,勿言难。知而不言,所以之天也,知而言之,所以之人也。古之人,天而不人'。从庄子的哲学思想出发,道中人也不应该说话,因为只要你一张口,便'所以之人也',是以言益道了。"(孙以楷、甄长松:《庄子通论》,东方出版社,1995 年,第 8 页)细考诸论,孙说为上。

④ 按:前说为陆德明《经典释文》所引,后说为成玄英所引(参见郭庆藩撰《庄子集释》,第 948、947 页),其义一也。彪说长期未受重视,自古及今,学于"卮言"庶几皆取郭象义,即以"卮"为酒器,其曰:"夫卮,满则倾,空则仰,非持故也。况之于言,因物随便,唯彼之从,故曰日出。"(郭庆藩:《庄子集释》,第 947 页。)陆氏、成氏皆从郭说。其后,随者甚众。钟泰在注《逍遥游》之鲲鹏之喻时指出:"'卮言'者,司马彪注云:'谓支离无首尾言也。'彪之注最得其意。支离急读之则成卮,故假卮字用之,义不在其成为酒器也。以其为支离之言,故又托于'齐谐'以实之。曰谐曰怪,明其为'谬悠之说、荒唐之言',欲读者之忘言而得意也。"又曰:"曼衍而无极,此其所以为'卮言'也。"(钟泰:《庄子发微》,第 6 页、第 10 页)

⑤ 王夫之:《庄子解》,第 248 页。

言"言说方式之偏爱,于此而见。

"卮言"即是"曼衍之言",或曰"蔓延①之言"。"因以曼衍"者,谓"卮言"于其所言,随顺自然,无可无不可(所谓"支离无首尾"),恰如藤蔓之滋长,其伸展无有定方(所谓"无的当")。"因以曼衍"又可曰"和以天倪"。"倪"即"端倪"之义②;"天倪"者,谓物之端倪皆为天之所成,由端倪而进之,乃成物之诸性与情状。故"天倪"实曰物皆因天而然,"和以天倪"亦谓"卮言"之于万物,无所偏执,因其可否,随其自然而言说。

五、"为是不用而寓诸庸"

"和以天倪"生于"真明"("真知"),发于"道心",它不仅是一种言说方式,更是一种生存态度与应世接物之法。就后一方面而言,"和以天倪"还凝聚着"齐物"与"齐论"的思想内涵,集中展现了庄子思想的认识论特点和实践性品格。

首先,作为应世接物之法,"和以天倪"即是"齐物"。所谓"齐物",并非是抹杀众物之性,否认物与物之别,而是"如其所是"地面对诸物,以平正无倚(实即"中正")之心"应答"诸物,让物各是其所是,各行其所可,展现了包容、开放的生命情怀。而欲"齐物",先须破除关于物的偏执态度,消解关于物的所谓高低、贵贱、美丑等取舍之心,还物以本来面目。故"和以天倪"又曰"和以天均",《寓言》云:"天均者,天倪也。""均"有平、齐、正、和等义,③所谓"天均",也是指以均平态

---

① 关于"曼衍",旧注曰"无极"(司马彪、郭象),或曰"无心"(成玄英),或曰"游衍"(林希逸、陆西星)等,义均通。今补曰:"曼衍"即今语"蔓延"。

② 关于"天倪"之"倪",注家多从郭象义,即以"分"释"倪"(按:郭义恐从崔譔说来,如《释文》记云:"'天倪',……崔云:'或作霓,音同,际也。'"参见郭庆藩撰《庄子集释》,第 109 页),谓"天倪者,自然之分也"(同上)。而林希逸以"天理"释"天倪"(林希逸著:《庄子鬳斋口义校注》,第 431 页),亦是由郭义转化而来。诸说皆误。钟泰以其本义"小儿"释"倪",谓"天机之动,于小儿为能见之"(钟泰:《庄子发微》,第 650 页),义犹有未安。其实,"天倪"之"倪"即"端倪"之义。诸注中以释德清和刘武等得其义,分别参见释德清著《庄子内篇注》第 56 页、刘武著《庄子集解内篇补正》第 71 页。

③ "齐(齊)"为象形,本义为禾麦穗头平整之状,故"齐"本有"平"、"均"(平、均互训,《说文》云:"均,平也。")之义,进而又有"公"(《说文》云:"公,平分也。"是公亦平义)、"正"、"和"(平之本义即是语气平和疏顺之谓)等义。《诗·小雅·节南山》云:"昊天不平。"《诗·商颂·那》云:"既和且平。"《论语·季氏》云:"不患寡而患不均。"《商君书·靳令》云:"法平则吏无奸。"《易传·文言·乾》云:"'云行雨施',天下平也。"其中的"平"、"均",皆可以"齐"、"公"释之,且亦与"正"、"和"相通。

度视诸众物,无有偏执。如是,方可谓之正或谓之和。正如《秋水》所云:"以道观之,何贵何贱?"、"万物一齐,孰短孰长?"为破执物之偏,《寓言》还从本根上发论,曰:"万物皆种也,以不同形相禅,始卒若环,莫得其伦,是谓天均。"《大宗师》亦云:"反复终始,不知端倪。"皆是说万物之间本来终始相继、死生相接,彼此本无所谓尊卑、贵贱之别。若有此辨,实乃"成心"使然。若顺此辨而言,即是"浮言",非为"真言"。

其次,"和以天倪"或"和以天均"还有均平诸论之义,是曰"齐'物论'"。《齐物论》云:"是以圣人和之以是非而休乎天钧,是之谓两行。""休"者,止也,息也,其所止息者,是非之争也。"天钧"即"天均",且"天均"本当为"天钧":"钧"本为制作陶器所用之转轮,其运转无滞,无有偏斜,亦无端倪①可察,均、平之义正由此而出。在庄子看来,当时百家之学之所以彼此攻讦、争辩不已,皆因其各执己之是非标准所致,正如《齐物论》论儒墨之争所云:"故有儒墨之是非,以是其所非而非其所是。"欲止辩息争,则须破除"成心",以均平之心视诸百家之学,中正无偏,此即为"天均"。百家之争实为是非之争,其争之所起,皆因其各是其所是而非其所非之所致,即自执己说,非议他论。今既"休乎天钧",不偏于一说,则百家之间的是非之争自亦可息,此即"休乎天钧",亦即"和之以是非"。"和之以是非"②即是"和是非","是非"之所以能"和"者,即在于"天钧"。"和是非"非谓否认是非的存在,而是就百家之是而是之,就其非而

---

① 按:此又正应和《寓言》"始卒若环,莫得其伦"和《大宗师》"反复终始,不知端倪"之言。

② 关于"和之以是非"与下文之"两行",此处不取通说。通说所论之是非,是指某种是非对待。此说主要由郭象义而来,如关于"和之以是非",郭象曰:"莫之偏任,故付之自均而止也。"(郭庆藩:《庄子集释》,第74页)谓于是非无所偏执,而等视之,如此则是非之辨自消,此之谓和;关于"两行",郭曰:"任天下之是非。"亦是从是非言"两行"。郭象之说颇可质疑:其一,其说有消极灭智之嫌。对于是非"付之自均"者,均平之心虽有,"无为"(即"不作为")之态亦显,此种"不作为"实为逃避现实,故成玄英遂有"息智"、"休心"之说,曰:"夫达道圣人,虚怀不执,故能和是于无是,同非于无非,所以息智乎均平之乡,休心乎自然之境。"(郭庆藩:《庄子集释》,第74页)其二,郭曰"任天下之是非"者,不仅语义浑沦,且有否认是非存在之嫌。"天下"本无所谓是非,是非乃评判的结果,故存在于论说或思想中。任何论说皆有其是非标准,即便是主张"天钧"的庄子,不也有非议儒墨等百家之学之言?故庄子所谓"和之以是非"者,即便是就是非之辨而言,它也不是否认是非的存在,而是为了破除是非之执。其三,观《齐物论》上下文义,所谓"天钧"与"两行",与其说是"和"某种是非对待,不如说为如何审视百家之学提供了一种视野与方法。因此,所谓"和之以是非",其所"和"者,当指诸论(百家之学)之间的是非标准之对立。

非之。

"天钧"又可曰"道枢"。关于"道枢",《齐物论》云：

> 是亦彼也,彼亦是也。彼亦一是非,此亦一是非,果且有彼是乎哉? 果且无彼是乎哉? 彼是莫得其偶,谓之道枢。枢始得其环中,以应无穷。是亦一无穷,非亦一无穷也。

"道"与"天"通;"枢"乃户枢,亦即门轴,户枢运转无滞,门因之而得以开阖。无论户枢如何转动,皆是在上下门楣与门槛的"环中"运行,此之曰"得其环中"。圆环本无起止可言,因缘方便,随设起止。道之运行、物之存在本为自然,并无所谓彼此、对待而言,亦如圆环无有起止。百家之学于物之判别,各是其是,各非其非。其间不同,犹如圆环起止之异。然大而视之,百家之学毕竟又皆是对于道的不同领悟,各有其然,犹如起止虽异,然皆在环上。①故以"道枢"的立场观是非之争,实为"天均",而"莫得其偶"。

本着"道枢"和"天钧"的生存态度,百家之学各有其是,各有其可,彼此可并行共存,此之谓"两行"。"两行"者,并行也,亦即并存也。对此,《齐物论》又以"和以天倪"论之云：

> "'何谓和之以天倪?'曰:'是不是,然不然。是若果是也,则是之异乎不是也亦无辩;然若果然也,则然之异乎不然也亦无辩。化声之相待,若其不相待。和之以天倪,因之以曼衍,所以穷年也。忘年忘义,振于无竟,故寓诸无竟。'"

在此段文字中,如何理解"化声之相待,若其不相待",是为关键。"化"即造化,

---

① 此处言"得其环中",重在说道的运行。只有在运行中,才会有是非等问题的产生,也才能消弭是非。此理本为自然。然郭象却将"枢始得其环中"之"枢"(象征道之运转、世事之行。郭解"枢"为要)义遗失,而重在言"中",且以"空"释"环中",遂谓:"今以是非为环而得其中者,无是无非也。无是无非,故能应乎是非。"(郭庆藩:《庄子集释》,第68页)由是而生消弭是非之说,滋生虚寂之弊。成疏义取郭说,更掺以佛理,"道枢"之义益不得彰。

喻道或天;"化声"即"造化之声"①,也即《齐物论》开篇所言之"天籁",义为自然所成之声(按:《齐物论》论"天籁"云:"夫吹万不同,而使其自己也。咸其自取,怒者其谁邪!")。庄子曾以"万窍怒呺"之"地籁"来描述"天籁"("化声")的表现及其关系,曰:

> 夫大块噫气,其名为风。是唯无作,作则万窍怒呺。而独不闻之翏翏乎?山林之畏佳,大木百围之窍穴,似鼻,似口,似耳,似枅,似圈,似臼,似洼者,似污者。激者,谪者,叱者,吸者,叫者,譹者,宎者,咬者,前者唱于而随者唱喁,泠风则小和,飘风则大和,厉风济则众窍为虚。而独不见之调调,之刀刀乎?(《齐物论》)

此例说明:大木窍穴有异,其所发之声亦随之有异;众窍之声不管如何不同,皆是自然而成,不可以此代彼;亦不管小和之于泠风或大和之于飘风,"厉风济"则众窍复为虚,一切均归于平静,而唯见枝条轻摇慢曳,不闻众声。又,"化声"或"天籁"何止于"地籁"? 其表现自是无可计数:所谓鸟语虫鸣、马嘶狗吠、虎啸狼嗥等皆系属。它们所发之声之别有似于众窍之声之异("吹万不同"),此即所谓"化声之相待";然众声毕竟皆为自然所成("咸其自取"),皆源于天或道,皆各是其所是、各行其所行。就此而言,众声之间实又无所对待,是曰"若其不相待"。此之"不相待",亦即"化声"之"天钧"与"两行"。百家之学有似于"化声":其言语汹汹,论说各异,若"化声之相待";然作为"物(事)论",作为关于世界

---

① 关于"化声",旧解多有不确。郭象云:"是非之辩为化声。夫化生之相待,俱不足以相正,故若不相待也。"(郭庆藩撰《庄子集释》,第 109 页)此说多为后世学者所从,如成玄英的"变化声说"和林希逸的"以言语相化服"等论,皆是由此而来。(分别参见郭庆藩撰《庄子集释》,第 109 页、林希逸著《庄子口义校注》,第 43 页)其实,"化声"当为"造化之声",或曰"天籁"。此义憨山德清与王船山得其要,如德清云:"无而忽有曰化。言空谷之响,乃化声也。谓观音声如空谷传响,了无情识,又何是非之有哉? 所以有是非者,盖是有机心之言,故竟执为彼此之是非耳。"(释德清《庄子内篇注》,第 57 页)船山亦云:"官骸以为比竹,天之气机以吹之;知横立其中,以为封、为畛,为八德,为是非,为彼是;詹詹如泠风,炎炎如飘风,皆化声耳。化声者,本无而随化以有者也。怒者为谁,则固不可知也。"(王夫之:《庄子解》,第 28 页)钟泰虽谓"化声"为"天籁",然以"相待"与"未相待"释"化"与"声"之间的关系,则义有未达,如其曰:"'化',天也。'声',籁也。籁非天不声,天非籁不显,是其相待也。然而声不与化留,化不随声往,是亦未尝相待也。"(钟泰著:《庄子发微》,第 61 页)

（"天下"）之反思与言说，百家之学毕竟又各得其宜，各有其是处，故虽"吹万不同"，终究可以并行于世，彼此互补，又实"不相待"。

因而，对于百家之学，庄子并非一味地排斥与否定，"齐'物论'"亦非是抹杀事物的认识论意义，主张"相对论"，乃至崇尚虚无。通过"和以天倪"，庄子肯定了百家之学的存在价值与实践意义。然对于百家之学特别是儒、墨、名等家的思想，庄子为何又多有批评？甚至认为它们以其所言和是非之辩遮蔽了道与言（"大言"）的"本来面目"？原因在于：百家之学虽各有其是处，同样亦各有其非处。它们于道虽皆有所见，却又未达全体，皆为道之一偏，乃一曲之明。《天下》就此尝有精论，并"托古"立言，以明古之"道术"与今之"方术"之别。其论"道术"云："古之所谓道术者，果恶乎在？曰：'无乎不在。'"又曰："古之人其备乎！配神明，醇天地，育万物，和天下，泽及百姓，明于本数，系于末度，六通四辟，小大精粗，其运无乎不在。"周季之世，王室衰微，礼乐崩溃，人心不一，"道术"分裂，诸子之学蜂起，百家之说并存，是为"方术"。故"方术"由"道术"而来，亦为"道术"之一偏："其（按：即"古之道术"）数散于天下而设于中国者，百家之学时或称而道之。"关于这种思想学术的嬗变之状，《天下》论云：

> 天下大乱，贤圣不明，道德不一。天下多得一察焉以自好。譬如耳目鼻口，皆有所明，不能相通。犹百家①众技也，皆有所长，时有所用。虽然，不该不遍，一曲之士也。判天地之美，析万物之理，察古人之全，寡能备于天地之美，称神明之容。是故内圣外王之道，暗而不明，郁而不发，天下之人各为其所欲焉以自为方。悲夫！百家往而不反，必不合矣！后世之学者，不幸不见天地之纯，古人之大体。道术将为天下裂。

《天下》对于百家之学是有所肯定的，认为它们"皆有所明"、"皆有所长，时有所用"，自有其存在价值与现实意义。但"方术"毕竟只是道之一偏，未该全体。既

---

① 据钟泰，"百家"当作"百官"。其曰："'百官'各本皆作'百家'。此喻言百家之偏，不当取本身以为比，明'家'为传写之误无疑，古钞卷子本正作'官'，《昭明文选》陆机《演连珠》注引此文，亦作'百官'。"（钟泰：《庄子发微》，第761页。）钟说甚是，当从之。

如此，则各家不应自执己说，以为"备于天地之美"，而应由一曲而进之，汲取他说之美，触类旁通，以达大道。不幸的是，百家却都师心自用，抱残守缺，以"方术"而当"道术"（如《天下》又云："天下之治方术者多矣，皆以其有为不可加矣！"），画地为牢，"多得一察焉以自好"、"各为其所欲焉以自为方"，以致"往而不反"，裂道而行。既为"道术"之裂，"方术"何以能"明于本数，系于末度，六通四辟，小大精粗，其运无乎不在"？又何以能"配神明，醇天地，育万物，和天下，泽及百姓"？《天下》篇虽未必为庄子所作，其关于"道术"与"方术"之论却甚得庄子之心。故庄子非议百家，并非是完全否定之，而是批评它们各执其所是的滞溺不通之弊。

"天钧"或"两行"表明：庄子是拒绝独断论的，其思想亦因而彰显出开放精神。既然皆是"方术"，于道皆有所得，百家之学自然不可以己代彼，否定他说。但仅止于此尚不行。否则，百家之学岂非皆自说自话？且百家若各执己见，排斥他说，思想岂非愈加分裂？人心岂非愈加不一？而天下之乱岂非愈甚？同《天下》一样，庄子主张因一曲之学而进之，博采众学之明，由"方术"而进于"道术"。所谓"道通为一"者，意即在于此。《齐物论》曰：

> 可乎可，不可乎不可。道行之而成，物谓之而然。恶乎然？然于然。恶乎不然？不然于不然。物固有所然，物固有所可。无物不然，无物不可。故为是举莛与楹，厉与西施，恢诡谲怪，道通为一。其分也，成也；其成也，毁也。凡物无成与毁，复通为一。唯达者知通为一，为是不用而寓诸庸。庸也者，用也；用也者，通也；通也者，得也；适得而几矣。因是已。已而不知其然谓之道。

以流俗之见，物之所是、之所可似乎皆为定然，凝滞不迁。此见实为"浮明"，未为达道。前文已屡指出：物之作为物，是在事中获得其性、成其为自身的。事乃道之展开，表现为具体的生存状态与时空情境。事之不同，物亦有别。故物之然否、其可否，乃至其所谓成毁，皆随道之运行而得显明；且道不虚行，亦需物以乘载之。曰"道行之而成，物谓之而然"，不亦然乎？故"凡物……复通为一"者，由道而成，实即为"道通为一"。知此"道通为一"，即为"真明"；以此立说，即为达道之言，是为"道术"。以此明、此术观物，自然不会滑落一偏，固执于物，且固执其学。

"唯达者"方能"知通为一","达者"不用"成心",亦无有"成心"。道虽不可言说,得道却并非仅在于默识心通,而可以有所"寓"。其所"寓"者,可以为言,是为"三言"(即"寓言"、"重言"和"卮言");亦可以为"用",是为"庸常之用"。故"为是不用而寓诸庸"者,言及两种"用",曰:"不用"之"用"和"寓诸庸"之"庸"("庸也者,用也。")。两"用"之义,别于霄壤①:前者乃"使用"义,"不用"者,不用"成心"也;而作为"庸"之"用"则有"施行"义,又有做事接续义(按:《说文》云:"庸,用也。从用、庚。庚,更事也。"又云:"用,可施行也。"),两义实为一义,即"做事"或"践行"。在此过程中,自然有功用呈现,故"庸"又有功义。《尔雅》又云:"庸,常也。""常"既有"平常"义,亦有"恒常"义,或曰因为"平常"而能"恒常"。"平常"者,即平淡无奇也。然"平常之事"或"平常之行"有何意义?曰此正为道之"自然运行"所表现。《老子》云:"道之出口,淡乎其无味,视之不足见,听之不足闻,用之不足既。"(《三十五章》)又云:"上士闻道,勤而行之;中士闻道,若存若亡;下士闻道,大笑之,不笑不足以为道。"(《四十一章》)皆是言道之"平常"义,亦即"自然"义。故作为"庸"或"庸常之用","平常之事"或"平常之行"实即"自然之事"或"自然之行";且因其"自然",故"行(事)"可恒久(按:《老子·七章》又云:"天长地久。天地所以能长且久者,以其不自生,故能长生。"),亦易致事功。因此,当庄子说"为是不用而寓诸庸。庸也者,用也;用也者,通也;通也者,得也;适得而几矣"时,他指出物是在"自然"或"平常"之"用"中得以"通达"的,有此"通达",则得于物,亦即得于道。同时,也只有在此"用"中,关于物的言论之偏才能真正消除,物论之间的彼此"通达"也才得以可能。后一种"通达",同样是道之得。"为是不用而寓诸庸"彰显了庄子之学的实践精神:所谓"和以天倪",所谓"天钧"与"两行",所谓物之"齐"与论之"齐",皆是在"庸常之用"中实现的。明得此理,即为"真明",《齐物论》云:"为是不用而寓诸庸,此之谓'以明'。"即此谓也。

庄子的"庸常之用"思想深契于《易传》的论道之言,《系辞上》云:

---

① 旧注关于"用"与"庸"之解,义多未安:或语焉不详,或有所不确。从而既使"为是不用而寓诸庸"之深意不得伸张,亦使庄子思想多被误解,如谓庄子之学主要表现为"心学",乃至谓"逍遥"者不过是主观之超越云云。庄子之学的实践精神遂被湮没。

一阴一阳之谓道，……仁者见之谓之仁，知者见之谓之知，百姓日用而不知，故君子之道鲜矣。显诸仁，藏诸用，鼓万物而不与圣人同忧。盛德大业，至矣哉！富有之谓大业，日新之谓盛德。生生之谓易……。

文中"仁者见之谓之仁，知者见之谓之知"者，有似于百家各得道之一方，皆有其是，亦皆有其偏，然可并行不悖；"百姓日用而不知"与"鼓万物而不与圣人同忧"者，即是道法自然之义，表明道之运行与"用"之展开如饥食渴饮，无不随顺，毫无勉强，庶几难察；而"藏诸用"和"盛德大业"者，则谓"庸常之用"中自有事功可致，此"用"随顺自然，故能德盛业大。道之生生不已性，于此而彰。庄子思想与《易》之关系，可谓深矣。钟泰解《逍遥游》"鹏之图南"之喻时，即以《易》理言之，且曰："是故庄子之言，多取象于《易》，而取义于老。……又当知庄出于《易》，老亦出于《易》。苟不明《易》，不能通庄，即亦不能通老。"①此言甚善。《易》者，"圣人所以崇德而广业也"，其"范围天地之化而不过，曲成万物而不遗"（《系辞上》）。受此影响，庄子之学又岂为履虚蹈寂、规模褊狭者哉？

　　然在后世学者特别是儒家那里，庄子之学却常致空疏之讥。如二程辟其学云："庄子有大底意思，无礼无本。"②所谓"大底意思"，是说庄子于道有所见；"无礼无本"者，则谓其学有无实之患。朱子说得更加直接，其言亦堪为典型，曰："老子犹要做事在。庄子都不要做了，又却说道他理会，只是不肯做。"③又云：

　　庄周是个大秀才，他都理会得，只是不肯做事。观其第四篇《人间世》及《渔父篇》以后，多是说孔子与诸人语，只是不肯学孔子，所谓"知者过之"者也。如说"《易》以道阴阳，《春秋》以道名分"等语，后来人如何下得！他直是似快刀利斧劈截将去，字字有着落。④

　　今人多以"自遣"言庄子思想。关于"自遣"，除了从消极方面而谓庄子是一

① 钟泰：《庄子发微》，第6页。
② 程颢、程颐：《二程遗书》，第146页。
③ 黎靖德：《朱子语类》，中华书局，1994年，第2989页。
④ 同上，第2989页。

个"消极厌世、玩世不恭的哲学诗人"①者外,多数学者基于"积极的"立场,提出了主观精神的"内在超越"说,如汤一介云:"其实庄子这里所说的'乘天地之正'、'御六气之辩'并非说的'至人'要靠什么外在条件,而是说的一种心理活动,要求以内在的精神力量,超越外在条件的限制,以达到天地境界。"②"自遣"之说有其是处,然其不审亦很明显:若如是,庄子思想既难逃虚浮之弊,又有漠视现实之患,从而必入枯寂无为和自欺欺人之域,其极端表现则如以下所论,曰:

> ……正是在这种狂中,庄子表现出了他和世俗的对立。他在追求"无对"的过程中,把自己和整个世界对立起来。神人和这个世界无关,……这是一个对世界无动于衷的人,不动心的人。他很自觉地收藏起了自己的感觉,没有冷,没有热,没有美,也没有丑。原本丰富多彩的世界,无数的花红柳绿,或者喜怒哀乐,在这里都归于一,这一也就是无。万物都消失了,但不是消失在日月式的光芒中,在那种光芒中,它们还可以是游动的尘埃。在庄子的空心或者狂心中,它们却什么都不是。(引按:此论绝非庄子所谓的"无对"或逍遥,而是犹《天下》所言的"非生人之行,而至死人之理"的慎到之道。)③

千百年来,庄子思想之所以被如此误解,原因固然多方,不可一概而论。然古今学者对于"寓诸庸"之"庸"的忽视乃至漠视,则不可不谓之为主因之一。道之与"庸",实为体用关系。所谓体用不二、即用见体:无体固然无用,倘无用之可寓,则体又何现?且用若被弃,不仅体将不存,人生自亦入于寂灭,世界亦必归于虚无。故作为"自然之行"或"平常之事","庸""显现着"道、"落实着"道。同时,也只有基于"庸",或曰在"庸"中,真正的逍遥方才可能。至于"庸"之展开,是为人伦日用之事。此"事"又可分为两端:一曰因技而达于道,一曰"托不得已以养中"。前者主要涉及人与物的关系,后者则以人如何立身处世为枢要。此二者,又皆以"优游于世间"是否可能以及何以可能为旨归。

---

① 参见张恒寿著《论〈庄子·天下篇〉的作者和时代》,收于张丰乾编《〈庄子·天下篇〉注疏四种》,第407页。

② 汤一介:《论老庄哲学的内在性与超越性》,收于周渔编《非常道,非常儒》,团结出版社,2007年,第71页。

③ 王博:《庄子哲学》,北京大学出版社,2004年,第123页。

明代理学的"研几之辨"

——以刘宗周中年、晚年对白沙端倪说的不同评价为中心

陈　畅①

　　"研几"是宋明理学的重要话头。如何界定"几",是宋明儒者尤其是明代儒者辩难的焦点之一。黄宗羲指出有明理学的特点之一是"牛毛茧丝,无不辨晰,真能发先儒之所未发"②,"研几之辨"即为此风格之一例。明代理学自明初大儒陈献章(白沙,1428—1500)倡"为学须从静中坐养出个端倪来,方有商量处"③之说(下文简称端倪说)启其端,到中晚明时期阳明学派诸子以及晚明大儒刘宗周(蕺山,1578—1645)都有大量讨论"几"(等同于"端倪")的文献。这些明代理学代表人物对"几"的共同关注以及其间解释的微妙差异,代表着明代理学发展的一个重要动向。目前学界对此思想脉络少有关注;当代理学研究重镇牟宗三先生在疏理宋明心学之发展时曾从侧面涉及,但评价趋于负面。例如他批评陈白沙没有真正的孟子工夫,把学问当作四时景致来玩弄④;又贬斥阳明门下弟子王畿(龙溪,1498—1583)和聂豹(文蔚,1487—1563)对"几"的论述为不合传统

---

①　陈畅,哲学博士,同济大学人文学院副教授。
②　黄宗羲:《明儒学案·明儒学案发凡》,《黄宗羲全集》第七册,浙江古籍出版社,2005年,第5页。
③　陈献章:《与贺克恭黄门二》,《陈献章集》卷二,中华书局,1987年,第133页。
④　牟宗三:《从陆象山到刘蕺山》,上海古籍出版社,2001年,第203页。

之概念误用，"滑转颟顸而不妥"①。牟先生这些看法实际上是受其个人哲学立场局限、无法理解明代理学研几之辨理论内涵之表现。若停留于此，难免导致章学诚所说的"经为解晦、史为例拘"（《文史通义·书教下》）之状况。有鉴于此，本文将以刘宗周中年期和晚年期对白沙端倪说的不同评价为中心，通过与朱子学、白沙学对"几"的论说以及阳明学派内部的相关辩难作比较论述，重构明代理学"研几之辨"之脉络，阐明其理论意义；同时，本文也试图借此对以牟宗三先生为代表的相关研究作一辨正。

一、白沙端倪说：静中养出生生活泼的宇宙

中国思想史上的"研几"（知几）议题典出于《易传》："夫易，圣人所以极深而研几也。唯深也，故能通天下之志；唯几也，故能成天下之务；唯神也，故不疾而速，不行而至。"（《系辞上》）"知几其神乎……几者，动之微，吉之先见者也。"（《系辞下》）韩康伯注称："几者去无入有，理而无形，不可以名寻，不可以形睹者也。唯神也不疾而速，感而遂通，故能朗然玄昭，鉴于未形也。"孔颖达疏曰："几，微也，是已动之微。动谓心动、事动。初动之时，其理未著，唯纤微而已。若其已著之后，则心事显露，不得为几。若未动之前，又寂然顿无，兼亦不得称几也。几是离无入有，在有无之际，故云动之微。若事著之后乃成为吉，此几在吉之先，豫前已见，故云'吉知先见者也'。此直云吉不云凶者，凡豫前知几，皆向吉而背凶，违凶而就吉，无复有凶。特云吉也。"②根据《易传》文本及注家们的解释，"几"的特点是事物变化初萌、形迹未著而又有细微征兆可寻，它不能通过理性认知的方式把捉，亦不可言传，需要特殊的研几智慧方能领会。"研几"能使实践主体开启一个神妙的境域，在事变尚处于萌芽状态时就洞察其发展方向，因势利导、趋吉避凶。概言之，研几指涉一种在不透明、生生变易的情境中把握先机、避凶就吉的智慧和实践技艺。由于"几"无法运用理性认知的方式加

---

① 牟宗三：《从陆象山到刘蕺山》，第256、261页。
② 王弼注、孔颖达疏：《周易正义》，李学勤主编《十三经注疏》本，北京大学出版社，1999年，第308—309页。

以把握,各家各派亦从各自的角度对"几"作出多种诠释,构成了思想史上独特的风景线;而在宋明理学中,研几之辨更是精彩纷呈,展现出理学家们精深的义理辨析能力。

《易传》对"几"的论述经由周敦颐的重构,成为理学重要话头。周敦颐《通书》称:"诚,无为;几,善恶"、"寂然不动者,诚也;感而遂通者,神也;动而未形、有无之间者,几也。诚故能明,神应故妙,几微故幽。诚、神、几,曰圣人。"①周敦颐的论述继承了《易传》研几之义,更使之成为"学以至圣"的重要修养方法。这一论述奠定了宋明理学研几议题的基本格局,几乎所有理学家在阐述己意时,都会回溯到这一源头。当然,造成这一现象的部分原因在于周敦颐的用语过于简略,存在着多种诠释的余地。理学史上对周敦颐"几"论述最具影响力的诠释,非朱子莫属。朱子注释云:"几者,动之微,善恶之所由分也。盖动于人心之微,则天理固当发见,而人欲亦已萌乎其间矣"、"动静体用之间,介然有顷之际,则实理发见之端,而众事吉凶之兆也。"②朱子认为,"几"是实践主体把认知到的天理付诸行动,使之现实化的重要枢纽;它是形而下者,是理"落于"气时的一个发见处,不是理本身的表述。这一意义上的"几",善恶杂糅,必须由"理"作出贞定。例如朱子说"当其未感,五性具备,岂有不善? 及其应事,才有照顾不到处,这便是恶。"③所谓"照顾不到处",是指未能由"理"加以贞定的心念,此即恶的根源。朱子所说的"理"是事物的"所以然之故"和"所当然之则"④,是能够由理性加以把握的客观法则。这一立场把《易传》中"神秘不测"的"研几"理性化了,并将"把握先机"具体化、程序化为"即物穷理"并贯彻所穷得的理于"心"的每一个细节。明代心学两位代表人物陈白沙和王阳明早年依循朱子的教导做工夫实践,均有"吾心与物理难以凑泊"的困惑,即源于这一理性化程序。

根据朱子"心统性情"的心性结构论,心分为性与情两个层次:性是纯粹的核心,是形而上的绝对至善;情则是形而下者,是有善恶之分的气质因素。朱子主张根据性理对"情"的种种活动进行检查,以使人的意念与行动符合"性理"的

---

① 周敦颐:《通书》,《周敦颐集》卷二,中华书局,1990年,第15—17页。

② 收入周敦颐:《通书》,《周敦颐集》卷二,第15、16页。

③ [宋]黎靖德:《朱子语类》卷九十四,中华书局,1994年,第2395页。

④ 朱熹:《四书或问·大学或问》,上海古籍出版社、安徽教育出版社,2001年,第8页。

要求。尽管朱子所说的性理是从具体事物之中"格"出，但毕竟与流动不居的具体情境有一间之隔；而心统性情的结构更有扩大这种间隔、导致"性理"僵滞的可能性。其根源就在于，在领会世界的节奏这一点上，"性理"比"情"慢了几拍：客观性理必须经由理性的反省方能掌握；而"情"则直接感知外界事物，具有随感随应之灵活性。当事物急剧变化时，主体把握到的性理与现实发生乖离，流而为僵化拘执的观念，亦在所难免。由于朱子严格区分性理和情（气），固执坚持客观性理对于心之存有状态的操持监控；故而难以杜绝这一流弊。此即"心理难以凑泊"工夫困境之根源。

陈白沙思想就建立在解决"心理难以凑泊"工夫困境的基础上，他说：

所谓未得，谓吾此心与此理未有凑泊吻合处也。于是舍彼之繁，求吾之约，惟在静坐，久之，然后见吾此心之体隐然呈露，常若有物。日用间种种应酬，随吾所欲，如马之御衔勒也。体认物理，稽诸圣训，各有头绪来历，如水之有源委也。[1]

朱子学所说的性理在确定事物之条理的同时也把该事物限定在一定范围内。白沙要解决工夫困境，就必须打破性理对于主体生命的限定。白沙的解困之法在于"静坐"，静坐的效果是"久之然后见吾此心之体隐然呈露，常若有物"。鉴于白沙的困境源于朱子学工夫论，此语亦必须在朱子学的对比下作出解读。对于"静中之物"，朱子在论"未发之中"时有一解说："盖当至静之时，但有能知觉者，而未有所知觉也。故以为静中有物则可，而便以才思即是已发为比则未可；……且夫未发已发，日用之间，固有自然之机，不假人力。方其未发，本自寂然，固无所事于执；及其当发，则又当即事即物，随感而应……"[2]静坐之时，此心尚未应事接物，没有所知所觉之事，但能知能觉之心未尝停息；朱子对此状态有一个很好的说明："今人乍见孺子将入于井，因发动而见其恻隐之心；未有孺子

---

① 陈献章：《陈献章集》上册，中华书局，1987年，第145页。
② 朱熹：《四书或问·中庸或问》，第58—59页。

将入井之时,此心未动只静而已。"①未尝发动的"恻隐之心"就是朱子所说的"静中之物";朱子将其与天地生物之心联系起来②,称之为不假人力、贯通乎未发已发日用之间的自然之机,亦即生机。生机论述是理学义理核心之一,它承自《易》之"生生"传统,可说是与研几论述同源;周敦颐"窗前草不除"、张载之善观驴鸣、程颢"观鸡雏"都是其中著名的话头。北宋程门弟子谢良佐(上蔡,1050—1103)承续上述话头,主张以"生机"(知觉)论仁,为学工夫在于"识仁",奠定了影响深远的理学"以觉论仁"思潮。朱子基于其理性立场坚决反对这一思潮,在他看来,自然生机与人欲很容易混淆,若没有道德理性的辨识和贞定,就会有"认欲为理"的危险。③ 针对这一危险,朱子提出著名的"静时涵养、动时省察"工夫论:因"静中之物"不假人力,无法做工夫,只能是涵养;当此心发动,应事接物时,就要即物穷理,并着实下研几省察之功,以使自然生机之发动不会偏差走作。在了解朱子学的相关背景之后,白沙之语就很容易理解了。显然,白沙的解困之法在于回归于贯通乎未发已发之间的"自然生机",回归于未经"理性"穿凿的自然之心。白沙又把这一解决方法提炼为著名的"为学须从静中坐养出个端倪来"之说。白沙所说的"端倪",是他通过回归上蔡"以觉论仁"理路来反抗朱子学的一个明证。白沙对此亦有解说:"上蔡云:要见真心。所谓端绪,真心是也。"④在上蔡,见孺子将入井时呈现的恻隐之心就是真心,它是自然而发,非思而得,非勉而中。⑤端倪、端绪、真心,三者都是对"自然生机"的表述。依《说文》,"主发谓之机"。自然生机就是主导事物变化的造化力量,是未被人类理性歪曲的最本源、最真实的存在;它在人类生活中随处发见,并不局限于某一时、某一处。"见真心"、"养出端倪"就意味着一个全新局面的来临;例如上蔡认为,

---

① [宋]黎靖德编:《朱子语类》卷七十一,第 1795 页。

② 见《朱子语类》卷七十一对"复"卦的相关讨论。

③ 关于宋明理学乃至中国思想史上"以觉论心"和"以理论心"之差异和对立,详参冯达文先生的系列研究:《从"理性"到"觉性"——论慧能禅学在中国佛学发展史上之价值》、《再论从"理性"到"觉性"——中国佛学与宋明儒学的一个公共话题》,两文均收入冯先生《理性与觉性:佛学与儒学论丛》(成都:巴蜀书社,2009 年)一书。

④ 陈献章:《陈献章诗文续补遗·与林缉熙书(五)》,《陈献章集》下册,第 970 页。

⑤ 参见谢良佐:《上蔡语录》卷二,四库全书本。

识仁、见真心之后自然能做到"事有感而随之以喜怒哀乐,应之以酬酢尽变"①。白沙亦持同一观点。在他们看来,真心不容区分为性情之二重构造;毋宁说,真心是即情即性的根源(自然本然)存在;养出真心后,直接根据本心自发地涌现出的理,就能在日用间迅速准确地行事。

白沙在以"静养"的方式打破朱子学理则观对于主体生命的限定之后,亦强调自然本身的理则。这两种理则有本质的不同,前者有人为造作之嫌,后者则是一切自然生命的本源。这是白沙防范"认欲为理"陷阱的法门。白沙说:

> 宇宙内更有何事?天自信天,地自信地,吾自信吾;自动自静,自阖自辟,自舒自卷;甲不问乙供,乙不待甲赐;牛自为牛,马自为马;感于此,应于彼,发乎迩,见乎远。故得之者,天地与顺,日月与明,鬼神与福,万民与诚,百世与名,而无一物奸于其间。……人争一个觉,才觉便我大而物小,物尽而我无尽。②

自信也就是自申的意思,天、地、万物均自然伸展(自动、自静、自阖、自辟、自舒、自卷、自为),以自然本然的样态存在。"人争一个觉",是指人在自然面前要放下一切理智造作,无所执着,复返于生生不息之大化流行。"我大而物小,物尽而我无尽",则是实践主体破除了心物之间彼此对待、彼此限定的拘执状况,进入心物浑融、操之在我的自由境界之表述。"觉"之后就能进入自然的感—应、发—见机制;这一自然机制使得主体之"心"不会流于私意:此心之觉在每一个心物相即的实践场域都能自我限定、体现自然之理的分殊处。白沙把达致这一目标的工夫总结为"主静"、"致虚立本":

> 道无动静也,无将迎,无内外,苟欲静即非静矣。善学者,主于静以观动之所本,察于用以观体之所存。动静周流,体用一致,默而识之,而吾日用所出,固浩浩其无穷也。故曰:藏而后发,明其几矣。形而斯存,道在我矣。③

---

① 朱熹《论语精义》卷六下记载,见《朱子全书》第七册,上海古籍出版社、安徽教育出版社,2002年,第419页。
② 陈献章:《与林时矩》,《陈献章集》卷三,第242—243页。
③ 何维柏《改创白沙家祠碑记》记载,《陈献章集》附录四,第949页。

夫道至无而动，至近而神，……知者能知至无于至近，则无动而非神，……夫动，已形者也，形斯实矣。其未形者，虚而已。虚其本也，致虚之所以立本也。①

　　白沙这些说法都源于周敦颐。周敦颐主张"主静立人极"、"无欲故静"②之说，又言"无欲则静虚动直。静虚则明，明则通。动直则公，公则溥"③、"静无而动有，至正而明达也"④。究周、陈之意，道本身是没有动静之分的，如果一味执着于日常之中的静，反而会失去道之"静"。所谓道之动静，动指其非固定不变的事物，而是变化不穷的；静指其虽然变化不穷，但又有律则而不乱。"已形"、"实"是对动的描述；"虚"是对静的描述。因此，就动静、虚实而言，静和虚更为根本。致虚立本、主静之学的主旨就是要把握自然律则，不让后天的物欲扰乱、遮蔽了这一律则。白沙所说的"藏而后发"是指"以藏敛而发动直之机"，此乃先坤卦后干卦的殷商《归藏易》之旨，亦是主静之意。"明其几"则是指领会主静之学不滞于有、不沉于空的主旨，敏锐把握生生不息的自然之机（几）。由此观之，白沙主静之学确实又可说成是主动之学：以自然生生不息、化化无穷、进动不息为本，而非局限静养一隅。⑤因为白沙所说的"静中坐养"和"主静"，两个"静"并非在同一个层面：主静之学随日用常行而发用，并不局限于静坐；静中坐养只是白沙藉以窥见"心"与宇宙大化"本来面目"的权法而已。

　　经由上文的讨论可知，白沙的"静中坐养出个端倪"就是研几之学。白沙从朱子的理性主义立场退回到《易传》"神秘不测"、非经验把捉的研几传统。白沙这种"心得而存之，口不可得而言之"⑥的风格曾令梁启超直呼"端倪二字太玄妙，我们知道他下手功夫在用静就得了"⑦。事实上，在理解从朱子到白沙研几之学的变迁之后，玄妙的"端倪"还是可以解说清楚的。陈荣捷先生解端倪云："端者始也，以时间言。倪者畔也，以空间言。端倪实指整个宇宙。即谓静中可

---

①　陈献章：《复张东白内翰》，《陈献章集》卷二，第 131 页。
②　周敦颐：《太极图说》，《周敦颐集》卷一，第 6 页。
③　周敦颐：《通书》，《周敦颐集》卷二，第 29—30 页。
④　同上，第 14 页。
⑤　简又文：《白沙子研究》，香港简氏猛进书屋，1970 年，第 184—191 页。
⑥　陈献章：《论前辈言铢视轩冕尘视金玉（下）》，《陈献章集》卷一，第 56 页。
⑦　梁启超：《儒家哲学》，天津古籍出版社，2004 年，第 157 页。

以养出生生活泼的宇宙之意。"①从字义上来看,陈荣捷先生对于端倪二字的解说有发挥太过之嫌;但从义理上看,他以"生生活泼的宇宙"来解释端倪,可谓有据。从字义与义理两方面释"端倪"皆的当者,则属阳明高弟王畿:"端即善端之端,倪即天倪之倪,人人所自有,非静养则不可见。宇泰定而天光发,此端倪即所谓把柄,方可循守,不然,未免茫荡无归。"②王畿的解释精确指出白沙端倪说的两重涵义:一是"静养端倪"的方法论本质;二是端倪作为主体契入天地大化流行的入手处和枢纽。就后者而言,入手处和天地大化之间是即体即用、即工夫即本体之关系。在这一意义上,端倪、几(自然生机)就是宇宙大化(本体)本身;并不是在本体之外还有一个"几"。

白沙端倪说之思路开辟了一个全新的思想世界,此即黄宗羲所说"有明之学至白沙始入精微……至阳明而后大"③。明代理学史上对白沙端倪说的评价聚讼纷纭,有批评、亦有推进和引申。下文就通过疏理这些评价及其演变,厘清明代理学研几之辨所蕴藏的理论内涵和思想动向。

二、中年期刘宗周对白沙端倪说的批评及其理论困境

明代朱子学和阳明学两大阵营对于陈白沙的评价向来是壁垒分明:前者视其为异端、禅学,后者誉之为圣学。白沙打破朱子学束缚,归宗于未经理性穿凿的自然之心。这在以"理大而我(情)小"立场不断检查心的存有状态的朱子学者看来,无疑是离经叛道之行径。恪守朱子学立场的胡居仁(敬斋,1434—1484)批评说:"释氏是认精魂为性,专一守此,以此为超脱轮回。陈公甫说物有尽而我无尽,亦是此意。"④二程、朱子解释《中庸》"鸢飞鱼跃"时惯用"会得的活泼泼地,不会得的只是弄精魂"⑤一语。"鸢飞鱼跃"是理学家共许的圣门自然之

---

① 陈荣捷:《白沙之动的哲学与创作》,收入氏著《王阳明与禅》,台湾学生书局,1984年,第71页。

② 王畿:《南游会纪》,《王畿集》卷七,凤凰出版社,2007年,第152页。

③ 黄宗羲:《明儒学案》卷五,《黄宗羲全集》第七册,第78页。

④ 胡居仁:《居业录》卷七,四库全书本。

⑤ 参见《二程集·河南程氏遗书卷三》,中华书局,1981年,第59页;《朱熹集》卷四十八《答吕子约》,四川教育出版社,1996年,第2321页。

义。"弄精魂"即"弄精神",依朱子的解释,就是"操切做作"①之意。从朱子学的立场看,白沙静养自然生机的做法是"以气为性"、"认欲为理",这一格局中的"自然"只能是落于私意的想象恍惚。胡居仁说"陈公甫云,静中养出端倪;又云,藏而后发。是将此道理安排作弄,都不是顺其自然"②,就是此意。批评以自然为宗的白沙"不自然"、近禅,这一论调在明代朱子学中甚为常见。中年期刘宗周即持这一观点。

据《蕺山刘子年谱》五十岁条目记述,是年刘宗周编辑《皇明道统录》告成,此书除了编录明儒平生行履和语录,还有对诸儒之学的评论;其中对"世推为大儒"的陈白沙颇多贬辞③。实际上,在刘宗周从五十岁到六十八岁绝食殉国的这段时间,他对白沙之学有一个从贬抑到推崇的变化过程。例如《皇明道统录》尖锐批评白沙:

> 静坐一机,无乃浅尝而捷取之乎? 自然而得者,不思而得,不勉而中,从容中道,圣人也,不闻其以静坐得也。……道本自然,人不可以智力与,才欲自然,便不自然。故曰"会得的活泼泼地,不会得的只是弄精魂。"静中养出端倪,不知果是何物? 端倪云者,心可得而拟,口不可得而言,毕竟不离精魂者近是。……似禅非禅,不必论矣。④

对比上引胡居仁之语,我们不难发现上述批评简直是胡居仁观点的翻版。在"端倪"的评价问题上,中年期刘宗周可说是朱子学忠实拥护者。然而,刘宗周晚年却一反《皇明道统录》中的酷评,对白沙端倪说推崇备至,并有"静中养出端倪,端倪即意即独即天"⑤之言,直将白沙之"端倪"等同于自己哲学体系中的核心范畴"意、独、天"。导致这种现象的根源就在于刘宗周中年期和晚年期的

---

① [宋]黎靖德:《朱子语类》卷六十三,第 1536 页。
② 胡居仁:《居业录》卷七。
③ 刘汋《蕺山刘子年谱》天启七年条目,载戴琏璋、吴光主编:《刘宗周全集》第五册,中研院中国文哲研究所,1997 年,第 225 页。
④ 参见黄宗羲《明儒学案·师说》,《黄宗羲全集》第七册,第 12 页。按:《皇明道统录》现已佚失,有部分内容存于《蕺山刘子年谱》及《明儒学案·师说》中。
⑤ 刘宗周:《会录》,《刘宗周全集》第二册,第 611 页。

慎独学理论存在结构性的重大差异①，故而对白沙的评价亦随之迥然不同。

据刘宗周之子刘汋和蕺山门人黄宗羲所述，刘宗周对于阳明学的态度"凡三变"："始而疑，中而信，终而辨难不遗余力"②。此处"始"、"中"、"终"之分际也就是笔者区分刘宗周思想发展之早年期、中年期和晚年期的重要线索。刘汋和黄宗羲的说法隐然把刘宗周中年期思想归入完全认同阳明良知学的阵营。然而，我们看到这一时期的刘宗周在白沙端倪说评价问题上却是站在朱子学立场；这又是怎么回事呢？事实上，刘汋和黄宗羲所谓的"中而信"只是有条件的"信"，这一时期的刘宗周更多地表现出对朱子学的认同和修正，而非倾心于阳明学。学界一般认为刘宗周之学乃乘阳明后学玄虚、放肆之流弊而起。③此说诚有所见，却容易忽略刘宗周思想的另一重要面向：修正朱子学流弊。刘宗周三十七岁时对阳明学和朱子学流弊已有深刻观察："王守仁之学，良知也，无善无恶，其弊也必为佛、老，顽钝而无耻。宪成之学，朱子也，善善恶恶，其弊也必为申、韩，惨刻而不情。"④在刘宗周看来，顾宪成持守朱子学立场论学救世而至于惨刻不情，阳明学顽钝无耻之弊则引发世道沦丧；这两种学术流弊引发的社会政治危机首先必须经由思想批判的方式加以解决。此即刘宗周一生自觉承担的学术使命：寻求能够全面克服朱子学和阳明学流弊的哲学立场。清儒汤斌也看出这一点，其评论刘宗周曰："其学以慎独为宗……尝曰'姚江之后流于佛老，东林之后渐入申韩。'故择中庸以复先儒之旧。"⑤汤斌所言"择中庸以复先儒之旧"，即指刘宗周四十八岁之后提"慎独"为学问宗旨，以扫"顽钝而无耻"、"惨刻而不情"等学术流弊。由此观之，在对治朱子学流弊这一点上，中年期刘宗周和陈白沙具有相同的问题意识。但是，刘宗周站在朱子学立场批评白沙，是表明

---

① 根据笔者的前期研究，刘宗周一生思想发展可分为三个阶段：四十八岁提出慎独为学问宗旨之前为早年探索期，从四十八岁到五十七岁为中年期；五十七岁直至逝世（六十八岁）则是晚年期；其中年期和晚年期思想存在着结构性差异。详参拙作：《论刘宗周晚年思想转变及其哲学意义》，载于冯天瑜主编《人文论丛》2009 年卷，中国社会科学出版社，2010 年。另外，由于刘宗周中年期和晚年期思想存在巨大差异，本文所引刘宗周之文，均根据《年谱》确定作于何时，并在文中作出标识。

② 参见黄宗羲《子刘子行状》，收入《刘宗周全集》第五册，第 50 页；刘汋《蕺山刘子年谱》六十六岁条目，《刘宗周全集》第五册，第 480 页。

③ 详参牟宗三《从陆象山到刘蕺山》第六章，2001 年。

④ 刘宗周：《修正学以淑人心以培国家元气疏》，《刘宗周全集》第三册上，第 23 页，三十六岁。

⑤ 汤斌：《刘念台先生遗照题辞》，收入《刘宗周全集》第五册，第 721 页。

他在学术上成功探索出对治之方,抑或相反? 且以《皇明道统录》对阳明的评价为例加以说明:

先生承绝学于词章训诂之后,一反求诸心,而得其所性之觉,曰良知。因示人以求端用力之要,曰致良知。良知为知,见知不囿于闻见;致良知为行,见行不滞于方隅。即知即行,即心即物,即静即动,即体即用,即工夫即本体,即下即上,无之不一。以救学者支离眩鹜之病,可谓震霆启寐,烈耀破迷,自孔孟以来,未有若此之深切著明者也。①

刘宗周的评论文字是以朱子学和阳明学之差异为背景。王畿在论述其师门学说与朱子学之差异时称:"存省一事,中和一道,位育一原,皆非有二也。晦翁随处分而为二,先师随处合而为一,此其大较也。"②王畿所说的"先师随处合而为一"也就是刘宗周评论中的"即知即行、即心即物"云云。青年王阳明曾有"庭前格竹"之惑,这和白沙"心理难以凑泊"之困惑是一样的。众所周知,阳明的解困之方就是"心即理"、"致良知"说。质言之,阳明良知学的思维模式是"即于一心而理事无碍"。根据日本学者荒木见悟先生的研究,良知学不需要像朱子学那样通过天理的中介作用来实现对事的规范,而是由超越理气性情之区分的整体生命——"绝对本心"直接拥抱现实、把握事物,如同猫捉老鼠般敏捷而准确地应事接物;从而实现理事无碍、即事是道。在阳明,理的规范性由良知一念之决断全力负荷;良知负荷绝对的责任,也就意味着良知具有绝对自主性、自由性。由此,阳明否定了任何超然于心(主体)之上的超越之物的存在,以保证良知之绝对自由以及创制事理的充分权限。换言之,阳明学说的浑一特色意味着"心"无所拘束,不被任何既定的规矩、观念所束缚;这也就颠覆了朱子学重视客观天理、抑制主体性的立场。此即阳明四句教"无善无恶论"的理论背景。③需要指出的是,无所拘束之"心"使主体从传统价值观中解放出来,追求无拘无

---

① 《蕺山刘子年谱》五十岁条目记录,《刘宗周全集》第五册,第 226 页。校以《明儒学案·师说》。
② 王畿:《书婺源同志会约》,《王畿集》卷二,第 38—39 页。
③ 参考荒木见悟先生《佛教与儒教》第四章《王阳明的哲学》,中州古籍出版社,2005 年。

束的自我,此即中晚明时期儒佛合流思潮的理论根源。正因为如此,外部观察者很容易根据阳明良知学的不同表现把它割裂为两部分:一是以即心即物、即知即行的姿态全力做道德实践的阳明学;二是过分追求无拘无束,走向儒佛合流的阳明学。中年刘宗周在《皇明道统录》中就采取了后一种做法。

《皇明道统录》盛赞阳明之功绩,初看起来似乎确实如刘汋和黄宗羲所说是"信"阳明学为圣学,其实不然,刘宗周的"盛赞"之外另有文章。因为刘宗周的评论是建立在他把无善无恶论从阳明思想中割裂开去的基础上。在刘宗周看来,无善无恶论是由王畿提出的,并非阳明之说;即便阳明曾偶尔提及,亦属未定之见。[1]根据《传习录》、《年谱》的记录,无善无恶论是由阳明最先提出,这是无可置疑的事实;而且如上文所论,无善无恶论就是阳明良知学最基本的理论内涵之一。但刘宗周无视这一事实,径自宣称"愚按四句教法,考之阳明集中,并不经见,其说乃出自龙溪",硬生生地把四句教(无善无恶论)的发明权转给王畿;认为王畿应为阳明后学流于佛氏、引发"顽钝无耻"之弊负直接责任,而阳明只不过是"急于明道,往往将向上一几轻于指点"而已。[2]《皇明道统录》割裂阳明良知教的做法,实际上是刘宗周试图立足实践、借阳明学之长补朱子学之短的一个表现。

如前所述,朱子学的心性结构容易使性理流为僵化拘执的观念。要改变这一点,就必须改造心性结构,缩小性与情、形而上与形而下之间的差距。白沙和阳明的做法是彻底打破朱子学心性结构,实现性情、心物浑一。而在朱子学看来,这一做法有"认欲为理"之弊。中年期刘宗周的除弊之法远远没有白沙和阳明决裂,仅仅是在维护朱子学心性结构的前提下作出微调。这一立场可从他的下列观点中看出:

> 道是形而上者,虽上而不离乎形,形下即形上也。故曰"下学而上达"。下学非只在洒扫应对进退小节,即未离乎形者皆是,乃形之最易溺处在方寸隐微中,故曰"人心惟危,道心惟微",即形上、形下之说也。是故君子即形色以求天

---

① 参见《明儒学案·师说》"王龙溪畿"条,《黄宗羲全集》第七册,第16页。

② 参见《明儒学案·师说》"王阳明守仁"和"王龙溪畿"条,《黄宗羲全集》第七册,第15—17页。

性,而致吾戒惧之功焉。①

隐微者,未发之中;显见者,已发之和。莫见乎隐,莫显乎微,故中为天下之大本。慎独之功,全用之以立大本,而天下之达道行焉,此亦理之易明者也。乃朱子以戒惧属致中,慎独属致和,两者分配动静,岂不睹不闻与独有二体乎?戒惧与慎独有二功乎?致中之外复有致和之功乎?②

按:虽然上引《与以建三》是刘宗周早年期书信,但其中对于形上形下的论说一直延续到中年期。因为刘宗周早年期和中年期思想并不像他的晚年期和中年期思想那样存在着结构性差异,中年期思想只是在早年的基础上有所推进而已。至于刘宗周早年期和中年期对阳明学的不同态度,也只是他在编辑《皇明道统录》时仔细钻研《阳明文集》而有"得",认识到可以借重阳明学的某些特质来弥补朱子学之短;这是一种策略性转变,并非哲学立场上的根本差异。朱子学以提倡形而上形而下(理气)二元著称,并有"静时存养、动时省察"之工夫论。《中庸》首章有云"戒慎乎其所不睹,恐惧乎其所不闻。莫见乎隐,莫显乎微,故君子慎其独也"。根据陈来先生的研究,朱子认为戒慎恐惧的"不睹不闻"是指自己无所闻无所见,"独"是别人无所闻见但"己所独知"的知觉状态和境况;因此朱子将"戒慎"与"慎独"的功夫加以分别,以前者为未发时的工夫,以后者为已发时的工夫。"慎独"就是要谨慎地审察善恶之几。③刘宗周早年、中年期力主形上形下一元,目的在于抑制朱子理气二元论孤高一切的倾向,使理切近现实;主张戒惧慎独合一,则是为了强调"情"基于性理的先验规矩而作出的自我省察。刘宗周中年期另一作品《中庸首章说》指出"独体惺惺……一念未起之中,耳目有所不及加,而天下之可睹可闻者,即于此而在。冲漠无朕之中,万象森然已备也,"④就是强调"独体"之规矩的先在性和周遍性。虽然刘宗周对"独"的解说稍嫌含混,但我们参照上文讨论过的朱子和白沙研几之差异,大

---

① 刘宗周:《与以建三》,《刘宗周全集》第三册上,第 622 页,三十六岁。

② 刘宗周:《学言上》,《刘宗周全集》第二册,第 437 页,四十九岁。

③ 详见陈来先生:《诠释与重建——王船山哲学的精神》,北京大学出版社,2004 年,第 90 页。

④ 刘宗周:《中庸首章说》,《刘宗周全集》第二册,第 351 页,五十四岁。

体上仍可确定他所说的"独"是以"知"（理）为主导的知情（理气）合一范畴。因为对比于朱子主张以性理来检查自然生机，以及白沙打破朱子学性理的局限、回归自然本然之生机；刘宗周显然是更接近朱子的立场。"合一"是指他是在朱子学知情（理气）二分的基础上将两者距离拉近，而不是如白沙、阳明那样主张超越二元区分的整体生命观。换言之，刘宗周主张形上形下一元、戒惧慎独合一，固然是对朱子观点的反动，但他仍然强调性理具有左右"心"之存有状态的能力。由此可见，刘宗周中年期慎独思想显然是朱子天理观在新形势下的"复活"。

如前所述，在对治朱子学流弊的问题上，白沙与刘宗周有着共同的问题意识；但白沙开创了一个全新的思想世界，而中年期刘宗周则仍然维护朱子学立场。王汎森先生指出，刘宗周的一元论加强了道德修养的内在紧张，实践者必须极度戒惧小心，才能从日用流行，也就是最世俗的生活实践中，表现出道德的境界来。[1]这一评论非常契合中年期刘宗周思想，亦隐约指出刘宗周此期思想的重要特质：舍玄理而趋实践。中年期刘宗周试图以一种严格的道德践履来破除朱子学、阳明学之流弊，而不是在形而上学层面建功立业。遍检刘宗周 57 岁之前的著述文字，我们看不到他对于"独体"之结构有进一步的分析，他有一种把所有理论问题都交由"慎独"实践解决的倾向。回到朱子学者一致批评白沙近禅的问题上，黄宗羲曾为白沙辩护："圣学久湮，共趋事为之末，有动察而无静存，一及人生而静以上，便邻于外氏"。[2]这一分析亦适合中年期刘宗周思想及其对白沙的批评。然而，舍玄理而趋实践的做法无法完整接续宋明理学学统，以往的许多重要命题亦无法在新的形势下作出辨析和发展。另一方面，从形而上学的层面看，刘宗周中年期思想只不过对朱子学心性结构作出简单修正，无法从根源上对治朱子学流弊；他对阳明良知学的粗暴切割，亦无助于从理论上辨析阳明学之病根，徒增思想史之纷扰而已。这些理论困境，均有赖于刘宗周晚年期通过一个新思想论域的开辟来解决。

---

[1] 王汎森：《明末清初的一种道德严格主义》，收入氏著《晚明清初思想十论》，复旦大学出版社，2004 年，第 94—95 页。

[2] 黄宗羲：《明儒学案》卷五《白沙学案》，《黄宗羲全集》第七册，第 81 页。

三、阳明门下弟子对白沙端倪说的不同定位及其辩难困局

白沙和阳明是明代心学运动的两大代表人物。尽管阳明本人"从不说起"[①]白沙;但阳明门下弟子对白沙均抱有一致的敬意,且有大量分析和阐发白沙思想的文献。这种讨论既深化和拓展了阳明学义理疆域,也展示出阳明学派发展的内在困境;可说是阳明学最重要的思想成果之一。这些成果对于任何试图超越阳明学的理论构建者来说,都是不可忽略的思想资源。

以白沙端倪说为例,阳明门下弟子虽然普遍认同这一学说,但他们的分析和评价不尽相同,甚至个别观点针锋相对。这实际上牵涉到阳明学派内部复杂的学理分化情况。王畿曾评论白沙:

> 我朝理学开端,还是白沙,至先师而大明。白沙之学,以自然为宗,"从静中养出端倪",犹是康节派头。于先师所悟入处,尚隔毫厘。[②]

王畿所谓的"开端"与"大明",是指摆脱朱子学束缚,成就纯粹的道德自我而言。白沙开创了明代学术新天地,他主张的"回归自然生机"可说是明代心学运动之命脉。阳明良知学在摆脱朱子学束缚、发扬自然生机这一点上(阳明以生生不息的天植灵根、造化精灵说良知即是,参《传习录》下),可说与白沙志趣相投;故而王畿对白沙的思想开创性亦有相当的认同。至于"尚隔毫厘",则是认为阳明学与白沙学术有本质的差异,且明显是对白沙学有所不满。那么,王畿不满于白沙学说中的哪些方面呢?此处且按下不表,先来看看阳明门下其他弟子的观点。

对于王畿的评论,阳明门下弟子中亦有不同意见。江右王门主力聂豹认为:"周程以后,白沙得其精,阳明得其大。"[③]"白沙之学,浑是濂溪主静之意。或

---

① 黄宗羲:《明儒学案》卷五《白沙学案》,《黄宗羲全集》第七册,第78页。
② 王畿:《复颜冲宇》,《王畿集》卷十,页260。
③ 聂豹:《留别殿学少湖徐公序》,《聂豹集》卷四,凤凰出版社,2007年,第98页。

者诋为禅虚,此则鄙人之所未解。"①聂豹的说法实际上把白沙学的地位提在阳明之上。聂豹有他自己的考虑:

至静之时,虽无所知所觉之事,而能知能觉者自在,是即纯坤不为无阳之象。星家以五行绝处便是胎元,亦此意。若论复卦,则宜以有所知觉者当之,盖已涉于事矣。邵子诗曰:"冬至子之半,天心无改移。一阳初动处,万物未生时。"夫天心无改移,未发者未尝发也。一阳而动,乃平旦之好恶,太羹玄酒,淡而和也,未发气象,犹可想见。静中养出端倪,冷灰中迸出火焰,非坤之静翕,归藏役而养之,则不食之果,可复种而生哉? 知复之由于坤,则知善端之萌,未有不由于静养也。②

"夫天心无改移"之前的引文,是朱子的文字。③上文在讨论白沙端倪说时曾援引朱子相近的文字并有所分析。朱子的观点是要以道德理性为基准,辨析和贞定自然生机。综合聂豹之意,他显然是在濂溪主静之学、朱子静存观、白沙端倪说三者之中找到某种共同点。这一观点并非无端,因为在确认"心"要契入"自然理则"这一问题上,三人确实有共同点;只不过各自体认的"自然"并不相同而已。在明代心学运动中,摆脱朱子学客观性理束缚、恢复自然-本然心体之后,至少有两种确认"理则"之公共有效性的途径:一是强调静澄之心契入宇宙生生秩序,以自然秩序的公共性确保理则的有效性;二是强调"心"具有纯粹的灵性,亦即内在绝对性,以心的内在绝对性来确保理则的公共有效性。④阳明良知教以无善无恶论彻底消解"心"之外的"客观"规范,即便有朱子学者担心的"认欲为理"危险,解决的途径仍在于依赖良知本具的力量(所谓事上磨练即锻炼此力量)。⑤显然,阳明学采取的是第二种确认途径,白沙学则采取第一种途

① 聂豹:《答应容庵二首》,《聂豹集》卷九,第 300 页。
② 聂豹:《辨易》,《聂豹集》卷十四,第 558 页。
③ 见《朱熹集》卷四十八《答吕子约》,第 2327 页。
④ 从观念史的角度看,中国思想史上的"静澄之心"的观念是佛教进入中国之前的本土思想特别是道家所持有,"内在绝对性"的观念则是通过佛教而获得。详参[法]戴密微《心镜》,收入《顿与渐:中国思想中通往觉悟的不同法门》,上海古籍出版社,2010 年。
⑤ 参考荒木见悟先生《佛教与儒教》第四章《王阳明的哲学》,郑州:中州古籍出版社,2005 年。

径。阳明后学王时槐(1522—1605,塘南)指出:"阳明之学,悟性以御气者也。白沙之学,养气以契性者也。"①这一区分精准地描述出白沙学与阳明学的上述路径差异。由此我们亦可明白王畿区分白沙与阳明学术差异的真实意图:他不满于白沙端倪说保留的"自然理则"意识。但是王畿所贬抑的"自然理则"意识,却被聂豹所看重。聂豹把白沙的地位摆在阳明之上,目的就是要用这一理则意识来对治良知学流弊。

且以研几之学的视角比较朱子学、白沙学与阳明学异同。研几是一种把握先机、趋吉避凶的实践技艺。在朱子学那里,把握先机的要点在于"理"。朱子以"所当然之则"来界定理,就指出了理对于事务之当为或毋为的指引功能。换言之,朱子学所说的理在本质上是一种先导性存在。白沙在打破朱子学性理观的束缚之后,复返于宇宙大化秩序,这一秩序本身就充当着先导性存在的功能。在两家学说中,这种先导性存在是一切工夫的前提。但在阳明那里,则是完全不同的状况。②阳明论"几"称:

> 或问至诚前知。先生曰:"诚是实理,只是一个良知。实理之妙用流行就是神,其萌动处就是几,诚神几曰圣人。……良知无前后,只知得见在的几,便是一了百了。若有个前知的心,就是私心……"③

见在也就是当下,"见在的几"就是当下具足无所欠缺的良知。这一思想的义理根据在于未发已发浑一说。在阳明看来,"未发在已发之中,而已发之中未尝别有未发者在;已发在未发之中,而未发之中未尝别有已发者存。"④阳明所说的未发已发,并非就喜怒哀乐而言;而是收于良知本身上讲。⑤这种未发已发浑一的思想,目的在于否定任何超然于心(主体)之上的超越之物的存在,以保证

① 参见黄宗羲《明儒学案》卷二十,《黄宗羲全集》第七册,第559页。
② 关于阳明对朱子学"理"的先导性之消解,荒木见悟先生在《阳明学の位相》(东京:研文出版,1992年)一书中有多层面的精彩分析。
③ 王守仁:《传习录下》,《王阳明全集》卷三,上海古籍出版社,1992年,第109页。
④ 王守仁:《传习录中·答陆原静书》,《王阳明全集》卷二,第64页。
⑤ 可参牟宗三:《从陆象山到刘蕺山》,上海古籍出版社,2001年,第213—221页。

良知之绝对自由以及创制事理的充分权限。基于这一思想,萌动处、几就是良知当体自身,并非在良知之外还有一个几。朱子学格物论追求基于个别之理聚集之后的豁然贯通;但阳明的致良知学说完全不同,它主张当下、全体性地发挥自然生机,用阳明自己的话来说则是"一节之知,即全体之知;全体之知,即一节之知。总是一个本体。"①这种"一即全、全即一"的视野要求主体在实践场域每一个环节都全身心地投入,不必有任何先导性存在作为前提。所谓"前知的心"也就是这种先导性存在的表现,它会以"私心害道"的形式损害良知的判断力,故而被阳明所扬弃。这种工夫论在熟悉朱子学思考方法的人来说是很难理解的:没有先导性存在的预设,怎么判定由心自然涌现的生机(端倪)是不是人欲?又怎么能够摆脱繁杂事项的牵引,把握先机?聂豹就有这种朱子学式的疑惑。聂豹由这种疑惑出发,展开了对良知教的改造。围绕聂豹的改造行动,阳明门下弟子分成两派辩难不已,聂豹和王畿就分别是两派辩论的核心人物。

当王畿根据阳明的说法进一步提出"圣学只在几上用功"、"有无之间是人心真体用,当下具足"观点时,聂豹以朱子学的问题意识质疑他"是以见成作工夫看"②。在聂豹看来,王畿的观点是以不做工夫为工夫,事实上就消解了工夫修养的可能性,这是最大的危险。刘宗周观察到的"今天下争言良知矣,及其弊也,猖狂者参之以情识,而一是皆良;超洁者荡之以玄虚,而夷良于贼"③就是根源于此。有鉴于此,聂豹对阳明良知学的改造就体现在重新为"良知"树立一个作为工夫前提的先导意识。聂豹采取了白沙"致虚立本"的方法,提炼出类似于朱子学以体用分立为前提、以立体而用自行的次序为特征的"体用一贯"观。④这种论述将良知分拆为已发与未发;"心"由此被区分为类似于朱子学心统性情结构的二重构造:虚明不动之体和感发之用。在聂豹看来,王畿所说的良知只是在已发、用的层面,其"知"自然没有达到"良"的境地。真正的良知必须经由"立体"工夫,即由"致虚守寂"以求"虚明不动之体"方能"致"得。因此,聂豹认为真正的圣学必须"以无为有之几,寂为感之几,以介为几,以诚为几",如此在

---

① 《传习录》下,《王阳明全集》卷三,第 96 页。

② 参见王畿:《致知议辩》,《王畿集》卷六,第 136 页。

③ 刘宗周:《证学杂解》解二十五,《刘宗周全集》第二册,第 325 页,六十六岁。

④ 参见聂豹:《答王龙溪》,《聂豹集》卷十一,第 401 页。

几上用功,方能无病。①江右王门另一主力、聂豹最忠实的同盟军罗洪先(念菴,1504—1564)直截了当地指出:"'几善恶'者,言惟几故能辨善恶,犹云非几即恶焉耳。必常戒惧,常能寂然,而后不逐于动,是乃所谓研几也。"②聂、罗二人所说的"几"是指贯通乎动静有无之间的自然生机,而非(朱子学意义上)与动静有无并列的善恶杂糅之形而下者。但他们所说的"几"绝非取消了先导性事项的当下一几,而是让良知本体显现于有形的先导性存在,是令致良知工夫成为可能的前提。

针对聂豹的观点,王畿通过诠释周敦颐来提出反驳:

周子云:"诚神几,曰圣人。"良知者,自然之觉,微而显,隐而见,所谓几也。良知之实体为诚,良知之妙用为神,几则通乎体用而寂感一贯,故曰"有无之间者,几也"。有与无,正指诚与神而言。此是千圣从入之中道,过之则堕于无,不及则滞于有。多少精义在,非谓以见成作工夫,且隐度其文,令人不可致诘为义也。③

王畿认为周敦颐所说的"诚神几"是对当下完满具足的良知的描述。几是贯通体用、寂感、有无的总体性存在;而良知本身亦具有足够的力量来应对复杂的社会事项,不需要寻求任何外在的依靠。在王畿看来,聂豹等人舍当下良知而另寻先导性事项的指引,就是不信任良知本具的力量,难免以外在因素影响良知之判断,反而失去了自然生机之发用。

总的说来,聂豹、罗洪先看出阳明"见在一几"的提法正是造成中晚明良知学流弊的根源,但他们提出的研几思路在救正良知流弊的同时,亦在良知教的体系下受到根本的质疑:良知不容许分拆为未发已发,其寂感诚神亦不容许分拆为已发与未发。④黄宗羲综合多位阳明学者的意见指出"双江、念菴举未发以

---

① 参见王畿:《致知议辩》,《王畿集》卷六,第136—137 页。
② 罗洪先:《答陈明水》,《罗洪先集》卷六,凤凰出版社,2007 年,第202 页。
③ 王畿:《致知议辩》,《王畿集》卷六,第137 页。
④ 详参牟宗三先生的分析,氏著《从陆象山到刘蕺山》,第254—261 页。

救其弊……然终不免头上安头"①,正是看到这一点。如是,王畿与聂豹等人针锋相对的立场就构成阳明学内部争辩多时、难以解决的困局。

在这个僵持不下的辩难困局中,诸如"本体之自然"、"性体之自然"、"良知之觉"之类的用语都常见于双方书信。这也展现出了明代心学运动最为核心的问题:不假人力的自然生机是最真实、最有力量的存在,要怎样做工夫才能确保这种本源力量在日常生活中发挥主宰功能? 阳明以绝对浑一观来保证"自然"发用的做法,固然是儒佛合流以及荡越流弊的根源。但对于好不容易才从朱子学心性结构中挣脱出来的明代心学来说,重新回到朱子二元论体系中是最不可接受的事情,这也是理解了阳明意图的阳明门人以及黄宗羲都一致批评聂豹等人的做法是"头上安头"的原因所在。因此,如何建构一种能同时确保"体用浑一"和作为工夫主宰的"先导性存在"的理论,就成为中晚明时期心学发展之内在要求。

四、晚年期刘宗周基于喜怒哀乐说对白沙、阳明学术的推进

晚年期刘宗周一反中年期的酷评,对白沙端倪说推崇备至:"静中养出端倪,端倪即意即独即天"②,这正是他接续明代心学学统,创造性地推进明代心学发展之表现。

刘宗周晚年思想的基石是他受东林学派集大成者孙慎行(1565—1636,淇澳)启发而悟得的喜怒哀乐说。根据笔者的前期研究,孙慎行之学奠基于其独特的喜怒哀乐说:喜怒哀乐是即情即性之形而上存在,由此便在理学之朱子学与阳明学狭路相逢的格局下打开了一个新的儒学论述空间、意义空间。③晚年刘宗周正是在喜怒哀乐新说的基础上建立了一种与众不同的研几论述。

刘宗周的喜怒哀乐新说是对理学"以生机论仁"传统所作的创造性诠释(按:"生机"、"生意"是同义词,刘宗周喜欢使用"生意"一词,下文依刘宗周的用

---

① 黄宗羲:《明儒学案》卷二十,《黄宗羲全集》第七册,第539—540页。
② 刘宗周:《会录》,《刘宗周全集》第二册,第611页。
③ 参见拙作《孙慎行慎独学的义理结构》,载《中国哲学史》(季刊)2009年第2期。

法,以"生意"代替"生机")。如前所述,生意是贯通主客观界、主导事物变化的造化力量,其在人身上最为单纯明快的体现就是四端(恻隐、羞恶、辞让、是非)之心;掌握这一造化力量以优入圣域,即为"以生意论仁"之要旨。朱子学认为四端之心属于情,是性体(仁义礼智)之发用,这种观点强调道德理性的绝对优先性。阳明学认为朱子学的做法压制了人的道德主体性,转而主张四端之心即是良知性体,循此良知发用流行即是道。在刘宗周看来,朱子学和阳明学的观点都对生意造成了压制和遮蔽;其称:"所云情,可云性之情,决不得性与情对。"①性情合一固然是心学传统立场,但刘氏命题有其独特之处。这一表述建立在他对人类情感的独特区分基础上:

> 喜怒哀乐,虽错综其文,实以气序而言。至觳为七情,曰喜怒哀惧爱恶欲,是性情之变,离乎天而出乎人者,故纷然错出而不齐。所谓感于物而动,性之欲也,七者合而言之,皆欲也。君子存理遏欲之功,正用之于此。若喜怒哀乐四者,其发与未发,更无人力可施也。(后人解中和,误认是七情,故经旨晦至今。)②

在刘宗周看来,情分为本然之情和邪曲之情;前者可用《中庸》"中和说"的"喜怒哀乐"(四德,亦即四端之心)来指称,后者可用《礼记·礼运》所说的"喜、怒、哀、惧、爱、恶、欲"(七情)来指称。本然之情是"生而有"者,具有天然真实性,是"即情即性"的"性之情";邪曲之情是由本然之情掺杂私欲变化而来,它没有自性,是"似是而非"者。刘宗周将这一立场标识为"指情言性,非因情见性"。③

刘宗周的诠释具有深远的理论意义。以理事论述为例。朱子学和阳明学分别以"性即理"和"心即理"立场著称,前者注重作为类本质的统贯之理,事以之为本性,受其规范;后者以心认定的"理"来统摄"事"。这两种立场都没有承认"事"的独立性,其所追求的天理相对于事而言都是先在之理。刘宗周根本性地改变了理事关系,其称:

---

①③ 刘宗周:《学言下》,《刘宗周全集》第二册,第549页,六十六岁。
② 刘宗周:《学言上》,《刘宗周全集》第二册,第468—469页,五十九岁。

程子曰:"天下之道,感应而已矣,喜怒哀乐之谓也"。……天下惟感应之道为无心,动以天也。感之以喜而喜焉,感之以怒而怒焉,绝非心所与谋也。[①]

这表明作为"性之情"的喜怒哀乐并非局限于人的精神心理领域的意识或情感,而是处于事件性的实践过程中的关系性存在:情是由心物交互感应而生,感应形构出一个实践场域,情就在此场域中生发、丰富和发展自身,从人的意识反射落实为具体行事;情在这一过程中自我延展的条理,就是"理",此理之生成是心物之间生意感通的结果,而非心或物单方决定。这一思想全面肯定了"事"(情之为事)的本体论地位;每一场域之事都是独一无二,每一件事只要实现了自己之"条理",就具有独立自足性;不同之事有不同之理,不存在一个作为类本质的公共之理;心与物同为事的结构元素,不存在超离于事的绝对主体。"事"在本质上就是天与人、心与物、人与人之沟通,它是人唯一的在世存在方式;人与物只是在事中出场的存在。事本论这一全新哲学立场孕育出一种与朱子学理本论以及阳明学心本论截然不同的新天理观,导致主体的实践立场产生细微而重大的变化。这一变化,就通过"意"和"几"的论述而集中展现。

刘宗周称:

心如谷种,仁乃其生意。生意之意,即是心之意,意本是生生,非由外铄我也。[②]

生意即"心之意",它不是主体之外的存在。此即"心无体,以意为体"。[③]这一意义上的"心体"也就是刘宗周"指情言性"命题所展现的心物感应结构;这一结构不是附属的构造,而是人与人、人与物之间所发生的一切事情的真实场所和承载者;其内容是盈满天地、变动不居的万殊之事,其主宰则是生意。正是在这一意义上,刘宗周把他对"意"的论说概括如下:

---

① 刘宗周:《学言上》,《刘宗周全集》第二册,第460页,五十九岁。
② 刘宗周:《学言下》,《刘宗周全集》第二册,第553页,六十六岁。
③ 黄宗羲辑《子刘子学言卷一》,《黄宗羲全集》第一册,第288页。

意者,心之所以为心也。止言心,则心只是径寸虚体耳。着个意字,方见下了定盘针,有子午可指。然定盘针与盘子,终是两物。意之于心,只是虚体中一点精神,仍只是一个心,本非滞于有也,安得而云无?①

由于刘宗周对喜怒哀乐有其独特界定,因此我们不能仅仅在人的精神心理层面来理解他所说的"心之意"、"生意"、"心体"。刘宗周本人曾说:"意,志也。心之所之曰志,如云志道、志学,皆言必为圣贤的心,仍以主宰言也。"②如果不注意刘宗周对意的总体论述,读者容易以现代人的观念把"意"解释为"道德意志"。"道德意志"当然是刘宗周所言"意"的含义之一,但并非最根源的含义。事实上,我们只有在事本论的语境中,方能恰当理解刘宗周所说的作为"定盘针"的"意":"意"首先是"事"之生意,而主体是"事"的构成要素。"意"与主体之间的关系就类似于结构与结构中的差异元素之间的关系;正如结构在逻辑上优先于结构中的构成元素,"意"亦优先于作为"事"之结构元素的心和物。在这一意义上,我们说"意"并非仅仅是心物沟通的工具和手段,而是囊括、支撑心物诸元素在事中展现自身的结构本身。此即"意者,心之所以为心"。这也意味着,"意"对于实践者(个体精神意义上的心)来说,就充当着先导性存在的功能;刘宗周用"意者,心之所存,非所发也"③来表达这一涵义。以"心之所存"与"所发"的差异来定义"意",是以"意"的独特存有形态为根据的:"意"在心体感应的任一场域都能自我限定、体现其分殊处;而在抽离这一场域之后又能超越个体的限定,以无所执滞之心体表现其普遍性。因此,刘宗周所说的"意"是使得事件的各种内涵和规定得以呈现自身的整全性存在,断不能局限于个体精神意念层面来理解。另外,必须提及的是,刘宗周对意的论述与前文讨论过的白沙对"觉"之后的自然感应、发见机制有其共同之处:两者均强调实践主体对于事(自然)机制之契入,均以与主体同源的事(自然)机制来贞定个体心,从而使主体之"心"不会流于私意。

---

① 刘宗周:《答董生心意十问》,《刘宗周全集》第二册,第397页,六十五岁。
② 刘宗周:《商疑十则,答史子复》,《刘宗周全集》第二册,第404页,六十六岁。
③ 刘宗周:《学言上》,《刘宗周全集》第二册,第459页,五十九岁。

针对"意"作为整全性存在的特质，刘宗周用"好善恶恶"和"善恶"的区分来加以表述。这种区分涉及到普遍性与个体性、存与发的区别。在刘宗周看来，善恶是对具体事务之判定；好善恶恶则不执滞于任何具体的善恶，不涉及任何具体的内涵和规定性，是具有纯粹定向的独体：

好恶云者，好必于善，恶必于恶……独即意也，知独之谓意，则意以所存言，而不专以所发言。①

这种区分把心体区分为普遍心和个体心两个层次，刘宗周分别称之为"所存"和"所发"，或用《中庸》中和说指称为"(喜怒哀乐)未发之中"和"已发之和"。刘宗周认为，心体必有所存而后有所发，必存诸中而后发为和；"存发总是一机，故中和浑是一性"，②两者浑然一体但内部存在着由中导和的结构。这一"中和一体、由中导和"的结构清晰展现了刘宗周事本论的独特意义：意作为整全性存在，既是事之生意，亦是(个体)心之生意，心物事浑融一体，意的主宰性并不会呈现"头上安头"的尴尬；以整全性之意为"此心之体"，个体心得以贞定，亦不存在"认欲为理"的问题。阳明学派内部的困境在这一新天理观语境中得以消解。由此，刘宗周的喜怒哀乐说成功地从朱子学和阳明学话语体系中逸出，展现前文所说能同时确保"体用浑一"和作为工夫主宰的"先导性存在"的理论特质。在刘宗周对"几"的论述中，我们能够更清晰地看出这一结构的理论意义：

好必于善，恶必于恶。……故好恶相反而相成，虽两用而止一几，此正所谓"几者动之微，吉之先见者"。盖此之好恶原不到作用上看……非七情之好恶也。意字看得清，则几字才分晓；几字看得清，则独字才分晓。③

好善恶恶不执滞于具体的善恶(吉凶)，但又是善恶(吉凶)得以呈现的主

① 刘宗周：《答史子复》，《刘宗周全集》第三册上，第446页，六十六岁。
② 刘宗周：《学言中》，《刘宗周全集》第二册，第489页，六十岁。
③ 刘宗周：《答叶润山四》，《刘宗周全集》第三册上，第439页，六十五岁。

宰;这显然是"吉之先见"的纯粹表达。好恶的表现是"好必于善,恶必于恶","必于"两字传神地表达出"几"之妙用。由此可见,古老的"研几"智慧全面深化了刘宗周"好恶"说的理论内涵。当然,我们也可以说刘宗周的"好恶"说深刻发挥了"几者动之微,吉之先见者"的涵义。因为"意"与"几"在刘宗周那里就是相辅相成的论述,共同表达了把握先机、先导性存在的理论意义,亦展现了刘宗周对治阳明良知学流弊的巧妙构思。事实上,阳明和刘宗周对普遍性和个体性议题的处理有相似之处,例如阳明四句教中的"无善无恶心之体"命题也是用无所执滞之心体表达普遍性诉求。但是两家分别用无善无恶和好善恶恶来界定心体,并非仅仅是概念内涵之争,而是哲学立场的整体差异。在阳明那里,心体不存在刘宗周区隔出来的未发已发两层,其意在否定任何超然于心(主体)之上的超越之物的存在,以保证良知之绝对自由以及创制事理的充分权限。然而,良知生发于个体心层面,无所拘束的个体心当下呈现的未必是良知,可能是情欲恣肆,也可能是虚幻、脱离现实基础的价值追求。这种流弊导致良知在事上磨练时徒然在念起念灭上追逐,无法认识事理、更无法融入事之结构,客观上造成了前述不承认事之独立性的超离主体。刘宗周指出:

> 濂溪曰"动而未形,有无之间者几也",阳明亦曰"意之动"。然两贤之言相似而实不同,盖先儒以有无之间言几,后儒以有而已形言几也。曰"善恶",言有自善而恶之势,后儒则平分善恶而已。或曰"意非几也",则几又在何处? 意非几也,独非几乎?[①]

在刘宗周看来,周敦颐以"动而未形,有无之间"界定"几",意在表明"几"超越任何具体规定性的限制,从而实现对事件的全面掌控这一特质。几是时时中节而又不滞于具体的吉凶的纯粹定向,自然是纯善无恶。至于周敦颐所说的"几善恶"则是指几有由善趋恶之可能性。为什么会有由善趋恶的可能性呢?"几本善,而善中有恶,言仁义非出于中正,即是几之恶。"[②]刘宗周几论述的重点

---

① 刘宗周:《学言下》,《刘宗周全集》第二册,第 525—526 页,约六十六岁。
② 同上,第 526 页,约六十六岁。

在于由中导和，发挥"意"好善恶恶之初机，做到"好必于善，恶必于恶"。若"已发"没有好恶（未发之中）作支撑，即便其所发符合仁义之名，相对于"几"而言却是一种恶。因为它已经丧失了好善恶恶之初机，丧失了"好必于善、恶必于恶"之"必然性"；即便所发符合仁义之名，也只是一种偶然。这种论述既不同于朱子学蕴涵善恶的形而下之几，也避免了阳明学"见在一几"的缺失。如前所述，阳明、王畿以见在言几，聂豹担心这种见在良知论容易滑落与流荡，故而以未发已发分裂良知。刘宗周批评阳明"以有而已形言几"，显然是与聂豹有着同样的顾虑。刘宗周在他处曾批评阳明学流弊的理论根源在于"以念为意"。①"念"是指感应中失去意之主宰的邪曲之情。这种批评和"以有而已形言几"的批评是一致的，都是指阳明学所说的良知只在心体之已发层次，无法保证"所发"皆中节的确然必然性。

综上，在刘宗周的事本论中，心物意在"事"中浑融一体，而又以"意"为（个体）心的先导性事项；这一义理结构使得刘宗周晚年思想展现出与阳明学截然不同的思想特质。而刘宗周对意、几的论述表明，其晚年思想既能克服见成良知之弊，亦能克服"头上安头"（分裂本体）之缺失。黄宗羲就基于这一认识盛赞不已："先师之学在'慎独'。从来以慎独为宗旨者多矣！或识认本体，而堕于恍惚；或依傍独知，而力于动念。唯先师体当喜怒哀乐一气之通复，不假品节限制，而中和之德，自然流行于日用动静之间。"②对照上文提出的"中晚明时期心学发展之内在要求"，我们可以说阳明后学的辩难困局在刘宗周晚年慎独学语境中已经被成功消解。同时，前文所说的刘宗周早年定下的超越朱子学和阳明学流弊的学术目标，也在这一论域中得以全面落实。由上文的讨论亦可知，明代心学代表人物陈白沙、王阳明、王畿、聂豹、罗念菴等人对"几"的相关思考，几乎都被刘宗周晚年的喜怒哀乐说所接收，并在其慎独学论域中融而为一，发挥独特的意义。在这一意义上，刘宗周确实是明代心学集大成者。

另外，由上文论述不难看出，刘宗周喜怒哀乐说与白沙端倪说有许多共同之处。刘宗周本人就说：

---

① 刘宗周：《学言下》，《刘宗周全集》第二册，第 532 页，六十六岁。
② 黄宗羲：《刘子全书序》，收入《刘宗周全集》第五册，第 755 页。

心只是个浑然之体，就中指出端倪来，曰意，即惟微之体也。①

由于白沙思想"非经验"的特质，及其无意著述的风格；导致他对静养出端倪之后契入宇宙生化秩序的过程，以及自然的"感—应"、"发—见"机制都没有详细的说明。刘宗周喜怒哀乐说与白沙"养气以契性"的思路若合符节，在这一意义上，不妨说刘宗周晚年慎独学是对白沙端倪说思路及其机制的一种清晰说明。由此，我们可以看到在《学言》记载讨论"几"最多的崇祯十五、十六年，刘宗周感叹白沙之学决非他在《皇明道统录》中所认为的那么简单："静中养出端倪，今日乃见白沙面"。②

五、结　语

《易传》传统中的"研几"是一种独特的实践智慧。人的日常实践都是事件性的，实践者总是处于运动变化的事件之中；因此，实践者的困难就表现在：如何突破时空当下的限制，实现对事件的全盘掌控？常见的解决方式是以理性推断的方式来解决这一困难，这一模式把事件的呈现视为一种能够客观把握的透明状态，实践者凭借理性的判断掌控一切。《易传》提供了另一种思路。在《易传》传统，生生活泼的宇宙是神秘不测而又自行绽开的（不疾而速、不行而至），它承认事件的不透明性和生生变易之鲜活性（这种认知显然比前述理性模式更符合实情）。历代注家们都使用"纤微"、"离无入有"、"有无之际"等形容词来描述"几"；这说明"几"超越任何具体规定性的限制，从而得以保持事件的鲜活性以及对事件的当下、全面掌控。在这一意义上，"几"虽然不涉及事件任何具体的内涵和规定性，但它是使得各种内涵和规定得以呈现自身的整全性存在。事件的各种内涵和规定会随着时间的流逝而变化，但"几"是贯穿事件全局的主宰。实践者通过对"几"的领会，能开启神妙之境，幽深的自然造化之奥秘从此朗然玄昭，进而得以通天下之志、成天下之务。

---

① 刘宗周：《商疑十则，答史子复》，《刘宗周全集》第二册，第 401 页，六十六岁。
② 刘宗周：《学言下》，《刘宗周全集》第二册，第 527 页，约六十六岁。

从本文所讨论的明代理学研几之辨经验来看，尽管白沙、阳明门下弟子、刘宗周对于"不可以名寻，不可以形睹"的"几"众说纷纭，但各家的论述始终坚持两个重要特质：一是事件的不透明性（按：心学家们均反对人类理性对自然的穿凿，即为强调事件的不透明性的表现）以及生生变易之鲜活性；二是"几"不涉及具体规定性而又能实现对事件的当下、全面掌控。在明代心学代表人物对端倪、意、几的辨析中，上述第一点特质是通过对朱子学心理二元论的共同反抗为背景；第二点特质则是各家通过对先导性存在之存立与否及其存立样式的辩难而展现。由阳明门下弟子的辩难困局可知，这两点特质在阳明学内部无法完美兼容。如何摆脱这一困境，就成了贯穿中晚明心学研几之辨的主线，是其最基本的思想动向；而刘宗周晚年期的慎独诚意说则代表着明代心学对于这一问题的最终解决方案。把几论述的两大特质与前文所讨论的刘宗周慎独诚意说作一对比，不难发现其间的密切关系：刘宗周的事本论在本体论层面深化和坚持了事件的不透明性以及生生变易之鲜活性这一特质；好善恶恶之"意"的整全性则全面深化了"几"不涉及具体规定性而又能实现对事件的全面掌控这一特质。在这一意义上，甚至可以说刘宗周对明代心学的推进正是从古老的研几智慧中获得深厚的思想资源。

另一方面，明代心学诸大儒的几论述有一个共同之处，即把"几"视为贯通有无（未发已发、体用）的总体性存在，其意在避免朱子学的拘执和工夫不自然之弊，实现对生生活泼的日常事为的当下掌控；阳明门人论辩时各方都使用的"贯通有无"、"本体之自然"之表述，即为此要义之表现。明乎此，再回过头来看本文篇首提及的牟宗三先生对王畿、聂豹的几论述的批评。牟先生的批评之根据在于他认为"几属于气化"，[①]按牟先生哲学体系中本体界与现象界的区分，"几"属于现象界；显然，牟先生对"几"的理解近于朱子学二元论的立场，而与明代心学诸大儒的用法相差甚远。由此可见，牟先生对王畿、聂豹的批评并不相应，说明他并不理解明代心学研几之辨的思想内涵。这事实上影响了他对于明代理学的把握。由于本文的主旨并非讨论牟先生的理学研究，故而此处仅略提管见，更细致的研究且俟日后。以刘宗周思想研究为例。牟先生对刘宗周思想

---

① 牟宗三：《周易哲学演讲录》，华东师范大学出版社，2004年，第10页。

的研究有一个令人诧异的地方：在盛赞刘宗周之学的同时多处痛批其思想"矛盾"、"谬妄"、"穿凿"①。这一奇怪的评论现象与牟先生对白沙、王畿、聂豹的批评遥相呼应，展现了牟先生个人的哲学立场与研究对象本身的思想肌理之间的紧张。从上文的讨论可知，刘宗周事本论孕育出来的新天理观，与阳明学心本论、朱子学理本论均不同，不能从后两者的立场加以评判。牟先生认为刘宗周慎独哲学的特质为"以心著性，归显入密"②，从本文的视角看，这显然是基于朱子学和阳明学共同遵从的以"（作为事之构成元素的）心或物为重心"之思维方式而作出的判定。这种判定与刘宗周思想并不相应，而这种不相应正是引发前述"盛赞与痛批并立"这一奇怪评论现象的根源。

①② 详参牟宗三：《从陆象山到刘蕺山》第六章。

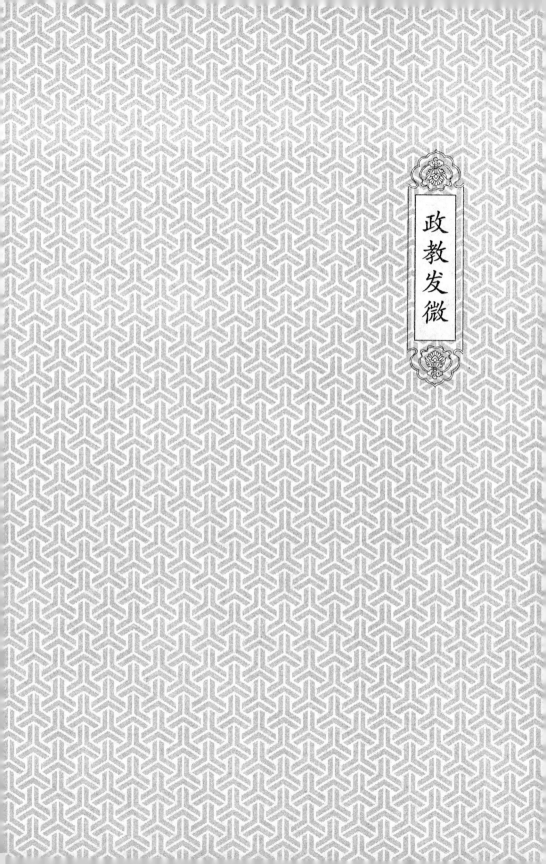

政教发微

质性与古代政治

吴小锋①

"文质说"是中国古典政教乃至"文论"思想中极为重要的基本命题。如何理解文质说,学界尚未取得共识,尽管没有谁否认文质说对中国古典文论甚至乐论、政论乃至文明论的重要性。"文质说"的内涵之所以难以澄清,很大程度上是因为难以准确捕捉"文"与"质"的具体涵义,尤其是"质"。本文拟初步探讨"文质说"中"质"的内涵,以及文质思想与中国古代政治的关系。

章学诚的《文史通义》中,有一篇文章题名叫《质性》。据《章学诚遗书》,《质性》篇本有一段小序:

> 前人尚论情文相生,由是论家喜论文情,不知文性实为元宰。离性言情,珠亡椟在,撰质性篇。②

"前人尚论情文相生",如《世说新语·文学》中言"文生于情,情生于文"的说法,③《文心雕龙·情采》有"为文造情"、"为情造文"的说法,④后来的论家喜

---

① 吴小锋,中国人民大学文学博士毕业,同济大学人文学院讲师。

② 章学诚:《章学诚遗书》,文物出版社,1985年,第24页。

③ 刘义庆著、刘孝标注:《世说新语笺疏》,余嘉锡笺疏,中华书局,2011年。

④ 吴林伯:《〈文心雕龙〉义疏》,武汉大学出版社,2002年。

欢去探讨文与情之间的关系,将"情"作为"感情"之"情"去理解,却不知"情"应当理解为"性情"之"情",不知"文性"才是真正的"元宰"。正因为后人不太清楚"文情"与"文性"之间的关系,章学诚才撰"质性"一篇。王宗炎《复章氏书》认为"质性"一词在往古典籍中几乎未曾见过,以为"'质性'二字近生譔",①由此亦可见,在历代谈论文质关系的论说中,勾连起"质"与"性"二者关系的,着实罕见。

王宗炎说"质性"二字近乎生譔,几乎未见于古籍,这个说法虽点出了一些关键问题,仍有失于考据,"质性"一词固然鲜见,但在章学诚之前并非没有出现过。"质性"最早见于《韩非子·难言》:"捷敏辩给,繁于文采,则见以为史;殊释文学,以质性言,则见以为鄙。"②韩非的这句话,其实直接脱胎于孔子关于"文质"关系的论说。《楚辞·远游》开篇四句说:"悲时俗之迫陌兮,愿轻举而远游。质菲薄而无因兮,焉托乘而上浮?"由于时俗的逼迫,诗人决定远游求真。"质菲薄而无因兮",王逸《楚辞章句》的训释为"质性鄙陋,无所因也",③将"质"解作"质性"。诗人虽然想要远游求真,但由于质性弊陋而无所凭藉,因此,如何远游求真自然成了问题。《说苑·建本》云:"质性同伦而学问者智。"④这是说在彼此天性高低相若的情况下,好学好问者更加聪慧。《汉书·刘立传》记:"立少失父母,孤弱处深宫中,独与宦者婢妾居,渐渍小国之俗,加以质性下愚,有不可移之姿。"⑤这里的"质性下愚"而"不可移",直接化用《论语·阳货》"唯上智与下愚不移"的说法,由此亦可以看出,"上智"与"下愚"是在谈论人的"质性"。陶渊明《归去来兮辞序》"序"云:"眷然有归欤之情。何则?质性自然,非矫励所得。"⑥此处的质性,亦是指人的性情。

质,本字作"質",从貝从所,《说文》释为"以物相赘"。贝是先秦货币,在纸

---

① 章学诚:《文史通义校注》,叶瑛校注,中华书局,2005年,第418页。
② 对"质性"是做"质性"还是"质信",目前几个主要的校注本之间还有分歧:王先慎的《韩非子集解》(中华书局,2003年)作"质性",《韩非子》校注组编写的《韩非子校注》(周勋初修订,凤凰出版社,2009年)、陈奇猷校注的《韩非子新校注》(上海古籍出版社,2000年)作"质信"。这里的文字若按文脉来看,当作"质性"更为恰切。
③ 王逸:《楚辞章句疏证》,黄灵庚疏证,中华书局,2007年。
④ 刘向:《说苑校证》,向宗鲁校证,中华书局,2009年。
⑤ 班固:《汉书》,江建中标点,上海古籍出版社,2003年。
⑥ 陶渊明:《陶渊明集笺注》,袁行霈笺注,中华书局,2011年。

币出现之前,中国的货币几乎都是以实物的价值作为流通标准,如黄金、白银、铜等。所以,古代的货币实际上是以它本身的价值来定的,也就是说,贝本身就具有某种价值而显得贵重。所,从二斤,也就是斤斤,《诗·周颂·执竞》:"自彼成康,奄有四方,斤斤其明。"《毛诗传》:"斤斤,明察也。"①《汉书·叙传下》:"平津斤斤,晚跻金门",颜师古注:"斤斤,明察也。"成语"斤斤计较",即从此义而来。质的构字本意,是斤斤于贝,也就是要彻底搞清楚此物的性质与价值,引申开来说,物的价值要从其性质来判断,不同的物有不同的质,人也有人的质,而人的质就是人的性。

先秦时,直接将"质"当作人性的看法,还可见于《庄子·庚桑楚》:"性者,生之质也"。②后来,董仲舒因为人们不太搞得清楚人之性,同样说"今世暗于性,言之者不同,胡不试反性之名?性之名,非生与?如其生之自然之资,谓之性。性者,质也。"(《春秋繁露·深察名号》)③将"性"理解为"质",这个质应取"自然之资"的意思,且"资质"一词本身谈的就是一个人天生的禀赋。《孝经纬·援受契》也认为:"性者,生之质。"郑玄注《礼记·礼器》"释回增美质"云:"质,犹性也。"④文质之"质",其实是在讲人的本质,即人性。之所文质关系难以理解,后世歧解极多,原因就在于"质"所指涉的是人"性"这一点,一直没有明晰地讲出来,之所以不明说,很可能是与夫子不明言"性与天道"有关,因此,想要搞清楚"质"(人性)的真实内涵,自然非常困难。所以,我们有必要分析一下,在我们经常提及的"性情"背后隐藏着多少平时忽略的东西,并由此出发,进一步理清人的质性与古代政教之间到底有何关联。

一、性 情 与 心 术

在中国古典文献中,最凝练地表达出质性与政教关系的是《中庸》的开篇:"天命之谓性,率性之谓道,修道之谓教。"搞清楚这句话并不容易,需要仔细玩

---

① 王先谦:《诗三家义集疏》,吴格点校,中华书局,2009 年。
② 钟泰:《庄子发微》,上海古籍出版社,2008 年。
③ 董仲舒:《春秋繁露校释》,钟肇鹏主编,河北人民出版社,2005 年。
④ 参见郑玄注、孔颖达疏:《礼记正义》,龚抗云整理,北京大学出版社,1999 年,第 716 页。

昧。先来看"天命之谓性"。郑玄注云:"天命,谓天所命生人者也,是谓性命。"郑玄又引《孝经说》:"性者,生之质命,人所禀受度也。"①"天命之谓性",讲的是人性受之于天,这一思路与晚近在湖北荆门郭店出土的楚简《性自命出》的思路如出一辙。②《性自命出》言"性自命出,命自天降",性来自于命,命来自于天,换句话说,人性本身不受人的宰制,而是来自于高于人的"天命",《说文》:"命,天之令也。"《中庸》的首句,将人性与天建立起联系:性是天性。不过,性的具体内容是什么,《中庸》没有明言,《性自命出》则相对说得详细一些:

> 凡人虽有性,心无定志,待物而后作,待悦而后行,待习而后定。喜怒哀悲之气,性也。及其见于外,则物取之也。性自命出,命自天降。道始于情,情生于性。(《郭店楚简·性自命出》)③

"喜怒哀乐之气,性也",性就是喜怒哀乐之气,孟子云"气,体之充也"(《孟子·公孙丑上》),赵岐注:"气,所以充满形体为喜怒也。"④喜怒哀乐之气充于体内,并未表现出来,就是性。这层涵义,相通于《中庸》所言的"喜怒哀乐之未发谓之中","中庸"之"中"的涵义,就是"性"。⑤喜怒哀乐之气"未发"之时,人性并不可见,人性的显现,需要外物的刺激或诱发,"待物而后作","及其见于外,则物取之",性受到外物的刺激,喜怒哀乐"见于外",就是性之"情"。⑥情来自于性,

---

① 参见郑玄注、孔颖达疏:《礼记正义》,前揭,第 1422 页。
② 关于《性自命出》与《中庸》在思想上的关联,可参姜广辉:《郭店楚简与〈子思子〉》,见姜广辉主编:《中国哲学 20:郭店楚简研究》,辽宁教育出版社,1999 年,第 84 页;丁四新:《郭店楚墓竹简思想研究》,东方出版社,2000 年,第 209 页;陈来:《郭店楚简〈性自命出〉初探》,见氏著《竹帛〈五行〉与简帛研究》,生活·读书·新知三联出版社,2009 年,第 34—35 页。
③ 关于《性自命出》的注解,可参刘昕岚:《郭店楚简〈性自命出〉笺释》,见武汉大学中国文化研究院编,《郭店楚简国际学术研讨会论文集》,湖北人民出版社,2000 年,第 300—354 页;李天虹:《郭店楚简〈性自命出〉研究》,湖北教育出版社,2003 年,第 123—200 页;陈伟:《郭店简书〈性自命出〉校释》,见谢维扬、朱渊清主编:《新出土文献与古代文明研究》,上海大学出版社,2004 年,第 191—202 页;李零:《郭店楚简校读记》,中国人民大学出版社,2007 年,第 135—156 页。
④ 参见焦循:《孟子正义》,中华书局,2007 年,第 196 页。
⑤ 参见陶磊:《思孟之间儒学与早期易学史新探》,天津古籍出版社,2009 年,第 17 页注释 3,第 62—66 页。
⑥ 这与《乐记》"人心之动,物使之然也,感于物而动","人生而静,天之性也。感于物而动,性之欲也"的思想基本一致。

即简文所谓的"情生于性"。"性"的古字本写作"生","情"的古字写作"青"，"生"字的本意是草从地下生出，"青"则是从地下生出来的草的颜色，是草可见的部分。性与情的关系，是生与青之间关系的延伸，①情生于性，由情可以见性。

性是人的先天禀赋，情是人性的外在显现。人人虽然都有天赋之性，但"心无定志"，《说文》"志，意也。从心之声"，"志"乃是"心之所之"，指心的具体动向。②"心无定志"，是说人天性中的"喜怒哀乐之气"并没有统一的指向，情的外发并没有天生统一的节度可寻。孟子云"夫志，气之帅也"（《孟子·公孙丑上》），"志"，正是人心引导与调整喜怒哀乐之性情的关键。《性自命出》不仅说人"心无定志"，同样也说"凡心有志也"，言下之意，人在天性上虽然没有统一的志向，但人人自身却可以各有各的志向。人人"有志"而又"无定志"，从性情层面表明了人的相同之处与不同之处，搞清楚性情与志的关系，才能回头想明白"率性之谓道"的涵义。

要理解"率性之谓道"，关键在于理解"率"字的涵义，郑玄注云："率，循也。循性行之，是谓道。"③郑玄的看法在宋代得到了程颐和朱熹等人的继承，④从而成为主流意见。不过，由于人人"心无定志"，性情没有得到一定的约束与规范，如果循性而动，不免有点类似于"直情径行"的戎狄之道。"率"字，在古典文本中，除了"循"的含义之外，还有"帅"的意思。郑玄注《仪礼·聘礼》"帅众介夕"的时候就说："古文帅皆作率。"可见"率"与"帅"相通，只是文字写法不同。⑤《说文》辵部有一"達"字，"達，先道也"，段玉裁注：

> 達，先道也。道，今之导字。達，经典假率字为之。《周礼》："燕射，帅射夫以弓矢舞"，故书帅为"率"，郑司农云："率当为帅"。大郑以汉人帅领字通用帅，与周时用率不同故也。此所谓古今字。《毛诗》"率时农夫"，《韩诗》作"帅时"。

---

① 参见欧阳祯人：《先秦儒家性情思想研究》，武汉大学出版社，2005年，第85—86页。
② 参见刘翔：《中国传统价值观诠释学》，华东师范大学出版社，2009年，第215—217页。
③ 参见郑玄注、孔颖达疏：《礼记正义》，前揭，第1422页。
④ 参见程颢、程颐：《二程集》，王孝鱼点校，中华书局，2004年，第151页；朱熹，《四书章句集注》，中华书局，2006年，第17页。
⑤ 参见金德建：《经今古文字考》，齐鲁书社，1986年，第6页。

许引《周礼》"率都建旗",郑《周礼》作"帅都"。《聘礼》注曰"古文帅皆为率",皆是也。又《释诂》、《毛传》皆云"率,循也",此引申之义。有先导之者,乃有循而行者,亦谓之遵也。①

　　段玉裁的耙疏让我们基本可以摸清楚"率"字的涵义:"率"的原初义本为"先导",即"帅",郑玄训注的"循"义,是"率"的引申义,"有先导者,乃有循而行者"。因此"率性",不应理解为"循性",而应该理解为"帅性"或"导性"。由于人"心无定志",因此,人的性情需要引导,引导的过程就是"定志"的过程。"率性之谓道",是引导性情的过程,"率性"就是"道",就是"导","道"与"导"相通。《性自命出》言:

　　性自命出,命自天降。道始于情,情生于性。始者近情,终者近义。……凡道,心术为主。道四术,唯人道为可道也,其三术者,道之而已。《诗》、《书》、礼乐,其始出皆生于人。

　　"道始于情",是说对人性情的引导从可见的情开始,因为"情生于性",对情的引导实际是对性的引导。引导性情称之为"道",这种"道"的实质就是"心术"。《礼记·乐记》言:"夫民有血气心知之性,而无哀乐喜怒之常,应感起物而动,然后心术形焉。"心术,是在认识性情的基础上,对性情的反向调教,从而让喜怒哀乐之发遵循一定的节度。人虽天生有性,性情却没有固定的倾向,或说人人性情的倾向并不相同("心无定志"),心志的确定,来自于后天的修习("待习而后定")。由于"志"具有引导性情倾向的能力,因此,心术的关键,就是对"志"的树立与培养。②心术,通过培"志"调教人的性情,从而使得人"发乎情而止乎礼义"(《毛诗大序》),性情通过礼义的调节,渐渐趋向于德性,这也就是《性自命出》"始者近情,终者近义"的意思。从这个意义上讲,作为性情指向的"志",当然就与道德品质相关。

---

① 参见段玉裁:《说文解字注》,许惟贤整理,凤凰出版社,2007年,第124页。
② 董仲舒将"质"训为"志",又说《春秋》重志(《春秋繁露·玉杯》),其间包涵着对"志"的精深认识。

子曰：富与贵，是人之所欲也，不以其道得之，不处也。贫与贱，是人之所恶也，不以其道得之，不去也。君子去仁，恶乎成名？君子无终食之间违仁，造次必于是，颠沛必于是。（《里仁》）

人的好恶相近，但是否以合乎礼义的方式"得之"、"处之"或"去之"，体现出人在志向品性上的差异，具体表现为君子与小人的分际，孔子说"苟志于仁矣，无恶也"（《里仁》）。志向的养成过程，也就是教化的过程，"四海之内其性一也，其用心各异，教使然也。"（《性自命出》）不同的教习，产生不同的用心与志向，并带起不同的行动和生活方式以及看待人世的方式。因此，如何定志，如何调养性情，不仅对个人极为重要，对于一个政治共同体而言，也是其根本问题。《性自命出》在讲到"心术"的语境中，言及《诗》、《书》、礼乐，皆生于人"，无异于在说，先王修撰的《诗》、《书》、礼乐，正是共同体对人培志养性的政治大法。

中庸之"中"，《中庸》本身已经给出了解释："喜怒哀乐之未发谓之中"，朱熹说："喜怒哀乐未发，无所偏倚，此之谓中。中，性也。"[1]"中"，是喜怒哀乐未发之性，"庸，用也"，[2]从这个意义上理解，"中庸"就是"用中"，"用中"即是"用性"，换句话说就是"率性"，《中庸》的主旨是在讲"率性之道"。[3]"中也者，天下之大本也"，郑玄注此句时说："中为大本者，以其含喜怒哀乐，礼之所由生，政教自此出也。"[4]作为人性的"中"，之所以是天下之大本，就在于先王认识到：人性世代不变，通过看清人性的秘密，即可找到规范人性的礼义法则，从而为人间政教奠立基本法典。

"故圣王修义之柄、礼之序以治人情。故人情者，圣王之田也。修礼以耕之，陈义以种之，讲学以耨之，本仁以聚之，播乐以安之。（《礼记·礼运》）

礼乐典制的设立，乃是基于对性情的洞识，"先王本之情性，稽之度数，制之

---

① 黎靖德编：《朱子语类》，王星贤点校，中华书局，2007年，第1511页。
② 《说文》与郑玄注《礼记》，皆将"庸"训作"用"。
③ 参见陶磊：《子思〈中庸〉思想新论》，见氏著《思孟之间儒学与早期易学史新探》，前揭，第62—66页。
④ 参见郑玄注、孔颖达疏：《礼记正义》，前揭，第1422页。

礼义"(《礼记·乐记》)。孔子云："礼者，所以制中也。"(《礼记·仲尼燕居》)礼以制中，即是说礼乐典制反过来调理内在性情。所以孔子亦云："礼也者，理也。"(《礼记·仲尼燕居》)"理"字取调理、治理之义，又因为"礼"是调理性情的最佳节度，因此又引申为常理的"理"，"礼也者，理之不可易者也"(《礼记·乐记》)。①调理性情之术，就是前面说的"心术"，也就是"修身"之术，儒家所谓的修身，其实是修心，修身之术即心术。

由于"率性之谓道"讲的是引导性情的心术，"率性"之"率"本身又有"道"(导)的涵义，因此，率性之心术，其实就是道术，②"人心之危，道心之微"中的"道心"，③就是在讲道(导)心之术。在这个意义上，我们就可以理解《中庸》开篇的第三句"修道之谓教"。"修道"，说的是对"道术"、"心术"的修习(表现为修习礼乐)，从而达到对性情的引导与调教。《性自命出》言："教，所以生德于心中也。""中"是内在性情，"教"的目的就是引导内在性情成为德性。由于礼乐乃先王本诸人的性情而作，因此，礼乐就是先王统领人道的心术——"安上治民，莫善于礼；移风易俗，莫善于乐。"(《孝经·广要道章》)

搞清楚性情、心术与礼乐的关系，我们才能理解《论语·述而》中一句简单又费解的话："子不语怪、力、乱、神。"何晏的《论语集解》中保留了王肃的注文："怪，怪异也。力，谓若奡荡舟、乌获举千钧之属。乱，谓臣弑君、子弑父。神，谓鬼神之事。"④简单说，怪力乱神，其实是孔子之前存在的各种统御人的心术，"子不语"的理由，在于这些心术最终无法正确引导人的性情归正。《述而》中，"子不语：怪、力、乱、神"的前后两章颇值得注意：

> 子曰：我非生而知之者，好古，敏以求之者也。
>
> 子不语怪、力、乱、神。

---

① 参考《管子·心术上》的说法："义者，谓各处其宜也。礼者，因人之情，缘义之理，而为之节文者也。故礼者谓有理也，理也者，明分以谕义之意也。故礼出乎义，义出乎理，理因乎宜者也。"黎翔凤撰，《管子校注》，梁运华整理，中华书局，2006年。

② 比较《郭店楚简·性自命出》的说法："凡道，心术为主。道四术，唯人道为可道也。"从这一句中，也可以看出道术实为心术。

③ "人心之危，道心之微"的说法，首见于《荀子·解蔽》篇所引的《道经》。

④ 参见黄怀信等撰：《论语汇校集释》，上海古籍出版社，2008年，第620页。

子曰：三人行，必有我师焉，择其善者而从之，其不善者而改之。

《述而》开篇为"子曰：述而不作，信而好古，窃比我于老彭"。孔子自言对六经的修撰是"述而不作，信而好古"，孔子对古代典籍的喜好，在于看到了古典中隐藏的经世之道，"敏而求之"，是对这些道理的探求。孔子之前，典籍散乱，"敏而求之"还有一层涵义是搜集先王典章加以整理刊削，刊削的原则即是"不语怪力乱神"。"子不语"，恰好反证出之前的人"语怪力乱神"，[①]孔子"不语"，是截断众流，厘正心术，因为作为怪力乱神的心术，无法导人向善，理当刊除，政典中原有的礼乐政刑这些非"怪力乱神"的心术，则当予以修述。这种刊削与修述的原则，即是"择其善者而从之，其不善者而改之"。所谓"三人行，必有我师焉"，其实是孔子损益三代礼制的隐微说法，与后来公羊家"通三统"的说法精神相通。子不语怪力乱神，道出了夫子刊修六经的标准，隐恶扬善，从正面教育入手，示人大道，使人心思无邪。"三人行"章之后两章，是"子以四教：文、行、忠、信"，"文"教排在首位，"文"即是孔子修撰之六经，文教即是孔子的修道之教。

"天命之谓性，率性之谓道，修道之谓教"，《中庸》的开篇三句深刻道出了性情与政教的关系。由于人的本质在于"性"，对性情的调理就成了心术或道术的核心内容，"修道之谓教"，则揭示出古典政教的基本原则，乃是基于对人性的认识而规范人道，圣人设教实本于性情与心术。因此，从这个意义上讲，对"质"（人的性情）的认识，正是恰当施以"文"（文教）的前提。

二、性相近习相远

通过考察《中庸》的开篇，我们大致摸清了性情与政教之间的关系，也明白了孔子一生活动的重心为何要落在"修道之教"。人的性情虽然可以通过文学与文教来引导和规范，不过，是不是政治共同体中每个人的性情都能加以引导，每个人的"志"都可以通过培养而指向同一目标？在如今启蒙的语境中，这似乎已经成了不言自明的问题。

---

① 参见廖平：《知圣篇》，见李耀仙《廖平选集》，巴蜀书社，1998年，第189—190页。

《论语》开篇首章为：

子曰：学而时习之，不亦说乎？有朋自远方来，不亦乐乎？人不知而不愠，不亦君子乎？

这一章从古至今，不知多少人读解过，仁者、智者各有所见。这里，我们也将简单梳理一下此章的各个关节，不仅是因为它是《论语》首章——从而在某种程度上可以说对此章的理解深度可能支配着对整部《论语》的理解深度，同样是因为，这章含藏着孔子对上面那个问题的思考。

《论语》首章言"学"，至于学什么并未明言，正因其不明言，"学而时习之"这个开头才历时两千余年仍如源头活水一般，滋养着读书人的心性。不过，"学而时习之"当有所指，故言"不亦说乎"。前面我们已经解过"学"字，意为子在学爻，爻为阴阳之动，对应于性情中的阴阳之气，学爻的实质是通过学习，在阴阳变动之中摸清自己性情中阴阳二气的格局。"不亦说乎"的"说"，通"悦"，郭店楚简《性自命出》云："逢性者，悦也。"所谓"逢性"，就是逢遇自己的性情，"不亦说乎"，说的是通过学习撞见并看清自己的性情，认识自己，所以心中喜悦。"学"为什么能认识自己？《礼记·学记》讲"一年离经辨志"，"离经"，就是点读古典经书，因为古书并没有现在的标点，因此需要将经文圈点开；辨志，就是通过点读，辨析古典经文所要表达的志意，并在辨析经文志意的过程中，渐渐搞清楚自己的性情倾向——即志向。[①]同一班学子，学习的东西相同，但最终会表现出不同的心性倾向，"学而"的"而"，正是展现出志向确定之前与之后的转折。"学"，是在变化（爻动）之中慢慢认清并校正自己的性情倾向。"养性者，习也"（《性自命出》），搞清楚自己的性情指向，下一步便是"时习"，在"心之所之"的方向上不断加强与提升自己，所以，"学"的确有明心见性之效。学习自己"心之所之"的东西，这就是"逢性"之"悦"。

"学而时习之，不亦说乎"，通过学与习，学者心性渐定，志向渐明，同时人与人之间在性情与志向上的差异也渐次呈现出来，在这个意义上，才能理解第二

---

① 参见张文江：《〈学记〉讲记》，见氏著《古典学术讲要》，上海古籍出版社，2010年，第8页。

句"有朋自远方来,不亦乐乎"。据考证,"有朋"旧本皆作"友朋",今本写作"有朋",或"朋"下省一"友"字,或"有朋"之"有"为"友"的借字,另外,《学而》中也出现过"与朋友交"的文字,因此,此句中的"朋",可以理解为"朋友"之义。①"朋",包咸注云:"同门曰朋。"郑玄补充说:"同门曰朋,同志曰友。"②朋友即是志同道合的人。第一句"学而时习之",讲的是认识自己性情与志向,第二句进一步谈论朋友,《经典释文》云:"自内曰悦,自外曰乐。"③认识自己是内在的"悦",有朋自远方来是外在的"乐"。由于人与人在志向上差异,志趣相投的人成了朋友,志趣相异的人渐渐疏远,于是,整个人类出现了"人以群分"的局面。"有朋自远方来",朋友可以跨越空间地理上的距离,因此,所谓"人以群分"的实质性分别,并非地理位置上的远近,而是心性志向上的差异。"有朋自远方来",是个人心性"习相远"的结果,"朋"的聚集,造成了人世间不同人群参差不齐的格局。

"学而时习之",讲的是性情在时间中的变化;"有朋自远方来",讲的是性情在空间上的变化;"人不知而不愠",讲的是君子这类人在具体时空中的处境与态度。"学而时习之",心性渐明,志向确定之后,带起了心性位置的变化。"有朋自远方来"的"远方",不仅指示着地理位置上的远方,亦是暗指时间意义上的"远方"。孔子"适周,将问礼于老聃"(《史记·老子列传》),是地理位置的远方;孔子梦见周公,前后相隔百年,却能精神相通,"孔子云:诵《诗》读《书》,与古人居;读《书》诵《诗》,与古人谋",④以及孟子所谓的"尚友古人",则是时间意义上的远方。⑤"远方"所展现的人性格局,不仅有四方上下的意义,亦有古往今来的意义,换句话说,"人以群分"的性情格局,是人类在宇宙中的永恒状态,这是孔子对人性的见识。搞懂了人世间的性情格局,才能深入理解第三句"人不知而不愠,不亦君子乎。"

《论语》开篇第一章的最终指向是"君子",结尾章孔子所言的对象也是君

---

① 参见黄怀信等撰:《论语汇校集释》,前揭,第 22—23 页。
② 同上,第 23、24 页。
③ 同上,第 23 页。
④ 《意林》、《御览》六百十六引《尸子》语,参见朱海雷:《尸子译注》,上海古籍出版社,2006 年,第 83 页。
⑤ 比较陈澧的说法:"每读书至夜半以后,人静灯残,超然默契于二千载之上。"参见陈澧:《陈澧集》(二),上海古籍出版社,2008 年,第 724 页。

子,对君子的培养,成了《论语》从始至终的主题。潜在的君子首先要通过学习,厘清自己的性情与志向,然后就有道而正,拜师交友,讲习学问,砥砺品性,在搞懂自己以及自己的友人之后,还要清楚人与人之间的差异这一人类社会最基本的政治事实("知人")。"人不知而不愠",讲出了君子入世的态度与方式,同时,"人不知而不愠"已经表明人间不同心性的人难以达成共识,误解在所难免。相对来说,君子是人群中心性较高的一类人,用《论语》的话来说,属"中人以上",由于"中人以下,不可以语上",所以,成为君子就是要明白:对于比自己心性低的人,君子不能像要求自己一样要求别人,曲高者和寡,普通人够不到君子的心性高度,无法理解君子钦慕的东西,这属于"人不知"。之所以称"不亦君子乎",在于君子深知人性格局的高低之分以及随之而来的"人不知"的状况,能够做到"不愠",君子不强求别人理解自己,不执着于将自己认为"好"的东西强加给别人。"君子不失言亦不失人"(《卫灵公》),应该从人性的差序格局上去理解。面对"人不知"的人世处境,君子的态度相当坦然,依乎中庸,遁世无闷。

《论语》首章,看似简单,其实三句话已经勾勒出人类社会政治格局的形成过程和基本状况。由于人与人之间心性上的差异,造成了人以群分的局面,不同的群有不同的志向追求,由此,包含不同心性类别的政治共同体如何协调人群彼此之间的心性差异,就成了大问题。首章中的前两句讲出了人以群分的生成过程,第三句落脚在君子,难道君子与政治共同体处理"人与群分"的问题有什么关联?《论语》为什么旨在培养君子?孔子曰:"君子矜而不争,群而不党"(《卫灵公》),"矜而不争"相通于"人不知而不愠"。君子这类人,本来就是人中间的一种心性类型,是许多群中的一个,但君子这类人的独特之处,就在于"群而不党"。《论语》首章第二句的"朋聚"之象,不仅指君子这类人心性相投,亦暗指其他心性类型的人抱团成为"朋党",比如"小人",结党而营私。从这个意义讲,君子与小人之分,在于小人只懂得自己关切的事,而君子非但懂得自己的性情好恶,同样能够理解其他心性类别的人,不仅如此,君子"群而不党"的涵义还在于,君子能够担负起协调不同群类的工作。荀子云"君者,善群也"(《荀子·王制》),[1]这里的"君"虽然可能指称"君主",但君子一词本身就是由在位者的称

---

① 王天海校释:《荀子校释》,上海古籍出版社,2005 年。

号变化而来，①君子"群而不党"，其实已经含有了善群的涵义。《易·涣》九四爻辞曰："涣其群，元吉。涣有丘，匪夷所思。"《象》曰："涣其群元吉，光大也。"当九四之时，天下涣散，人群各为私党，离心离德，唯六四能涣散朋党私群，进而承五，离散小群而成天下大群，此即所谓君子"群而不党"，合天下之人为大群，以天下为公。"匪夷所思"，相应于"人不知"，君子不偏不党，去己之私为天下计，实在"匪夷所思"，非普通人所能理解。孔子不求为人所知，自云"知我者其天乎"（《宪问》），此即孔子匪夷所思之处。

理清了《论语》首章，我们就可以恰当地来理解"性相近，习相远"的涵义。"子曰：性相近也，习相远也"，这是《论语》中孔子唯一言及"性"的章次，位于《阳货》第二章，《论语》编者为何将此章列于《阳货》的这个位置，颇值得考虑。②我们先来看《阳货》的首章：

阳货欲见孔子，孔子不见，归孔子豚，孔子时其亡也而往拜之，遇诸途，谓孔子曰："来，予与尔言。曰：怀其宝而迷其邦，可谓仁乎？曰不可。好从事而亟失时，可谓知乎？曰不可。日月逝矣，岁不我与。"孔子曰："诺。吾将仕矣。"

阳货本为季氏家臣，后来逐渐掌控季氏一家的大权，进而掌控鲁国大权，比照孔子的说法，阳货正是"陪臣执国命"（《季氏》）的典型。公元前502年，阳货与鲁国三桓的家臣勾结，企图灭掉三桓，后来事败，逃亡晋国。这一章，阳货欲见孔子，劝孔子出仕，可能发生在阳货阴谋筹备推翻三桓之际，想借助孔子声望达到去三桓的目的。

阳货欲见孔子，打着"张公室"的招牌，想借孔子之力去三桓，孔子不见，知道阳货张公室的说法背后是他的一己之私：欲铲除三桓总揽鲁国国政。阳货招孔子，孔子不愿来见，于是阳货"归孔子豚"，阳货赠孔子礼物，按礼孔子将往拜道谢，此章开头的反讽之处在于阳货的伪善，"礼"成了陪臣弄权的手段。"孔子时其亡而往拜之，遇诸途"，表明孔子终究无法绕开现实政治的逼迫。这个简短

① 关于君子内涵的演化，见第六节"得见君子"。
② 关于《论语》篇章结构的编排问题，详另文。

的开篇,已经清楚说明了阳货与孔子之间的差异,阳货欲去三桓,以张公室的名义招孔子为朋党;孔子虽有张公室去三桓之志,但"道不同,不相为谋",不愿与阳货同流,孔子与阳货之间,存在着志向本身所隐含的道德品质上的分歧。

孔子与阳货半路相遇,阳货随即振振有词地说了一大段话,[①]似乎是之前早已想好的说辞,自问自答,一气呵成,并以"不仁"、"不知"的名义批评孔子,从道德的角度迫使孔子出仕。孔子与阳货之间的差异,不在于实际的政事或说具体的操作手段,他们都要求去三桓,而在于这些手段所要达到的目的,换句话说,孔子与阳货的差异,在"志"而非"事"。阳货去三桓事败不久,孔子即出仕鲁国,相继为中都宰、鲁司空和鲁司寇,做的同样是张公室、去三桓的事。不过,如果不考虑阳货本人的"志",阳货用来批评或劝说孔子的话,不仅一点儿都没错,反倒显得相当精辟。因此,《阳货》开篇会促使我们去想这样一个问题:人人皆受阴阳之气而生,都有喜怒哀乐之情,如果人与人的性情大体相近,那么人与人之间的根本区分到底在什么地方,人与人之间为什么会生出志向上的差异? 对《学而》首章以及《阳货》首章的简单分析,已让我们深感"志"的重要,有了这样的意识,才能恰当切入《论语》中孔子唯一言及"性"的章节,即《阳货》篇的第二章。

　　　　子曰:"性相近也,习相远也。"

"性相近",说的是人的先天禀赋,"习相远",说的先天禀赋在后天的修习,由于所修习的东西有品质上的差异,因此人与人之间的差异便渐次呈现出来。前面我们已经提到过,"凡人虽有性,心无定志,待物而后作,待悦而后行,待习而后定"(《郭店楚简·性自命出》)。人人生来皆有性情,但并无定志,志向最终稳定,在于外物的诱导与自身的时习。

　　　　夫才由天资,学慎始习,斫梓染丝,功在初化,器成采定,难可翻移。故童子

---

① "谓孔子"之下至"孔子曰"之前,皆是阳货自问自答的话。参见毛奇龄:《论语稽求篇》,见黄怀信等撰,《论语汇校集释》,前揭,第 1513 页。

雕琢，必先雅制，沿根讨叶，思转自圆。（《文心雕龙·体性》）

　　选择什么东西来为童子发蒙，至关重要。"性相近，习相远"一章主要有两个层面的涵义：一是强调志向的重要，志向关乎人的道德品质；二是强调教养的重要，教养可以在某种程度上引导和归正人本有的性情，而引导与归正性情同样是通过"培志"这一过程实现，因此，这两个层面的涵义并没有分开。既然"性相近，习相远"强调引导与归正人本有的性情，也就意味着，人性可以教化，通过后天的染习，人可以往上走，也可以往下走，人与人逐渐呈现出高低善恶之分。如果人性可以教化，那是否意味着人人都可以教化，是否意味着可以用一个统一的善"志"来引导和教化每个人？《阳货》第三章随即给出了教化的界限：

　　子曰：唯上智与下愚不移。

　　并非人人皆可教化，孔子说，像"上智"与"下愚"之类的人就没办法教化。要理解这一章，需要与《论语》中的另外一章参看：

　　孔子曰："生而知之者上也，学而知之者次也，困而学之又其次也，困而不学，民斯为下矣。"（《季氏》）

　　"生而知之"者相应于上智，"困而不学"相应于下愚。在这一章里，孔子给我们呈现出四等人：生而知之、学而知之、困而学之和困而不学。孔子区分这四等人的标准是"学"，这与"习相远"的思路一致。上智的人不学而知，下愚的人没有学习欲望，教化皆无从下手。孔子说"唯上智与下愚不移"，这个"唯"字表明，除开上智与下愚，居于上智与下愚之间的"中人"则可移，这是孔子所厘定的教化对象。"上智下愚，谓之不移，中庸之流，要在教化"（《后汉书·杨终传》），中庸之流，即是中人。对于上智与下愚之间的中人，又应该如何教养？

　　子之武城，闻弦歌之声，夫子莞尔而笑曰：割鸡焉用牛刀。子游对曰：昔者偃也闻诸夫子曰：君子学道则爱人，小人学道则易使也。子曰：二三子，偃之言是也，前言戏之耳。

　　这是《阳货》的第四章。《阳货》开篇让我们去思考人与人之间的根本区分在什么地方；然后第二章告诉我们，造成这种区分的原因在于后天的染习，因此需要加强人的后天教化；第三章随即圈定人群中可施教化的范围，"学而知之"与"困而学之"的中人可以教化；第四章，则讲明具体的教化方式：礼乐之教。子游为孔门文学科代表，正好担负着文教的责任，孔子进入武城，处处听闻弦歌之声，知道子游以礼乐化导武城之人，不禁莞尔一笑，这是《论语》中孔子唯一一次充满欣慰的笑。①

三、性分与道术

　　孔子虽然言"性相近"，但在孔子那里，人其实已经有了"生而知之"、"学而知之"、"困而学之"、"困而不学"这四种等级的区分。"生而知之"相应于"上智"，"困而不学"相应于"下愚"，"学而知之"相应于"中人以上"，"困而学之"相应于"中人以下"，即便对于整个可以教化的中人阶层，依然有"可以语上"与"不可以语上"的区分。由此可见，在孔子的思想中，整个人群其实有着非常明晰的差序格局。不过，我们不得不回头来问这样的问题：孔子既然认为"性相近，习相远"，那么，是否可以通过后天教养，弥合这种差序格局？如果能够弥合，就证明这种差序格局不是天生存在的，人的努力可以打破这种等级差异。如果最终不能弥合，就说明这种差序格局是人类本来的面相，如此一来，孔子又是在何种意义上讲"性相近、习相远"？人性到底在哪种层面上讲能施加教化，又在何种层面上讲不能加以教化呢？"性相近，习相远"的洞见，是孔子修撰六经、推广文教的人性论前提，正是因为人可以"习相远"，六经才能通过教养人而成为经纬国家的政治法典。六经与"习相远"的关系比较明显，与"性相近"的关系则容易

---

① 《论语》中一共记载了孔子两次笑，这里是一次，还有一次见于《先进》末章，孔子让几位弟子谈谈自己的志向，子路说了之后，"夫子哂之"。这里的"哂"也是笑，不过微微隐含讽意，与孔子在武城的笑，品质上有很大差异。

遭到忽略,孔子未言"性相同"而言"性相近","相近"到底有多近？"相远"又到底有多远？

在先秦,最早称引六经并对六经加以说明的是《庄子·天下》,①《天下》篇引出六经的语境匪夷所思。

天下之治方术者多矣,皆以其有,为不可加矣！古之所谓道术者,果恶乎在？曰:无乎不在。曰:神何由降？明何由出？圣有所生,王有所成,皆原于一。

《天下》开篇谈的是道术与方术的张力,治方术者太多,以至于古之道术蔽而不见,若想真正探明道术,道术又似乎"无乎不在"。"无乎不在"表现在什么地方？"曰:神何由降？明何由出？圣有所生,王有所成,皆原于一"。《天下》篇的作者引导我们去认识古之道术在何处,"神何由降？明何由出？"是两个反问句,《庄子·天道》篇云"天尊地卑,神明之位也",神从什么地方降下来,难道不是天吗？明从什么地方出来,难道不是地吗？这两个反问句将我们引向了具有"神"的品质的天道和具有"明"的品质的地道。接着"圣有所生,王有所成",是讲圣、王所代表的人道。"圣"与"王"的区分在于:"圣"者法天,"王"者法地。"圣"者法天,故言"有所生","王"者法地,故言"有所成",所谓"乾知大始,坤作成物"(《易·系辞上》),天生而地成。圣与王可以是两种不同的人,也可以是一个人的两种面相,即"圣王",内圣而外王,既法天又法地。圣、王所代表的人道与前面两个问句所引出的天道、地道构成了天、地、人三才之道,又由于"人法地,地法天,天法道,道法自然"(《老子》二十五章),②因此,人道、地道、天道实际上都源于自然之道,即"皆原于一"。《天下》篇的作者说道术无乎不在,接着引出了涵括宇宙万象的天地人三才之道,换句话说,天道、地道、人道皆可称之为"道术",或说"道术"存在于天道、地道、人道之中。引出三才之道后,《天下》的

---

① 参见廖名春:《"六经"次序探源》,见氏著《中国学术史新证》,四川大学出版社,2005年,第3—26页。
② 前面我们已经讨论过这一章中"人"与"王"之间的关系,这里也需要注意这个问题,"人法地"隐含的"王法地"。

作者便提出了"天下七品说",极为精到地叙述了人世间的七等人:天人、神人、至人、圣人、君子、百官与民。①接着,引出了对六经的著名概说:"《诗》以道志,《书》以道事,《礼》以道行,《乐》以道和,《易》以道阴阳,《春秋》以道名分"。从《天下》篇的文脉来看,在天地人三才之道的语境下接着谈论天下七品人,是在专门谈论"人道"或关于人的道术,而后引出六经,意在表明古之道术其实保存于六经之中。《天下》篇作者在谈论关于"人道"的道术时,精细地区分了七等人,无异于告诉我们,古之道术的要核就在于分辨人的等级秩序,换句话说,对人性秩序拥有整全认识才可以称之为道术,而只对某一类人的人性拥有见识并以为因此认清了全部人的人性,即是方术。《天下》篇说古之道术保存于六经之中,也就是说六经保存着对人性秩序的整全认识,因此,在各种方术盛行之际,要重新回归道术,就要重新回归六经。

在孔子那里,人分为三品或四品(这三品或四品已可涵括整个人类),在《天下》篇中,人更精细地分成了七品,在《天下》篇的作者看来,七种人的等差构成了人世间的固定格局。虽然《天下》篇的作者精要说明了七种人的性质,但并没有说明这七等人究竟是如何产生的。《大戴礼记》倒数第二篇《本命》谈论的主题是人的性命之理,《本命》开篇云:

> 分于道谓之命,形于一谓之性,化于阴阳,象形而发,谓之生;化穷数尽,谓之死。故命者,性之终也。

《大戴礼记·本命》的这段开篇之语,亦见于《孔子家语·本命》,不过《孔子家语·本命》更为详尽地记载了这段话的谈论语境:

> 鲁哀公问于孔子曰:"人之命与性何谓也?"孔子对曰:"分于道谓之命,形于一谓之性,化于阴阳,象形而发谓之生,化穷数尽谓之死。故命者,性之始也,死

---

① 对《庄子·天下》篇"总论"以及对这七品人的精妙分析,参见刘小枫:《颠覆天下篇:熊十力与〈庄子·天下篇〉》,载于《中国文化》2011(2),第1—13页;张文江:《〈庄子·天下〉篇总论析义》,待刊。这里的"天下七品说",沿用的是刘小枫先生的说法。

者,生之终也,有始则必有终矣。……一阳一阴,奇偶相配,然后道合化成,性命之端,形于此也。"(《孔子家语·本命》)①

　　鲁哀公询问孔子,什么是"命与性",也就是说,命与性是两个东西,鲁哀公的询问中已隐含着两者之间的差异。孔子回答说"分于道谓之命,形于一谓之性",《易·系辞上》曰:"一阴一阳之谓道",分于道,即是禀受道的阴阳之气,阴阳二气"形于一",具体会聚到个人身上,就叫做"性"。②因此,性与命的之间的差异就在于"性自命出,命自天降"(《性自命出》),具体个人禀受的阴阳之气源自于命,但分于道(即源于天)的命并不是均衡分配,而是充满了命运的偶然。由于命上的差异,人天性禀受的阴阳之气就有偏全、厚薄、清浊、昏明之分,从而造成了人在先天上的差异,这种天性上的差异,就是人自身分于道的"性分"。

　　因此,要理解人性,需要从两个方面理解,一是"性情"的后天角度,一是"性分"(或"性命")的先天角度,只有兼具两个视角,才能对人性有较为完整的认识,这也是《老子》所谓"玄之又玄,众妙之门"的奥秘之处。《老子》首章云:

　　道可道,非常道。名可名,非常名。无名,天地之始;有名,万物之母。故常无欲,以观其妙;常有欲,以观其徼。此两者同出而异名,同谓之玄。玄之又玄,众妙之门。

　　据河上公的理解,天地之间的人大致可以分为"无欲"与"有欲"两种,这两种人"同出而异名","同出"是"同出于人心","异名"是"有欲"与"无欲"之间的名称差异。"同谓之玄","玄"即是"天",有欲与无欲之人都"受气于天",而"玄之又玄",在河上公看来,就是"天中复有天也",意思是说人虽然都是禀气而生,但"禀气有厚薄,得中和滋液则生贤圣,得错乱污辱则生贪淫也。"因此,"众妙之门",就是"能知天中复有天,禀气有厚薄,除情去欲,守中和,是谓知道要之门户也。"③

---

① 杨朝明、宋立林主编:《孔子家语通解》,齐鲁书社,2009 年。
② 参见黄怀信等撰:《大戴礼记汇校集注》,前揭,第 1363—1364 页。
③ 参见河上公:《老子道德经河上公章句》,王卡点校,中华书局,2009 年,第 2—3 页。

"玄之又玄,众妙之门",其实讲述了人性有两层奥秘,一是先天性分,一是后天性情,性分受之于天,教化不可翻移,性情是先天秉性的外显,这一部分可以通过教化加以引导与规范。由于人兼具性分与性情两面,因此,教化就有性分上的限度(比较"上智与下愚不移"),教化不可能完全改造人,只能在人本来的性分上对人加以引导。"知天之所为,知人之所为者,至矣"(《庄子·大宗师》),搞清楚人性中不变与可变之处,无疑就成了政教的前提,或者说,道术的前提。

在《天下》篇的七等人中,"天人"、"神人"、"至人"相应于"上智"(生而知之),"君子"相应于"中人以上"(学而知之),"百官"相应于"中人以下"(困而学之),"民"对应于"下愚"(民斯为下)。"下愚"之"愚"的真正涵义,不是"愚蠢"之"愚",而是不愿向学的意思,庶民没有改善自己心性的欲求。圣人,介于生而知之与学而知之之间,孔子自云"我非生而知之者,好古,敏以求之者也"(《述而》),又云:"十室之邑,必有忠信如丘者焉,不如丘之好学也。"(《公冶长》)对于"天人"、"神人"、"至人"这上三品的上智之人而言,教化几乎不起作用,他们的生性是"不移"的。上三品之人虽然生活在人世,但对于人间的具体事务却很少兴趣,他们"不离于宗"、"不离于精"、"不离于真",过着与天道自然相熔融的生活。"君子"的身位比较特殊,孔子之前,本来是"百官"称君子,君子本是在位的贵族之称,但孔子最终重新确定君子的身位,将君子从对执政官员的称呼变成了"道德之称",①从而,即便身为庶民,如果身修道德,亦可称为君子。由此可见,君子、百官、庶民之间的差异,并不是实际政治身位的差异,而是彼此心性类型的差异,孔子以"学"的标准区分四种人,背后的要害同样是以心性标准来划分人的等级(前面我们已经谈论过"学"与性情调养之间的关联)。没有实际政治身位的君子,之所以擢拔于百官之上,是因为君子"以仁为恩,以义为理,以礼为行,以乐为和,熏然慈仁",以德性作为自己的修身标准。不管是孔子,还是《天下》篇的作者,同样以心性类型来划分人的等级,而非以实际的政治身位来划分人的等级,在这个意义上,我们也许会回过头明白"性相近,习相远"的说法,很可能仅仅是针对君子、百官、庶民这下三品之人。上三品人为生知,"习"

---

① 这一转变,详见第六节"得见君子"。

对于他们没有作用，且"圣人"可遇不可求，不可能通过教化教出圣人，因此，谈论"习相远"的对象，很可能就是下三品。这样，我们才能想清楚，《论语》为什么以君子而非以圣人或上三品人为培养目标。

有了这些见识，我们可以回头来更深一层地理解《中庸》的开篇。《中庸》开篇通过讨论"性"、"道"、"教"三者之间的关系，探讨人间政教的法理基础。"天命之谓性"的"天命"之"性"，已带有性分的意味，从这个思路上讲，"率性之谓道"是不同性分层次的人，各自安守自身性分的"道"，因此，人间便存在着不同等次的"道"，且"道并行而不相悖"（《中庸》）。第三句"修道之谓教"不仅含有教化各层性分之人的意思，同样含有协调不同性分之人的意思，从这个意义上才能明白，《中庸》首章为何落脚在"致中和，天地位焉，万物育焉"。前面已经讨论过，"中"就是"性"，因此"中和"有两层含义：一是说性情本身的喜怒哀乐发而中节，也就是符合礼义的"中和"；另一层含义是说，由于作为"性"的"中"，本有性分上的差异，所谓的"中和"，就是调和不同性分之间的差异，使得"道并行而不悖"，并达到"天地位焉，万物育焉"的效果。明白"中和"调理性情和调和性分的涵义，才能进一步理解礼乐的性质："夫礼者所以定亲疏，决嫌疑，别同异，明是非也。"（《礼记·曲礼上》）"礼者为异"、"礼者别宜"（《礼记·乐记》），"无别不可为礼"（《左传·僖公二十二年》），"登降揖让，贵贱有等，亲疏有体，谓之礼"（《管子·心术》），如此等等关于礼的说法，其旨皆在于说明礼的实质在于辨明人的等差，"礼达而分定"（《礼记·礼运》）。可是，如果一味强调区分，那么人与人之间的间隔都会越来越疏远，乐的作用，正是反过来调和人之间的等差，所谓"乐以道和"（《庄子·天下》）。《乐记》云："宫为君，商为臣，角为民，徵为事，羽为物。"乐有五音，其中三音分别代表君、臣、民这三种等次的人，基本对应于《庄子·天下》篇中可施以教化的下三品人，另外两个音代表与人相关的事与物，五音基本涵括了人间政治的基本格局。乐，按照一定的规律（或"道"）反复排列、组合并演奏这五个音，从而达成五音之间的和谐，也达成不同等次的人之间的和谐。

乐者为同，礼者为异。同则相亲，异则相敬，乐胜则流，礼胜则离。合情饰貌者礼乐之事也。礼义立，则贵贱等矣；乐文同，则上下和矣；好恶著，则贤不肖

别矣。(《礼记·乐记》)

制礼作乐的精微且高明之处,就在于对人性秩序的辨识、规范与调和,既显示差异,又调和不齐。不过,我们反过来可能会想这样一个问题:礼,要维护社会秩序以达到社会和谐,但社会要达到"和"的目标,应该维系人之间的差序格局,还是取消人的差序格局而讲求平等?换句话说,究竟维系人之间有差序格局能最终达到"和"的状态,还是维系人之间的相互平等能达到"和"的状态?中国如今提倡和谐社会,应该切实反思这一问题。

《中庸》第一章落实在"致中和",紧接着第二章引了孔子的话:

仲尼曰:君子中庸,小人反中庸。君子之中庸也,君子而时中;小人之反中庸也,小人而无忌惮也。

此章中的"中庸"二字,在《中庸》一篇中首次出现,章次的排列表明,对"中庸"的理解应从首章而来。"中庸",即是"用中",用中的目的在于"中和",《广雅·释诂》:"庸,和也","中庸"本身就有"中和"的涵义。在孔子的话中,"君子"与"中庸"紧密联系在一起。与君子同时出现并且相对应的是"小人","君子中庸"而"小人反中庸",可以看出,君子与小人在品质上恰好相反。"君子中庸",君子效法人性秩序,用中得和,"小人反中庸",是说小人不用中,不求和。用中求和的前提是对人性秩序的认识,说小人不用中求和,言下之意,是说小人看不到人性的等差秩序。《论语·子路》中,孔子说:"君子和而不同,小人同而不和。"(《子路》)同而不和的真正涵义,就是看不到人性差异。不仅如此,小人因为看不到人性等差,从而不相信等差存在,因此坚持"同而不和",自然无法达到中和。如果"中和"代表建基于人性秩序之上的理想政治秩序,那么小人反中庸,就很有可能是人间政治秩序破败的根源。因此,"小人"决不可轻视,从政治层面的意义上讲,君子与小人的政治含量同样重要。另外,对小人的识别更加艰难,因为,他们往往以知者和贤者的身份出现。①

---

① 参考《中庸》第五章。

君子"群而不党",君子善群的涵义正好与"和而不同"的意思相通,其实,二者背后都预设着君子对人性秩序的洞识,真正拥有这种洞识的人,方可成为君子,方可做到"群而不党"与"和而不同"。《易·同人·象》云:"天与火,同人,君子以类族辨物。"《同人》下离上乾,火炎上而同于天,可谓"同声相应,同气相求。……本乎天者亲上,本乎地者亲下,则各从其类也"(《易·乾·文言》),与"有朋自远方来"背后的精神相通。"天与火"的性质相亲,从而推出"君子类族辨物"之象,方以类聚,物以群分,君子类族辨物的要害不仅在于按照事物的种类作分判,更在于按照事物的性质作分判,具体到人,则是要按照人的性分与性情作分判,人以群分之分的标准在于性分与性情。"有朋自远方来",便是人与人在性分与性情上契合与分判的表现。性分与性情不同,则道不同,道不同,自然不相为谋。君子类族辨物的关键,不仅在于区分人,更在于"同人",反过来说,"同人"的前提是"类族辨物",只有真正做到类族辨物,才能真正做到"同人"。因此,"同人"之"同",与"小人同而不和"的"同"涵义不一样,"同而不和"的"同"是等同的意思,而"同人"之"同",是"和同"的意思。区分"等同"与"和同",是理解《礼运》提出的"大同"概念的关键,决不可将"大同"的"同"理解为"等同"的意思,这是关于"大同"说的相关研究亟待澄清的概念。

四、道心之微

人性,需要从两个方面来理解,一是先天,此为人的性分或性命;一是后天,此为人的性情。性相近,谈的是性分,习相远谈的是性情。不管是从性分还是性情的角度讲,人心都处于危局之中。于性情而言,人心容易受到自身嗜欲、巧智等蒙蔽,从而意识不到自己的原初性分,逐渐堕落,泯灭天性。正因为人心之危,所以需要"道心之微",道者,导也,对心的引导在于"微"。《说文》:"微,隐行也",微者不可见,如"喜怒哀乐之未发"之性,微而不可见。这里,我们需要再回头来看看《中庸》首章:

天命之谓性,率性之谓道,修道之谓教。道也者,不可须臾离也,可离非道也。是故君子戒慎乎其所不睹,恐惧乎其所不闻。莫见乎隐,莫显乎微,故君子慎其独也。喜怒哀乐之未发谓之中,发而皆中节谓之和。中也者,天下之大本也;和也者,天下之达道也。致中和,天地位焉,万物育焉。

《中庸》首章的语境是在谈论人的性道,"不可须臾离也"的"道"通"导",是说对性情的引导,不可须臾离开人性,如果道术脱离人性,那就不再是道术了。由于人性不可见,因此,君子需要对不可见的东西戒慎恐惧,"莫见乎隐,莫显乎微,故君子慎其独也",郑玄将"慎独"理解为"慎其闲居之所为","闲居"即是孔颖达所疏之"独居",①朱熹所理解的"人所不知而己所独知之地也"。②如果按照这种理解,那么"慎独"的意思是说,君子即便独自一人时,也要谨慎戒惧。不过,反观《中庸》首章文脉,始终着眼于人性,将慎独解释为独居,过于偏离人性这条主线,因此,从明代开始,不断有学人怀疑这种理解。③其实,慎独并非郑玄所谓的"慎其闲居之所为","独"是指人的内心,"慎其独"是要"珍重出于内心者也",④换句话说,"慎独"就是"慎中"。"莫见乎隐,莫显乎微"的隐微处,不是别人不在场时的个人行为,而是自己独自一人也难以识见的性情深处。"所睹者",是人的外表容止,"所闻者",是人的言语声音,人的言语容止皆出于"性",可是人性却不见不显,故君子有所戒惧,反躬自省而"慎其独"。慎其独的关键在于"独",在于谨慎修养自己隐微不可见的性情。

君子率性的关键在于"慎独",此为君子的修身功夫,换句话说,修身的着力处在于"率性"。《中庸》首章紧接着"慎独"所谈论的是"中"、"和","中和"其实就是君子"慎独"的结果,也就是修身功夫的表现,同样也是"修道之教"的内容

---

① 参见郑玄注、孔颖达疏:《礼记正义》,前揭,第 1422、1424 页。

② 参见朱熹:《四书章句集注》,前揭,第 18 页。

③ 参见黄宗羲:《明儒学案》,中华书局,1985 年,第 734 页。

④ 关于"慎独"的本义及其注疏史,廖名春先生做了相当精细的梳理,参见廖名春:《"慎独"本义新证》,见氏著《中国学术史新证》,前揭,第 73—93 页。关于"慎独"本义的辩证,还可参梁涛,"郭店竹简与'君子慎独'",见氏著《郭店竹简与思孟学派》,中国人民大学出版社,2008 年,第 292—300 页;陈来:《"慎独"与帛书《五行》思想》,见《中国哲学史》,2008(1),第 5—12 页;陶磊《思孟之间儒学与早期易学史新探》,前揭,第 139—142 页;王中江:《早期儒家的"慎独论"与"为己之学"及"公共关怀"》,见氏著《简帛文明与古代思想世界》,北京大学出版社,2011 年,第 286—320 页。最近,梁涛、斯云龙编了一本专门讨论"慎独"的文集《出土文献与君子慎独——慎独问题讨论集》,漓江出版社,2011 年,有兴趣者可以参看。

与意义。"率性之道"是"用中","修道之教"是"和中",由于"庸"字兼有"用"与"和"的涵义,因此,《中庸》开篇的三句总纲,其实是对"中庸"二字最贴切的解释。"慎独"即"慎中",是提醒君子重视修养性情,让"喜怒哀乐发而皆中节",达到"中"之"和",换句话说,修养性情的关键,就是习于礼乐,让礼乐来引导和规范未发之"中",孔子云:"礼乎礼,夫礼所以制中也"(《礼记·仲尼燕居》)。因此,所谓的"中和",即是圣人洞见性情之精微平衡的标准,由此,才能明白"中"的政治涵义——"人心惟危,道心惟微,惟精惟一,允执厥中"(《尚书·大禹谟》),宋儒以此为圣王相传之心法。[①]虽然"虞廷十六字"真伪难辨,但不可否认,儒家的理想政制实际建立于对人性的精微认识之上,领受这种精微认识,便有资格当王。

"人心之危"不仅是表现为"性情"上的危局,同样表现为"性分"上的危局。由于人天生性分不同,再加上后天"时习"的程度不同,人与人之间逐渐产生了高低差异,"人心之危"第二个危局,便是人与人之间等差秩序的问题。由于先天性分的差异,后天"时习"最终无法弥补人世间先天性分造成的人性等级格局,因此,如何协调不同等差之间的人群,成了建立与维系政治共同体的根本问题。形象地说,要维系政治共同体的稳定,涉及如何处理《庄子·天下》篇中七种人的社会格局,换句话说,如何处理其中七种品级之人的关系,涉及政制的正当性问题,判断民主制、君主制或贵族制等政体优劣的最终标准,很可能取决于这些政体对人之性分的最终认识与调控。

既然后天"时习"无法弥补先天性分,那么好的政制必然要求彻底认识人类性分的大致格局以及相应各个品级人群的性质,这就是《庄子·天下》篇总论"天下七品说"的高明之处。只有搞清楚政治共同体中"人以群分"的政治事实,才能对人群给予恰当地引导,这同样也是礼乐教化的核心要旨。《天下》篇的"天下七品说",精准地剖析了不同人群的品性,让我们看到,其实每一品性之人的生活方式,都与其他品性的人判然有别,如果强行将不同品性的人规范在同

---

① 参见朱熹:《四书章句集注》,前揭,第14—15页。"虞廷十六字"有过多思想上的纠葛,本文不拟讨论,有兴趣者可以参考赵刚《论阎若璩"虞廷十六字"辨伪的客观意义——与余英时先生商榷》,见《哲学研究》,1995(4),第23—31页。

一种生活方式之下，必然会对某些品性的人造成伤害，甚至会带来严重的政治后果。因此，维系性分，维系人群之间的差序格局，就成了好政制的前提。好的政制必然让不同性分的人，选择他们相应的生活方式，如此一来，政治共同体中必然呈现出彼此不同的多种生活方式，《中庸》所言的"万物并育而不相害，道并行而不相悖"就是这个意思，这也是"维齐非齐"的意思。《荀子·王制》篇在引述《尚书·吕刑》的这句"维齐不齐"时，谈论的语境正是人世间的差序格局：

> 分均则不偏，势齐则不壹，众齐则不使。有天有地而上下有差，明王始立而处国有制。夫两贵之不能相事，两贱之不能相使，是天数也。势位齐而欲恶同，物不能澹则必争，争则必乱，乱则穷矣。先王恶其乱也，故制礼义以分之，使有贫富贵贱之等，足以相兼临者，是养天下之本也。《书》曰："维齐非齐"，此之谓也。

儒家所言的"修齐治平"，最后落脚在"平天下"，可是"无平不陂"（《易·复》），天下本是不平，如何平天下？平天下之"平"者，乃是使天下之人、事、物各得其所而已，这个道理与"维齐非齐"之义相通，同样接通于庄子"齐物论"之"齐"。关于"齐物论"一名的涵义，历代说法纷纭，归纳起来大概有三种说法，一是连读"齐物"，齐物论是"齐物"之"论"；二是连读"物论"，齐物论是整齐"物论"；三是认为齐物论既是"齐物"之论，又意在整齐"物论"。①显然，第三种说法，统合了前两种说法，表明前两种说法有相通之处。其实，"齐物论"的前提在于"齐物"，所有的"物论"都是从对"物"的认识而来，因此整齐"物论"的前提在于"齐物"，这个意义上的"齐物"与"格物"的意义相通。"齐物"的前提，在于认识物，而要恰切地认识物，就要搞清楚"物以类聚，人以群分"的道理，才能真正认识到物的实际品质（"人"亦是"物"之一种，"人物"是也）。认识到物的恰当品质之后，才能以此为标准，整齐各种各样关于"物"的论说，由此，即可以回头想明白《天下》篇总论"天下七品人"的意义所在。战国之际，诸子蜂起，虽然百家异

---

① 参见陈少明：《"齐物"三义》，见氏著《〈齐物论〉及其影响》，北京大学出版社，2004 年，第 13—28 页；刘麒麟：《〈庄子·齐物论〉之"齐"发微》，见刘小枫主编《古典研究》，2011(2)，第 88—90 页。

趣,却皆务为治。①诸子政治论说的核心在于人性的见识,不同的子家对人性有着不同的认识,由此衍生出不同的"人论",《天下》篇号称最早的先秦学术史,对当时诸子各派的主要说法一一作了评定,其目的其实在于整齐百家之说,但要整齐百家政论背后的"人论",前提就在于对人类拥有恰切的认识,"天下七品说"即是《天下》篇作者的"齐人"之论。观《天下》篇的结构,可知作者正是以其"齐人"之论,来整齐诸子的"人论",从而整齐诸子的"政论",在这个意义上,我们当然可以说《天下》篇具有极高的政治抱负。

体贴人群性分格局,成了庄子"齐物(人)论"的关键,不过,《齐物论》同时还提出了另外一个问题:"其分也,成也;其成也,毁也。"区分人性的等次,虽是好政制的前提,但厘定这种差序格局之后,却又有"毁"的危险,这种危险就在于总有看不到人性等差的人跳出来,试图夷平这种等差秩序。前面我们讨论过,君子与小人之分的关键就在于能否认识到人的性分差异,君子"中庸"善群,能够认识,小人却是"反中庸",小人要夷平等差,或按照自己的理解再造等差。不过,这样来理解"毁"的话,貌似触及到一些问题,却恐怕还没有深入到"分"与"毁"的深层关系。

"其分也,成也",建立好的政制,必然要求以识别人群性分为前提,没有搞清楚"人以群分"以及"群分"所带有的品级高低的问题,就不可能奠立恰当的政制,从这个意义上讲,"分"是"成"的前提。"其成也,毁也",厘定性分,是对人类整体之象的"毁",将人类整体区分散开,这是"道术"最终蜕变为"方术"的关键转折,"道术将为天下裂",是"毁"的实际所指。《庄子·庚桑楚》云"道通,其分也,其成也,毁也",点出了"分"、"成"、"毁"的谈论对象是"道"。所谓"道术",乃是对人类的整全认识,其中包含着对天下七品人的见识,这些见识并没有彼此独立,而是统合于"道术"之中。所谓的"方术",乃是道术的蜕变,方术脱胎于道术的某些见识,举个简单的例子,比如对"百官"的见识,成了韩非主张的核心,但韩非对其他某些品级之人的见识,则可能相对薄弱或有误,甚至于蔽而不见。因此,方术的特点就是以为自己获得的部分见识就是道术的全部,"以其有,为不可加矣",实际上却是"得一察焉以自好",从而不见"古人之大体"。《天下》篇

---

① 参见张舜徽:《周秦道论发微》,华中师范大学出版社,2005 年,第 3 页。

在"天下七品说"之后,论述了六派"方术",其中前五派方术的实质是"古之道术有在于是者,……闻其风而说之",可见,方术其实蜕变自道术,乃是道术的部分见识,只是百家往而不返,彼此难以相合。最后一派谈的是惠施以及桓团、公孙龙这类人的辩术,《天下》篇的作者不再采用"古之道术有在于是者,……闻其风而说之"这种表达方式,整个这一节,也不再言及"道术"或"方术",换句话说,在《天下篇》作者的心目当中,"辩术"的品质,并不存在于古之道术当中,自然也就算不上方术。辩术之所以不属于蜕变于道术的方术,就在于辩术的要旨在于"饰人之心,易人之意,能胜人之口,不能服人之心,辩者之囿也"。这无异于说,辩术已经并没有引导人心的政治关怀,因此,辩术不是心术,这是《天下》篇作者将辩术排除在道术与方术之外的根据。综观《天下》篇对六派的评述可知,"道术为天下裂"实际上是说"道术"为"方术"所裂,"其成也,毁也"。

"其成也,毁也",在于诸子终不见"道术"之整体,不见人类之整体,固执于一察之见以为全体,[1]道术毁于方术,在于"为者败之,持者失之,是以圣人无为故无败,无执故无失。"(《老子》六十四章)老子的意思是说,要避免"毁",就要避免"分",没有"分"哪有"成",没有"成"哪有"毁"。但是,前面我们已经讨论过,好政制的奠立需要以"分"为前提,如果为了避免"毁"而取消"分",那么,是否也要取消对好政制的期望?怀着这样的问题,我们可以接着《齐物论》的思路往下看:

> 其分也,成也;其成也,毁也。凡物无成与毁,复通为一。唯达者知通为一,为是不用而寓诸庸。庸也者,用也;用也者,通也;通也者,得也。适得而几矣。因是已,已而不知其然谓之道。

要破除"分"—"成"—"毁"的逻辑循环,必须跳出这个循环,在更高的层次把握"分"、"成"、"毁"。《天下》篇开篇问:"古之所谓道术者,果恶乎在?曰:无乎不在。曰:神何由降?明何由出?圣有所生,王有所成,皆原于一。"神、明、圣、王的道术,最终皆原于一,所有的方术最终皆出于道术,而道术原出于"一",

---

[1] 比较《孟子·尽心上》的说法:"犹执一也,所恶执一者,为其贼道也,举一而废百也。"

"一"就是"道"。①要超越"分"、"成"、"毁"的循环,就要做到"复通为一"。这里需要注意,"凡物无成与毁,复通为一",并没有提到"分",庄子也许默认了"分"的前提或"分"的事实,既然"分"作为事实这一前提不可避免,那么,要避免"成"与"毁",就需要从"复通为一"的高度把握"分",只有这样才能使得"分"没有脱离道的整体,不脱离整体的"分",就没有"成"而"毁"的危险。换句话说,"成"而"毁"的危险,在于"分"脱离的"一"这个整体,方术脱离了道术的整全。"唯达者知通为一",只有见识极高达于道的人,才能"知通为一",拥有对七品人的整全洞识,才能统合方术为道术。观《天下》七品人,"知通为一"之达者,唯有圣人可当。"为是不用而寓诸庸",这句话太高妙,庄子随即解释,"庸"就是"用","为是不用而寓诸庸"的意思是说,唯有知通为一的达者,才能将"不用"寓诸于"用","不用"就是"不分","用"就是"分",达者虽然有用以判别七品人的见识,但达者并不做这种区分,原因在于这种区分自然已经作出,达者没有必要将这种区分再明确划分出来,而是将这种区分寓诸于自然本有的区分之中。"庸"还有一层意思是"平常",因此,"寓诸庸",就是将人的性分秘密隐藏在庸常之中。"庸也者,用也",藏起来,并不是不用,只是达者虽然"用"了,但就像没有用一样,好比达者虽然设计了某些制度,但就好像天然如此,跟没有设计过一样,这种精神,就是《庄子·应帝王》所谓的"雕琢复朴",对性分与性情的精确认识与设计出来的政制天衣无缝。达者的这种见识,可谓"适得而几矣",已经近乎道术,其原理就在于"因是已"。"是",是本然状态,"因是",是遵循事物的本然状态,这里的逻辑是说,遵循人自然的性分格局。"已"可以训为"止于至善"的"止",因循天然性分,可达于至善。"已而不知其然,谓之道",因循于天然性分,却又"不用而寓诸庸",即是道。

如此,我们就不仅可以理解《庄子·知北游》的这句话:"天地有大美而不言,四时有明法而不议,万物有成理而不说。圣人者,原天地之美而达万物之理。是故至人无为,大圣不作,观于天地之谓也。"也可以理解《阳货》中孔子的名言:"子曰:天何言哉。四时行焉,百物生焉。天何言哉。"(《阳货》)同时,也能够理解老子教导的"挫其锐,解其纷,和其光,同其尘"(《老子》四章)。圣人虽有独

---

① 参见张舜徽:《周秦道论发微》,前揭,第33—35页。

见，但哪些东西可以讲出来，哪些不讲，都是经过极为审慎的考虑，因为讲出来的后果很有可能是"毁"，不仅可能毁掉道术，还有可能毁掉某些人群的生存根基，这就是为什么圣人要隐微其术的原因，也是孔子为何不言性与天道的原因。

五、圣人不得见

《庄子·天下》篇评骘先秦诸子，皆固执道术之一隅，以为得其全体而无以复加，终成方术，战国诸子之争，究其实质，是道术破裂之后的方术之争，而道术裂为方术，在《天下》篇作者看来，可能就是诸子本身造成的。在《天下》篇评述先秦诸子的谱系中，我们能明显却又有些惊讶地看到，文章并没有论及孔子，因为孔子在先秦的地位太过耀眼，所以我们不能想象《天下》篇作者没有听过孔子的大名，或不了解孔子的学说主张，但为什么不提孔子？想清楚这个问题，不仅可以进一步理解《天下篇》作者的思想结构，对于理解孔子的学问品质也至关重要，而且对于把握"圣人"这类人的生存位置，也能获得一些更为深微的见识。

《天下》在开篇简短"总论"之后，开始评点先秦诸子，"古之道术在于是者"，诸子"闻其风而说之"，换句话说，诸子闻风而悦的仅仅是作为道术之一隅的方术。《天下》篇作者在评骘诸子方术的语境中不提孔子，无异于说孔子的学问与诸子的学问有品质上的差异，如果孔子的学问不属于方术之列，那么孔子的学问就只有两种可能：一是如惠施的辩术一样，连方术也算不上，另一种可能是说，孔子的学问就是道术。前一种推测不太可能，那么，孔子的学问就是道术？这一种推测还有一个文本证据。在关于道术的"总论"中，《天下》篇作者说古之道术保存于六经，在论及《诗》、《书》、《礼》、《乐》这前四经时插入一句："邹鲁之士、缙绅先生多能明之"。这里的"邹鲁之士"实为孔门流裔，"缙绅"是儒服，"缙绅先生"是儒家门徒，[①]也就是说，孔子门徒多能明白保存于四经中的古之道术，这无异于说以六经为教的孔子，深通保存于六经之中的道术，孔子即是深通道

---

① 参见钟泰：《庄子发微》，前揭，2008 年，第 759—760 页；顾实：《〈庄子·天下篇〉讲疏》，见张丰乾编，《庄子天下篇注疏四种》，华夏出版社，2009 年，第 21 页；钱基博：《读〈庄子·天下篇〉疏记》，见张丰乾编，《庄子天下篇注疏四种》，前揭，第 102 页；谭戒甫：《〈庄子·天下篇〉校释》，见刘小枫、陈少明主编，《经典与解释 23：政治生活的限度与满足》，华夏出版社，2007 年，第 217 页。

术的圣人。

虽然在《论语》中,孔子自己多次否认其圣人身份(其间原因详后),但以孔子为圣人,几乎已成庄子时代很普遍的一个意见。前面我们提过,所谓道术,是对整个人类的把握与引导,也就是说,对于天下七品人有整全的认识,但居于七品人之中的"圣人",如何能对天下七品人都有认识? 这里,我们需要再次来考究一下《天下》篇对七品人的论述:

1. 不离于宗,谓之天人;

2. 不离于精,谓之神人;

3. 不离于真,谓之至人;

4. 以天为宗,以德为本,以道为门,兆于变化,谓之圣人;

5. 以仁为恩,以义为理,以礼为行,以乐为和,熏然慈仁,谓之君子;

6. 以法为分,以名为表,以参为验,以稽为决,其数一二三四是也,百官以此相齿;

7. 以事为常,以衣食为主,蕃息畜藏,老弱孤寡为意,皆有以养,民之理也。
(引按:序号为引者所加)

作为上三品的天人、神人、至人,有一个共同的生存特点,那就是"不离于……"。①"宗"即是"道","道,渊兮似万物之宗"(《老子》四章),"精"是道之精,"真"是道之真,②也就是说,上三品人的生活方式是"不离于道",但这个道是"天道"与"地道",尚未深入"人道"(上三品并未与下三品有直接交流),上三品人可谓"独与天地精神相往来"(《庄子·天下》)。在上三品人之下,接着是圣人,圣人的生活方式不再是"不离于……",而是"以……",不仅圣人如此,下三品人的生活方式皆是"以……",上三品人与下四品人的区分在于他们凭靠的生存根基不同。圣人的生存方式虽然是"以……",但圣人所凭靠的生存根基却与上三品人有紧密关联。"以天为宗",是法天道;"以德为本",是法地道;"以道为门",是

---

① 参见刘小枫:《颠覆天下篇:熊十力与〈庄子·天下篇〉》,前揭,第 2 页。

② 参见高亨:《〈庄子·天下篇〉笺证》,见张丰乾编,《庄子天下篇注疏四种》,前揭,第 174 页。

总"天道"与"地道"之精神而见"道"本身;"兆于变化",不仅是直接见识天道、地道纷繁变化背后的道本身,并"以"这个"道"本身而"兆于变化"。能"兆于变化",是说圣人有预知能力,有先见之明,不过,这个"兆于变化"是能预知什么变化? 圣人法天道与地道,然后以道为门,最终是为了"兆"于"人道"的变化,因为天道、地道、人道背后皆相通于道,这一点,前面已经讨论过。能兆知人道变化,就不仅能沟通上三品人,也能辐射下三品人。

前面在解说"神何由降? 明何由出? 圣有所生,王有所成,皆原于一"这句话时,已经提过,所谓"圣"与"王",很有可能是"圣王"的两种面相,就其接通上三品人而言,称其为"圣",就其导引下三品人而言,称其为"王"。圣王兆于变化,内圣而外王,"圣王"由内圣开出外王的过程,正好贯通天下七品人,因此,说居于其间的"圣人"拥有涵括天下七品人的道术,并非无稽之谈。这里,我们不可避免地需要来问这样一个问题:既然圣王贯通七品,《天下》篇的作者,为何不言"……谓之圣王"而言"谓之圣人"? 前面我们还提到了一种可能,就是"圣"与"王"是两种人,这里不提"圣王",无非是提醒我们去注意"圣"与"王"的差异。"圣",并不具有实际的政治身位,在这一点上,"圣"显然有别于"王",在庄子生活的战国时代,诸侯称"王"已是司空见惯之事,但"诸侯"称"王",却并不能保证可以推行好的政制。换句话说,好政制的源头其实在于"圣"而非在于"王"。《天下》篇的作者不言"圣王"而言"圣人",并将道术命脉系之于圣人而非王者,无异于说,只有掌管道术的圣人,[①]才能为在地上生活的下三品人制作好的政制,而作为地上生活最高统治者的王,并不具备制作好政制的能力(除非他本人就是圣人)。因此,王者推行好政制的唯一可能,就是沿用圣人制作的政制法典,这才是"圣有所生,王有所成"所讲述的"圣"、"王"之间的真正关系。

《天下》篇的作者,在方术泛滥、王者迭出的战国时代,重新表彰道术与圣人,足见其经世之心。拉开"圣"与"王"之间的距离,不仅在于厘定好政制的来源,更在于为现实王者的政制寻找理想政制的标准。人间政治的永恒秩序源于人性的秩序,因此,理想政制的制定者只有可能来自于对天下七品人的人性差异拥有整全见识的圣人,人间现实政治的王者虽然不是圣人,但人间永恒的王

---

① 比较《荀子·解蔽》的说法:"圣人者,道之管也。"

者无疑是圣人,圣人虽然没有现实的王者身位,却有着人间政治永恒王者的身位,这是以"圣人"为"素王"的正当性理据。"玄圣素王"之说首见于《庄子》(《天道》篇),足见《庄子》一书对人世政治的精深见识。

《天下》篇作者对圣人的界定用"以……"这样的句式,与下三品的句式相同,从表面上将圣人与上三品人隔开,并与下三品人建立起更为直接的关系。上三品人的生活与下三品人的生活方式截然不同,上三品人虽然生活在尘世政治之中,却出离于尘世政治,"独与天地精神相往来",观《论语·宪问》中的晨门、荷蒉者以及《微子》中的楚狂接舆、长沮、桀溺、荷蓧丈人,便可以想见三上品人的生活方式。上三品人与下三品人的生活方式格格不入,《微子》中的子路,完全无法明白上三品人的生活伦理,子路用来批评荷蓧丈人等人的言辞,完全依据的是属于下三品人的政治伦理。子路向孔子转达上三品人的话,孔子怃然而叹:"鸟兽不可与同群,吾非斯人之徒与而谁与?天下有道,丘不与易也。"(《微子》)圣人选择与"人"生活在一起,这里的"人"是"下三品"之人,这里的"鸟兽"是天地精神。孔子之所以要与人同群,不愿像上三品人一样往来于天地精神,原因就在于"天下无道",圣人最终无法超脱的是悲悯救世之心,这一点也是圣人与上三品人的差异所在。上三品人"不离于"天地精神,圣人之所以"离于",就在于圣人离于天地精神而驻足人间。若是天下有道,则"吾与点也"(《先进》),圣人又何尝不想过自在自得的生活。

前面已经提过,《论语》的目标是教养君子,由此我们便可理解,为何《论语》中的上三品人显得与《论语》所认同的价值伦理格格不入。在《论语》中,上三品人对孔子说过话,但孔子并没有机会与上三品人展开对话,有过对话的是子路,但子路完全不理解上三品人的生活方式,在《论语》中,孔子并没有批评过上三品人,唯一的批评来自于子路(《微子》)。[①]由于《论语》的教育宗旨,《论语》的编者隐去了孔子对上三品人的对话或评价,孔子与上三品人的沟通见于《庄子》与《列子》等书。《论语》之所以隐去这一点,就在于上三品人遵循的生活原则在于自然之道而非人间的政治原则,上三品人的性分是属天的,下三品人的性分是

---

① 关于《微子》中隐者与子路以及孔子之间关系的不同角度分析,可参见李长春,《政治生活:批评与辩护》,见陈少明主编,《思史之间:〈论语〉的观念史释读》,上海三联书店,2009 年,第 210—224 页。

属地的，"本乎天者亲上，本乎地者亲下，则各从其类也"（《易·乾·文言》）。《论语》隐去上三品人的生活原则，目的在于使得上三品人的生活原则不去干扰下三品人的生活原则，因为他们之间的生活方式有太大的不同。隐去上三品人的生活原则，更在于为下三品人的生活立法，因为他们的性分使得他们都需要"以……"某种法则来作为生活的依据。上三品人的生活"不离于"道，下三品人的生活"离于"道，因此，需要就掌握道术的圣人来为脱离于"道"的下三品人制作"不离于"道的生活法则。

在《论语》中，还有一个现象尤其值得注意，那就是孔子反复否认自己的"圣人"身份。在《述而》中，孔子自云："若圣与仁，则吾岂敢，抑为之不厌，诲人不倦，则可谓云尔已矣"，孔子说自己岂敢居圣人的身位，唯一能做的，就是不断勉力进取。在《子罕》中，有一段太宰与子贡的对话，太宰问子贡说："夫子圣者与？何其多能也。"子贡回答说："固天纵之将圣，又多能也。"在太宰和子贡看来，孔子如此多能，完全可当圣人身份，孔子听了这段对话，说："太宰知我乎。吾少也贱，故多能鄙事。君子多乎哉？不多也。"太宰以"多能"的标准来评价孔子为圣人，子贡说孔子的多能是上天赋予圣人的，但孔子却说，自己的多能并非天生，而是从小锻炼积累出来的，是"为之不厌"的结果。孔子非但没有将自己看作圣人，还降低自己的身位，说自己是"君子"。在《述而》中，孔子还说："圣人，吾不得而见之矣，得见君子者斯可矣"。由于圣人"兆于变化"，所以能看到人性格局的差序，圣人既能见出"性分"，却又在掩盖"性分"，甚至要隐藏自己的"圣人"身份，这是为什么？

《易·系辞上》在谈及"性"的生成时说：

　　一阴一阳之谓道，继之者善也，成之者性也。仁者见之谓之仁，知者见之谓之知，百姓日用而不知，故君子之道鲜矣。显诸仁，藏诸用，鼓万物而不与圣人同忧，盛德大业至矣哉！

这短短的一节在谈论了人"性"的生成之后，紧接着谈论了五种人：仁者、知者、百姓、君子、圣人。仁者与智者比百姓的眼力高，因为对于道，百姓日用而不知，仁者和智者却各有所见。"一阴一阳之谓道"，继善而成之性本有阴阳，仁者所见为性之阳,智者所见为性之阴,但仁者与智者的问题在于,他们都以为自己见到了人性的全部,从而根据自己所看的"部分"衍生出一套关于"人"和"人世"的说法甚至政治制度,这就是"方术"的来源,战国之际兴起的"性善"说、"性恶"说之类的主张,皆可从这个层面加以理解。道术裂为方术,最终源于对"人性"的残缺认识,源于所谓的仁者、智者"皆以其有,为不可加矣"的自以为是。[①]"日用饮食,民之质矣"(《诗·小雅·天保》),百姓关心的是衣食住行、生老病死,对于这背后的道理,他们没有探寻的欲求。智识高一些的仁者与智者则不一样,他们并不满足于生活的表象,试图探求生活背后的道理,但囿于自身的视角,未见道的整体之象。此节说"故君子之道鲜矣",无异于说,君子既不是日用不知,也不如仁者与智者执着于自己的褊狭见识,君子能统合仁智,对人性与人道已渐具粗略的整体之象,君子之能善群,便源自于这种整体的见识。自然之道"显诸仁,藏诸用,鼓万物而不与圣人同忧",圣人忧虑什么?圣人是人间政治的立法者,立法是为了稳定人间的政治秩序,在前面的四种人当中,百姓日用而不知,君子能善群并能服膺圣人教训,唯仁者与智者固执一己之见,有扰乱秩序的可能,这是圣人之所忧。更进一步说,仁者与智者的见识,很有可能道听途说自圣人关于性与天道的说法,但由于仁者与智者的性分有限,无法达到圣人的境界,即便听到性与天道的说辞,也无法深透理解,故"执一"而行,反而乱了大道。圣人忧虑于此,便将性与天道之言隐去,效法天道,显诸仁而藏诸用。

圣人以此先心,退藏于密,吉凶与民同患。神以知来,知以藏往,其孰能与此哉?古之聪明睿知,神武而不杀者夫。(《易·系辞上》)

"先心",有的版本写作"洗心",刘瓛、王肃、韩康伯本作"洗",意为"洗濯万物之心",蔡邕《石经》、京房、荀爽、虞翻、董遇、张璠、蜀才本作"先"。[②]据此处的上下文推断,当作"先心"为优,正承上一句"著之德圆而神"而来,著神知来,故为先心,与《天下》篇说圣人"兆于变化"的预知能力相应,"先天而天弗违,后天

---

① 关于仁者、智者混淆道说的论述,可详参章学诚的《文史通义·原道》。
② 参见李道平撰:《周易集解纂疏》,潘雨廷点校,中华书局,2006年,第597页。

而奉大时"(《易·乾·文言》)。①"洗心",是说"洗濯万物之心",或说洗去一己私欲,廓然大公,不过,"洗心"似无必要退藏于密。唯"先心"必须退藏于密,原因就在于"人心之危","先心"退藏于密的关键在于对性分危局的认识,此先心唯圣人有能力持守,并做到廓然大公,不为一己之私,从这个意义上讲,先心兼具洗心之义并深于洗心。圣人之先心若不退藏于密,仁者、智者"得一察焉以自好"(《庄子·天下》),道术恐毁之于方术,"故天下每每大乱,罪在于好知"(《庄子·胠箧》),好知的后果是以纷繁说辞扰乱人心,"天下脊脊大乱,罪在撄人心"(《庄子·在宥》)。在这个意义上,才能理解老子所谓的"绝圣弃智"(《老子》十九章),其实"绝圣弃智",就是"先心藏密",学者多以此为道家反对儒家的证据,实为一孔之见,未达于老子的高明。退藏于密,吉凶与民同患,即老子所谓的"和其光,同其尘,是谓玄同"(《老子》五十九章),圣人虽然藏起先心,但并未藏起先心致福于民的向度,退藏于密是藏其先心之体,而非藏其用,"为是不用而寓诸庸"(《庄子·齐物论》)。

从这个意义上,我们才能想通孔子为何说自己是"述而不作",明明是参用四代,却又说"祖述尧舜"、"宪章文武",②也才能更深一层理解夫子为何不言性与天道。夫子不言性与天道,不仅在于忧虑仁者智者固执一端破碎道术,同样在于性与天道实"天之所为",人力无法改善,因此夫子将先天之学隐藏起来,突出后天之学,隐藏"性分"而突出"性情",所谓"性相近,习相远",即是用"近"掩盖"性分",用"习"突出"性情"。"性情"属于"人之所为"的范畴,因此孔子尤重"学""习"。"子曰:如有周公之才之美,使骄且吝,其余不足观也已"(《泰伯》)。"周公之才"属于先天禀赋,"骄且吝"属后天性情失修,孔子观人,看重的是后天的修身功夫。因为"性情"可以加以引导和调教,因此《论语》以"学"开篇,又因为"君子"为道德之称,"性情"可通过后天调教渐成"德性",因此《论语》以"君子"作为教养目标。

六、得 见 君 子

成书于东汉的《白虎通》,在解释"君子"这一头衔时说:

---

① 参见潘雨廷:《周易虞氏义象释》,张文江整理,上海古籍出版社,2009 年,第 401 页。
② "述而不作"的问题,本文不作展开,详另文。

或称君子者何？道德之称也。君之为言群也；子者，丈夫之通称也。故《孝经》曰："君子之教以孝也，下言敬天下之为人父者也。"何以言知其通称也，以天子至于民。故《诗》云："凯弟君子，民之父母。"《论语》云："君子哉若人"，此谓弟子。弟子者，民也。（《白虎通·号》）

"君子"作为"道德之称"，到汉代几乎成了经文家的共识，无论是天子还是庶民，只要修身有德，都可以成为君子，换句话说，君子并不是实际政治身位的名号，而是一种德性品质上的称谓，我们后世所理解的君子，大都沿袭此义。不过，"君子"之称最初其实与"道德"并无瓜葛，更非天子至于庶民的通称，西周以及春秋前期，君子都是指在位的贵族，①庶民即便有道德在身，也不能称君子。君子，从贵族之称变为道德之称，经历了比较漫长的演化历程，最后确定在孔子。②在孔子的文章中，成为君子的前提不再是贵族身位，而是道德身位，《白虎通》以君子为道德之称，是对孔子厘定君子内涵的最终认定，君子成了精神贵族，"乐道者谓之君子"（扬雄《法言·道术》）。③

《论语》的首尾两章，主题均为君子：

子曰：学而时习之，不亦悦乎？有朋自远方来，不亦乐乎？人不知而不愠，不亦君子乎？（《学而》）

子曰：不知命，无以为君子；不知礼，无以立也；不知言，无以知人也。（《尧曰》）

前面我们已经讨论过，"分于道之谓命"或"天命之谓性"的"命"，就是"性分"，所谓"知命"就是知道自己的性分。孔子云"五十而知天命"（《为政》），微言

---

① 参见赵纪彬：《论语新探》，人民出版社，1976年，第105页；余英时：《儒家"君子"理想》，见氏著《中国思想传统及其现代变迁》，广西师范大学出版社，2004年，第139—140页；李亚彬：《道德哲学之维——孟子荀子人性论比较研究》，人民出版社，2007年，第16—17页。

② 关于"君子"涵义的演变，可参见余英时：《儒家"君子"理想》，前揭，第137—156页；林贵长：《孔子与"君子"观念的转化》，见《天府新论》，2008(2)，文末附有丰富的参考文献。

③ 扬雄：《法言义疏》，汪荣宝义疏，中华书局，1987年。

是说最终认识到自己的"圣人"身位,于是有"子畏于匡"时的感叹:"文王既没,文不在兹乎。"(《子罕》)①这里的"不知命,无以为君子",是要君子认识自己的性分,而认识自己的性分或性命恰恰要通过"学而时习之"来实现。礼不仅是对性情的引导,也包含着对性分的规定,不同性分的人对应着不同的礼数,并以此维系着整个社会的人性格局。"有朋自远方来",正是说明人在世间心性格局中升降挪动的过程,找到自己性分所属,才算是找到了自己安身立命之所,这就是"不知礼,无以立"的道理。"知人",是对君子的最高要求,"人不知而不愠",是君子知道人以群分的事实,并能虚己善群。因此,从我们的分析来看,《论语》首尾两章不仅都以君子作为主题,甚至对君子的具体教养上也有深刻关联。《论语》以讨论君子教养的两章编列于首尾,无异于圈定了《论语》的主题就在于教养君子,不过,《论语》为何要如此突出"君子"?

古之君子,实为"百官",或说"君子"就是在位执政的"百官",后来,君子渐渐脱离百官,成了与"道德"相关的一个群体。换句话说,"百官"并非"道德"之称,君子脱离百官,表明百官与道德的关联要浅薄得多。"以法为分,以名为表,以参为验,以稽为决,其数一二三四是也,百官以此相齿"(《庄子·天下》),百官以法名参稽为在世原则,这与以仁义礼乐为生存根基的君子有太大的区别,如果以实际政治身位作为标准,百官显然在君子之上,但《天下》篇却将君子提拔于百官之上,接近于圣人,无异于说相比于百官,君子更加亲近于圣人的思想,或更能理解圣人的思想。《论语·子路》中,孔子还说"今之从政者"实为"斗筲之人,何足算也",由此可见,君子上出于百官,还在于百官品质的败坏。如此一来,是否《论语》表彰君子,亦与百官的品质败坏有关? 或是由于君子更亲近于圣人的思想,从而对于人间政治比百官有更深刻的见识?

"以仁为恩,以义为理,以礼为行,以乐为和,熏然慈仁,谓之君子"(《庄子·天下》),"仁"、"义"是人世主要的政治伦理原则,②"礼"、"乐"是人世的政治制度

---

① 据钱穆考证,孔子过匡当在鲁定公十三年冬或十四年春,其时孔子五十五岁,参见钱穆:《先秦诸子系年》,商务印书馆,2005 年,第 35—40 页。关于"文王既没,文不在兹乎"与孔子"知天命"之象的说法,参见潘雨廷:《孔子与六经》,见氏著《易学史发微》,复旦大学出版社,2001 年,第 44—45 页。

② 比较《易·说卦》的说法:"立人之道曰仁与义"。关于"仁"与"义"的具体分析,见第五章第一节"道德仁义礼"。

或说仁义德行的外在形式。作为君子在世依靠的仁义礼乐，同样也是人世政制的基础，如果说圣人为人世立法的主要依据在仁义，主要制度在礼乐，那么，当圣人既殁之时，把守人世政制品质的重任就落在了君子身上。《论语》以"学"开头教养君子，无非是要君子读透圣人文章（即制度典文），操心人世政治。君子切入实际政治有两种方式，这两种方式正好通过文学科的两位科代表体现出来，子游为武城宰，以礼乐为教，君子进入百官行列，并由此提升百官的政治品质。子夏教学西河，是以圣人文章教养出更多君子，这些教养出来的君子或"学而优则仕"，进入百官之列，或继续执教，传续圣学火种。

《尚书·舜典》记舜帝命夔"命汝典乐，教胄子"，郑玄注云"胄子，国子也"，《汉书·礼乐志》云："国子者，卿大夫之子弟也，皆学歌九德，诵六诗，习六舞，五声、八音之和。"[1]大致说来，三代礼乐之教的对象，都是贵族子弟，这些贵族子弟成人后，世袭为官，卿大夫世袭制度，大概是三代所同，不过世卿制的前提是后来成为卿大夫的胄子打小就接受到过礼乐之教。可是，当孔子提出"得见君子"时，西周宗法政制已渐渐解体，并带起了整个礼乐政制的崩溃。[2]世卿制虽然存在，但负责教养胄子的官学却早已破败，这也加速了整个周代政治品质的衰颓。也就是说，当时世袭为官的大夫们，已经缺乏良好的教育，从而性情失修，竟至于开始僭取国家权力，所以，孔子才有"天下有道，则政不在大夫"的喟叹（《季氏》）。孔子去三桓、张公室的政治行动，直接针对的就是大夫专政的春秋政治时局。由此可见，提出"得见君子"的主张，的确与"百官"品质的败坏有关，《春秋公羊传》表出《春秋》"讥世卿"的微言，[3]也可以由此得到理解。"世卿，三代所同，欲变世卿，故开选举，故立学造士"，[4]孔子对于世卿的批判，同时带起的是对君子的教养。《论语》意在教养君子，孔子将君子规定为道德之称，其实是要摆正德性与政治的关系。世卿为政的前提在于其贵族身位，但出生贵族并不能保证为政的品质，为政的品质需要"学习"来沉淀，《论语》编者以《学而》开头，继之

① 参见孙星衍：《尚书今古文注疏》，陈沆点校，中华书局，2004 年，第 69 页。
② 参见陈来：《古代思想文化的世界》，生活·读书·新知三联书店，2009 年，第 245—265 页。
③ 《春秋公羊传》点出《春秋》讥世卿的说法共两次，分别《春秋公羊传·隐公三年》、《春秋公羊传·桓公四年》。
④ 参见廖平：《知圣篇》，前揭，第 188 页。

以《为政》，"学而后为政"，可谓深知夫子之意。

《论语》以"学"开头教养君子，将君子与六经联系起来，君子对政治的理解以至于对政治品质的把守，主要来自于对六经的学习。这时，我们也才能明白，为何《论语》谈论文质关系的对象总是君子，为何要将文质关系的讨论与君子的修养联系起来——真正以六经文章来修治身心的人，只有君子。上三品人视六经为刍狗，[①]圣人虽制作六经，但圣人不世出，也不可能通过教育培养出圣人，百官则是按照外在的法规行事，这套法规虽衍生自六经，却已经蜕变为一套规矩，没有引导而只有约束心性的作用，至于百姓，更是"日用而不知"。只有君子，才能将六经文章的精神，化入自己的质性中，从而成为文质彬彬的君子。

前面我们已经讨论过，要理解"文质彬彬"，需要以认清"质"作为前提，我们之所以花如此多的篇幅，来谈探讨人性，就是为了探明"文质彬彬"的"质"到底隐藏着多少奥秘，同时才能搞清楚，所谓的"文质"关系到底是在处理什么问题。通过我们的讨论发现，作为"质"的人性有两个层面，一是先天的"性分"，一是后天的"性情"。由于质性有两个层面，那么我们就应该想到，"文质彬彬"也应当含有两个层面：一是性情层面，这一层比较好理解，即文章引导性情成为德性，另一层面是性分，这个层面上的文质彬彬，又应该如何理解？通过对《庄子·天下》篇七品人的分析可以看到，每一品级的人，由于性分不同，其实对应着全然不同的生活方式与制度，君子不能以法名参稽为生活依靠，百官也无法以仁义礼乐为追求，换句话说，每一品级的人，相对而言都有匹配于他们质性的生活制度，相应性分的人最终找到相应的生活方式和制度依靠，其实就算是达到了文质彬彬的状态，这个意义上的文质彬彬，正好接通孔子的"正名"思想，也与《易·乾·文言》所谓"乾道变化，各正性命"的思想相通。

---

① 《庄子·天运》篇言孔子所修经书为"先王已陈刍狗"，"先王之陈迹"，《天道》篇以圣人之言为"古人之糟粕"。

儒家善教思想:"民可使由之,不可使知之"释义

李德嘉①

《论语·泰伯》中有一句广为人知的名言:民可使由之,不可使知之。古代学者对这一句话的注疏并无太大分歧,然而在近代以来却引起了广泛的争议。许多人认为这句话的意思是:"老百姓,可以使他们照着我们的道路走去,不可以使他们知道那是为什么。"②而另有一些学者则认为对这句话的句读有问题,正确的句读应该是:民可,使由之;不可,使知之。③这样一来,对这句话的理解就变成:舆论所许可者,则使百姓共由之,如果舆论不许可,则使百姓共知之。如果按照这样的理解方式,孔子的这句名言就不仅不是愚民思想,而且富含了深刻的现代民主精神。我们可以发现对这句话的理解实际上关系到对儒家政治思想定性问题的重大理论问题。由于对"民可使由之"这一章句的理解不同,因此,一些从粉饰专制王权角度批判儒家政治思想的学者就将此章句作为儒家愚民的经典依据,而另一些学者则从这句话中读出了现代民主政治的意味,并以此作为论证儒家政治思想可以转化为现代民主政治的论据。仅仅靠文本的疏义训诂或是句读的变化都不能为正确理解这一章句提供有力的论证,必须在深

---

① 李德嘉,苏州大学法学院法律史专业研究生。

② 杨伯峻:《论语译注》,中华书局,1980 年,第 81 页。

③ 盖莉:《关于"民可使由之,不可使知之"的释读》,《孔子研究》2002 年第 3 期。

刻理解儒家政治思想内涵的基础上，从儒学整体脉络的角度上来理解"使由使知"的内在涵义。张分田教授就是从儒家思想的整体脉络上去理解这句话的，他的研究具有代表性。张教授指出，论语的词义研究和思想体系分析表明"民"在孔子的话语体系中是心智愚昧、道德瑕疵的群体，因此，道德有缺失、心智不健全的"民"就需要统治者"风行草偃"式的道德教化。①正是由于孔子将"民"看作是道德瑕疵、心智愚昧的群体，于是，对待草民就只能是"使由"而"不可使知"，并且需要统治者的道德教化。

张分田教授从儒家的思想体系分析入手研究"使由使知"章句的涵义，这从思想史的研究方法角度而言很具有启发性，但是，笔者认为张教授的一些观点依然值得商榷。探讨这些问题实际上已经离开了简单的章句意义之争，而涉及一些儒家的社会治理模式的探讨。要理解这一章句的内涵，需要对几个儒家政治思想中的重大问题进行回答：第一、儒家到底是怎么认识"民"的？所谓"民者，瞑也"是否是认为百姓心智愚昧而道德有瑕疵，"小人喻于利"是一个价值判断还是一个事实描述，这些是否可以作为论证孔子轻视"民"的依据？第二、不可否认，儒家确实强调教化的意义。那么，我们需要回答的问题就是，孔子所谓的"教之"到底是怎样内容的教化？是否可以简单地理解为"风行草偃"，即统治者通过树立道德楷模来实现对百姓的道德教化？本文希望从儒学政治思想的整体脉络上去把握《论语》的个别章句，通过其他儒家经典与《论语》各篇章的内容互证，来对"民可使由之，不可使知之"这一纷争百年的《论语》名言作出一个尝试性的回答。同时，本文并不仅仅满足于解决章句的词义、字义，而是希望透过这一章句的解读来探讨儒家"善教"思想的内涵与价值。

需要注意的是，自汉代独尊儒术之后，先秦儒家思想与统治者的思想相互结合而形成所谓"正统儒家"，"正统儒家"与先秦的原始儒家思想差异很大。在这里我们不展开讨论区别，只是说明一点，本文所讨论的儒家都是指先秦时期的原始儒家而言，不包括大一统之后的所谓"正统儒家"思想。另外，原始儒家的思想与中国古代政治法律制度中所体现的所谓"儒家化"的内容也有区别，本

---

① 参见张分田：《儒家愚民思想的经典依据——略论"民可使由之，不可使知之"的句读之争》，《人文杂志》2009 年第 6 期。

文对儒家的评述只涉及先秦原始儒家典籍中所体现的思想而不涉及中国政治史、法制史上的"儒家化"实践中所体现的思想。

一、回归"使由使知"章句的传统理解

(一) 近代思想家的过度诠释

近代以来的许多大思想家都对这句话有过全新的阐释,其中比较有代表性的就是严复和康有为。严复诠释"民可使由之,不可使知之"一语的新意在于,严复主要从"由之"、"知之"的"之"字入手,结合西方的政治理论,认为"之"字无非是指道德、宗教、法律而言,然而这三者实际上"以情势利害言,皆可使由而不可使知"。[①]因此,圣人所言只是一种事实的描述,并不含有愚民的含义。而康有为对"使由使知"的理解则秉承了他作伪经考的一贯作风,凡是难以理解的圣人之言一律斥之为"伪"。康有为认为愚民思想是老子之教,而绝非圣人之所立言,因此,这一章句可能是"刘歆倾孔子伪窜之言,当削附伪古文中"。[②]这些理解虽然十分具有新意,但是论证却很难站得住脚。因此,这些大思想家虽然意图在为圣人回护,力斥那些将孔子思想视作愚民思想的说法,但是由于他们的论证缺乏充分的依据,因此也广为后人所诟病。不但未能成功为圣人辩护,反而对后人理解这一章句增添了新的困难。

近代大思想家由于时代背景的限制,在解释中国古代思想时往往喜欢以己意附会,以使古代思想出现新的意义,能够适应新的时代发展。这样的解读诚然有其历史意义,在当时而言也具有深刻的现实意义。但是,就思想史的研究而言,需要的是搞清楚古人思想的真实含义,而不是任凭己意的穿凿附会。附会古人,名为尊古,但也使古人的真正思想被掩盖,实际上是对古人的大不敬。钱穆就曾经批评康有为以现代理念注释《论语》的做法是:"貌为尊孔,实则尊西

---

① 王栻主编:《严复集》(第二册),中华书局,1986 年,第 329 页。
② 康有为撰:《论语注》,中华书局,1984 年,第 114 页。

俗。"①在考察"民可使由之,不可使知之"的文义的时候,笔者就发现了这一现象,对这一章句的意义纷争实际上起自于近代的思想家,回护孔子者力持这一章句中的民主意义,反对者则将其解读为愚民思想。近代思想家对这一章句的理解虽然众说纷纭,但是并无益于真正解决问题,相反,古代的思想家对这一章句的理解却没有太多的争议。因此,想真正理解"使由使知"的真实涵义,需要我们回归这一章句的传统理解,并且从儒学思想的整体脉络上去把握这一章句的真实含义。

(二)"民可使由之,不可使知之"的传统注释

1. 对"可"的字义辨析

传统儒家对这句话的理解并没有太大分歧,朱熹在《四书集注》中解释这句话:"民可使之由于是理之当然,而不能使之知其所以然也。"②首先,需要指出的是,"可使由"、"可使知"中的"可"不当作价值判断的词汇"应该"理解,而应该理解为"能够"。"能够"与"应该"一词之差,对整个语句的理解就相去千里。孔子原意只是说百姓不能够"使知",而只能"使由之",并不是说国家的政策、法律不应该被百姓了解,只能驱使百姓去按照法律的规定生活。宋代大儒程颢就指出:"圣人设教,非不欲人家喻户晓也,然不能使之知,但能使之由之尔。若曰圣人不使民知,则是后世朝三暮四之术也,其圣人之心乎?"③这样一来,我们可以发现,孔子实际上是说百姓可以按照道理去做,但是却不能知道为什么,这仅仅是一个事实判断,而不是说百姓不应该了解圣意。

然而,即便是将"可使由不可使知"中的"可"作"能够"理解,也依然不能避免非议。"不可使知之"似乎是在贬低百姓的理解能力,儒家认为"民者,暝也",百姓天生就是冥顽不灵,愚昧无知的群体,他们天生追逐私利而忽视对道义的追求,因此,百姓在儒家看来是需要圣人教化的。对于这个非议,笔者认为应该分两个问题去考虑,一是原文本身的含义是否存有争议,二是对原文的正确认

---

① 钱穆:《中国近三百年学术史》(下册),商务印书馆,1997年,第780页。
②③ 朱熹:《四书章句集注》,中华书局,1983年,第105页。

识和适当评价。对"民不可使知之"的非议在对原文的字义解释上并不存在争议，实际上是对这一句的认识与评价不同。就对儒家经典的理解而言，儒家确实认为民众在对"道"的认知和理解方面有赖于君子的教化之风，小人与君子在道德操守和智识水平上有差异，因此，儒家才会有"君子德风、小人德草"、"君子喻于义，小人喻于利"的言论。这些都是事实，但是，如何去正确评价儒家对民性的认识以及儒家所认识的这种君子小人的差别？这才是问题的关键。

首先，君子小人的差别是一种社会管理上的客观事实，也是管理的现实需要。实现对社会的良好管理，需要解决两个基本问题：一是人人各尽其职，各尽其力；二是使贤者在高位，使具有管理才能和品质的人居于管理者的位置。故而，治国经邦，乃是一些具有战略眼光、高尚品质、过人才略的君子的分内之事，而种粮种菜，乃是经验丰富的老农的分内之事。这些原本都是基本的社会分工，并不存在高下、贵贱的区别。孟子所说"劳心者治人、劳力者治于人"也是在社会分工的意义上谈的。据学者考据，"君子"一词原指社会地位而言，是指社会的管理阶层，而小人则是指田野市井之细民，君子、小人的区别原本也只是在社会分工的意义上而言，并不含有现代语境中的歧视性意义。

其次，在儒家的思想中，君子与小人的区别并不是由个人的种族、出身等先天的因素所决定，而完全取决于个人的道德修养。故"子路问君子，子曰：修己以敬。曰：如斯而已乎？曰：修己以安人"。①儒家所提倡的不是原本就已经居于社会管理阶层的统治者宣扬"德治"来自我标榜自己具有统治者的君子之德，儒家所提倡的是让那些有德之人成为"君子"，取代那些尸位素餐的无德的统治者。因此，在儒家看来，君子小人的区别绝不是天生形成且一成不变的，能够以"君子之学"为自己终生实行的道理的人就可以成为"君子"。而那些只知争夺自己眼前利益而不顾百姓死活的君主在儒家看来就只能是"喻于利的小人"。荀子将这一点表述得十分清楚："虽王公士大夫之子孙不能属于礼义，则归之庶人。虽庶人之子孙也，积文学身行，能属于礼义，则归之卿相士大夫。"②

最后，自孔子之后，"君子"就不仅仅是一种社会地位的指称，而是与个人的

---

① 《论语·宪问》。
② 《荀子·王制》。

道德修养紧密相关。孔子将君子的社会地位与个人德性紧密联系在一起实际是在为古老的宗法制设立一项合理性的标准，乃是希望有道之君子成为国家社会的管理者。萧公权指出："故孔子之理想君子，德成位高，非宗子之徒资贵荫，更非权臣之仅凭实力。前者合法而未必合理，后者则兼背理法。"从目的上来说，孔子的理想实际在于"为封建天下重新创造其统治阶级"。[①]如果以现代的法学理论去看，孔子所提出的"以德致位"的君子之治实际上是为现实的统治者确立一个正当性的伦理准则，孔子所关注的乃是权力的伦理问题。由什么人指掌权力、指掌权力的人应该具有什么样的品质，甚至于国家制度本身所应具有的德性，这些话题是一个古今共同面临的问题，这些在孔子提出的"君子之治"的理想中都有体现。孔子的君子之治本质上是一种"人治"的思想，但是需要注意的是，这种"人治"思想与现代的民主法治并非水火难容，关于统治者的德性以及统治的正当性问题即便是在一个民主法治的社会里也依然存在。

从字面的含义上看，儒家思想确实强调了君子小人的区别，儒家也确实认为民众需要君子如风行草偃一般的教化。但是，这并不能理解为愚民或是对民众能力的轻视，如果从这一点推出儒家不支持民主制度的结论，则是令人难以接受的。

2. 以《孟子》解释"民可使由之"

虽然，上面我们已经驳斥了那种将"民不可使知之"理解为儒家轻视民众，认为儒家的"君子、小人之别"是将民众看作是一个道德有缺陷、能力低下的群体的观点。但是，问题依然存在。既然，儒家不曾轻视民众，那么又该如何真正理解"不可使知，只可使由之"的问题呢？民众为何"不能使知"，又将如何被"由之"？这些问题在《论语》中并不能找到合理的解释。

梁启超曾经提出以孟子中的章句来解释"民可使由之"的含义，这样的思路恰好可以为正确的理解孔子思想提供一个视角。[②]孟子曾说："行之而不著焉，习矣而不察焉，终身由之，而不知其道者众矣。"《周易·系辞传》中也有"百姓日用

---

① 萧公权：《中国政治思想史》，新星出版社，2010 年，第 48 页。
② 参见梁启超：《先秦政治思想史》，天津古籍出版社，2004 年，第 215 页。

而不知"一语,今天也有人指出,这种观点是贬低百姓,认为百姓天生不能理解大道,因此需要圣人教化。其实,如果这样理解,那么又是断章取义了。其实,儒家所提倡的教育出发点在于良好的道德习惯的养成,并且仁义等等道德价值都是内在于人心的,都应该是个人的内心认同的产物。因此,伟大人格的养成仅仅在于个人的"存心""养心"过程并不决定于外在的"教化"。孟子也反对戕贼人性而为仁义,指出人的向善就如水之向下。因此,百姓的良好政治道德的养成也应该在不知不觉之中养成,任何外力的教化和约束都是对人性的破坏。因而,在此不知不觉的过程中,百姓"徙善远罪而不自知"。这才是"民可使由之"一句的正确理解。

《孟子》中说"终身由之,而不知其道者,众矣",可知儒家始终认为民众不能理解"道"的深层涵义,对百姓也无需以修身平天下的至圣之道来进行教化,只需要百姓能够体认日常的生活伦理即可。所谓"修齐治平"的内圣外王之道,对百姓而言,太过高深,也太过奢侈,如果让普通草民也去以"平天下"为己任,终日以修身至圣为目标,不仅不可能,也会造成普遍的伪善。人人以圣人君子为目标,最后使人人变成伪君子。对百姓而言,无恒产则无恒心,因此,首要的是治民之产,使人们有私产而"养生丧死无憾",对百姓而言不仅不能"狠斗私字一闪念"而且要为自己的产业而努力生活,这才是儒家所谓"小人喻于利"的真实涵义。对于苍生百姓,让他们整天去高呼解放全人类的口号,整天对自己的私心私利进行批斗,这样的社会一定是一个政治与生活混同的变态社会,对百姓而言,天生就应该"喻于利"。而对于那些以兼济天下为己任的君子而言,他们处于社会管理者的角色,他们所考虑的就不仅仅是个人的私利和幸福,而应该有更高的政治理想和道德追求,因此,君子应该"喻于义"。如果这样理解孔子所说的可使由之而不可使知之的问题,就可以使原本的非议和困惑得以解决。

二、儒家对民性的基本认识

(一) 儒家对人性善的讨论

性善,是儒家思想家对人性的基本认识和总体态度。过去,人们常以为孟子讲"性善",而荀子主"性恶",孔子则仅仅讲了一句"性相近也,习相远也",以为孔子对人性的看法是人性之初无所谓性善性恶,是后天的教育、习惯等使人产生了善恶。实际上,从孔子开始,儒家对人性的基本看法就是性善的。孔子虽然很少谈论"性"与"天道"的问题,所谓"夫子之言性与天道,不可得而闻也"①,只是说明孔子对于人性和天道的问题十分慎重,但是从孔子思想的整体来看,孔子依然坚信人性本善。首先,孔子曾说:"人之生也直,枉之生也幸而免。"②此处的人,乃指普遍性的人而言。既以"直"为一切人之常态,以"枉"为一种变态,即可证明孔子是在善的方面来说性相近。其次,孔子虽不曾谈过"性善",但是"仁"却是孔子思想的一大核心,孔子自己也承认自己一生学问的"一以贯之"之道就是推己及人的"仁道"。试言之,若孔子不相信人性之善,如何会将"仁"的基础建立在"推己"之上。人如果人性本恶,处处利己害人,又怎么可能以己心度人,将心比心,推己及人。如果没有性善的人性基本前提,那么,孔子所说的"己所不欲,勿施于人"的忠恕之道就根本不可能实现。其实,孟子就曾说过:"仁,人心也。"③仁,实际上就是人心、人性的指称,孔子言仁,也就是在言人心人性之仁。

荀子思想体系庞大、而且杂糅王道与霸道,礼法兼用,不仅是儒学在战国时的代表人物,其思想对法家也产生了重要的影响,因此,他的思想与学说比较复杂。人们一般认为,在人性的问题上,荀子与孟子思想对立,孟子道性善而荀子则说"性恶,其善者,伪也。"然而,徐复观先生却指出:"荀子对于孟子主张性善,而自己主张性恶的争论,不是针锋相对的争论。"④实际上,荀子与孟子根本没有在同一个层面上使用"性"的概念,荀子所称之"性",乃是指人的本能与本能所产生的欲望而言。"今人之性,饥而欲饱,寒而欲暖,劳而欲休,此人之情性也"。⑤饥饱、寒暖、劳休这些概念都是人的基本欲求,这些欲求如果不加以节制

---

① 《论语·公冶长》。

② 《论语·雍也》。

③ 《孟子·告子下》。

④ 徐复观:《中国人性论史·先秦篇》,引自李维武主编之《徐复观文集》(第三册),湖北人民出版社,2002年,第217页。

⑤ 《荀子·性恶》。

或者一味地放纵，当然会产生争夺，这也就是荀子所说的"性恶"。这一层面上所言的"性恶"，即使是孟子也不会反对，孟子甚至指出人与禽兽之别"几希"，如果人放其心而不知求，就和禽兽没有区别。人之所以为人，乃是因为人能够保全自己天生的羞恶之心，即所谓的"仁之四端"。因此，孟子言性善，乃是指人的天生的同情心、羞耻感、道德感而言，也正是因为人具备这些天生的仁心仁闻，才是后天加以修养、扩充的基础，故孟子说："乃若其情，则可以为善矣，乃所谓善也。若夫为不善，非才之罪也。"①而孟子所说的这种人性中先天具备的为善的可能性，人见邻家之子落井而起恻隐之心是人之常情，乃是基于人性观察的经验判断，是人之所同然，则虽是荀子也不能反对。荀子也强调这种人性中向善的力量，只不过，荀子不将其称为性善，而称之为"知"，"凡以知，人之性也"②。荀子认为人与禽兽之别在于人能知礼义，"水火有气而无生；草木有生而无知；禽兽有知而无义；人有气有生有知亦且有义，故最为天下贵也。"③人生而有知，故而可以通过学习修身致善甚至成为圣人，"然而涂之人也，皆有可以知仁义法正之质，皆有可以能仁义法正之具，然则其可以为禹明矣。"通过这样的比较可以发现，我们可以说，荀子所言"性恶"是在人的本能的基础上而言的，而荀子与孟子都认为人性中有可以为善的先天因素，只不过孟子是从经验的角度论证人所具有的同情心和道德感，而荀子则认为人性有可以通过学习致善的能力。也可以说，荀子所谓"性善"，是指人有可以为善的能力而言，这种能力是人人生来就有的。

（二）对儒家性善论的理解和评价

儒家的性善又不单纯指人的先天具有的为善的能力，而且体现了儒家对人性的一种信任，是儒家伦理思想的人性基础和出发点。也正是因为性善，儒家尊重人人生而就有的道德感和同情心，儒家的道德规范都是建立在人的普遍的

---

① 《孟子·告子上》。
② 《荀子·解蔽》。
③ 《荀子·非相》。

道德感基础之上,从来不曾提出扭曲人性的道德要求。儒家的道德伦理要求儒家必须顺应人情、人性制定礼义规范,而不是超越人性,提出人性所无法承受的道德理想。因此,儒家所提出的伦常之教是以百姓的日常之道为基础的,这也就是儒家所说的中庸。现在的人们往往以为中庸就是不敢超越、不敢突破、思想保守、平庸的代名词,以为中庸就是做和事佬、不得罪人,不偏不倚的做人做事就是中庸,其实这些都是对儒家中庸思想的误解和滥用。朱熹注"中庸"之意时说:"中者,不偏不倚,无过不及之名。庸,平常也。"①所谓平常之道,也就是每个人可以实现,而且应该实现的道德,既然可以是为普通人所日常实践的道德,那也必然是"不偏不倚,无过不及"的。有人批评性善论追求至善,企图实现一个道德上的乌托邦,最后造成的结果却是造成人们的全面伪善。这样的批评并不适合儒家思想,中庸思想充分说明儒家的目的并不是追求人的至善,对于施行于全社会的道德而言,一定是普通人所能日常实践的道德,既不对人性失去信心,同时也不奢求人性能有所超越,造就全社会的圣人君子。中庸的思想品格是保守的,它警惕一切企图在人间打造一个天堂的社会乌托邦思想,也反对一切大规模的社会工程来改造人性、改造社会,那种以秋风扫落叶式的社会运动来治理国家的思想是不符合中庸的思想品格的。

同时,值得指出的是,儒家的性善思想虽然是对人性的信任,但其对于人性中的恶也有充分的认识和警惕。荀子一方面指出人有善质,"涂之人"通过学习积累都可以成为圣人。另一方面也警告人们,人性本恶,所有的人类善行都来自于后天的学习修养,如果人失去了对自己本性的控制,就会堕落于罪恶。更为重要的是,儒家对于人性恶的警惕往往集中于对掌握权力的人身上,儒家通过义利之辨来告诫掌握权力的君子们应该追求公义和道义而不能汲汲于自己的私利,如果君子不修德不养性,专门谋取一己之私,那么就将堕落为小人,不再具有掌握社会管理权力的资格。君子与小人的区别仅在乎一线之间,关键就在于能否修持自己的心性,故而孟子说:"人之所以异于禽兽者几希,庶民去之,君子存之。"②有人通过儒家主张性善来说明儒家忽视了对人性中的阴暗的警

---

① 朱熹:《四书章句集注》,中华书局,1983年,第17页。
② 《孟子·离娄下》。

惕,从而试图解释为什么儒家没有提出控制权力的法治思想。这种对儒家性善论的批判不仅是对儒家思想的误读,其实也犯下了一个决定论的错误,我们不妨重温波普尔的告诫:"事实上,我们可以设想,不能引用'人性'的某些倾向来解释的事件是极少的。但是,能够解释一切的方法可能恰恰有可能什么也解释不了。"①

(三) 儒家对民性的认识与儒家之教的关系

首先,儒家对人性的认识是经验的,一方面承认人性中有朴素先验的道德感存在或者可以认识学习道德的善质,这就是儒家的性善;另一方面,儒家也认识到世间的恶也与人心紧密相关,孟子说的放其心而不知求,就是对人心中的堕落的警告。荀子更是一针见血地指出,人若不经后天的道德学习与修养,人就无法克制膨胀的欲望和本能,自然会导致恶的产生。因此,无论荀孟,儒家都十分重视后天的道德学习和修养。儒家的所谓君子之治,首先表现的就是君子的修身之学。《中庸》中说:"修道之谓教。"可见,君子的个人修身养心,是儒家之教的重要部分。儒家也正是通过对人性的认识来论证"教"的重要的。

其次,儒家强调普遍的性善,在人性的善质和普遍的道德感面前,庶人与君子、圣贤人人平等,人皆有"心之所同然"②。这一点,更可以证明那些批评儒家轻视民众,认为民众天生与君子存在道德上的差异上的观点的荒谬。君子与小人在人性的普遍道德情感面前是平等的,其差别只在于后天之教。君子能够自养其心,而小人则放其心不知求,需要依靠君子风行草偃的教化之功。因此,"教"是儒家区别君子、小人的重要内容。

最后,儒家基于性善而对人性有着足够的信任,因此儒家的教化就要求按照一般人的道德伦理观念来约束普罗大众,而不是超越人性、扭曲人性,提出违背人性发展的道德要求。法律和礼制等社会制度产生目的在于顺应人性和人情,社会制度的创制也不能背离人性的要求。孟子批评告子的"性如杞柳"的观

---

① [德]卡尔·波普尔:《历史决定论的贫困》,华夏出版社,1987年,第122—123页。
② 《孟子·告子上》。

点是"戕贼人以为仁义"①,孟子的意义就在于指出政治应该考虑人性中的正当需求,顺应人性而设计制度,仁、义、礼等社会规范都是人性的体现,是内在于人心的。荀子也指出,礼的作用就是要使人类情感的表达抒发在一个适当的度里,使人能够"相与群居而无乱"。②

三、儒家"善教"政治思想的基本内涵

(一)"善教"与儒家的政治观

《孟子》首先提出了"善教"的思想,他在《尽心下》中说:"善政,民畏之;善教,民爱之。善政得民财,善教得民心。"实际上,孟子之善教思想直接源自于孔子,孔子面对学生问如何治国,孔子的回答就是:"庶之"、"富之"、"教之"。孟子对孔子"教之"的主张更作了进一步的发展,孟子提出"善教",并且与所谓的"善政"做了对比,指出"善政不如善教得民心"。一方面,我们需要认识到孟子口中的"善政"与今天的政治既有些联系也有很大的区别。在孟子的时代,政与刑紧密相关,古人常以"政""刑"连用,可见古人眼中政与刑内容相近,都是国家强制力的体现,因此,孟子说"善政,民畏之"。孔子也说"道之以政、齐之以行,民免而无耻。道之以德,齐之以礼,有耻且格。"③由此,也更证明所谓"善教"思想不是孟子独创,而是儒家政治思想的一个重要内容。另一方面,儒家对政治的认识也与其他各家学派以及今天人们对政治的定义有所不同。法家将政治视为纯粹的权术,与道德、教化都没有关系,除了严刑峻法,法家根本排斥道德与教化在政治中的作用。今人认为政治是关于社会资源分配、权力归属、社会管理等问题的科学,西方政治学自马基雅维利时起就与道德完全脱离了关系,成为一门独立的学科。儒家对政治的看法十分独特,在儒家看来政治与道德其实没有区别,孔子就曾经这样论述自己的为政之道:"《书》云:'孝乎,惟孝友于兄弟,

---

① 《孟子·告子上》。
② 《荀子·礼论》。
③ 《论语·为政》。

施于有政。'是亦为政，奚其为为政？"梁启超将儒家的政治概括为道德和教育，他在强调儒家政治思想的特点时说："以目的言，则政治即道德，道德即政治。以手段言，则政治即教育，教育即政治。"①在梁启超看来，儒家的政治思想从根本而言不外两端：一是以正己之德约束君主与群臣的行为，二是以教育提高每个个人的道德水平，从而达到天下大治的局面。

儒家的"善教"又与德治的理论紧密相关。德治的关键在于统治者能否先尽其德，要求统治者自身应该首先具备合格统治者所必需的德性。而儒家的"善教"其关注的出发点与德治基本相同，都是首先要求统治者具备必需的德性。这种对君主的道德规范，就德治的角度而言可以称之为"正君"，而就"善教"的方面而言，也就是统治者自己反躬自省的"正己"之道。《孟子·离娄上》说："惟大人能格君心之非。"朱熹对这句话的注释是："大人者，大德之人，正己而物正者也。"②朱熹一语揭示了"正己"和"正君"的关系，儒家所谓"正君"，正是通过君主自身的"正己"来达到"格君心之非"的目的。《论语》中所谓"政者正也，子率以正，孰敢不正"③，及"为政以德，譬如北辰，居其所而众星拱之"④，也都是这种思想的表达。

（二）儒家之教在修己治人方面的区别

一直有人认为，儒家"风行草偃"的教化是树立以君子为典型的道德楷模，然后要求全社会效法君子之行的道德教化。因此，有人将儒家的"风行草偃"之教与现在的道德教育相比较，认为这样的做法不仅造成教化者假话空话大话连篇，而且在社会上酿成了伪善成风的局面。树立君子为榜样，要求一般百姓人人向君子学习，要求人人致圣，会导致强制推进道德，消灭公权力与私人生活的界限，使得个人自由的空间消失殆尽。这种对儒家的指责实际上并不能成立，将"忠恕之道"一以贯之的儒家怎么可能认可这种强人从己的思想呢？"子曰：

---

① 参见梁启超：《先秦政治思想史》，天津古籍出版社，2004 年，第 101 页。
② 朱熹：《四书章句集注》，中华书局，1983 年，第 285 页。
③ 《论语·颜渊》。
④ 《论语·为政》。

君子不以其所能者病人，不以人之所不能者愧人。"①其实，儒家不仅不可能要求人人学习圣人君子的道德品质，相反，儒家一定会反对道德教化的强制推行。这也就是儒家在修己治人上的不同标准。

《中庸》特别强调"慎独"的意义，也是通过自省而内圣外王的唯一途径，但是这只能作为个人修己的标准，不可因此而作为政治上要求人民人人都去施行的标准。《礼记》中说的"君子议道自己，而置法以民"也正是这个意义。"议道自己"的"道"，就是儒家所要求的修身致圣的做人的标准，这种标准只能自己给自己设立，是自我约束的。"置法以民"，就是社会一般人的生活规约，这种规约的制定标准显然不能是君子修身致圣的标准，而只能以社会一般大众所能实践的日常伦理为依据，也就是"中庸之道"。董仲舒也曾经说："内治反理以正身，据礼以劝福。外治推恩以广施，宽制以容众……是故以自治之节治人，是居上不宽也。以治人之度自治，是为礼不敬也。"②可以看到，儒家之教，严于正身正己而宽于以道德约束百姓。

儒家之"教"强调在修己治人上的区别有两个方面的意义：一方面是如果以修己之道来要求百姓，势必会导致程朱理学教导人们宁可饿死不可失节，所谓"以理杀人"的局面。期待人人修身而成君子，终究将使人人变成伪君子。同时，如果统治者强制在百姓中推行自己的所谓君子的道德，不论这种道德的内容如何，都将导致政治权力介入到人民的日常生活中来，导致个人自由的空间日益缩减。百姓以统治者的道德为道德，统治者的是非为是非，其实就是一个极端极权的社会，从肉体到灵魂都受到统治者的约束，也必将使百姓失去自己的是非判断，迎来一个道德沦丧的社会。而儒家强调修己治人之别恰恰就是对这种政治与道德不分的最有力度的批判，不仅具有历史意义而且兼具现实意义。

另一方面，儒家对待百姓"宽制以容众"，力图在思想道德领域造就一个有一定的宽容、自由度的社会。而与此同时，儒家对待君子的要求是严于正身，实际上就是对那些掌握社会权力的人提出更高的道德要求，希望在德性上对居于

---

① 《礼记·表记》。
② 《春秋繁露·仁义法第二十九》。

统治集团的人提出约束。这也正是儒家之"教"对君子的要求,儒家所谓"风行草偃"并不是通过树立道德楷模之君子来教化百姓,而是首先对统治者提出更高的道德标准,要求统治者自身作表率,成为百官和万民的榜样。"成王之孚,下士之式"[1],诗经中的这一句,看似是在歌颂成王,实际上是说明统治者应该以身作则。孟子在"风行草偃"的前一句中说,"上有所好,下必甚焉"[2],正是阐明了这样的政治心理现象:专制时代的民众总是会投统治者之所好。因此,统治者更应该格外重视自己的模范意义,对自己提出更高的道德要求。儒家严于正己,关注的正是权力执掌者自身的德性,希望能通过"正己"来约束统治者的权力行使。

(三)"可由而不可知":儒家对百姓的教

儒家相信人类的普遍道德感和道德规范都必须深植于普遍的人性之上。既然,人在性善的基础上是平等的,人性皆有所同然,那么儒家的道德规范就不是只是按照君子的道德情感来设计的,或是依照圣人的标准来要求的,儒家的道德规范其实就是普罗大众所能实践的日常伦理。儒家的道德规范既不企图矫正人性,也不奢望超越人性。从这一点而言,儒家道德规范应该是能够使百姓做到"日用而不知"的。百姓每日就是按照这样的道德规范来待人接物的,他们天生依照自己的朴素的良心就能够实践儒家的道德规范,但是作为大众,他们却不能自觉的反省这种道德的来由,这才是真正的"民可使由之,不可使知之。""可使由而不可使知"的道德规范是儒家之教的基本内容,因此,理解儒家的"善教"思想必须从对"民可使由之,不可使知之"一语的真实含义的理解入手,对整个儒家思想进行一种体系性的解读。

儒家之所以如此重视对百姓的教化与其对政治的认识息息相关,儒家始终认为良好的政治不仅仅是一二贤人在位而可实现的,必须植根于"全民"之上。礼治秩序的重建、仁政王道的实现都不仅仅依靠统治者的"正己"之功,而有赖

---

[1] 《诗·大雅·文王》。

[2] 《孟子·滕文公上》。

于"君臣、父子、夫妇、兄弟、朋友"五伦之道德在全民中的接受与自觉的践行。因此,梁启超这样评价儒家的政治思想:"儒家所谓人治主义者,绝非仅恃一二圣贤在位以为治,而实欲将政治根基于'全民'之上。"[①]这样的政治思想虽为"人治",但在今日也有其意义,如何培养体制中有德行、有责任、有担当的公民,如何恢复并重建一个社会的普遍价值与道德基础,儒家的经验都值得我们认真总结。

通过以上的探讨我们发现,儒家的教并不是朝三暮四的愚民之教,也不是政治领袖与精神导师、伟大舵手三位一体的政治教化。儒家的教根植于对人性善的基本认识,以百姓日常实行的"中庸之道"为内容,乃是一种旨在养成百姓良好伦理习惯的日常之教。

---

① 参见梁启超:《先秦政治思想史》,天津古籍出版社,2004年,第101页。

家国天下

深层思想自由的消失

——新文化运动后果反思

张祥龙[①]

新文化运动是中国现代史上最重要的文化事件,其影响到今天可谓深远广大。但是,对于这种影响的评估却还有待深化。正面的评价可谓"滔滔者天下皆是",但对其负面的后果,还审视得极为不够,并因此而使当今的中国知识分子乃至整个中国文化颇受其累。本文将集中讨论这些负面后果中的一个,即这个运动并不像流行的说法所声称的,为中国人、首先是华夏知识分子,带来了思想自由的新鲜空气,相反,它的开放外貌下面隐藏着压制深层思想自由的桎梏。如果不破除它,中国未来的文化和思想就不会有真正的活力和健康的未来。

一、从北大该不该立孔子像谈起

2008 年春,我写了一篇题为《无孔子之北大无灵魂——北大校园立孔子像的建议》的短文,被某报纸刊登后,引起一些反应和争论。起因是我看到北大校园内近来立了西方古代哲人苏格拉底的半身像,以前还有西方文学家塞万提斯的像,却一直没有孔子的像。而我曾在多个场合,也当着各位校领导的面,提议

---

① 张祥龙,北京大学哲学系暨外国哲学研究所教授。

北大应该立孔子像，却一直不果。当时受到苏格拉底像的刺激，不仅觉得"实在不公平"，而且感到这件小事折射出了北大、乃至整个现代中国办学的问题，所以愤而诉诸笔端。文章发表后，我又向当时的许智宏校长等校领导递交了《为北大立孔子像向北大校领导陈情书》，进一步说明立像理由，并对北大校史和办学方向提出了不同于流行意见的看法。

至今没有收到任何回复，孔子像也还是没有立，苏格拉底和塞万提斯倒是在那儿结结实实地站着。其实，就此事包含的文化意义而言，在北大最该立的倒还不只是一尊像（将来，北大也可能以非尊崇的态度立个孔子像，以塞人言），而是一个更健全的教育体制，一个被新文化运动破除了的体制（此点下面会讨论）。

说到新文化运动，不少人一直将它与"五四运动"混谈，所谓"五四新文化运动"。本文严格区分两者，五四运动是发生于1919年的爱国学生运动，新文化运动则是以《新青年》杂志（由陈独秀创刊于1915年，1918年编辑部自上海迁到北京）为核心而发动，其后波澜汹涌、影响深远的一场文化运动。前者因中国受外国列强的欺凌、当权者媚外卖国而奋起反抗；后者则将中国当时的贫弱归因到自家祖先，必欲从文化上全盘西化。两者虽有某种联系，但绝不可同日而语。

今日有人要钝化新文化运动的锋芒，说此运动中的健将当时的言论虽有过激，后来却已经在很大程度上被纠正了（比如胡适后来从文化上也不那么激进了；红色阵营这边也要区分"精华"、"糟粕"）。从以上立孔子像这个微例中亦可以感到，此运动的过激并没有流失，而是体现在了各种体制和意识形态之中，影响无处不在，以各种方式在排斥着异己的东西。一句话，我们早已生活在了新文化之中。[张祥龙，2007，第3—9页]所以，本文的另一个议题就是要确证新文化运动的耀眼成就，尽管绝不想为它唱赞歌。

二、新文化运动的特点——被论定的文化置换

自十九世纪中期以来，中华民族被卑鄙残暴（贩毒可谓卑鄙，炮艇可谓残暴）的西方列强侵犯。为图生存，就逐渐有改革的呼声和举措。在广义的新文化运动之前，这类改革还是以拯救民族及其文化为宗旨。"师夷之长技以制夷"、"中学为体，西学为用"、"保国、保种、保教"，都反映了这种意向。到了新文

化运动,这个宗旨被放弃了,民族生存与这个民族传统文化的生存被完全割裂和对立。新人士们相信,民族要生存,就要摒弃此民族的文化。这种文化自戕,在世界文明史中要算一个奇观。[①]

新文化运动是由《新青年》、《新潮》等杂志为早期主要阵地而推动的文化革命运动。其主要参与者有:陈独秀、李大钊、鲁迅、胡适、吴虞、钱玄同、傅斯年、蔡元培(亦是重要的先导者和保护者)等。当然,后来又有许多人追随。

《新青年》创刊号(当时叫《青年杂志》,1916 年改为《新青年》)中,陈独秀《敬告青年》一文,大致可以代表此刊乃至整个运动的文化主张。他写道:

> 翘在吾国,大梦未觉,故步自封,精之政教文章,粗之布帛水火,无一不相形丑拙,而可与当世争衡? ……固有之伦理、法律、学术、礼俗,无一非封建制度之遗,……驱吾民于二十世纪之世界以外,纳之奴隶牛马黑暗沟中而已,复何说哉? 于此而言保守,诚不知为何项制度文物,可以适用生存于今世。吾宁忍过去国粹之消亡,而不忍现在及将来之民族,不适世界之生存而归削也。[马勇,1999,第 5 页]

陈独秀尊奉严复《天演论》的所谓进化论或天演论的思路,认为“弱者当为强肉,愚者当为智役”;[②]按这个标准,中华传统文化既愚且弱,无一可取,所以,为了“适世界之生存”,就要“忍过去国粹之消亡”。此文中的小标题点出了他心目中新文化的特点:“进步的而非保守的”、“世界的而非锁国的”、“实利的而非虚文的”、“科学的而非想象的”,等等;一句话,“近代欧洲”的。[马勇,1999,第 7 页]

而且,陈独秀还更进一步,已经持有一种弱者、不适应者应该被淘汰的主张,也就是从根本的价值论和伦理学上赞同强者、斥逐弱者,反映在“相形丑拙”、“奴隶牛马”一类的话语中。此杂志第一卷第四号刊有他的《东西民族根本思想之差异》,更是直接痛责东方的、特别是儒家的民族文化性:“西洋民族性,

---

① 为什么会出现这个奇观? 为了回答它,我曾于 2004 年在德国两所大学(图宾根大学和维尔兹堡大学)的汉学系专门开过课。回来后又在北大、中国青年政治学院等处做过数次讲演,探讨这个近乎自相矛盾现象的原因。

② 严复:《原强》,见郑大华、任菁,1999,第 166 页。

恶侮辱,宁斗死;东洋民族性,恶斗死,宁忍辱。民族而具如斯卑劣无耻之根性,尚有何等颜面,高谈礼教文明而不羞愧!"[郑大华、任菁,1999,第32页]新文化运动的主将们对这种看法几乎完全赞同。比如胡适《我们对于西洋近代文明的态度》一文,就论证西方近代文明不仅在物质方面高于东方,而且"西洋近代文明能够满足人类心灵上的要求的程度,远非东洋旧文明所能梦见"。[罗荣渠,1990,第161页]新文化运动的后起之秀陈序经直言:"西洋文化无论在思想上、艺术上、科学上、政治上、教育上、宗教上、哲学上、文学上,都比中国的好。"[罗荣渠,1990,第371—372页]实际上,他表达的不过是胡适在《我自己的思想》中的观点,胡讲:"只有一条生路,就是我们自己要认错,我们必须承认自己百事不如人;不但物质机械上不如人,不但政治制度不如人,并且道德不如人,文学不如人,音乐不如人,艺术不如人,身体不如人。"[罗荣渠,1990,第382页]鲁迅则讲:"我以为要少——或者竟不——看中国书,多看外国书。"[1]

这是一个危险的改变。按照它,中国文化或东方文化不仅是弱的,难于在西方强权压力下生存;而且从思想上和道德上来讲,是低级的和劣等的,所以不配在现代生存。相比于以前的救亡图存思想,这正是新文化运动的"新"之所在。它不再满足于向西方开放和学习,以求挽救中华民族及其文化,而是要找到客观的标准,从思想能力、道德水准、民族特性上,全方位地、一劳永逸地判定谁优谁劣,从而取消中华文化乃至一切非西方文化的生存资格。这个标准就是弱肉强食的功利主义和被扭曲了的进化论,按照它,科学与民主是西方最突出的两项骄傲,而其中科学更是无敌于天下。所以不仅胡适高呼"科学万能"[2]、"无上尊严"[3],认为任何文化保守主义在此锐器前都不堪一击,也不仅新文化运动早期人士无一例外赞同此说,而且,这种科学主义——注意,这"科学"既可以是自然科学,又可以是社会科学——今天已经超出政治意识形态的分歧,牢牢守护着新文化运动的成果。

后来有一些人不赞同陈独秀、胡适、陈序经、鲁迅等人那种纯粹版的全盘

---

① 鲁迅:《青年必读书》,见左玉河,1999,第9页。

② 胡适:我们应该"信仰[西方人的]科学的方法是万能的",见罗荣渠,1990,第164页。引文方括号中的话为引者所加。

③ 胡适:《科学与人生观》,见马勇,1990,第557页。

西化论,觉得中国文化也有值得保留乃至发扬的东西。但这是在已定大局中的调整而已。根本的标准(崇强力的功利主义)已定,楷模(西方近代科学)已定,其余只是心理的适应方式和实用的修饰手法而已。下面涉及的一些例子,比如教育、中医和汉字的现代经历,可以展示出这些"两点论"或调适政策的根本局限。

三、新文化运动的一个后果:变相的思想专制

新文化人士们相信自己已经找到了衡量文化优劣的标准,它不仅可以被清楚表达出来,而且可以被普遍化地运用。于是,他们的判断或观点就被宣称是文化问题上的真理。这种思想方法上的普遍主义(universalism),是新文化运动(从广义上讲也包括后来的文化大革命)最突出的哲理特征。它来自传统西方文化,其古代哲学的典型表达是柏拉图主义,宗教上是基督教神学,近代则是唯理主义和科学主义。它相信能够找到区分真理与谬误的终极标准,而且可以将它们充分表达出来,运用到相关对象上去;所以总要将世界分为两块,一高一低、一光明一黑暗。人的使命就是去追求这已经被昭示出来的真理和光明,消灭谬误和黑暗。所以,对于这种思想方法,没有终极的或真实的思想宽容可言,因为这不符合它的基本逻辑。怎么能对谬误宽容呢?对于低劣、罪恶、丑陋,只应该将其打翻在地,再踏上一只脚嘛。所以,这世界上真诚的普遍主义者们,无一不有思想上的专制倾向。

有人会反驳道:中国历史上的学说,比如儒家学说、道家学说等等,也是普遍主义,它们也主张"仁"或"道"是普遍真理呀。不然。无论儒家还是道家,或者中国佛教,虽然都相信自己获得了终极之真,但没有一个相信这个终极真理可以被充分对象化地表达出来,成为一个可以量尽天下现象的标尺。[1]"子绝四。毋意、毋必、毋固、毋我。"(《论语》9.4)"道可道,非常道。"(《老子》1章)"色不异空,空不异色。"(《心经》)所以,它们都认为真理的实现需要时机、技艺、缘分,不

---

[1] 关于儒家的非普遍主义本性,参见拙文《儒家哲理特征与文化间对话——普遍主义还是非普遍主义?》,见陈来、甘阳,2008,第307—320页。

可能以充分对象化和普遍化的方式来直接判定真理的现实形态。正因为这个缘故，它们都为其他学说和文化的生存预留下了空间和时间。中国历史上没有过宗教战争，以及像西方中世纪那样的长期思想专制。儒释道三家之间虽有摩擦，虽有儒家的某种主导地位，但总的看来是互补共生的关系。这是一种根本的思想宽容。西方这边则往往只能在怀疑主义、实用主义的态度中找到宽容，找到普遍主义的泄药。二十世纪以来，当代西方哲学和文化中出现了一些积极的新动向。我们下面会提及它。

广义的新文化运动接受的恰恰是传统西方的二分法思想方式（dichotomous way of thinking），所以一直带有强烈的思想专制倾向，却意识不到这一点，还要经常标榜自己的多元、宽容和思想自由。这其实是更可怕的。从上一小节的介绍中可以看出新文化人士对于中国自家文化的不宽容态度。它并不偶然，并非由某些人士的个人性格决定，而是这个运动的思想方式本身所命定的。既然相信真理已经在握，道路已经标明，剩下的只是如何去充分实现这真理，那么也就不可能尊重他们眼中的非真理的自由和生存权。在这里，"焉有并行之余地？"①

正是这个根本处的异变，导致了中国知识分子主流的文化哗变，和一种会令外人吃惊不已的文化自虐冲动、灭祖冲动。例如，作为中国传统文化主导的儒家，主张亲子关系和家庭是一切伦理、礼制与政治的根源；傅斯年却认为中国的家庭是"万恶之源"："可恨的中国的家庭，空气恶浊到了一百零一度。"②胡适则赞许吴虞的主张，即"[儒家]各种礼法制度都是一些吃人的礼教和一些坑人的法律制度"，颂扬吴虞是"'四川省只手打孔家店'的老英雄"。③既然自己的祖先文化"吃人"（鲁迅《狂人日记》首倡此说，吴虞跟进），那么这侥幸没有被吃掉的人的后裔，当然有资格来"吃掉"这个恶魔般的文化。这种论断基于仔细的考察吗？（"大胆假设"有之，"小心求证"有吗？或者，不完全服务于这"假设"的自由求证有吗？）有文化间的比较吗？（比如，基督教的"礼教"吃人吗？哪种礼教

---

① 陈独秀：《敬告青年》，见马勇，1990，第 12 页。
② 傅斯年：《万恶之源》，见马勇，1990，第 66 页。
③ 胡适：《吴虞文录序》，见马勇，1990，第 152 页。

或文化不在新文化用语的意义上"吃人"?)更关键的,有对于自己论断方法的有效性、局限性的反思吗? 看来都没有,却气势如虹。

汉字是中华文化的生命线。靠了它,此文化得以长传不息,在千难万险中也没有碎裂。新文化人士却只看到西方拼音文字的优越,力主消灭汉字,用拉丁化的新文字取而代之。钱玄同在《新青年》第四卷第四号上就"中国今后的文字问题"与陈独秀等人通信,称"欲废孔学,不可不先废汉文;欲驱除一般人之幼稚的、野蛮的、顽固的思想,尤不可不先废汉文"。①他给出的理由是:"中国文字,论其字形,则非拼音而为象形文字之末流,不便于识,不便于写;论其字义,则意义含糊,方法极不精密;论其在今日学问上之应用,则新理新事新物之名词,一无所有;论其过去之历史,则千分之九百九十九为记载孔门学说及道教妖言之记号。此种文字,断断不能适用于二十世纪之新时代。"②这些理由,不少从表面看就不成立,比如说汉字是"象形文字之末流"。汉字乃表意(ideographic)文字,"象形"(pictograph, hieroglyph)只是构字"六书"之一,更谈不上"末流"。说汉字"不便于识",不对,它比拼音文字更容易识别。说它无法表达"新……物",也无道理。[王树人、喻柏林,1996,第一篇]其他那些理由,也无不是基于认定拼音文字及其语法的优越之上,并无任何深入的、有真实对比视野的讨论。至于"妖言"之类的谴责,让人想起洪秀全的《原道训》和《十款天条》的表述风格。

这样的建议,得到陈独秀和胡适等人的赞同(只是不同意钱玄同还要废口头汉语,而代之以世界语的主张)。胡适写道:"独秀先生主张'废汉文,且存汉语,而改用罗马字母书之'的办法,我极赞成。"③

钱玄同废汉字主张中那种不假思索的崇西蔑华的强烈文化立场,为新文化人士们所共享。明白表示者不少,而后来的曲折表达者更多。鲁迅写道:"方块汉字真是愚民政策的利器","汉字也是中国劳苦大众身上的一个结核,病菌都潜伏在里面。倘不首先除去它,结果只有自己死。"④瞿秋白声称:"汉字真正是

---

① 《新青年》四卷四号(1918年4月5日出版),第350页。
② 同上刊,第354页。
③ 同上刊,第356—357页。
④ 鲁迅:《关于新文字》,见鲁迅,1973,第161—162页。

世界上最龌龊最恶劣最混蛋的中世纪的毛坑!"①

　　这些言论难道只是一些过眼烟云般的激进言论吗? 非也。对于所谓"宗法封建家族"、"封建礼教"、"中世纪的毛坑"的继起扫荡、摧毁,既在无数文学作品中,又在现实的社会变革和法律规定中被实现。"孔家店"被查抄多次,现在基本上被当作博物馆或临时展销会馆使用。文字改革也颇有成果,虽然其"拉丁化"、"拼音化"或全盘西化的目标还未实现,但朝向它的努力确实成了国家行为,导致简体字这一形态,使今天的中国青年难于读懂古书。所以我的意思,并不是说新文化运动的重大提议都被充分实现了,而只是说,它们导致了重大的社会运动,产生了那么多还在深刻影响我们的后果,却从来没有被事前多方论证和事后认真反思过。新文化人士当时最常举的理由,就是中国的贫弱和西方的富强,其实首先是军事的强大。凭此一条,就可以事先判定中华传统文化的低级甚至恶劣,然后就通过这有色眼镜来罗列罪证。他们从来不去考虑深层的理由,比如为什么军事和国力的强大就意味着文明的优等? 而且,为何这种强大就一定意味着长久的生存优势呢? 毕竟,历史上有过强大帝国不久就灭亡之例,如亚历山大帝国、秦朝、元朝等等。确实有过反对的声音,但都被送上几顶帽子、抓住一根辫子(就像辜鸿铭的辫子)而污损之、蔑视之了。而有些貌似反对的声音,其实已经说不上有什么挑战性了,像某些新儒家人士,已经在大原则上认同了新文化运动,比如科学与民主的终极真理性,然后寻求此框架内的某种不同而已。

四、压制深层思想自由的现象举例(一)——中医

　　为了揭示新文化运动的自由死角,这里举两个例子:中医和中国教育的现代命运。

　　北洋政府教育部(蔡元培、汪大燮先后为首脑)1912 年发布《中华民国教育新法令》(史称《壬子癸丑学制》),确立中国的学制系统仿照德国、日本,禁止读中国传统经典,有关医药学教育的部分均没有中医药的规定,造成所谓"漏列中

---

① 瞿秋白:《普通中国话的字眼的研究》,见瞿秋白,1989,第 247 页。

医"的事件,引起中医界的抗争。汪大燮坦言:"余决意今后废去中医,不用中药。……按日本维新已数十年,其医学之发达,较之我国不啻天壤。乃日本乡间仍有用中医者。我国欲全废中医,恐一时难达目的,且我国所有西医不敷全国之用也。"[邓铁涛,1999,第 273 页]后来又有《医士(中医)管理暂行规则》引出的抗争。南京国民党政府(1927 年成立)1929 年 2 月召开第一届中央卫生委员会议,委员余岩提出《废止中医案》,对后来的国策有重要影响。余说中医理论"皆凭空结撰,全非事实",中医诊脉"穿凿附会,自欺欺人,其源出自纬候之学";攻击中医"日持其巫祝谶纬之道,以惑民众。……提倡地天通,阻碍科学化。"将《黄帝内经》视为"数千年内杀人的秘本和利器","灵素[指组成《黄帝内经》的《灵枢》与《素问》]之惑人,四千余年于兹矣,……医锢于岐黄,凿空逃虚,不征事实,其中毒久矣。不歼《内经》,无以绝其祸根。"[邓铁涛,1999,第 230 页]并提出消灭中医的六条措施。

抗争一方(全国医药团体代表大会,1929 年 3 月)则回应道:"提倡中医以防文化侵略;提倡中药以防经济侵略",可谓悲壮凄惨。行三千年而卓有成效之民族文化、民族科技,被西洋、东洋欺侮到诉求于准政治的口号(当时也只能如此),其情可悯,其理却未能打动时人。"不久,国府批准了教卫两部的呈文。"[邓铁涛,1999,第 289 页]

问题在于,这么重大的举措有没有经过有力度的论证(比如中西医疗效的真实对比)和不同观点的有效对话?从余岩举的理由看,这些都没有。如果已经认定西医的唯一科学性及其"事实"标准(比如充分对象化、解剖化的标准),按照它来谴责中医"不征事实",岂非已经在深层处取消了争论与考察,而从源头处就给中医定了性吗?中医如果像他讲的,几千年中只在杀人(鲁迅、吴虞的儒家礼教"吃人"说的医学版),何以能维持至今?"凭空结撰,全非事实"者,到底是谁呢?而且,与本文主题更相关的是,为什么引入西医、向西方人学习,就一定意味着要灭掉中医呢?

余岩的经历与思想特征反映出新文化运动与近代日本的某种内在联系。余岩(字云岫,1879—1954)1914 年在日本留学,受日本明治维新后"灭汉兴洋"的近代精神的重大影响,写了《灵素商兑》,全面否定中医的经典与基本理论。1871 年起,日本推行全面西方化的医药政策,1895 年,终于从体制上否决了汉医,成为世界上消灭传统医药学的一个典型。[邓铁涛,1999,第229页;潘桂娟、樊正伦,1994,第281页以下]历史上,日本知识界的主流学习中华文化与中医久矣,但一旦遇到他们心目中的更强者,就毫不留情地置换之,同时也绝不抛弃自家的文化传统,比如神道教。所以日本人的现代化道路可说是"兴洋灭汉保和"。中国人如此盲目跟进,要将自家文化的命脉都铲除,实在不智。兴洋灭汉之余,全无自家的着落,只有全数反水到西洋而后已。实际上,日本在中国现代化道路上起到了一个造就文化变革激进派的作用。限于篇幅,此处就不讨论了。

1949年之后,中国政府允许中医存在。但基本的指导思路也是西方科学中心论的,所以强烈要求"中西医结合",其实质就是"中医[的西方]科学化"。①它对中医理论的基本看法是:其中既有必须清除掉的封建迷信、神秘主义的糟粕,也有"朴素的[即还不是'科学的']辩证法"。因此,中西医结合实际上就是以西医为科学标准来解构和重组中医,抛弃中医的理论中枢和与之相配的一整套传授与实践方法,将其纳入西医学的研究与教学模式中来,当作被审查对象来判决,当作材料来加工。中医药学院或大学的教学,体现的也基本上是这种"中医科学化"的路子。

如今,中医药大学毕业的学生少有能依据传统中医思路临床看病的,往往要先由西医的仪器和方法诊断了病情之后,再依葫芦画瓢地去"配合治疗"。而"中医研究",也变成了"研究中医",按西医的思路来决定中医的合理性,比如因此就判定"五运六气"理论不科学,实际上也就是判定阴阳五行理论不科学。研究经络就要找出它们的解剖证据,不然不算真正的科研。所以,现在的中医科研人员不是在按照中医思想做研究,而是在西式的实验室中做细胞和分子层次上的对象化研究,搞中药"有效成分"的提纯,钻研大批量生产中成药的配方。传统中医药治疗的灵魂——时机化、情境化的诊脉开方,正在衰落。简言之,就是"废医存药",而这"药"也越来越丸药化了。可以说,"漏列中医"、"废止中医"

---

① 比如二十世纪五十年代初,当时的卫生部领导者贺诚、王斌努力推行"中医科学化"政策,并在1951年至1952年颁布规定,中医执业者必须重新学习解剖、生理、病理、药理、细菌学等课程,通过考试,才可行医。"这背后的思路,与日本明治维新时期通过规定强制改造汉医的思路相同,连考试的科目范围也几乎一样。"见区结成,2005,第97页。

与"中医科学化"都是新文化运动思潮的表达和实现,里面都没有中医的思想自由空间。

五、压制深层思想自由的现象举例(二)——教育

蔡元培先生的办学思想以"思想自由"、"兼容并包"著称。可以说,蔡先生是新文化运动在教育界的旗帜,被认为是北大精神的造就者。我完全不否定蔡先生对于北大的贡献,也不否认北大确有中国其他一些高校还没有的某种宽容精神,但是,还有另一面的情况,它甚至更真实。这就是,蔡先生的教育实践和教育思想中也有一种相当不宽容的思想专制精神,一直在影响着北大的乃至中国的教育。

1912年,蔡先生担任南北政府的教育总长,起草了一系列教育法令,改变了中国的教育体制。蔡先生成就大矣! 从文化上讲,蔡先生的最大成就就是将两千年的儒家教育,无论就内容还是体制而言,赶出了中国现代教育。我们今天就活在这样一个新文化的教育格局之中。比如,无论是在南京临时政府教育部颁布的《新定普通教育暂行办法》(十四条;1月21日颁布),还是5月北京政府教育部颁发的"普通教育办法九条",10月24日颁布的《大学令》(即上面提到的《壬子癸丑学制》),都明文规定取缔儒家乃至中国传统文化的读经教育。比如《十四条》规定:"小学读经科一律废止。"[王世儒,1998,第117页]《大学令》则废除了经学科和通儒院。[王世儒,1998,第150页;萧超然等,1981,第33页以下]由于当时全国仅北大一所国立大学,所以这个《大学令》实际上是对北大教育体制和内容的规定。为什么引入西方的教育,就一定要在中国的学校中排儒呢? 为什么不能将"读经"作为多元选择之一,而与蔡先生主张的西式美感教育并行不悖呢? 蔡先生却不这么想,因为对于他,西式教育是真理,所以读经教育就不可能是真理,甚至只能是谬误。拿它当个老古董甚至是反面的东西研究研究是可以的,但绝不能让它以真经典、真学问和活思想的方式存在。他所谓的"思想自由"、"兼容并包",是他心目中可能成为真理的学问或思想的自由与并存,并不包括异类和他者。

现在一提北大的教育传统和精神,就归于蔡先生这位"北大之父"[如邵连

鸿,2001]。如果就北大的现状而言,这话还算说得过去。但如果讲到北大的全部历史,则不然。北大成立于 1898 年,是历史上传承中华古文明和儒家文化的最后一个王朝为了应对西方侵略造成的文化危机,在变法维新之际采取的教育变革措施的成果。当时称之为"京师大学堂",具全国最高学府和最高教育行政机关的功能,是古来"太学"、"国子监"的现代直接传承。她的第一任校长(当时叫大学堂管学大臣)是孙家鼐(1898—1900 年在任),而在张百熙校长(1902 年起任管学大臣)手上,大学堂有了比较成熟的章程,即《钦定京师大学堂章程》(1902 年)。按照它,大学堂内设通儒院(级别相当于今天的研究生院,但有儒家的培养通才之导向),而本科分为八科,首科为经学科,专门研习传承儒家经典。[①]到 1912 年 5 月 3 日,改名为"北京大学校"。可见北大的起源,既不能只从 1912 年算起,也不能从 1917 年蔡先生来北大任校长时算起。她的源头和文化使命,更深沉地落在中华文化受难图存的时刻和愿景上。

如果我们考察一下京师大学堂的体制和教学内容,相比于蔡先生任教育总长、校长后情况,是更有质的多元性的。可以说,那时的学校才更称得上是"思想自由"和"兼容并包",因为她不仅有西方的东西,也有中国自己的。例如大学堂分为八科:经学科,含十一门专业;政法科,下设两门专业;文学科,九门专业;医科,二门专业;格致科(理科),六门专业;农科,四门专业;工科,九门专业;商科,三门专业。[郝平,1998,第 199 页]很明显,后七科以西方学术为主,但经学科则是儒家思想和学术的传承。[②]如果按这个体制走,那么培养出来的毕业生就会有中西学术比较和思想比较的视野。但蔡先生办高校、主持北大,却一定要去掉八科中唯一的中华学术的活的传承,也就是经学科,抹去通儒院的致学方向,而使大学沦为西方化的 university。而且,它还比不上西方大学体制的多样性,因为西方的优秀大学中大多设有神学科或神学院,而经蔡先生改制后的中国大学中却没有了对应者。蔡先生认为改制后,经学科的内容,或者归入了哲学系,或入文学系、历史系,就算有了交待。[王世儒,1998,第 150 页]但他心

---

① 这些事实载于几乎所有关于北大校史的书籍和历史史料中。比如郝平,1998,第 199 页。

② 经学科分十一门:周易学门,尚书学门,毛诗学门,春秋左传学门,春秋三传学门,周礼学门,仪礼学门,礼记学门,论语学门,孟子学门,理学门。(郝平,1998,第 200 页)

里是有数的,作为经学科研究的《论语》、《周易》、《诗经》、《春秋》等,是儒家精神所在的活经典,而它们归到各系之后,则成为运用西方学术方法的研究对象,两者有质的不同。所以他一定要取消前者。此举应该被看作是一种"反兼容并包"和"扼思想自由"之举。蔡先生是在用他那充满了西方中心论的思想来替中国学生们思想,用贫乏化了的体制来顶替一个从质上更丰富的体制。

由此,也就可以理解为何今天的北大要在树立苏格拉底像、塞万提斯像和蔡元培像的同时,抵制孔子像的建立,因为这塑像——如果被诚敬地建立——不仅会提示北大现行体制的贫乏,还可能唤醒人们对于北大更原本传统的记忆,一个与两千多年的儒学教育传统和京师大学堂息息相通的记忆。北大的深层思想自由还有待争取。

六、新文化运动思想专制之不合理的现实性

一般说来,没有人能够直接控制他人想些什么,也很难禁绝人们说出自己所想的;人所能直接控制的是有形的体制,如果他掌握了相关权力的话。本文所讨论的新文化运动造成的深层思想自由的缺失,或在这个意义上的思想专制,就主要指体制上的思想控制。通过从体制上排除异类,时间长了,就会大大减少乃至消灭人们说出、甚至思考那些异类的念头(因为你说出异类思想总会让你在体制内不受欢迎,或者受打击,或者丢饭碗,或者失去媒体的善意),最后造成对思想的全面控制,改变社会的结构和文明的走向。这很可怕,特别是当这种思想控制是以所谓真理、公理等客观标准的理由为依据时。

(一) 新文化运动造就的现实

黑格尔说:"凡是合乎理性的东西都是现实的;凡是现实的东西都是合乎理性的。"[黑格尔,1979,第11页]这句深刻得让人麻木的话,却从字面上说出了广义新文化运动的后果,即这运动认为是合理的东西,比如西方的科学、教育,都成为了现代中国的现实;反过来,这种现实也总能得到这个理性的辩护与捍卫。

新文化运动绝不只是一群文人的过激放言,像魏晋时的阮籍、嵇康之流,过后就被历史漂白和淡忘了。新文化人士们正逢其时,其言乘风而上,鼓荡新潮,塑成历史,造就了一般思想运动很难成就的事业。如果说这些言论是过激的,那么它们就造就了一个过激的时代,实现为一系列体制化的现实。《新青年》中那些似乎是过激蛮横的批判,呓语般的改革或革命的设想,居然就能数十年内,在适应实际过程的节奏和表达之后,变为官方的法律、文件、政令。除了上面提及的医学、教育的新文化体制化之外,这里再举文字改革之例。

钱玄同主张既废汉字又废汉语,陈独秀和胡适调整了一下,同意只废汉字。这说明陈、胡就不激进了吗? 非也,此不过是鲁迅讲的要开窗,就先去掀屋顶之类的文化革命的策略而已。一个有数千年伟大文化史的民族,要废弃自己的文字,而去"拉丁化"①,这已经激进到骇人听闻的地步了。同理,到目前文字革命只做到了简体化,还未做到拉丁化或完全拼音化,它就不激进了,或已经背离了新文化运动的方向了吗? 太不是这个道理了。

1955 年 10 月,中国文字改革委员会和教育部联合召开第一次全国文字改革会议,具体落实新文化运动要求废除汉字的主张。从中可以看出新文化运动的过激如何变成过激现实的路径。当时的中国文字改革委员会主任吴玉章的报告,表现了这个"'合理'变为现实,现实又被合理化"的过程。他先是肯定了"汉字在我国人民的悠久的文化历史中有过伟大的贡献"[全国文字改革会议秘书处编,1957,第 11 页],好像很不同于新文化运动时期对汉字的一片痛骂,但这仅是"两点论"中的第一点,或非实质性的、心理照顾的那一点;下面话锋一转,马上讲道:"另一方面,我们不能不承认汉字是有严重缺点的。汉字不是拼音文字,……"[全国文字改革会议秘书处编,1957,第 12 页]于是,在感谢了广义新文化运动"无数文字改革工作者的辛勤努力,使中国人民认识到文字是可以改革并且必须改革的"之后,他宣告:"我国人民已经有了文字改革的明确的方向和目标。毛主席在 1951 年指示我们:'文字必须改革,要走世界文字共同

---

① 这种人为地主动改变文字的文化属性——从中华的表意文字改变为西方的拼音文字——者,在人类历史上恐怕独此一家。文字有自然的演变,有征服者的强行改变,有秦始皇式的统一和简化文字,但从来没有过如此自觉自愿的自我和隔语系的改姓。

的拼音方向'。毛主席又指示我们,汉字的拼音化需要许多准备工作;实现拼音化以前,必须简化汉字,以利目前的应用,同时积极进行各项准备。这是文字改革的正确方针。"[全国文字改革会议秘书处编,1957,第14页]了解新文化人士废汉字主张的人都会看出,"毛主席……[的]指示我们"也就是新文化运动对我们的指示,它们的"拼音方向"或"拉丁化方向"完全一致。只是为了实现它,需要简化汉字这一"准备工作",以便在时机成熟后走那条"世界文字的共同的拼音方向"之路。新文化运动的文字抱负在这里没有受挫折,而是被以最大的耐心、信心在实现着,因为支持它的理由被当作了世界文字要共遵的客观真理。为此,吴玉章很合理地主张,要尽量消灭方言,为中国文字的拼音化铺路。[全国文字改革会议秘书处编,1957,第18页]用文字改革的专家周有光的话讲,就是:"汉语拼音教育普及、全国语言相对统一和正字法成熟的时候,汉语拼音文字自然就瓜熟蒂落了。"[周有光,1979,第12页]所以,要"高举文化革命的红旗前进"。[周有光,1979,第13页]

至于拼音化后汉字的去向,噢,这里也有两点论。科学院院长郭沫若向我们保证:"汉字隐退,是不是就是完全废弃了呢?并不是!将来,永远的将来,都会有一部分的学者来认真地研究汉字,认识汉字,也就跟我们今天有一部分学者在认真地研究甲骨文和金文一样。"[全国文字改革会议秘书处编,1957,第5页]这态度比钱玄同、鲁迅、瞿秋白的要宽大些了吧,但两者在最要命的地方还是一样的,那就是汉字的死亡。

新文化运动就是这样改变了中国的历史。能直接拉丁化处,就拉丁化了;不能马上拉丁化处,就按照拉丁化的原则和理想而简体字化了,同时抱有永不消失的拉丁化冲动。我们的学术,我们的生产方式和生活方式,难道不都走在这条新文化运动的同质化道路上吗?那些曾经是鲜活的文化形态,或者完全消失,或者变成了"甲骨文和金文一样"的东西。

(二) 新文化运动的不合理

那么,这条道路真的"合理"吗?回答应该是否定的。黑格尔的合理与现实的等同论在实际历史中常常失效,要不然也就没有自由思想和士子(知识分子)

存在的必要了。任何"绝对"的"精神"中都不会有真的思想自由。

　　首先,新文化运动的思想基础和所依恃原则并不是真理。这思想基础和原则可以被简略地表达为两条:弱肉强食型的进化论和西方科学普遍的、唯一的真理性。真正的进化论讲物竞天择、物种进化,但由于有时间之幕或未来的不确定性,并不敢断言哪种品质(比如强者、智者)就一定会独霸未来。西方科学会像培根讲的带来强大力量,但它的具体形态并不能代表普遍化的唯一真理,比如西医并不能代表人身疾病治疗的唯一真理,尽管它多半是真理之一。托马斯·库恩《科学革命的结构》令人信服地说明,科学研究依靠范式(paradigm),而范式可以是复数的,而且相互之间没有可公度性,不可还原为一。这也就意味着,即便通过"科学"的视野来谈真理,也没有新文化人士心目中的西方科学的唯一真理性。在"科学"前面加上形容词,比如"西方的"、"东方的"、"中国的",并不是赘语。中医可以是不同于西医的另一种治疗疾病的范式,甚至中国的古代数学也可以有自己的范式。①

　　其次,新文化运动与人类先进思潮绝缘,甚至背道而驰。从十九世纪下半叶、特别是二十世纪初开始,西方的科学、哲学乃至社会思潮都出现了重大变化,传统西方的那种非此即彼的二分化思维方式(普遍化的唯一真理观即它的表现之一)受到强烈挑战。非欧几何、相对论、量子力学的出现,在改变人们对于空间和物理世界看法的同时,也改变着人们对于真理的存在方式的看法。总的倾向是认为,真理并不与历史和文化绝缘。当然,由于这种改变威胁了西方中心论或本质上的西方优越论,它的充分实现不会是一帆风顺的,要通过尼采、维特根斯坦、海德格尔、罗姆巴赫、库恩、庞加莱、海森堡、玻尔、怀特海、吴文俊、邓铁涛、李约瑟、甘地、潘尼卡、希克这些敏锐者的努力被逐渐真切感到。

　　一次世界大战更是暴露出西方文化的某些深层问题,引起西方人和东方人的反思与调整。甘地在印度发动了非暴力抵抗英国殖民的运动,其中糅进了印度的传统哲理智慧;严复反省到西方"三百年来之进化,只做到利己杀人寡廉鲜耻八个字,回观孔孟之道,真量同天地,泽被寰区"[商务印书馆编辑部编,1982,第

---

① 吴文俊:"中国的传统几何历来遵循着与欧几里得几何完全不同的发展道路,有着自己的问题与方法,以及自己的理论体系。"("对中国传统数学的再认识",见吴文俊,1995,第40页。

152 页];连梁启超也写了《欧游心影录》,反映出世界思潮的转变。胡适则写出《我们对于西洋近代文明的态度》来抵消和阻塞这新消息。就在第一次世界大战进行的同时和其后的一段时间,新文化运动在中国如火如荼地展开,却采取了与这个世界新潮几乎是逆行的文化方向。它崇拜传统的西方文化,相信真理的普遍唯一性,判定中华传统文化的低级、无能甚至罪恶,要搞文化基因层次上的西方化。颇有讽刺意味的是,新文化人士常常用尼采作为不拘传统、大胆造反的典型,以鼓吹文化革命。但尼采本人要反对的却是传统西方文化的几乎所有基本原则,包括标榜科学的知识观。他的哲学见地与中国的《周易》《庄子》倒有几分相似。陈独秀、鲁迅崇拜的尼采与实际的尼采的文化方向交叉换位,新文化运动的文化方向与世界的新方向交叉换位。

由此看来,新文化运动并不新。相反,从思想的敏锐和对真理的追求角度看,她相当陈旧,还在坚持一些很有问题的近代西方教条。这种与世界有生命的潮流绝缘或逆行的文化导向,严重影响了这个运动的思想质量和真实的创新能力。现代中国没有出现一位像泰戈尔那样为世界公认的文学巨匠,也没有像甘地那样有长久的世界性影响的政治、文化思想的明灯,只是在广义的西方后边猛追,注定了此形态的二三流的命运,这与新文化运动造就的文化单质性有内在的关系。她没有过去,没有深远的将来,只有一个贫乏的现在。一跃进便是天人之灾,一守成便是体制性腐败。

第三,新文化运动开辟中国现代化道路的文化策略,与其他有历史感的非西方民族的现代化策略很不同。在这方面,中国是唯一一个通过灭除自己的传统文化主体来向西方开放的。印度、日本、阿拉伯、伊朗等等,都不采取这种策略。他们的知识分子主流尽量将现代化或向西方学习与保存自己传统文化的灵魂结合起来,起码有这方面的强烈意识。我们看到,这些民族的传统文字、传统信仰没有灭,国家也没有亡,反而以文化上比较健康的方式在全球化中找到自己的位置。哪里有什么"汉字不灭,中国必亡"之类的新文化逻辑?

第四,在新文化运动之前,中国的主流知识分子曾经采取过其他文化策略来应对这"三千年未有之大变局"。它们的主旨是为中国在西方压力面前找到合适的生存之道,而不是通过西方的标准来做绝对化的文化优劣判定。所以,无论是自强运动、洋务运动还是戊戌变法,其中都有着智慧的闪光。比如上面提到的京师大学堂的章程体制，就表现出一种文化上既开放又尽量保存多样性的聪明策略。如果能够坚持下来，经过适当的调整，北大和中国的大学会比今日的状况健全得多。

总之，新文化运动的这些不合理和弊端，源自于它的思想方式，即强烈的短程功利主义和非此即彼的唯一真理观，实现于它的思想控制体制，即在根本处排斥异己者的西方化体制。九十年来，它的成功意味着中国自家文化活体的消失，中国人生存结构的单质化和贫乏化，以及独立的文化人格、品味和风骨的消失。而且很明显，人类面临的一系列重大问题，无论是生态破坏、科技滥用，还是文明冲突、家庭萎缩、克隆逼近，都不是这个运动的思想资源能够有效应对的。中国经济国力的上升，并不能导致这种新文化运动现象的退潮。当此之际，在到海外去建"孔子学院"的同时，更应该在我们自己的大学里建立真实的孔子学院或儒家经学院，在哪怕只是一部分人、一部分学生的心灵中，重述那不被污损的华夏历史，树立起先圣先贤的塑像。

己丑春分写于北大畅春园望山斋

参考文献

陈来、甘阳主编：《孔子与当代中国》，生活·读书·新知三联书店，2008年。

邓铁涛主编：《中医近代史》，广东高等教育出版社，1999年。

郝平：《北京大学创办史实考源》，北京大学出版社，1998年。

黑格尔：《法哲学原理》，范扬、张企泰译，商务印书馆，1979年。

瞿秋白：《瞿秋白文集》（文学编，第三卷），人民文学出版社，1989年。

鲁迅：《鲁迅全集》（第六卷），人民文学出版社，1973年。

罗荣渠主编：《从"西化"到现代化》，北京大学出版社，1990年。

马勇选编：《中国近代启蒙思潮》（中卷），社会科学文献出版社，1999年。

潘桂娟、樊正伦编：《日本汉方医学》，中国中医药出版社，1994年。

区结成：《当中医遇上西医》，生活·读书·新知三联书店，2005年。

全国文字改革会议秘书处编：《第一次全国文字改革会议文件汇编》，文字改革出版社，1957年。

商务印书馆编辑部编:《论严复与严译名著》,商务印书馆,1982年。

邵连鸿:《北大之父蔡元培》,台北正展出版公司,2001年。

王世儒编:《蔡元培先生年谱》,北京大学出版社,1998年。

王树人、喻柏林:《传统智慧的再发现》,作家出版社,1996年。

吴文俊:《吴文俊论数学机械化》,山东教育出版社,1995年。

萧超然、沙健孙、周承恩、梁柱:《北京大学校史(1898—1949)》,上海教育出版社,1981年。

张祥龙:《思想避难:全球化中的中国古代哲理》,北京大学出版社,2007年。

郑大华、任菁选编:《中国近代启蒙思潮》(上卷),社会科学文献出版社,1999年。

周有光:《汉字改革概论》(第三版),1979年。

左玉河选编:《中国近代启蒙思潮》(下卷),社会科学文献出版社,1999年。

从"志在富民"到"文化自觉":论费孝通与儒家

陈彦军　刘易平①

　　已故著名社会学家、人类学家费孝通先生的思想主旨有一个从前期"志在富民"到晚年"文化自觉"的转进,熟悉儒家文化的人,很容易将这种转进与孔子"既富乃教"②的经世路径联系起来,从而引发关于费孝通与儒家的关系的探讨。

　　较早探讨这种联系的苏力认为"费孝通先生是儒家思想的伟大承继者和光大者,其对儒家思想的贡献远远超过了诸如新儒家等儒家思想的坚守者和阐释者"③。苏力这个论断建立在对费孝通的社会人类学论述与所谓的早期儒家的"平民主义和实用主义知识论"的比较上,认为费孝通身处现代中国门槛,与早期儒家有着关于乡土中国的共同经验,"真正建构费孝通与儒家传统之联系的很可能是他们共同面对的那个农耕社会,那个乡土中国";而"文化自觉"概念的提出,表明了费先生较之他人有着对于传统的温情和自觉,希望"在社会科学的传统中继承、发展和表达中国的文化"④。显然,在苏力那里,费孝通先生这个"儒家思想的伟大承传者和光大者"的存在是以儒家在现代中国的消亡为基础

---

① 陈彦军,男,1972年生,湖北枣阳人,哲学硕士,《海南大学三亚学院学报》编辑,讲师。刘易平,男,1971年生,安徽宣城人,社会学博士,四川省社科院社会学所副研究员。

② 参见《论语·子路》第9章:"子曰:庶矣哉! 冉有曰:即庶矣,又何加焉? 曰:富之。曰:既富矣,又何加焉? 曰:教之。"具体理解,参看程树德《论语集释》对《论语·子路》第9章的集释。

③④　苏力:《费孝通、儒家文化和文化自觉》,载《开放时代》2007年第4期。

的,这使苏力文尾陷入一种对费孝通是一个怎样的虚无主义者的辩解中。费孝通先生大半生都在致力于"乡土重建"①,晚年又提出"心态"、"文化自觉"等概念,对于苏力所认为"拒绝了"的"宋理学、明心学和现代新儒家的理念主义传统"多有关注和肯定,甚至表达了"理学"是成熟形态的社会学的观念②。苏力的解释并不成功。

儒家的"富"和"教",经宋儒朱熹豁明而得到普遍的认可,就是"行井田"和"兴学校","行井田"重在师古法之意,要在进行制度建设以保障人民安居乐业,"兴学校"重在明礼义,要在进行文化建设以教育人民"内圣而外王"。③费孝通的"志在富民"和"文化自觉"若可以纳到这个故辙里,虽然他本人从没有公开自称为孔子信徒,但他与儒家的联系就可以建立起来。本文将研究费孝通先生从"志在富民"到"文化自觉"的儒家性,以期对儒家、对费孝通都能有个崭新的认识。

一、"志在富民":从实践出发的社会科学

(一) 引进社会科学与认识中国

严复引进社会学,目标仍是经世,但有别于传统经世以《周礼》"六官"为基础,社会学经世是以"科学律令"为基。如果说魏源"师夷长技"还是力图把"西用"纳入传统经世的故辙,严复则开启了引进西方社会科学来改造中国的先河,科学渐渐取代传统儒家义理而成为判断是非对错的标准。科学以主客两分为前提,社会科学的引进,产生了一批理论上应悬隔于中国社会之外而对之加以

---

① 二十世纪三、四十年代,费孝通先生在江村、禄村等乡村社区调查研究的基础上,提出了极具建设性的乡土重建思想;建国后从事的民族工作、小城镇研究都可以看作是一种延续。我们还应该看到的是,"乡土中国"的概念,很大程度上不是对于传统中国的描述,而是基于现代中国的乡土重建而建构的一种理型。

② 参见费孝通:《试论扩展社会学的传统界限》第7节"方法论与古代文明"、第8节"结语",《北京大学学报(哲学社会科学版)》2003年第3期。

③ 朱子《论语集注》言:"庶而不富,则民生不遂,故制田里,薄赋敛以富之","富而不教,则近于禽兽。故必立学校,明礼义以教之"。程树德认为:"朱子以井田学校为夫子富教之术,自以为圣王良法,无人敢提出反抗。"参见程树德《论语集释》,中华书局,1990年8月,第906、907页。

客观、价值中立的研究的现代知识分子。费孝通少时接受新式教育,信奉科学,是他一生不变的基调,晚年仍在强调传统中国思想"从人本主义出发,没有成长为人文的科学观"、"社会科学的根子不是在中国自己传统的土壤里长出来的"①。但近代中国的命运和家国天下的传统,使费孝通的社会科学研究有着浓厚的"用我所得到的知识去推动中国社会的进步"的价值驱动②,费孝通始终坚持社会科学研究"既要科学化,又要植根于中国社会和文化的土壤之中"③。

如何做到这种结合呢?传统中国社会和文化有着很强的吸纳力,洋务运动和严复的翻译就是例子;但近代中国政治的失败,导致中国社会和文化在一种中西文化非此即彼的激进思潮中急剧转型,现代中国就是这种转型的产物,面目模糊难辨。如何认识和改造这个中国,传统的学问束手无策,引进的社会科学迅速占位,不断发出新理论、新主张,全然没有了严复溯源传统、进退有据的引进方略,严复的译词被弃置很能说明这个问题。新理论、新主张搅动的中国俨如试验场的乱局,促使吴文藻推动社会科学中国化。吴文藻在自己主编的《社会学丛刊》总序中声称自己的立场就是"以试用假设始,以实地证验终",接下来又强调"理论符合事实,事实启发理论,必须理论和事实糅合一起,获得一种综合,而后现实的社会学才能植根于中国土壤之上,又必须有了本此眼光训练出来的独立的科学人才,来进行独立的科学研究,社会学才算彻底的中国化"。④社会科学的科学化,在西方也是没有完成而颇受争议的,科学化的结果,实质上主要是主客两分、价值中立的科学思维方式在学术研究中的统治地位的确立,学派林立,立场、观点、方法不同,是西方社会科学的现实。吴文藻立志认识中国,西方理论和中国事实"糅合"的实质,是在悬置西方理论的权威和有效性的同时运用多种学科理论、方法来研究中国问题。马克思主义中国化的过程是理论与实践的不断冲突磨合,结果是产生了山沟里的马克思主义——毛泽东思想。社会学在课堂上操演,打不起与现实困惑的大仗,课堂上,所谓知识和真

---

① 费孝通:《师承·补课·治学》谈"重建社会学的方针",生活·读书·新知三联书店,2002 年 7 月,第 343、344 页。
② 费孝通:《费孝通文集(14)》"人文价值再思考",群言出版社,1999 年,第 186 页。
③ 苏力:《费孝通、儒家文化和文化自觉》,载《开放时代》2007 年第 4 期。
④ 吴文藻:《论社会学中国化》,商务印书馆,2010 年 12 月,第 4 页。

理常常大于授课者和听课者的现实困惑。但在吴文藻的倡导下,1930 年代的中国课堂上还是产生了一个社会学的中国学派,综合运用社会学和人类学的方法研究中国社会,注重社区研究,重视社会调查。林耀华的《义序的宗族研究》是按照拉德夫·布朗的社会功能主义做出来的,但产生出不同于西方学者的中国宗族研究模式的、具有浓厚"国学关怀"的范式①;费孝通的《江村经济》是运用马林诺夫斯基的文化功能主义做出的,但马林诺夫斯基却从《江村经济》看到了一个社会学的中国学派和人类学研究范式的转移。研究中国问题成为社会科学走出依附西方状况、真正中国化的现实路径。

(二)《江村经济》开启的探索

认识现代中国,社会学的中国学派并没把目光集中在"东西方接触边缘上发生的"的"很特殊的社会"即沿海城市②,而是把乡村研究作为重点,在这里,才能找到现代中国发生的动力和方向。人类学研究原始的异文化,而费孝通拿来研究文明的自身文化。社会学强调客观的调查,要求价值中立,费孝通在调查中始终有着很强的价值倾向。运用社会科学为中国人民服务,通过对制度、文化、现实的调查分析真正做到"对人民实际情况的系统反映","在指导文化变迁中起重要的作用"③,这是《江村经济》研究的目标。

《江村经济》是费孝通早年直到 80 年代末的思想端倪。甘阳认为"全书的最主要论点或可概述如下":"中国传统经济结构并不是一种纯粹的农业经济,而是一种'农工混合的乡土经济'";"近代中国的根本问题乃是中国农民们已无法维持最低生活水准";"乡土工业的崩溃激化了'传统经济里早就潜伏着的土地问题'";"中国共产主义运动的本质不是别的,乃是走投无路的农民对土地所有者及收租人的仇恨所激发的反抗";"由此,解决中国问题最紧迫而必须的第一步是土改、减租、平均地权";"最终解决中国土地问题的根本办法乃在恢复发

① 参见刘涛、陈丐云:《回忆与反思:〈义序的宗族研究〉及其价值》,《社会科学论坛》2010 年第 14 期。

② 费孝通:《乡土中国·生育制度》,北京大学出版社,1998 年 5 月,第 6 页。

③ 费孝通:《江村经济——中国农民的生活》"前言",商务印书馆,2005 年 1 月,第 23、22 页。

展乡土工业,使之能从传统落后的乡村手工业转化为乡土性的现代工业";"但这一乡村工业的改造转化并不仅仅是一个单纯的技术改进问题,而且是一个'社会重组'(Social reorganization)的过程";"中国乡土工业的转化这一'社会重组'过程不能摹仿西方资本主义工业化的方式,而应建立在农民们'合作'的原则和基础上,以使经济发展惠及最普通的广大农民,而非集中在少数资产者手中"。①

由各种血缘、地缘、业缘等关系网络支撑的"农工混合的乡土经济"是宋明以来文化变迁重组的结果,近代西方列强的政治、经济压力和中国政治、经济的失败打破了支撑网络,带来乡土经济的破产。不同于一些近代知识分子把西方已走过的道路奉为指南,费孝通指出了乡土重建的道路,与宋明儒者的因应时势的取向基本相同。甘阳的概括,很容易让人把费孝通的研究和中国的共产主义道路直接画上等号,但显然,有别于中国共产主义运动关注点在从外到内、从世界革命到中国的革命动员,共产党的革命和建设恰好完成了民族国家的建设和工业化,费孝通更关心的是由"家"、"扩大的家"联系起来的中国人的内外关系网络的变迁和重建②,这才是乡土重建的根本。费孝通面对"家"的保全与现代化的实现的两难抉择,艰难地思考,无论如何,中国人"齐家"是关键,而"齐家"所需要的经济基础、文化重建也都是要系统考虑的问题,他相信社会科学于此大有可为,因为中国"再也承担不起因失误而损耗任何财富和能量"③。承着这样的探索,费孝通不断扩展研究的范围,从江村到禄村,从村落群体到知识分子群体;建国后转而做民族调研,有机会扩大到各民族群体;社会学重建后,研究小城镇建设和城乡关系,中国"齐家"和现代化的实现这一对矛盾及其如何化解,是贯穿始终的主轴。

(三) 从实践出发的社会科学

对于费孝通的这种探索,黄宗智将之概括为"从实践出发的社会科学"。黄

---

① 甘阳:《江村经济再认识》,《读书》1994 年第 10 期。

② 费孝通在《江村经济》中,第一章"前言"表明研究目的,第二章对"调查区域"做了必要的介绍,之后,第三章开始就从"家"开始自己的研究。

③ 费孝通:《江村经济——中国农民的生活》"前言",商务印书馆,2005 年 1 月,第 22 页。

宗智指出："费孝通的著作则能在深入的微观调查的基础之上提炼出跨时间的历史实践演变过程以及强有力的宏观概念，并在其后获得被实践检验的机会"；"费孝通那样的研究从广义上来说正在学术上体现了在中国革命过程中所形成的认识和调查研究方法"。黄宗智认为费孝通的探索形成了一种新的传统，认识方法上，"形成了世界上最最重视社区田野调查的社会科学传统"，"十分不同于现代西方的主流形式主义认识论。后者从抽象化了的理性人的构造出发，以之为前提，作为一切认识的基础"；文化意识上，"形成的是一个完全不同于儒家传统的历史观。它要求知识分子认同于农民的立场和观点，一反过去以士大夫为中心的历史观"。①

"从实践出发的社会科学"，很贴切地概括了由吴文藻开创、费孝通深化的社会学中国化的现实路径和方法特点，而且也说明社会科学引入中国，是为中国增加了一种系统、科学和带有新的思维方法的经世手段，它的有效性或者说适合中国的形态、方法，要在中国人的实践中检验和发展。但黄宗智把它生硬地与中国革命挂钩，认为它开创了一种有别于儒家的传统，恰恰是忽略了费孝通对作为中国社会黏合剂的士绅的研究。中国革命和建设取得了很大的成绩，但在政治动员力逐渐消解的情况下，新的社会黏合剂始终没有效形成，以前行之有效的"从实践出发的社会科学"慢慢地被批评为"应用研究和实践的附庸、尾巴"、没有理论。②费孝通的社会学研究不单是从实践出发，还是从认识出发，从认识中国出发。中国作为一个整体图景，包括历史、现实和未来，都在费孝通的思虑中，有了这样的一个图景，看起来零散的实践之间的理论勾连就能建立起来。社会学重建以来，新的研究者少了那样的知识背景和整体图景，导致实践的简单重复和理论的缺失，所以，费孝通才提出"补课"，希望以此来接续中国社会学曾经中断了的传统。

(四) 现代士绅的富民梦

"江村"作为一个类型能不能成为一个典型而观照全国？带着这样的思考，

---

① 黄宗智：《认识中国——走向从实践出发的社会科学》，《中国社会科学》2005 年第 1 期。
② 苏国勋：《中国社会学的健康发展之路——坚持应用研究与理论论研究相结合》，苏国勋：《社会理论与当代现实》，北京大学出版社，2005 年，第 162 页。

有了内陆"禄村"的研究。在江村的研究中,费孝通就注意到旧乡绅在"农工混合的乡土经济"中的重要性和新型知识分子在乡村工业化中的作用,在禄村这个外部压力较江村更少的村落,费孝通又感受到乡绅在"消暇经济"中的文化意义。在随后的《皇权与绅权》的研究中,费孝通指出:士绅作为粘合皇权与个体人民的化合剂,是中国社会得以形成和维持的关键要素。因此,王铭铭认为:"无论是《江村经济》的'内发论',还是《禄村农田》的'消暇经济',都是《皇权与绅权》铺陈的知识分子社会学的'注脚'。"[1]

费孝通晚年曾给自己一个定位:现代士绅。从农村研究到知识分子研究,从社会学者到社会活动家,费孝通一直在找寻中国现代化的路径和社会中坚,一直在实践中定位自己的社会角色。士绅,首先要有儒家文化内涵,苏力的研究证明了费孝通有着深厚的儒家文化内涵;其次要成为群众和政府的桥梁,以自身知识和地位所带来的利益服务乡民,费孝通的"行行重行行"和对"迈向人民的人类学"的追求反映了这一点,现代社会知识分子的离乡化并没有隔绝费孝通行走乡间的道路。作为一个现代士绅,费孝通的富民梦不是简单地追求百姓的生活富裕,而是重在遂生的制度因素的挖掘和探索。他对土地改革和生产责任制的关注,对乡镇企业和小城镇的提倡,对苏南模式等的研究,都鲜明地体现出他希望找到一条现代化的农工结合的制度变迁道路,保证农民离土不离乡,安居乐业,他希望社会科学工作者不要窝在城市和书斋里,要走到人民中间去,成为各界群众的代言人和沟通城乡、上下的纽带。

二、文化自觉:超越社会学既有传统

(一) 对"见社会不见人"的反思

1994 年,费孝通参加"第四届现代化与中国文化研讨会",做了《个体·群体·社会——一生学术历程的自我思考》的发言,在发言中,费孝通总结自己上半生的学术生涯,说"'见社会不见人'还是我长期以来所做的社区研究的主要

---

[1] 王铭铭:《从江村到禄村:青年费孝通的"心史"》,《书屋》2007 年第 1 期。

缺点"①。

从严复引进社会科学,国家、民族这样的"大群"就是学者们关心的主要问题。在学习西方的浪潮中,运用社会科学理论和方法来认识和改造中国的学者们,往往把自己作为一个客观的观察者,去发现社会的病理以寻求诊治;只保证自己是一个爱国者,而不保证自己对民族文化有否自觉,对社会的文化变迁的延续性和未来前途有否关怀,哪怕方法上要求他去调查一个社区,一个人,也是以社会本位来看待被观察者。迫切地变革社会的愿望,使社会科学研究遗忘了个人。费孝通早年就学于马林诺夫斯基的时候把文化视为满足需要的工具,当他转向布朗或涂尔干的时候,他又把人单纯看作文化或社会的载体。而无论是生物个体还是社会人都不是自觉的人。而在晚年的反思中,"我初步体会到这个社会里的成员必须清醒地自觉地看到社会结构的不断变化,……处在社会结构中的个人,应当承认其主动性。……这种自觉可以说是既承认个人跳不出社会的掌握,而同时社会的演进也靠社会中的个人所发生的能动性和主观作用。这是社会与个人的辩证关系,个人既是载体也是实体。"②

费孝通晚年自觉从"志在富民"转到对人文道德力量的探索。他在评论厉以宁所著《超越市场与超越政府——论道德力量在经济中的作用》时说:"相当长一个时期里,我一直在关心和思考一个问题,即进入 21 世纪前西方有个亨廷顿,一直在宣传他的'文化冲突论',大讲思想的、宗教的冲突。他的这套理论可以联系上以美国为首的北约在科索沃的狂轰滥炸。我们东方的传统立场和观念与他不同,我们对文化的看法所代表的方向是进入'道德'层面和讲中和位育,而不是冲突和霸权。'道德'是最高一层的自觉意识。""中国人要有一个精神,有一种正气,这种精神不仅来自物质力量,还要有道德力量,要自觉为什么做人和做怎样的人,归根到底是要明白人是什么。在我们中国的老传统中一直都在讲……厉先生这本书里提到韦伯关于西方新教信仰促进和推动资本主义的看法。我自己着重的倒不在韦伯对资本主义的分析,而正是他指出的要建立一种新的制度,建立一个人的新的做人规则,必需有一种推动它的精神力量,就是'气',在个人讲是'有志气'的气。在民族和国家讲是'有正气'的气。气是指

①②　费孝通:《乡土中国・生育制度》,北京大学出版社,1998 年 5 月,第 342 页。

一种精神。也许就是孟子所说的'浩然之气'。"①显然,费先生这里讲的"道德",和传统儒学所讲的"道德"是一致的。

(二) 从生态到心态的转进

1992 年费孝通考察山东,参观了曲阜三孔,祭扫了邹平梁漱溟先生墓,在《孔林片思》中,他说:"我想到我对于人的研究花费了一生的岁月,现在才认识到对人的研究看来已从生态的层次进入了心态的层次了。"②费孝通觉悟生物生命之有限,而觉察文化生命之不朽,这些感悟还见诸《游滕王阁小记》中,"人老了,体质和心境自不能停留在青年的境界上。要老和壮相统一固然不能在物的层面上,提出白首之心是提到了点子上。"③物很快就会灰飞烟灭,而心世界则常驻,心存在于人文世界中:"人可以死,可是人所处的这个人文世界却是长存的。人文世界的延续过程不但比我们的个人寿命更长,也更有价值。"④

"心态"概念的提出,是费孝通晚年"补课"、重新思考自己的几个老师的结果,沈关宝认为:"从马林诺斯基的基本需要,到涂尔干的社会实体,再到潘光旦的中和位育,费老师的聚焦点在个人—社会—个人之间兜了一圈……费老师重新看到的人并非是生物机体的面相,而是在起着主观能动作用的人的思想和感情、忧虑和满足、追求和希望。这就是他所谓的'心态'。费老师认为,研究社会变化不能忽视相应的人的'心态'的变化。"⑤

对社会学学科发展的反思、对现代化带来的人心问题的思考,使费孝通越来越关注心态问题,提出"文化自觉"。费孝通说:"人文学科就是以认识文化传统及其演变为目的,也就是我常说的'文化自觉'。在文化传统上说,世界没有一个民族有我们中华文化那么长久和丰富。我们中国人有责任用现代科学

---

① 费孝通:《师承·补课·治学》谈"知识分子的正气和第二次创业",生活·读书·新知三联书店,2002年 7 月,第 374、375 页。

② 费孝通:《费孝通文化随笔》,群言出版社,2000 年,第 223 页。

③ 同上,第 292 页。

④ 同上,第 295 页。

⑤ 沈关宝:《从学以致用、文野之别到文化自觉——费孝通老师的文化功能论》,《社会》2006 年第 2 期。

方法去完成我们'文化自觉'的使命,继往开来地努力创造现代的中华文化,为人类的明天做出贡献。"①"如果大家能同意现代化是当代世界中人际关系的新发展,那么也当可以认为现代化应当是一个文化自觉的过程,即人类(包括学术人)从相互交往中获得对自己和异己的认识,创造文化上的兼容并蓄、和平共处的局面的过程。从这个角度来理解现代化,为的是在跨入 21 世纪之前,对 20 世纪世界战国争雄局面应有一个透彻的反思;为的是避免在未来的日子里现代化的口号继续成为人与人、文化与文化、族与族、国家与国家之间利益争夺的借口;为的是让我们自身拥有一个理智的情怀,来拥抱人类创造的各种人文类型的价值,克服文化隔阂给人类生存带来的威胁。因此,文化自觉并不是一句口号,而是对人文价值的重新思考,是人类美好前景所依托的基础。"②

可见,"文化自觉"还是承着走向实践的社会科学,只是实践从外走到了内。严复的鼓民力、开民智、新民德,费孝通早期主张的乡村工业化,都是外部的实践,都是外王,"文化自觉"则是内圣。社会学以"群学"的名号进入中国,为外王提供了新手段,打开了新局面,但随着外王的进步,问题却也越来越多起来,这是因为这种外王手段并没有以中国文明为基础,只是对于今天新问题的疲于应付,没有看到今天的问题很大程度上与文化传统不得彰明有关。宋明心学(即理学)复兴,有力地彰显了汉晋以来被佛道遮蔽的中华文化传统,费孝通晚年重提理学,是对群学状态的社会学既有传统的超越,而"文化自觉"作为一个总括性的概念,揭示的正是现代境况下的回归内圣之道。

(三) 超越社会学既有传统

社会学一直存在社会物理学与社会现象学的紧张。前者偏重于客观地看待社会。它忽视了对象的主体,研究者也自居于客观的旁观者。而后者虽然发

---

① 费孝通:《费孝通论文化与"文化自觉"》"完成'文化自觉'使命,创造现代中华文化",群言出版社,2007年版,第 208 页。

② 费孝通:《跨文化的"席明纳"——人文价值再思考》,《读书》1997 年第 10 期。

觉研究者自身以及对象的主体性,而它又有无视条件的意志主义之嫌。实际上,诚如马克思所言,人在既定的历史条件下进行创造。故而,社会与个人是辩证关系,内圣与外王紧密相连。

就社会学发展看,上世纪 80 年代出现方法论的"综合"。无论是型构理论,还是场域理论,抑或结构化理论,都表明社会学研究走出前述的精神分裂,而试图把主体与客体、集体与个人等方面综合。时刻关注社会科学发展的费孝通自不会忽视这个综合潮流。苏国勋就认为费孝通提出"文化自觉"顺应了社会科学自身发展的趋势:"社会科学研究需要文化自觉,这既是研究对象的性质决定的,也是研究者本人应具备的学术素养。众所周知,社会科学的对象并非自然生成的现象,而是由人们有目的行动造成的结果,其中除了有时空、环境等客观因素作为条件的作用之外,更多的是由人的主观动机、意图乃至价值观所引发的行动建构而成。与此相关,现代认识论已不再把科学,如数学视为对可见的和不可见的物的研究,而是看作对关系和关系类型的研究。循此思路可以看到,当代科学的对象正经历着从实体向关系的转变。"[1]

但苏国勋没有关注到,费孝通的"文化自觉"概念,有着深厚的儒家文化和中国式思维方式的因素。费孝通在晚年《试谈扩展社会学的传统界限》一文中,阐述了社会学的"科学"和"人文"的双重性格,重提中西思维方式的差异。费孝通说:"19 世纪末到 20 世纪初,中国知识分子在救亡图存的努力中,曾经在短时间内大量借鉴西方近代和现代社会思想,这种借鉴对中国现代学术发展起到了非常重要的促进和推动作用,为现代中国学术建立了一个重要的基础。但是,也应该看到,这种匆忙的、被动的借鉴过程,也存在着很多粗糙和不协调之处,特别是对于人和自然的关系上,我们在接受西方现代科学的同时,基本上直接接受了西方文化中'人'和'自然'的二分的、对立的理念,而在很大程度上轻易放弃了中国传统的'天人合一'的价值观。""对于'人'和'自然'的关系的理解,与其说是一种'观点',不如说是一种'态度',实际上是我们'人'作为主体,对所有客体的态度,是'我们'对'它们'的总体态度。这种态度,具有某种'伦

---

[1] 苏国勋:《社会学与文化自觉——学习费老"文化自觉"概念的一些体会》,《社会学研究》2006 年第 2 期。

理'的含义,决定着我们'人'如何处理自己和周围的关系,而这种关系,是从我们'人'这个中心,一圈圈推出去,其实也构成二个'差序格局'。问题的核心是:我们把人和人之外的世界视为一种对立的、分庭抗礼的、'零和'的关系,还是一种协调的、互相拥有的、连续的、顺应的关系。对这一问题不同的回答,反映出人类不同文化、不同文明中世界观深刻的差异。""社会学对这一问题的回答,如果是基于东亚文明的历史和文化传统,那么理所当然地是一种强调协调、共处、'和为贵'的哲学基础,这种文化传统,使得我们很自然地倾向于'人'和'自然'相统一的立场。"①

显然,如果说《乡土中国》中提出"差序格局"还是基于一个观察者的角度,这里已经是以儒家"亲亲"的哲学观念来重构社会学的基础。在费孝通这里,完成了一个从群学到心学的转移。这是对儒家的回归,也是对社会学传统的超越。

赵旭东认为:"不仅要指出中国社会学既有性格中的这种实用性倾向的存在,更要去思考在何种意义上实现对这种社会学实用性格的自我超越,这是费孝通晚年所提倡的'自觉'意识的自我超越。""在费孝通晚年,他恰恰从方法论上试图超越中国社会学长期沿袭西方社会学所形成的实用性的、二元对立的以及在人与社会之间加以割裂地去看待社会与文化的那些既有性格。在这种超越之中,他似乎再一次揭开中国文化中可以用来理解中国文明自身发展中的那些概念,这在中国社会科学发展的道路上,可以算是一种真正意义上的承前启后的新探索。""费孝通晚年的反思,对于人、我、天等有了更加体贴的认识,不再只是以一个观察者的角度,以一个社会改造者的角度去看待中国社会和人,而把内圣问题提了出来,并且认为达不到内圣,社会学不能算是一门成熟的学问。所谓内圣,建立在天人合一、人与社会合一、人我合一的基础上,建立在心心相印,理解社会要从理解我开始,改造社会要从改造我开始,这正是儒家的内圣功夫。""'将心比心'文化可能更加具有包容性和融通性,社会秩序更多地是靠一种发自内心的比较和理解构建出来的。"②

---

① 费孝通:《试论扩展社会学的传统界限》,《北京大学学报(哲学社会科学版)》,2003 年第 3 期。
② 赵旭东:《超越社会学既有传统——对费孝通晚年社会学方法论思考的再思考》,《中国社会科学》2010 年第 6 期。

(四) 社会学的中和位育之道

潘乃谷在《潘光旦释"位育"》中说："费孝通教授教授提出文化自觉的论点，正是在新的历史条件下所寻求的民族位育之道。"[①]潘光旦先生国学造诣颇深，又兼通西学，一直力图在继承中重建中国儒家学术，位育理论，或者叫新人文思想，就是潘光旦先生学术探索的集中体现。费孝通与潘先生亦师亦友，晚年回忆潘先生为自己的《生育制度》作序时，说潘先生"认为我这本书固然不失一家之言，但忽视了生物个人对社会文化的作用，所以偏而不全，未能允执其中"，"他从社会学理论发展上提出了新人文思想，把生物人和社会结合起来，回到人是本位、文化是手段的根本观点。这种观点我们当时并没有会通"。[②]

上个世纪 80 年代以来，随着全球化进程日渐加深及扩大，地球成为一个村子，对此费孝通认为大家"你中有我，我中有你"。而世界各地的人们在一起不见得就和平相处，而是不断争斗，陷入"全球性的战国时代"。物质之争以外还有"观念之争"，因此世界并不太平。"海湾战争后人们已经注意到战争造成的环境污染，认识到人与地球的关系，这是生态关系。地球上是否还能养活这么多人，已成全球关心的问题，这是人与地的关系，但最终还是牵涉到人与人之间怎样相处，国与国之间怎样相处的问题。这才是第一位的问题。"[③]

面对危机，费先生想到了自己的两位老师：派克和潘光旦。他在《补课札记》中追述派克 1938 年对世界问题的担忧，说："派克不相信任何平衡状态是永恒的。变动是不会停止的，世界是一个不断更新的过程。人文区位学最终的任务就是研究生物秩序和社会秩序两者如何取得平衡的过程，以及一旦两者的平衡破坏后，怎样重新取得调整。也许可以用潘光旦先生的位育论来说，这就是'致中和，使天地位焉，万物育焉'。人要位育于天地万物之间。"[④]人要赞天地之化育，正是儒家思想的集中体现。中国化的社会学自觉继承文化传统，正是儒

---

① 陈理等编著：《潘光旦先生百年诞辰纪念文集》，中央民族大学出版社，2000 年 11 月，第 245 页。
② 费孝通：《乡土中国·生育制度》，北京大学出版社，1984 年版，第 339 页。
③ 费孝通：《费孝通文化随笔》，群言出版社，2000 年，第 222 页。
④ 费孝通：《师承·补课·治学》，生活·读书·新知三联书店，2002 年 7 月，第 322、323 页。

家学术的现代转型的一种,这一点在费孝通晚期的"文化自觉"中更好地得到体现。

"文化自觉"作为一个社会学理论,它是对以往片面强调社会学的科学性、实证性和工具性的超越,社会学要形成自己的理论自觉,就要突出人文性,发挥"位育"教育的作用,费孝通说:"社会学的价值,还不仅仅在于这种'工具性'。今天的社会学,包括它的科学理性的精神,本身就是一种重要的'人文思想';社会学科研和教学,就是一个社会人文精神养成的一部分。社会学的知识、价值和理念,通过教育的渠道,成为全社会的精神财富,可以帮助社会的成员更好地认识、理解自我和社会之间的关系,以提高修养、陶冶情操、完善人格,培养人道、理性、公允的生活态度和行为,这也就是所谓'位育'教育的过程,是建设一个优质的现代社会所必不可少的。"①

修养、情操、人格,这些现代词汇表达的正是古儒"明礼义"的内涵,"位育"教育要培养的是具备儒家人格和境界的现代中国人,这也正是朱子对"富而教"的"教"的思想的继承和发展。费先生谈"文化自觉",根本就是谈做人,谈为己之学,谈推己及人,他晚年还在比较自己和前辈学者的差距:"在我和潘先生之间,中国知识分子两代人之间的差距可以看得很清楚。差在哪儿呢?我想说,最关键的差距是在怎么做人。潘先生这一代人的一个特点,是懂得孔子讲的一个字:己,推己及人的己,懂得什么叫做己。己这个字,要讲清楚很难,但这是同人打交道、做事情的基础。""造成他(潘光旦)的人格和境界的根本,我认为就是儒家思想。儒家思想的核心,就是推己及人。"②

费孝通说:"孔子的仁就是讲处理人与人之间的关系,讲人与人之间如何相处。"③仁,就个人来看,是"推己及人"、"将心比心",藉此方可以"通感"对方之心。仁还包含群际关系。如何处理群际关系,尤其对于而今全球化的世界,实乃无可回避的问题。对已走出"各是其是,各美其美"封闭世界的人来说,无论对于处理人际关系,还是对待群际关系,费孝通指示说:"各美其美,美人之美,

① 费孝通:《试论扩展社会学的传统界限》,《北京大学学报(哲学社会科学版)》2003 年第 3 期。
② 《费孝通谈潘光旦先生的人格和境界》,《北京日报》2004 年 2 月 28 日,转引自光明网:http://www.gmw.cn/content/2004-05/31/content_36317.htm
③ 费孝通:《费孝通文化随笔》"对于'美好社会的思考'",群言出版社,第 239 页。

美美与共,天下大同。"无论群际,还是人际,都不仅"各美其美",还要"美人之美"。"美人之美"不仅仅是"容",盖因"容"潜含不满。若能"美人之美",欣赏对方,才能求同存异。在逐步交融而取得共识的基础上就"美美与共,天下大同"了。

费先生以"各美其美,美人之美,美美与共,天下大同"揭示"文化自觉"的内涵,是对潘先生位育理论的继承和发展,是对儒家思想的继承和发展。时代呼唤新孔子,费先生晚年明确提出这一点。在《游滕王阁小记》中,费先生说"老当益壮,宁知白首之心;穷且益坚,不坠青云之志"。先生先去,后生者当知先生"白首之心",且以之为"青云之志",以传先生薪火。我辈当云:舍我其谁?

对话讨论

虚心的人与使人和睦的人有福了

——蒋庆先生就曲阜耶教堂事件与儒教重建问题答北京诸道友问

蒋 庆 唐文明 温 厉 王达三 任 重①

整理者按:孔子二五六二年(暨耶稣二○一一年)阳历一月九日,蒋庆先生赴京参加苇杭书院庚寅会讲,借此机会,中国儒教网暨儒教复兴论坛、儒家中国网、儒家邮报、孔子二○○○网与在京部分道友就当前正在发生的曲阜建耶教堂事件与儒教重建诸问题对蒋先生进行了联合专访,蒋先生逐一作了回答。问答内容由任重据录音整理,经蒋先生审阅同意,特刊出以飨读者。

一、在儒教圣地曲阜建哥特式耶教大教堂极不恰当

任重:前不久,您和其他九位学者公布了《尊重中华文化圣地,停建曲阜耶教教堂——关于曲阜建造耶教大教堂的意见书》,并向社会各界公开征集签名。

---

① 蒋庆,西历1953年生,字勿恤,号盘山叟,先后任教于西南政法大学、深圳行政学院,创建阳明精舍。唐文明,西历1970年生,北京大学哲学博士,现任职清华大学哲学系副教授。温厉,真名任文利,西历1972年生,哲学博士,现为北京东方道德研究所副研究员,孔子2000网站创办者。王达三,西历1974年生,哲学博士,独立学者,曾参与创办儒学联合论坛,创办并主持中国儒教网暨儒教复兴论坛网站。任重,西历1972年生,本名耿硕,网名读书吹剑,哲学博士,自由职业者,曾参与创办儒学联合论坛、中国儒教网暨儒教复兴论坛,创办电子刊物《儒家邮报》、儒家中国网站、《儒生》集刊并任主编。

目前来看，已经引发了各方面的高度关注。作为该《意见书》的倡议者和发起人，得知要在曲阜建造大型耶教堂这个消息后，您的第一反应是什么？

蒋庆：我的第一个反应就是：在曲阜这一儒教圣地靠"三孔"这么近的地方建一个41.7米高的哥特式耶教大教堂极不恰当。我并不反对耶教建教堂，我也尊重耶教徒信仰的权利，中国的基督教有修教堂的自由，其实基督教在中国修的教堂已经很多很多了，比如深圳市目前就有26座基督教教堂，自改革开放三十年来平均一年多修一座教堂！但是，在曲阜这个特殊的儒教圣地，在先师孔子的陵墓所在，并且距离孔庙这么近又如此高调修建这样大规模与超高度的具有西方文明特色与宗教象征意义的哥特式大教堂，给人的感觉就是对儒教圣地与儒家先圣的极大冒犯，是对中国文化与儒教文明的极不尊重，有文化上喧宾夺主的企图与信仰上盛气凌人的傲慢，同时，我对有关当局与地方政府高调策划参与这一事件而缺乏最基本的文化自觉意识与文物保护意识也感到极度失望。因此，我觉得如果这一耶教大教堂在曲阜建成，曲阜将失去儒教文明圣地的性质，将不再具有中国文化的象征意义，曲阜又要遭到"文化大革命"后的再一次巨大破坏，因为我实在不能接受在曲阜孔庙的大成殿前祭祀孔子或缅怀先圣时举头即见高高在上的哥特式教堂的尖顶，我想凡是热爱中国文化的所有中国人都会有我这样的感受。所以，在得知这个消息后，我给北京的道友写信说："如果这个教堂在曲阜建成，我这一辈子就不去曲阜了。"

王达三：您说"这一辈子不去曲阜"这句话之前，虽然我也知道这件事，但对我的震动还不是那么大，后来您一说这句话，对我的影响和震动太大了，也立即意识到这个事件的严重性。

蒋庆：是啊，问题确实很严重。比如，一进曲阜，迎面而来的是耶教教堂；坐火车经过曲阜，映入眼帘的是耶教教堂；在孔庙大成殿祭孔，抬头看见的仍然是耶教教堂，这肯定是不能接受的！对于基督教，我了解的时间比较长，我翻译的书大多与基督教有关，并且现在仍在阅读基督教方面的书籍。对于基督教的学理，我力图带着同情与敬意去了解它、欣赏它，并且吸取它的某些合理成分来丰富儒学的义理。基督教同儒教一样，也是一个伟大的文明。我在了解基督教的过程中，对基督教圣徒的献身精神，对基督教开展的慈善事业，以及对基督教在人类文明史上所起的作用，都给予正面的肯定。确实，基督教作为一个悠久的伟大文明,有许多正面的东西值得我们吸取,所以,我们在文化上与宗教上不应该有那种狭隘的排外心态,而应该采取包容、尊重与欣赏的态度。基督教在现代,特别是在天主教中,有很多东西和儒教是相通的,都有对现代性进行批判反思的深厚资源,因而在某些方面两个文明是可以相互借鉴的。但是,具体到曲阜建耶教大教堂这件事,我认为基督教做得很不妥当,缺乏对儒教最基本的尊重。如果这个教堂建在深圳,或者建在中国其他城市,就是修 100 米高,能容纳几万人,我们只是羡慕而已,只能惭愧我们儒家没有这个能力,修不了这么高这么大的讲学传道场所。但这个教堂建在曲阜,破坏了曲阜两千多年来中国历史长期形成的儒教圣地性质,我实在接受不了,不能不表示反对意见。

二、“文明对话”必须先存在儒教文明的“活体”,
必须以相互尊重为前提

任重:这个教堂的修建,如新华社报道所言,“见证着中国以更加开放的姿态迎接多元文明,参与全球价值观讨论。就在两个月前,首届尼山世界文明论坛在这里举行,在中国首开儒家与基督教文明对话的先河。”对此,您有什么看法?

蒋庆:“中国以更加开放的姿态迎接多元文明”,这句话表面上似乎很现代,很时髦,但这句话缺乏一个基本前提,那就是中国文明的主体地位必须先存在,或者如张祥龙先生所说必须先存在儒教文明的“活体”,才谈得上“迎接多元文明”问题。中国文明的现状是:经过一百年来的历次“彻底反传统运动”,中国文明的文化生态已经遭到了极大的破坏摧残,现在正处在毁灭断绝的边缘。一百年来,热爱中国文明的志士仁人在西方列强的军事入侵、政治瓜分与文化扩张下提出了“保国保种保教”的强烈诉求,如今,国保了,种保了,但“教”没保住,中国成了“无教之国”。对中国而言,“教”就是儒家文化,就是儒教文明,也就是中国文明。因此,我们今天的文化使命不是去进行时髦媚外的所谓“文明对话”,因为中国文明连“活体”都不存在,如何与其他活着的文明对话呢? 我们今天的文化使命首先是在全球化时代保住我们中国文明的自性特质而不丧失,然后是在儒家文化百年来花果飘零后的今天灵根再植而重建“活体”。这正是一百年

来热爱中国文明的志士仁人"保教"诉求的继续,是今日儒家文化起死回生的当务之急,亦即是今日的中国在完成"国家救亡"的历史使命后必须完成的历史遗留下来的"文化救亡"的历史使命。在这种情况下,进行"多元文明对话","参与全球价值观讨论",不仅显得大而不当不知所谓,并且还掩盖了中国文明至今仍处在毁灭断绝边缘的严酷现实。因此,在我看来,文明对话也好,多元文化交流也好,在当今中国都显得不切实际。当然,文明是可以对话的,在某种意义上,文化也可以是多元的,但"文明对话"必须以相互尊重为前提,"多元文化交流"必须以文化主体性的存在或者说"文化活体"为前提,而在"尼山论坛"我们没有看到儒家文化的主体性存在,更不用说儒家文化的"活体"了,相反,我们看到的是在"尼山论坛"的影响下曲阜的耶教堂事件表现了对儒家文化的极大不尊重。结果既然是这样,那我们不禁要问:永无休止的"文明对话"与缺乏主体的"文化交流"又有什么意义呢? 就曲阜建耶教堂事件而言,责任不在曲阜的基督徒,而在"尼山论坛"释放的含混信息、有关政府不明智的错误决定以及个别教会领袖目无他教的自大傲慢。解铃还须系铃人,我希望通过《意见书》的发布,有关各方能对此事件进行深刻反省,接受《意见书》的五个要求,停止按原计划在曲阜修兴建耶教大教堂。

唐文明:还有,这个教堂的修建符合不符合文物法,建造手续是否齐全,政府都应该拿出来让我们看看。

蒋庆:说得对! 如果问题不解决,必要时可以考虑向联合国"世界遗产保护委员会"申诉。

三、关于"和谐宗教",应该反省的是中国基督教协会的教会领袖们

任重:可是,也有人认为这是用公权力来干涉宗教信仰,想依靠政府的力量来打压基督教而重建儒教,并且认为儒家这次不宽容,不讲宗教平等,在基督教方面也有这种看法,比如中国基督教协会副总干事单渭祥牧师在全国政协民宗委举办的"和谐宗教"专题座谈会上,谈了有关山东曲阜建造教堂遭到十位儒家学者联名反对的事件,强调宗教和谐必须以尊重和包容为前提、以交流和对话为途径,切不能强调自身特点产生狭隘和排他。单牧师认为儒家学家们能为中

国传统文化的保护和复兴表示关切这自然是值得肯定,但不能用"此消彼长"的传统思维方式去应对全球化时代的文化交流与共融。

蒋庆:首先,不能口头上讲宗教和谐的尊重与包容,而实际的行动又违背宗教和谐的尊重与包容。就今次曲阜事件的起因来看,恰恰在于耶教方对儒教圣地缺乏最基本的尊重,而不在于儒家学者们"强调自身特点产生狭隘和排他",因而应该反省的是中国基督教协会的教会领袖们,而不应统反过来责备儒家学者们对自己所崇仰的文化圣地遭到冒犯后的正当反应。并且,文化与宗教的传播与信仰自古以来都是"此消彼长"的,这是一个再简单不过的历史事实,在今天的所谓全球化时代也不能例外。无庸讳言,文化与宗教之间存在着竞争,这种竞争若处理不当会带来文化与宗教之间的冲突,这就是亨廷顿提出"文明冲突论"的原因。而要避免这种文明之间的冲突,最基本方式就是不同文明之间即不同文化与宗教之间要真诚地相互尊重,避免自己的行为对其他文明即其他文化与宗教造成伤害,这就是孔子所教导的"己所不欲,勿施于人"的"恕道",也是耶稣"爱你的邻人"的教诲与"虚心的人与使人和睦的人有福了"的"登山宝训"。遗憾的是,单牧师没有去反省曲阜建大教堂是否违背了耶稣"爱你的邻人"的教诲与"虚心的人与使人和睦的人有福了"的"登山宝训",也没有去诚心了解这一事件给儒家价值的信奉者与儒教的信仰者所带来的心理感受与情感伤害,而是把儒家学者们《意见书》的正当反应看作是应当放弃的不符合全球化时代文化交流与文化共融的"此消彼长"的"传统思维方式"。单牧师这一对曲阜事件的指责性回应我们很难接受,因为这一回应没有任何自我反省的成分,体现的仍然是某种不尊重其他文化与宗教的自大与傲慢,而不像某些基督教平信徒真诚地认为在曲阜这一特殊地方建如此的大教堂确实不恰当。但话又说回来,以批评"此消彼长"的传统思维方式来为全球化时代的文化交流与文化共融寻找理据的做法,在我看来是极其虚伪的,因为我们知道百年来基督教在中国传教的目的用基督教自己的话来说就是"到东方去,收获灵魂","收获灵魂"就是用西方的基督教信仰改变中国的传统儒教信仰。当中国在政治上追求独立而民族觉醒后,基督教在中国的传教改变了策略,提出了"中华归主"的口号。所谓"中华归主",就是"中国归中国人,中国人归基督",而"中国人归基督"就是基督教在中国传教的最终目的。可见,在中国"收获灵魂"而实现"中华归主"的最终传教目的，肯定意味着中西文化与宗教之间竞争关系的"此消彼长"。这是不能回避的事实，也是不应该回避的事实，有意回避这一事实除虚伪外，就是在掩盖基督教非常重要的一个根本特质——基督教是一"传教的宗教"，即基督教把传教（传福音）当作最根本的生命信仰与信徒义务，而"传教的宗教"带来的结果必然是文化与宗教之间竞争关系的"此消彼长"。因此，在这种"此消彼长"的竞争关系中，平面化的文化交流只是表面的和谐现象，浪漫性的文化共融只是在掩盖外来强势宗教的霸道性扩张，如果我们不认清中西文化与宗教之间存在着"此消彼长"的长期竞争性关系这一基本事实，而被虚幻的"文明对话"与表面的"文化交流"蒙住了双眼，结果可能不是一厢情愿的"文明和谐"与"宗教和谐"，而是更大的"文明冲突"与"宗教冲突"。这是因为：一国之内如果缺乏强大的本土文化与本土宗教的主导性制衡，外来文化与外来宗教必然会无限制地扩张膨胀，最后的结果自然是导致文化与宗教的"反客为主"而造成"文明冲突"的加剧，而不是"宗教和谐"的建成。因此，在今天的中国，要真正做到"文明和谐"与"宗教和谐"，就必须去大力保护、扶持与壮大儒家文化或者说儒教，而不是去无休止地进行无主体的所谓"文明对话"与"文化交流"。

四、任何国家内都存在着一个占支配地位的主导性的宗教与文化

任重：很多人担忧你们给政府施压，是利用公权力干涉宗教信仰自由。

蒋庆：有论者认为《意见书》希望依靠政府解决曲阜建大教堂问题，是利用公权力干涉宗教信仰自由，这一批评不能成立。《意见书》只是要求有关政府改变在曲阜"三孔"附近建如此高度如此规模如此风格的教堂的不当决定，不是要求政府禁止曲阜民众信奉基督教，也不是要求政府在远离曲阜文物保护区之外禁止基督徒修教堂。由于这次曲阜事件是有关政府做出了不当决定，所以《意见书》要求有关政府认识到自己行为的错误而改正自己的不当决定，而不存在利用公权力干涉宗教信仰自由的问题。当然，从儒家的角度来看，我们不承认所有的宗教与文化在某一国家之内都是完全平等的。实际上，在任何一个国家内，都存在着一个主导性的占支配地位的宗教与文化，西方如此，中国也如此。我们不妨以美国为例。我们知道，美国主导性的文化与宗教是基督新教，美国

宪法用国家大法的方式确立了基督新教在国家政治生活中的主导性支配地位，即用宪政的方式确立了基督新教在国家公共生活中公民必须接受的统治特权，尽管在这一宪政架构中每个人可以在私人生活中自由信仰任何宗教，但在公共生活中除基督新教的价值观可以作为国家的主导性公共价值外，任何其他宗教的价值观都不能作为国家的主导性公共价值，即不能成为国家的宪法原则以宪政的方式固定下来形成政治上的宪政架构，比如儒教的价值观与伊斯兰教的价值观在美国只能作为"私家言"在私人生活领域中个人自由信仰，不能作为"王官学"在公共政治生活中成为美国宪政的统治原则。某一宗教与文化成为某一国家公共政治生活中占主导支配地位的"王官学"，是某一国家特殊历史文化长期演变而形成的结果，体现了某一国家的历史文化特质。所以，在当今世界的任何国家内，不存在所谓平等的宗教与文化，当然也不存在所谓平等的"宗教对话"与平面的"文明对话"。自由主义者不承认这一基本事实，只能说明自由主义者的虚伪，而许多基督新教徒在政治上都是自由主义者，自由主义正是基督新教的政治价值观，而西方的其他基督宗教大多接受了基督新教的政治价值观，那基督教的信仰者们与自由主义者们一起鼓吹虚伪的多元平等的宗教文化观就不难理解了。既然任何国家内都存在着一个占支配地位的主导性的宗教与文化，那么，政府作为公权力的行使者，就有责任与义务对这一历史上形成的主导性宗教与文化进行特殊的保护、扶持、传承与发扬，而没有保护、扶持、传承与发扬其他非主导性宗教与文化的特殊责任与义务，更没有保护、扶持、传承与发扬其他外来宗教与外来文化的特殊责任与义务。比如，英国政府会特殊地保护并扶持圣公会在英国社会与政治中的国教地位，会传承与发扬圣公会的宗教价值观与宗教传统礼仪，而不会去特殊地保护扶持其他非主导性宗教与文化在英国社会与政治中的地位，并且不会去传承发扬其他非主导性宗教与文化的宗教价值观与宗教传统礼仪。再有一个显著的例子是俄罗斯。苏联解体后，美国的福音派非常激动，认为出现了在俄罗斯传播基督新教的大好机会，于是福音派传教士大规模地进入俄罗斯传教。刚开始俄罗斯政府搞不清楚美国福音派传教士的动机，以为他们是为了帮助俄罗斯建立自由社会，甚至欢迎他们到中小学去传播福音信仰，后来慢慢地发现不对头，美国福音派的大规模传教会改变俄罗斯的宗教文化属性，即改变俄罗斯东正教的历史文化传统，而改变了俄罗斯的东正教历史文化传统，即意味着改变了俄罗斯国家的历史文化特性。于是，俄罗斯通过国家立法，规定任何宗教组织必须在俄罗斯存在二十年才能够合法注册，俄罗斯政府就是用这种国家干预的特殊办法避免了美国新教福音派在俄罗斯的扩张性竞争，从而保护了东正教在俄罗斯的生存和发展。总之，在儒家看来，国家或政府有特殊的责任与义务保护、扶持、传承与发扬这一国家内历史地形成的占支配地位的主导性宗教和文化。在中国，这一国家内历史地形成的占支配地位的主导性宗教和文化就是儒家文化，即就是儒教。因此，在中国，中国的国家或政府有特殊的责任与义务保护、扶持、传承与发扬儒家文化与儒教，这是中国的国家或政府不可推卸的历史责任，是今日的中国对历史的中国与未来的中国必须履行的统治义务。那么，这就涉及一个问题：中国的政府在当今中国应该保护、扶持、传承、发扬中国文化还是西方文化？或者说应该保护、扶持、传承、发扬儒教还是基督教？答案是不言而喻的。我认为，在今次曲阜建耶教大教堂事件上，有关政府没有尽到保护中国文化与儒教文明的责任，而是在"尼山论坛"释放的自由主义虚伪的平等多元思想的影响下不明智地做出了不当的决定。然而，我们不要忘记，鼓吹平等多元的自由主义思想正是基督新教的政治价值观，竟被当代许多中国人与"尼山论坛"的主持者们奉为所谓的"普世价值"！而我们也不要忘记，近代以来列强欺压中国的无数不平等条约中，几乎每一个不平等条约内都有打着"普世价值"的旗号强迫中国人接受的"传教权利"与"传教自由"。

五、要区分两个含义上的儒教："儒教文明"与儒教团体组织

任重：儒教的确在历史上一直是中国占支配地位的主导性宗教与文化，这一点没有异议。但现状却是，儒教不但不是当今中国的主导性宗教与文化，而且也没有得到政府的承认和保护。你们在《意见书》中也提到了，要求政府重视儒教，是不是考虑要建立儒教社团？

蒋庆：对于儒教重建这个问题，我已经讲得很多了，但在这里有一点需要再强调。现在讲到儒教，要区分两个含义上的儒教：一个是中国长期历史中自然形成的儒教，这个儒教始于五帝三王，一直延续到西历 1911 年，这个儒教是个

文明，即"中华文明"或者说"儒教文明"；儒教还有一个含义，就是西历1911年以来，作为文明的儒教在西方武力与西方文明的强力冲击下逐渐式微而崩溃，为了挽救作为文明的儒教，即为了"保教"而实现"文化救亡"，康有为、陈焕章等先贤提出了仿照西方宗教组织的形式建立儒教，即建立"孔教会"，这是在现代法治社会中宗教社团法人性质的儒教。在中国1911年之前的传统社会中，士大夫群体既是儒教信仰的传承者又是政治权力的握有者，整个国家以儒教价值立国，所以整个中国的国家机构或者说政府机构就是一个庞大的儒教组织。在这种情况下，整个国家与整个社会中占支配地位的主导性价值就是儒教价值，整个国家的制度安排都是为了实现儒教价值，最典型的制度安排如太学、太傅、礼部、经筵、科举等；也就是说，在传统中国，不仅教育机构在实现儒教价值，整个行政机构都是在实现儒教价值，中国的国家或者说政府俨然就是一个为实现儒教价值而成立的庞大儒教组织。在这种情况下，传统的中国根本不需要在国家或政府之外再去建立一个为实现儒教价值而存在的组织化的儒教。另外，传统中国社会不是一个现代意义上的法治社会，为传播或实现儒教信仰与价值的社会团体并不需要采取法律社团的形式，即不需要采取宗教法人的合法形式，如孔子的传道讲学团体与阳明的传道讲学团体就不需要获得政府批准注册才能合法存在。但是，现在的情况不同了，不同有三个方面：首先，近代以来儒教被逐出政治领域，致使现在的中国已不再是儒教的中国，现在中国的国家机构与政府组织已不再以儒教价值立国，因而现在中国的国家与政府已不再是实现儒教价值的庞大儒教组织。在这种情况下，要重建作为"中华文明"的"儒教文明"，除走"上行路线"使儒教价值重新成为立国之本上升为国家的"王官学"之外——这需要在历史中长期的等待与期盼，唯一可行的就是走"儒教重建"的"下行路线"，即在国家机构与政府组织之外的广阔社会领域建立现代宗教社团法人意义上的儒教团体组织，以这种现代的民间儒教团体组织方式来完成作为文明的儒教的重建与复兴。其次，现代社会是一个法治社会，所有的团体都必须以法律的方式存在，即都必须取得法律的身份才能合法地去实现组织的诉求，世俗的公益组织如此，宗教的信仰组织也如此。如果儒教在现代的中国社会中没有制度性的法律存在方式，即没有实现儒教价值的组织化宗教法人形式，儒教的价值诉求就缺乏力量，儒教的义理传播就得不到有效弘扬，作为文明的儒教的重建就会受到阻碍。最后，近代以来的宗教竞争与古代社会的宗教竞争不同，近代以来的宗教竞争是组织化的宗教竞争，所有的宗教都以宗教社团法人的方式组织化地存在并组织化地展开传教活动，而古代社会的宗教竞争并不采取这种宗教社团法人的组织化竞争方式，如两千年来佛教进入中国的存在方式与传教方式都是非组织化的个人行为，但近代以来西方宗教进入中国的存在方式与传教方式则是高度组织化的团体行为。在这种情况下，如果中国缺乏组织化的儒教以因应时代的变化，作为文明的儒教就没有"活体"、没有代表、没有力量、没有办法与其他宗教竞争，因而"儒教文明"的重建就要受到极大的阻碍，因为其他宗教都是以社团法人的方式制度性地存在，因而具有强大的组织化力量确保自己信仰的价值能够在不同宗教的竞争中得以有效实现。在今次曲阜耶教堂事件中，儒家价值的信奉者与儒教的信仰者在表达意见时感到无力与无奈，就是因为儒家价值的信奉者与儒教的信仰者在中国处于一盘散沙的状态，要人没人，要钱没钱，要物没物，要力没力，不能以组织化的方式强有力地有效表达自己的意见与诉求。诚然，儒家从来都讲君子"群而不党"，儒家也知道信仰组织化后如果处理不好会带来与世俗组织同样的腐败，即追求权力、财富、荣誉甚至利益所带来的腐败，但现在我们没有办法，不得不因应时代的变化建立儒教社团法人，以此组织化的方式来实现儒教的义理价值。我们非常清楚，现在在中国建立儒教社团法人就是"群而结党"，违背了孔子的古训，但这是被近代以来五千年未有之大变局逼出来的！如果我们生活在孔孟的时代或朱子阳明的时代，我们完全没有必要去建立这种宗教社团性质的儒教组织。孔子讲"时中"，讲"经权"，现在在中国建立儒教社团法人即是"时中"与"行权"。正因为我们已经知道建立儒教社团法人是"行权"，我们就必须对儒教组织化后可能带来的负面影响与腐蚀人性的各种腐败保持高度的警惕，力图将组织化后可能带来的负面影响与各种可能的腐败降低到最小范围。也就是说，儒教的组织，应该由君子组成，如果缺乏君子在内在生命上的修身实践工夫，不能以圣贤教诲克制自己的私欲，组织化后的儒教肯定会腐败。如果由一个腐败的组织去实现儒教的价值理想，不仅是荒唐的，而且对儒教的伤害要比来自外部的伤害大得多！所以，我们不要轻言立即建设组织化的儒教，只有我们真正从心灵深处认识到了儒教组织化后的负面影响与制度化后的腐败可能，并且能够通过纯粹信仰的共识与聚合先形成一个《论语》与《儒行篇》所记载的精神性的儒士群体，有足够的修身工夫能够尽可能地克服组织化的负面影响与制度化的腐败可能时，组织化与制度化的儒教建设才能提上日程。

六、儒教在当今中国的地位高于其他所有的宗教

任重： 对于重建儒教，现在在儒家内部基本上都同意。但就建立什么样的社团组织，就有分歧了。有人支持成立儒教社团组织，如目前国内的五大宗教一样，也成立全国性的儒教协会。但也有人反对建立儒教社团组织，担心会把儒教的地位降低了。

蒋庆： 儒家不承认西方虚伪的多元文化理论，儒教与其他宗教虽然都是宗教，但在中国，儒教与其他宗教的地位是不平等的，就像在英国、北欧、波兰、希腊与俄罗斯，圣公会、路德宗、天主教、东正教与存在于该国内的其他宗教地位不平等一样，这是我们讨论儒教的前提。作为一种文明的儒教，具有中国历史长期确立的在中国国家生活中起主导性作用的正统支配地位，这一儒教的正统支配地位是古往今来任何一个在中国存在的其他宗教都不能比拟的，更是不能僭越的，因为这种意义上的儒教代表的是中华文明。正是在这一意义上，我们说儒教在当今中国的地位高于其他所有的宗教。那么，具体到宗教社团法人意义上的儒教，在中国的诸多宗教社团法人中，其地位也不与这些宗教社团法人平等，即作为宗教社团法人的儒教在中国诸多宗教社团法人中的地位，相似于圣公会在英国诸多宗教社团法人中的地位，即享有普遍教义、国家礼仪、政治权力、国民教育、财政拨款等特权，这一问题我以前多次论及，这里不再细说。退一步而言，就算作为宗教社团法人的儒教需要通过法律注册成立，各种宗教在法律面前享有形式上的平等，但在实质性的现实政治生活与社会生活中仍然是不可能平等的，就像美国的基督新教与以色列的犹太教虽然在法律形式上平等，但在现实的政治生活与社会生活中基督新教与犹太教的地位实质上要比该国内的其他宗教高得多。所以，不能认为按照有关成立宗教的法律建立儒教社团组织，儒教就与其他宗教平等了，更不能说儒教的地位因此就降低了。比如说，在中国，儒教的价值是"公共价值"，儒教组织就可以理直气壮地要求国家或

政府将儒教价值纳入公共教育领域,使儒教价值成为全民必须接受的普遍价值观,而其他宗教的价值只是"私人价值",其他宗教组织就没有理由要求政府将其价值纳入公共教育领域,只能个人私下信奉。这个道理我们可以在当今中国许多政府大学塑立孔子像得到说明,因为在公立的政府大学塑立孔子像,就象征着儒教价值进入了公共教育领域。但是,中国的公立政府大学不可能塑佛像或耶稣像,只有佛学院可以塑佛像,神学院可以塑耶稣像,因为佛学院与神学院教授的都是"私人价值",这种"私人价值"在中国不能成为要求全民接受的"公共价值",因而其价值不能进入作为公共领域的国民教育领域。所以,就算在中国按照法律建立了儒教社团组织,儒教在中国的地位也比中国的其他宗教高得多。

七、人类的任何政治都不能与宗教分离,
"政教合一"是"儒教文明"的最大特色

任重:说到重建儒教,很多人担心的不是您所说的"下行路线",而是"上行路线",批评您这是要走"政教合一"的路子,比如李泽厚先生。对此,您有何评论?

蒋庆:无庸讳言,重建儒教的"上行路线"就是要走"政教合一"的路子。"政教合一"不仅是从古到今"儒教文明"的最大特色,也是从古到今儒教义理的根本主张。用儒家的"王道"术语来说,所谓"政教合一",就是国家的政治权力负有实现天道超越神圣价值、地道历史文化价值与人道人心民意价值的责任与功能。也就是说,特定国家的政治权力有实现特定国家历史地形成的特定宗教价值的义务与职能。在中国,这种特定国家历史地形成的特定宗教价值就是儒教价值,而这种特定的儒教价值就是"王道价值"。所以,无论古今,中国的国家政治权力都有责任去实现中国历史地形成的儒教价值,即"王道价值",并且还必须以宪政的方式将儒教价值用国家根本大法的方式固定下来,使儒教价值的实现得到国家制度化的有力保障。其实,西方那些标榜"政教分离"的国家在实质上也是"政教合一"的国家,只是他们虚伪地不承认而已。比如美国,所谓"政教分离"只是美国的国家政治权力与某一具体的宗教教派相分离,因为美国的特

殊历史原因基督教派别特别多,而不是美国的国家政治权力与美国历史地形成的特定宗教相分离,即不是与美国特定的基督新教相分离。众所周知,在美国,历史地形成的特定宗教是基督新教,基督新教的政治价值观被美国宪法固定下来,形成了美国国家的基本政治原则,并建构了美国国家的根本宪政制度。所以,美国虽然没有法律上的"国教",但在国家的政治生活中实际存在着实质性的"国教",或者说隐秘的"国教",这一美国的"国教"就是基督新教。也就是说,表面上美国是"政教分离"的,但实际上美国的整个政治制度与政治过程都是与特定的宗教即基督新教紧密相连的。然而,吊诡的是,美国政治不承认法律上的"国教",而现实的状况则是基督新教的政治价值观通过自然神论的哲学方式被美国宪法作为美国宪政的基本原则固定下来,因而实际上美国的法律——宪法——已经用非常抽象的原则与方式规定了美国的基督新教实质上就是美国的"国教"。正是在这一点上,我常说美国的自由主义非常虚伪,一直在掩盖这一最简单不过的实质上"政教合一"的事实。由此可见,人类的任何政治都不能与宗教分离,西方的"基督教文明"如此,中国的"儒教文明"也如此。如果中国的批评者们按照西方自由主义的理念批评重建儒教是"政教合一",那么,他们应该首先批评的是自由主义理念盛行的美国政治是"政教合一",而不是力图掩盖美国耶教政治的"政教合一"而反过来批评中国儒教政治的"政教合一"。

唐文明:查尔斯·泰勒明确说,美国的宪法就是一个隐秘的教会。

蒋庆:说得对! 美国宪法实质上就是一部宗教法典,规定了基督新教的价值观。至于英国就更不用说了,国王就是圣公会的领袖。还有希腊宪法明文规定东正教是"国教",北欧一些国家则以路德宗为"国教"。这些都是"政教合一"的简单事实,不知为何批评儒教重建是"政教合一"的人对此视而不见,这些国家都是自由的西方国家啊!

八、"儒学热"主要是民间力量的推动,"儒学"是"国学"的价值之源

任重:目前儒学开始有复兴的迹象,但很多人认为这是政府利用的结果。如雷颐认为,"国学热"主要得益于官方的宣扬,他说"国学热"是从 90 年代开始的。经过 80 年代末,主流意识形态进行了某种调整。官方觉得仅仅靠马克思

列宁主义已不足以抵御西方涌入的自由民主，于是开始强调国学，用以抵御西化。所以从 90 年代初，官方就开始宣扬国学。好几次《人民日报》宣扬国学的都是头条，甚至一个半版宣扬国学。接着其他媒体都宣传，慢慢地就确实形成了这样一个"国学热"的氛围，一切都得回归到中国特殊论上。80 年代后，官方开始讨论怎么办？一致认为再靠马克思列宁主义、毛泽东思想是抵挡不了西方的自由、民主、人权的。于是有人就提出来，要用爱国主义、民族主义来抵挡西方的自由、民主、人权。所以，从 90 年代初期，官方就开始大量地提倡国学，爱国主义就是那时兴起的。现在看来，它们其实是作为抵御自由民主的一个思想资源，实际上背后有其特殊的目的。对这一看法，您的评价如何？

蒋庆：说"儒学热"的出现是因为中国政府的推动，有违近十年来中国大陆儒学复兴的事实。在我看来，中国大陆"儒学热"的主要原因是民间力量的推动，政府最初只是在民间力量推动的影响下顺水推舟起到一些辅助性的促进作用，后来才觉得儒学对国家与社会有用才加大了支持的力度。儒学被摧残打压快一百年了，已经被摧残打压到极点了，大家都知道"物极必反"的道理，打压越凶，反弹越大，所以在前几年才突然爆发出"儒学热"，这很正常。只要政府不再打压，也不用政府去宣传，儒学照样会在民间蓬勃兴起。世界上有哪一个大的文明在近代化的过程中被摧残打压了这么久？没有，只有"儒教文明"！用现在流行的经济学术语来说，中国大陆出现的"儒学热"是儒学百年来遭受极度打压后的"报复性反弹"。当然，政府认清中国国情后大力支持儒学的复兴也非常重要，因为中国政府负有扶持本土文化复兴中国文明的历史责任，我们乐于看到中国的政府明智而充满智慧地大力支持儒学的复兴，可惜现在有些政府的做法实在是功利色彩太浓，工具性太强，并且缺乏应有的真诚、智慧与艺术，使人难以接受。至于批评者说到政府支持儒学复兴背后有其特殊目的，我想这一所谓的"特殊目的"就是经过近百年来的彻底反传统运动中国政府现在终于认识到了儒学的治国价值，开始用支持儒学复兴的实际行动来改正自己过去摧残打压儒学的错误，慢慢地回归到"以儒学价值治国"的正确轨道上来，这正验证了儒学"不可逆取而可顺守"的古训。无须讳言，这是中国政府光明正大的目的，而不是背后有什么"特殊目的"。中国政府完全有理由宣称：自由民主的价值不适合中国的历史文化国情，中国政府没有必要支持自由民主价值在中国的传播与落实，因为自由民主的价值在中国不可以作为政治的根本原则而治国，即不可以作为中国国家的立国之本，中国国家的立国之本已经历史地蕴含在中国的儒教价值上。

唐文明：于丹现象就是一个典型，完全出于民间老百姓的需求，而不是政府的推动。雷颐举的例子太片面，没有说服力，我可以举出反面的例子来说明政府的态度。在上世纪90年代初，那个时候有所谓"国学热"出现，马上在国内一些权威刊物（包括某些以往口碑一直不错的学术刊物）和主流意识形态刊物上就出现了几篇文章，连续批评"国学热"，明确将之定性为"一九八九年以后，新的资产阶级自由化分子改头换面宣传国学"。其实官方意识形态与儒学的一些重要理念存在着很大的张力。当然，不可否认，改革开放以来整个大趋势是官方意识形态的逐步弱化。

蒋庆：这正好说明了政府在民间传统文化复兴热潮的推动下才慢慢地改变了自己对传统文化的态度，从过去的批评观望到现在的认可支持。这里说到了"国学"，我想有必要对"儒学"与"国学"进行一下区别。"儒学"讲的是天道性理的宇宙人生价值，具有义理上的普遍性，所以儒学不具有民族主义的特性；而"国学"讲的是中国固有的学问，强调的是学问的"中国性"，所以"国学"具有某种民族主义的性质。由于"儒学"是中国固有的学问，有些人将"儒学"与"国学"等同起来，是没有看到"儒学"与"国学"的区别，其实"儒学"是"国学"的价值之源，离开"儒学"，"国学"就会变成没有生命力的国故之学与缺乏价值关怀的西方汉学，所以应该将"儒学"的地位提到"国学"之上，而不是将二者混同。具体说，"国学"的兴起与中国的民族主义有关，是近代以来中国政治上的救亡在中国学术上的自然反应，是对西方文化殖民的学术反抗，当然有其"文化救亡"上的重大意义与价值。但是，我一直都不愿使用"国学"这个词，而愿意使用"儒学"这个词，原因是"国学"一词民族主义的色彩太浓，容易掩盖"儒学"天下主义的普遍价值关怀。在我看来，"儒学"在本质上不是民族主义的，而是反民族主义的，而民族主义是近代以来产生于西方传播于全球的政治病毒，其特质是以民族的特殊利益超越人类的普遍道德，与"儒学"追求人类普遍道德的天下主义背道而驰，所以"儒学"在本质上是与民族主义不相容的。然而，在世界还存在着社会达尔文主义这种"霸道"的国际关系情况下，"儒学"赞同中国国家富强，赞同增强中国国家的综合国力，因为"落后就要挨打"正是民族主义的政治病毒由西方向全世界传播而形成的严酷铁律！但是，"儒学"不是民族主义，更不是狭隘的爱国主义，因为"儒学"不会只从国家的富强看问题而放弃儒学的道德理想，"儒学"的道德理想就是天下主义与王道大同。所以，按照《春秋》"实与文不与"的"义法"，"儒学"只承认民族主义在现代世界社会达尔文主义的"霸道"国际关系中有某种"自卫"意义上的合理性，因而只承认"国学"在反抗"西学"保存中国学术的"中国性"上具有某种合理性。但是，"儒学"的最高理想是消灭毒害人类的民族主义，因而在学术上的最终目标就是放弃"国学"的称谓而回归"儒学"的称谓，因为中国在近代西方文化入侵之前的学术兴盛时代只有"儒学"而无"国学"，"国学"是近代中国在"文化救亡"的压力下产生的中国学术的"衰世之词"。

九、我们是"实与"民族主义，而"文不与"民族主义

任重：您刚才把儒学和民族主义做了区分，实际上也回答了袁伟时最近的一个批评。袁伟时说，现在中国盲目的民族自大非常厉害，对于民族主义没有警戒。而德国的民族自信就招来世界大战，日本则招来军国主义。对东方来讲，民族主义是接受现代文明的障碍。对此，您有何评价？

蒋庆：袁先生完全倒果为因了！民族主义本身就是西方的，并且本身就是西方的"现代文明"，正是这一西方的"现代文明"导致了二次世界大战，而不是某一国家的"民族自信"带来了战争。"民族自信"与"民族主义"不是一回事，"民族自信"是存在于古今中外所有民族中的自尊自强的自然情感，"民族主义"则是近代以来产生于西方传播于全世界的政治病毒，即建立在西方社会达尔文主义国际观念上的政治意识形态。我们知道，当今世界国际秩序的形成，都是建立在民族国家基础上的，而民族国家产生于西方，民族国家的意识形态就是民族主义。因此，民族主义产生战争以及产生军国主义与东方的儒家思想没有任何关系。恰恰相反，以日本为例，日本走向军国主义正是彻底学习西方的"脱亚入欧"所致，而所谓"脱亚入欧"，就是放弃儒家的道德思想而完全接受西方的民族主义。现在的问题是，世界已经处在这样一个民族国家林立的国际关系

中,建立在社会达尔文主义基础上的民族主义已经成了国际交往的通行规则,对此,儒家究竟应该怎么办呢? 我认为:首先,面对民族主义,儒家不是浪漫的理想主义者与天真的和平主义者,不认为可以通过完全平等的理性对话、沟通协商与利益妥协改变当今国际关系的社会达尔文主义规则,如持非暴力抵抗的和平主义者与环保主义者所认为的那样;但是,儒家也不会上西方的圈套,完全接受国际关系的社会达尔文主义规则,即不会把西方民族国家的有害原则即民族主义奉为圭臬而贯彻到底,因而不会被西方的政治病毒感染而丧失政治的免疫力。在儒家看来,民族主义就是国际关系中的"霸道"规则,完全接受民族主义就是奉行"霸道",这是儒家所反对的。如果将民族主义的"霸道"规则贯彻到底,必然是无休止地扩军备战,无休止地不断研制更高更新的高科技杀人武器,即无休止地进行杀人技术的恶性竞争,这更是儒家所反对的。因此,按照儒家的"王道"理想,儒家坚决反对建立在社会达尔文主义规则基础上的民族主义,但根据儒家《春秋》对待国际关系的"文实义法",儒家可以在坚持"王道"理想的前提下承认"霸道"在特定历史条件下的某种合理性,即承认民族主义在社会达尔文主义规则主导下的国际关系中具有某种自卫的正当性,就如孔子"实与"齐桓晋文在春秋乱世一匡天下九合诸侯具有某种历史的正当性一样。这即是说,儒家在特殊的历史境况中既批判"霸道"违背"王道"理想,因为"霸道"是"以力服人",又承认"霸道"在复杂诡谲的历史中具有某种相应的合理价值,因为在历史给定的"霸道"秩序中不可能完全做到"以德服人",因而儒家并不完全否定"霸道"。因此,以《春秋》的"文实义法"来对治当今世界国际关系中的社会达尔文主义规则,就不是完全否定民族主义的某种合理价值。但是,我们接受民族主义的某种合理价值时,一定要有"王道"理想的观照与指引,我们必须知道我们只是在今日特殊的历史条件下有限地承认民族主义,而我们在儒家的政治理想上并不承认民族主义,即我们是"实与"民族主义,而"文不与"民族主义。如果我们不按照这种"实与文不与"的"春秋义法"来对治民族主义,我们就可能在接受民族主义时缺乏对民族主义的免疫力,完全被民族主义的病毒所感染,彻底按照民族主义的社会达尔文主义规则与逻辑行事,结果世界必将充满残酷的争斗与战争而永远不得安宁。这样,如果我们以民族主义来反对民族主义,就是上了西方民族主义的圈套,中了西方民族主义的毒素,这即意味着国际冲突将永远得不到解决,民族主义的这个怪圈也将永远无法突破。为什么现在的西方人老是叫嚷"中国威胁论"呢?为什么西方人总是认为中国人要在世界称霸呢?西方人的这种恐惧感并非空穴来风,完全是可以理解的,因为近百年来的中国以至现在的中国在西方的强大压力下不断学习西方,致使中国在国际关系中完全接受了西方的社会达尔文主义规则,完全在按照西方民族主义的原则做事,而西方确立的规则西方人最清楚,这个规则就是在国际关系中有力量就称霸的规则。当中国的力量一天天强大时,他们当然要发出"中国威胁论"的担忧了。这就像参加足球赛一样,西方制定了球赛的规则,球赛的规则就是比赛为了赢球,而你已经接受了球赛的规则并参加了球赛,你又给对方说你参加球赛的目的不是为了赢球,对方会相信你吗?显然不会!所以我国的领导人出访时一再强调中国不称霸,但西方人一直不相信,因为中国已经接受了西方确立的社会达尔文主义规则并参与了民族国家的竞争。因此,我们今天在接受西方的民族主义时一定要有"王道"理想的观照与指引,只能在"自保"的意义上接受民族主义,不能按照西方民族主义的逻辑即国际关系的社会达尔文主义规则走到底。当然,我们中国有儒家的"王道"理想,"王道"理想的实现需要力量,当有一天中国的力量强大到足以改变国际关系规则的时候,那中国的历史使命就是用"王道"的理想去改变近代以来西方建立在社会达尔文主义规则上的不合理不道德的国际关系,即用"王道"的国际规则去改变"霸道"的国际规则——托尔斯泰将此"霸道规则"称为"动物规则",亦即用儒家的天下主义理想去取代西方的民族主义,使只讲"理"不讲"势"的国际关系成为可能。这将是一种建立在"以德服人"而非"以力服人"上新的国际秩序,是一种国家关系建立在道德上的新的国际规则。如果这一天能够来到,那将是中华民族对人类可能做出的最大贡献!

十、现在的政府在利用儒家的过程中缺乏
应有的诚意与得体的方式

任重:现在有人忧虑政府对儒家的利用会起到负面效应,比如前段时间所谓的"孔子和平奖",简直就是闹剧。您怎么看政府对儒家的利用?

蒋庆：要把政府对儒家的利用与儒家在民间的自身发展分开理解，这不是一个层面上的问题。从历史上来看，往往儒家遭到政治的极端打压或战乱的巨大摧残会退缩到民间以求最低限度的自我保存，然后再在民间长时间的慢慢发展最后影响政治而改变政治。如秦汉之际儒家遭到秦政与汉初的打压而"独抱遗经窜山林"，经过一百多年的时间在民间慢慢发展壮大影响到汉代政治才有武帝的"复古更化"而改变汉代政治。当然，政府对儒家的利用与儒家在民间的自身发展也不能绝对地分开，这一过程是互动的过程，只是在这一互动过程中儒家在民间的发展起到了主导性的推动作用，古代如此，现在也如此。这里所谓的政府利用，并非只具有负面意义，政府利用儒家，正好说明儒家具有非常重要的治国价值或者说统治资源，在中国任何统治集团要想有效地治理中国，就必须接受儒家价值作为治国的根本原则，舍此无它，古代如此，现在也仍然如此。不过，政府利用儒家，涉及利用的方式与利用的艺术，要看政府善不善于利用。目前政府对儒家的利用与古代的帝王相比，显然利用的方式与利用的艺术不如古代帝王，比如不如汉武帝，汉武帝懂得要治理这么一个大国，必须从根本上变更国家的主导思想，接受董仲舒的"天人三策"而独尊儒术。另外，古代帝王利用儒家不只是停留在赤裸裸的工具性利用的水平，而是尽可能地力图信奉儒家的价值，因为古代帝王知道自己只是世俗权力的所有者，而不是统治思想的所有者，更不是治国价值的确立者，国家的统治思想与治国价值属于圣人，所以古代帝王在圣人面前从不认为有属于自己的统治思想与治国价值，如中国古代史书中从来没有出现过"汉武帝思想"、"唐太宗理论"之类的提法，故古代帝王在接受儒家思想与价值作为治理国家的根本原则时能够表现出更大的谦卑与诚意。再有，古代帝王在利用儒家时知道敬畏圣人，知道儒家有不可干犯的尊严，所以大多能够尊重儒家。而现在政府在利用儒家时不知道敬畏圣人，而是利用儒家搞招商搞旅游搞统战搞宣传搞形象，功利色彩太浓太明显，如各地政府主办的"某某文化节"之类，表现出对儒家尊严的极不尊重。然而，话又说回来，虽然政府在利用儒家时有许多令人难以接受之处，但这些利用也正说明了儒家在治理当今中国上有不可或缺的巨大价值，如果儒家在治理当今中国上没有任何可供利用的价值，那就意味着儒家死了，因为没有人会去利用无价值的死东西。所以，儒家不怕被利用，儒家在当今中国的活的生命力，正是体现在政府对儒家的利用上，历史上也正是政府对儒家的利用使儒家不断壮大。只是我们觉得，现在的政府在利用儒家的过程中缺乏应有的诚意与得体的方式，也缺乏古代帝王那种利用的艺术，给人造成虚伪的感觉——政府自己不相信儒家，结果又来高调提倡儒家价值，这岂不自相矛盾吗？当然，我们知道历史的吊诡与复杂，不会像有些人那样认为政府利用儒家完全是负面的结果，也不会天真地认为现在的政府已经完全成了儒家价值的信奉者。历史从来没有纯粹的事，昨天还是一个不相信儒家的政府，今天突然就下发一个政府文件宣布自己完全信奉儒学了，历史中没有这样的可能。历史告诉我们：政府利用儒家，儒家也利用政府，一部中国政治史与一部中国儒学史就是在这种政府与儒家利用与反利用中曲折发展的历史。历史的经验是：政府利用儒家时，儒家也利用政府从而改变了政府，即把政府改变成了"儒家政府"。例如，汉武帝利用董仲舒，董仲舒也利用汉武帝，而相互利用的最终结果是董仲舒赢了，即儒家赢了，中国成了"儒家中国"。也就是说，政府开始利用儒家时是政府与儒家双赢，最后的结果是儒家独赢。古代如此，现在也仍然如此。当然，这种政府与儒家的相互利用是一个长期曲折而夹杂吊诡的历史过程，在这一过程中儒家虽然可以行权委曲，但绝不能动摇儒家最基本的义理基础与道德持守，否则，儒家就不是儒家了。对此，我们在今天儒家艰难复兴的历史时刻，要有足够清醒的认识。

十一、在政府与儒家的关系上，一切都以儒学的基本义理价值与儒家的道德人格为准绳

温厉：我觉得有人担忧的是两个方面的问题，政府利用儒家达到治理的目的，这是您刚才说的意思，而更多的批评和担忧可能是政府利用儒家达到统治的目的。

蒋庆：是的，确实存在这种情况。不过这两个问题是搅在一起的，不能将政府治理的目的与统治的目的截然分开。治理好像是正面的话，是为了老百姓着想，而统治好像是负面的话，是为了统治者着想。其实，为老百姓着想与为统治者着想是纠缠在一起的，人类历史中没有一个政府是只为老百姓着想的，也没有一个政府是只为统治者着想的，而是在为老百姓着想的同时又为统治者着

想。民主政府自称只为老百姓着想显然是假话,现代人批评专制政府只为统治者着想也明显不真实。这是因为统治者是一个集团,这一统治集团有自己特定的治理责任与统治利益,在治理国家的同时满足自己的统治利益是很自然的事,只是在满足这种统治利益时要有基本道德的约束与法律制度的规范,不能越过社会所能接受的心理底线即人心向背的认可而带来社会的剧烈冲突最后导致社会秩序的崩溃。具体说,政治权力在统治者手中,统治者就是政府,利用儒家也是握有政治权力的统治者在利用,如果说政府对儒家的利用完全是为了维护统治者非常狭隘的既得利益,这种说法是马克思主义阶级分析的说法——国家是实现统治阶级意志与利益的暴力机器,这显然太偏颇;如果说政府对儒家的利用完全是为了维护被统治者的普遍利益,这种说法是自由主义反专制政治的说法——国家是实现全民意志与全民利益的契约公司,这显然也不真实;这两种理由都不能成立。这是因为,作为一个国家的统治者,统治集团的利益与整个社会的利益是纠缠在一起的,有时候能够合一,有时候则不能够合一;能够合一时就是盛世,不能够合一时就是乱世。因为没有只为社会民众利益而存在的政府,而全心全意地为社会民众利益服务只是政府"政治权力合法性"的宣称,不是政府统治的现实。也即是说,只为社会民众利益而存在的政府不会在历史中存在,除非到了大同世界;只为统治者利益而存在的政府也不会长久存在,因为这样的政府马上会被民众推翻。那么,政府在利用儒家时,两个方面都会顾及到,即既顾及到国家治理的目的,又照顾到政府统治的目的,或者说既为老百姓着想,又为统治者着想。对政府利用儒家而言,老百姓的利益与统治者的利益都能够顾及到,得到双赢是最好的结果。政府也很清楚,如果只为维护统治者的利益来利用儒家,完全违背老百姓的利益,利用儒家也没有用,因为以这种方式利用儒家老百姓会反对,儒家更会反对。反过来说,统治者利用儒家如果只对老百姓有好处,对统治者没有好处,政府也不会去利用儒家,因为统治者在治国时会本能地考虑自身的利益,没有统治者自身利益的存在也就没有政府。纯粹的历史是没有的,历史是在利益与天道之间进行复杂的博弈,即是在"理"与"势"的纠缠、夹杂、吊诡、委曲中艰难地往前走。政府现在不能完全信奉儒家,不能做到现代中国的"复古更化",不要紧,只要政府现在意识到利用儒家对国民有好处,对国家有好处,对政府有好处,就让政府慢慢地去利用,利用到一定程度时政府就自然会相信儒家了,因为中国历史上儒家就是用这种方式来改变每一个政府的。但这需要时间,因为当今的中国政府与传统的中国政府不尽相同,有其因时代反传统造成的特殊性,这就使得一个当初彻底反传统的政府现在要回归传统确实存在着一个内心痛苦挣扎的过程,矛盾冲突的心理需要时间来自我调适,因此,我们要有足够的耐心长期等待,并且不断地予以正面的鼓励支持。当然,在这一过程中,我们很痛苦,腹背受敌,两面夹攻,心里不是滋味:自由主义者批评我们投靠官方获得承认而为统治者利益服务,官方又批评我们独立自主不予合作而坚持民间立场批评政府。我想,在政府与儒家的关系上,我们对政府的态度应该是:该支持的就支持,该批评的就批评;该肯定的就肯定,该反对的就反对;做到立场坚定,观点鲜明,光明正大,不卑不亢,一切都以儒学的基本义理价值与儒家的道德人格为准绳。在当今中国,儒家遇到了百年来中国历史大开大合的紧要关头,我们要抓住这一百年难得的历史机遇,在坚持儒家基本原则不动摇的前提下,积极利用政治权力来实现儒家价值。从中国历史来看,很多儒家人物在主动利用政治权力去实现儒家价值时,既没有曲学阿世,也没有降身辱志,虽然有时会感到委屈,但儒家超拔的人格能够承担起这种委屈,因为我们的委屈再大,也没有孔子当年"干七十余君而不遇"的委屈大!为了"儒教文明"的复兴,我们遭受的所有委屈都值得。我们真诚地希望:在中国保持稳定秩序的前提下,实现"儒教文明"的全面复兴,完成百年来无数先贤"文化救亡"的"保教"遗愿。

十二、经典的权威靠时间来确定,而不是靠权力来确定

任重:正如您所言,政府在利用儒家的时候比较纠结、矛盾,也很笨拙,经常出现一些"莫名其妙"的事情,比如最近就出现山东省政府教育当局删改《三字经》的事,对此您怎么看?

蒋庆:政府利用儒家时也不是完全如此,也有做得好的,不能一概而论。山东的这个新闻我看到了,我想山东省的这些教育官员们正如你所说太笨拙,太自负了。《三字经》在中国历史上流传了这么久,是中国古人集体智慧的结晶,是古代无数儒家学者共同确认的儿童教育经典,山东省的教育官员们有能力有

智慧有必要去对这一中国历史确立的经典进行所谓"取其精华去其糟粕"的删改吗？不能。其实，这一事件涉及教材的竞争，可能也有经济利益在里面，原因是山东省教育官员们自己编的传统文化教材质量太差，没有权威性，家长和老师们不喜欢，没人买，才想到用行政命令的办法下发文件说《三字经》中有糟粕，从而通过贬低《三字经》的方法来获取经济利益或者维护自己的权威。许多年前，广东省有关政府部门搞了一个《新三字经》，政府花费了很大的投入与宣传，结果怎么样呢？到现在无声无息，没人买更没人读，现在深圳公园里的政府公益宣传牌上写的是传统《三字经》，而不是政府花大钱编的《新三字经》。这一现象最能说明传统经典在人们心中自然拥有的顽强生命力，因为经典的权威是靠时间来确定的，而不是靠权力来确定的。在这一问题上，北京市教育局的做法就非常好，值得中国所有政府教育部门学习。北京市教育局在传统文化的教育试点中，在小学选择《弟子规》进行传统文化教育，对《弟子规》的内容一句不删，而是用《弟子规》新解的方式，对《弟子规》中某些不太适应现代社会的内容进行了符合经典意义的引申解释，这样既保存了传统经典的完整性与权威性，又使传统经典能够适应现代生活。比如，对于《弟子规》中父母有病子女先尝药的内容，不是删改，而是由尝药引申出子女对父母的孝心，让学生通过尝药一事认识到平时父母对子女无微不至的关爱而在父母生病时子女也应该懂得关爱父母。北京市教育局对传统教育经典的这一做法确实具有非凡的智慧与艺术，既体现了对传统经典的谦卑与尊重，又适应了现代人的心态与生活，实在值得中国所有教育行政部门学习。

十三、要解决现在中国的政治腐败，最根本的途径就是复兴儒家文化

任重：不要说政府官员不懂得经典，就是很多学者也不懂，或者是有意曲解，而且这部分人的比例还比较大。就拿当前老百姓深恶痛绝的政治腐败来说，有人就把原因归结到儒学上，比如邓晓芒就认为"亲亲相隐"导致腐败，最近他一直不遗余力地对儒学进行批判。您对此有何评价？

蒋庆：郭齐勇先生就"亲亲相隐"问题已经主编出版了一本书《儒家伦理争

鸣集》，把这个问题完全说清楚了，我不知道邓晓芒现在还坚持这样说的根据何在？众所周知，中国的当今社会，是在"五四"运动整体性全盘摧毁传统文化后建立起来的，并且在政治上奉行的是源自西方的意识形态。在这种状况下，哪里还有儒家文化和儒学原则影响了政府及其官员？恰恰相反，影响政府及其官员的正是一些非儒家的文化和原则，比如，建国以来的"革命文化"中盛行的是"领袖意志为大"的原则，哪里是"亲亲为大"的原则？"文化大革命"中政府鼓励亲人之间互相告发，哪里是"亲亲相隐"？儒家这几年才刚刚开始复兴，儒学的许多原则中国人都还不知晓，儒家文化的现状仍然是一片废墟，礼崩乐坏学绝道丧仍然是当今中国的现实。在这种情况下，把腐败牵连到儒家，不是对中国现实的无知，就是对儒家的恶意中伤，其结果是掩盖了中国政治腐败的真正原因——道德虚无主义导致的极端享乐主义。我们看看其他腐败盛行的国家，如前苏联、前东欧的一些社会主义国家，其腐败的根源是什么？他们有儒家文化吗？他们信奉儒学吗？没有。但他们照样腐败，并且腐败的程度与中国相比有过之而无不及，如齐奥塞斯库(前罗马尼亚总书记兼总统)贪污高达十亿美元，浴室里的水龙头都用黄金做成！现在中国的政治腐败，确实人人深恶痛绝，原因固然很多，但其中一个最重要的原因就有中国的政府官员大多是无神论的唯物主义者，缺乏超越的生命信仰，没有神圣的精神追求，并且在三十年来商品化大潮的冲击下放弃了昔日准宗教的革命理想，又建立不起新的从政理想，逐渐从政治上的实用主义变成了道德上的虚无主义，结果导致了这些政府官员在面对巨大的利益诱惑时，放弃了最基本的道德底线，最后走向了腐败。因此，要解决现在中国的政治腐败，最根本的途径就是复兴儒家文化，用儒家做人的价值与为官的道德来教育中国的政府官员，使中国的政府官员在行使权力时能够克制自己的私欲，通过提高政府官员的道德免疫力来遏制腐败。也就是说，通过儒家正心诚意与为善去恶的修身工夫教化中国的政府官员，通过儒家天道性命与天理良知的超越信仰约束中国的政府官员，使中国的政府官员在天道性命与天理良知面前知道有所畏惧，从而不愿腐败也不敢腐败。当年刘少奇论共产党员修养，也许是看到纯粹用政治意识形态与组织纪律不能解决从政者的道德问题，才想到借鉴儒家道德修身的方式来解决从政者可能出现的政治腐败。当然，古代中国的政府官员也有腐败，但这种腐败是有道德标准做不到而产生的腐败,而今天中国政府官员的腐败则是心中没有道德标准心灵一片虚无而导致私欲不受约束所产生的腐败。因此,古代中国政府官员的腐败不是整体性的腐败,而今天中国政府官员的腐败则是整体性的腐败。读《四书》《五经》的古代官员固然会出现少量腐败分子,但绝大多数读《四书》《五经》的古代官员都是廉洁自律自觉修身的,我们只要稍读一点古书就会知道。因此,我的看法与邓晓芒的看法正好相反:中国当今政治腐败的根本原因不是产生于儒家价值,恰恰相反是产生于在中国的政治生活中抛弃了儒家价值。如果当今中国的政府官员都能够按照儒家的道德要求修身自律,都能够按照儒家的价值原则行使权力,再加上有制度与法律的保证,中国就绝对不会出现今天这么多整体性的政治腐败了——因为有了超越神圣的道德标准,政府官员至少知道有所畏惧了。

任重:闻知蒋先生要来北京参加学术会讲,我们在"儒教复兴论坛"向网友征集了一些提问,蒋先生能否回答一下?

蒋庆:非常遗憾,现在时间已晚,来不及了。其实,网友提出的问题大部分已经包含在上面提出的问题中了,对上面问题的回答,实际上已经包含了对网友提问的回答,就不需要再回答了。今天的专访就到这里结束吧。

专访者:好,谢谢蒋先生接受我们的专访! 望蒋先生多保重身体!

关于儒家与陌生人问题的讨论

无竟寓、落木千山、蜀中大虫、Ufe、南水、海裔、观耀①

编者按：从 2008 年开始，道里书院论坛围绕赵汀阳关于儒家无能于面对陌生人问题的批评意见展开了持续多年的讨论。其中，无竟寓的主帖曾以"礼与陌异性"为题，发表于《云南大学学报》2011 年第 1 期，这里不再收录。这里辑录的是多位网友围绕这一主题和相关主题展开的后续跟帖讨论。由于篇幅所限，无法收录全部讨论，仅择要选辑部分回帖，分主题编排。

一、网友质疑与相关问题的补充说明

无竟寓：ASR 回帖，指责"以亲亲为系之伦理道德可能滑向种种有私无公之恶"，以为"西方政制正是建立于人人都是陌生人即单子人的社会基础上，虽失之人情，却能以充分的多元制衡关系维护社会公正"，而"身处现代，儒者能提供何种可技术性操作的制度措施来制亲亲之流弊而立公义"？这些问题很好。赵文所虑者，正与之相同。这些忧虑是出于自由主义的问题（论者不一定

---

① 无竟寓，柯小刚，哲学博士，同济大学人文学院教授。落木千山，周瑾，文学博士，中国艺术研究院中国文化研究所副研究员。蜀中大虫，齐义虎，西南科技大学政治学院讲师。海裔，章永乐，政治学博士，北京大学法学院讲师。Ufe，吴飞，字笑非，号经礼堂。南水、观耀，不愿透露真实姓名的道里书院网友。本文为道里书院论坛讨论的辑录，纸媒发表得到各位作者的授权。

认为自己是自由主义，但这客观上属于自由主义的问题意识），而自由主义诚然现代主流，所以是不可回避的重要问题。我的回答从基督教开始，也是为了回答自由主义的重要质疑。ASR的问题把这个意义点明了。故须补充说明如下：

一、我的主帖业已阐明：根据儒家本意，亲亲属于礼，不属于非礼。礼不是亲密抱团，而是保持距离，维建公义（"义之与比"）。所以，任人唯亲不合礼，恰是非礼。不讲以德配天的愚昧世袭制不合礼，恰是非礼。《春秋》凡以子弟故代行公职者，贬。《礼运》说得更清楚。根据《礼运》的意思，大礼之运并不是"天下为家"的亲亲，而是"天下为公"的尚贤。家天下绝非儒家所提倡者，而是在特定历史条件下儒家不得不承认的政治前提。与之合作，不是污点，是智慧和勇毅，是负责任，是既定历史条件下的历史贡献，是知其不可而为之，是君子不可不弘毅，忍辱负重，任重道远，是极高明而道中庸。不理想不必政治，不现实不能政治。那么在不得不接受的各亲其亲的现实前提下，如何使得这个各亲其亲合于礼运之道呢？那便是通过礼来约束亲亲，通过礼来把私情转化为公义。这诚然不如大道之行天下为公更合乎最高理想，但这是历史上的儒家不得不选择的道路，而且是既定历史条件中的最好选择。事实上也为帝制中国带来了莫大的开明强盛，创造了多次出现的堪称小康的汉唐盛世，没有让中国堕落到蛮昧血亲原则的准黑社会状态中去。

二、既然连亲亲之礼都不是盲目血亲原则的抱团，而是他异性距离的珍视保持和体现，那么更遑论贤贤了。儒家传统中的贤贤、选举、天下为公该是到了发挥其久被压抑之潜能的时候了。事实上，除了中国，没有任何一个民族的政治历史上有过中国这么长久的选举传统，这么长久的非封建世袭传统。而且举孝廉、科举等选举方式，虽然有其缺点，但是也防止了票决选举的缺点。演说和票决的选举导致假民主、民主的僭政、巧言令色者上台、选民欲望的至高无上、社会整体的低俗化，这一点已有太多论述，此不烦言。

三、亲亲之礼在现实历史的实际操作中在很大程度上确实堕落为任人唯亲、裙带关系等不正之风、腐败之源，而且今天农业社会之后，社会经济生活确实不再以家庭为单位。这两个问题是今天思考儒家社会政治意义问题时不可忽视的背景。农业社会之后如何再"以孝治天下"？这是需要重新思考的。

四、但正如我的主帖已经阐明的那样，对于任何政体，家庭伦理建设仍然有着相当重要的辅助作用。美国是例子。我们不能丢家庭伦理建设这个重要的有益的而且好操作的传统。好操作，因为谁没有父母呢？切近之极。虽然社会经济生活、政治生活不再以家庭为单位，但是每个人仍然是在家庭中长大的，最初的教育仍然是在家庭中进行的。长大的经历，以及婴幼儿教育决定了性格的大半。

五、在不放弃家庭伦理建设之辅助作用的前提下，为了适应时代变化，尚贤，而非亲亲，理应成为今后儒家政治哲学发挥的重点。坚决反对以孝亲之名重提封建制等级制，即使等级制的崩溃带来的是庸俗的大众社会也在所不惜。因为这是没有办法的，是今天不得不承认的历史前提。这个前提，有人高兴，有人忧虑，这不是重点。重点是：这是前提，它构成我们不可选择的处境。孔子的处境就已经类同于卢梭和托克维尔了。因为孔子，我们有了比西方现代人更加丰富的经验以对付贵族体制崩溃后的全面世俗化，以避免它坠入末人的泥潭。理论方面，封建制在晚年孔子那里就已经被放弃了；现实方面，封建制在秦政中就已经决定性地打破了，在清帝逊位中彻底崩溃了。今天如果还有遗存，如特殊利益集团的凌驾法律之上，领导继承制等等，那么儒家要发挥社会道义作用坚决反对它。封建制的崩溃为大道为公的儒家提供了三千年难遇的发展机会。不要缅怀封建田园，要积极与自由主义者、民主主义者、共和主义者、共产主义者、所有建立在平等观念基础上的现代主流思想对话，一视同仁地看待它们，吸收和转化他们的思想资源。这样的儒家也许不叫儒家了，勉强可叫道学。

六、那么，主帖拙文为什么还要讲亲亲？除了因为赵文主题涉及亲亲之外，除了家庭伦理建设的重要辅助作用必须继续发扬之外，是为了把尚贤的道理贯彻到亲亲，即用陌生性、他异性、距离感、度这个概念贯通尚贤和亲亲。（这些概念不是来自时髦的后现代的词语，也不是基督教的词语，是礼的词语。如上文所述，这一点在儒家古籍中非常明显。词语，公器也。道家嫌儒家的礼保持的距离还不够大，所以反对礼。鱼相忘于江湖，距离就大了，也小了。今天讲礼必须参庄子。）贯通亲亲和贤贤，才是吾道一以贯之。这在伦理学上体现得尤其简易通贯：己所不欲，勿施于人，忠恕而已矣。

又，"冰蝎子"撰长篇博客文章，驳斥我对赵汀阳观点的"简答"文章（即我的主帖）。[①]驳文多有误解，故作补充说明如下：

一、驳文对"简答"的一个观点，"亲亲礼仪与其说是要维护血亲关系，还不如说是要驯服它，以德驯服它"，颇感奇怪。其实，这是周文礼义的核心，惜乎大义不彰。即使自称儒家者，亦多不明此理。难怪世人多以儒家为私情僭越公义。《左传》僖公五年传载宫之奇曰："臣闻之，鬼神非人实亲，惟德是依。故《周书》曰：'皇天无亲，惟德是辅。'又曰：'黍稷非馨，明德惟馨。'又曰：'民不易物，惟德繄物。'如是，则非德，民不和、神不享矣。"僖公二十四年传载富辰曰："臣闻之：大上以德抚民，其次亲亲，以相及也"。这些先贤思想跟《礼运》"大同"、"天下为公"的意思是一致的，可以帮助今人理解亲亲礼制在儒家政治安排中的位置并不是至高无上的，也不是唯一的和不变的。

二、驳文以为中国古代无选举，见拙文以"选举"之名涵括"察举"、"科举"等方式，颇感奇怪，这是不读中西史书的结果。"选举"在历代史乘中是常用词。票决选举只是诸多选举方式中的一种。即使在西方，也有多样的选举传统，从来没有把选举只局限于投票这一种选举方式。中国自秦破封建之后，形成了世界历史上罕见的为期漫长的选举社会。[②]更何况中国周文封建也不是西方式的封建，而是选举型的封建制，可参《王制》和《周礼》。而西方在希腊、罗马之后则是漫长的贵族封建社会。后来重温雅典政制，加上基督教会的影响，才在现代重建选举制度。现代西方流行的票决选举和中国传统的举孝廉或考试选举孰优孰劣，并不是一个不假思索的问题，而是一个值得大加研究的问题。驳文缺乏哲学理性反思批判精神，完全被大众意见笼罩，自然看不到这竟然也可以是一个有待考察的问题。

又，论坛贴出了赵汀阳的其他一些相关文章，可以一并学习、探讨。拜读《身与身外：儒家的一个未决问题》一文[③]，很多问题与主题讨论相关，故略作补充回应如下：

---

① 其博文参见：http://blog.sina.com.cn/s/blog_61493f0f0100szq5.html.
② 这个问题可参见柯小刚《儒法关系的共和意义》，见收氏著《道学导论外篇》，华东师范大学出版社，2010年。
③ 参见《中国人民大学学报》2007年第1期。

一、赵文提倡"儒家必须采取一种生长的姿态"，必须"重做儒家"，以便因应时代变化，"为儒家发现一条通向普遍问题和未来问题之道"。这说得很好。"经典与书写丛书"的基本想法与此相同，都是自觉地站到了必须开新才能继述的历史任务之中（参"经典与书写丛书"序言）。这是最内在于儒家的基本精神，早在《尚书》日新，《诗经》维新，《周易》惟变、鼎革、未济，周公制作，孔子损益、经权、作《春秋》，《礼运》以义起制礼，王夫之"六经责我开生面"中，都已经得到发扬。甚至所谓复古运动古文运动也往往是托古改制。这是儒家之为儒家的基本精神，以此精神传统，儒家生生不息，历久弥新。

二、文章所论，及所引费孝通的挑战，很多点中要害，非常值得认真面对。不过，这些问题说的是中国社会的问题，不可不假思索地等同于儒家的问题，虽然儒家确实是要为这些问题负有相当大的责任，甚至是主要责任。数千年历史传统形成的近现代中国社会状况（这是费观察的对象）是太多复杂因素综合在一起形成的结果，除了儒家的主导作用外，还有道家、法家、道教、阴阳家、谶纬、佛教、民间宗教、民间方术、地方文化、墨家、兵家、各种"少数民族"、外来民族文化等等因素的影响。费的社会学研究的对象不是儒家，而是作为诸多因素之综合后果的中国社会，而且仅限于他能对之进行田野调查的上世纪初的中国社会，不包括现代中国社会和古代社会。笼统地说费提出的问题是针对儒家，这样不利于厘清问题。虽然如此，我认为无论费还是赵都提出了重要的问题，值得"儒家"认真思考，以便完善和发展儒家的"理论设计"和"制度设计"。（都是设计？）

三、即使就"儒家"内部而言，赵文似乎也未能照顾儒家自身传统的复杂性。赵肯定同意，儒家之为儒家决不是一成不变的，未来要变，历史上也一直在变。既然如此，赵就不应该只拿心性儒学（宋明理学和现代新儒家）来说事，而是应该注意到孔子与三皇五帝、三代殷质周文、夷狄的复杂关系，以及孔子诸弟子的多样学派、儒门对道法佛诸家的吸收、与宋明理学主流并列的实学诸家、儒家传统中的史学传统等等，不一而足。如果能注意到儒家自身传统之多样性的话，那么，诸如在论及他所谓"身外之物"（制度安排）的时候，就不应该不提到《尚书》、《春秋》、《周礼》、《礼运》、《王制》、董仲舒、荀子、司马光、陈亮、黄宗羲等等为"身外之物"做出了重要贡献的典籍和人物。再江回帖强调儒家不宜被单薄化为亲亲,而是在亲亲之外还有尊尊、贤贤,乃至刑罚,也是这个意思。儒家之本在"礼乐刑政"合一的健全的先王之道,而不是思孟程朱陆王熊牟,因为即使后者也不过是诉诸前者的一个发展形态。所谓"请循其本",是历代儒家论辩也是所有其他研究方法的基本要求(考虑到"儒家"一词在历史上形成的狭隘性,"道学"一词也许比"儒家"之名更有利于在继承基础上的开新和普遍化)。

四、即使心性儒学也决不仅是心性儒学,而是对于"身外之物"发挥了重要的社会伦理政治宗教功能。它的缺陷诚然有如赵文所批,但是,(1)它不是造成中国社会问题的唯一因素,所以不能把中国社会的问题等同于心性儒学的问题;(2)它在"身外之物"中的功用和潜能并未穷尽,这可见诸曾国藩、孙中山、蒋介石、毛泽东对于心性儒学的诉求。在他们那里可以发现心性儒学对于身外之物的重要积极影响一直持续到现代历史。

落木千山:《身与身外》一文很有冲击力。无竟寓的回应,涉及儒家(或道学)与中国社会状况、社会问题之关系的厘清,儒家传统自身的复杂性、多样性,以及心性儒学之于中国社会问题的作用,等等。赵文中提到的现象和事实确实存在,无竟寓亦同意儒家要为中国社会的问题负相当大的责任,甚至是主要责任,并从儒家自身给予了一定澄清。在赵(以及援引费老观点)显得很有根据的诘问面前,在那些无法否认地存在着的现象和事实面前,尽量对儒家在其间的作用给予择清,这当然是必须要做的工作,这一工作做得越细致越好,有利于以更有力的姿态来回应诘问。但是赵诘问的冲击力并不因此而被减弱,其通过分析所得出的结论,显然对儒家、对中国传统文化构成根本挑战。这一挑战的有力之处在于,它指向基本的架构,由这些基本架构所产生出来的事实又是显而易见,有如常识。它的力量在这里。那么应该如何面对它?什么样的面对才是理直气壮,而不是自处于一种辩白的位置?

其实,面对类似这样的冲击,在任何具有文明体意义的价值体系都是存在的。比如,基督教如何面对历史上显而易见的诸般罪行?基督性与基督教的分离是一种办法,一方面保护了教义的神圣性、纯粹性,并通过把历史罪责归诸教会而再次证明属人领域与生俱来的罪性。对于不利于己的事实和实践活动,理论自身的能力就表现在能够通过重新解释,而将其吸纳进自身可延展的框架中来得到安放。当然,事实和实践本身的问题的解决是另一回事。但是儒家没法跟基督教一样做，或者说，采用类似的办法不能取得同样的效果，因为（一）不具备一个超世的绝对价值源点，（二）没有神人二分景观来确保二分法的有效运用。儒家的精神祈向与社会实存紧相联系，从历史事实和实践活动方面提出的诘问，儒家很难像耶教那样巧妙转换予以回避，并且，类似的巧妙转换也难于不被认为是曲为之解。

对于这样的诘问，尤其是揭示出了在不容置疑的事实背后隐藏着的框架的诘问，在承认这些事实确实存在之后（不承认肯定不行），一种办法是就这个诘问所针对的问题、对象，在自身立场上去给予澄清，通过对于对象自身、对象与社会的关系的清楚梳理，来对诘问的范围和准心作出一定的限制和调整，从而在一定程度上淡化诘问所具有的冲击力。另外一个办法，就是不囿于诘问所针对的这些问题、事实，从己方去努力给予辩白澄清，而是循着诘问所从来的路向，找到据以诘问的根据和方法，既要考察这些根据和方法的合理性，又要考察用这些根据和方法在提出诘问的时候是出于何种诉求，以及这些诉求本身是否正当。

赵的做法据说是"无立场"的，不考虑理论在立意和风格上的善、美，偏免了这些立场上的倾向性。无立场的分析，类似于经济学的考察，着眼于投入成本、效益产出和自身耗损等方面，对于某价值系统的动力机制和组成环节进行考察，从利益获得、权力获取与经济付出、责任与义务的承担等方面来评估该系统的运转能力、适用程度、可持续性及潜在空间。这是把价值系统作为一个有机构成体或生命方案来进行分析，在此基础上比较各方案的功能、效率和可开发潜能，而评出较优者。我承认，这样的分析由于在立场上相对"中立"，又借助了类似于数学模型的分析手段，所以可以尽可能避开源于价值偏好的有意无意的误判，拿出一个可量化的清晰结果。这个结果的最重要指标就是（一）投入产出比，（二）可持续性，（三）潜能。这里如果以生命来比方，则第一项代表生命本身的旺盛和效率，第二项代表生命力的长久，第三项代表生命的自我突破可能。任何国家社会和文明体都可以找出无数的优点和缺点，但是这里面总有大小轻重之别。从这三个评估指标来看，中华文明体的得分应该是很高的，此不具述。而在最大的直观上，经受住了历史的考验而能有这样大的人口规模和占地面积，有深厚文化积淀和较强向心力，这从生命最为根本的要求来看（活下去，活得尽可能长，并最大程度地复制自己），本身就是一个无比伟大的成就。

无竟寓：落木千山思考"应对诘问的各种可能性"其实不必。因为我们在这里要做的事情既不同于"学术界"和"公共知识界"所谓"商榷文章"，也不同于主义宗教们的批判文章。所以，对于我们来说，如何面对赵汀阳或任何一位其他学者的质疑并不重要，甚至如何辩护儒家也不重要。我们的目的既不在于"驳某某"，也不在于"为某某辩护"。我们直面事情本身。以此，我们与对话的对方有所争执地共同承担和思想。如果不是因为有某种承担，赵无须作此文（虽然作为无主义者，赵可能会拒绝承认自己有所承担）；如果不是因为承担有交集，我们不必在此回应。所以，我们不必考虑"应对诘问"的办法，我们只考虑解决问题的办法。当然，应对诘问的过程在良好的对话情形中本就是解决问题的过程，但良好的对话必以面向事情本身的论辩自觉为前提。千山自知此意，不必多言。述此以公示读者：勿以主义之争、派系斗争观此论辩。

落木千山：无竟寓说得没错，我们不应该是出于儒家辩护立场来面对赵文的诘问并进行反驳。事实上，这里所进行的，是对赵文中所提出的事实和由此得出的结论，给予真实的面对：如何解释这些确实存在的事实，如何看待赵从这些事实中得出的结论。而这些事实也是我们关心的，关于这些事实的一些结论是否准确，也是我们应该关注的。

这些事实，曾被许多人在不同角度上揭示出来（孙隆基《中国文化的深层结构》、李波《口腔里的中国人》等等），但赵的这一揭示的力量在于：超越了现象描述、情绪反应和价值偏好这些层次，而把事实的揭示建立在显得非常客观的分析架构之上，那么，事实是如此显而易见，分析架构近乎科学模型，两相结合就产生非常大的冲击力。如果认为这种冲击存在着误导，就有必要出于对实情负责的态度，去做出有力的回应。

这种回应，当然不是将自己的重心落在与对方争执的平面之上，实际上，回应与对话本身，都只不过是外在的显相——显得像是一种针对性的回应和对话而已；而在这显相下面，却是把重心落到了与对方所共同面对的那些事实和问题上。

但是，事实与问题又与观察事实和问题的眼光、架构相关，所以这里真正分歧的，就不是事实与问题本身，而是对事实的不同理解和表述，对问题的不同解决之道；再进一步说，对事实与问题的"这一种"理解与解决方式，其实就是相对于"另一种"理解与解决方式所构成的"诘问"：站在"这一种"的立场上对"另一种"的质疑，甚至于都不需要提出质疑，因为"这一种"立场的存在本身，就使得"另一种"立场有必要进行自省和有所反应，因为它们共有着同样的事实。

因此，我们当然应该超出"应对诘问"的层次，而意识到共同承担的事实、问题与思想，但是这种更高的共同意识，还是得回到对"诘问"的回应中来，因为，使得那个诘问之得以呈现出来的，正是跟观察、分析事实和问题的架构、预设的相关性，而可争议的也正是这个架构和预设本身。因此，我们在"应对诘问"的表象背后，所真正要从事的直面事实、解决问题，就必得在架构与预设上着手。这三个层面在无竟寓所说的"良好的对话情形"中，可以视为是一体的。

无竟寓：好的，上面的讨论涉及何谓对话、如何讨论。只有君子之间才谈得上对话和讨论。这既是对话所以进行的伦理前提，也是对话练习的伦理目标。让我们在对话中共同成长。

再补充一点：有网友以为主帖拙文强调礼中的陌异性是在"分裂家庭"以"尊重个体"。针对这一误解，说明如下：强调礼在家庭中的运用是在亲人中维持必要的庄敬距离，这并不是在"分裂家庭"以"尊重个体"，因为礼本身就是从人与人之间的关系（这也就是仁）出发的。把礼之庄敬理解为分裂家庭和尊重个体，这是出于一种对于所谓"儒家家庭伦理"的小资型现代版的错误想象，以为儒家家庭关系就是沆瀣一气的滥情。有些不读书的所谓现代儒家，甚至是自以为非常珍视儒家亲情的所谓儒家，也持有这样一种现代滥情主义的儒家想象，真是可悲。他们只知道片面渲染儒家的家庭爱心，所谓亲情的感人至深，自我陶醉得一塌糊涂，悲悯亲情关系的丧失又悲情得一塌糊涂，根本不知礼仪庄敬为何物，亲亲和尊尊的关系为何物，孝道和悌道的区别为何物。至于那些批判儒家亲情的所谓自由主义斗士所批判的对象也是那种沆瀣一气的滥情版本的小资儒家，就更是挑战风车的错乱思想了。

实际上，现代家庭的滥情化和孝道的沦落并不是相互矛盾的，而恰恰是同一个问题的不同表现。在现代家庭中，正是因为长辈对晚辈毫无节制的溺爱和对"平等"的盲目提倡，才导致现在的孩子远在理性成熟之前就已经莫名其妙地享受了"理性主体的权利"，从而永远无法成长为一个理性健全的人。于是，家家户户可以见到的情景是,性情乖戾的孩子成为家庭的小暴君,父母乃至祖父母围着小暴君转,极尽谄媚之能事,哄他吃饭,求他上学,还美其名曰亲情、爱心、平等、人权。如此乱象,礼义何存? 孝道何存? 教育何存?

蜀中大虫:我也来补充几点。赵汀阳在其发言中提到了"治人情之田"。为了准确地理解这句话,我们有必要把《礼运》的原文引一下:"故圣王修义之柄、礼之序以治人情。故人情者,圣王之田也。修礼以耕之,陈义以种之,讲学以耨之,本仁以聚之,播乐以安之。"楷体标注的几句话已经说得很明白了,以礼义来耕种人情之田,也就是赵汀阳所说的"治人情之田"。那什么是"治"呢? 本义是指对水的疏导,就像大禹治水,依着水的流动性来引导它归入江海。可以说大禹的成功就在于他既没有违背水性也没有放纵水性。圣人的治人情之田也是这样,既不能违背人情也不能放纵人情。无竟寓先生对以礼义来调节人情、维持必要的庄敬距离的反复揭示,其苦心也在于此。我可以再举一个例子印证这一点,那就是三年丧礼的规定。礼之所以一刀切规定为父母守孝三年,就是要让感情麻木者有所思慕,让过渡悲伤者有所节制。所谓"过者退之,不及者进之",这才是礼义对人情之田的耕耘,而不是一味地顺情、腻情、滥情。后者不是治田,而是荒田了。

其实对于这一点,赵汀阳自己也是认同的,他在引文最后一句说:"这个度使得这个原则既不违反人情,又能够把人情控制住",这个理解是不错的。但他同时认为,儒家的理想很高,可惜在现实中做不到,有一个最不可克服的技术难题,那就是关于陌生人的问题。针对这一点他进一步提出了两个技术性上的困难:一个是伦理同心圆,推不远则推不成;二是示范伦理学,以身作则的模仿无效。这就是赵汀阳的大概逻辑。但这里面有一些含混的地方,需要澄清:

1. 赵汀阳把陌生人与他者等同起来,对不对? 仔细分辨,他者不等于陌生人,他者的外延要比陌生人更广。这个问题直接涉及赵的提问是否有效。

2. 说儒家无能于陌生人,那么谁又是有能的? 赵自称是无主义的人,可他这里分明潜藏着一个参照物。这个东西不能靠我们去猜,应该让赵自己亮出底牌,否则他的提问就不能成立。只有有了这个参照物,在"他者"的对照下我们才能更清晰地认识儒家并为之辩护。

3. 即便姑且承认陌生人的提问,那么我们也不能抽象地谈论陌生人,而必须要问:这里的陌生人是相对于谁而言的陌生人？非洲某个部落中的陌生人和我的生活有关联意义吗？若从全人类来看,对于任何一个人的生活而言,熟人都是极其有限的,70亿人里99.9999%以上都是他的陌生人,这些陌生人真的有必要去面对吗？这里有必要区分两种陌生,一种是本来的自然的陌生,一种是人为的疏离后的陌生。对于前者,我们没必要恐慌,听其自然可也;对于后者,我们才需要反思,人伦的陌生化是如何发生的？儒家是这一问题的制造者还是解决者？

4. 在我看来人的伦理圈可以分为四层,从内到外、从亲到疏依次是:第一圈,相亲相敬,生死与共;第二圈,互帮互助,患难相恤;第三圈,互通有无,取长补短;第四圈,相安无事,和平共存。前两圈属于熟人,后两圈属于陌生人。我们要做的也就是让熟人自熟,生人自生,而没必要学墨家的兼爱,本亲不亲外人亲。这也就是无竟寓先生说的让陌生人作为陌生人而存在。

5. 说到面对陌生人儒家的无能,这里的儒家确切地指谁？是凡夫还是圣人？若是前者,同心圆的伦理圈肯定推不远也推不成,但若是后者,博施济众、民胞物与、扩充万物一体之仁又有什么不可能呢？

6. 我猜想,赵向往的可能是"警察打他爹——公事公办"的那种法律社会,虽然每个人彼此是陌生的,但靠着普遍化的法律却把他们紧密地连接在了一起,于是彼此承认的问题就此解决了,这不就是黑格尔《法哲学》里抽象的伦理国家吗？作为一个具体的人,我宁可活在一个有限的伦理圈中,而不愿去分享那冰冷的普遍抽象。

二、儒家伦理与普遍性问题

蜀中大虫:儒家与陌生人问题的焦点之一在于:儒家主张按照人的能力大小和觉悟水平来配置道德义务,而不可一刀切、整齐划一。赵恰是向往普遍化的道德义务配置,进而囊括所有的人,这样陌生人的问题也就解决了。这就引出了儒家与普遍主义的话题。我理解,儒家有普遍主义的义理诉求,但没有普遍主义的形式要求。正所谓理一分殊、一致百虑是也。这种既普遍又特殊的安排恰是儒家时中智慧的体现。赵未能体会于此,反以之为缺点,所以毫厘之差谬以千里。

落木千山:儒家与普遍性的问题,前面贴出的赵汀阳《身与身外》一文谈得较多,不妨一起学习探讨一下。从这篇文章看,赵在依据和方法上,特别强调普遍原则与纯粹理论,认为儒家的弱点在于普遍原则有效性的缺失。对此,需要加以反诘的是:对于普遍原则的追求,就是一个绝对的评价尺度么? 这样一种追求的正当性和有效性是否也应该受到质疑呢? 跟这种追求相关的那种对于绝对标准、终极基点的渴求,是不是就是必然的和天经地义的?

儒家在所谓普遍原则的运用中的不执一定,灵活变化,固然带来赵文中所引的那些弊病,但相较于坚执普遍原则以力求放诸四海皆准的那些实践,是否为害较小呢。而且,围绕着事情的展开,在大的原则的灵活把握中,调整和完善这些原则,并摸索出新的原则,这样一种贴近经验和常识的"顺"与"导"的路向,较诸奉行自上而下的律令,对于现实情境加以"制"之"执"之,是不是要更符合生命成长的真实呢。而在具体情境中恰如其分地使原则与事情得到黏合,从而获得一种相对的、具体的一致与协调,较诸动辄祭出纯粹理论以一把尺子衡量任何情景还自诩为普遍适用的那种绝对、抽象一致,是不是要更能达致生命的动态均衡与谐和呢。

儒家固然宣称天不变道亦不变,但其所谓道并非绝对不变的纯粹理则(理学之失正在于以道为不变之理则),并以此理则指挥、统御人世而不改;道是与人世息息相关,不脱离生命本能和经验常识的,我不知道它应该叫什么,尺度? 原则? 根源? 本质? 我只知道从行事中去动态地把握、体现之,是儒家源于生生、贴近生生并展现生生的一大特点,这就是在践行上面去下功夫,在用上面去见道,"活"的"用"才是本事。道要通过行来体现,体要通过用来彰显,抽象、普遍要在具体、特殊中去动态地把握,而不是去找什么绝对总则。

所以,问题就这么来看了:对于普遍原则的寻找是不是最为必要的? 一劳永逸地获得某种普遍原则,是不是一种最为必需的冲动? 如果确实存在着类似的这么一种普遍的东西,或者说有这样一种对它的强烈需要,那么,它是应该来自于上,还是来自于下? **来自于上,容易产生;来自于下,难以建构**。儒家的所谓在普遍原则上的缺失,实是出于对此建构之难的自觉意识和实情展现,圣人罕言性与天道,不愿对仁作一个标准的界定,在在皆是体现。

而这种难,根本不是难在儒家自身,根本不是儒家自己的困境,它实际上是整个人类实情的反映,是人类的艰难,儒家只不过把它具体而微地、贴近人情地给生动呈现了出来。如果我们不是想轻便地从神那里得到普遍原则,不是想退回到原子个人那里从而求助于"以私制私",那么,儒家的路就是最为根本的路。它既是最为平正的,也是最为艰难的,因为它是生命本身力求在给定条件下实现相对、具体的谐和、公正、平等、自然的路。儒家的普遍性的真正实现,就是在人类的意义上把这条路给走好、走通、走活。

赵文承认儒家理论设计在历史上起到的巨大作用,并从有限的实践条件和地方性的社会语境来分析儒家的普遍性在现代受到削弱。这一分析是有道理的。对于儒家普遍性的重新寻找,绝不在于去论证儒家的思想原则和组成因子如何才能符合现代,这是一种比附性的做法,而"现代"本身就不应该具有不证自明的神圣性,甚至带来的究竟是福是祸都还未定;同样地,也不在于去论证儒家的原则是如何具有批判和克治现代之弊的能力,这是一种反向依附性的做法,而依附性批判所产生的替代性方案,往往还不如被批判对象有效。

普遍性的寻找,就应该把对于"现代"的纠结给悬置起来,而专力于从实践条件的创造和适用语境的拓展上去下工夫,尤其针对赵所提到的根本问题——如何处理"私"的问题——来进行理论和制度的创构,而这一创构又与儒家在历史上展现的各种方案背后的所以然之法具有一贯性。使儒家的理论能力和实践能力在对人类问题的解答中得到长足推进和有力拓展,这是获得普遍性的自强自明之道。

实践能力成长起来,适用性得到大大拓展之后,儒家在现代的所谓困境(以及"儒家的现代化"这样先天矮人一头的提法),将不再成其为一个问题;而且,对于儒家在未来的巨大潜力的合理期待,将能够与儒家在历史上曾经起到的伟大作用相贯通起来,贯通的关键,就在今天的创造与拓展。

儒者在今天的工作,将决定儒家在未来得到的评价:未来的儒家是所谓"从众主义"、"自身主义"成为呈现给人们的主要面向,还是礼乐文化这一张弛有度、大小各宜的均衡系统才是文明主流?是一个曾经长期辉煌却已然中断的文明陈迹,还是一个从古至今持续一贯而即时变易的伟大文明?

无竟寓:关于普遍原则问题,无论赵文还是落木千山的回应都在如下一点上尚未厘清:问题究竟在于普遍原则的缺乏,还是在于普遍原则之具体运用时候的不确定? 赵对这两个问题的混淆表现在他表述的所谓"孔子困难":"某个理论 T 主张某规则 R,同时指定某实践策略 S,可是 S 正好是对 R 的消解,那么,T 实际上不成立。"这说法是比较实证主义的。对此,尚无须援引历史主义的和实用主义的科学哲学,仅需引用波普尔即可知道它结论的错误;如果从整体主义的科学哲学出发又可知:所谓"孔子困难"恰是其强大调适力的表现。此点千山已有论及。这里暂不谈赵的实证主义论证缺陷,先说它在上述两个问题之间的混淆:赵所谓"孔子困难"不是指儒家普遍理论的缺乏,而是指儒家的普遍理论在具体应用中往往不遵照这个理论的普遍原则而来,而是更尊重具体情景中的具体判断。赵由此得出推论说,这种状况表明儒家是缺乏普遍理论的。赵就是这样把儒家运用普遍理论时的灵活性,偷换成了儒家缺乏普遍理论的结论。千山的回应继承了赵的这个混淆:为了强调普遍理论在运用中的情景性、灵活性这一运用方式的价值,却错误地走向对普遍理论本身的批判之中。这可能既有赵文的误导作用,也有当前流行的反普遍主义话语的影响。其实,在这两个问题上,情况非常明了:

一、儒家是有普遍原则的,仁义礼智信就是普遍原则,忠恕就是普遍原则,可以毫不含糊地放之四海而皆准。我在最初的"简答"中强调礼中蕴含的陌生性,强调孟子恻隐之心举例中孩子的陌生性(顺答网友质疑:这里强调孩子是陌生人,并不意味着说他不是同类。陌生人也是人,人与人是同类),用意皆在于说明:儒家伦理绝非缺乏普遍性的血亲抱团,而是有着最为普遍性的理论基础。这么说不是依附西方传统哲学,也不是反向依附后现代,而是本来实情。历代儒家在这一点上说得很多很清楚,是基本常识。我们既无须为了追慕后现代相对主义而硬说自己没有普遍原则,也无需因为崇拜西方传统形上学而觉得我们的原则还不够普遍。二、儒家普遍理论的运用是具体的、灵活的、与时偕行、唯变所适的。因为运用方式的灵活性而否认被运用之物的缺乏,这样的论证不成立。三、上述两者结合在一起便是孔子所谓"无适也,无莫也,义之与比",就是"时中":应时权变而不离中正,而且中正恰体现于因时变化之中。四、两者的相互拆解一构成(也许可摹仿赵的习惯翻译为 do-redoing)就是所谓"道"。

落木千山:无竟寓区分了普遍原则的缺乏,与普遍原则之具体运用时候的不确定,并认为赵文与我在此都有所混淆而各执一端:赵是"把儒家运用普遍理论时的灵活性,偷换成了儒家缺乏普遍理论的结论";而我则是继承了这个混淆,"为了强调普遍理论在运用中的情景性、灵活性这一运用方式的价值,却错误地走向对普遍理论本身的批判之中"。赵有可能就是"因为崇拜西方传统形上学而觉得我们的原则还不够普遍",我则有可能成了"为了追慕后现代相对主义而硬说自己没有普遍原则"。个人觉得,无竟寓的剖析很细致,对于赵或者我都有一定的切中,但容有可解释之处。

先来看赵的观点,列举其要:(1)在立意上,儒家毕竟还是努力要建立普遍原则的,至少在理论上是这样的;(2)但在实践效果上,孔子的普遍原则并不能在具体实践的任何语境中被普遍坚持,或者说,理论上的普遍性并不能实现为实践上的普遍性;(3)于是,表现出来的现象就是:普遍原则总是消失在具体情景中;(4)所以,从性质上就得出这样的判断:儒家理论并不是一个超过其实践情景的纯粹理论,它的意义总是在实践中被最后定义;(5)那么,如果从纯粹理论的标准来评价,儒家道德体系一直都没有完成普遍性的理论构造;(6)因此,可以质问儒家到底有没有合格的普遍原则,也有理由怀疑儒家的普遍原则的有效性;(7)最后,可以为此找一个这样的原因:也许真正的秘密是,儒家本来就不愿意其原则在应用中成为普遍的,因为儒家所提到的"人"并非"所有人"或"任意某人",而是在特定私人关系和特定情景中的特定人,就是说,"人"的概念在儒家理论中不是一个普遍概念,而是一个复数的概念。

赵的思路就是这样展开的。个人觉得,无竟寓的结论"把儒家运用普遍理论时的灵活性,偷换成了儒家缺乏普遍理论的结论",对于赵可能不完全恰当。赵确实是从这种灵活性中得出了对于儒家普遍原则的合格程度和有效性的质疑,强调的是这一普遍原则的未完成状态和在实践中存在着的自我消解的现象,但并不一定可以得出"赵认为儒家缺乏普遍理论"的结论。其实从他的观点中可以推出来的最远一点,是对儒家普遍理论的硬度的质疑:他基本上会认为儒家普遍理论是一种"软"普遍,而不是"硬"普遍。

当然,我在前面说过这样一句:"儒家的所谓在普遍原则上的缺失,实是出于对此建构之难的自觉意识和实情展现。"所谓在普遍原则上的缺失,作为对赵的观点的概括,确是我此处表述不当,赵本人没有直接得出这个结论,我在前帖中对赵观点的主要认识，也是基于普遍原则之有效性的缺失和合格程度的不足。不知道是不是我的这一句不当表述，影响了无竟寓对赵的结论。总之我这是需要说明的。

接下来是无竟寓对我的观点所下的结论，"为了强调普遍理论在运用中的情景性、灵活性这一运用方式的价值，却错误地走向对普遍理论本身的批判之中"。个人愿意反省这方面可能存在的倾向，但也非无可以解释之处。

我在表述上针对的是赵认为的所谓"普遍原则有效性的缺失"，我想追问的是，那种"对于普遍原则的追求、渴求"是否就是一个绝对的评价尺度，并质疑这种追求本身的正当性和有效性。这当然可以被看作是"错误地走向对普遍理论本身的批判"，但是我本意想强调的，更多的还是那种对于普遍原则的坚执，以及一定要以有没有这种强烈追求来作为评判标准的这种强硬坚持。

当然，我在表述上容有不够周延之处，如果在论说中强调一下，我所针对的是对于普遍原则之完整性、绝对有效性、硬性合格程度的执着，如果我把"对于普遍原则的寻找是不是最为必要的"更准确地表述为"对于那种绝对有效的普遍原则的坚执是不是最为必要的"，就会比较恰当地反映我的想法，而不致予人以反对普遍原则本身的印象。

如果要说我反对什么普遍理论的话，那也是反对的那种"绝对不变的纯粹理则，并以此指挥、统御人世而不改"；而我在后面提到的普遍原则是来自于上还是来自于下的区别，也表明我在意识中并不是要批判、取消普遍原则本身，而是要在两种不同的普遍原则建构方式之中有所选择与侧重。所以，我因表述不确而给人造成的对普遍原则本身的批判，就自己立意来说，更真实的情况应该是，立足于自下而上的建构方式，对于自上而下的那种绝对有效性诉求和硬性标准提出质疑。这是我要进一步解释的一点。

我的这种立意，是出于对儒家这一优点的认识——以普遍原则的有效性的相对减弱，换来了原则在应用上的较大弹性和较强的自我调适能力；在损失了一定的绝对可把握、清晰可理解，以及越过实践条件与社会语境而仍能普适运用的那种能力之后，却避免了因这种能力的硬性与坚执而必然带来的紧张、冲突甚至战争。

任何系统、任何方案都有利有弊，利弊得失之间殊值权衡。但我觉得，从历史长时段来看,儒家在现代社会几百年中的不利局面和弊端展现,不是决定性的,也不会是长久现象。儒家在历史上是成功的,现代的暂时失败正在扭转,未来或有可能成为最具人类性的价值系统。儒家之所以能够如此,很大原因即在于对所谓普遍原则在处理上的这种利弊权衡;其成功之道若强名之,则可以说是"随机应变"而非"执一驭万",相对于两希价值系统而能最终立于不败之地的原因,即在于"以柔克刚"。

再具体解释一下我之所以特别地强调灵活性,甚至给人造成质疑普遍原则的印象,那是因为:在现实中存在着这样一个最基本的倾向,就是惯于把普遍原则,以及它的最大有效性作为绝对尺度,在这种倾向之下,普遍原则的明确存在或在任何情境中得到体现及其最大有效性的展现,被视为是第一义的,而其应用中的弹性、包容度、灵活性、自我调适能力的表现,则被视为第二义的。

我的反诘当然可能有受到赵的影响而有反向强化的危险(在此意义上又成了一种"依附性批判"了),而究其实,乃出于一种拨正,就是针对着上述这样一种倾向和态势,即便不走到完全翻转的地步,也要极大地肯定实际应用中的"活"的把握和弹性、包容度的重要性,并将悬绝在头上的绝对尺度予以虚化。不执定那是一种客观必然的绝对存在,而是在如下这个意义上来理解那个所谓的"绝对":在人与天地自然的亲和与张力中来动态地建构一种活的态势,这种活的态势是向着最为理想的状态的无限趋近,而用以表述那个最为理想的状态的,就是"道"。人就是在这样现实的甚至是无助的世间,去努力建构起一个贴近于从历史长河中摸索出来的对理想状态的想象的那么一种状态。

这样一种对于普遍原则与灵活运用的关系的处理,是出于我对儒家的这种理解:基本原则来自于经验提炼。赵文中认为"儒家在设计它的伦理体系时最重视的是它的最大可接受性,即对于最普通人性的亲和力"。我非常看重赵的这一观点,而且认为这一观点是来自李泽厚先生。"经验变先验,历史建理性,心理成本体",李先生的这个说法,我个人认为不仅得儒家之实情,而且得人类文明演进之实情。儒家的基本原则,不仅贴近人性需求、人生情境,而且本身就是从生物本能、经验常识中升华出来的,所以不离人情、不绝人欲,即着最广大人众的需要来展开向上一路的显发和点化。正是这一点使儒家拥有了最为厚实的存在基盘,几乎把自身的命运与人类的存在相融合。所以,可以说,凡有人之群体存在，即有儒家存在。儒家与人类社会共始终。

我深信，儒家为无法之法，可为万法之宗。此所谓宗者，即在于人类存在着、努力地存在下去并希望存在得更好更谐和。万法之宗就在这里。儒家，只有当它不仅属于古代中国、农业社会，而且属于全人类，属于现代、尤其是未来世界，其真正价值才能得到最大的彰显和播化，儒家在人类精神史上的位置也才能够得其正位，儒家的生命也才可谓得其所哉——来于天下，归于天下，同于天下。

此外还想再谈一下无竟寓对儒家普遍原则的分析和价值论证。无竟寓强调儒家的普遍原则不容置疑地存在，仁义礼智信、忠恕，为历代儒家说得多而清楚，是本来实情，基本常识，"可以毫不含糊地放之四海而皆准"，儒家伦理有着最为普遍性的理论基础。我同意无竟寓的这一实质性判断。在这个判断之得以建立的依据，以及该判断中所欲表达和强调的意思基础上，我尝试提出自己的一点看法：

无竟寓从"最为普遍性的理论基础"这样的角度来肯定儒家伦理，强调儒家普遍原则毫不含糊地放诸四海而皆准，个人感觉，这样来主张、挺立的普遍原则，是一种"硬"的普遍，尽管无竟寓指出这是"本来实情"和"基本常识"。但对于这一实情和常识的把握，是从最具普遍性的理论的角度来进行的，而其表述方式，又是以非常强硬的姿态出现的：就是要从这种普遍性的硬度上来自我挺立普遍理论，强硬表明其普遍有效性不容置疑。此处所说的这种"硬"——纯粹理论把握本身是"硬"，对此理论之挺立也是"硬"的，要从普遍性的"硬"性强调的角度来伸张这种"硬"的纯粹理论——跟西方传统哲学或后现代都没关系，而是一种自我伸张的姿态和侧重所在，姿态是强硬的，侧重之所在则是纯粹理论原则的普遍与绝对。

那么需要问的就是，从"硬"的程度上来伸张儒家的"硬"原则，这种确乎很雄强、很刚健的做法，怎么面对另外一种极"硬"甚至更"硬"的普遍原则——一元人格神统摄下的绝对律令——的"硬"伸张呢，那更是放诸四海、普在全人类的。如果从这样一种"硬"度上来挺立自身的话，就需要面对"硬"碰"硬"的局面，当然，我们可以宣称儒家的这种"硬"普遍才是真正的普遍，但事实是，基督宗教（一定程度上也包括犹太教、伊斯兰教）之绝对律令在任何情境中的普遍有效程度和清晰精准程度,都是无与伦比的。而从基督宗教的角度来看,儒家普遍原则当然算不上是"硬"普遍,至多是一种"软"普遍。

类似的、并且与此相关的情况,还发生在对于儒家传统内部的天人张力的评价上。从基督宗教神人相分而在客观上提供了对于恶的有效制约来看,儒家传统因为天人张力的弱化,而失去了来自于绝对价值尺度的评判、制约,从而走向了人的僭越,其"扬善"的最大优点就变成了"防恶"上的无力,而且在历史中逐渐衍生出这样的局面:扬善愈力而防恶愈无效,愈益失之于"伪"。那么,在这样一种情况下,非要去争辩儒家天人关系的张力本来是有的,来自于上天的制约本来应该是有效的,这样的努力也有不少,但是从这个角度出发想实现对自己的肯定,我觉得既不有利也不有力。因为明摆着的,在这样一个路向上,基督宗教已经树立了一个典范。它的标准,儒家永远别想达到。就算尽力去显发人之"幽暗"的一面(张灏),尽力重建所谓"天帝"信仰(何光沪),也不过是一种不得已的补苴,仍然会被认为天人紧张程度还是不够,何必做这种无用功,直接挪用典范就是。

我考虑的路向,是根本不用去理会"硬"度上的问题,不必在意儒家普遍原则是不是可以在绝对依据、普遍有效、完全合格等等这些方面上达标,我确实觉得这些方面并不是儒家考虑问题的重心所在。儒家对事情的把握和处理,个人以为恐怕仍是应该是从生命本身而来,追求的是生命存在状态的均衡、谐和,以及为了达到这种均衡谐和而对各方面力量、利益进行通盘考虑,在不同的情境之中给予合度的调配,或损或益、或轻或重,无有绝对之规。儒家倒不一定非要是出于以灵活性来抗拒、弱化绝对性不可,其实真不一定有这样的"理论设计"意识,而就是直接面对生命实情本身去摸索和总结、再摸索再总结,是从生命自身的要求来进行调适和引导,看看怎么样才能使得各方愿望得到最为全面周延的顾及乃至顾惜。

我觉得在贤人的立场上,这一做法就是一种"体恤"("体"之一义,其旨甚深),是以公心去体察、体觉、体贴尽各层、各维、各部、各类之实情,而出之以各方在相互妥协、彼此包容之后皆可接受的方案,方案效果的最大化最优化,甚至可以争取实现共赢的局面。当然,局面随时在变化,导致变化的因素同样是更易无方,各种变量都在其中参与起用,所以高明之士只能在活的生命动态中去即时、得机、合宜地随时作出相应调整，并为下一步的调整预留足够的空间，用个比较通俗的说法，就是不把势用足了，不把招式用老了。

从这样的理解出发，我不能接受"为了追慕后现代相对主义而硬说自己没有普遍原则"的这个评断，因为根本不是这么一回事。这里并不存在什么后现代、或者相对主义这样的概念，而是生命圈、生命域之实情的真实反映。从生命真实相出发，我觉得要谈儒家普遍原则的真正的、最大的合理性之所在，就根本不在于是否是绝对的、毫不动摇的"硬"原则。不在这种"硬"的方面，而在于它是合乎生命实情的最为低调、宽松的，最为灵活和富于弹性的方面（正是由此出发，我认为"己所不欲，勿施于人"及己立立人、己达达人之类，比基督宗教金规则要更为切实而高明），在这个角度上，我甚至都不愿使用"原则"一词。仁义礼智信与忠恕等等，我更愿意看作是在生命实情中体贴出来的、活地把握到的某些根本性的"度"的体现。度有大、有小，这些大的度更为常见常用，也更为有益有效，更能从根本上实现局面、态势的相对优化。但它们是活的，是可以在不影响其根本有效性和最大用处的前提下，为了局部的有效性和较为紧迫的用处而进行调适、变化的。这种变化，当然就不是绝对原则毫不动摇其第一义的前提下的那种小的、短暂的调整，而是大的变化之度在小的变化情境中的变化，是大变化的小变化，所以不是那种绝对与相对、总则与运用的关系，而是大与小的关系，这种关系是活的，是活的大变化与活的小变化的关系。不变只能在变中求，不变也不是真正的不变，而是变中的可调整的度，是变中的各种变化因素所达成的某种活的"度"。

儒家把握到了这种度，并用非常简易的方式将它呈现出来，或者从各种情境中的各种活的展示和功用中来引向它，这是儒家之所以为"极高明而道中庸"之处。所谓高明，不在于认识到了绝对总则，而在于"活"地把握到了大生命流的万化实情；所谓中庸，不在于对绝对总则给予灵活运用，而在于在万化实情中合度地去获得不同情境中各有不同的相对均衡。生命之均衡，是儒家乃至中华文化所要把握、实现的理想状态，儒家并为此而以合乎生命的样态来呈现自己对此的言说开显和对此的能动趋近，这样，儒家的理论与实践就如水一般，"随物赋形，尽水之变"，"如行云流水，初无定质，但常行于所当行，常止于所不可不止"，"其为物也多姿，其为体也屡迁"，"随物以婉转"……云与水都与气相通。

水,气,植物生命,是儒家乃至中国思想的原型。

个人以为,从生命实情出发来彰显儒家的本色,而不是在普遍原则上去争辩儒家的正当与强大,可能是另外一条可以探索的路向。把历代儒者都谈论得很多很清楚的"仁义礼智信""忠恕"作为普遍原则并从这一路向上去硬碰硬地比较出儒家的最大普遍性,可能还是一种源出于两希传统的思维方式。而从动物与人的生命和本能,人生情感,人世事情、经验常识,等等,从这样的一个基源上来觉察儒家的"仁义礼智信"和"忠恕"之所从来的那种活的路,并显发出这些活的"原则"对于人类总生命体存在的真正价值,我觉得会更大地表明儒家与人类的天然亲和,说明儒家是人类总体生命存在的最为平实和正大的生长之路。

附带说一下,赵的观点的第七条,个人以为是准确的。赵认为:"也许真正的秘密是,儒家本来就不愿意其原则在应用中成为普遍的,因为儒家所提到的'人'并非'所有人'或'任意某人',而是在特定私人关系和特定情景中的特定人,就是说,'人'的概念在儒家理论中不是一个普遍概念,而是一个复数的概念。"这一点,我觉得跟陈明对儒家的理解有相通之处,当然,陈更为正面也更为立体。赵指出的这个第七条,我不认为是儒家的弱点。恰恰相反,这是儒家贴近生命实情的更为难能可贵之所在。表面上看起来,没有那样的普遍的"人"的概念,必然导致在先验人性、普遍人权、个体价值等方面的缺失,但是,相较于这些观念所要实现的抽象的平等和所要指归的绝对的自由,儒家的复数的"人"的概念所要实现的是具体的平等和相对的自由。蒋庆在驳斥某自由主义者的质问时,指出不平等与不自由是自然实情,儒家既不是要美化它,也不是通过抽象平等和自由的高调来改造它,而只是如其实情地面对不平等和不自由,努力在实践中实现相对的、具体的平等和自由。这是儒家的伟大和艰难之所在。蒋庆先生之论,正大、有力!

我的发言总是比较空泛,浮思无学,可谓狂慧。无竟寓思学并举,行文确当,值得学习。

无竟寓:落木千山条分缕析,多有启发。此番发言,我亦惶恐。很多问题自己并没有想清楚,至于落实到行动更谈不上。只是抱着学习的态度,以期相互激发启悟,或有益问题之澄清。

落木千山"软普遍"说比较周全,双遣"无普遍说"和"硬普遍"说,良有启迪。

落木千山解释自己并非后现代思路,听后释然。我也曾被人指责为"后现代主义",实属误解。落木千山落脚点诉诸生命体。但生命又何尝不是一个形上学的假设并以此假设作为最高实体？现代学术语境中,"生命"概念难脱十九、二十世纪之交德法生命哲学的影响。

论水一节,似见出陈明"即用建体说"的影响。水,智也,用也。即用建体,若能建体甚好,然而就怕纯任机智,随水流转,恐流荡失贞,难建体也。王夫之《周易外传》论"元亨利贞"四德云:"今夫水,非火则无以济,非木则无以屯,非金则无以节,非土则无以比。是故夫智,不丽乎仁则察而刻,不丽乎礼则慧而轻,不丽乎义则巧而术,不丽乎信则变而谲,俱无所丽则浮荡而炫其孤明。……故老氏谓上善之若水,而释氏以瓶水青天之月为妙悟之宗。其下者则刑名之察,权谋之机,皆崇智以废德。"录此共戒。

落木千山:所引船山论"水"与"智",于儒家思想体系内可称周延,其论极精,有勉仁励行之助。我对"水"的理解,可能较多巫文化、人类学、文化原型、潜意识的因素,李先生"巫史传统"之说,窃以为探本之论。"生命"云云,非限于某思潮某概念之类,而是作为活的存在的人之实情而言,活着、活下去、尽量活得更久更好,此实情自古同然,非任何思潮概念可限。儒家之能大能久,正在顺生、厚生、导生。

儒家与普遍性问题还包含一个重要的方面,即如何解说"恻隐之心"中的普遍性问题？无竟寓在"简答"中关于恻隐之心的分析很精彩,尤其点出被施以援手者是作为陌生人的孩子。这里只是想提出一个小问题,无竟寓的分析将如何面对基督宗教的如下可能质问:

恻隐之心其实是一种同情,是个体生命感觉的一种护身符,它出于自然生命的利己需要,是因为害怕自己遭遇到类似的危险,而对于他人的遭遇危险表示同情,这种设身处地去体验别人的痛苦与不幸,只是为了自己心灵的安宁,为了舒解自己如果处于这种不幸中的那种痛苦。而只有基督宗教才有真正无私的同情,其前提是我们即使没有设身处地去体验别人的痛苦,别人的痛苦照样是我们同情的对象。之所以能够如此,是因为上帝的绝对律令要求我们这样做,有了这种绝对律令的保障,我们就可以、也应该毫无个人因素地去爱他人、爱陌生人、爱所有人,而绝不只是那种为了自己心灵的安宁的自私,这种自私的同情表面上是利他，其实终归是要利己，把他人变成为我实现目的的媒介。这一质问来自《拯救与逍遥》，相信至少可以代表文化基督徒的观点。对此，不知无竟寓有何高见？

何怀宏在《良心论》中处理过类似问题，针对那种认为恻隐是以自身的感受和欲望为基础，所以实为一种自爱的观点，何怀宏认为，最关键的地方其实是在身体感受的分别性上：我的感受与他人的感受无法交换、也不可能代偿，因此他人的痛苦完全不必要成为我的痛苦，在这种情况之下，为何还要"举斯心加诸彼"呢。从这样的意义来说，"恻隐有着自己独立的来源，独立的动力"，而身体感受上的相似性其实只起到一个触媒的作用。个人感觉，何的处理似不足以从根本上面对上述质问，显得是一种底气不足的辩白。所以希望看到无竟寓对此的正面处理。

无竟寓：如何回应《拯救与逍遥》对恻隐之心的诘问，我未看出有何困难。"天命之谓性"即可回答。恻隐之心，仁之端也，天命之性也。无论恻隐出于纯粹的利他，还是出于利己的感同身受之移情，都无妨它是天命之性。仁从人从二，本就是在人我之间的天性。出于仁，那就是意味着既不是单纯出于他人，也不是单纯出于自我，而是出于人我之间。是谓仁性。以此"之间性"，仁性才与道性相关（"率性之谓道"），道德才是道之德（可写作道—德）；以此"之间性"，道—德才可传承于师生教学共同体之中（"修道之谓教"）；以此"之间性"，本之于仁的礼才同时是人际距离的切近和去远。如此理解的仁与礼我曾戏称之为"仁道主义"。①

在"仁道"思想看来，一定要在出于纯粹利他的同情和出于利己的移情同情之间强作区别，这本身就是由错误的问题方式提出的虚假问题：这样的问题本身就是最大的问题。要批判他们的问题，而不是在他们的问题所指向的两种可能答案中选择一个。无论尚私利的资本主义，还是尚利他的基督教，都是在此错误问题领域之中的不同形态。建立在同情心基础上的人道主义，也是这样的形态。以此观之，赵文提出的"私"的问题，要看在什么问题领域中来看，首先要厘清他的问题领域，而不是急于回答。此次讨论，诸君似乎都不解我为什么强

---

① 参见柯小刚《海德格尔的"时间—空间"思想与"仁"的伦理学》，见《同济大学学报》2006 年第 1 期。

调亲亲中的陌异性因素,为什么重视礼中距离的保持方面,因为根据通常的印象,仿佛儒家亲亲要么是狭隘的血亲抱团(往坏处想),要么是和睦的里仁为美(往好处想),丝毫与陌生人、陌异性距离扯不上关系。殊不知里仁为美的"仁"本就含有距离义在内,决不是乡愿猥狎、毫无原则的亲呀亲、爱呀爱。无论仁、礼,都是中庸之道。夫子所谓吾道一以贯之,亦此之谓欤?

落木千山:"之间"论甚好。中国思想是关系性、场域性的,自不能以执此执彼之实体化方式把握;且正以此关系性领会,乃注重功能而非本质,尤重情境性之"活""用"。

无竟寓:所以,由此出发,我们的讨论不妨更进一步,从"普遍原则及其灵活运用"这样一个"方法论"意义上的问题,进入到何谓人与生命实情的"性体"层面的问题。这个问题可以说是儒家与陌生人问题中"极高明"的一面。然后,我们还可以落实到"道中庸"的一面,展开"儒家与陌生人问题"的社会内涵、家庭伦理建设内涵和政治哲学内涵。落木千山曾精研身体与生命体验问题,在"极高明"的一面必然有很多义理发明可以贡献给这场讨论,深化大家对生命实情和儒家伦理本性的体认。

三、仁通体验、生命实情与诸教异同

落木千山:惭愧,关于儒家与陌生人问题,个人无有什么社会实际经验,仅就一己生命"体一觉"而论之以"通/别"、"大/小",则"高/下"、"内/外"等亦在其中也。承蒙无竟寓兄谬许,我就乱说一气,诸君权当笑谈可矣。

中华文化之潜在景观是天下一体相通,天地人之大生命洪流。溯乎本源,臻于至境,自然明瞭"四海之内皆兄弟"、"民吾同胞",可言东海西海,心同理同。是为"同"与"通"。然此通同非齐平为一,而是大小各得其情,是为"通"中之"别"。见得本源为易,反归殊别为难,具体之"通"难于、高于抽象之"通"。

大相通是本源,有所别是显相。常人所见,仍是内外、远近、亲疏之别,是为"异"与"别"。于此"别""异"之中,外、远、疏自属相别,而内、近、亲则属可通,常人于外、远、疏趋于有距,于内、近、亲更觉相关性,是为"别"中之"通"。

别内外、定亲疏、明远近,乃人之在世实情,其间界别乃随时、境迁易而有伸缩,血缘是其主脉,而地域(区)、阶层(位)、禀赋(份)、职守(业)、惯习(习)、风标(格)、祈向(愿)、造就(果)等则不同程度参与其间,成其为一即势变易之"活"的"感发场"。

此感一发则有大小之辨,识得"同""通"而尤知"通中之别"者为大,拘于"别""异"而固守于"别中之通"者为小,大者罕而小者夥。小者观人观物,出之以内外、亲疏、远近而有所偏倚侧重;大者乃能超乎在世实情而推扩涵容之,使其内、亲、近愈加扩容,大小各得其情地体贴诸"我"之份、位、格,等等。

杨朱蔽于"私"、执于"别",囿于己而不知一切诸己之相通相关,是以不仅不知"通",亦不知"别中之通",故是极执之"别";墨家蔽于"公"、执于"同",高言一切诸己平均无别而相联,却不知此间各有其分、各有其情,是以不仅不知"别",亦不知"通中之别",故是抽象之"通"。杨朱是"小"之实者,是极端的小;墨家是"大"之伪者,是虚假的大。

儒家则异乎此,于同异、通别、公私、人己、大小之间,通过具体把握去度其份,即其时,依其情,得其中。而人乃各就其性分、见识、心量、践行而有或大或小之展现,故既云亲亲而有差序之别,又云恻隐而有仁性之通。仁由血亲以显而又超出血亲,自显相以观,仁由血亲而始,自本源以观,仁为血亲之本。小者止于血亲,大者乃造乎仁。小者见于别,而尤见别中之通,故无单子个人之说,而皆在血亲、阶序、区域、族群诸关系性之中;大者知通,而尤知通中之别,故四海兄弟之谓绝不等于兼相爱之弟兄姊妹。

儒家之真义,涵两端而互动,别中之通与通中之别有如两翼,互为支撑,既着落于人之在世实情,又开显出向上一机。在世实情无此超拔之向以提引之,则失于小而演为实地之私,血亲排外、裙带关系、喜同恶异之类生焉;向上一机倘不能着落于在世实情,则失于大而演为虚言之公,无差别、爱陌生人胜于爱亲之类生焉。此两者一实一虚,前者执于"别中之通"而成其为"实的'别'",后者不明"通中之别"而成其为"虚的'通'"。极执之异与无度之同,实乃一体两面关系,其于消抹人之真实具体性,亦可谓同献其功。

今人不察此中丰富意涵与流动性、开放性,一律讥之以抱团、裙带,其根由在此:立足于现代社会之仅及于"别"(尤其是单子化之别)而无能知"通"的卑下见识,故其评断儒家之时,眼光只能见及儒家"别"的层面,尤其只能见得"别中之通"之流蔽,而不知儒家之"别"有大异于单子化之别者在,更不知有大"通"之境,遑论"通中之别"之卓识乎。

现代社会,立基于"别"之最狭义,顺着人之私欲往下滚,以此前提下面人人竞言之单子个体权利为出发点,其愚也极,其妄也厉。儒家"通""别"有度、人己共融之黏合体,在此被裂散为两极格局:平面化之"别"的社会,单子化之"别"的个人。

南水区分陌生人与陌生社会,高见甚是;无竟寓以距离之保守与距离之克服以分别对治之,而一以礼为之本,此论尤精。个人愚见,在此社会与人两分而对治之的基础上,似可再加以细化,从而,分别对治于现代社会与现代个人两方面之蔽,皆可以"通"、"别"两手协同治之。

对于现代社会大势这般平面化之"别":一方面是转平面化之"别"为立体化之"通",如无竟寓所谓"距离的克服",或南水所谓"陌生社会的熟人化",这可以说是以"别中之通"(血亲、序位、良风良俗)来对治社会整体碎片化之"别";在此之外,这一"通"更要各遂其性、各得其份而有所"别",此"别"非隔与执之谓,而是具体性、独特性,从而成其为多元丰富性与开放性。从而,对治于现代陌生社会的这两种办法,"通"之,就是针对社会共同体的裂散化、碎片化、疏离化;"别"之,就是针对重新聚合过程中可能出现的教条宰制,而争取尽可能地发挥每一参与者之能动性与独特性。

对于现代人基本状态这种单子化之"别":一方面,在单子化之千面如一之个人之间,应该杜绝混同、同而不和,所以要以"礼"别之,此即无竟寓所谓"距离的保持",这可以说是以"通中之别"来对治那最狭义之"别"基础上必然产生的无度之同;另一方面,针对单子化之"别"的彼此隔绝,还要"通"之以乐,即以天地人大生命之教以感发、谐和之,使此个殊者能够意识到人与己之相关互动而共为一大生命共同体。从而,在现代陌生人状态中的这两种对治方法,"别"之,就是针对无度之同的相混危险,"通"之,就是针对极执之别的限隔意识。

数年前在儒学论坛看到过一篇文章,以杨朱与墨家来论当今社会思想,并确定儒学之当今情势及论争和克治对象——拒新杨墨。作者论述夷夏大防、拒杨墨、斥佛老到当今之拒新杨墨,视此为儒家的一条主线;并认为,当今的杨朱就是"为己"之自由主义,当今的墨学就是"兼爱"之耶教。其时陈明反对这种比附。不过若从"通""别"关系看,此中确有某种可类比之处,自由主义伸张"别",耶教高言"通",两者乃一体两面之关系。

无竟寓提及耶教渴望面对陌生人,并善于面对陌生人。此论南水似有异议。然就耶教自身架构言,似乎易于面对、并善于利用极执之"别"以建成无度之"同"。耶教针对世间"别中之通"在血亲、阶序、区域上的执着,以上帝为绝对基点而破除之,在此基础上建立起的"通"(主内弟兄姊妹团契),乃无度之同,而不明乎"通中之别"。正以其不明"通中之别",故于平面化现代社会中愈来愈千人一面之单子孤立个人,极具摄夺攫掠之力。

对于该教之构架,一般化地来看,互为陌生人的个体皆首先分有了与上帝之垂直关系,在此绝对基点之垂直统合与焊接之下,乃建立起原子个体彼此之间的横向关联。此纵横构架中最大的关系,一是上下,上帝与人悬绝,"上帝是绝对的他者";二是内外,主内肢体是弟兄姊妹(当然其中又有不同教派之攻讦与杀戮),异教徒则是或改造或征服的对象,就其极端情况而言,不能使之归信,就给予敌视、诅咒,若有条件则彻底灭绝之。

一元人格神之以强力保障诸多原子式齐一个体之所谓"团契",是以"无度之同"来激发"极执之异",此"异"正以其脱离了血亲、阶序、地域、族群而尤具抽象之极端性。这种抽象极端性亦表现为:其"我执"正是通过抽掉了世间互动关联而坚执独一绝对之基点(上帝),从而以自我否定之"谦卑""虚己"来表现,所以此"执"最大最偏。

此"极执之异",以向外求异为基本心理倾向,此是其听命、受命于绝对人格神之使命所在,亦是其作为个体之自身传教动力所在。绝对基点之上帝对于诸原子个体之垂直焊塑,在此景观中有"自我"—"他者"模式、主—客对立模式,进一步发展就是主—奴模式、敌—我模式,其共同核心即是原子式基点之固实化存在本身,执意于此点而产生诸多绝然二分模式,争战、焦灼、紧张是其特点。

以儒家为主干之华夏文化生命体中,所谓陌生人是"活"的存在体,非齐一同质之单子式存在,对于此"活"的存在体之态度,如其实情地加以反映,其实也只能是这样来看的:那是一个在不同视野、不同见识和不同位分下呈现出与"我"有不同的内外、亲疏、远近关系的另一个"我"。这个"我(自/己)—场"的理解,当然绝不同于"自我"—"他者"模式。

中华文化之基本景观是天地人大生命体之"我"对于各层各域之小"我"的团裹与包容,是此一生命体与彼一生命体乃至诸多生命体之相通互摄,此非对立性、对象化的,而是关系性、交互性的。其与耶教架构之不同,源出乎有隔或无隔:一为上帝一人之悬绝,"上帝是绝对的他者";一是天地人一体相通,"道不远人"、"人在道中,道在人中"。这种隔与不隔之差别,即表现于"自我(实体/原子)"与"我(自/己)一场"。

是以合"大小""通别"而言之,至大者通天下为一体,一切诸"我一场"皆为天地大生命亲情所系,何有乎陌生不陌生可言;各层之小者则各从己之时与境、位与分、格与习等出发而有所别,但就是在这一不究竟状态中,所谓陌生不陌生云云,也绝非一个现成的固化概念,而可以静态观念去做单子化齐一把握的。

因着"我"之有大我、小我之别,而场有大/小之别,境有高/下之分,时有长/短之差,度有活/滞之异,于各部分、各层级、各向度呈现出不同景观,小者之通,在大者为别,大者之通,在更大者为别,而至于天地无垠。

大者有大理解,小者有小理解,然无论大小、通别,所谓陌生人都是作为与"我"相通之另一个"我",只是距我较远、较疏、较外围而已,然其间皆有源于此一体大相通之根本性的"亲"情在,"亲"之来由,即在天地乾坤父母。也正因其较远、较疏和较外围,故一体相通之根本性的"亲"情的显相、落实也就趋于淡、较薄和较稀少(此处当有成色与分两之辨可说)。而且,这样的差序化对待(别),既是对生命域真实相的自然反映,也是对于与己较近、近内在之作为"你"之"我"的尊重与负责态度。

附带一提,以德报怨之所以为夫子所不取,或亦与此等差有序观念相一致。圣人以公心观天下,公者绝非抽象意义上之平等与相同,而正在具体把握中之得宜、合度也。是以老吾老以及人之老,绝不可转谓老他人之老以及吾之老,甚至连吾之老与他之老同老亦不可,以其不合人情故也。

人情乃源于生命实情,与生物本能之欲不能隔裂,平正之道乃顺而导之,非禁而绝之,禁绝生命实情而有至高祈向者,即大有违于常情常理,亦即是矫情。华夏之道注重通情达理,当"通"人之常情,当"达"世之常理。所谓通、达,既有通贯、畅达之意,又展现为合宜、得体、有分寸,而皆当于具体情境中去作"度"的把握。

现代社会不仅使人单子化、单向化,更使人与人之关系性共通体被裂散化、平面化,后一方面鼓动和加剧着前一方面。在全球空间的极大压缩中,人之同时性的存在/感知/行动,及此同时性存在/感知/行动在模式上的同一化,极大程度地实现着人的现实原子化。

现实原子化源于精神原子化,是对精神原子化的极大拓展,精神原子化的根本来源就在亚伯拉罕系宗教,而以耶教、尤其新教为其最典型代表。精神原子化向现实原子化行动的落实和展开,即以物质强力和欲望执性为其根本驱动,以资本之攫夺、吸食、吞噬手段为社会保障,与源于精神原子化的技术宰制互为鼓动,在技术化的新手段——无肉身性的、以沟通为名行疏远之实的网络技术的推助中,正在将世界越来越变为一个真正的陌生人世界。

天地人一体相通之大生命亲情,是以儒家为主干的中国思想之底色。人在天地乾坤父母的照看下,厕身于大生命洪流中,与万物偕同生长,有春生、夏荣,有秋残、冬枯,复育新生;波波相续,万化无穷,由一己身心以至家国天下万有,由血亲伦常、政道纲维以至人生大艺、超越祈向,皆为此一"体"相"通"之大"亲"情所柔性团裹,粘合,贯通,融渗。此大生命之河、大生命之树,亦可视作流动之网,是一气相通、消涨绵延的关系性之场域。一切有情,即为网上明暗显隐之珠,珠为点,光影之交渗为场,点与场不可离,共成起伏流动之大生命网。

在儒家之极诣而言,人与天地参,于此气之流动的场域中,皆有"亲"情在,此情推展绵续,凡有血气者俱为所涵渗。天地无垠,岁月无尽,浩浩山河,悠悠人世,正如大河绵涌一般,延展为血脉相贯、气息相通之大生命;万化之浮沉皆是一种亲。胡兰成最爱言"亲",时常言"亲",体贴汉文化气息,最亲、最真,最幽微。

天道无亲,此是"无情辩证法";天道至亲,此是"有情宇宙观"(两语出自李泽厚)。在空无中看出、活出亲情,此乃苍茫中的大感动,是真正的大悲欣,乃至高意义上的"知其不可而为之"。此感动、悲欣,皆融之以春阳温煦之意,而能不伤、不凋,而能贞定、柔韧。儒家之"爱"有别于释家"慈悲"、耶教"博爱"、今之"爱情"者,即在此"亲"此"温"。此温然亲情正是一种"恩",天地、亲子、夫妇、兄弟、友朋,其情都是"恩"。然释家仍能返真向俗,是以"无"转"有"而化为"大有",此乃"无之大有",而与儒家"大有之无"可相呼应,其情表为空明。佛空明如灯,道虚渺如烟,儒温润如玉。三家之境均可喻以镜,而底色不同,温度有异:佛圆融透彻,道幽玄渊默,儒正大光明。道之情偏于"冷""逸",佛有无缘大慈、同体大悲,其情偏于"静""寂",儒则有阳春萌动之发露的"温""蔼"。

耶教则是以至上"高我"宰制人间有罪"小我",其情胜在孤绝激荡,而非温融平和,其情是怆情,而非温情。耶教有至为感人者,在无边暗夜中一点爱之贞信微明终能不灭,挚爱活泉,苦楚坚韧,灵性摇曳,哀恳如诉;其至为美好之境,最能拨动人之心弦。

耶教之真之美,凄然似秋,如临秋水,而挚情不悔;儒家之美之善,暖然似春,如沐春风,而生意无边。虽然,儒境毕竟通四时,有度有节,而为大坦然,真从容。"日日是好日",既是禅境,更是儒境。儒就有这般现世温融的好。

个人以为,关于恻隐之心及其他一些儒学命题,尽可有精微之阐而成其为殊胜妙义,然往高调说,不及耶教之动人以炽情虔信,往底线说,不及自由主义之诱人以私欲私利。此"之间"如何把握已然甚难,诚有履薄临深之感;而此甚矣其难之微妙把握,于斯世面对高低二极之各有摄取人心之优长,如何以其平正温和而较为有效地唤起人众之由衷信服,不能不说是一个问题。人众之信守笃行极为要紧,昔儒忧心"儒门淡薄、收拾不住"而悉归释氏,今儒如何因应淡薄之势而收拾人心,广启信众,诚为根本之务。

我的发言大多空泛玄虚,不切实际。诸位以下所论,定能落到家庭、社会和政治的实处。

四、陌生人问题与陌生人社会问题

南水:落木千山君论生命体验,煌煌长言,大体不差。但由于与我说的几乎不相关,所以我也就不多说了,只简单说两点:千山君以"通/别"说取代"同/异"说,在汉语语境中,自有其高明之处,当然离此语境,别人又会以"不可思议"叹之。我最开始对"现象学"感兴趣,就是因为想说说"通"、"同",在无数的纸上,写了个标题"通同论",自以为现象学也许能帮助我将它们显示出来,最后未果,未果的原因发现显示出来的竟然只是同义反复,于是我更加坚信"分析"不增加知识的道理。

诸君以为"四海之内皆兄弟"是谈论"陌生人"的,我只能说这没有说错,但我也可以肯定地说这也没有说对。我为了言说的方便,区分了"陌生人社会"中的"陌生人"和"熟人社会"中的陌生人。"四海之内皆兄弟"这句话,在我看来,只可能说的是"熟人社会"中的"陌生人",而不是"陌生人社会"中的"陌生人"。换言之,你必须在日常经验中首先有"兄弟"之情,有对待"兄弟"的情感和经验。然后说这个话的人说:你应该像对待你的兄弟一样去对待"四海之内"所有的人。举个极端例子,尽管这在中国比较普遍,即"独生子女"对"兄弟情"的想象、理解和对待会怎么样,诸说者去想象一下吧。有人认为"熟人社会"只能是小地方,而不能是大社会,我看了以后差点笑掉大牙。古人"致广大"之术之理多矣,奈何现代人不学,思想封闭,想象力贫乏,不知其可。

讨论陌生人本身在当前这个时代是没多少意义的。我们面对的困难不是"陌生人",而是"陌生人社会"。这是两个可以说根本不相关的问题,尽管是一词之差。"陌生人社会"或者"社会陌生化"问题,不是我们置身于其中如何应对的问题,而是如何取代这种社会状态的问题。在非陌生化社会中,儒家处理陌生人是如何擅长的,随便看看什么历史书,看看什么经书都是不难明白的。不扭转当前人类社会陌生化趋势,反而把这当作大势所趋,是没前途、没出息、自甘堕落的言行。

无竟寓:陌生人问题和陌生人社会问题确实是两个问题,分属礼的两面,礼居中间:面对陌生人问题,要讲礼作为不狎爱,作为庄敬,作为威仪三千礼仪三百,作为君子不重则不威,作为距离的保持;面对陌生人社会问题,要讲礼作为讲信修睦,里仁为美,息争息讼,父慈子孝,兄良弟弟,夫义妇听,长惠幼顺,作为距离的克服。我针对赵的陌生人问题的答复是讲前者。后者同样非常重要,希望多听南水讲。两方面的关系,也值得思考。

理解二者关系的困难在于:何谓亲人、熟人,这在现代处境中变得模糊了。亲人、熟人,这既不是现代杨朱(自由主义)的孤立个体,互为陌生人,也不是现代墨家(基督新教)的滥情的"兄弟姊妹"或"爱人"。面对现代杨朱造成的陌生人社会,我们诚然要切实对它进行陌生人社会的熟人化改造,但是千万不要因此落入了现代墨家的圈套。为了不落入这个圈套,就一定要讲礼作为庄敬、威仪或距离的保持这一面的含义。而且,讲这一方面的含义同时可以应对现代杨朱的质疑。赵文就是不自觉地从现代杨朱立场出发的质疑。现代杨朱要求个体孤立化，并以之为社会和政治的基础，以便他们实行杨家的僭政。他们抱怨儒家不能帮他们铺平个体化、社会陌生化的道路，这是不足为怪的。我们要批判这种道路，嘲笑这种抱怨，但决不要因此而承认他们对儒家亲亲之礼的错误想象（类似黑社会式的血亲抱团的东西），并为这个错误想象买单，论证这个被他们建构出来的假儒家是好的："我们儒家就是仅仅适用于熟人和亲人的伦理，怎么着？我们觉得熟人社会好，所以我们喜欢儒家，因为它就是熟人的伦理学。"如果你这么说的话，就中了圈套。熟人社会诚然是儒家提倡的和致力于建设的，但是儒家伦理的基础绝不仅仅是从熟人社会经验出发的，而是有着更加普遍的出发点。孟子恻隐之心的举例不是举自己的孩子落井——那就没有说服力了——而是一个作为陌生人的孩子落井，意义不可谓不深。而且是孩子，意义就更深了。所谓孝不是一般意义上的亲人关系，而特别是代际亲人关系。《关雎》何以为《国风》之首，不是像现代文学解释的那样因为爱情，而是因为夫妇是代际关系的发端。

谈到礼的代际性，儒学作为道之政治哲学的普遍意义就出来了。一切人类事务都相关于人有年龄代际这一基本事实。人是年龄的人，社会是代际的社会，这一事实不随时代、民族和文化的差异而改变。所以在任何地方任何时代，政治的基本事务之一都在于处理好青年和老年的关系。最好的政治是既能做到长幼有礼，又能达于上下感通；次好的情形是仅止于礼以别异，未足于乐以合同；等而下之的则是连礼节秩序都不能维建，遑论仁乐感通。长幼礼教始于家庭，文质彬彬养于身体，维新损益成于国风。《礼》云："欲治其国者，先齐其家"，"家齐而后国治，国治而后天下平"（《大学》）。政治的问题就是新旧的问题，新旧的问题就是代际的问题，代际产生于家庭，家庭肇端乎夫妇。故《韩诗外传》以《关雎》为"王道之原"、"天地之基"。夫妇之道，下关乎长幼之间，上关乎天地之际。夫妇之道实为代际临界问题之枢纽。《关雎》以此而为诗乐之兴，亦为伦理之始。故《乐记》云"乐者，通伦理者也"，以天理人伦一也。

南水：熟人社会与陌生人社会，只是我借用的一对现成的词汇，因为它们在处理某些问题有一定的针对性。严格地说，它们在很大程度上只具有否定性意义、消极性意义，即对"社会陌生化"这种趋势的否定。所以我一般多说"陌生人社会熟人化",而不是单独讨论"熟人社会",因此在我这里这是一个动词词组,目的是让人们在某些基本方面对这个问题能有简单的感觉和问题意识,否则后面的话无从说起。

"熟人社会"如果不是从消极意义来说,我更愿意使用"人伦社会"这一词,或者就是"人伦"一词。熟人社会里并不是没有陌生人。陌生社会里也并不是没有熟人。问题在于何种原则、何种精神、何种人际占主导。举例来说说。在陌生社会里,契约精神被纳入家庭。特别有趣的是德国人关于民法的讨论:在契约精神被纳入家庭以后,他们一方面觉得不用契约精神,平等就无法实现,另一方面又觉得这又失去了家庭的味道,败坏了家庭。最近读美国某法学教授《家庭法一百年》的文章,他从美国很多州通过《无过错离婚法》谈起。反对这一法律的人将之称为"单方遗弃法"。该作者也是陷于这样的困境,一方面意识到了这样的法律不断地在加剧对家庭的败坏,另一方面就是找不到原因。也许在儒家看来,这只是男女无别,故夫妇失义,但真要切近他们的日常经验又谈何容易呢,而可是这又是我们必须面对的。

我最近最爱跟人讲"男女授受不亲"的智慧。刚开始的时候,总是被嘲笑。人们嘲笑的理由就是上述那些法学家所强调的契约精神啦、自由精神啦、平等精神啦,但只要他们给我时间,从他们的日常经验慢慢道来,几乎无人不服"男女授受不亲"所包含的"男女有别,然后夫妇有义"的智慧。这也是我曾指出现代社会的预设是"每个人都是超人"的意义所在,我认为是尼采奠定了或揭示了所谓的"现代性"的基础:"超人"。

基督教同样不可能面对"陌生化社会"。赵等认为可以,那是他把熟人社会里的"陌生人"与"陌生人社会"里的"陌生人"等同起来。这当然是无竟寓所说的现代杨朱的基本思维,即将"陌生人"原子化,然后进行孤立的面对和分析。而我们不能这样。观念实质不能这样,分析方法和言述方法也不能这样,否则落入其窠臼。

针对那些法学家所言,我的主张依然是"自由民主制度可存、自由民主观念务去,以儒文之",这也是当前最关键的"正名"任务。

海裔:几点想法,就教于南水:

一、在受教人不具有相应的熟人社会的经验的时候,试图通过言辞来达到感通是不可能的,至少是非常困难的。

二、而当下社会所进行的,正是一个由资本主义所推动的陌生化过程,既有的熟人社会经验被稀释,淡化。

三、正如南水所言,陌生人社会中的默契,往往是刻意训练出来的。亚当—斯密在谈技术分工的时候,建议国家应当采取措施,抵消技术分工所造成的人与人之间的隔阂。今天的民族国家的公共教育就承担了训练公民之间默契的作用。其他当然还有种种职业的管理培训。

四、在正在进行的社会陌生化过程之中,或许只能期待小范围的,偶在的感通。正如南水可以通过谈话唤起一些人的感通经验。但这种唤起,又很快会被其他社会经验所抵消与冲淡。

五、普遍的感通,必须寄希望于社会生产方式与生活方式的转变。其中重要的一点是,当下已经普遍发生的居住地与工作地分离的状况能够得到改变,人们在居住地附近工作。如此,社区生活的整体性与有机性才能得到恢复。

六、但实现这一点,本身就需要资本主义生产方式的转变。即企业不再能以将成本高度外在化(承担成本者是员工,社会以及自然环境)的方式来获取利润。(历史上有过特殊例子,即日本经济起飞阶段的员工终身雇佣制度,一方面是承担起类似家庭的保护职能,另一方面也不影响利润最大化。但随着全球资本主义竞争的加剧,近年来,日本的员工终身雇佣制度也趋于崩溃。)

七、也许正如斯密和马克思都感觉到的那样,资本主义有一种自我颠覆的力量。当充分的竞争使其不能再将成本高度外在化的时候,企业就只能够通过其他途径来获得利润,比如,与当地社区更紧密的结合,通过改善内部管理环境以获得员工的进一步忠诚,等等。而这些变化,将使得资本主义市场经济转变为非资本主义市场经济(正如在中国历史上存在过的市场经济那样)。而这将为感通创造机会。这里的一些倾向已经在小范围内发生,但还没有理由认为,结构性的变化已经发生。

Ufe:想到一个相关问题:为什么我们没有万民法?窃以为:以人治人改而止,是我们的高级法。我们承认五方之民,皆有其性。所以自古夷狄自相讼,以其法治之。夷狄与中国讼,或夷狄非同种讼于中国,乃以中国律例治之。盖古人以为:五方性既不同,不敢以中国之法,必惬于四海之心也。所以用刑律于四海者,不得已也,且四夷慕化,则亦不外之耳。

今人好称罗马法与万民法。然则罗马与万民别,以万民虽拘于罗马,不得罗马特权;且罗马人以为军威无远弗届,罗马之是非,即万民之权衡也。此古中国所万万不敢承受之专断,而今人以为民法(人性观念)之渊源。

至于教会之于陌生人,今人言之,则谆谆教诲耳。其实昔日盖传播福音而不顾其安,灭其本俗至于屠戮者也。何谓善于陌生人?不过挟恺撒之威,行恺撒之政耳。今人诚不欲称中国,则何如蒙古?蒙古之治西域诸色,遂其政教,用起故吏,恩威之下,亦颂声不绝,然则蒙古人亦善治陌生人矣。

我想分两个方面来展开讲一下,一个是法制问题,一个是宗教问题。

1. 法制问题。在我看来,是法不治殊俗,或曰:法与民心捍格的问题。是西洋移植过来的法律,和中国人伦常日用的冲突的问题,而不是什么中国是熟人社会,现代是陌生人社会的问题。秩序的本质,是特定地区的特定人群在特定时段,对是非有一个大体公认,并相互信任的判断。陌生人社会需要一个法庭的权威来判断,熟人社会也有一个叫做乡约或习俗或习惯法的权威来判断。法制和礼制的问题,都是王朝(或国会)立法与特定人群或地域的本俗(习惯法)的协调问题。法过分强硬,会挫伤公民的积极性,甚至毁灭本民族的组织能力。且法如果无视民俗,则公民会因为自保而实质游离于法制之外。这并不是这群熟人社会不足法制,而是法制不足令人有耻且格。

移植法律,尤其弱国心理下的移植,往往加剧政府立法与本俗的冲突,药家鑫杀人案及稍后的强奸杀人案中律师与舆论的背道而驰,便是立法与民意拮抗的信号。这是立法者必须慎重思考的。

法律不是抽象的东西,而是特定人群特定地域特定历史的积淀。如果过于强硬或轻率地推行或移植于风俗民心物类不同的人群地区,势必要生格拒。历史上,秦法不行于六国,而汉法能行之。是因为秦法专横,而汉法因黄老之术,得与民休息,这是轻重缓急的例子。而汉法虽美,犹不足行于西羌,则是母系山地游牧民族的无父无君,连最低的臣服都无从谈起。同样,在蒙古草原,明朝可以帮助俺达汗推广黄教,但无法接受三娘子向慕礼教。因为客观环境决定了制度,这不是理想可以自专的。

中国当下面临的,是立法与百姓生分的问题。国朝大纲未立,本是摸着石头过河,这本质上要求民间的自组织,也就是类似古典乡约、行会的自主形成。按照这种思路,中国的立法进程,理当是在民间实践基础上,及时推广总结,又不因推广总结,而限制地方自主的过程。或者说,应当是一个习惯法渐渐整合为政府立法的过程。这个思路如果处理得当,应当类似宋明时代的法律结构。

但同时,作为精英的立法者,又迫不及待或迫于压力,要照搬西方法律。而在内外无别,引进外资的思想环境下,又势必以国人之探索为不足道,甚至以民间之自组织为恐惧,以国民之是非为愚昧落后。则此名义上的立法,实际却是毁掉国民对法律的信任,并毁掉本民族自我组织以形成习惯法的立法能力。如果一个民族的民众普遍失去立(习惯)法思维,则生于此环境之精英,亦鲜能有什么真实的立法能力。这是最可怕的。这个民族将在法制建设的口号下,从此与法律无缘。

熟人社会是什么意思?是这群人有一个共同的价值背景,而不是说个个相识。或者说,熟人社会本身意味着他们有共同的习俗,或者说潜在的法制在。那么熟人社会是走向法制或礼制(在此不做区别),还是走向堕落,要看是否有人去引导他们,产生制度意识,把他们的风俗去粗取精,变成更明晰更持久的制度,从而把同俗之人,因之引导为更加团结更有组织的人群。

熟人社会是否背离法制? 答:有制度意识的熟人社会不会,因为他们会思考长远,并渐渐形成最优解,既不违背公共立法,又稳妥处理本俗和基本利益。但如果没有制度意识,那什么也无法保证。

陌生人社会是否有助于法律的推行? 答:这是一个博弈,取决于法律,或者说政府的威信。强势及优势政府的法律容易推行,劣势及虚弱政府则几乎无法推行。这不是法律问题,而是国家盛衰的问题。法律的理想,不能推卸国家富强的责任。

2. 宗教问题。论者以为儒家擅长熟人社会,不善于陌生人社会,及基督教(也许可以加上佛教)长于陌生人社会。

答曰:这是儒家与宗教或其他学说的不同。其他学说都会教人忠于本学说的信念。而严格意义上的儒学,只会教导人孝亲忠君。从这个意义上,儒家是要为人缔结五伦关系,或曰世俗的关系,或曰缔结熟人社会。也就是说,儒教教化的对象很可能来自陌生人社会,或者是自外于社会的孤立个体。但儒家不会要求他对儒家如何信仰,确切说,儒家会把他能否把自己身边的关系变成熟人关系,并且是积极和睦的熟人关系,作为他加入儒家的前提。

而其他学说,鼓励,或者至少接受信仰者把身边的关系变成陌生人关系。这确实意味着在人与人生分的环境中,儒家是不容易被选择的。因为儒家并不接受生分之人。

如果论者假定生分是合理,或至少必然的趋势,那儒家确实无法完成其他学说(未必是宗教)的功能。但如果论者接受人是社会动物,从而人与人之间缔结信任关系是应该的。那么儒家的价值,诚非其他学说所能替代。

如果我们保持中立态度,那么人类究竟走向更破碎,还是更团结,则在于教化。即儒生是否能保持自己的操守,不被其他学说所诱惑或蛊惑,不把自己加于五伦之上,又如同其他学说的信受奉行者一样积极做事,而是逃避于自己的熟人社会的小圈子。如果能,则活着的儒生,将展开人类(在现在看来)全新的生活。如果不能,则无父无君的社会,也诚然供奉不起儒学。

五、家庭、孝道与现代政治的通古今之变

无竟寓:儒家与陌生人问题的讨论,如果说对于自由主义者来说,其现实指向是建立抽象的普遍法权社会的话,那么,这场讨论对于今天的儒家来说,其现实关怀实际在于现代家庭伦理的建设问题和孝道的现代意义问题。这一点尤其是南水所谓"陌生人社会"问题的旨归。

在这个问题上,我们有必要重新检省"以孝治天下"的具体含义是什么? 先秦、汉唐、宋以后,在不同的时代,"孝道"的具体制度落实是完全一致,还是有所不同?《周礼》《孝经》《大学》《礼运》《白虎通》《朱子家礼》《明夷待访录》对孝道与政治关系的理解是完全一样,还是有所不同? 今天,在新的历史条件下,是否需要根据时代的变化,给"孝道"赋予新的制度内涵和伦理内涵? 是否现代社会可以通过完全恢复古代某个时期的孝道形式而得到治理? 是否现代社会可以完全不讲孝道而仍然能保持健康运行? 如果任何时代都必须讲孝道的话,今天的孝道可以具有何种制度意义和社会形式? 这些问题是儒家与陌生人问题的讨论可以导向的建设性方向。

在前面关于普遍性问题的讨论中,落木千山曾谈到对于"依附现代性"和"反向依附现代性"的双遣,这一点很见魄力。不过,"现代性"既已成俗语,你就不能不用。一个词只要大多数人在用,少数人不用就没意义;少数人新造一个词,大多数人不用也没意义。用语的问题不得不从俗而化之。化的第一步是理清词语的谱系,循名责实:

现今流行的所谓"现代性问题",就其"名"而言,原来是指西方历史上一段特殊时期的特殊问题,移用到中国,则其"实"发生了改变。所谓现代性问题,在西方原来的语境中包含两个不相区别的方面,即去封建化或平等化带来的问题,和工业化、商业化、技术化带来的问题。这本是两个问题,只是由于西方历史的特殊境遇才纠合到一起。当然,由于他们的纠合也产生了两个方面共同作用的问题,如全面监视化的社会、技术至上的极权统治问题等等。而对于我们来说,认识到这两个问题的区分则是把握"现代性问题"在中国语境中所指实情的关键。如果能把握这个关键,那么即使沿用"现代"这个外来词语,也不妨碍我们对事情本身进行如实的处理。

在中国,对上述两点不加区分的结果便会导致对中国现代革命的误解,以为中国革命是像法国革命那样的反封建革命。反封建的任务在中国革命中诚然含有,但不占主要成分,更不是像在法国革命中那样是破天荒头一遭,而是一个延续了两千多年的去封建化过程的最后部分。因此,现代中国的所谓"现代化"主要实质并不是去封建化或平等化,而是工业化、市场化和技术化。实际上,为了获得动员力量,在反封建问题上是开了一定倒车的("划成分"、"顶职"等)。技术化意义上的现代化仅仅是发生于近百年的事情,但去封建化意义上的"现代化"在中国却必须远绪春秋时期的礼崩乐坏。

从孔子时代就已经开始的去封建化进程,大成于秦政,而稍反于汉"杂王霸而用之"乃建立封建与郡县之平衡。秦之亡,以尚法寡恩,汉之亡以外戚宦官与封建割据。南北朝数百年动荡乃是汉制恢复封建带来的负面影响,迄唐重建平衡,封建益转弱矣,至宋以来则封建贵族制永远消沉(元、清以异族入主故略有回潮),只占政治与社会的极小成分,以致到孙中山要革命的时候,感叹说中国人的自由不是少了,而是太多了,所以动员不起来。在中文语境中,这个漫长的去封建化过程当然不宜被称为"现代化"的过程,而只能被称为礼崩乐坏的过程。

　　"现代化"含有历史进步论的前提，"礼崩乐坏"则含有历史退步论的意味。实事虽同，名义不同。因此，原本在西方语境中兼指去封建化和技术化的现代化，在中国则主要指工业技术化。"现代性问题"的两个方面，即平等导致的问题和技术导致的问题，在中国现代性问题中也主要指技术导致的问题。至于平等导致的问题，在中国语境中则是一个有着长远历史的老问题，决不是什么"现代问题"。当然，因为中国很早就开始了去封建化进程，所以在如何应对礼崩乐坏带来的问题，如何在世俗化社会中保持健康的伦理生活和崇高的政治理想，儒家拥有无与伦比的丰富经验，并将极大有助于解决平等化所带来的"现代性问题"。实际上，我们这里谈及的陌生人社会问题，"私"的问题，本身即是"现代性问题"的一部分。赵对此并无自觉，以为只是纯粹技术性的理论设计问题，这本身也可能是现代性的表现。

　　诚然，在现代条件下，家庭不再是主要的生产单位、教育单位和政治单位了。与此相关，政治制度也发生了改变，无论经典形态的世袭封建君主制（欧洲和日本），还是中国秦汉以后的混合君主制（皇帝＋封建＋郡县＋文官系统）①，都被抛弃或根本上改头换面。即使所谓非民主化国家也都不搞政治继承制了，要搞也是偷偷摸摸地搞（所谓利益集团的方式等）。在此条件下，如果"以孝治天下"还有意义的话，那么，这个意义的制度含义必然是要重新建设和重新解说的。譬如在私法领域的财产继承制度和经济领域的家族企业形态中，都是孝道可以发挥作用的地方。解决现代家庭生活和儿童教育的危机，尤其需要重新激活孝道传统。因此，即使在"强的意义上"不再能"以孝治天下"，但这不意味着孝道可以不提了，而是仍然要尽量多提。只不过很难对之寄予最根本的期望了，只能期待它起到辅助教化的作用，不再可能在政治制度层面上"以孝治天下"。本来，《礼运》和《左传》②里透露得很清楚，先贤当时对"家天下"、"封建"、"亲亲"（此三者是孝道治天下的制度基础）寄予最根本的厚望，也不过是时势使然，因势利导而已，并未以之为终极。

---

① 　参见柯小刚《儒法关系的共和意义》，收于氏著《道学导论外篇》，华东师范大学出版社，2010 年。

② 　参见前文所引《左传》僖公五年传宫之奇、僖公二十四年传富辰之言。

当然，无论古今制度如何变化，孝道是永恒的、普世的。只要人还是父母所生，就必定是可为孝道所化之人；只要往圣绝学还能多存续一天，就要多提倡和履行一天孝道。

Ufe:《孝经》是说德本，本于孝然后乃可推仁。且以孝治天下者，谓敬天法祖也。尧舜禅让，亦有文祖、艺祖。尧典，天下为公时也，必曰九族既睦，平章百姓。然则孝不本于传家，本于爱有差等，仁通有渐也。况秦汉以降，不过天子传家，自兹以下，至今家传。若以孝为仁通言，则天子虽传家，不失其大公。若以孝为传家言，则至今精英屁民皆自传家，岂有无家之人哉？若今日多有不孝，渐闻不慈，盖仓廪不足，不能通仁耳。今学曰人，固如禽兽耳，纵不曰有奉庙传子之德，亦岂无媾精感震之乱？然则制度不立，良知亦不能充耳。且汉以孝治天下，是以虽阴用霸术，曾称黄老，而时贤以先王、素王称之，亦不由不尊也。以言孝莫若夫子，广孝必至于尧舜也（以传家言之，刘为尧后），故儒术之兴，盖顺势耳。今欲中国返本复性，而舍至德要道，仁之所由生，岂真性乎？

孝者，人性也，非制度。故孝待制度而性，然则通三统，改制度，亦不得舍人性而作也。以孝言人性，以人性主于顺成，非悖逆也；本于爱敬，非情欲也；成于人耦，非自证也。以孝治国，则政治本于先祖之道，而万民固有，非造作也；治国本于爱民敬贤，非消费主义及投机取利也。社会成于人之交往，非自以为是各扫门前雪也。以此论国，以此牧民，民乐于此，国富于彼，乃可谓民不求所欲而自得之，以文理一，而上下顺也。

今佛家以孝兴，则士庶人之性情可证焉。美国大家族犹存，亦聚会讲学若我古昔，是其卿大夫士之性情可证焉。王公之孝诚无当之，然则日英犹敬其王，左翼犹思主席，右翼犹称美国国父，非谓太阳王可以再见，见百姓之有忠信耳。且王公之孝不论，自卿大夫至于士庶人，亦足以称天下矣。

政治本于人性论，一国合法性亦不得舍人性而论之。故我重孝者，非谓孝能自行无疆也，非谓孝能治平天下也。政者，正也，盖在决嫌疑，明是非，则制度也，礼也。古者未有以孝为法，但能以礼节孝而已。然则古人不必深求于孝者，盖人性未尝不明耳。

孝者，以《孝经》言之，亦天下事耳，但发身最近。见古人立论，事事皆有通达，皆能一贯。今则启蒙者以为人不必受教育（无竟寓先生概言之），佛教束孝道于小家之中，是以古学处处沉滞，事事否隔。而为政者，亦莫不沉滞否隔。若彼言道，则厥初不可名之谓，然则人性所履，道艺所优，皆不与焉。此乍闻之甚彻，而行之百姓，行之一身，则莫有素履，亦莫得优游也。若彼言爱，则兼爱、博爱、慈悲，然而父子之天性，兄弟之友爱，夫妇之至亲，朋友之切磋，君臣之正直，一概不论，直将人从襁褓推至道途。此乍闻之，则路人且爱，岂不如天地无私焉？然则凡人宪非天地，天地且有错行，况凡人乎？

盖诸家论事，好执两端，一端甚切人情，一端极推天道。至于期间悬隔，则超然化外，委于世俗。世俗代为受过，而彼因以称高。中国者，古昔圣人与天子为一，故人情可依，天道可明，而要在一以贯之。百姓不能一贯，则为民择中焉，以为礼经。

蜀中大虫：其实，不管是农业社会还是工业社会，都离不开家庭。虽然家庭不再是主要的生产单位、教育单位和政治单位了，但家庭依旧是甚至将永远是人的生活单位，而这正是孝道为百善之先、至德之本的原因所在。

近代以来，为了应对救亡危机，不得不建立强大的国权；为了建立强大的国权，又不得不解散家族主义、高扬国族主义。平时我们所说的国家主义其实只有国而没有家。因为只有把人从家族中剥离（堂皇的说法叫解放）出来，才能使之成为国家的公民。所谓的民主，名义上是让大众成为国家的主人，其实是让大众成为国家的奴隶（工人和战士）。巴金的小说《家》《春》《秋》即是这种思想的最好表达。要完成国族的整合便不得不打倒孔子的家族伦理，这便是新文化运动要反封建的原因所在。先以反封建实现内部之国族整合，再以此整合之国族展开反帝斗争，这便是近代国人的救亡思路。但当整个民族不惜破家保国之后却发现，国虽立而家成墟。国朝前三十年尚能以意识形态抟合人心，但改革开放之后，家庭联产、国企转制、上下争利、人极解钮，先失家而后失国，个人茫然四顾，何以安身立命？此正今日中国浮躁空虚之所在也。唯今之计，再言以孝治天下恰是要重建人极，收拾人心，安顿性命。此政教之大本所在也。

Ufe：其实要建立强大的国权，完全不必解散家族主义。恰恰相反，恰恰应当以家族荣誉为感召，而实现中于事君的国权诉求。但这不是新青年的责任，这是明朝亡国的结果。经历了二百多年亡国，明朝昔日的结社、会党，乃至社学都荡然无存，清代儒生只能蜷缩在家庭中避席畏闻文字狱。这是公共精神的流失,是社会的堕落。在这个背景下,满洲以儒生为倡优蓄之,儒生以满洲为外人而虚与委蛇,其儒学又有何义理、忠信可言? 且二百多年亡国,家族荣誉何在? 当年义士,遗令子孙不得入仕伪朝;则民国之青紫,实则清廷之妇妾。则虽欲以家族荣誉激荡士人奉公之心,而荣誉何在? 公心又何在? 然则新青年之打到孔家店,走出旧家庭,吾不敢非之矣!

无竟寓:蜀中大虫和笑非先生的分析都非常深刻。想起几年前写过的一篇文章《废墟、伤痕与伦理家园的重建》[①],也是在分析现代政治为什么要"冲破旧家庭",批判现代性对家庭的伤害。只是现在要思考:批判现代性有什么用? 怎样才能找到孝道的新形式,重建家庭伦理?

蜀中大虫:笑非先生所言甚是。家国本是同构,舍家无以成国,而贯通家国的便是礼法。破坏了家,也就毁坏了礼法的根基,国亦将不国。故古代之国乃伦理之邦,现代之国则为法权之体,其名虽同,其实已异。所谓极权主义者其实正是这种国之现代异化的结果。故今日之复言以孝治天下正在重建家国之伦理,复兴真正之王道。以家而非个人为国奠基,正可以家之自然性对治个人之抽象性,此或可回答无竟寓先生的提问。

另外我们须注意,古代之家不同于今日之家。今日之家乃以夫妻关系为轴心,故强调爱情;古代之家则以父子关系为轴心,故重视孝道。前者是横向性的,后者是纵向性的;前者只限于一代,后者则可代代相传;夫妻关系为人伦之合,父子关系则为天伦之继。故古人之家讲求天伦之乐,而今日之家则推崇爱情至上。亚里士多德所要以城邦来超越的正是这种以夫妻关系为轴心的现代之家,因为这种家只具有经济性而不具备政治性。但以父子关系为轴心的中国古代之家恰是政治性和伦理性的。夫子有言:"《书》云:孝乎惟孝,友与兄弟,施于有政,是亦为政,奚其为为政?"(《论语·为政》)

至于笑非先生提到的明朝亡国事件对近现代中国的影响这一因素,确是事实。对于中国近代之败,洋务派以为是技不如人,所以有器物之讲求;改良派以为是组织不如人,所以有制度之变法;革命派以为是国命操之于异族之手,所以有排满之革命。恰是在这个意义上,我们不得不肯定一百年前那场辛亥革命的

---

① 参见柯小刚:《思想的起兴》,同济大学出版社,2007年。

成就。不才以为,辛亥之举的历史贡献在于民族革命而非民主革命。其民族革命者,推翻二百余年之清异族统治也;其民主革命者,推翻二千余年之君主传统制度也。前者之功不可没,后者之过不可委。何也? 以日本比较,其维新变法之成功正在于高举"尊王攘夷"之大旗。且当时之世界多数皆为君主国,所谓共和国仅美法及拉美之新独立殖民地而已。而中国之革命却自毁君主旧制,以新潮之共和学说鼓荡于保守之麻木百姓,其暌隔可以想见。故梁启超曾慨叹"有民国而无国民"。因此继辛亥革命后,政治上有孙中山的训政之说,文化上有改造国民性之说。比之此前之洋务派、改良派、革命派,此可谓文化派。面对着民国初年的乱象,文化派以为中国衰败的根本原因乃在于人性之不觉悟,所以有理性之启蒙。然审视其口号,所谓德赛两先生,皆救亡之工具也。所谓民主者,拎合人力之术也。所谓科学者,开发物力之术也。人力物力合,则中国可富强;中国富强,则外辱自可弭平。此乃近代救亡之大致逻辑走向。但一时之救亡应变不可遗弃万世之建极立常,我辈晚生虽不可以此苛责先烈,却可审视我辈之时代任务,有以致力焉。《中庸》曰:"夫孝者,善继人之志,善述人之事者也。"我辈当以此勉之。

无竟寓:确实,家庭永远是人类生活的根基。为了赢得邦国竞争和工商竞争,一时之效是破家,长久之效则恰恰是复家。故今日亦须以孝治天下,只不过,当我们这么提的时候,不应该是出于对现代性的批判态度,而应该是化用的态度。只有家庭建设才能进一步巩固和发展现代性成就。在这些方面,蜀中大虫的分析很深刻。不过,以"古代之国乃伦理之邦,现代之国则为法权之体",似多以西方古今之变的历史图景立论。中国因有秦法在先,有所不同。汉制王道为今日立法,其义深远,尤为今日楷模。今天仍然要多思考汉之所以大。纯伦理家邦,实难做大,故希腊终究小气,未得大学之道。现代法权国家出现原因之一,出于邦国竞争和工业革命,非此不能胜出。而邦国竞争之于中国不必等到现代,早在春秋战国即然。竞争的结果便是法家与秦政的胜出。而秦政之脆弱无根,犹如今日资本主义民主国家之道德败坏、外强中干。汉儒王道乃吸收新型法家帝国的创举,已非周文封建可以范围。汉之所以伟大且可为万世立法者以此。

故今日强国之计,必须全面理解贯彻大学之道,非惟以孝治天下。须以家庭为中间,向两头扩散:一端壹是皆以修身为本,通过家庭和社会教育培养个体公民和职员,另一端以至于统一宪政立国,治国平天下。因此,今日孝道重建必须仿效汉儒,古今贯通,而不是一味怀旧复古,图谋恢复封建家邦结构。这要求我们从理性出发,克服读书人难免的田园感情,敢于肯定和积极吸收败家者流(古为法家,今为现代性)对于帝国竞争实力增强的成就,在充分肯定这一成就的前提下创造性转化地重建孝道,而这在今天具体来说就意味着要把儒家传统与社会主义传统结合起来,解决个体化劳动力及个体化公民与家庭和社区建设的良性互动,而不是通过简单批评现代性、缅怀封建温情而把古今两者对立起来。这种对立的做法就是不通古今之变,于世无补,乃至有害。"子曰:愚而好自用,贱而好自专,生乎今之世,反(返)古之道,如此者,灾及其身者也"(《中庸》)。

至于社会主义新传统如何跟孝道传统结合,关键可能在于考察古今家庭规模的变化。周礼体系的宗族经过秦汉和宋代的两次重组,并未完全消失,而是以一种更新了的形式继续发挥作用。譬如经过《朱子家礼》的改造,无封地的平民也可以有家庙,通过宗祠把大片村社聚合在一起。正如熊十力和钱穆都论证过的那样,在某种意义上,从周礼到朱子家礼的中国古代社会一直都保有某种延绵不绝的"社会主义"传统。即使毛时代的"单位大院"、"人民公社"和"合作社"体制,亦不妨视为这一传统的延续。这个问题如果具体探讨下去的话,可以跟南水着重讨论的"陌生人社会的熟人化"问题结合起来。

Ufe:所谓家国同构,非我所知。然而以家为国之根基,有何不通?以家庭为基础,与维护个人权利,又有何冲突?方今各国皆许财产继承,妻从夫姓,子随父姓(近代中国倒是特例了),人之生也,岂在家庭之外?

个人纯粹为个人,恐唯商业为然。若自社会、政府言之,光棍意味着生育率的降低,以及犯罪率的上升。自普通公民言之,穷爸爸,富爸爸,固有不同。方今各国皆承认家庭,则纯以个人言个人,不曰抽象而何?

虽然,我不以为古者独以伦理治天下,亦不以为古者不得于宗族或家庭外谋公事。先师康成亦赤贫之家,或谓父母亦不许其志学,然而康成以勤学动胥吏,而长官资之西游,四十而归养。先师夫子亦曰不得子之孝父,弟之事兄,其时周公之礼尚在,以能跻于公堂也。然则始于事亲,中于事君者,经也。其不能者,亦存之耳。然而伦常在,必不废宗庙之情。

又,今日之家庭虽小(也非古典),亦不可限量。《易》曰"有夫妇然后有父子,有父子然后有君臣"。但在可有师儒为夫妇引申之耳。有夫妇之情,则知家庭固有分工,非复二人。独身者或以伦理为累,有子女,则必忧心食品安全,学校素质等等。古代家庭亦不过五六口而已,庶人祭于寝,命士则异宫,亦非四世同堂,朝夕朝庙之类。今人夫妻有子,亦求父母抱孙,则亦五六口矣。今之夫妇虽始于诣媚,而一旦登记同居,盖财力不足分爨偷情,世风虽薄,亦不过夫妇相濡以沫耳,古者男耕女织,亦双双劬劳与今同。

然则古今之别,不在家庭结构有变,在无师儒教训,无絜矩之道耳。然则家庭之义,使人自知不足,必分工合作而后成人,又思所以长久过于身后耳。噫!男女之义,不以思春悲秋,不匹配不能自足乎? 父子之孝,不本于己虽亡,而子女世代乎?

今人谓"以人为本",亦未为不可,故《大学》曰"壹是皆以修身为本"。但问题除了本之外,还有如何本立而道生,如何把身家国天下一贯起来,这就是仁通,就是无竟寓先生言道学的用意吧。为此夫子志在《春秋》,行在《孝经》,《春秋》论天下,《孝经》本天性,或许就是仁通的终始纲领吧。方今中国,国无礼乐(于天下也毫无贡献),法度亦不足道。于是公民言之无公民,齐民言之无齐民。方今不孝,习以为常;为父不慈,亦多耳闻。蜀中先生感慨,显示而已矣。然以大学之道言之,当自一人一家始。

蜀中大虫:无竟寓先生所言甚是。今日之恢复家庭伦理并不是要退回到封建田园当中去,因为在当下的民族国家体系中我们时刻还面临着国之存亡的危机。这里就需要我们在保国(以前是救亡)与建极之间保持一种政治平衡。我理解无竟寓先生的儒法国家便是要以儒建极、以法保国。历史上汉代的儒法国家在今天的转换落实可能就是儒党国家,儒代表的是传统中国,而党代表的则是现代中国。在近代的各种政治势力中,可以说没有比国朝之执政党更为现代化的了。这个党尽管我们从情感上可能不喜欢它,但从理性上看它确是中国近代百余年救亡努力的最后成果,今日之中国的改革不可能忽视这份遗产,以为简单地将其抛弃就万事大吉了。蒋庆先生曾有一个比喻,说中国既不能再做任人宰割的羔羊,但也不可做侵略掠夺的豺狼。王道政治追求的是把中国打造成一头大象,既温和善良,又不会被人欺负。很多人误以为要图存自强只有走西化的路子,只有西方那一套豺狼体制才能打造强力。这是对霸道的迷信和对王道的不自信。魏源曾说:"自古有不王道之富强,无不富强之王道。"王道绝不是手无缚鸡之力的文弱书生,而是文武兼备的士。强盗之国有力而无德,霸道之国以力假德,王道之国以德驭力。强霸之国是质胜文则野,近代中国则是文胜质则史,以史对野自然不敌。但王道之国乃是文质彬彬,何惧乎其野?野者折服化育之,史者振起鼓荡之,可也。

观耀:重读了一下无竟寓先生的主帖,所引《论语》"仲弓问仁"一段值得咀嚼。先生所说"以孝治天下"的现代意义,确实应该重新思考。从制度上恢复孝治也许不再可能,但这并不妨碍我们从古人那里吸收孝道,并将之引入政治生活——譬如,选举时可着重考察候选人有没有尽孝,此孝道包括了父子、夫妇与兄弟相处之道,总之,考察候选人如何齐家。现代选举中,选举人也往往打家庭牌,我们现在要做的就是提升这张家庭牌,不让它流于亲狎。关键是把儒家的家庭伦理解释清楚,因为儒家的家庭伦理可能是世界上最具理性、独一无二的家庭伦理,这种独特性在比较中可以看得更加清楚。诸位谈中西家庭差异已谈得很多,从西方现代家庭、基督教家庭往回谈到罗马,我看是否还可以继续上溯至古希腊。这个问题当然很大很复杂,我只是稍微说两句大概的感受,要得出一个可靠的结论,还必须经过深入探究。

西方人从西方文明的源头——荷马的《伊利亚特》——开始,似乎便对家庭抱有一种偏见。在他们的想象中,家庭总是与东方、波斯、宫廷、女人气联系在一起。特洛亚其实是一个庞大的家庭,荷马对特洛亚的描写——宫殿、东方奢侈品、女人气——已经暴露出他的偏见:特洛亚这种"家国"缺乏男子气概,缺乏公共生活。赫克托耳只是要回城发动妇女祭祀,却对战友说,他此次回城不但要发动妇女祭祀,而且跟长老们议事。事实上他并没有找长老们议事,他只是以此借口来避免别人的误解:家与女人、自私、懦弱连在了一起。而阿开奥斯人那边,基本上没有强调血缘的关系。在荷马笔下,没有血缘的阿开奥斯人反而更团结,更有纪律,更有互助精神,而一帮亲戚组成的特洛亚联军却缺乏纪律,很多时候都像一堆无头苍蝇一样乱窜。尤为值得注意的是,当阿基琉斯的好友阵亡后,这位西方文明的头号英雄竟然说,他死了父亲都没有死了朋友那么悲伤,荷马描写的倾向性不可谓不明显。不过,《奥德赛》的主题却是回家,这也许构成了互补,限于阅读能力,这里姑且不谈《奥德赛》。

在亚里士多德《政治学》那里,家庭成为城邦的前身。亚里士多德引用荷马的诗句来描述这种家庭关系:"人各统率着他的儿女和妻子"——这句诗出自《奥德赛》,本来用于形容食人族的生活。也就是说,在亚里士多德看来,家庭不过是食人族的生活组织形式,实质是奴隶主与奴隶的关系。要获得优良的生活,必须从家庭过渡到城邦,只有在城邦的范围内,才可能获得自由。这种过渡是一种飞跃,而这种飞跃的思想似乎贯穿着西方的思想史,直到黑格尔那里,还依然强调从家庭到市民社会的飞跃:没有飞跃就无法获得独立性与自由的人格。

可是,中国的家庭伦理完全超出了西方人那种狭隘的近东(波斯)经验。西方认为,成己(所谓的独立人格)的地方是城邦而非家庭;中国则认为,家庭是成己的重要历练场所。中国的家庭本身就是一个小国(城邦),本身就是一个政治世界,而且可能是最具挑战性的政治世界,这是西方人难以想象的,也是受西方思想影响的现代中国人难以想象的,正如他们很难想象政治生活还有美好的一面。

按照中国的家庭伦理,家庭是一个节制欲望的地方,无论是肆意妄为的奴隶主欲望,还是狎侮溺爱的基督教(奴隶)欲望。从家庭中锻炼成才的人,非但不是西方人想象的懦夫,而且可能是智勇相全的王佐之才,甚至拥有当王的资质——尧以二女考验舜、雍也可使南面。《孝经》天子章也是从家庭伦理推导出天子的道德要求:爱亲者不敢恶于人,敬亲者不敢慢于人——正如现代人往往误解中国的家庭伦理,现代人也往往误解中国的政治伦理,中国的皇帝并非一个肆意妄为的奴隶主(现代宫廷剧要为这种歪曲负主要责任)——中国的政治伦理与家庭伦理高度一致:"君使臣以礼,臣事君以忠","使民如承大祭"。从家到国,并不需要来一个大"飞跃"。

从家到国到天下,这一以贯之之道,具有突出的谦让特点。个人感觉,谦让乃中国不同于四夷的独特品质(我指的是整个族群的总体性格倾向,并非说四夷就完全没有谦让的个别例子)。还是从《伊利亚特》讲起。《伊利亚特》尽管旨在教导阿伽门农与"头号英雄"阿基琉斯谦让,但作品却以展现反面教材的方式来表达这一教训:阿基琉斯这位大英雄一直处于恃勇傲物、犯上作乱的状态,直到饱尝亡友之痛才学会谦让。然而,这种突转并非每一个人都能看出;不少读者(现代读者尤甚)记住的只是前面大段描写的阿基琉斯的狂傲——如此写法的目的很可能是:在教导英雄服从礼法的同时,不能削弱英雄争取荣誉的欲望——西方文明的源头始终尚争(西方最著名的一个国家是喝狼奶长大的两兄弟互相残杀后建立起来的,而中国的典范始终是禅让,玄武门之变饱受后人的责难)。争是为了当奴隶主(在宽泛的意义上),而尚争的希腊罗马文明走到尽头,却被基督教一颠转,变成了奴隶(末人)的狂欢。而中国文明从源头起就尚谦让,不仅对上谦让,甚至对下、对自己的妻子也保持庄敬的态度——《孝经》里反复出现的就是"不敢":明王不敢遗小国之臣,治国者不敢侮于鳏寡、治家者不敢失于臣妾。这种谦让很令我这个现代读者感到惊异。个人感觉,这种深入到家庭伦理的谦虚谨慎(或者说从家庭伦理提炼出来的谦虚谨慎)可能是解决西方主奴恶性循环的法门。

对比来看,西方的家庭伦理似乎还停留在感性阶段,正如黑格尔们乐意承认的那样;而中国的家庭伦理经由礼乐的滋养,早已逾越了粗糙的感性阶段,上升为理性伦理。世界历史的发展,至少从伦理方面看,应该是西方向中国学习。然而,他们的求学之心被西方源远流长的好胜情绪所蒙蔽,尤其是第二次启蒙(即人们常说的近代启蒙运动)给他们带来了无须向他人学习的迷信。

中国对此种迷信的警惕、启蒙,由来已久,这是中国谦让美德的另一面。在中国,好胜的代表人物是子路,然而孔子对子路的评价并不高:"由也升堂矣,未入于室也。"子路之所以入不了室,大概因好胜心作怪:好胜之人容易自满,失去求学的志向。与之相反的是颜回,颜回虚中,最受夫子喜爱。孔子之为圣人,首先是"志于学",而且师无常师,"入太庙每事问","三人行必有我师"。圣人能做到这点,是因为圣人无心,无好胜之心。无好胜之心,才能"作新民","苟日新,日日新,又日新",才能时刻警惕启蒙之同时带来的迷信。

而西方的第一代启蒙人(希腊)、第二代启蒙人(近代),始终念念不忘一个胜字:卢克莱修描述第一位启蒙的希腊人,充满了对成为第一人的渴望。霍布斯进行启蒙,不无超越柏拉图成为第一人的动机。至于后来的一个个哲学体系

（不少中国人还为此感到自卑），似乎都有着"一劳永逸地解决问题，从而成为千秋万代第一人"的企图（理解了这点才能理解为何西方近代哲学为何爱用"终结"一词）。他们全都是子路。他们注定要在形而上学那充满头盖骨的战场披挂上阵（中国则述而不作），他们注定要经历启蒙后迷信的巨大反弹，而这种反弹力度之大，很可能是未来一千年的黑暗中世纪。

蜀中大虫：观爝的分析切中要害！西方的政治是对家庭的扬弃和超越，中国的政治则是家庭的延续和放大。因为超越家庭，所以西方尚法治；因为贯通家国天下，所以中国尚礼治。西方的政治只有国家一层空间，而中国的政治则有家——国——天下次第展开的三层空间。一层空间则别无选择，不免削足适履、贤愚混同；多层空间则可以自住其位、保合太和、各正性命。故西方之人权尤为强调普遍之公民权，而中国之人伦更为关注爱有亲疏、礼有差等。

无竟寓：由此可见，中西政治格局的大小之别，构成了我们这场讨论所以发生的政治文明背景。讨论到这里，我们发现，所谓儒家与陌生人问题不只是"人"的问题，也不只是"家"的问题，甚至不只是"国"的问题，而是"天下"的问题，而这些问题又都联系在一起。这些环节之间的关联，早在《大学》里已经说得非常清楚了。所谓"儒家与陌生人问题"的讨论，无非是在新的历史条件下对《大学》思想的重温和激活。

观爝和蜀中大虫的分析非常深刻。他们的讨论让我想起道里论坛上曾经围绕柏拉图的 *Politeia*（旧译《理想国》）译名问题引起的一场讨论。那场讨论的焦点正是中西政治格局的大小与古今政教的变化问题，不妨衔接过来：揣摩《经典与解释》译 politeia 为"王制"之意，可能主要是针对现代民主政治的考虑。这一考虑的基本根据大概在于：二者都是一种基于德性的等级、教育和提高系统。在这个基本点上，politeia 和王制都有别于现代性基于平等权利假设的欲望等级系统。因此，以王制译 politeia，可以教育现代中国喝洋墨水的多数知识人知道，被他们弃之如敝屣的中国传统思想恰恰是与他们崇拜的现代西方思想的古代源头相互吸引的。因此，这是一种富有现实意义的翻译，或者说哲学翻译作为政治行动。

不过，从政治空间的尺度上来考察，politeia 确实只相当于笑非先生所谓"国制"、"邦制"，尚未达到王制的天下高度。Politeia 在言辞中的城邦设计，主要是考虑一个城邦内部各部分的结构。城邦被比喻为一艘船，说明城邦之外完全被理解为自然的野蛮力量：大海。来自邻邦的人是陌生人。城邦与异邦处于高度敌对状态。城邦之间的关系，尤其是战争，缺乏共同的天下制度和礼法框架的制约调节。城邦的部分被比喻为灵魂的部分、身体的部分，也从微观方面说明了：politeia 已经隐含地表明，它虽然根本区别于后来的人道主义，但它已经是某种意义上的人学，而不是像《王制》那样一开始就是仁学。宏观方面讲，《王制》损益继承了《禹贡》《周礼》以来的畿服制度，吸收转化了法家的成果，落实了《春秋》的大一统思想，很早就完善了普世大地政治的问题。这一伟大政治格局的形成，构成中华帝国的基础（帝国这个词并不合适），一直影响到今天。民到于今受其赐。而这个在西方是要等罗马立基督教为国教才暂时解决的，而且这个解决很快被证明是失败的。这一失败的后果一直影响到现代欧洲。民到于今受其害。

从时间方面来考察，二者诚然都是为万世立法；不过，如何面向时间问题以为万世立法的方法却不一样。Politeia 是逻各斯的言辞设计，它处理时间问题的方法是"截断时间之流"①，是通过"是"的逻辑来达到日正明照的不动；相比之下，王制可以说是"易"道的日月经行、与时偕行②：时间性并不是有待克服的缺陷，反倒时间性本身恰恰是王制遵循天命来运行的依据，和根据历史变化来损益的消息③。

中西政治文明传统中的时间观差别表现在"家"的层面，就是孝与不孝的差别。中国政治文明传统所谓"以孝治天下"，正是"世代时间的政治"。④而政治空间格局大小的差别表现在"人"的层面，正是仁通生命与抽象个体的差别，落木千山已论之详矣。所有这些差别加在一起，也许可以称为"有天下"与"无天下"的差别。有天下，则国国、家家、人人，陌生人陌生人，熟人熟人，无不各正性命、各得其所；无天下，则国不国、家不家、人不人，陌生人不是陌生人（大众文化的

①　参见洪涛：《逻各斯与空间》，上海人民出版社，2000 年。

②　参见丁耘：《是与易》，见收氏著《儒家与启蒙》，生活·读书·新知三联书店，2011 年。

③　参见柯小刚：《道路与广场》，见收氏著《在兹：错位中的天命发生》，上海书店出版社，2007 年。

④　展开分析参见柯小刚《慎终追远与往来井井》，见收氏著《在兹：错位中的天命发生》，上海书店出版社，2007 年；及柯小刚《年龄的临界》，收氏著《道学导论外篇》，华东师范大学出版社，2010 年。

粺平无别），熟人不是熟人（家庭和社会的陌生化），无所不是而一无所是。先贤云"有亡国，有亡天下"。①今日诸君共论儒家与陌生人问题，其所忧者，岂非正在此天下之亡与不亡？

至此，我们的讨论从人际关系的"伦理问题"出发，经由普遍性的"方法论问题"和仁通体验的"性体问题"，落实到"陌生人社会问题"和古今中西之变的"政治文明问题"、"天下存亡问题"，自微之著，在现代问题意识中重演了一遍大学之道的纲领条目。剩下的问题不是用言辞，而是要用行动去解决的。让我们分头行动，积累一定经验之后再来重启话题。希望到那个时候，很多问题即使仍然没有得到足够的讨论，却已经不再成为问题；而我们今天的问题和围绕这些问题的讨论，在那时看来，早已成为行动历史的一部分。

---

① 参见顾炎武《日知录》卷十三。

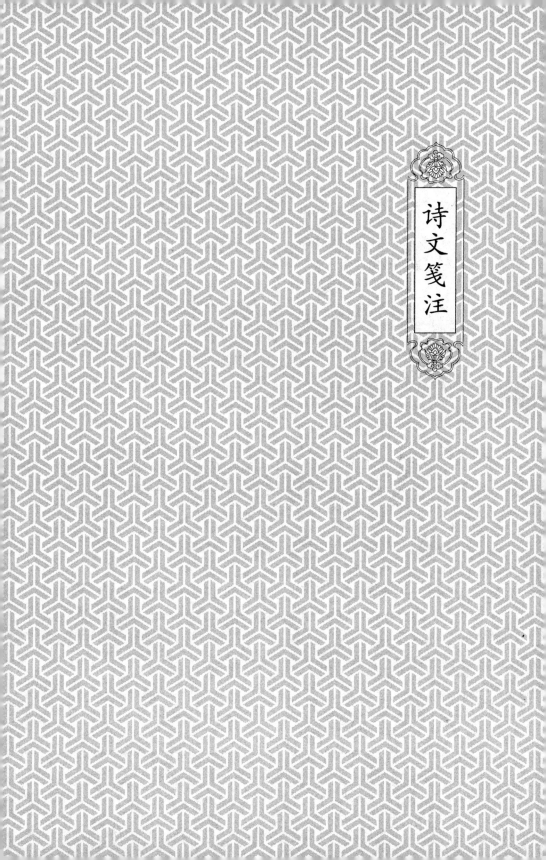

诗文笺注

和陶飲酒詩集注(其一)

滕 琪 評注 唐大華 參評①

小 引

　　歌詩之有唱和,其由來尚矣。《鄭風·蘀兮》:"蘀兮蘀兮,風其吹女。叔兮伯兮,倡予和女。"②千載之下,其風神猶可想見。其後漢樂府有相和歌辭,亦一唱而衆和,猶一呼而百應者也。③莊生所謂"泠風則小和,飄風則大和,厲風濟則衆竅爲虛。"或亦其狀耶? 當天籟人籟相發相鳴之際,有情衆生,能無動于衷,無感于和乎?

　　《詩·大序》有云:"詩者,志之所之也。在心爲志,發言爲詩,情動于中而形于言。言之不足,故嗟歎之。嗟歎之不足,故詠歌之。詠歌之不足,不知手之舞

---

①　滕琪,浙江樂清人,哲學博士,海南大學社科研究中心中國哲學副教授,兼海南大學圖書館副館長。唐大華,重慶北涪人,中央民族大學中國哲學碩士。

②　按此句歷來多斷作"倡,予和女。"解作"你來唱,我來和",然詳味全詩語境,似當斷作"倡予,和女。"作"我在唱,你來和"解爲較當。蓋本來語序當爲"予倡,女和",而爲協韻故倒裝爲此,蓋不單"女"字,"予"字亦協韻也。且詩人其時已自起唱,何從更邀人起唱? 又何從邀衆人起倡而己一人獨和之? 且以一唱衆和爲常,故以邀衆人("叔兮伯兮")和之爲是。其詳待另考。

③　漢代民間的一種唱和形式,即"一人唱,多人和",由徒歌發展而來。生于漢代民間的一種歌唱形式,後運作于相和歌中,由一人領唱,衆人唱和,不用樂器伴奏。如謝靈運《鞠歌行》:"德不孤兮必有鄰,唱和之契冥相因。譬如虯虎兮來風雲,亦如形聲影響陳。"(《樂府詩集》卷三十三〈相和歌辭八〉)

之足之蹈之也。"于其中"之"字,讀者往往作虛字略去,按此中"之"字,實如"念茲在茲"之"茲",關系非細,未可輕輕放過。試將"之"字刪去一讀,讀者以爲何若?又不妨試將其中若幹"之"字易爲"茲",再讀一過:"言茲不足,故嗟歎茲。嗟歎茲不足,故詠歌茲。詠歌茲不足,不知手之舞茲足之蹈茲也。"蓋詩人之所言、所嗟嘆、所詠歌、所舞、所蹈,皆非空空然如空穴之來風,而正爲其當時當地所觸、所感、所憂、所樂、所喜、所怒,故斯人所以"歌于斯、哭于斯",繼以"聚國族於斯"[1]者,雖曰歌哭無端,實亦非無的而發也。且由風人之感言之不足,至於嗟歎,再至於詠歌舞蹈,猶自唱而自爲和者也,此亦仿佛起興之端倪也歟?

按坡翁于歌詩之口業,真所謂"宛轉關生,無所不入"者,而其功之不朽,竊以爲尤在首倡追和古人一事,其遍和淵明詩,則尤爲沾漑後世之偉業。(坡翁曾追和者尚有李太白、梅宛陵等。)將時人以唱酬爲應酬(如元白唱和之體),一變而爲莊生所謂"與古爲徒"者。此猶"畸于人而侔于天",蓋寡同人境之車馬交接者,方能獨與天地之精神往來也。

自坡翁後,放翁"研朱點周易,飲酒和陶詩。"[2]一語,可謂道盡千載慕陶者流風遺韻。《飲酒》二十首乃淵明集中壓卷,東坡和陶即以《飲酒》爲首,後亦一向見重於後之和陶者,至有僅和其《飲酒》者,即此可見一斑。

予留意于輯録諸家和陶詩有年,承如之兄見問,將公諸同好,亦昔人"清詩不敢私囊篋"之意也。原擬依通常作法,將原詩及和作整體按年代先後刊出。後依如之兄建議,化整爲零,將飲酒二十首及和作逐首分期連載,蓋較可見和陶之後先相踵,其間步韻之跡,尤能一目了然,于學詩者或稍有裨益焉。然其或不免支離其形之譏乎?支離其形則已,若支離其神,可乎?然《關尹子》有言:"一陶能作萬器,終无有一器能作陶者,能害陶者;一道能作万物,終无有一物能作道者,能害道者。"移於此以自釋,不亦宜乎?且以今日陸離光怪之域中,于剩水

---

① 《禮記·檀弓下》:"晉獻文子成室,晉大夫發焉。張老曰:'美哉輪焉!美哉奐焉!歌於斯,哭於斯,聚國族於斯。'文子曰:'武也得歌於斯,哭於斯,聚國族於斯,是全要領以從先大夫於九京也。'北面再拜稽首。君子謂之善頌善禱。"按此亦善和之一例也。

② 參見《客有見過者既去喟然有作·其二》,夜放翁又有"研朱點周易,飲酒讀離騷"(《閑門》)之句,可見"和陶詩"已似可與"讀離騷"之名士風并提。(此典出《世說新语·任诞篇》:王孝伯言"名士不必须奇才,但使常得无事,痛饮酒,熟读《离骚》,便可称名士"。)

殘山之間，卷此賸稿，時一嘯詠，暫葆其性中之天，不亦宜乎？

編新不如述舊，學陶何妨和陶？末附和陶諸習作，雖未能得陶之神於萬一，然而能循陶之跡而步其後塵，猶"願言躡輕風，高舉尋吾契"也。

或有以欲學古人書相問者，予往往一語答之曰："摹"；後如有欲學古人詩者，何妨亦一言蔽之曰："和"。爰贅數語，以識緣起。

古今之論陶者備矣，以下謹輯諸家論陶及和陶文，稍參己意，以代緒論云。

蘇轍追和陶淵明詩引[①]

東坡先生謫居儋耳，置家羅浮之下，獨與幼子過負擔度海。葺茅竹而居之，日啖藷芋，而華屋玉食之念不存于胸中。平生無所嗜好，以圖史爲園囿，文章爲鼓吹，至是亦皆罷去。獨猶喜爲詩，精深華妙，不見老人衰憊之氣。[②]是時，轍亦遷海康，書來告曰："古之詩人有擬古之作矣，未有追和古人者也。追和古人則始于吾。吾于詩人，無所甚好，獨好淵明之詩。淵明作詩不多，然其詩質而實綺，臒而實腴。自曹、劉、鮑、謝、李、杜諸人皆莫及也。吾前後和其詩凡一百有九，至其得意，自謂不甚愧淵明。今將集而並錄之，以遺後之君子。其爲我志之。然吾于淵明，豈獨好其詩也哉【一本無"哉"】？如其爲人，實有感焉。淵明臨終，疏告儼等：'吾少而窮苦，每以家弊，東西遊走。性剛才拙，與物多忤，自量爲己，必貽俗患，黽勉辭世，使汝等幼而饑寒。'淵明此語，蓋實錄也。吾真有此病而不早自知，平生出仕，以犯世患，此所以深愧淵明，欲以晚節師範其萬一也。"嗟乎！淵明不肯爲五斗米一束帶見鄉里小兒，而子瞻出仕三十余年，爲獄吏所折困，終不能悛，以陷大難，乃欲以桑榆之末景，自托于淵明，其誰肯信之？雖然，子瞻之仕，其出處進退，猶可考也。後之君子，其必有以處之矣。孔子曰："述而不作，信而好古，竊比于我老彭。"孟子曰："曾子、子思同道。"區區之迹，蓋

---

① 參見蘇轍《欒城後集》卷二十一（四部叢刊景明嘉靖蜀藩活字本）。

② 宋胡仔《苕溪漁隱叢話前集》卷四十二：引此段蘇子由云"東坡居士謫居儋耳"至"不見老人衰憊之氣"，後論云："苕溪漁隱曰：凡人能處憂患，蓋在其平日胸中所養。韓退之，唐之文士也，正色立朝，抗疏諫佛骨，疑若殺身成仁者。一經竄謫，則憂愁無聊概見於詩詞，由此論之，則東坡所養過退之遠矣。"可參。

未足以論士也。轍少而無師,子瞻既冠而學成,先君命轍師焉。子瞻嘗稱轍詩有古人之風,自以爲不若也。然自其【一本無"其"字】斥居東坡,其學日進,沛然如川之方至。其詩比李太白、杜子美有余,遂與淵明比。轍雖馳驟從之,而常出其後。其和淵明,轍繼之者,亦一二焉。紹聖四年【按即 1097 年】十二月十九日【一本作丁丑十二月】海康城南東齋引。①

愚按:此文中"質而實綺,腆而實腴"一語,從此遂爲贊陶者不刊之論。竊以爲東坡能特識陶公者,一曰識真,二曰知道。

關於"識真",宋人筆記多有記載。釋惠洪《冷齋夜話》卷一《古人貴識其真》:東坡每曰:"古人所貴者貴其真。陶淵明恥爲五斗米屈于鄉里小兒,棄官去歸,久之,復遊城郭,偶有羨于華軒。漢高帝臨大事,鑄印銷印,甚于兒戲。然其正直明白,照映千古,想見其爲人。"

又《文山先生全集》卷九《雷州十賢堂記》:陶淵明詩"羲農去我久,舉世少復真。汲汲魯中叟,彌縫使其淳。"又曰:"此中有真意,欲辨已忘言。"東坡云:"淵明欲仕則仕,不以求之爲嫌;欲隱則隱,不以去之爲高。飢則扣門而乞食,飽則具雞黍以迎客。古今賢之,貴其真也。"

其後諸家論陶亦多就"真"字著眼:

元好問《論詩三十首》:"一語天然萬古新,豪華落盡見真淳。南窗白日羲皇上,未害淵明是晉人。"又《繼愚軒和黨承旨雪詩》:"君看陶集中,飲酒與歸田。此翁豈作詩,真寫胸中天。天然對雕飾,真贋殊相懸。"

陳繹曾曰:"陶淵明心存忠義,心處閒逸,情真景真,事真意真,幾於《十九首》矣。"【《詩譜》】

---

① 費袞《梁溪漫志》卷四《東坡改〈和陶集引〉》條:東坡既和淵明詩,以寄潁濱,使爲之引。潁濱屬稿寄坡,自"欲以晚節師範其萬一也"。其下云:"嗟夫!淵明隱居以求志,詠歌以忘老,誠古之達者,而才實拙。若夫子瞻,仕至從官,出長八州,事業見于當世,其剛信矣,而豈淵明之拙者哉?孔子曰:'述而不作,信而好古,竊比于我老彭。'古之君子,其取于人則然。"東坡命筆改云:"嗟夫!淵明不肯爲五斗粟,一束帶見鄉里小人,而子瞻出仕三十余年,爲獄吏所折困,終不能悛,以陷大難,乃欲以桑榆之末景,自托于淵明,其誰肯信之?雖然,子瞻之仕,其出入進退猶可考也,後之君子,其必有以處之矣。孔子曰:'述而不作,信而好古,竊比于我老彭。'孟子曰:'曾子、子思同道。'區區之迹,蓋未足以論士也。"此文今人皆以爲潁濱所作,而不知東坡有所筆削也。宣和間,六槐堂蔡康祖得此稿于潁濱第三子遜,因錄以示人,始有知者。

李光地曰："惟陶靖節'隱居求志，身中清，廢中權。'【按語見《論語·微子》】故其辭雖隱約微婉，而其真氣自不可掩。"【《榕村詩選》叙例】

諸家和陶詩中，多識陶之真處及悟真之可貴，如：

東坡："淵明獨清真，談笑得此生。"（《和陶飲酒》其三，以下諸家《和陶飲酒》題略，僅標其篇目。）李綱："世俗愈澆薄，惟酒陶真情。"（其三）陳造："陶翁出宰縣，徑去亦天真。"（《其二十》）郝經："酒中有深趣，真樂良在兹。"（其一）又"醒眼舉作僞，醉時見天真。"（其二十）戴良："陶翁種五柳，蕭散本天真。"（其二十）黃淳耀："我愛陶夫子，逸氣含清真。"（其二十）楊起元："若不悟其真，此生良可惜。"（其十五）又"陶公天民彦，慨世少復真。吾真既不復，彌縫焉得淳？"（其二十）方以智："修士多顧忌，吾寧率吾真。"（其二十）施閏章："貧士生草間，性鄙情亦真。"（其二十）鄭炎："顧彼則喪我，葆真乃爲貴。"（其十四）

二曰見道：

宋葛立方《韻語陽秋》卷四："東坡拈出陶淵明談理之詩，前後有三：一曰'採菊東籬下，悠然見南山。'二曰'笑傲東軒下，聊復得此生。'三曰'客養千金軀，臨化消其寶。'皆以爲知道之言。蓋摛章繪句，嘲弄風月，雖工亦何補？若睹道者，出語自然超詣，非常人能蹈其軌轍也。①【又明陸時雍《古詩鏡》卷十亦謂：'逝將不復疑'是見道語。"愚按：此數句皆出於《飲酒》，蓋非偶然焉。可見東坡和陶以《飲酒》爲先，正有識于淵明之玄②，六朝好玄言，自亦多有以玄言入詩者，所謂"玄言詩"是也。然而玄言不能化爲詩，故致有"平典似道德論"（鍾嶸《詩品》）之譏，非無故也。然則非玄之過，亦非詩之過，不能化之過也。】

又《古詩紀》引《韻語陽秋》："《飲酒》詩則曰：'採菊東籬下，悠然見南山。''此中有真意，欲辯已忘言。'其《形影神》三詩皆寓意高遠，蓋第一達摩也，而老杜乃謂'淵明避俗翁，未必能達道。'何耶？東坡論陶子自祭文云：'出妙語於纏

---

① 明馮惟訥《古詩紀》卷一百四十八引《韻語陽秋》此段下補注："《元敬詩話》（按即明都穆《南濠詩話》）曰：'東坡嘗拈出陶淵明談理之詩有三，皆以爲知道之言。予謂淵明不止於知道，而其妙語亦不止是。如云'縱浪大化中，不喜亦不懼。應盡便須盡，無復獨多慮。'如云'望雲慚高鳥，臨水愧遊魚。真想初在襟，誰謂形迹拘？'如云'朝與仁義生，夕死復何求？'如云'及時當勉勵，歲月不待人。'如云'前途當幾許？未知止泊處。古人惜分陰，念此使人懼。'觀是數詩，則淵明蓋真有得於道者，非常人能蹈其軌轍也。"

② 《朱子語類》卷一二五："陶淵明亦只是老莊。"又"陶淵明古之逸民，所說者老莊。"

息之餘，豈涉生死之流哉?'蓋深知淵明者。"

愚按老杜"淵明避俗翁，未必能達道。"之言一出，後世論者頗爲不平，屢屢駁之。《鶴林玉露》:"《列子》曰:'仲尼廢心而用形。'淵明詩云:'形跡憑化往，靈府長獨閑'，説得更好。蓋其自彭澤賦歸之後，灑然悟心爲形役之非，故其言如此。果能行此，則靜亦靜，動亦靜，雖過化存神之妙，不外是矣。謂淵明不知道，可乎?"

詩家尤多於詩中辯駁，幾成詩界公案。如辛棄疾《書淵明詩後》:"淵明避俗未聞道，此是東坡居士云。身似枯株心似水，此非聞道更誰聞?"稼軒張冠李戴，誤植老杜詩爲東坡語，然亦以淵明爲聞道者。即就諸家和陶《飲酒》詩中，便多有爲之張本者。如陳造:"熙豐望義熙，愛君最忠勤。向非與道俱，寧爾著語親?"(其二十)郝經:"屈子重達天，陶公乃達道。"(其十一)趙秉文:"千載淵明翁，誰謂不知道?"(其十一)楊起元:"自從孟氏來，孰可與吾道? 往往存微言，柴桑五柳老。"此外，於和詩中論道者，更觸處皆是:如李綱:"弱歲慕世名，中年頗探道。"(其一〇)"八年潯陽謫，學道乃忘己。"(其一七)俞德鄰:"在昔盛壯時，爲貧亦求仕。終然返故廬，謀道不謀已。"(其十九)又"道喪聖復遠，姦僞紛亂真。"(其二十)戴良:"天運恒徃還，人道有通塞。"(其十八)又"酣歌盡百載，古道端足恃。"(其十九)施閏章:"徽音邈難續，吾道竟何成?"(其十六)卢纮"人生不厭貧，所憾未聞道。"(其十一)鄭炎"飲中得真趣，抱道良在茲。"(其一)淵明詩文何以能違道不遠? 宋人有云:

五六月北窗下，涼風何處無之，何人不遇? 至心與景會，遂能背僞合真，自致於羲皇上者，獨淵明而已。其詩云:"蕤賓五月中，清明起南颸。不駛亦不遲，飄飄吹我衣。"《歸来引》亦云:"風飄飄而吹衣"，意淵明進御冠乘風之理【《莊子·逍遙遊》:"夫列子御風而行，泠然善也。"】，因以覘道也。至若樹木交陰，時鳥變聲，輒歡然有喜，豈在物耶? 聲塵種種，皆道所寓，惟淵明領此。(葛勝仲《丹陽集》卷八)

此段論及淵明之能睹道者，仍由其"背僞合真"而來，可謂洞見。淵明所以能獨神會而心領者，蓋緣其能體道於自然之真息，如"泠风送余善"(《癸卯岁始春怀古田舍》其一)"平疇交遠風，良苗亦懷新"(其二)故雖尋常之風吹草動，皆能於其中之天籟相遇相感，如生物之以息相吹然，所以能直造莊生所云目擊道存之境。

然而本真之自然亦非皆令人陶然自得者。淵明《詠貧士》："豈不實辛苦？所懼非饑寒。貧富常交戰，道勝無戚顏。"愚按，蓋非不懼饑寒，乃所懼有甚於饑寒者。久矣夫力命之相持，道魔之爭戰也。惟道勝乃能知止，知止而後有定，定而後能安，此安貧之本也。此亦猶陶令"衣沾不足惜，但使願無違"之意。東坡不有云乎？"以夕露沾衣之故而違其所願者多矣！"（宋本《箋注陶淵明集》引）故有所得者不能不有所失。"棲棲失群鳥，日暮猶獨飛。……托身已得所，千載不相違。"清聞人倓《古詩箋》卷六評："'失群'、'得所'遙對。"又清方熊評："夫木已不榮，身胡得所？得其所得，非世所謂得。愴矣！千載庸詎違之？此擇節取苦也。"蓋不入於此則入於彼，失于此者或得乎彼，《老子》所謂"故去彼取此"也。故淵明之可貴者，終能勘破世俗之欺，而"擺落悠悠談，請從余所之。"蓋能不違初衷者，須能去彼取此，此"歸去來"之微意歟？

昔人較論陶詩與坡和陶，優劣處往往亦與"真"、"道"相關。如宋陳善《捫蝨新話》卷七《東坡和陶詩》："東坡亦嘗和陶詩百餘篇，自謂不甚愧淵明。然坡詩語亦微傷巧，不若陶詩體合自然也。"清施補華《峴傭說詩》："陶詩多微至語；東坡學陶，多超脫語，天分不同也。"亦近此意。繼東坡和陶者，實亦如同時和蘇。[①]故往往斟酌於陶蘇之間，二家之影響並存焉。

又紀昀評《蘇文忠公詩集》卷三十五："斂才就陶，而時時亦自露本色，正如褚摹蘭亭，頗參己法，正是其善于摹處。明七子之摹古，不過雙鉤填廓耳。"愚按：誠然，亦須知雙鉤亦非易易，如馮承素等皆書學大家，筆法之精到，豈凡夫所可及耶？故和古人詩有如摹帖，跡堅以求通，心摹而手追。此所以步疊原韻，追迹前賢之際，往往能於其字裏行間較有所得也。[②]

[①] 如宋王阮《義豐集》《和陶詩六首序》："古詩不和，唐始有之，亦未有追和古人者。雪堂先生始出新意，盡賡淵明詩，彼誠有感云爾。隆興二年，余浮家東吳，僦居日羅，大水入室，無所容其軀，妻孥嗷嗷，至絕煙火。羈旅憔悴之態，如雪堂之在嶺外而淵明之棄彭澤也。由是宦情日薄而歸意日濃矣。"

[②] 劉衍文撰《雕蟲詩話》：陶謝合稱。初看則謝較令人注目，靜觀則陶最耐人尋味。《詩品》不重陶，杜老初亦不重陶，何大復且以"詩弱于陶"，是固于一時之詩風有關，實亦乃瀏覽之粗略所致。東坡"外枯而中膏，似澹而實美"之評，細審而後得者也；放翁"學詩當學陶"之語，晚而後悟者也。然皆已無及矣。蓋彥和《體性》篇云："夫才有天資，學慎始習，新梓染絲，功在初化，器成彩定，難可翻移。"誠不刊之論。故東坡和陶詩，人謂全然不類；放翁初時"但欲工藻繪"，繼乃"詩慕雄渾苦未成"。再欲改弦，豈可得乎？故越園師謂余詩文無有可觀，亦緣筆勢已定，無可轉移。竊思少小習帖，教師皆命臨柳公權書，長而悔悟，然已難去此框架矣。詩文入手後之難于通變，毋乃類是乎？

輯注凡例：

一 歷代（清以前）和陶《飲酒》，以孤陋所及，暫輯得四十余家。（諸家和者多盡和二十首，其中亦間有未全和者，則於其題標明和陶飲酒若干首。）

一 大體依時序爲次，宋金元三朝，及明清易代之際，依詩家系遺老與否斟酌焉，凡作詩之年可考者於附注標明。

一 凡引淵明詩，如《飲酒》，《歸園田居》等，徑標其題。凡引和陶詩，酌用省稱，如《和飲酒》、《和歸去來辭》等。

一 今人標點古詩，多不標明問句，茲不敢苟同，凡問句皆標而出之。

一 輯注采句解形式，多於句號（或相當於句號之問號等）後下注，（此系爲突出次韻詩形式考慮，蓋詩中多於偶句押韻，即今之下句。）以小五號字體出之，上句注文與下句注文之間用“〇”隔開，分釋後之合解，則冠以“◎”。凡管見所及，以“愚按”出之。

一 詩後間附總評，冠以“●”。

一、晉　陶淵明　飲酒二十首（並序）①

余閒居寡歡，兼比夜已長。【比，一作“秋”。比來，近來意。按以“比”爲長。】偶有名酒，無夕不飲，顧影獨盡，忽焉復醉。既醉之後，輒題數句自娛，紙墨遂多，辭無詮次，聊命故人書之以爲歡笑爾。【陳祚明《采菽堂古詩選》卷十三：“顧影八字，真得酒中趣，不堪爲外人道。題云飲酒也，而反覆言出處，公寧未能忘情者耶？ 忘情者必不言，何縷縷也？”“千載不相違”、“聊復得此生”、“吾駕不可回”、“志意多所恥”，此飲酒之原也。】

其　　一②

衰榮無定在，彼此更共之。【一本作“所”，非，蓋“所”旨在空間無定，如

---

① 此詩作於晉安帝義熙十三年（417 年）。

② 後“其一”標題略，只在題目中小字標明。如“蘇軾和陶飲酒詩二十首　其一”。

李義山詩"蕚綠花開無定所"，而"在"則重在時節如流，而能兼該空間，故以"在"爲優。陳倩父曰："發端語此是何旨？將衰榮固因時耶？世豈無恒榮者？彼固不緣時遷也。"衰榮之無定，猶寒暑之代謝，乃由於如流之時序，而變現於空間。可參前之"逝"解。○更，平聲，讀若更替之更。清·劉淇《助字辨略》卷二：《詩·小雅》："交相爲瘉"。交相者，彼此更共之也。黃山谷曰："衰榮無定在，彼此更共之。"此是西漢人文章，他人多少語言盡得此理？（《箋注陶淵明集》卷三）。◎愚按：非但衰榮無定，一切皆無定。緣起性空之理，陶令似已澈然于心。**邵生瓜田中，甯似東陵時。**【《史记·萧相国世家》：召平者，故秦东陵侯。秦破，为布衣，贫，种瓜长安城东，瓜美，故世俗谓之东陵瓜。愚按：瓜田不妨爲東陵，東陵亦正不妨復爲瓜田。滄海桑田者，在時變而非地遷也。如"舊時王謝堂前燕，飛入尋常百姓家。"豈烏衣巷之燕，別投人家去耶？其實所飛仍其故巢，而昔之王謝堂已成今之尋常百姓家耳。**寒暑有代謝，人道每如茲。**【《易·繫辭》："日月運行，一寒一暑。"又"有天道焉，有人道焉，有地道焉。"○《中庸》："其人存，則其政舉；其人亡，則其政息。人道敏政，地道敏樹。"◎愚按：此句可與首句"衰榮無定在，彼此更共之。"作隔句對。然若一氣連筆寫去，則一味玄言，無余蘊矣。此所以山谷云："詩中不見斧斤而磊落清壯，惟陶能之。"（宋何溪汶《竹莊詩話》卷四六引）**達人解其會，逝將不復疑。**【愚按：此句蓋出于《莊子·達生》："達生之情者，不務生之所無以爲；達命之情者，不務知之所無奈何。……生之來不能卻，其去不能止。悲夫！世之人以爲養形足以存生，而養形果不足以存生，則世奚足爲哉！"蓋達士即達生之情者。"逝將不復疑"即明達"生之來不能卻，其去不能止。"之意。又《神釋》："應盡便須盡，無復獨多慮。"意相類，可并參。○《詩·魏風·碩鼠》："逝將去汝，適彼樂土；樂土樂土，爰得我所。"按《鄭箋》："逝，往也。"今人或作"誓"解，非。如《論語·子罕》："逝者如斯夫，不舍晝夜"之逝字，漢儒注，及《尔雅》、《说文》，皆作往解。而此"逝"或"往"皆似兼有時空雙關之意，與"已矣乎"及"歸休乎君"相類。《歸去來辭》結末"已矣乎！寓形字内復幾時，曷不委心任去留？……樂夫天命復奚疑？"之意，正可相參。◎又《韓詩外傳》："楚狂接輿躬耕以食。其妻之市，未返，楚王使使者賫金百鎰，造門曰：'大王使臣奉金百鎰，願請先生治河南。'接輿笑而不應，使者遂不得辭而去。妻從市而來曰：'先生少而爲義，豈將老而遺之哉！門外車軼,何其深也!'接輿曰:'今者,王使使者賚金百鎰,欲使我治河南。'其妻曰:'豈許之乎?'曰:'未也。'妻曰:'君使不從,非忠也;從之,是遺義也。不如去之。'乃夫負釜甑,妻戴絍器,變易姓字,莫知其所之。《論語》曰:'色斯舉矣,翔而後集。'接輿之妻是也。《詩》曰:'逝將去汝,適彼樂土;樂土樂土,爰得我所。'"按淵明此詩之"逝"當兼寓此意。又按淵明《讀山海經·其一》:"窮巷隔深轍,頗回故人車。"正用此"門外車軼,何其深也!"之典。】忽與一觴酒,日夕懽相持。【《詩經·王風·君子于役》:"日之夕矣,牛羊下來。"愚按:身後微名,身前薄酒。相持者誰?觴乎?酒乎?友乎?影乎?】

● 愚按:衰榮無定,寒暑代謝,天道循環,人道亦爾。既達生之情,則此開篇即可作一篇《齊物論》讀,至忽與觴酒,日夕相持,則似又轉入《逍遥游》矣。可謂去住兼可,中邊兩澈。又按孟浩然《與諸子登峴山》:"人事有代謝,往來成古今。"杜甫《佳人》:"世情惡衰歇,萬事隨轉燭",俱於此有所會心,其感慨則一,而從容處似均不及陶令也。明田藝蘅《留青日札》卷六:"靖節《飲酒》詩:'衰榮無定在,彼此更共之。'《挽辭》:'千秋萬歲後,誰知榮與辱?'可謂了生死人矣。"庶幾得之。

二、(宋)蘇軾　和陶飲酒詩二十首　其一①

吾飲酒至少,常以把盞爲樂,【東坡《和陶連雨獨飲二首》序:吾謫海南,盡賣酒器以供衣食,獨有一荷葉杯工製美妙,留以自娛。】往往頹然坐睡,人見其醉而吾中了然,蓋莫能名其爲醉爲醒也。在揚州時,飲酒過午輒罷。客去解衣槃薄【宋本《東坡先生和陶淵明詩》作"磐薄",他本多作"盤礴",語出《莊子》。愚按:略有陶令"我醉欲眠卿且去"風味矣,然客去始解衣,仍不免爲禮法所拘,較劉伶之以天地爲廬,似尚隔一間。一笑。】終日歡不足而適有餘。因和陶淵明《飲酒》二十詩,庶以髣髴其不可名者,【《老子》:"道常無名。"】以示舍弟子由、晁无咎學士。

---

① 參見《全宋詩》第 14 册,第 9466 頁。此詩作於宋哲宗元祐七年(1092 年)。

【公自注：晁无咎名補之，時通判揚州】

我不如陶生，世事纏綿之。【宋本《施注蘇詩》作"我生不如陶"，非。按南宋趙鼎《忠正德文集》卷五《欲遊静林不果》："林泉共一山，欲往不得暇。我不如陶生，日到遠公社。安得縮地術，坐我雲門下。"亦可證其所見本爲"我不如陶生"，然其後"日到遠公社"一言似微有諷意。○東坡《和陶飲酒·其七》："煌煌凌霄花，纏繞復何爲？"《問淵明》："縱浪大化中，正爲化所纏。應盡便須盡，寧復事此言？"◎愚按：陶令亦非無纏繞之時，但能脫去爾。】**云何得一適，亦有如生時。**【"云何"，一本作"如何"。◎即序中"終日歡不足而適有餘"之意。又東坡後在惠州所作《和歸園田居》其六："昔我在廣陵，悵望柴桑陌。長吟飲酒詩，頗獲一笑適。"亦復及此。】**寸田無荆棘，佳處正在兹。**【《黃庭經》："寸田尺宅好治"，注云："寸田謂三丹田，各方一寸也。"○鄭燮《題叢蘭棘刺圖》："昔東坡畫蘭，長帶荆棘，見君子能容小人也。吾謂荆棘不當盡以小人目之，如國之爪牙，王之虎臣，自不可廢。蘭在深山，已無塵囂之擾，而鼠將食之，鹿將齕之，豕將啄之，熊、虎、豺、狼、狐、兔之屬將齧之，又有樵人將拔之、割之，若得荆棘爲之護撼，其害斯遠矣。"愚按：無荆棘固是眼中佳處，然未必可爲長久之計。蘭棘並生，亦自有其佳處。蓋坡翁晚歲於世間法更有悟入處。觀此板橋題畫，可悟坡公原明此理。《東坡八首》中云："君欲富餅餌，要須縱牛羊。"理亦相反相成，可熟味之。】**縱心與事往，所遇無復疑。**【淵明《神釋》："縱浪大化中，不喜亦不懼。應盡便須盡，無復獨多慮。"《鶴林玉露》："縱浪大化中四句，是不以死生禍福動其心，□然委順，養神之道也。淵明可謂知道之士矣！"】**偶得酒中趣，空杯亦常持。**【《詠二疏》："借問衰周來，幾人識其趣？"○宋葛勝仲《丹陽集》卷八：子瞻爲徐州，誚淵明無絃不如無琴，後悔其言之失。淵明自祭文云，辭逆旅之舘，且歸於本宅。蓋反其真之説也。子瞻復詆之云："生獨非真。死獨非寓？"未知何時復悔也。◎又張岱評東坡《和飲酒其一》："是效顰無弦琴"（上圖藏清抄本張岱評東坡《和陶集》（按著録書名不確，因後半爲張岱和陶詩，故應題爲"張岱評東坡《和陶集》與張岱自和陶詩合册"。）

● 愚按：無酒不如無杯，休言空杯可持，杯究竟亦是空。況我持杯耶？杯持我耶？且佳處安在？酒中？杯中？空中？或云：只在此中。

三、(宋)蘇轍　次韵子瞻和淵明飲酒二十首　其一[①]

　　我性本疎懶，父母强教之。【按：起筆即著我字，與其兄同一轍跡，可見我相之難去也，一笑。】**逡巡就科選，逮此少年時。幽憂二十年，懶性祇如兹。偶然踐黃闥，俯仰空自疑。**【指門下省。蘇轍《謝太中大夫門下侍郎表》："黃闥之崇，惟賢是用；四品之貴，匪功弗加。"○《孟子·盡心上》："仰不愧於天，俯不怍於人"。】**乞身未敢言，常愧外物持。**【按此系子由答東坡語（《和陶飲酒》其十四"乞身當念早，過是恐少味。"）　◎愚按：持外物者，鮮能不爲外物所持。】

　　● 賀裳《載酒園詩話·和詩》："古人和意不和韻，故篇什多佳。始于元、白作俑，極于蘇、黃助瀾，遂成藝林業海。然如子瞻和陶《飲酒》，雖不似陶，尚有雙雕並起之妙。至子由所和，竟不知何語矣。"愚按賀氏所評未免過苛，子瞻在前，子由所謂難爲弟矣。

四、(宋)晁補之　飲酒二十首同蘇翰林先生
次韵追和陶淵明　其一[②]

　　少賤足可喜，險阻更嘗之。【張載《西銘》："貧賤憂戚，庸玉女于成也。"】**爲親謀斗粟，無意出競時。**【《歸去來兮辭序》：余家貧，耕植不足以自給，□稚盈室，缾無儲粟，生生所資，未見其術，親故多勸余爲長吏。○張九

---

①　參見《全宋詩》第 15 册，第 10062 頁。依孔凡禮《蘇轍年譜》之説，此詩作於元祐七年(1092)八月癸酉(二十二日)。

②　晁補之(1053—1110)，字無咎，號歸來子，濟州鉅野(今山東巨野)人。神宗元豐二年(1079)進士，哲宗元祐初，召試學士院，以秘閣校理通判揚州，遷知齊州。紹聖元年(1094)，坐黨籍累貶監信州酒税。徽宗即位，召爲著作佐郎，擢吏部郎中。崇寧間黨論復起，奉祠禄居家，慕晉陶潛爲人，葺歸來園。大觀四年起知達州，改泗州，卒於任。有《雞肋集》七十卷。事見《柯山集拾遺》卷一二《晁無咎墓誌銘》，《宋史》有傳。此詩見《全宋詩》第 19 册，第 12766 頁。此詩作於宋哲宗元祐七年(1092 年)。

齡《歸燕》：“无心与物竞，鷹隼莫相猜。”】**緬焉效一官，報國方在茲。**【《莊子·逍遙遊》：“知效一官。”陶淵明《九日閑居》：“塵爵恥虛罍，寒華徒自荣；斂襟独閑謡，緬焉起深情。”】**寧當不恤緯，對酒懷憂疑。**【《左傳·昭公二十四年》：“抑人有言曰：嫠不恤其緯，而憂宗周之隕。”謂寡婦不憂其織事，而憂國家之危亡。後因以“恤緯”指憂慮國事。】**學道恨力淺，中遭世網持。**【《莊子·逍遙遊》：“東西跳樑，不辟高下；中於機辟，死於罔罟。”◎按：若不在方内，何能爲世網所持？】

● 北碚唐大華評曰：孔子不棄執鞭之職，後儒常懷仕進之心，爲親謀粟，誠事屬無奈，雖仕而無意；報國立功，則使命所在，爲政乃夙願。蓋名不正則言不順，位不得則志不伸，自古而然。然而寒士之得位，實屬萬難，“鬱鬱澗底松，離離山上苗。以彼徑寸莖，蔭此百尺條。地勢使之然，由來非一朝。”（左太沖《詠史》）塊磊既積，不能不借酒澆之，其奈愈澆愈厚何？當此之際，儒生常好虛遁道家門庭。故知“學道恨力淺”云云，或多自嘲，未必皆達觀之言也。

五、（宋）張耒　次韵淵明飲酒詩並序　其一①

　　鄙性嗜酒，親友所知也。紹聖丙子，得官明道，寓居宛丘，職閑無事，終日杜門。人知其好飲也，或饋之酒，不問寒暑，日輒數酌。飲雖不多，而樂則有餘。【按東坡《和陶飲酒》序：“終日歡不足而適有余。”】**因讀淵明《飲酒詩》，竊愛其詞文而慕其放達，因次其韵。嗟余與淵明神交於千載之上，豈敢論詩哉？直好飲者庶幾耳。得**

---

① 張耒（1054—1114），字文潛，人稱宛丘先生，祖籍亳州譙縣（今安徽亳州），生長於楚州淮陰（今江蘇淮陰西南）。爲詩文服膺蘇軾，與黃庭堅、晁補之、秦觀並稱蘇門四學士。神宗熙寧六年進士，授臨淮主簿。元豐元年，爲壽安尉。哲宗元祐元年，以太學錄召試館職，歷秘書丞、著作郎、史館檢討。元祐末，擢起居舍人。哲宗親政，以直龍圖閣學士出知潤州，未幾，改宣州。紹聖三年（1096，按和陶飲酒作於本年），管勾明道宮。四年，坐黨籍落職，謫監黃州酒稅。元符二年，改監復州酒稅。徽宗即位，起通判黃州，遷知兗州，召爲太常少卿，出知潁州、汝州。崇寧元年，因黨籍復起，貶房州別駕，黃州安置。五年，歸淮陰。大觀二年居陳州，政和四年卒，年六十一。有《柯山集》五十卷（另有拾遺十二卷、續拾遺一卷）、《張右史文集》六十卷，《宛丘先生文集》七十六卷。《宋史》有傳。此詩見《全宋詩》第20册，第13074頁。作於宋哲宗紹聖三年（1096年）。

詩十九首。

我欲常飲酒，俗事苦奪之。飲酒不得醉，何如未飲時？顛倒衆譏笑，佳處正在茲。【東坡《和飲酒》其一："寸田無荊棘，佳處正在茲。"按和作此句下缺一"疑"字韻，原作如此。】念此雖杜門，濁醪日常持。【《飲酒》其十二"杜門不復出，終身與世辭。"○東坡有《濁醪有妙理賦》】

● 唐大華評曰：山谷詞有云："黃花白髮相牽挽，付與時人冷眼看"，行似至"放"，而其中或未至達。何則？至達當無此放言。

六、(宋)李綱　次韻和淵明飲酒詩二十首並序　其一①

予少時絕不能飲，既壯，從宦四方，稍稍習之。謫官沙陽【按在今福建沙縣】，郡守間以酒餉予，以燕賓客，或悠然獨酌，數杯徑醉，頗得古人遊醉鄉意。因和淵明《飲酒詩》二十篇，千古相望，庶無愧云。

是心本純白，利害儌擾之。【《莊子·天地》："機心存於胸中，則純白不備；純白不備，則神生不定。"○《尚書·夏書·胤征》："惟時羲和顛覆厥德，沈亂于酒，畔官離次，儌擾天紀，遐棄厥司"。按非酒能擾，利害擾之耳。】陶然到醉鄉，還此未擾時。【王無功有《醉鄉記》。按醉鄉正是無擾之仙鄉。如桃源之所謂"不知有漢，無論魏晉"也。】古人重酒德，妙意端在茲。嗟予數杯量，徑醉不復疑。

既得醉中趣，安用杯常持？【反問東坡，將其《和陶》"偶得酒中趣，空杯亦常持。"公案更翻一層。】

---

① 李綱(1083—1140)，字伯紀，江蘇無錫人，祖籍邵武(今屬福建)，自祖父一輩起遷居無錫縣，因無錫有河名曰梁溪，故號稱梁溪先生。徽宗政和二年進士。曆官太常少卿。欽宗時，授兵部侍郎、尚書右丞。靖康元年金兵侵汴京時，任京城四壁守禦使，擊退金兵。然不久即被罷免。高宗即位初，一度起用爲相，曾力圖革新內政，僅七十余日即遭罷免。紹興二年，復起用爲湖南宣撫使兼知潭州，不久又罷。多次上疏陳抗金大計，均未納。遺文由其諸子編成《梁溪全集》一百八十卷。此詩見《全宋詩》第 27 册，第 17599 頁。

● 愚按：此首純從莊意中化出，機心介於胸則不能純白，故酒之德在去心之機也。

七、(宋)陳造　和陶淵明二十首並序　其一①

予幼多病，不能飲酒，中年稍稍近杯勺。延賓客，對妻兒，每舉少分，亦能數舉，陶然足樂也。頃以病復作，絶不飲，對飲者意輒爲之酣。適暇日，讀淵明《飲酒》二十詩，并東坡居士和章，遂次其韻。紹熙壬子閏二月定海邑齋。

作計憂患場，賢聖頗中之。【隨人作計終後人】淮鄉酒價賤，希復獨醒時。【或追憶當年淮南西路安撫司參議任上時事。】齒髮變今昔，撫己屬負茲。【《左傳·桓公十六年》：“衛侯朔……屬負茲舍，不即罪爾。”何休注：“屬，託也。天子有疾稱不豫，諸侯稱負茲。”徐彦疏：“諸侯言負茲者，謂負事繁多，故致疾。”】清坐挹飲客，辭費未免疑。【《禮記·曲禮上》：“禮不妄説人，不辭費。”孔穎達疏：“凡爲人之道，當言行相副，今直有言而無行，爲辭費。”】客歡我怡然，此戒何妨持？【有“我醉君復樂，陶然共忘機”意。】

● 愚按：“作計憂患場”一語，熟思之，直令人惕然，蓋於憂患場不能不作計，而作計徒更增憂患。釋氏所謂墮無邊惡趣也。

八、(宋)滕岑　和陶淵明飲酒詩　其一②

風浪渺平陸，吾行將安之？【比人心山未險。】酒中有樂國，猶是太古

① 陳造(1133—1203)，字唐卿，高郵(今屬江蘇)人。孝宗淳熙二年進士，自以轉輾州縣幕僚，無補於世，置江湖乃宜，遂自號江湖長翁。有《江湖長翁文集》四十卷。此詩見《全宋詩》第45册，第27947頁。作於光宗紹熙三年(1192年)。
② 滕岑(1137—1224)，字元秀，嚴州建德(今浙江建德東北)人。高宗紹興二十九年(一一五九)領鄉薦，寧宗嘉定十七年卒，年八十八。有詩集，已佚。事見《桐江集》卷一《滕元秀詩集序》。滕岑詩，據《瀛奎律髓》《永樂大典》等書所錄，編爲一卷。(按方回《和陶淵明飲酒詩序》述及其《和陶飲酒》。)此詩見《全宋詩》第47册，第29604頁。

時。【《桃花源詩》:"願言躡清風,高舉尋吾契。"】孰云道里長? 一觴自臻茲。【《擬古》其六"不畏道里長,但畏人我欺。"一觴可達,亦猶一葦可渡。】不知有先死,況復憂與疑? 【"先死",原文如此,疑當作"生死"。】何辭日一往? 蟹螯正堪持。【《世說新語·任誕》:畢茂世云:"一手持蟹螯,一手持酒杯,拍浮酒池中,便足了一生。"】

● 愚按:又一篇《醉鄉記》。

九、(宋)俞德鄰　暇日飲酒輒用靖節先生韻積二十首　其一①

世路日已迫,吾行將安之? 醉鄉無畔岸,俗似太古時。【醉鄉見前注】一廛昔願受,或者當在茲? 【《孟子·滕文公》:"远方之人闻君行仁政,愿受一廛而为氓。"《周禮·廛人》注:"在里曰廛,在野曰廬。"】在茲竟卜築,何爲復狐疑? 【《飲酒》十二:"一往便當已,何爲復狐疑?"】但得酒杯在,無螯還可持。【見前滕岑"蟹螯正堪持"句注。又化用東坡《和飲酒》其一:"偶得酒中趣,空杯亦常持。"】

● 唐大華評曰:憤世斥俗,後漢趙壹刺以疾言,德鄰則以婉辭出之。

十、(金)趙秉文　和淵明二十首　其一②

翩翩萬里鶴,日暮將何之? 昏鴉擇所安,笑汝不知時。【《莊子·逍遙遊》:斥鴳笑之曰:"彼且奚适也?"】孔席不暇煖,此理吾不疑。【《漢書·叙傳上》:"孔席不飀,墨突不黔。"】按和作此句下缺一"茲"字韻,查《中州集》《全金

---

① 俞德鄰(1233—1293),字宗大,自號太玉山人,原籍永嘉平陽(今屬浙江),僑居京口(今江蘇鎮江)。度宗咸淳九年浙江轉運司解試第一,未幾宋亡。入元,累受辟薦,皆不應。因性剛狷,名其齋爲佩韋(參集中卷八《佩韋齋箴》)。元世祖至元三十年卒,年六十二。遺著由其子庸輯爲《佩韋齋文集》十六卷(其中詩七卷),于元仁宗皇慶元年刊行,另有《佩韋齋輯聞》四卷。《至順鎮江志》卷一九有傳。此詩見《全宋詩》第 67 册,第 42407 頁。參《佩韋齋集》卷三(天禄琳琅叢書景元本)。

② 趙秉文(1159—1232),字周臣,號閑閑老人,磁州滏陽(今河北磁縣)人。大定進士,官至禮部尚書。能詩文,工草書。所著有《閑閑老人滏水文集》。此詩見《閑閑老人滏水文集》卷五(四部叢刊景明鈔本)。

詩》皆然，蓋原作如此。】**尚愧淵明翁，濁酒時一持。**

● 唐大華評曰：自傷懷抱，有賈生《鵬鳥賦》之歎，饒有萬里之志，其奈日暮尚不知所之？"昏鴉"似可與唐人句"玉顏不及寒鴉色，猶帶昭陽日影來"共參。"笑汝"半是嘲己半是諷人。

十一、(元)郝經　和陶飲酒　其一[①]

【附"和陶詩序"】廣載以來，倡和尚矣。然而魏晉迄唐，和意而不和韻，自宋迄今，和韻而不和意，皆一時朋儕相與酬答，未有追和古人者也。獨東坡先生遷謫嶺海，盡和淵明詩，既和其意，復和其韻，追和之作自此始。余自庚申年使宋，館留儀真，至辛未，十二年矣，每讀陶詩以自釋。是歲因復和之，得百餘首。三百篇之後，至漢蘇、李，始爲古詩。逮建安諸子，辭氣相高；潘陸顏謝，鼓吹格力，復加藻澤，而古意衰矣。陶淵明當晉宋革命之際，退歸田里，浮沈杯酒，而天資高邁，思致清逸，任真委命，與物無競，故其詩跌宕于性情之表，直與造物者遊，超然屬韻。《莊周》一篇，野而不俗，澹而不枯，華而不飾，放而不誕，優遊而不迫切，委順而不怨懟，忠厚豈弟，直出屈宋之上，庶幾顏氏子之樂，曾點之適，無意于詩而獨得古詩之正，而古今莫及也。顧予頑鈍鄙隘，蹢躅世網，豈能追懷高風，激揚清音？亦出于無聊而爲之。去國幾年，見似之者而喜，況誦其詩、讀其書，寧無動于中乎？前者唱喁，而後者和訛，風非有異也，皆自然爾，又不知其孰倡孰和也。屬和既畢，復

---

① 郝經(1223—1275)，字伯常，元初名儒。祖籍澤州陵川(今山西陵川)，生於許州臨潁城皋鎮(今河南許昌)。1256年受詔于忽必烈，1260年，赴南宋議和，爲權臣賈似道秘囚16年，時人稱之爲南朝蘇武。1274年北歸，次年七月去世。郝經反對"華夷之辨"，崇理學，通字畫，著有《陵川集》。此詩見《陵川集》卷七(文淵閣四庫全書本)，作於元世祖至元八年/宋度宗咸淳七年(1271年)。郝經和陶詩《陵川集》中有兩卷，共一百余首，均寫于其被羈儀真時。其和陶《飲酒》無序，現引其集中《和陶詩》總序冠于詩前。

書此于其端云。①

順適皆坦途,忘幾信所之。【委順以適,坎處亦坦;忘機而往,所之皆可。】天地與化遷,焉能獨違時?【《歲暮和張常侍》:"窮通靡攸慮,顦顇由化遷。"又《始作鎮軍參軍經曲阿》詩:"聊且憑化遷,終返班生廬。"】酒中有深趣,真樂良在茲。【《飲酒》十一:"悠悠迷所留,酒中有深味。"】痛飲忘形骸,物我兩不疑。【杜甫《醉时歌》:"忘形到尔汝,痛饮真吾师。"】每笑蘸量學士,漫把空盃持。【亦揶揄東坡《和飲酒》:"偶得酒中趣,空杯亦常持。"之説】

● 清袁翼《論元詩六十首》曾論及郝氏真州詩:"才氣原推第一流,南來萬里作累囚,淒然我讀真州詠,獨占空庭望女牛。"

十二、(元)方回　和陶淵明飲酒二十首並序　其一②

和陶自蘇長公始,在揚州和《飲酒》二十詩,又爲和陶之始。是二十詩者,子由、無咎、文潛相繼有和。然長公典大藩,子由居政府,無咎通判揚州,皆非貧閒之言。惟文潛所和,在紹聖丙子罷郡宣城,奉祠明道,閒居宛丘之時。近世嚴陵滕元秀,家貧嗜酒,亦嘗和焉。予以嚴陵舊守,復至秀山,甲申九月九日屢飲之後,因亦用韻賦此。有文潛之閒,而又有元秀之貧,感興言志宜也。

生死乃常理,興亡殊似之。【《莊子·大宗師》:"死生,命也,其有夜旦之常,天也。"】火烏化王屋,鼎遷亦有時。【《竹書紀年·帝辛》:"三十二年,五

---

① 參見《郝文忠公陵川文集》卷六"古詩和陶"。

② 方回(1227—1305),字萬里,一字淵甫,號虛谷,別號紫陽山人,歙縣人。早年以詩獲知州魏克愚賞識,後隨魏至永嘉,得制帥呂文德推薦。理宗景定三年進士,廷試原爲甲科第一,爲賈似道抑置乙科首,後出知建德府。恭帝德祐二年,元兵至建德,出降,改授建德路總管兼府尹。元世祖至元十四年赴燕覲見,歸後仍舊任。前後在郡七年,爲婿及門生所訐,罷,不再仕。以詩游食元新貴間二十餘年,亦與宋遺民往還,長期寓居錢塘。元成宗大德十一年卒,年八十一。詩初學張耒,晚慕陳師道、黃庭堅,鄙棄晚唐,自比陸游,有《桐江續集》,今殘存三十六卷。另有《瀛奎律髓》。此詩見《桐江續集》卷五,並見《全宋詩》第66冊,第41502頁。作於元世祖至元21年(1284年)。

星聚于房。有赤鳥集于周社。"又《春秋繁露·同類相動》："周將興之時,有大赤鳥銜之種,而集王屋之上者,武王喜,諸大夫皆喜。周公曰:'茂哉!茂哉!天之見此以勸之也。'"】**驪山發金雁,漢陵復如茲**。【《藝文類聚》卷八十三引《史記》曰:秦始皇葬於驪山。以黄金爲鳧鴈】**丹成云得僊,虛塚令人疑**。【葛洪《神仙傳》卷八:"合九轉丹,丹成遂仙去矣。"○《鶴林玉露》卷三:漳河上有七十二塚,相傳云曹操疑塚也。】**杯酒幸到手,無螯亦當持**。【見前滕岑和"蟹螯正堪持"句注。意若謂所持既不可得兼,不能持螯,則持杯亦慰情良勝無也。於此似亦可窺虛谷之曲意隨時之一斑。】

　　● 愚按:據詩序,作於重九日,淵明有《九日閒居》、《已酉岁九月九日》等詩,東坡亦屢於重九日和陶或擬陶,虛谷有意效其故事也。

十三、(元)劉因　和飲酒二十首　其一①

　　尊罍上玄酒,此意誰得之?【《禮記·玉藻》:"凡尊必上玄酒,唯君面尊,唯饗野人皆酒。"】**人道何所本? 乃在羲皇時**。【《飲酒》其二十:"羲農去我久"】**頗愛陶淵明,寓情常在茲。子倡我爲和,樂矣夫何疑?**【《郑风·蘀兮》:"叔兮伯兮,倡予和女!"○《歸去來兮辭》:"樂夫天命復奚疑?"】**有問所樂何? 欲贈不可持**。【陶弘景《詔問山中何所有賦詩以答》:"山中何所有? 嶺上多白雲。只可自怡悦,不堪持贈君。"】

　　● 靜修此詩似欲追摹"憶我少壯時,無樂自欣豫"(《雜詩》其五)之境,此淵明之夫子自道也。此理非僅在一人,蓋於人類之少年亦然,上古之淳即孩提之渾。夫人至於著意尋樂地步,便與自尋煩惱不遠矣。

---

① 劉因(1249—1293),元代理學家、詩人。字夢吉,號靜修。初名駰,字夢驥。雄州容城(今河北容城縣)性不苟合,家貧教授生徒,因愛諸葛亮"靜以修身"之語,題所居爲"靜修"。元世祖至元十九年應召入朝,爲承德郎、右贊善大夫,未幾藉母病辭官歸。至元二十八年,忽必烈再度遣使召劉因爲官,以疾辭。有《四書精要》、《易繫辭説》、《靜修先生文集》等。集中《和陶詩》76首爲其晚年作。此詩見《靜修先生文集》卷三(四部叢刊景元本)。

十四、（元）戴良　和陶淵明《飲酒》二十首並序　其一①

余性不觧飲，然喜與客同倡酬，士友過從，輒呼酒對酌，頹然竟醉，醉則坐睡終日，此與陶然。壬子之秋，乍遷鳳湖，酒既艱得，客亦罕至，湖上諸君子知余之寡歡也。或命之飲，或饋之酒，行游之暇，輒一舉觶，飲雖至少而樂則有餘。因讀淵明《飲酒》二十詩，愛其語淡而思逸，遂次其韻，以示里中諸作者，同爲商確云耳。

今晨風日羙，吾行欲何之？【淵明《遊斜川》序："天氣澄和，風物閒美。"】平生慕陶公，得似斜川時。此身已如寄，無爲待來兹。【《古诗十九首·生年不满百》："为乐当及时，何能待来兹？"】況多載酒人，任意復奚疑？【《漢書·揚雄傳》"家素貧嗜酒，人希至其門，好事者載酒肴從遊學。"《歸去來辭》："樂夫天命復奚疑？"】山巔與水裔，一觶歡共持。【《九歌·湘夫人》："麋何食兮庭中？蛟何爲兮水裔？"】

● 明楊士奇《東里文集》卷十"跋戴九靈和陶詩"："洪武初屢征不出，變姓名隱四明山中二十余年，後坐累卒於京。此集余得之丁鶴年，九靈別有文集四册，余嘗於趙彦如家【按即《四庫提要》提及其門人趙友同，字彦如（1364—1418）】見之，醇粹博雅，有六一風致，亦一時巨擘也。"可證《四庫提要》所揣測之

---

① 《四庫總目提要·九靈山房集》："元戴良撰。良字叔能，浦江人。嘗學文於柳貫、黄溍、吳萊，學詩於余闕。《明史·文苑傳》:明太祖初定金華時用爲學正，良棄官逃去。至正辛丑，順帝用薦者言，授淮南江北等處行中書省儒學提舉。後至吳中依張士誠。知士誠不足與謀，挈家浮海至膠州，欲間道歸庫庫軍。庫庫即世所稱王保保，百戰以圖恢復者也。會道梗不達，僑居昌樂。洪武六年南還，變姓名隱四明山。十五年，徵入京，欲官之，以老疾辭。太祖怒，羈留不釋，次年四月卒於京師，然迄未食明禄也。良世居金華九靈山下，故自號九靈山人。其集曰《山居稿》，曰《吳遊稿》，曰《鄞遊稿》，曰《越遊稿》。後跋又云：'集外有《和陶詩》一卷。'今檢集中，《越遊稿》内已有《和陶詩》一卷。而其門人趙友同所作墓誌亦云'《和陶詩》一卷、《九靈集》三十卷，不在集目之内'。或本别有《和陶詩》一卷，而爲後人合併於集中者，未可知也。良詩風骨高秀，迥出一時。睠懷宗國，慷慨激烈，發爲吟詠，多磊落抑塞之音。故其《自贊》謂'歌黍離麥秀之詩，詠剩水殘山之句'。蘇伯衡贊其畫像。亦謂'其跋涉道途，如子房之報韓；其彷徨山澤，如正則之自放'云。"此詩見《九靈山房集》卷二十四"越游槀"，四部叢刊景明正統本。按作於明太祖洪武五年/（北元）元紹宗宣光三年（1372 年）。

“或本別有《和陶詩》一卷，而爲後人合併於集中者”爲確，録此備考。

十五、(明)童冀　飲酒　其一[①]

中州《後和陶詩》自序曰：余往年嘗一和陶靖節詩，俯仰垂四十年，浮雲世事，何所蔑有？及來河朔，觸事感懷，間用其韻，積日既久，辭無詮次，因裒而目之曰《後和陶詩》。然余前所和者，多因其事而寓己意；今所和者，第用其韻，不復用其事云。

我昔在田野，意行隨所之。【《漢書·朱雲列傳》："薛宣爲丞相，雲往見之。宣備賓主禮，因留雲宿，從容謂雲曰：'在田野亡事，且留我東閣，可以觀四方奇士。'雲曰：'小生乃欲相吏邪？'宣不敢復言。"】田翁數留飲，既醉忘歸時。【杜甫《遭田父泥飲美嚴中丞》："田翁逼社日，邀我嘗春酒。"】荏苒四十年，自謂常如茲。【《雜詩》其五："荏苒歲月頹，此心稍已去。"又《連雨獨飲》："自我抱茲獨，僶俛四十年。"】白首困馳騖，委運無復疑。【《神釋》："甚念傷吾生，正宜委運去。"《歸去來辭》："聊乘化以歸盡，樂夫天命復奚疑？"】所嗟乏美酒，霜螯屢虛持。

● 愚按：中州先生前後和陶，相去四十年，"荏苒四十年，自謂常如茲。"可以想見陶詩未嘗須臾去其心，惜其前之和陶不傳也。

<hr>

① 童冀（？—1392年後）《四庫總目提要·尚絅齋集》："冀字中州，金華人。洪武九年徵入書館，後爲湖州府教授。調北平，坐罪死。……冀在明初，與宋濂、張羽、姚廣孝相唱和，詞意清剛，不染元季綺靡之習。雖名不甚著，而在一時作者之中，固亦足相羽翼也。"錢謙益《列朝詩集》甲集卷十七（順治九年毛氏汲古閣刻本）"童校書冀"條："中州先生才力老成，問學淹貫，二十年來奔走南北，雕涉厤世故，樂天知命，有合於靖節之志趣，其詩如繭抽泉，決略不見其艱窘，矧有牽强者耶？己丑歲之塗月，子晉得少師手書卷，録以示余，余録其什之二云。"此詩見《中州先生後和陶詩卷》，北京故宫博物院藏。明姚廣孝（1335—1418）書，紙本手卷，小楷，縱22.2 cm，橫357.1 cm。卷後有吴道旨、莫友芝、鄧瑶伯三家題跋。洪武二十五年（1392年）寫於北平，姚廣孝時年58歲。從卷後跋語可知所書爲童冀（即中州先生）和陶詩。所謂"後"者，是"因歲月久遠，不一而成，故有前後之説"（見幅後題識）。前和者由金華蘇平仲手書。此卷爲後和者，共99首，由姚廣孝（法名道衍）手書。按據此詩作於明太祖洪武二十五年（1392年）稍前。按此卷掃描本由山東臨邑學生劉傳冬提供，特此致謝。

十六、(明)李賢　飲酒詩二十首　其一①

尊中既有酒,開懷樂飲之。【《後漢書·鄭孔荀列傳》載孔融語:"坐上客常滿,尊中酒不空。"】人生穹壤間,出處各有時。【《古詩十九首》:"人生天地間,忽若遠行客。"】陰陽遞消長,達人恒鑒兹。【《易·系辭》:"一陰一陽之謂道。"○賈誼《鵬鳥賦》:"達人大觀兮,物無不可。"】咄彼乾没徒,終身事狐疑。【《漢書·張湯傳》:"始爲小吏,乾没。"顏師古注:"服虔曰:'乾没,射成敗也。'如淳曰:'豫居物以待之,得利爲乾,失利爲没。'"顧炎武《日知録》:"乾没大抵是徼幸取利之意。"】君子守正命,軻言良自持。【《孟子·盡心上》:"莫非命也,順受其正。是故知命者不立乎岩墙之下。尽道而死者,正命也;桎梏死者,非正命也。"】

十七、(明)祝允明　和淵明飲酒十六首　其一②(原注:正德初作)

繁霜歲云暮,驅車復何之?【《古詩十九首》:"驅車上東門,遥望郭北墓。"李商隱《樂遊原》:"向晚意不適,驅車登古原"】明哲貴保身,俊傑乃識時。【明哲保身,識時務者爲俊傑。二語今皆變味矣。】浮榮不償勞,時艱復值兹。逝將返江鄉,有酒醉勿疑。【"逝將不復疑"分作兩句説】秋鱸美如玉,綸竿行自持。

● 王元美云:"祝希哲如盲賈人張肆,頗有珍玩,位置總雜不堪。"未免過苛,其所書飲酒詩帖至今尤存,讀者不妨一覽焉。

---

① 李賢(1408—1467),字原德,鄧州(今河南鄧州市)人。天順元年至成化二年爲首輔,所著《鑒古録》、《體驗録》等已佚。《天順日録》、《古穰集》等收入《四庫全書》,尚傳于世。此詩見《古穰集》卷二十四"和陶詩"(文淵閣四庫全書補配文津閣四庫全書本)。

② 祝允明(1460—1527)字希哲,號枝山,因右手有六指,自號"枝指生",又署枝山老樵、枝指山人等。長洲(今蘇州)人。能詩文,工書法,與唐寅、文徵明、徐禎卿齊名。此詩見《靜觀堂集》卷一(文津閣四庫全書本)按作于正德元年(1506年)後。

十八、(明)黎民表　和陶徵君飲酒　其一①

　　僕自垂髫操翰，涉于强仕之年，六上京師，迄于空返，蹇劣之效，斯已彰矣。甲寅歲，言歸故山，始營隱居之所。暇日覽陶靖節集，有《飲酒》詩二十首，輒依其韻爲之。意率詞俚，取諸胸臆，觀者幸畧其辭而原其心焉。

　　天路何遼廓？吾生從所之。【《論語·述而》：“富而可求也，雖執鞭之士，吾亦爲之。如不可求，從吾所好”。】**致身苦不早，奄忽非少時。**【《古詩十九首》：“盛衰各有時，立身苦不早。”〇《古詩十九首》：“人生寄一世，奄忽若飆塵。”】**迷途幸非遠，回駕方自茲。**【《歸去來辭》：“實迷途其未遠。”〇《飲酒》：“吾駕不可回。”】**但當飲美酒，任性勿復疑。**【《古詩十九首》：“不如飲美酒，被服紈與素。”】**有客款蓬廬，一觴欣共持。**【《飲酒》十三：“有客常同止，取舍邈異境。”】

　　● 愚按：此篇多從《古詩十九首》中化出，此雖和陶，亦可窺淵明之或有所得於《古詩十九首》也。

十九、(明)楊起元　擬陶徵君飲酒　其一②

　　處世實大夢，何事更齊之？蝴蝶爲莊周，寧似翩翩時？【《莊子·齊物論》：“昔者莊周夢为胡蝶，栩栩然胡蝶也，自喻适志与！不知周也。俄然觉，

---

① 黎民表(1515—1581)字惟敬，號瑶石，廣東從化人。嘉靖十三年舉人，累官河南布政參議。萬曆七年致仕。好讀書，居廣州粤秀山麓清泉精舍，爲文自成一家。爲黄佐弟子，以詩名。與歐大任、梁有譽、李時行、吳旦稱“南園後五子”。隸書師文征明，行草俱入妙品。嘗纂修從化、羅浮諸志，著《瑶石山人稿》。參《明史·黄佐傳》《明史·藝文志》《廣東通志》《列朝詩集小傳》。此詩見《瑶石山人稿》卷二（文淵閣四庫全書補配清文津閣四庫全書本），按作於明世宗嘉靖三十三年(1554年)。
② 楊起元(1547—1599)，字貞復，廣東歸善人。爲隆慶鄉試第一，萬曆五年進士，師從羅汝芳，“以知性爲宗，不離日用，亦不諱禪。”。萬曆十七年，爲國子監司業。任廣州禺山書院山長，“以明德、新民、止至善爲宗”。累官吏部左侍郎。有《楊復所先生家藏文集》十二卷，及《識仁編》《證學編》《諸經品節》等。此詩見《楊復所先生家藏文集》卷八(明崇禎楊見晙刻本)。

則蘧蘧然周也。不知周之梦为胡蝶与,胡蝶之梦为周与?"】**榮悴緣識轉,真性不如兹。【可爲"衰榮無定在"注腳】所以覺者心,任運匪復疑。【《歸去來辭》:"樂夫天命復奚疑"】我有莫逆交,對酒懽相持。【《莊子·大宗師》:"四人相視而笑,莫逆于心,遂相与为友。"】**

● 愚按:莊佛並參,有心齊物順化矣,然似尚未至忘我境。

二十、(明)周履靖　和飲酒二十首　其一①

窮達自有定,嗤彼空謀之。項羽烏江上,焉想鴻門時?【雖曰好漢不提當年勇,恐亦不能不有所想】人事多變遷,誰能深念兹?智者悟其機,飲酒何足疑?老去不復少,良辰杯可持。【《歸去來辭》:"懷良辰以孤往。"】

● 愚按:知窮達有定分,而悟衰榮無定在,方是知命知天。所謂"機關算盡太聰明,反誤了卿卿性命"。

二一、(明)唐時升　和飲酒二十首　其一②

初夏天氣微熱,方不欲飲,偶龔仲和邀看園中新綠,出所藏名酒,意甚樂之。次日捉筆和淵明先生《飲酒》詩數篇,與索一罇獨酌,會雨悤無事,遂盡和其韻。

我本磊落人,憂患纏綿之。【李白《庐山谣寄卢侍御虚舟》:"我本楚狂人"】唯逢酣飲處,亦有開眉時。【東坡《和飲酒》其一:"如何得一適,亦有如生時。"】暮年學恬淡,意復不在兹。昨宵遇名酒,曠然散羣疑。【《飲酒》序:"偶有名酒,無夕不飲。"】滯雨苦寥落,一杯思自持。

---

① 周履靖(1549—1640),字逸之,初號梅墟,改號螺冠子,晚號梅顛,嘉興(今浙江嘉興)人。性慷慨,善吟詠。與文嘉、王世貞、茅順、屠緯真、王稺登諸人遊。尤工書,善山水,兼精人物。著有《夷門廣牘》、《梅顛稿選》、《畫評會海》、《五柳賡歌》等。此詩見《五柳賡歌》(叢書集成初編本)。

② 唐時升(1551—1636),字叔達,號灌園叟,南直隸蘇州府嘉定(今屬上海)人,受業歸有光,年未三十,棄舉子業,專意古學,工詩文,善畫墨梅。好施與。與婁堅、李流芳、程嘉燧合稱"嘉定四先生"。此詩見《三易集》卷一(崇禎刻清康熙補修嘉定四先生集本)。

● 愚按：此老景況，良可謂"我與酒周旋久，寧作我？"一笑。

二二、(明)何白　和陶淵明飲酒詩二十首　其一①

壬子仲夏，山中苦雨，塊處無儔，【《楚辭·山鬼》："塊獨處乎山中。"】濁醪獨引，間取架上淵明集，時一諷之，泠泠作金石聲，以代鼓吹，興至依韻成篇，非敢唐突前賢，譬之風蟬壤蠅，亦各自鳴其天而已，醉後錄之齋壁。

窮達會歸盡，昔人安所之。【安於所之，隨遇而安也。】寸心有冥會，千載如同時。良晨本無待，爲歡當在茲。【《讀山海經》："徒設在昔心，良辰詎可待？"】興言命尊酒，達生寧復疑？ 不爾保貞素，歲晏將何持？【《飲酒》十五："若不委窮達，素抱深可惜。"又《答龐參軍》："君其愛體素，來會在何年？"】

● 愚按："達生寧復疑"句，似已窺見陶詩之出於莊子意，可爲"達人解其會"一語注腳。

二三、(明)張瑞圖　和飲酒二十首示蓮水弟　其一②

花開酒未熟，意謂少待之。酒熟携看花，已是花落時。【愚按：頗有

---

① 何白(1562—1642)，明末布衣詩人，字無咎。生於樂清縣城西郊丹霞山麓金溪，童年隨父何導遷居温州城積谷山下。自稱丹邱生，又號鶴溪老漁。祖母爲樂清詩人李經(號後峰先生)之姊。何白《李後峰先生傳》："白五、六歲時，間就祖母宿，每天明，祖母從枕上授白詩數章，或對句一、二聯，已而謂白：'此詩汝舅祖後峰翁所作也。汝聰明，他日亦能繼翁作此否？'白雖童而缺，而精神意氣亦稍稍知響往。"早年有《山雨閣詩》、《榆中草》，晚年又手定《汲古堂集》，刻於萬曆四十三年，後陸續有翻刻。又《汲古堂續集》有抄本流傳。此詩見《汲古堂集》卷六(明萬曆刻本)。按作於明神宗萬曆四十年(1612年)。
② 張瑞圖(1570—1641)，字長公，一字果亭，號二水、白毫庵主、芥子居士、平等居士、果亭山人等。福建晉江人，萬曆三十五年(1607)進士，殿試第三，授編修官少詹事，兼禮部侍郎，以禮部尚書入閣。曾爲魏忠賢書寫頌詞，並因趨魏黨仕至武英殿大學士。後魏黨敗，故入逆案，坐徒贖爲民。繼而遁迹江南，隱於青陽里白毫庵。善畫山水，尤工書，以"金剛杵"筆法著稱于世，特擅行草。與董其昌、邢侗、米萬鍾齊名。梁巘《評書帖》謂："張二水書，圓處皆作方勢，有折無轉，于古法一變。""用力勁健，然一意橫撐，少含蓄靜穆之意，其品不貴。"又云："明季書學競尚柔媚，瑞圖、王鐸二家力矯積習，獨標氣骨，雖未入神，自是不朽。"此詩見《白毫菴集》內篇卷一。

禪意,較"花開堪折直須折,莫待無花空折枝"宛轉。】陶公既已沒,風流不在茲。【"孟公不在茲,終以翳吾情。"】

百年信荏苒,豈容少遲疑?【《雜詩》其五:"荏苒歲月頹,此心稍已去。"】立名與適志,一路合堅持。

● 唐大華評曰:入世立名,出世適意,古難兩全。人生天地,忽忽而已,孰能猶豫於出入之間? 故無論入世出世,皆當及早裁定,既定則無復多慮。

二四、(明)魏學洢 和陶飲酒 其一①

庭菊無俗韻,好風徐拂之。【《飲酒》:"秋菊有佳色",又《歸園田居》:"少無適俗韻",又《讀山海經》其一:"微雨從東來,好風與之俱。"】澹然獨自遠,想見東籬時。吾骨本無媚,爾亦恒如茲。【"何意百煉鋼,化爲繞指柔?"正坐骨中有媚故也。】霜白花始黃,高卓良勿疑。【《飲酒》:"凝霜殄異類,卓然見高枝。"王充《論衡·答佞》:"太史公記功,故高來襍,記錄成則著效明驗。攬載高卓,以仪秦功美,故列其狀。"】對之冷人意,得酒欣相持。【愚按:《莊子·大宗師》有云:"畸人者,畸于人而侔于天。故曰:天之小人,人之君子。"若此"冷人意"者,倘亦所謂畸人也與?】

● 愚按:凌霜高卓,菊無媚態;涉世淡然,人無俗韻。霜菊有君子致,冷人有秋菊韻,正人菊相映相得之境。

---

① 魏學洢(1596—1625),《四庫提要》:《茅簷集》八卷,明魏學洢撰。學洢字子敬,嘉善人,給事中大中長子也。大中忤閹被逮,學洢微服變姓名,匿定興鹿善繼家,萬計營救不得,柩歸之後,竟以毀卒。世稱忠臣孝子萃於一門。事迹附見《明史·魏大中傳》。諸書所載,亦大概相近。然學洢尚有老母,而爲無益之死,或頗疑其過中。今觀集中《與潘茂莊書》曰:"追比方始,洢將就逮獄矣。"又《辭里中父老書》曰:"目今公差來捉,旦夕將死,家門傾覆,無復可言。"然則大中没後,所謂坐受楊鎬、熊廷弼賄三千三百兩者,所司仍追呼於家。學洢積憂積瘁於前,積痛於後,又重以閹黨之威虐,數者交迫,乃無生理。非真徒以一冥不視,蹈滅性之戒。故學洢之孝在於大中被禍之日,竭力殫心,蹈危履險,出萬死以冀一生。今誦其與人諸書,至性惻怛,足以感天地而動鬼神。而錢士升等序作,惟欲以隕身殉父稱之,遂諱其追逮之事,淺之乎知學洢矣。其集一刊於錢棻。棻,大中門人也。再刊於其弟學濂,是爲今本。學濂纘其家聲,論者不能以大中之故,曲爲寬假。然益見學洢之不朽,由所自立,不由於父蔭也。見《茅簷集》卷二(文淵閣四庫全書補配清文津閣四庫全書本)。

二五、(明)黄淳耀　和飲酒二十首(并引)　其一①

　　辛巳冬杪,客海虞【今常熟】榮木樓②。賓朋不來,霰雪蕭然,惟蘇氏兄弟和陶詩一峽,連日吟諷,因舉酒自沃,次韻飲酒詩如左,蓋亦陶公所云"閒居寡懽,紙墨遂多"者也。

　　我生勞造化,如器陶埏之。【《莊子》:"大塊勞我以生"○《荀子·性惡》:"夫聖人之於禮義也,辟则陶埏而生之也。"】**一入圓方間,永離胚渾時。**【金聖歎聯句:"雨入花心自知甘苦,水入容器各成方圓。"】**縱心觀虞唐,履運傷今茲。**【《讀山海經》其一"汎覽周王傳,流觀山海圖。"】**憂樂兩糾纏,孤胸積羣疑。**【東坡詞:"憂樂相尋"】**沃以一樽酒,形影相攜持。**【《周禮》鄭玄注:"束茅立之祭前,沃酒其上,酒滲下去,若神飲之。"○謂形影相吊亦可,形影相答亦可】

　　🌸唐大華評曰:人生斯世,一失淳樸之本,則爲世網塵羅所羈,不亦悲乎?然若蘧然覺而遭衆疑,又不如獨醉而兩忘。

二六、(明)方以智　和陶飲酒　辛卯梧州冰舍作,
尚白倡之(有序)　其一③

　　論詩于陶,不必其《飲酒》二十首也,和者風其風耳。栗里如

---

①　黃淳耀(1605—1645),初名金耀,字蘊生,一字松厓,號陶庵,又號水鏡居士,蘇州府嘉定(今屬上海)人。崇禎十六年進士,歸益研經籍。清順治二年,嘉定人抗清起義,與侯峒曾被推爲首領。城破,與弟黃淵耀自縊于館舍。有《陶庵集》。《四庫總目》稱其"渾雅天成,絕無懦響"。竹垞則謂其"不惑于楚人之咻"。蓋先生承王李鍾譚余派之後,去之若浼,集中《和陶》、《和蘇》、《詠史》諸詩,多見道之言,近體亦不廢唐音。見《陶菴全集》卷十"和陶詩"(文淵閣四庫全書補配清文津閣四庫全書本)。

②　據陳樹德輯《黃陶庵年譜》"崇禎十四年辛巳"條"先生三十七歲,館虞山"語,是歲館於錢牧齋榮木樓。據陳寅恪先生《柳如是別傳》考,柳如是自縊之所亦正在此榮木樓。按榮木之名出于陶淵明《榮木》詩,《榮木》其一:"采采榮木,結根於茲。晨耀其華,夕已喪之。人生若寄,憔悴有時。靜言孔念,中心悵而。"似亦爲陶詩識矣。按作於明思宗崇禎十四年(1641年)。

③　方以智(1611—1671),此詩據安徽省博物館藏方以智《浮山后集》之《无生寱》。按題中"尚白"即施愚山,明末與方以智合稱"兩愚公"。

故，葛巾常著，豈非天乎？余雖不飲，倘然若醉。不飲非戒，亦非不戒，余當爲淵明受雙非之戒。

举世无可语，曳杖将安之？【《禮記·曲禮上》：“孔子蚤作，負手曳杖，消搖于門”，歌曰：“泰山其頹乎？梁木其壞乎？哲人其萎乎？”】**残生不能饿，乞食今何时？**【若思乞食，寧不知此方亂世】

东篱一杯酒，遗风常在兹。【淵明《飲酒十二》：“仲理归大泽，高风始在兹。”“賴有好事人，戴醪祛所惑。”此古道熱腸，蓋密之所云遺風也。】**赤松言辟谷，其事终然疑。**【《留侯世家》：“‘願棄人閒事，欲從赤松子游耳。’乃學辟穀，道引輕身。會高帝崩，呂后德留侯，乃彊食之，曰：‘人生一世閒，如白駒過隙，何至自苦如此乎？’留侯不得已，彊聽而食。”】**容易一餐饭？此钵原难持。**【世亂如此，談何容易？】

⬤ 愚按：通篇皆欲問世人，而孰知世已不可問耶？可不可之際，在時之遇不遇耳。

二七、(明)顾梦游　和陶飲酒詩　其一[①]

吾生初何爲？人世乃纷之。【《詩·王風·兔爰》：“我生之初，尚無爲；我生之後，逢此百罹。”】

一饮忘百虑，宁异义皇时。焉用悲既往？爲歡方在兹。【《酬劉柴桑》“今我不爲樂，知有來歲不？”】**來日非我事，縱心復奚疑？**【樂夫天命復奚疑？】**可與達者言，觴來聊共持。**【“深林巢一枝，可爲達者模”】

⬤ 唐大華評曰：不思既往，不慮來日，固守無爲，百事俱廢，唯於杯中求樂

---

① 顾梦游(1599—1660)，字與治，江寧，或曰吳江(今屬江蘇)人。崇禎十五年歲貢生。入清後，以遺民終老，卒於順治十七年。平生任俠好義。莆田友人宋珏客死吳門，歸葬於福建。家貧無子，詩草散佚。他跋涉三千餘里，莫酒墓門，爲之整理詩草，並請錢謙益爲之撰寫墓表。順治初，方外友人釋函可住其家，寫有一部紀述南明福王私史。事發，函可被逮審訊。事將連及，而顧面不改色，口無悔詞。後由于函可不屈，口無二詞，幸免于難。晚年爲洲田所累，窮困自甘，以書易粟，求者成市。善行草書，工古文辭，著有《茂綠軒集》。見《顧與治詩》卷一(文淵閣四庫全書本)。

地,然真作此想耶？抑無可如何語耶？

二八、(明)冒襄　对菊饮酒五言古诗二十首，
张孺子首倡和陶饮酒韵,余即次第步之　其一①

重年便種菊,秋深極愛之。【"重年"原刻如此,據下文義疑當作"童年"。】**勞勞七十年,自謂無其時。今秋久病後,菊我猶在茲。銜杯問我友,是耶非可疑。**【晉劉伶《酒德頌》:"捧罌承槽,銜杯漱醪。"《飲中八仙歌》:"銜杯乐圣称避贤。"】**對友前致辭,菊我善自持。**

●愚按:似欲化身爲菊,而反復菊我,仍不免周旋形跡矣。

二九、(明)許瀋　詠古[題注:和飲酒]　其一②

夷齊叩馬諫,左右欲兵之。【《史記·伯夷列傳》:"伯夷、叔齊叩馬而諫曰:'父死不葬,爰及干戈,可謂孝乎？以臣弑君,可謂仁乎？'左右欲兵之。"】**三代尚如此,何况末世時？所以篡逆徒,踵接直至兹。**【愚按:"直至兹"三字,可謂鞭辟入裏,篡逆之徒,無所遁形矣。】**采薇上西山,餓死不復疑。**【《史記·伯夷列傳》:"武王已平殷亂,天下宗周,而伯夷、叔齊耻之,義不食周粟,隱於首陽山,采薇而食之。及餓且死,作歌。其辭曰:'登彼西山兮,采其薇矣。以暴易暴兮,不知其非矣。神農、虞、夏忽焉没兮,我安適歸矣？于嗟徂兮,命之衰矣！'遂餓死於首陽山。"】**凛凛百千載,綱常賴扶持。**【《詠荊軻》:"其人雖已没,千載有余情。"】

●愚按:道盡遺民心聲。夫遺民者,爲世所遺,亦爲時所遺,唯史略有所

---

① 冒襄(1611—1693),字辟疆,號巢民。如皋人。明崇禎十五年副貢,入清不仕。順治三年,建水繪庵,讀書酬唱以終。治詩文,筆調秀逸,王鐸贊其書法"遒媚圓動、筆筆褚河南"。陳名夏《重訂樸巢詩文集序》稱:"筆鋒墨秀,玄旨微情。俱在有意無意、可想不可到之境。"著有《巢民詩集》、《文集》。此詩見《同人集》卷十一《菊飲倡和》(清刻本)。
② 許瀋(康熙前在世),此詩見《許子詩文存》(康熙刻本)。

載，若不得史遷以下藏諸名山之史筆，此輩音跡將終没於深山矣。

三十、(清)錢陸燦　和飲酒　其一①

春風飄然去，不知何所之。【有老杜"隨風潛入夜，潤物細無聲"之妙境。】密移任造物，孟夏及其時。【《列子·天瑞》："運轉亡已，天地密移，疇覺之哉?"】行年倏周甲，吾道猶在茲。【周甲，滿一甲子，作者時年 62 歲。與嚴熊和陶同作之年可相印證。】養閑竟抱膝，達生更何疑?【《莊子》有《達生》篇，參淵明《飲酒》其一"達人解其會"句下注】縱飲非吾事，美醖聊一持。【《莊子·讓王》："湯將伐桀，因卞隨而謀，卞隨曰:'非吾事也。'"】

● 愚按：此首又揭出"達生"題目，可見明眼人不少。

三一、(清)嚴熊　和陶飲酒二十首(有序)　其一②

予素好飲，頗爲鄉里所嗤。今年四十有七【按系 1672 年】以嗽疾漸減，親朋宴集，小巵遣興而已。長夏無聊，湘靈【按爲錢陸燦】、

---

① 錢陸燦(1612—1698)，字爾韜，號湘靈，又號圓沙，江蘇常熟人。順治十四年舉人。好藏書，教授常州、揚州、金陵間，從遊甚衆，有《調運齋集》，又從錢謙益《列朝詩集》輯出《小傳》別行，有所是正。詩學少陵，出入于宋，曾批點方回《瀛奎律髓》。晚年居虞山。《柳南隨筆》載："錢湘靈陸燦晚年居虞山，老屋三楹，適當石梅之下，松陰嵐翠，如眉嵐目。"此詩見《圓沙和陶詩》一卷(約康熙間刊本，收入《四庫存目叢書》)，按作於清圣祖康熙十一年(1672 年)。

② 嚴熊(1626—1691)，字武伯，号枫江钓叟，六十以后自号白云先生。順治十六年，錢牧齋爲先生作《嚴武伯詩卷》："余愛其詞氣樸直，有宋名人之風。去年冬，以詩句投余，凡數百篇。披華落實，明玕青瑶，落落於行墨之間，信武伯之昌于詩而殖於學也。昔者淵明爲《責子詩》曰:'雖有五男兒，總不好紙筆。天運苟如此，且進杯中物。'此蓋達人智士，任運玩世，擺落嘲弄之辭耳。而杜子美訶之曰:'陶潛一老翁，聞道苦不早。有子賢與愚，何其掛懷抱。'子美之訶淵明，則達矣，其于宗文宗武，則曰:'驥子好男兒，前年學語時。'又曰:'汝啼吾手戰，吾笑汝身長。'其懷抱之縈掛與否，視淵明何如也? 當武伯投詩日，余方有哭孫之戚，老淚潸閣，爲之破涕一笑。"康熙五年秋，牧齋殁後，會丁家難，柳如是自縊。先生不避嫌怨，所至訟言。座中以爲狂，獨龔芝麓感泣稱異，以爲不負知己，有古人之風。著述據其子嚴虞惇《宋茘裳先生文集序》云:"先君子遺集數百卷，未授剞劂。"今传世者仅《严白云诗集》二十七卷。多追和前人之作，《和陶饮酒二十首》外，尚有如《岁暮杂感八首用杜秋兴韵》、《追和沈石田先生落花诗三十首》等。此詩見《嚴白雲詩集》卷八(清乾隆十九年嚴有禧刻本)，按作於清圣祖康熙十一年(1672 年)。

定爾【陸定爾】諸君約和陶公《飲酒》詩，輒復效顰，所謂"但恐多繆誤，君當恕醉人"者，自茲以往，庶其可以免乎？雖和《飲酒》，實和《止酒》也。

我生素好飲，遇酒輒飲之。既飲無所知，非復未飲時。未得酒中趣，招尤多在茲。【反用東坡《和陶飲酒》其一："偶得酒中趣，空杯亦常持。"】三復《酒誥》篇，剛制不復疑。【《尚書·周書·酒誥》：剛制于酒。】昔時高陽徒，怪我小盞持。【《史記·酈生陸賈列傳》："吾高陽酒徒也，非儒人也。"】

● 愚按：此老從實道出，雖好飲而酒中趣實不易得也。

三二、（清）盧綋　和陶飲酒二十首（並序）　其一①

余飲不能以一勺，因客而設，亦復終日不厭也，然則余殆儉於量而奢於趣者乎？淳于子謂"一斗亦醉，一石亦醉。"【見《史記·滑稽列傳》】所貴乎自適已趣而已。奚計飲之多與寡哉？因讀淵明《飲酒》詩，依韻以和，指意各殊，而自述所得，將無有同也？若謂所咏在酒，淵明且不願開此濫觴矣。

世路亦多歧，鹿鹿將焉之？【歧途慟哭，見《晉書·阮籍傳》】逝者不吾與，百年有終時。【《論語·陽貨》："日月逝矣，歲不我與。"】未來何足念？適意洵在茲。古人貴知止，其義良不疑。【《大學》：知止而後有定。】偶爾遇同心，尊酒聊分持。

● 愚按：序中"將無有同"語出《世說新語·文學》："阮宣子有令聞，太尉王夷甫見而問曰：'老莊與聖教同異？'對曰：'將無同？'"凡和陶者，多可作"將無同"、"莫須有"之觀。

---

① 盧綋，民國《湖北通志》卷一五二《盧綋傳》略云：盧綋字元度，一字澹岩，蘄州人。順治乙丑進士。屢遷松參議、長廬鹽運使。嘗修蘄州志，錢謙益甚稱之。有《四照堂文集》三十五卷。此詩見《四照堂詩集》卷一（康熙汲古閣刻本）。

三三、(清)施閏章　客中獨酌偶和陶公飲酒　其一①

人生若奔馬,促促竟何之?【《莊子·盜跖》:天與地無窮,人死者有時,操有時之具而託於無窮之間,忽然無異騏驥之馳過隙也。】**崎嶇逐所欲,寧似閒居時?**【按潘岳作《閒居賦》,而有望風逐塵之舉。】**得歡日已足,何爲待來茲?**【《古詩十九首》:"爲樂當及時,何能待來茲?"】**彭殤等朝莫,下士心然疑。**【《莊子·齊物論》:"天下莫大于秋毫之末而泰山爲小,莫壽乎殤子而彭祖爲夭。天地與我並生,而萬物與我爲一。"〇《道德經》第四十一章:"上士聞道,勤而行之;中士聞道,若存若亡;下士聞道,大笑之。不笑不足以爲道。"《九歌·山鬼》:"君思我兮然疑作。"洪興祖補注:"然,不疑也;疑,未然也。君雖思我,而爲讒者所惑,是非交作,莫知所決也。"】**但當樂相樂,一觴聊共持。**【《莊子·大宗師》:"若人之形者,萬化而未始有極也,其爲樂可勝計邪?"又《九歌·少司命》:"悲莫悲兮生別離,樂莫樂兮新相知。"】

● 愚按:愚山與方密之嘗爲方外密交。密之號藥地愚者,二愚皆深於解莊者,於和陶詩亦可見。

三四、(清)孫枝蔚　飲酒二十首和陶韻　其一②

商山與谷口,君當何所之?【《漢書》卷七十二:"漢興,有園公、綺里季、

---

① 施閏章(1618—1683),字尚白,一字屺雲,號愚山,又號蠖齋,晚號矩齋,宣城人。早年遊學于復社名士沈壽民及周鎬門下。順治六年進士,授刑部主事,官山東學政、江西布政司參議。康熙六年歸里。康熙十八年,召博學宏詞,充《明史》纂修官。與宋琬齊名,號"南施北宋",其詩"溫柔敦厚,一唱三歎,有風人之旨"。有《學餘堂文集》二十八卷、《詩集》五十卷、《外集》二卷。此詩見《學餘堂集》詩集卷三(文淵閣四庫全書本)。

② 孫枝蔚(1631—1697),《清史稿》卷四百八十四:"孫枝蔚,字豹人,三原人。少遭闖賊亂,結邑里少年擊賊,墮坎垎,幸不死。乃走江都,習買,屢致千金,輒散之。既乃折節讀書,傲居董相祠,高不見之節。王士禛官揚州,以詩先,遂定交,稱莫逆焉。時左贊善徐幹學方激揚士類,才俊滿門,枝蔚弗屑也。以布衣舉鴻博,自陳衰老,乞還山,遂不應試,授內閣中書。著《溉堂集》,詩詞多激壯之音,稱其高節。"康熙十八年舉博學鴻儒,授中書舍人,魏禧序其詩:"沖口而出,搖筆而書,磅礴奧衍,不可窺測"。此詩見《溉堂集》前集卷二(康熙刻本)。

夏黄公、角里先生，此四人者，當秦之世，避而入商雒深山，以待天下之定也。"又"其後谷口有鄭子真，蜀有嚴君平，皆修身自保，非其服弗服，非其食弗食。"◎愚按：寧效商山四皓之有待而出耶？寧從谷口子真之終老谷中耶？所以有"何所之"之自問也。】**上農恒得飽，歸田復幾時？**【《禮記·王制》：農田百畝。百畝之分：上農夫食九人，其次食八人，其次食七人，其次食六人；下農夫食五人。庶人在官者，其禄以是爲差也。】

顧念嗷嗷兒，憂端實在兹。【《歸去來辭》序："幼稚盈室，缾無儲粟，生生所資，未見其術"】**樊生爲小人，陶翁益可疑。**【《論語·子路》："樊遲請學稼，……子曰：'小人哉樊須也。'"〇按意蓋謂若效樊遲學稼，不免爲小人之譏，則若學陶更可疑也。】**有酒不爲困，誰復禁吾持？**【《論語·子罕》："出則事公卿，入則事父兄，喪事不敢不勉，不爲酒困，何有於我哉？"】

● 愚按：且勿問"商山與谷口，君當何所之？"蓋今皆無問津者矣。

三五、(清)尤珍　飲酒和陶二十首　其一①

雨露榮卉木，霜雪旋頹之。託生天地間，菀枯亦隨時。【《古詩十九首》："人生天地間，忽如遠行客。"〇《國語·晉語二》："〔優施〕乃歌曰：'暇豫之吾吾，不如鳥烏，人皆集于苑，己獨集於枯。'里克笑曰：'何謂苑？何謂枯？'優施曰：'其母爲夫人，其子爲君，可不謂苑乎？其母既死，其子又有謗，可不謂枯乎？枯且有傷。'"因以"菀枯"指榮枯】**松柏何莪莪，特立常在兹。誰亮後彫節？歲寒方不疑。**【《論語·子罕》："歲寒，然后知松柏之后彫也。"】**卓哉陶處士，固窮以自持。**【《論語·衛靈公》："君子固窮，小人窮斯濫矣。"】

● 愚按：此就陶詩《飲酒》其八"青松在東園，衆草没其姿。連林人不覺，獨樹衆乃奇。"一首鋪衍而能化，故使人不覺。

---

① 尤珍(1647—1721)，字謹庸，一字慧珠，號滄湄，長洲縣(今屬江蘇省蘇州市)人，尤侗子。康熙二十年進士，曾任翰林院庶吉士，並歷任大清會典、明史、三朝國史纂修官。濡染庭訓，深于詩學，每作一詩，字字求安，回避譏彈之意。著有《滄湄劄記》，道作詩甘苦極詳。又有《滄湄類稿》五十卷，《啐示録》二十卷。此詩見《滄湄詩鈔》卷一(康熙刻本)。

三六、(清)周金然　和飲酒　其一①

我本遺世人，世亦幸棄之。【李白《送蔡山人》："我本不棄世，世人自棄我。"東坡《赤壁賦》："飄飄乎如遺世獨立，羽化而登仙。"】云何不樂天？憂患無寧時。【《莊子·刻意》：聖人休休焉則平易矣，平易則恬惔矣。平易恬惔，則憂患不能入，邪氣不能襲，故其德全而神不虧。】廓然對美酒，真意忽在茲。【淵明《始作鎮軍參軍經曲阿作》："真想初在襟"】引滿捐百情，細酌開群疑。獨醉有餘適，顧影還共持。【東坡《和陶飲酒》序："終日歡不足而適有余。"】

● 愚按："我本遺世人，世亦幸棄之"一語頗妙，蓋善反用太白意者。

三七、(清)邊汝元　次韻和陶飲酒二十首　其一②

運會攸殊，遭逢各異，淵明飲酒命題，意不在酒，余和其詩，亦不必似陶，意各有在也。

名酒不易得，晨昏斟酌之。【《移居》："過門更相呼，有酒斟酌之。"】滔滔者如斯，今時復何時？【《論語·微子》："滔滔者天下皆是也，而誰以易之？"】惜費寡所歡，貽笑于來茲。【《古詩十九首·生年不滿百》："愚者愛惜

---

① 周金然（1629—1694 年後），字廣居，號廣庵，上海人。康熙二十一年進士。工書法，告歸時以平生所書進呈，清聖祖制五言十二韻褒之。有《娛暉草》、《西山紀遊》、《和靖節集》、《和昌谷集》、《江蘇詩事》。據陳康祺《郎潛紀聞二筆》卷三"遂園耆年褉飲圖條"："昆山徐氏《遂園耆年褉飲圖》，禹鴻臚筆也。圖凡十二人：常熟錢陸燦（1612—1698，時年 83 歲）、孫暘，昆山盛符升（1615—1700）、徐乾學（1631—1694）、徐秉義（1633—1711）、長洲尤侗（1618—1704，時年 77 歲）、何棟，太倉黃與堅，華亭王日藻（1623—1700 年）、許纘曾（1627—? 年），上海周金然，無錫秦松齡（1637—1714），通得年八百四十二歲。其修褉之日，則康熙三十三年（1694 年）甲戌三月三日也。"錢陸燦爲此圖作記。據相關資料，考得周金然時年 64 歲，故推其生年當爲 1629 年，卒年當在 1694 年之後。《和靖節集》，此詩見《四庫全書存目叢書》集部第 253 冊。

② 邊汝元（1653—1715），河北任丘人，字善長，號漁山，別署桂巖嘯客。屢試不第，遂絕意進取。能詩文，工畫，長于音律。著有雜劇《鞭督郵》、《傲妻兒》、《羊裘釣》等，另有《桂巖草堂詩古文》。此詩見《漁山詩草》下卷（乾隆四十年刻本）。

費，但爲後世嗤。"】百年會易盡，一醉不復疑。勉旃無太荒，溫克以自持。【《詩·小雅·小宛》："人之齊聖，飲酒溫克。"鄭玄箋："中正通知之人，飲酒雖醉，猶能溫藉自持以勝。"】

　　● 愚按："滔滔者如斯，今時復何時?"可與"鼎鼎百年內，持此欲何成!"相參，按"鼎鼎"一語於其中究何解，衆說紛紜，愚意或寓鼎沸不止意。

三八、(清)錢陳群　上塚和飲酒二十首韻(有序)　其一[①]

　　　陳群奉役江右，陛辭日，面陳烏私，乞於事竣，紆道里門，省先人墳墓，即日得假。九月既望，由章江泝灘，踰玉山、下富春、過錢塘，於十月望還家。馳拜封壠，凡五晝夜。登山臨水，自高曾以來，宅兆之在縣境者，殆將徧焉。惟是官程嚴迫，未敢淹滯，族□親串，念我勞人，各取酒爲歡，亦以言別。念陳群遭際明盛，少歷艱苦，年三十後始通籍，今垂耳順，追維先澤，少愧枌榆，感激依戀，悁焉有述。

　　舊廬忽來止，惘惘何所之?【《歸去來辭》："胡爲乎惶惶然欲何之?"】遊子感風木，增悽還家時。【《韓詩外傳》："樹欲靜而風不止，子欲養而親不待。"】昔日承歡笑，永朝常如兹。

　　今者命楫往，中道猶自疑。【《論語·學而》："力不足者，中道而廢，今汝畫。"】松楸竟成行，有淚誰能持?【《古詩十九首》："白楊何蕭蕭，松柏夾廣路。"】

　　● 愚按：以省先人墳墓爲題，見未敢忘本。於和陶中爲別調，亦可備一格。

---

① 錢陳群(1686—1774)，字主敬，浙江嘉興人，父綸光，早卒。母翼諸孤以長。康熙四十四年，聖祖南巡，陳群迎駕吳江，獻詩。上命俟回蹕召試，以母病不赴。康熙六十年進士，引見，上諭及前事。改庶吉士，授編修。雍正七年，世宗命從史館直，杭奕祿赴陝西宣諭化導，陳群周歷諸府縣，集諸生發公廨講經，反覆深切，有聞而流涕者。使還，上諭獎爲"安分讀書人"。五遷右通政，督順天學政。此詩見《香樹齋詩文集》詩集卷十三。按據詩序中"今垂耳順"一語揣之，約作於清高宗乾隆八年(1743年)前後。

三九、(清)趙懷玉　飲酒二十首(并序)　其一①

余少嗜酒，老而未衰，然少易醉而今則易醒，豈量之踰於昔耶？亦境之不如前爾。頃來成山精舍，每夕小酌。輒復陶然，因和淵明飲酒二十首。意不僅在酒，而未嘗不因酒根觸之也。

靖節飲酒作，端明嘗和之。【東坡嘗爲端明殿學士】我才慚二子，生恨非同時。【《史記·司馬相如傳》："上讀《子虛賦》而善之，曰：'朕獨不得與此人同時哉？'"】浮湛久隨世，止泊偶在兹。【淵明《雜詩》其五："前途當幾許？未知止泊處。"】萬緣既已悟，何用滋然疑？【"然疑"見前注。】惟有杯中物，興到常一持。【淵明《責子》："天運苟如此，且進杯中物。"】

● 愚按："浮湛久隨世，止泊偶在兹。"似亦化用《世說新語·任誕》之典："畢茂世云，'一手持蟹螯，一手持酒杯，拍浮酒池中，便足了一生。'"

四十、(清)汪學金　和陶飲酒　其一②

余索居皖署，殘年長夜，獨酌自娛，少飲輒醉。因和淵明《飲酒》詩二十首，以抒無聊之緒。東坡所謂"歡不足而適有餘"者，亦庶幾近之云爾。

孤雲隨飄風，日暮將何之？【《老子》："飄風不終朝，驟雨不終日。孰爲此者？天地。"】山梁感物性，舉集各以時。【《論語·鄉黨》：色斯舉矣，翔而後集。曰："山梁雌雉，時哉！時哉！"子路共之，三嗅而作。】流行坎止間，吾道

---

① 趙懷玉(1747—1823)，字億孫，號味辛，江蘇武進人。尚書趙申喬四世孫。乾隆四十五年(1780年)，高宗南巡，召試，賜舉人，授内閣中書。官至兗州府知府。工詩，與孫星衍、洪亮吉、黃景仁齊名，時稱孫、洪、黃、趙。學者稱味辛先生。有《亦有生齋集》。《清史稿》有傳。此詩見《亦有生齋集》卷二十五(道光元年刻本)。

② 汪學金(1748—1806)，字敬銘，又字杏江、敬箴。江蘇太倉人。乾隆四十六年進士。曾與蘇加玉、沈光春等選輯婁東詩派之作。此詩見《靜厓詩稿》後稿卷十古今體九十首(乾隆刻嘉慶增修本)。

良在兹。【東坡《和飲酒》其九："乘流且復逝，抵曲吾當回。"其十九："請作鵬鳥賦，我亦得坎止。"】淵明知此意，飲酒了不疑。曠焉千載下，誰復一樽持？

● 愚按：細品"山梁感物性，舉集各以時。"之語，以詩解經，字字有據，可見讀書積習，於酌酒時尚不忘注經。

四一、（清）舒夢蘭　戊午臘日映雪讀陶詩有感因和飲酒廿首上弘雙豐將軍　其一①

暮雪愈明快，遊眺乏所之。朗吟淵明詩，想見傾觴時。八埏曠以潔，酒德良若茲。【《史記·司馬相如列傳》："上暢九垓，下泝八埏。"是心純白如暮雪，酒德亦見真性】飲水亦能豪，味道方無疑。【《论语·述而》："子曰：'飯疏食飲水，曲肱而枕之，樂亦在其中矣。不義而富且貴，於我如浮雲。'"】慚余不解醉，一編空自持。【不能持酒，故持《飲酒》詩一編爾。】

● 愚按：映雪讀陶，且以和《飲酒》代飲酒，不亦樂乎？

四二、（清）查揆　和淵明飲酒二十首　其一②

自夏徂秋，旅泊吳下，祥伯自魏塘來，倡予和汝，篇什未半，舟楫已具。翩然言別，凜冬風雪，無意語言。酒次斐然，思復有作。適南廬亦還鄉里，舉杯屬之，曰，"失一老兵，得一老兵，亦無悶焉。"一笑闃然。遂各次第，如淵明之數。

---

① 舒夢蘭(1759—1835)，字香叔，又字白香，晚號天香居士，《白香詞譜》纂者。落第後閉門讀書，窮究理學，爲子侄解詩說文。嘉慶八年後，每年裹糧出遊，曾住廬山天池寺百日，寫《遊山日記》12卷；過都昌游古南寺，著《古南餘話》五卷；訪婺源，撰《婺令餘稿》一卷。此詩見《天香全集》(嘉慶癸酉刻本)。按作於清仁宗嘉庆三年(1798年)。

② 查揆(1770—1834)，又名初揆，字伯揆，號梅史，浙江海寧人。生於清高宗乾隆三十五年，卒于宣宗道光十四年，年六十五歲。好讀書，有大志，受知于阮元，嘗稱爲詁經精舍翹楚。嘉慶九年舉人，錢大昕、法式善皆寓書於阮，望其入京。官至順天薊州知州。揆文筆雄秀冠時；詩出入于查慎行、厲鶚之間，但警動過之。著有《篔穀文集》。見《篔穀詩文鈔》詩鈔卷十三(清道光刻本)。

牧童豈知道？後者須鞭之。【《莊子·達生》"聞之夫子曰：'善養生者，若牧羊然，視其後者而鞭之。'"】仁智各有會，爲學貴及時。【《周易·繫辭上》："仁者見之謂之仁，智者見之謂之智。"】汲汲謀賤貧，憂危寧獨茲？牀頭一尊酒，不復相然疑。【東坡《和陶飲酒》其七："牀頭有敗榼，孤坐時一傾。"】議論何所益？日夕爭相持。【《莊子·天下》："惠施不能以此自寧，散於萬物而不厭，卒以善辯爲名。惜乎！惠施之才，駘蕩而不得，逐萬物而不反，是窮響以聲，形與影競走也，悲夫！"】

❸ 愚按：此和作末句與淵明原詩"日夕懽相持"僅一字之差，而其義判若雲泥，此和詩之妙也。熟讀自能有得。

四三、(清)鄭珍　和淵明《飲酒》二十首(並序)　其一①

壬寅七月，自郡歸，倦不欲出，每獨飲數盃，有所觸寄，輒和陶作，至十月之盡，諸章俱備，除去重復，見意足矣。

浩然白雲去，涼風吹送之。明月一盃酒，青天無已時。【《世說新語·言語》：司馬太傅(道子)齋中夜坐，于時天月明淨，都無纖翳，太傅歎以爲佳。謝景重在座，答曰："意謂乃不如微雲點綴。"太傅因戲謝曰："卿居心不淨，乃復强欲滓穢太清耶？"李白《夜泊牛渚懷古》：青天無片云。】淵明何代人？松菊仍在茲。【《歸去來辭》："三徑就荒，松菊猶存。"】真襟苟會合，自信直不疑。【《始作鎮軍參軍經曲阿作》："真想初在襟。"《漢書·萬石衛直周張傳》：直不疑，南陽人也。爲郎，事文帝。其同舍有告歸，誤持其同舍郎金去。已而同舍郎覺，亡意不疑，不疑謝有之，買金償。後告歸者至而歸金，亡金郎大慚，以此稱爲長者。稍遷至中大夫。朝，廷見，人或毀不疑曰：'不疑狀貌甚美，然特毋奈其

---

① 鄭珍(1806—1864年)，字子尹，晚號柴翁，貴州遵義沙灘(今遵義縣境)人。以經學馳名，李慈銘《越縵堂日記》："子尹《經說》雖只一卷，而精密貫串，尤多傑見。"莫友芝稱其"平生著述，經訓第一，文筆第二，詩歌第三。而惟詩易爲易見才，將恐他日流傳，轉壓兩端耳。"張裕釗《國朝三家詩鈔》將鄭珍、施閏章、姚瑩並列爲有清三代詩人。著有《說文逸字》《巢經巢詩鈔》九卷等。此詩見《巢經巢詩文集》詩集卷六(民國遵義鄭徵君遺著本)。按作於清宣宗道光二十二年(1842年)。

善盜嫂何也！’不疑聞，曰：‘我乃無兄。’然終不自明也。】**清夢未易求，此語猶**
謹持。【東坡《和陶貧士七首》：“我後五百年，清梦未易求。”】

● 愚按：“真襟苟會合”與“清夢未易求”亦似一對。

四四、(清)鄭炎　和陶飲酒十八首　其一①

　　余性好飲酒而未嘗湛然，有無所辭於湛者。因讀淵明飲酒
詩，酣餘和之，語無倫次，言所欲言而已。

　　榮枯觀草木，人事亦如之。秋杜與春蘭，芳馥各有時。飲中得真
趣，抱道良在茲。阮生爲世棄，嵇生爲世疑。【愚按：“棄”、“疑”於此當作
互文理解。】遙遙征途間，兩端任自持。

● 唐大華評曰：“三代以降，治失道之正，民失性之真，是以僞詐成俗，以妄
爲常，遂至天下滔滔。偶有抱道求真之士，或肆直如中散，或慎微如步兵，莫不
因其悖常以見疑，乖俗而見棄。然嵇阮之所以見疑見棄，非以其處世之肆或慎，
蓋由其本性之率真耳。夫肆直、慎微皆言行之膚相，有道者與世俗庸常之異何
嘗在此？蓋所以異者，其所抱之道，所率之真也。”大華方研王元澤《老子注》畢，
蓋於古道有所得者，故擇錄於此。

四五、(清)孔繼鑅　戊戌除夕用飲酒二十首韻(有序)　其一②

　　心在歧路，歸猶未歸。知老親憐兒意怊，亦不以虛榮爲實樂

---

① 鄭炎，《晚晴簃詩彙》：鄭炎，原名源，字清渠，秀水人。諸生。有《雪杖山人集》。此詩見《雪杖山人詩
　集》卷八(嘉慶五年鄭師尚刻本)。

② 孔繼鑅，字稺函，曲阜人。道光丙申進士，師事山陽潘德輿，以氣節相尚。能文章，好爲古歌詩。以知
　府從軍江浦，死洪楊之難。有《心向往齋詩集》。吳熙載序中有“余借讀數日，手錄一副，藏之篋笥。今
　年春繡水王俊甘嚴述其尊甫惜庵先生欲先刻此稿，遂攜之去”語，《用陶韻詩》系《心向往齋詩集》之一，
　有單刻本，吳熙載手書上板。光緒《淮安府志》卷三二：“繼鑅生而穎異，四歲知書，能讀陶詩，十五爲和
　陶詩，有《停雲》之作，爲耆宿所稱賞。”秀水王相評其詩曰：“逸情峻筆，正如閣上一峰，坐收諸天景色。
　而朝嵐夕霭，隨風百變。”此詩見《心向往齋用陶韻詩二卷》(道光己酉精寫刻本)。按作於清宣宗道光
　十八年(1838年)。

也。僶勉廿年，獲有今夕。揣心爲聲，不覺言之長爾。

真樂際萬物，惟人實知之。人生致愁苦，恒在別離時。庭中有嘉樹，好鳥巢於茲。【《古詩十九首》："庭中有嘉樹"】雛飛不離柯，兒歸復奚疑？恩義始倫紀，性命相扶持。

● 愚按：以聖人後裔爲和陶之殿軍，巧合也歟？

【附】編者及諸友和作

樂清　滕琪　和陶淵明飲酒（並序）

予至海南方二載，方往儋州謁東坡書院，於中和鎮郊訪東坡井歸，一路牛矢盎然浹塗，密於人跡，心誦坡老"但寻牛矢觅归路，家在牛栏西复西"之句，覺千載之下，其情猶相仿佛。所謂"會心處何必在遠？"因思東坡之和陶，或者淵明之餘情有所不盡，至於東坡而代爲出之，而東坡之餘情，又散爲餘響耶？故歷代之步其塵而追和者，代不乏其作。"其人雖已没，千載有餘情"是也。千載之間既如此矣，未知自斯以往，後之和陶者，其無盡乎？其有盡乎？然則今之視昔，與昔之視昔，其無間乎？其有間乎？既無從起古人而叩之，吾其且盡杯中物乎？

日夕倦羽下，不知竟何之。【淵明《乞食》："饑來驅我去，不知竟何之。"】一枝信難寄，滿腹不宜時。【費袞《梁溪漫志》："東坡一日退朝，捫腹徐行，顧謂侍兒曰：'汝輩且道是中有何物？'……朝雲乃曰：'學士一肚皮不入時宜。'"】**此中無所有，何必待來茲？**【《世說新語·排調》："王丞相枕周伯仁膝，指其腹曰：

'卿此中何所有?'答曰:'此中空洞無物,然容卿輩數百人。'"】**已遠瓜田李,衆鳥猶相疑。**【古乐府《君子行》:"瓜田不纳履,李下不整冠"。○李白詩:"衆鳥高飛盡,孤雲獨去閑"】**不解物競趣,寒柯聊自持。**【《天演論》:"物競天擇,適者生存。"○《中庸》:"《詩》云:'伐柯伐柯,其則不遠。'執柯以伐柯,睨而視之,猶以爲遠。"】

再　　和

遑遑樊中雉,問子果安之?【《莊子·養生主》:"澤雉十步一啄,百步一飲,不蘄畜乎樊中。神雖王,不善也。"】**人我周旋久,真想無脱時。**【《世説新語·品藻》:"桓公少與殷侯齊名,常有競心。桓問殷:'卿何如我?'殷云:'我與我周旋久,寧作我?'"】**纏繞即顛倒,礙心實在兹。蘭棘布道傍,飲啄能無疑? 我亦執著甚,敢笑他人持?**

三　　和

天涯本無涯,海角亦如之。【《莊子·養生主》:"吾生也有涯,而知也無涯"】**逝水既已逝,循環會有時。**【張九齡《感遇》:"運命惟所遇,循環不可尋。"】**青青安足恃? 黄花早見兹。**【東坡《九日次韻王鞏》詩:"相逢不用忙歸去,明日黄花蝶也愁。"又《大珠慧海禪師語録》卷下:講華嚴志座主問:"何故不許青青翠竹盡是法身,鬱鬱黄花無非般若?"師曰:"法身無象,應翠竹以成形。般若無知,對黄花而顯相。非彼黄花翠竹,而有般若法身也。"】**天運竟何礙? 疑者自生疑。寄言悠悠者,擇善難固持。**【《詩·王風·黍离》:"悠悠蒼天,此曷人哉?"○《中庸》:"擇善而固執之"】

集陶和陶飲酒　其一

按集陶亦集句之一體,南宋後多有作者,惟集陶以和陶者,以孤陋所及，似尚未之見。意猶未盡，因鼓一夕之余勇，集成三首，未知堪爲陶林業海之一漚否？

山河滿目中，【擬古其四】去去欲何之？【雜詩其十一】回澤散遊目，【遊斜川】山川無改時。【形贈神】貞剛自有質，【戊申歲六月中遇火】冬夏常如茲。【擬古其六】班坐依遠流，【遊斜川】縱心復何疑？【庚子歲五月中從都還阻風于規林其二】高舉尋吾契，【桃花源詩】日夕歡相持。【飲酒其一】

再 疊 集 陶

寒暑日相推，【還舊居】霜露榮悴之。【形贈神】和澤週三春，【和郭主簿其二】大象轉四時。【詠二疏】氣和天惟澄，【遊斜川】高風始在茲。【飲酒其十二】田家豈不苦？【庚戌歲九月中于西田獲早稻】必爾不復疑。【形贈神】中觴縱遙情，【遊斜川】日夕歡相持。【飲酒其一】

三 疊 集 陶

養真衡茅下，【辛丑歲七月赴假還江陵夜行塗口】有酒斟酌之。【移居其二】千載乃相關，【庚戌歲九月中于西田獲早稻】眷眷往昔時。【雜詩其六】但願長如此，【庚戌歲九月中于西田獲早稻】無爲忽去茲。【移居其二】應盡便須盡，【神釋】何爲復狐疑？【飲酒其十二】觴至輒傾杯，【乞食】日夕歡相持。【飲酒其一】

海南澄邁　王詩俊[①]兄　和陶飲酒　其一(並小序)

望塵兄命和陶飲酒有日，未有以答，方入夏，未及搭帳，與空中蚊蚋周旋至天明，起而繞湖遊，偶得數句。

①　現爲海南大學法學院教師。

衰榮何所倚？今古共究之。賢愚入此彀，紛紛無竟時。【《莊子·德充符》：“遊於羿之彀中”又王定保《唐摭言》：“（太宗）私幸端門，見新進士綴行而出，喜曰：‘天下英雄入吾彀中矣！’”】

達者各適意，心清安慮茲？曲肱同八表，洪荒更不疑。【《停雲》：“八表同昏。”】相逢皆吾契，自合歡相持。【《雜詩》其一“落地爲兄弟，何必骨肉親？”】

湖南冷江　顏清輝[①]和陶飲酒　其一

天地無起迄，將與孰廢之？悠悠思古道，太初劫生時。【《飲馬長城窟行》：“青青河畔草，綿綿思遠道。”○《約翰福音》：“太初有道。”】成毀皆歡喜，覺知亦在茲。【《莊子·齊物論》：“其成也，毀也。”】人世風光好，知幾瞑衆疑。無常何所懼？但使杯長持。

再　　和

古有延年術，萬劫亦由之。【阮籍《詠懷》其十：“獨有延年術，可以慰我心。”】巍巍何所望？鳳鳴岐山時。是身孰真宰？日月代如茲。【《莊子·齊物論》：“日夜相代乎前，而莫知其所萌。”】仙人釀美酒，徑飲莫復疑。杳杳冥靈木，【《莊子·逍遙遊》：“楚之南有冥靈者，以五百歲爲春，五百歲爲秋。”】千載任真持。

　　　　　　　　　　壬辰夏於海南海口海甸島東坡湖上望塵居

---

① 　現爲海南大學社科中心中國哲學專業在讀碩士生。

文献考据

"叔向説《昊天有成命》"《國語》、《新書》比勘

郭萬青①

引　言

　　班固(32—92)《漢書·儒林傳》云："漢興,北平侯張蒼及梁大傅賈誼、京兆尹張敞、太中大夫劉公子皆修《春秋左氏傳》。誼爲《左氏傳》訓故,授趙人貫公,爲河間獻王博士,子長卿爲蕩陰令,授清河張禹長子。禹與蕭望之同時爲御史,數爲望之言《左氏》,望之善之,上書數以稱説。後望之爲太子太傅,薦禹於宣帝,徵禹待詔,未及問,會疾死。授尹更始,更始傳子咸及翟方進、胡常。常授黎陽賈護季君,哀帝時待詔爲郎,授蒼梧陳欽子佚,以《左氏》授王莽,至將軍。而劉歆從尹咸及翟方進受。由是言《左氏》者本之賈護、劉歆。"②可見賈誼(前200—前168)在《左傳》傳承上的重要地位,《史記》、《漢書》本傳並言賈誼頗通百家之學,則不惟《左傳》而已。其所著《新書》,《漢書》本傳稱五十八篇存世,中多有與先秦經傳內容相合者。關於賈誼《新書》與《國語》內容之相合者,目前所見最早揭出者當爲三國吳韋昭(204—173)。韋昭事見《三國志》卷六五,其獄中上

---

① 郭萬青,1975 年生,南京師範大學文學院中國古典文獻學博士生,唐山師範學院中文系講師,發表漢語史暨《國語》研究論文多篇,著有《〈國語〉動詞管窺》、《小學要籍引〈國語〉斠正》(即版)。

② [漢]班固:《漢書》,中華書局 1965 年點校本,第 3620 頁。

孫皓(242—284)書云:"囚昔見世間有古曆注,其所紀載既多虛無,在書籍者亦復錯謬。囚尋按傳記,考合異同,采摭耳目所及,以作洞紀,起自庖犧,至於秦、漢,凡爲三卷,當起黄武以來,別作一卷,事尚未成。又見劉熙所作釋名,信多佳者,然物類衆多,難得詳究,故時有得失,而爵位之事,又有非是。愚以官爵,今之所急,不宜乖誤。囚自忘至微,又作官職訓及辯釋名各一卷,欲表上之。"①是昭自述學行,今傳完本者則爲其《國語解》一書,其敘云:"(《國語》)遭秦之亂,幽而復光,買生、史遷頗綜述焉。"②韋昭已經看到《新書》、《史記》在某些內容上是綜述《國語》的,至於清代,校勘家每取《國語》校《新書》,如盧文弨(1717—1796)、王耕心(1846—1909)③等;亦有以《新書》校《國語》者,如王念孫(1744—1832)、王引之(1766—1834)父子、汪遠孫(1789—1835)等在校訂《國語》條目時都參酌到了《新書》④。近時學者爲《新書》者多以《國語》或韋疏解《新書》的疑詁,大陸方面較著者如本師方向東先生《新書集解》、《賈誼集匯校集解》、王洲明與徐超之《賈誼集校注》、閻振益與鍾夏之《新書校注》,而以方師二書最稱博洽⑤。然就《新書》某一篇與《國語》詳細讎校並疏解者尚未見,故不揣淺陋,勉力以爲,以就教於博雅君子。

今傳賈誼《新書》有二篇與《國語》的相關篇章內容相合,一篇即爲《傅職》,與《楚語上》首篇內容相同。另外就是《禮容語下》這一篇,和《周語下》的叔向聘於周以及單襄公論晉將有亂兩篇相同。宋黄震(1213—1280)《黄氏日抄》卷五六謂《禮容語》"載魯晉禮容之事,多《左傳》所載者。"⑥今《新書》唯存《禮容語下》,約可分爲三篇,另一爲魯叔孫昭子聘於宋,篇幅最短,未如前兩篇記載詳盡。叔向説《昊天有成命》《左傳》無載,單襄公論晉君臣亦無具體記載,非如

---

① [晉]陳壽:《三國志》,中華書局 1964 年點校本,第 1462、1463 頁。

② [吳]韋昭:《國語解序》,北京:國家圖書館出版社 2006 年影宋刻宋元遞修本,第 1 頁。

③ 上海廣益書局 1936 年刊行有王心湛(1881—1950)校勘《賈子新書集解》一種,觀《禮容語》及其他各篇,實是盧文弨校本之舊,並無發明。

④ 王耕心《賈子次詁》多用盧文弨校語。王引之《述聞》5 條考證參酌《新書》,汪遠孫《攷異》參酌 1 條。

⑤ 本師方向東先生《新書集解》,河海大學出版社,1994 年;《賈誼集匯校集解》,河海大學出版社,2000 年。王洲明、徐超:《賈誼集校注》,人民文學出版社,1996 年。閻振益、鍾夏:《新書校注》,中華書局,2004 年。

⑥ [宋]黄震:《黄氏日抄》,臺灣商務印書館 1983 年影文淵閣四庫全書第 708 册,第 440 頁上。

黃震所説"多《左傳》所載",李爾鋼《禮容語》題解云:"本篇大約也是賈誼爲梁懷王編寫的教材,故事多取於《左傳》。"①其"故事多取於《左傳》"之説實本黃震之説,其實無據。章太炎(1869—1936)早已指出:"惟《禮容篇》,一事似采《左傳》,二事似采《國語》耳。"②今以對勘,《周語下》用宋刻宋元遞修本,賈誼《新書》用本師方向東先生《賈誼集匯校集解》本,"邰"字一如《國語》遞修本,不再別出"郃"字。凡涉及《國語》版本之事而與《新書》内容無涉者一般不在本篇中出現。

叔向説《昊天有成命》這一段文字是中國訓詁學史上最早的系統地對《詩》的一首進行釋詞、串講句義、揭明章旨的訓詁實踐典型。清代阮元(1764—1849)已經用叔向"基,始也"、"命,信也"的訓釋作爲經傳本文即有訓詁的例證。③後來的一些訓詁學教材專門把整段内容作爲先秦訓詁萌芽的一個最有説服力的篇章,周大璞(1909—1993)《訓詁學綱要》、洪誠(1909—1980)《訓詁學》、郭在貽(1939—1989)《訓詁學》、陳紱《訓詁學基礎》、楊端志《訓詁學》、王寧《訓詁學原理》等④皆以此爲範例,且以之爲正文訓詁的例證。而且叔向的解釋也被後來的《爾雅》、毛傳所接受,充分説明了其解詩的可信度和準確程度。將《周語下》與《禮容語》相關内容列表如下:

---

① 李爾鋼:《新書全譯》,貴州人民出版社,1998 年,第 437 頁。
② 章太炎:《春秋左傳讀叙録》,載於氏著《章太炎全集》第 2 册,上海人民出版社,1982 年,第 841 頁。
③ [清]阮元:《經籍籑詁凡例》,載於《經籍籑詁》卷首,《續修四庫全書》第 198 册,第 296 頁下。
④ 並見許威漢:《叢論古籍·章句·訓詁·句讀·注釋——兼論古書的閲讀與研究》,載於氏著《許威漢語文研究文存》,中華書局,2008 年,第 404 頁。黎千駒:《現代訓詁學導論》,華中師範大學出版社,2008 年,第 28 頁。周大璞主編:《訓詁學初稿》,武漢大學出版社,2007 年,第 33 頁。洪誠:《訓詁學》,江蘇古籍出版社,1984 年,第 8—9 頁。蔣紹愚:《古漢語詞匯綱要》,北京大學出版社,1989 年,第 1 頁。郭在貽:《訓詁學》,見載於氏著《郭在貽文集》第 1 卷,中華書局,2002 年,第 566 頁。並見其《訓詁學》(增訂版),中華書局,2005 年,第 120 頁。李開:《漢語語言研究史》,江蘇教育出版社 1993 年,第 10 頁。白兆麟:《簡明訓詁學》,浙江教育出版社,1984 年,第 7 頁;又氏著《新著訓詁學引論》,上海辭書出版社,2005 年,第 13 頁。卓娜:《訓詁學基礎》,吉林大學出版社,2007 年,第 24—25 頁。劉成德:《簡明訓詁學》,蘭州大學出版社,1992 年,第 26—27 頁。楊端志:《訓詁學》,山東文藝出版社,1986 年,第 14 頁。王寧:《訓詁原理概説》,載於氏著《訓詁學原理》,中國國際廣播出版社,1996 年,第 32 頁。王寧主編:《訓詁學》,高等教育出版社 2004 年,第 23—24 頁。周信:《訓詁學史話》,中國大百科全書出版社,2000 年,第 3—4 頁。富金壁:《訓詁學説略》,湖北人民出版社,2003 年,第 230—231 頁。路廣正:《訓詁學通論》,天津古籍出版社,1996 年,第 362—363 頁。陳煥良:《訓詁學概要》,中山大學出版社,1995 年,第 115 頁。李建國:《漢語訓詁學史》(修訂版),上海辭書出版社,2002 年,第 15 頁。

周　語　下	禮　容　語　下
晉羊舌肸聘于周，發幣於大夫及單靖公。靖公享之，儉而敬，賓禮贈餞，視其上而從之；燕無私，送不過郊，語說《昊天有成命》。單之老送叔向，叔向告之曰：“異哉！吾聞之曰：‘一姓不再興。’今周其興乎！其在單子也。昔史佚有言曰：‘動莫若敬，居莫若儉，德莫若讓，事莫若咨。’單子之況我，禮也，皆有焉。夫宮室不崇，器無彤鏤，儉也；身聲除潔，外內齊給，敬也；宴好享賜，不踰其上，讓也；賓之禮事，放上而動，咨也。如是，而加之以無私，重之以不斁，能辟怨矣。居儉動敬，德讓事咨，而能辟怨，以爲卿佐，其有不興乎！且其語說《昊天有成命》，頌之盛德。其詩曰：‘昊天有成命，二后受之，成王不敢康。夙夜基命宥密，緝熙！亶厥心肆其靖之。’是道成王之德也。成王能明文昭，能定武烈者也。夫道成命者，而稱昊天，翼其上也。二后受之，讓於德也。成王不敢康，敬百姓也。夙夜，恭也；基，始也。命，信也。宥，寬也。密，寧也。緝，明也。熙，廣也。亶，厚也。肆，固也。靖，龢也。其始也，翼上德讓，而敬百姓。其中也，恭儉信寬，帥歸於寧。其終也，廣厚其心，以固龢之。始於德讓，中於信寬，終於固龢，故曰成。單子儉敬讓咨，以應成德。單若不興，子孫必蕃，後世不忘。詩曰：‘其類維何？室家之壺。君子萬年，永錫祚胤。’類也者，不忝前哲之謂也。壺也者，廣裕民人之謂也。萬年也者，令聞不忘之謂也。祚胤也者，子孫蕃育之謂也。單子朝夕不忘成王之德，可謂不忝前哲矣。膺保明德，以佐王室，可謂廣裕民人矣。若能類善物，以混厚民人者，必有章譽蕃育之祚，則單子必當之矣。單若有闕，必茲君之子孫實續之，不出於它矣。”	晉叔向聘於周，發幣大夫。及單靖公，靖公享之，儉而敬，賓禮贈賄同，是禮而從。享燕無私，送不過郊，語說《昊天有成命》。既而叔向告人曰：“吾聞之曰，一姓不再興。今周有單子以爲臣，周其復興乎？昔史佚有言曰：‘動莫若敬，居莫若儉，德莫若讓，事莫若資。’今單子皆有焉。夫宮室不崇，器無蟲鏤，儉也；身恭除潔，外內蕭給，敬也；燕好享賜，雖歡不踰等，讓也；賓之禮事，稱上而差，資也。若是而加之以無私，重之以不侈，能辟怨矣。居儉動敬，德讓事資，而能辟怨，以爲卿佐，其有不興乎？夫《昊天有成命》，頌之盛德也。其詩曰：‘昊天有成命，二后受之，成王不敢康，夙夜基命宥謐。’謐者，寧也，億也；命者，制令也；基者，經也，勢也；夙，早也；康，安也；后，王也；二后，文王、武王。成王者，武王之子，文王之孫也。文王有大德而功未就，武王有大功而治未成。及成王承嗣，仁以臨民，故稱“昊天”焉。不敢怠安，蚤興夜寐，以繼文王之業。布文陳紀，經制度，設犧牲，使四海之內懿然葆德，各遵其道，故曰‘有成’。承順武王之功，奉揚文王之德，九州之民、四荒之國，謳謠文武之烈，累九譯而請朝，致貢職以供祀，故曰‘二后受之’。方是時也，天地調和，神民順億，鬼不厲祟，民不謗怨，故曰‘宥謐’。成王質仁聖哲，能明其先，能承其親，不敢惰懈，以安天下，以敬民人。今單子美說其志也，以佐周室，吾故曰‘周其復興乎’。”

　　叔向篇《周語下》522 字，用單字 199 個，平均頻次爲 2.623 1/字，《禮容語》本篇 447 字，用單字 201 個，平均頻次爲 2.373 1/字。《周語下》有 82 字爲《禮容語》所無，占到其單字總數的 41.21%；《禮容語》中有 84 字爲《周語下》所無，占到其單字總數的 41.79%，說明《周語下》和《禮容語》在本篇用字上的獨特性。另外，由於《周語下》總字數多而單字少，而《禮容語》總字數比《周語下》少但單字卻比《周語下》多，所以其單字頻次普遍比《周語下》低。

　　因爲二者在解《昊天有成命》一詩前後內容多同，且解詩部分尤能看出叔向、賈誼對於《昊天有成命》一詩之具體理解差異，故採用逐句比較之法，至於《周語下》後半部份，則單獨爲説。

    1.《周語下》——晉羊舌肸聘于周。

    《禮容語》——晉叔向聘於周。

[按]《周語》用"羊舌肸"，《禮容語》用"叔向"，審《國語》"羊舌肸"出現2次，1在本篇，1在《晉語七》，又叔向自稱亦曰"肸"，出現2次，而"叔向"在《國語》中共出現30次。《左傳》中"叔向"共出現98次，"羊舌肸"出現3次，是以"叔向"用更爲多見，且《周語下》本篇下亦稱"叔向"，對話中無自稱"肸"，《禮容語》改作"叔向"者，爲求前後一致也。《新書》"叔向"共2見，皆在《禮容語》本篇。

    遞修本之"肸"，金李本、董增齡、黄刊明道本與之同，張一鯤本作"肹"，《國語評苑》、緑蔭堂本從之，《裁注》本作"胁"，秦鼎本作"肸"，皆異體，類於"亏"、"于"之異。《説文》"肸"字在十部，云："肸響，布也，从十从肖。"①《玉篇·十部》云："今爲胁。"②蕭旭謂"肸響"爲秦漢人成語，如揚雄《甘泉賦》"肸響豐融"。或作"肸蠁"，《文選·左思·蜀都賦》"景福肸蠁而興作"。又司馬相如《上林賦》"肸響布寫"，《漢書》作"肸蠁"。或作"翕響"，嵇康《琴賦》"紛綸翕響"。"肸蠁"爲瀰漫布散之義，則"叔向"之"向"當讀作"響"。《原本玉篇殘卷·兮部》云："野王案，胁亦聲響也。《春秋》羊胁字妹響。《説文》爲肸字，在十部。"③銀雀山漢墓出土《晏子》第587枚簡"叔鄉"，今本《晏子》作"叔向"。《史記·晉世家》："齊使晏嬰如齊，與叔嚮語。""鄉"、"嚮"亦"響"借字。宋毛居正《六經正誤》卷四《禮記正誤·檀弓上》："《左傳·宣公十五年》釋文：'叔向，香丈反。'此是上聲，與響同。據其名肸字向，名字相配合。從上聲，既有二音，亦宜通用。"④又方以智《通雅》卷六云："'肸蠁'一作'胁響'、'翕響'、'肸鄉'。《説文》：'肸響，布也，從十從肖。肖者，振肖也。'引《甘泉賦》'肸響豐融'，又《子虚賦》'肸響布寫'注：'盛作也。'《漢書》本作'肸蠁'。太冲《蜀都賦》'景福肸蠁之興作'，則有鬼神仿佛之

---

①　[漢]許慎：《説文解字》，第50頁下。斷句從段注。

②　[宋]陳彭年等：《宋本玉篇》，中國書店1983年影張氏澤存堂本，第525頁。

③　[梁]顧野王：《原本玉篇殘卷》，《續修四庫全書》第228册，第304頁。

④　[宋]毛居正：《六經正誤》，文淵閣《四庫全書》第183册，第506頁上。

意，注：'如蟲羣起而多。'又《郊祀》'罔不胏飾'師古曰：'胏，振也。'《玉篇》作'胗響'，《説文》曰：'蠁，知聲蟲也。蠁子入土爲蠅。'毛氏曰：'古響即向，羊舌胏字叔向是也。''胏'，孫恊義乙切，六臣注引司馬彪曰：'胏，過也。'吕延濟曰：'胏蠁，中天遊氣也。'《論衡》曰：'曉俗以鴻文，猶振聾以胏蠁也。'《甘泉賦》'蠁呋胏以棍根兮'注：'蠁與響同。'《笛賦》'紛綸翕響。'"①正可佐成蕭先生之義。段注云："胏蠁者，蓋如知聲之蟲一時雲集。《蜀都賦》'翕響'義同。春秋晉羊舌胏，字叔向。向，《釋文》許蚓切，即蠁字。知胏蠁之語甚古。"②王筠《説文句讀》卷五亦云："羊舌胏何以字叔向？向者，蚓之省形存聲字；蚓者，蠁之或字。《晉語》作叔嚮，則聲借字也。"③周法高（1915—1994）引張澍（1776—1847）曰："公子胏字向父，取胏嚮豐融之義，猶羊舌胏字叔向也。"④據《説文》，則張一鯤本、《裁注》本字誤。"于"、"於"字古書中混用不别。

2.《周語下》——發幣於大夫。

　　《禮容語》——發幣大夫。

　　[按]《禮容語》省略"於"字，從顯性結構上看，《周語下》是"動作詞＋作用物＋於＋授予對象"，是"動＋賓＋補"的語法關係；而《禮容語》則成了雙賓語的顯性形式，即"動詞＋直接賓語＋間接賓語"。根據李佐豐對《左傳》雙賓語句式的考察，《左傳》中的"動＋名$_1$＋名$_2$"中的"名$_1$"都是間接賓語，未見有直接賓語之例。⑤而易孟醇則舉了 3 個《左傳》例句説明直接賓語可以放在間接賓語之前，這幾個例子在李文中没有出現，分别爲"貢金九牧"（宣三年）、"有事伯石"（襄三十年）、"蔽罪邢侯"（昭十四年）⑥，管燮初舉有 10 例，⑦包括易舉 3 例。而且殷國光提出了一個判定雙賓語結構的標準，就是（一）動詞之後可以直接帶有兩個體

---

① ［明］方以智：《通雅》，北京：中國書店 1990 年影浮山此藏軒刊本，第 80 頁上。

② ［清］段玉裁：《説文解字注》，第 89 頁上。

③ ［清］王筠：《説文解字句讀》卷五，中國書店 1983 年影尊經書院刊本，本卷第五頁。

④ 周法高：《周秦名字解詁彙釋補編》，中華叢書編審委員會，1964 年，第 46 頁。

⑤ 李佐豐：《〈左傳〉的體詞性雙賓語》，載於氏著《上古語法研究：李佐豐自選集》，北京廣播學院出版社，2004 年，第 169—180 頁。

⑥ 易孟醇：《先秦語法》（修訂版），湖南大學出版社，2005 年，第 636、637 頁。

⑦ 管燮初：《左傳句法研究》，安徽教育出版社，1994 年，第 208、209 頁。

詞性成分,構成 V＋N_1＋N_2格式。(二)動詞可以分別同這兩個體詞性成分直接組合,構成自由的(即能夠獨立存在的)格式 V＋N_1、V＋N_2。(三)動詞所帶的兩個體詞性成分 N_1、N_2語義内涵、語法功能都不相同;N_1和 N_2在結構上没有組合關係(包括並列關係、偏正關係、同位關係、主謂關係)。①殷文還指出,直接賓語和間接賓語的位置取決於動詞性質,其中以"與"爲代表的甲類動詞不能變換位置,而以"獻"爲主的動詞則可以是直接賓語在前間接賓語在後。②實際上即動作義凸顯而指向性不強的動詞其雙賓語位置可以互換,而動作性不明顯、指向性凸顯的動詞其雙賓語位置則固定。根據這種標準來判斷《禮容語》本句,首先看"發","發"在《周語下》、《禮容語》中的語義和語法功能完全相同,韋注云:"發其禮幣於周大夫。"③具有授予、給予的語義蘊含,凡授予類動詞皆可帶雙賓語,而且其動作性明顯,指向性不強,故可處理作"動詞＋直接賓語＋間接賓語"形式,楊伯峻(1909—1992)、何樂士《古漢語語法及其發展》中亦及之④。

3.《周語下》——賓禮贈餞。

　　《禮容語》——賓禮贈賄同。

[按]韋注云:"賓禮所以賓待叔向之禮也。送之以物曰贈,以飲食曰餞。餞,郊禮也。上,位在靖公上也。視之不敢踰也。"⑤"儉而敬"言"饗禮薄而身敬也",實際上講的是對内、對外兩事。《禮容語》作"賓禮贈賄同",是同前者之饗"儉而敬",是説一事,然又與後文"是禮而從"不協,審下文,則此處明言二事,即"儉而敬"、"讓而咨",《禮容語》加"同"字未當。"贈餞"爲並列結構,是兩種禮儀;而"贈賄"則爲動賓結構,《説文・貝部》云:"賄,財也。"⑥方師云:"賄,禮品。"⑦"贈賄"祇是一種禮儀。董增齡云:"襄三十一年,吳子使札聘鄭,子産獻紵衣焉,是當時有贈之禮。來朝之諸侯卿士餞之,則入聘之卿大夫亦然。昭十六

①　殷國光:《先秦漢語的雙賓東西》,載於氏著《上古漢語語法研究》,中國大百科全書出版社,2002 年,第1—4 頁。

②　同上,第 9 頁。

③⑤　[吳]韋昭注:《國語》卷三,第一一頁。

④　楊伯峻、何樂士:《古漢語語法及其發展》(修訂本),語文出版社,2003 年,第 564 頁。

⑥　[漢]許慎:《説文解字》,第 130 頁上。

⑦　方師:《賈誼集匯校集解》,第 391 頁。

年《傳》：'鄭六卿餞宣子于郊。'則當時有郊餞郊送之禮。昭二年《傳》翰宣子來聘，既享宴于季氏。則當時大夫有相燕之禮也。"①則《周語下》作"贈餞"本是。觀陳戍國《中國禮制史》(秦漢卷)於朝覲、賞賜則頗言之，不言餞禮，《新書·禮》亦不言餞，餞禮起源不知何時，諸侯卿大夫入聘，諸侯卿大夫餞之，而在周猶如此者，明周遂名爲天子，實與諸侯無二，而漢乃一統天下，故不需此，此或《禮容語》改"餞"爲"賄"之由也。

4.《周語下》——視其上而從之。

《禮容語》——是禮而從。

[**按**]"視其上而從之"者，韋注亦明釋之，甚確。《禮容語》作"是禮而從"，方師引俞樾云："'是'當爲'視'。《釋名·釋姿容》曰：'視，是也。''視'與'是'義本相通，故古書或假'是'爲'視'。《荀子·解蔽篇》'是其庭可以摶鼠'楊倞注曰：'是蓋當爲視。'此其證也。《國語·周語》載此事曰'賓禮贈餞，視其上而從之'，此言'是'，彼言'視'，文異而義同矣。"②又王耕心《賈子次詁》云："俞說是已。今據國語改正作'視'，正文具在，無取通假也。"③審《新書》"是"字共 192 見，其中"是故"20 見，"是以"40 見，此等用法，亦唯此一見，俞説固是。然若連《禮容語》上句言之，則斷作"靖公享之，儉而敬。賓禮贈賄，同是禮而從"，"是禮"者，"享"也，言"賓禮贈賄"與"享"禮同，即"儉而敬"，"而從"者，次第出也。因"從"本有"順"、"隨行"之義。《周語下》"視其上而從之"是"狀語＋而＋動賓"結構，其中"從之"者"從其上"也，而《禮容語》之"從"爲從享禮之後次第爲也，亦可通。因《禮容語》前已與《周語下》異，此處不必求同，且以"是"通"視"，"同"字則無所措置，故斷句如上，正可解決此問題。蕭旭則云："《老子》第 22 章：'不自見故明，不自是故彰。'馬王堆帛書《老子》乙本'是'作'視'。'是'與'見'同義對舉，當讀爲視。河上公注：'聖人不自以爲是而非人，故能彰顯於世。'此解失之。《逸周書·周祝解》：是彼萬物必有常，國君而無道以微亡。清·朱右曾曰：'是如《荀

---

① ［清］董增齡：《國語正義》卷三，第二四頁。
② 方師：《賈誼集匯校集解》，第 391 頁。
③ 王耕心：《賈子次詁》，《續修四庫全書》第 933 冊，第 76 頁上。

子》'是其庭'之是,讀爲視。'《管子·輕重甲》:'操之不工,用之不善,天下倪而是耳。'宋翔鳳、安井衡、張佩綸、聞一多並謂'是'讀爲視(題、眂、睼)。並其相通之例。"亦通。

5.《周語下》——燕無私,送不過郊;語説《昊天有成命》。

《禮容語》——享燕無私,送不過郊,語説《昊天有成命》。

[按]韋注云:"無私好貨及籩豆之加也。"[1]此"燕"當即前所云"儉而敬"之"享",《禮容語》加"享"字,在明前後爲一事,此處復言之者,明單靖公無私。韋注云:"説,樂也。"[2]故秦同培、李爾鋼謂"説"字通作"悦",欣賞之義,[3]言是。于鬯以爲"説當是稱説之説"[4],恐未妥。正因其語悦《昊天有成命》,故叔向詳解以贊單子。

6.《周語下》——單之老送叔向,叔向告之曰

《禮容語》——既而叔向告人曰

[按]《禮容語》此處省"單之老送叔向",以"既而"、"人"字代之,非關主題,不欲枝蔓。

7.《周語下》——異哉!吾聞之曰:'一姓不再興。'今周其興乎!其有單子也。

《禮容語》——吾聞之曰:一姓不再興。今周有單子以爲臣,周其復興乎?

[按]有"異哉"更能增强辭氣。前有"再興",故《周語下》衹用"興"字,而《禮容語》用"復興",避重復。然《禮容語》文句中重"周"字,多"以爲臣"三字,未若《周語下》"其有單子"簡明生動,且先有結論,後出緣由,辭氣亦較《禮容語》爲勝。

---

① ② [吴]韋昭注:《國語》卷三,第一一頁。

③ 秦同培:《國語國策精華·國語讀本》,世界書局,1937年,第26頁。李爾鋼:《新書全譯》,第439頁。

④ [清]于鬯:《香草校書》,中華書局1984年點校本,第891頁。

8.《周語下》——事莫若咨;

《禮容語》——事莫若資;

[按]明馮琦《經濟類編》卷四四《禮儀類六》引《禮容語》同。王耕心云:"盧本'咨'作'資',別本如文,與《國語》同,是也。今改正,下仿此。"①方師引盧文弨云:"'資'與'咨'同,別本作'咨'。"②韋注云:"咨,寡失也。"③若從下文"賓之禮事,放上而動,咨也"看,則"咨"當如《廣雅·釋詁》所云"咨,問也"。非如韋注之釋爲"寡失",韋注"寡失"非釋"咨"字之義,在釋"咨"之效果,"事咨"則"寡失",蕭旭云:"韋注乃申述文義,而非訓詁。"④言是。《説文·貝部》:"資,貨也。"⑤古書中多有通作"咨"者。《新書》無"咨"字,"資"字18見,唯《禮容語》3"資"通作"咨",與其他各篇之"資"用法意義不同。此是釋《禮容語》者以《周語下》定《禮容語》,若《禮容語》之"資"字釋作"借鑒",實亦可通,既然是視其上而從,依禮而行,"禮"、"上"皆其所資,皆其依據、憑藉,段注云:"資者,人之所藉也。"⑥不必求與《周語下》一致。顧曼君、司馬南釋作"即資質,指人的天資、稟賦。"⑦非是。

9.《周語下》——單子之況我,禮也,皆有焉。

《禮容語》——今單子皆有焉。

[按]《周語下》"單子之況我,禮也,皆有焉"未如"今單子皆有焉"簡明。汪遠孫云:"公序本'贶'作'況',後同。《説文》無'贶'字。"⑧《魯語下》"贶使"黄丕烈(1763—1825)《札記》云:"'贶使臣'字古祇作'兄'。今作'況'者假借也。作'贶'者俗字也。"⑨《説文·水部》:"況,寒水也。"⑩《晉語一》"衆況厚之"、《晉語

---

① [清]于鬯:《香草校書》,中華書局1984年點校本,第891頁。

② 方師:《賈誼集匯校集解》,第392頁。

③ [吳]韋昭注:《國語》卷三,第一二頁。

④ 蕭旭:《〈國語校補〉(一)》,《東亞文獻研究》第2輯。

⑤ [漢]許慎:《説文解字》,第130頁上。

⑥ [清]段玉裁:《説文解字注》,第279頁下。

⑦ 王友三編,顧曼君、馬俊南注:《中國無神論史資料選編·兩漢編》,中華書局,1985年,第29頁。

⑧ [清]汪遠孫:《國語明道本攷異》,第281頁。

⑨ [清]黄丕烈:《校刊明道本韋氏解〈國語〉札記》,國學基本叢書本《國語》後附,第248頁。

⑩ [漢]許慎:《説文解字》,第229頁下。

二》“況固其謀也”韋注云：“況，益也。”《説文新附》云：“貺，賜也。”①審從“兄”得聲之字爲“貺”、“況”、“眖”、“軦”、“峴”等。“兄”字，上古音在曉紐陽部，中古音分化爲二，一爲曉紐庚韻，一爲曉紐漾韻。《説文》釋云：“兄，長也，從儿從口。”②《釋名·釋親屬》云：“兄，荒也。荒，大也。”③段玉裁云：“兄之本義訓益。”④朱駿聲云：“兄者，滋益之詞。故祝、兑字从之。假借爲兄弟。”⑤黄侃（1886—1935）云：“兄由予字而來。即滋、賜字。”⑥則《説文》釋“況”之義恐非，《句讀》云：“《佩觿》作寒冰。”⑦文淵閣四庫本、鐵華本《佩觿》釋“況”俱作“寒冰”，《類篇》、《復古編》等皆作寒水。然從上釋“兄”、“況”爲滋益看，則此處當釋作“寒冰”爲是，因水結冰，體積變大，亦滋益之一也。“冫”字，漢碑中已有之，“冰”則別有所釋，《五經文字·冫部》云：“冰，古凝字。經典相承以爲冰凍字。”⑧故《干祿字書》以“冰”爲正字，“冫”爲通行字。則“冰”爲狀態詞，而“冫”爲名詞。或《説文》本字作“冫”，非作“水”也。“況”有滋益之義，故與“貺”爲同源字，可相通借。

10.《周語下》——夫宫室不崇，器無彤鏤，儉也。

《禮容語》——夫宫室不崇，器無蟲鏤，儉也。

[按]汪遠孫又云：“賈子《禮容語篇》作‘蟲鏤’，‘彤’、‘蟲’聲近通借。”⑨方師云：“王謨本作‘雕鏤’，《子匯》本作‘虵鏤’。當作‘彤鏤’。《國語》韋昭注：‘崇，高也。彤，丹也。鏤，刻金飾也。’《説文·丹部》：‘彤，丹飾也。’《左傳·哀公元年》：‘器不彤鏤。’賈誼必從《左傳》。彤鏤，用紅色塗飾器物。”⑩馬瑞辰（1782—1853）《毛詩傳箋通釋》卷二五云：“《左傳》‘器不彤鏤’，賈子《禮容語篇》作‘蟲

① ［漢］許慎：《説文解字》，第 131 頁上。
② ［漢］許慎：《説文解字》，第 177 頁上。
③ ［漢］劉熙：《釋名》，《四部叢刊》本。
④ ［清］段玉裁：《説文解字注》，第 405 頁下。
⑤ ［清］朱駿聲：《説文通訓定聲》，第 919 頁。
⑥ 黄侃：《黄侃手批説文解字》，中華書局，2006 年，第 538 頁。
⑦ ［清］王筠：《説文句讀》卷二一，中國書店 1985 年影本，本卷第三二頁。
⑧ ［唐］張參：《五經文字》，新文豐文化出版公司《叢書集成新編》第 35 册，第 640 頁中。
⑨ ［清］汪遠孫：《國語明道本攷異》，第 281 頁。
⑩ 方師：《賈誼集匯校集解》，第 391—392 頁。

鏤',‘蟲’即‘赨’之借字也。”①此皆牽合《周語下》與《禮容語》而共言之,未稱允當。又“虫”爲“蟲”之異體,《宋元以來俗字譜》收錄《取經詩話》、《古今雜劇》、《太平樂府》、《白袍記》、《目連記》、《金瓶梅》等皆有作“虫”字者②。疑《新書》“蟲”或本亦作“虫”。蕭旭亦云汪遠孫、方師之説“恐未確。王引之《述聞》曰:‘蟲者赨之借字,《説文》赨,赤色也。通作蟲,又通作彤。’徐復先生《〈賈誼集匯校集解〉序》説略同,亦可商。《册府元龜》卷 795 作‘彤’,蓋爲‘彤’之誤。《楚語上》亦有‘彤鏤’一詞。朱駿聲《説文通訓定聲》曰:‘蟲,假借爲彤。’朱起鳳《辭通》:‘蟲、彤疊韻。’並與汪説同,未確。《賈子》‘蟲’當讀如字。《淮南子·本經訓》‘華蟲疏鏤,以相繆紾’高誘注:‘《書》曰:山龍華蟲,藻火粉米。’‘蟲鏤’即‘華蟲疏鏤’也。《吳越春秋·王僚使公子光傳》:‘蟲鏤之刻畫。’亦作‘蟲鏤’。本書自作‘彤鏤’,《左傳·哀公元年》:‘器不彤鏤。’内、外傳相合。”③説是。根據青銅器研究者的研究,青銅器紋飾可以分爲動物紋飾、幾何紋飾和人物紋飾三類,其中動物紋飾是主體,而幾何紋飾是陪襯。張光直研究認爲,商代器物中動物紋飾占十分之九。④商周時期青銅器的上面的動物紋飾主要有饕餮紋、夔紋、龍紋、蟠螭紋、螭虺紋、象紋、牛紋、龜紋、蟬紋,而漢代青銅器的主要動物紋飾則爲虎豹、四靈以及其他禽鳥等,如漢代的一個浮雕紋酒樽上就有虎、熊、龍、鳳、鹿、牛、羊、駝、狐、兔及其他鳥類⑤,《説文·蟲部》云:“有足謂之蟲。”⑥《書·益稷》“山龍華蟲”孔疏云:“蟲是鳥獸之揔名也。”⑦《山海經·大荒西經》“有蟲狀如菟”郝懿行(1757—1825)箋疏云:“自人及鳥獸之屬通謂之蟲。”⑧凡所刻鏤於器具上之人物鳥獸可統名之曰“蟲”,或是《禮容語》作“蟲”字之所由也。然此祇就青銅器言之,審“宮室不崇,器無彤鏤”之“器”當指常用器具而言,常用器具則非僅青銅器,亦有漆器。研究

---

① [清]馬瑞辰:《毛詩傳箋通釋》,同前,第 893 頁。

② 劉復、李家瑞編:《宋元以來俗字譜》,中央研究院史語所專刊之三,1930 年,第 70 頁。

③ 蕭旭:《〈國語校補〉(一)》,《東亞文獻研究》第 2 輯。

④ 張光直:《商代的巫與巫術》,載於氏著《中國青銅時代》,生活·讀書·新知三聯書店,1999 年,第 272 頁。

⑤ 見李西、征宇編《古代造型與紋飾》,灕江出版社,1999 年,出版説明第 1 頁。倪建林:《青銅藝術》,西南師範大學出版社,2009 年,第 77 頁。

⑥ [漢]許慎:《説文解字》,第 284 頁上。

⑦ [清]阮元校刻:《十三經注疏》,第 142 頁中。

⑧ [清]郝懿行:《山海經箋疏》卷一六,巴蜀書社 1985 年影讀樓校刊本,本卷第三頁。

認爲,我國漆器的歷史可以追溯到 7 000 年以前,根據張榮研究,西周春秋時期漆器按用途可以分爲生活用具、樂器、兵器等,但是以生活用具占主導地位。春秋時期漆器以黑地繪紅彩爲主,秦代漆器即以朱、黑、褐三色爲最常用,或者在器具外表塗黑漆,至於漢代則以在黑漆上繪紅、赭、灰綠等色,油彩則有紅黄白金灰綠等色,已不專以紅色①。因此《周語下》所謂之"彤"應是漆器的一種工藝,所謂之"鏤"則是青銅器的一種工藝。而至漢代,由於漆器的愈趨豐富且不專以紅色爲塗飾,未必以之爲奢侈之物。故賈誼以"蟲"易《周語下》之"彤"。杜注云:"彤,丹也;鏤,刻也。"韋注云:"彤,丹也。鏤,刻金飾也。"②《楚語上》韋注云:"彤,謂丹楹;鏤謂刻桷。"此明釋"彤鏤"爲二兩種工藝,即"彤"爲塗飾,"鏤"爲刻飾。至《禮容語》則爲一"蟲鏤",以蟲鏤也,由並列的兩個動作變而爲狀中結構。由對具體器具價值之變化固可見具體器具工藝之發展以及普及度也,則《周語下》"彤鏤"、《禮容語下》"蟲鏤"各自成説,不必求其一律,章太炎云:"彤,丹飾。揚子《法言》'彤蟲篆刻',蟲＝彤。《左傳・哀公元年》'器不彤鏤',或稱蟲僂,是彤借爲蟲之證。"③薛正興云:"'蟲鏤',同'彤鏤'。蟲、彤通用。"蔣禮鴻(1916—1995)云:"雕蟲猶蟲鏤也,蟲鏤或作彤鏤。"④並引王引之"蟲"、"彤"相通之説,實皆牽合彤鏤、蟲鏤二者而並言之,皆未當。閻振益、鍾夏云:"言雕鏤之精細如蟲蛀。"⑤顧曼君、馬俊南注:"蟲鏤,指精細的雕刻。"⑥亦未當。吳雲、李春臺云:"刻上鳥獸的花紋圖案。蟲,鳥獸的通名。"⑦李爾鋼云:"刻鳥獸花紋。古代蟲爲鳥獸昆蟲等的通稱。"⑧言是。秦同培云:"彤音同,彫之誤。"⑨此實因汪中(1745—1794)《國語校文》"彤乃彫之誤"之説,吳曾祺《國語韋解補正》亦引及之⑩,王統

---

① 張榮:《古代漆器》,文物出版社,2005 年,第 21、22、71、102 頁。
② [吴]韋昭注:《國語》卷三,第一二頁。
③ 章太炎講,錢玄同、朱希祖、周樹人記録:《章太炎説文解字講授筆記》,第 215 頁。
④ 薛正興:《〈吴越春秋〉詞語校釋》,《社會科學戰線》1988 年第 3 期,第 275 頁。蔣禮鴻:《義府續貂》,中華書局,1981 年,第 7 頁。
⑤ 閻振益、鍾夏:《新書校注》,第 383 頁。
⑥ 干友三編,顧曼君、馬俊南注:《中國無神論史資料選編・兩漢編》,同上,第 29 頁。
⑦ 吳雲、李春臺:《賈誼集校注》(增訂本),第 308 頁。
⑧ 李爾鋼:《新書全譯》,第 440 頁。
⑨ 秦同培:《國語國策精華・國語讀本》,世界書局 1937 年,第 26 頁。
⑩ [清]汪中:《國語校文》,新文豐文化出版公司《叢書集成新編》第 6 册,第 72 頁下。吳曾祺《國語韋解補正》,商務印書館,1915 年,本卷第五頁。

照(1897—1957)云:"'彤鏤'爲兩種施於器物的文飾,而'雕鏤'則是一種文飾。'雕'與'鏤'有深刻淺刻的不同,然不如'彤'之義廣。原注丹也,言簡而義括。……是丹砂以石染物成爲珍品,《説文》所謂巴即西蜀,道遠物珍,故非一般人所得用。彤字從丹,丹乃文飾形,明是以丹飾采,具有文飾,爲費用大而非儉者,故汪氏以雕易彤,似過含混,似以從原注是。"①已指汪校之非。作"彤"則與"鏤"義近,且《左傳》亦作"彤",未可爲"彫"字之誤。

11.《周語下》——身聳除潔,外内齊給,敬也。

《禮容語》——身恭除潔,外内肅給,敬也。

[按]韋注云:"聳,懼也。除,治也。外,在朝廷。内,治家事。齊,整也。給,備也。"②王念孫云:"聳,敬貌,故曰身聳。除潔,敬也。《賈子·禮容語篇》作'身恭除潔',恭亦敬也。若訓聳爲懼,則與身字義不相屬矣。聳字本作竦,《説文》:'竦,敬也。'張衡《思玄賦》曰:'竦余身而順止兮,遵繩墨而不跌。''竦余身'即此所謂身聳也。《楚語》曰:'昔殷武丁能聳其德。'韋彼注曰:'聳,敬也。'"③《方言》卷一三云:"聳,悚也。"錢繹《箋疏》云:"訓聳爲敬,亦以敬爲懼也。揚子《長楊賦》云:'整輿聳戎。'李善注引此文云:'聳與悚古字通。'"④《爾雅正義》卷二云:"以聳爲敬,猶以懹爲敬。皆言敬而懼也。竦、慫、聳、悚古字通用。"⑤此處之"聳"有似於上文之"戒懼"。

由《禮容語》之"肅",《周語下》之"齊"字當讀"zhāi",關於"齊"、"齋"之字變,拙著《動詞管窺》已約略言之⑥,又黃侃云:"齋由齊來。"⑦《國語》"齊肅"4見,分別爲"其誰敢不齊肅恭敬致力於神"、"明齊肅以耀之臨"、"民之精爽不攜貳者,而又能齊肅衷正"、"敬不可久,民力不堪,故齊肅以承之",韋注釋"齊肅"之"齊"爲"一(壹)",其實"齊"亦有"肅"之意義,張以仁《周語上集證》即云:"疑齊,肅

---

① 王統照:《觀廬筆録》,見載於《王統照文集》第6卷,山東人民出版社,1981年,第179—180頁。
② [吳]韋昭注:《國語》卷三,第一二頁。
③ [清]王引之:《經義述聞》卷二〇,《高郵王氏四種》本,第486頁。
④ [清]錢繹:《方言箋疏》,《續修四庫全書》第193冊,第708頁下。
⑤ [清]邵晉涵:《爾雅正義》,《續修四庫全書》第187冊,第62頁上。
⑥ 參見拙稿《國語動詞管窺》,四川大學出版社,2008年,第151—153頁。
⑦ 黃侃:《黃侃手批説文解字》,中華書局,2006年,第36頁。

也。(文二年《左傳》'子雖齊聖'杜注:'肅也。')謂態度肅敬也。(《左》文十八'齊聖廣淵',《會箋》:'齊,肅敬也。')"①又昭十三年《左傳》"下善齊肅"杜注云:"齊,嚴也。"②《論語·鄉黨》"祭必齊如也"何晏(? —249)引孔曰:"齊,嚴敬貌。"③故《周語下》之"齊"當釋爲"敬"、"肅"之義,韋訓爲"整"者,似有未當,蕭旭云:"齊讀爲齋,敬也。"④言是。

此處《周語下》和《禮容語》皆作"外内"。《新書》"外内"3見,"内外"1見。《國語》"内外"2見,"外内"7見,各隨語境,不必求其語序一致。

12.《周語下》——宴好享賜,不踰其上,讓也。

《禮容語》——燕好享賜,雖歡不踰等,讓也。

[按]古"宴"、"燕"通,方師云:"《國語》'燕'作'宴',二字通。"⑤言是,《繹史》卷八二引《周語下》即作"燕"。"不踰等"即是"不踰其上","踰"的動作本是向上。《禮容語》多"雖歡"二字,強調"不踰等"的無條件性。

13.《周語下》——賓之禮事,放上而動,咨也。

《禮容語》——賓之禮事,稱上而差,資也。

[按]韋注云:"放,依也。咨,言必與上咨也。"⑥吳雲、李春臺釋爲"根據君王的意願而分別等級",⑦以"上"爲君王,未當。"上"衹是位居單靖公之上者,未必即君主。《說文·禾部》云:"稱,銓也。"朱駿聲云:"猶衡量也。"⑧《漢語大字典》云:"稱,隨。"⑨此當爲《禮容語》"稱"字之義,即根據位居其上的官員禮儀而有所

① 張以仁:《國語集證(〈周語〉上中二卷)》,載於氏著《張以仁先秦史論集》,上海古籍出版社,2010年,第499頁。
② [清]阮元校刻:《十三經注疏》,北京:中華書局1980年影世界書局排印本,第1839頁上、第2071頁上。
③ 同上,第2495頁中。
④ 蕭旭:《〈國語校補〉(一)》,《東亞文獻研究》第2輯。
⑤ 方師:《賈誼集匯校集解》,第392頁。
⑥ [吳]韋昭注:《國語》卷一,第一二頁;卷三,第一一頁、第一二頁。
⑦ 吳雲、李春臺:《賈誼集校注》(增訂版),第308頁。
⑧ [清]朱駿聲:《說文通訓定聲》,第69頁。
⑨ 徐中舒主編:《漢語大字典》(縮印本),湖北、四川辭書出版社,1993年,第2947頁。

差別（不踰等），閻振益、鍾夏云：“蓋謂咨君而稱其意。”①未確。方師云：“《子匯》本‘資’作‘咨’。”②《國語》“咨”字15見，其中3見作“諮”。“儉”、“敬”、“讓”三者皆爲好的品質，表性狀，此處之“咨”亦當如此。《國語》“咨於故實”韋注云：“咨，謀也。”“咨之前訓，則非正也”韋注：“咨，議也。”此處之注云：“言必與上咨也。”又下注云：“訪問於善爲咨。”③故此處之“咨”當以善問或善謀爲義。

14.《周語下》——如是，而加之以無私，重之以不殽，能辟怨矣。

《禮容語》——若是，而加之以無私，重之以不侈，能辟怨矣。

[按]“如”、“若”用同。韋注云：“不殽，不雜也。衆人過郊，單子獨否，所以不雜也。”④依韋注，則不雜指“送不過郊”，不與衆人相雜。《説文·人部》：“侈，掩脅也。”段注云：“凡自多以陵人曰侈，此侈之本義。”⑤引申之則有“廣”、“大”、“衆多”之義。審《新書·道術篇》云：“廣較自斂謂之儉，反儉謂之侈。”“不侈”即“儉”，亦即自斂。按照《儀禮·聘禮》，入聘國大夫回國，先舍於近郊之館舍，主國大夫贈賄，“士送至于竟”，不言大夫，則依禮大夫不送爲合於禮，即大夫不過郊。士之職而大夫行之，爲“殽”；“殽”則明與入聘國大夫有私，有私，即“侈”；故易招怨。不過郊，則爲“辟怨”，亦即上文“送不過郊”韋注所云“至郊而反，亦言無私也”。《周語下》之“殽”與《禮容語》之“侈”著重點雖不盡一致，皆在述送過郊一事。《周語下》、《禮容語》皆以儉、敬、讓、咨、燕無私、送不過郊爲序，前四者叔向依次言之，“加之以”二者亦同，則“重之以”亦同。“辟”與“避”爲古今字，明道本《國語》改作“避”。

15.《周語下》——且其語説《昊天有成命》，頌之盛德也。

《禮容語》——夫《昊天有成命》，頌之盛德也。

[按]《周語下》“且其語説”直承上文“語説”而來，銜接性强，且凸顯語段所論對象，即單靖公；《禮容語》則給人直接討論《昊天有成命》之感，語言銜接性上不如

---

① 閻振益、鍾夏：《新書校注》，第383頁。
② 方師：《賈誼集匯校集解》，第392頁。
③④ ［吳］韋昭注：《國語》卷三，第一二頁。
⑤ ［清］段玉裁：《説文解字注》，第279頁下。

《周語下》，亦通。方師云：“吉府本脱‘夫’字，王謨本脱‘昊’字。《國語》韋昭注：‘盛德，二后也，謂成王即位而郊見，推文、武受命之功，以郊祀天地而歌之也。’”①吳雲、李春臺釋“頌之盛德”爲“歌頌盛大的德行”②，于智榮譯爲“歌頌周之盛德”③，夏漢寧譯爲“歌頌盛德”④，三者微殊，其義則同。《國語》各譯注本也不相同，秦同培譯爲“這是《頌》上很盛行的德行啊”，李維琦釋爲“歌頌盛德”，董立章釋爲“此詩是讚頌文武二王盛德的詩篇”，鄔國義等釋爲“是頌揚德行的《頌》詩”，薛安勤等譯爲“來頌揚周文王和周武王的德行”，黄永堂注爲“歌唱的是文王、武王的盛德。《昊天有成命》爲周王祭祀成王的樂歌”，譯爲“這是歌頌周先王的大德啊”，趙望秦等譯爲“頌揚的是周先祖的大德”，來可泓注爲“歌頌周文王、周武王受天命、創王業的盛德”，譯爲“這是歌頌周先王盛德啊”，⑤也不盡相同。上譯的分歧在於“頌之盛德”這個結構是動賓結構還是定中結構也即“頌”是動詞還是名詞。如果是動詞，則“之”是代詞，具體指代誰？如果是名詞，是否就是指風雅頌之頌？就本句語境而言，“之”字作代詞沒有著落，因其上下文沒有可供其指代的對象，因此“頌”作動詞的可能性也極小。《國語》“頌”字 6 見，其他 5 見都是名詞，且就是風雅頌之頌，《左傳》“頌”字 8 見，唯襄公二年“頌琴”之“頌”，杜注爲：“頌琴，猶言雅琴。”⑥其他 7 見皆爲風雅頌之頌。則此處之“頌”亦當爲風雅頌之頌。《新書》“頌”字 4 見，其中《道德説》3 見，爲稱頌、讚頌之義，2 見處於中心語位置，1 見處於主語位置，皆作名詞性成分，動作義不强，同時也不影響把《禮容語》本處之“頌”看作風雅頌之頌。實際上“頌之盛德也”這句話是對“且其語説《昊天有成命》”中《昊天有成命》一詩類别的補充説明，故“頌之盛德”爲定中結構，“頌”是名詞，風雅頌之頌。就這一點看，秦同培、董立章、鄔國義等的註釋頗近本旨。

---

① 方師：《賈誼集匯校集解》，第 392 頁。
② 吳雲、李春臺：《賈誼集校注》（增訂版），第 308 頁。李爾鋼譯爲“歌頌盛大的美德”，與吳雲等同，李譯見《新書全譯》，第 443 頁。
③ 于智榮：《新書譯注》，第 301 頁。
④ 夏漢寧：《賈誼文賦全譯》，第 289 頁。
⑤ 見於秦同培：《國語國策精華·國語讀本》，第 27 頁。李維琦《白話國語》第 68 頁，董立章《國語譯注辨析》第 120 頁，鄔國義等《國語譯注》第 88 頁，薛安勤等《國語譯注》第 123 頁，黄永堂《國語全譯》第 123、124 頁，趙望秦等《白話國語》第 95 頁，來可泓《國語直解》第 153、155 頁。
⑥ ［清］阮元校刻：《十三經注疏》，第 1929 頁上。

16.《周語下》——其詩曰:"昊天有成命,二后受之,成王不敢康,夙夜基命
宥密,緝熙!亶厥心,肆其靖之。"

《禮容語》——其詩曰:"昊天有成命,二后受之,成王不敢康,夙夜基命
宥謐。"

[按]《周語下》引全詩,《禮容語》略去後九字。方師云:"《國語》'謐'作
'密',二字通。"①遞修本《周語下》所引與今本《昊天有成命》有不同,今本《詩經》
本篇作"昊天有成命,二后受之。成王不敢康,夙夜基命宥密。於緝熙!單厥
心,肆其靖之。"《周語下》引無"於"字,"單"作"亶",《禮容語》則無"宥謐"以下文
字,且字作"謐"。黄刊明道本有"於"字,汪遠孫云:"公序本無'於'字,脱。"②張
以仁亦云:"《國語》既引彼詩,則有'於'字是也。"③董增齡《國語正義》、秦鼎《國
語定本》皆加"於"字。而《詩經》研究者中有因公序本《國語》叔向言詩無"於"字
而以"於"字爲衍文者,如胡文英《詩經逢原》卷一○云:"其'於緝熙'之'於'字,
《國語》逐字解釋,不釋此義,此有'於'字疑衍。"④然《詩經》中固有"於緝熙"之
詩,如《大雅·文王》"於緝熙敬止"。《詩》"緝熙"合用者5見,唯《昊天有成命》
與《文王》用於句首,另3見用於句中,故另3見"緝熙"前無"於"字。鄭箋云:
"於音烏。"毛傳以爲歎詞,何楷以爲歎美之辭。以《虛詞詁林》所收十種書中對
於"於"字解釋爲例。《經籍籑詁》:"於者,歎之。《詩·文王》正義引《書·大
傳》。"《爾雅義疏》:"若單言於者,則爲嘆美之詞,如《詩》云'於粲灑掃'、'於穆清
廟'是也。"《經傳釋詞》:"《詩·文王》傳曰:'於,歎詞也。'一言則曰'於',下加一
言則曰'於乎'。"⑤皆作嘆詞爲釋。由於"於"(音烏)與作介詞的"於"("于")同
形,所以"於"(音烏)字的討論往往見於探討"于"("於")的論文中,目前可見到
的期刊以及碩博論文有:吳世昌(1908—1986)《論〈詩經〉之'于'》、姚冠群《〈詩
經〉"于"字的用法分析》、陳建初《〈詩經〉"于"字用法辯析》、沈懷興《〈詩經〉'于'
字辨釋》、陳雪梅《〈詩經〉中"于"字的辨析》、劉美娟《〈詩經〉'于'字和'於'字用

① 方師:《賈誼集匯校集解》,第392頁。
② [清]汪遠孫:《國語明道本攷異》,第281頁。
③ 張以仁:《國語斠證》,臺灣商務印書館,1969年,第109頁。
④ [清]胡文英:《詩經逢原》卷一○,《四庫未收書輯刊》第2輯第6册,第561頁下。
⑤ 謝紀峰輯纂:《虛詞詁林》,黑龍江人民出版社,1993年,第358—363頁。

法初探》、鮑紅霞《〈詩經〉'于'字研究》①,除了鮑紅霞的碩士論文沒有寓目之外,其他幾位的論文都已經見到,論文涉及了"于"的各種用法,吳世昌對"于"、"於"也進行了界定和區分。陳建初、沈懷興、陳雪梅等都提到了"于"可用同"於"作歎詞,但是認爲要和"嗟"字結合,不單用。祇有劉麗娟對於《詩經》中作爲歎詞"於"(音烏)的用法作了統計(21 次),並認爲主要用於句首。各家都沒有涉及"於緝熙"中的"於"(音烏)字。其他非專門研究"於"字的論著中,錢玄(1910—1999)《詩經助詞》釋"于"字較詳,並區分了作爲歎詞的"於"(音烏)和"于嗟"結構②,劉慧梅《〈詩經〉虛字淺析》認爲"於"(音烏)字作歎美之詞用,《詩經》中 50 次,舉《昊天有成命》"於緝熙"之例③。梁占先《〈詩經〉語助詞分析》更進一步指出"於"在《詩經》中三音三義④。黃樹先《試論古漢語前綴＊A-》認爲"上古漢語有前綴,文獻中用'于、於、烏、阿'等字來標記",並云"古漢語＊A-偶爾還用於雙音節形容詞的前面",引《昊天有成命》與《文王》"於緝熙"並引《傳》曰:"緝熙,光明也。"而且黃氏還講到:"漢語中的形容詞,其前面的＊A 詞綴,除湊足音節外,也許可以起到加強程度的作用,故前人把這類'烏'釋爲'歎美之詞'。"⑤鑒於對詞綴的認識還不確定,尤其是形容詞前詞綴等研究尚處於探索階段,故不取前綴之說。另,有些學者認爲"於"字不是詞綴,如蕭旭在其《〈詩經〉"于 V"式研究》一文列舉了包括詞綴說在內的八種說法,並最後提出"于"字爲副詞(助動詞)的說法⑥,另陳年高亦曾撰《〈詩經〉"于 V"之"于"非詞頭說》一文⑦。由於有些學者探討"于"字時未能詳細區分"于"、"於"、"於(音烏)"三者,也沒有能夠就

---

① 吳世昌:《論〈詩經〉之"于"》,《燕京學報》第 21 期,第 231—280 頁,又見載於氏著《文史雜著》,中國文藝聯合出版公司,1984 年,第 42—113 頁。姚冠群:《〈詩經〉"于"字的用法分析》,《西北師大學報》1983 年第 1 期,第 41—49 頁。陳建初:《〈詩經〉"于"字用法辯析》,《湖南師大學報》1986 年第 3 期,第 87—92 頁。沈懷興:《〈詩經〉"于"字辨釋》,《語言研究》1993 年第 1 期,第 100—107 頁。陳雪梅:《〈詩經〉中"于"字的辨析》,《湖南師範大學學報》2001 年第 2 期,第 157—160 頁。劉美娟:《〈詩經〉"于"字和"於"字用法初探》,《麗水師範專科學校學報》2001 年第 4 期,第 44—46 頁。鮑紅霞:《〈詩經〉"于"字研究》,貴州大學漢語言文字學 2008 級碩士學位論文。

② 錢玄:《詩經助詞》,《南京師大學報》1979 年第 1 期,第 63—76 頁。

③ 劉慧梅:《〈詩經〉虛字淺析》,安徽大學漢語言文字學 2004 屆碩士學位論文,第 26 頁。

④ 梁占先:《〈詩經〉語助詞分析》,《六盤水師專學報》2001 年第 3 期,第 12—17 頁。

⑤ 黃樹先:《試論古漢語前綴＊A-》,載於氏著《漢藏語論集》,華中科技大學出版社,2007 年,第 106、112 頁。

⑥ 蕭旭:《〈詩經〉"于 V"式研究》,見載於氏著《古書虛詞旁釋》後附三,廣陵書社,2007 年,第 438—446 頁。

⑦ 陳年高:《〈詩經〉"于 V"之"于"非詞頭說》,《古漢語研究》2009 年第 1 期,第 27—32 頁。

"於(烏)"字提出具體的可行性意見,故本文依從毛傳以來以之爲歎詞的説法。另外一個問題就是"緝熙"是一個復音詞還是單音詞復用,假如是復音詞,是單純詞還是合成詞? 黃樹先處理爲復音詞,朱廣祁把"緝熙"看作非雙聲疊韻連綿字,所用例句爲《文王》①。但是程湘清《先秦雙音詞研究》、趙金銘《〈詩經〉形容詞研究》②、向熹《〈詩經〉語言研究》及《〈詩經〉中的複音詞》③都没有涉及"緝熙"這個結構,趙文、向文都列舉了形容詞的前後綴構成方式,没有前綴爲"於"字者。向熹《詩經詞典》收録"緝熙"詞條,列 2 義:(1)光明;即《文王》、《維清》中"緝熙"之義;(2)發揚光大,漸積廣大;即《昊天有成命》、《載見》、《敬之》中"緝熙"之義。又高亨釋爲"奮發前進"。④

　　實際上關於《詩經》中"緝熙"這一結構,清人朱士端和周柄中都有過總結,基本上涵蓋了前此的種種解釋。

　　清朱士端(1786—?)《彊識編》第一"緝熙通釋"云:

按:"緝"有二義。《説文》:"緝,績也。""績"亦有數義。《爾雅》"烈、績,業也"、"績、勳,功也","績"又訓"成功","績、質、登,成也",又訓"繼"。左氏昭二年《傳》"子盍亦遠績禹功"杜注訓"績"爲"纂"。又《詩》"不績其麻"又訓"明",《詩·周頌》"學有緝熙于光明"傳:"熙,廣也。"《箋》:"緝熙,光明也。"《文王》"於緝熙敬止"傳:"緝熙,光明也。"《周頌》"於緝熙"傳:"緝,明。熙,廣。"《箋》:"廣當爲光。"《周語》引《詩》"緝熙亶厥心",釋之曰:"緝,明也。熙,廣也。"韋昭注:"鄭後司農云:廣當爲光。"士端謂:古"光"、"廣"同,《爾雅》:"緝、熙、烈、顯、昭、晧、潁,光也。"凡《爾雅·釋詁》之例,有一字兩義者,或合詞以釋之,如此文"緝烈顯昭晧潁"訓"光明"之"光","熙"訓"廣大"之"廣",故統以"光也"釋之。《禮記·大學》引《詩》"於緝熙敬止",亦謂:"緝,明。熙,廣也。"《集註》訓"熙"爲"光",明"熙"訓"光",不訓"明"。蓋未知古人"光"、"廣"同用之例。"熙"又訓

---

① 朱廣祁:《詩經雙音詞論稿》,河南人民出版社,1985年,第126頁。
② 二文載於程湘清主編《先秦漢語研究》,山東教育出版社,1992年,第45—113、114—143頁。
③ 向熹:《〈詩經〉語言研究》,四川人民出版社,1987年。向熹:《〈詩經〉中的複音詞》,載於氏著《〈詩經〉語文論集》,四川民族出版社,2002年,第36—67頁。
④ 向熹:《詩經詞典》,四川人民出版社,1986年,第343頁。

"喜",《爾雅》:"廞、熙,興也。"邵氏《正義》引《釋言》曰:"興,起也。鄭注《樂記》云:'興之言喜也,歆也。'孔《疏》引《爾雅》作'歆、喜,興也',《堯典》'庶績咸熙',《史記》作'眾功皆興'。"士端按:《虞書》"股肱喜哉,元首起哉,百工熙哉","熙"與"喜"、"起"爲韵,"喜"、"起"、"熙"三字亦轉相詁訓。①

清人周柄中《四書典故辨正續》卷一"於緝熙敬止"云:

"緝熙"二字,《詩》凡五見。毛《傳》、鄭《箋》皆訓爲"光明",鄭註《大學》亦同。歐陽永叔《詩本義》云:"緝,續。熙,廣也。穆穆然文王之德于此乎?續而廣之,敬慎不墜。"嚴思庵虞惇《讀詩質疑》不從毛、鄭而從歐陽氏,云:"'緝熙'爲'光明',則'學有緝熙于光明'復作何解?"愚按:《爾雅·釋詁》云:"緝、熙,光也。"又云:"熙、廞,興也。"然則"熙"之單文,其義爲興;"緝熙"連文,其義爲光。此古訓也。《國語》叔向曰:"緝,明也。熙,廣也。"註:"'廣'當爲'光'。"此"緝熙"爲"光明"之明據。惟孔氏《書傳》于"熙"字皆訓爲"廣",孔傳本東晉人所爲,豈可據之以改古訓?"學有緝熙于光明"鄭《箋》云:"學于有光明之光明者,謂賢中之賢也。"說似迂曲,卻于字義不謬,《章句》雖從毛、鄭,但分"緝"爲"繼續"、"熙"爲"光明",亦與《爾雅》不合。《行葦》詩"授几有緝御"鄭《箋》云:"緝,續。御,侍也。"獨于"緝熙"不用分釋,以二字連文,不可分耳。②

朱、周二氏皆在明"熙"可訓"廣","廣"、"光"通,故"熙"可訓"光","緝"亦訓"光",故周氏以爲"緝熙"連文不可分訓,實際上"緝熙"是一個同義復合結構。朱氏則進而以"熙"可訓"興","緝"則可訓作"明",亦可訓作"續"、"成"之義,是"緝熙"可分訓,且是一個狀中結構。但無論是什麼結構,絕對不是連綿詞。

下面再看自叔向以來各種解説,並藉以見其前後承襲之跡。

叔向之釋"緝"、"熙"爲"明"、"廣",毛傳從之,鄭箋以"廣"當作"光",韋注從之,故"緝熙"二字合釋即爲"光明",《漢書》顏注、《後漢書》章懷太子注、《文選》

① 〔清〕朱士端:《彊識編》,《續修四庫全書》第1160冊,第442頁上。
② 〔清〕周柄中:《四書典故辨正續》,《續修四庫全書》第167冊,第602頁下。

六臣注、宋范祖禹（1041—1098）《帝學》卷一引《文王》注等皆以"緝熙"爲"光明"。今《詩經》各本亦多以"緝熙"爲"光明"者，如袁梅《詩經譯注》、程俊英《詩經注析》、趙雨和公木注譯《詩經·文王》、夏傳才《詩經講座·文王》、聶石樵《詩經新注》之《昊天有成命》、姚小鷗《詩經譯注》、孔令河《五經註譯》、潘慎校注《中國傳統文化精品文庫·詩經·昊天有成命》、陳子展（1898—1990）《詩經直解》、金啟華（1919—2010）等編《詩經鑒賞辭典·文王》、袁愈荌與唐莫堯譯注《詩經全譯》、袁愈荌譯注《詩經今譯·昊天有成命》、唐莫堯《詩經新注全譯》（增訂版）、楊任之《詩經探源·昊天有成命》、周振甫（1911—2000）《詩經譯注》等。①有的以狀貌詞釋之，如周嘯天主編《詩經鑒賞·文王》："緝熙：形容文王品德的光明正大。"劉松來《詩經三百首詳注》"光明正大的樣子"、"光明的樣子"，司徒博文編譯《詩經全譯·文王》："緝熙：形容文王器德光明正大的樣子。"樊樹雲《詩經全譯注》、沈澤宜《詩經新解》："緝熙：光明貌。"費振剛等《詩經詩傳·昊天有成命》、萬祥禎編著《詩經詞典》、楊洪和王剛注譯《大學中庸》："光明的樣子。"錢仲聯（1908—2003）《十三經精華·詩經精華·文王》注："光明的樣子，一說奮發前進之意。"呂友仁《禮記全譯·大學》注"緝熙"爲"光明正大的樣子"，②仍皆以"緝熙"爲"光明"。《國語》各本中，秦同培注爲"明廣"，薛安勤等、董立章、趙

---

① 分別參見袁梅：《詩經譯注》，齊魯書社，1985 年，第 714、948 頁。程俊英《詩經注析》，中華書局，1991 年，第 748、944 頁。趙雨、公木注譯：《詩經全解》，長春出版社，2006 年，第 320、349 頁。夏傳才：《詩經講座》，廣西師範大學出版社，2007 年，第 268 頁。聶石樵《詩經新注》，齊魯書社，2000 年，第 596 頁。姚小鷗《詩經譯注》，當代世界出版社，2009 年，第 605 頁。孔令河：《五經註譯》，山東友誼出版社，2001 年，第 1028 頁。潘慎校注：《中國傳統文化精品文庫·詩經》，燕山出版社，2003 年，第 371 頁。陳子展：《詩經直解》，復旦大學出版社，1983 年，第 858、1076 頁。金啟華等編：《詩經鑒賞辭典》，安徽文藝出版社，1990 年，第 643 頁。袁愈安、唐莫堯譯注：《詩經全譯》，貴州人民出版社，1992 年，第 353、449 頁。袁愈安譯注《詩經今譯》，貴州人民出版社，2000 年，第 510 頁。唐莫堯：《詩經新注全譯》（增訂版），巴蜀書社，2004 年，第 606、774 頁。楊任之：《詩經探源》，青島出版社，2001 年，第 624 頁。周振甫《詩經譯注》，中華書局，2002 年，第 500 頁。

② 分別參見周嘯天主編：《詩經鑒賞》，四川辭書出版社，2007 年，第 327 頁。劉松來《詩經三百首詳注》，百花洲文藝出版社，2001 年，第 342、443 頁。司徒博文編譯：《詩經全譯》，當代世界出版社，2006 年，第 307 頁。樊樹雲：《詩經全譯注》，黑龍江人民出版社，1986 年，第 423、556 頁。沈澤宜《詩經新解》，學林出版社，2000 年，第 420、539 頁。費振剛等：《詩經詩傳》，吉林人民出版社，2000 年，第 676 頁。萬祥禎編著：《詩經詞典》，山東教育出版社，1989 年，第 105 頁。楊洪、王剛注譯：《大學中庸》，甘肅民族出版社，1997 年，第 90 頁。錢仲聯主編：《十三經精華·詩經精華》，湖南教育出版社，1992 年，第 224 頁。呂友仁、呂詠梅《禮記全譯》，貴州人民出版社，1998 年，第 1089 頁。

望秦等、來可泓注爲"光明",黃永堂注爲"(前途)光明",秦同培守叔向之舊,後來譯注本則守《傳》、《箋》之舊。吳曾祺因韋注釋"緝"爲"光大",徐元誥因韋注釋"熙"爲"光也"。①符定一(1877—1958)《聯綿字典》收"緝熙",訓守舊故曰"光明"②。馬其昶(1855—1930)《詩毛氏學》卷二六"緝,明"注引陳曰:"《爾雅》:'塱,明也。'《說文》作'昱',緝、昱古同聲。""熙,廣"注引胡曰:"光、廣聲同字通,熙訓廣,廣亦光也。"③沈鎬(1649—1726)則云鄭箋改字,"按之文義,不如毛傳之優",其以"廣"、"光"俱當訓"遠"④。

《文王》、《維清》蘇轍(1039—1112)釋"緝"爲"和"、"熙"爲"光",《載見》意釋爲"和合",《敬之》意釋爲"和洽",《昊天有成命》意釋爲"和洽而光明",⑤亦皆同。審古今《詩》注,唯蘇轍注"緝"爲"和"。

宋嚴粲《詩緝》卷二五《文王》引歐陽氏曰:"緝,續也。熙,廣也。緝熙云者,接續而熙廣之也。"⑥宋吕祖謙(1137—1181)《吕氏家塾讀詩記》卷二五《文王》引王氏曰:"緝,續也。卷二八《維清》引王氏曰:"緝,續也。熙,廣也。"⑦宋林岊《毛詩講義》卷九亦釋"緝"爲"續"、釋"熙"爲"廣"⑧,皆本歐陽修、王安石之説。

朱熹《四書集注》云:"緝,繼續也。熙,光明也。"其於《詩集傳》亦主此義⑨。後頗有從之者。文淵閣四庫本《册府元龜》卷七六九引揚雄(前53—18)《解難》"不足以揚鴻烈而章緝熙",注云:"緝,繼續。熙,光明也。"⑩而《漢書》卷八七顔

---

① 分別參見秦同培:《白話譯解國語》,第26頁。薛安勤等《國語譯注》,第122頁。董立章:《國語譯注辨析》,第120頁。趙望秦等:《白話國語》:第94頁。來可泓:《國語直解》,頁155。黃永堂:《國語全譯》,第123、125頁。吳曾祺:《國語韋解補正》,商務印書館,1916年,本卷第6頁。徐元誥撰,王樹民、沈長雲點校:《國語集解》(增訂本),中華書局,2006年,第101頁。

② 符定一:《聯綿字典》,中華書局1983年版,未集第130—131頁。

③ 馬其昶:《詩毛氏學》,《續修四庫全書》第74册,第622頁上。

④ [清]沈鎬:《毛詩傳箋異義解》卷一六,《續修四庫全書》第73册,第477頁上。

⑤ [宋]蘇轍:《詩集傳》卷一六、卷一九,《續修四庫全書》第56册,第138頁上、第175頁上、第176頁上、第181頁下、第183頁上。

⑥ [宋]嚴粲:《詩緝》,文淵閣《四庫全書》第75册,第343頁。

⑦ [宋]吕祖謙:《吕氏家塾讀詩記》,文淵閣《四庫全書》第73册,第665頁下、第757頁下。

⑧ [宋]林岊:《毛詩講義》,文淵閣《四庫全書》第74册,第208頁上、第209頁下。

⑨ [宋]朱熹:《四書章句集注》,中華書局1983年點校本,第5頁。[宋]朱熹撰、夏祖堯標點:《詩集傳》,嶽麓書社,1989年,第202、258、266、268頁。

⑩ [宋]王欽若等編:《册府元龜》,文淵閣《四庫全書》第915册,第926頁上。

注、宋本《册府元龜》則釋"緝熙"爲"光明"①,可見《四庫全書》的編纂者亦從朱子而改原書。宋衛湜《禮記集説》卷一五一、真德秀(1178—1235)《讀書記》卷一八、宋黃震《黃氏日鈔》卷二八《讀禮記》、宋朱鑒《詩傳遺説》卷五、元陳澔(1260—1341)《雲莊禮記集説》卷九、明胡廣(1369—1418)《禮記大全》卷二七、明吳亮《萬曆疏鈔》卷三三、清李塨(1659—1733)《大學辨業》卷四皆是。今本中則王國軒譯注《大學中庸》:"緝,繼續。熙,光明。"劉俊田、林松、禹克坤《四書全譯》、《儒教三經》、李申《四書集注全譯》亦然,錢仲聯《十三經精華·禮記精華》:"緝,繼續。熙,明。"熊十力(1885—1968)《原儒》注:"緝,續也。熙,明也。"②皆因《大學》引《文王》而朱子釋"緝"以"繼續",從朱子。後之説《文王》詩者頗有從之,曹學佺(1574—1646)《詩經剖疑》卷一九云:"緝,繼。熙,光也。"③如莊有可(1744—1822)《毛詩説》卷五云:"緝,續。熙,明也。"④清劉始興《詩益》卷八釋《昊天有成命》云:"緝,繼續也。熙,光明也。繼續光明,亦美其德之辭。"⑤戴震亦用朱氏之説云:"緝熙者,言續其光明不已也。"⑥《四書詳解》即釋"緝熙"爲"續其光明不止。"⑦錢澄之(1612—1693)《田間詩學》釋"緝"爲"續"、"熙"爲"光明",牟庭(1759—1832)《詩切》亦認爲"緝"訓"續"⑧。江蔭香《國語注解詩經》釋爲"緝是接續下去。熙是光明。"王永智《先儒寄語·大學》、何新《詩經(史詩)新解:雅與頌》同。金啟華《詩經全譯·文王》"持續光明"引戴震説,又其《昊天有成命》譯爲"繼承它,光大它",引嚴粲"王氏曰:緝,續也。熙,廣也。"屈萬里

① [漢]班固撰、[唐]顔師古注:《漢書》,中華書局1965年點校本,第3579頁。[宋]王欽若等編:《宋本册府元龜》,中華書局1989年影宋本,第2759頁下。另按:《漢書》顔注、《宋本册府元龜》本注作"造化鴻大也。烈,業也。緝熙,光明也。"文淵閣本《册府元龜》則省去"造化"二字,添"緝,繼續"三字。

② 分別參見王國軒譯注《大學中庸》,北京:中華書局2006年版,頁11。劉俊田、林松、禹克坤《四書全譯》,貴州人民出版社,1988年,第11頁。李安綱等《儒教三經》,中國社會科學出版社,2003年,第19頁。錢仲聯《十三經精華·禮記精華》,湖南教育出版社,1992年,第476頁。熊十力《熊十力全集》卷六《原儒》,湖北教育出版社,2001年,第614頁。李申《四書集注全譯》,巴蜀書社,2002年,第12頁。

③ [明]曹學佺:《詩經剖疑》卷一九,《續修四庫全書》第60册,第153頁下。

④ [清]莊有可:《毛詩説》,《續修四庫全書》第64册,第547頁上。

⑤ [清]劉始興:《詩益》,《續修四庫全書》第63册,第152頁上。

⑥ [清]戴震:《毛鄭詩考正》,《續修四庫全書》第63册,第580頁下。

⑦ 劉琦、韓維志、程艶傑注譯:《四書詳解》,吉林文史出版社,2004年,第406頁。

⑧ [清]錢澄之:《田間詩學》,文淵閣《四庫全書》第84册,第720頁下、第723頁上、第737頁下。[清]牟庭:《詩切》,齊魯書社1983年影日照丁氏鈔本,第1773—1775頁。

(1907—1979)《詩經選注》注"緝熙"爲"持續不斷"。竹添光鴻(1842—1917)《詩經會箋》、馬持盈《詩經今注今譯》、聶石樵《詩經新注》之《文王》從朱,楊合鳴、趙愛武編著《詩經·昊天有成命》注:"緝,繼承;熙,光大。"①實亦從朱。朱起鳳云:"緝熙,光明,蓋謂積漸廣大,以至於光明。即《大戴禮》所云'積厚者其流光'也,《箋》以'光明'釋'緝熙',失之。"②是亦從朱氏之訓。

高亨(1900—1986)云:"緝熙,奮發前進。"③高氏認爲"緝"通"揖","揖"與"輯"通,"揖"訓"進","熙"訓"興"、"興"訓"起",故可訓"緝熙"爲"奮發前進"④。的訓釋爲現代一些譯注本接受,如傅德岷、蔣書劍主編《大學·中庸·孟子註釋、譯文、賞析》在註釋《大學》引《文王》時即用高注。⑤王秀梅譯注《詩經·文王》⑥亦然。實際上高亨的解釋還是從朱熹《四書集注》訓釋中來,"繼續光明"自然就是"奮發前進之意",莊有可《毛詩說》卷六釋《昊天有成命》云:"於是而緝熙以盡其心。"⑦已經含有這個意思。此外,劉運興還提出一種新説,他認爲"緝熙"中的"熙"是"序"字的形譌,"緝熙"應該讀作"續緒"⑧,於"熙"字周折頗多,難以信從。

由上可知,"緝"釋爲"明"、"繼續"、"和"三解,"熙"有"廣"、"光"、"序"三解,合而釋之,則古今"緝熙"有六解:"光明"、"持續光大(廣大)"、"和洽光明"、"奮發前進"、"廣遠"、"續序",以前二説影響深遠。

"緝熙"如果釋爲"光明"、"和洽光明",則是一種恒定狀態;假如釋爲"持續

① 分別參見江蔭香《國語注解詩經》卷八,中國書店 1982 年影印上海廣益書局 1934 年排印本,本卷第 7 頁。王永智:《先儒寄語》,三秦出版社,2000 年,第 9 頁。何新:《詩經(史詩)新解:雅與頌》,時事出版社,2007 年,第 84 頁。金啟華:《詩經全譯》,江蘇古籍出版社,1984 年,第 615、617、808 頁。屈萬里:《詩經選注》,正中書局,1976 年,第 233、296 頁。[日]竹添光鴻:《毛詩會箋》,大通書局,1975 年,第 2064 頁。馬持盈:《詩經今注今譯》,臺灣商務印書館,1979 年,第 399、512 頁。聶石樵:《詩經新注》,齊魯書社,2000 年,第 480 頁。楊合鳴、趙愛武編著:《詩經》,金盾出版社,2008 年,第 518 頁。
② 朱起鳳:《辭通》,開明書店,1934 年,第 157 頁。
③ 高亨:《詩經今注》,上海古籍出版社,1980 年,第 371、480 頁。
④ 高亨:《周頌考釋上》,見載於《高亨著作集林》第 10 卷《編外論文輯存》,清華大學出版社,2004 年,第 162 頁。
⑤ 傅德岷、蔣書劍主編:《大學·中庸·孟子註釋、譯文、賞析》,武漢出版社,2009 年,第 11 頁。
⑥ 王秀梅譯注:《詩經》,中華書局,2006 年,第 314 頁。
⑦ [清]莊有可:《毛詩説》,《續修四庫全書》第 64 冊,第 582 頁上。
⑧ 劉運興:《經義知新》,山東教育出版社,1998 年,第 342、343 頁。

光大”、“奮發前進”則是一種漸進狀態。實際上，從《昊天有成命》一詩的語境看，無論“成王”是周成王誦還是“成其王業”，上述兩種“緝熙”的解釋都符合文義。當然，如果取“成王”爲周成王誦的話，則取“緝熙”爲“持續光明”之義似更能體現文武成三王的前後繼承性。這或者就是朱熹釋“緝熙”爲“持續光明”的緣由所在。我們再看《詩經》中另三處“緝熙”，《維清》“維清緝熙，文王之典”、《載見》“俾緝熙於純嘏”、《敬之》“學有緝熙於光明”，《載見》和《敬之》中的“緝熙”句法位置、語法功能相同，具有名詞性性質。“光明”之釋在《敬之》中似不合適，鄭箋云：“且欲學於有光明之光明者，謂賢中之賢也。”①歐陽修（1007—1073）《詩本義》卷一二云：“緝熙，《詩》、《書》之常語也，而毛、鄭常以爲光明，至於此頌云‘學有緝熙于光明’，然則緝熙不爲光明，可以悟矣。而二家對執，遂云‘學有光明于光明’，謂賢中之賢，此豈爲通義哉？”②宋人李樗《毛詩李黃集解》卷三七云：“鄭氏雖以爲成王，而以‘緝熙’謂如‘學有緝熙光明’，若以‘緝熙’爲‘光明’，則文不相接。”③故歐陽修釋爲“當以日月勉强積學，而增緝廣大至於其道光明。”④朱熹《詩集傳》則云：“續而明之，以至於光明。”⑤《爾雅》郭注於“緝，光也”下即引《敬之》爲例，近代學者馬其昶《詩毛氏學》卷二八云：“‘廣’與‘大’同，故‘光’又訓‘大’，‘光明’即‘廣明’，‘廣明’即‘大明’也，‘學有明大于大明’，‘大明’謂天也，聖也。明大者，猶言賢者識其大也。王者之學，繼天之明，《大誥》所謂‘紹天明’、《中庸》所謂‘自明誠謂之教’也。”⑥即發揮鄭箋之義，鄭亦未可言誤。“緝熙”5 見《大雅》1 見，《周頌》4 見，“光明”、“和洽光明”之釋與“持續光明（光大、廣大）”之釋於《詩》之五處俱通，且蘇轍、朱熹於五處立意亦同，不別爲釋。則新説不必立。“緝熙”應是合成詞，而非單純詞。

《説文・口部》云：“昌，聶語也。”《玄應音義》卷三“治葺”注引《通俗文》云：“覆蓋曰葺。”《説文・糸部》：“緝，續也。”《説文・手部》：“揖，讓也。”段注云：“凡拱其手使前曰揖。”《説文・車部》：“輯，車和輯也。”《集韻・緝韻》：“俖，人衆

① ［清］阮元校刻：《十三經注疏》，同上，第 599 頁上。

② ［宋］歐陽修：《詩本義》，《四部叢刊三編》影涉喜齋藏宋本，本卷第七頁。

③④ ［宋］李樗：《毛詩李黃集解》，文淵閣《四庫全書》第 71 册，第 719 頁下。

⑤ ［宋］朱熹撰、夏祖堯標點：《詩集傳》，同上，第 268 頁。

⑥ 馬其昶：《詩毛氏學》，《續修四庫全書》第 74 册，第 632 頁上。

貌。"《説文·木部》:"楫,舟櫂也。"《説文·戈部》:"戩,藏兵也。"《説文·水部》:"湁,雨下也。"①綜合而言,從"昷"得聲之字其共同義素爲"合",此或蘇轍釋"緝"爲"和"之由。《説文·火部》:"熙,燥也。从火巸聲。"《説文·臣部》:"巸,廣頤也。"《説文·女部》:"嬰,説樂也。从女巸聲。"②"熙"字從"巸"得聲,"巸"之核心義素當爲"廣"。然叔向之釋本在《爾雅》、《説文》之前。文化引申本亦語義演化之一種,亦非無據者。如歐陽修、蘇轍、朱熹等釋亦皆考慮到"緝熙"在整部《詩經》中的用法,前後一貫,皆可通,則作爲合成詞的"緝熙"既可以是聯合結構的構詞方式,也可以是狀中偏正結構的構詞方式。

17.《周語下》——是道成王之德也。成王能明文昭,能定武烈者也。夫道成命者,而稱昊天,翼其上也。二后受之,讓於德也。成王不敢康,敬百姓也。夙夜,恭也;基,始也。命,信也。宥,寬也。密,寧也。緝,明也。熙,廣也。亶,厚也。肆,固也。靖,龢也。其始也,翼上德讓,而敬百姓。其中也,恭儉信寬,帥歸於寧。其終也,廣厚其心,以固龢之。始於德讓,中於信寬,終於固龢,故曰成。

《禮容語》——謐者,寧也,億也;命者,制令也;基者,經也,勢也;夙,早也;康,安也;后,王也;二后,文王、武王。成王者,武王之子,文王之孫也。文王有大德而功未就,武王有大功而治未成。及成王承嗣,仁以臨民,故稱'昊天'焉。不敢怠安,早興夜寐,以繼文王之業。布文陳紀,經制度,設犧牲,使四海之內懿然葆德,各遵基道,故曰'有成'。承順武王之功,奉揚文王之德,九州之民、四荒之國,歌謠文武之烈,累九譯而請朝,致貢職以供祀,故曰'二后受之'。方是時也,天地調和,神民順億,鬼不屬祟,民不謗怨,故曰'宥謐'。成王質仁聖哲,能明其先,能承其親,不敢惰懈,以安天下,以敬民人。

[按]觀二篇解釋次序,《周語下》順序而釋之,先釋句意,次釋單字,次釋章

---

① 分别參見[漢]許慎:《説文解字》,第32頁下、第277頁上、第301頁上、第124頁下、第266頁下、第234頁上。[唐]玄應:《玄應音義》,《續修四庫全書》第198册,第40頁上。[宋]丁度等編:《集韻》,上海古籍出版社1985年影述古堂本,第766頁。
② [漢]許慎:《説文解字》,第210頁下、第250頁下、第262頁上。

旨;《禮容語》則先釋單字,然其單字之釋從詩尾到詩之首,逆序釋之;次釋結構之義,次釋章旨。

審叔向釋文"是道成王之德也。成王能明文昭,能定武烈者也",後人每以此立論,叔向所云"成王"是周成王誦還是"成其王功",聚訟千年未有定論。今試稍稍梳理之。毛氏立傳,不釋"成王不敢康"之"成王",詩序云:"郊祀天地也。"鄭箋云:"文王、武王受此業,施行道德,成此王功,不敢自安逸。"[①]明釋爲"成此王功",韋注謂此詩爲"謂成王即位而郊見,推文、武受命之功,以郊祀天地而歌之也",明釋爲成王祭祀天地之歌。並釋"昊天有成命,成王不敢康"云:"昊天,天大號也。二后,文、武也。康,安也。言昊天有所成之命,文、武則能受之。謂修己自勸,以成其王功,非謂周成王身也。賈、鄭、唐説皆然。""天大號"之説與鄭玄同。且明謂"成王不敢康"者謂文武,非謂周成王。孔穎達以生不稱謚,故以此詩作於成王初。也就是説現傳文獻中,一直到唐代,衹有賈誼一人明確説"成王不敢康"是指周成王誦,[②]其他皆作動賓結構處理。

至於宋,則歐陽修《詩本義》卷一四發端質疑。後則諸説繼之,或尊毛鄭,以此詩作於成王之初,爲成王推文武之功而郊祀天地;或以此詩作於康王之時,爲祀周成王誦者。亦有以"成王"即成王誦而詩作亦在成王時者。

認爲"成王"是成其王功,尊舊説者如宋范處義《詩補傳》卷二六、宋李樗《毛詩集解》卷三七、宋蘇轍《詩集傳》卷一八、宋林岊《毛詩講義》卷九、宋吕祖謙《吕

---

① [清]阮元校刻:《十三經注疏》,第 587 頁下。

② 清徐璈《詩經廣詁》卷二六引匡衡曰:"昔者成王思述文武之道,以養其心,休烈盛美,皆歸之二后,而不敢專其名。是以上天歆享,鬼神祐焉。"徐氏特别注明"《漢書》本傳引《詩》",徐氏云:"此則齊家亦以成王爲武王之子,不獨賈傅也。"(《續修四庫全書》第 69 册,第 621 頁下)清陳壽祺《魯詩遺説考》卷六之一《昊天有成命》引《禮容語》並加案云:"攷《漢書·匡衡傳》,衡引此詩亦言,昔者成王思述文武之道,休烈盛美,皆歸之二后,而不敢專其名。是齊魯詩説皆如此……四家之詩師不同,故説多殊旨也。"(《續修四庫全書》第 76 册,第 294 頁下)審《漢書》本傳:"衡復上疏曰:'臣聞治亂安危之機,在乎審所用心。蓋受命之王,務在創業垂統傳之無窮,繼體之君心,存於承宣先王之德,而褒大其功。昔者成王之嗣位,思述文武之道以養其心,休烈盛美皆歸之二后,而不敢專其名。以上天歆享,鬼神祐焉。其《詩》曰:"念我皇祖,陟降廷止。"言成王常思祖考之業,而鬼神祐助其治也。'"顔注云:"休,亦美也。烈,業也。后,君也。二君,文王、武王也。《周頌·閔予小子》之詩言成王常念文王、武王之德,奉而行之,故鬼神上下臨其朝廷。"([漢]班固撰、[唐]顔師古注:《漢書》,中華書局 1965 年點校本,第 3338 頁)匡衡之言明是因《閔予小子》而發,非《昊天有成命》至明,顔注引毛鄭注以注匡衡之言,並不能證明匡衡所言即爲釋《昊天有成命》。故此説不取。

氏家塾讀詩記》卷二八、宋楊簡《慈湖詩傳》卷十八、明郝敬《毛詩原解》卷三二、明蔣悌生《五經蠡測》卷五、清陳僅《詩誦》卷四、清陳啓源《毛詩稽古編》卷二三、清成僎《詩說考略》卷一二、清戴震《毛鄭詩考正》卷四、清莊有可《毛詩說》卷六、清朱鶴齡(1606—1683)《詩經通義》卷一一、清錢澄之《田間詩學》卷一一、清胡承珙(1776—1832)《毛詩後箋》卷二六、清馬國翰(1794—1857)《目耕帖》卷二一、近代馬其昶《詩毛氏學》卷二六。又王夫之(1619—1692)衹云此非祀成王之詩,當亦以"成王"非成王也。竹添光鴻亦贊成成其王業之說。

以"成王"爲成王誦者則歐陽修而外,有宋鄭樵(1104—1162)《六經奧論》卷三、《朱子語類》卷七八、卷八〇、卷八一、朱熹《詩集傳》卷一九、宋王質(1135—1189)《詩總聞》卷一九、宋魏了翁(1178—1237)《毛詩要義》卷一九、宋王應麟(1223—1296)《詩考》、宋王應麟《困學紀聞》卷三、宋嚴粲《詩緝》卷三二、宋朱鑒《詩傳遺說》卷二、元許謙(1269—1337)《詩集傳名物鈔》卷八、元劉瑾《詩傳通釋》卷一九、元劉玉汝《詩纘緒》卷一七、元朱公遷《詩經疏義》卷一九、元朱倬《詩經疑問》詩經疑問卷之五、明朱善(1315—1385)《詩解頤》卷四、明胡廣《詩傳大全》卷一九、明孫鼎(?—1457)《詩義集說》卷四、明季本(1485—1563)《詩說解頤》正釋卷二六、明曹學佺《詩經剖疑》卷二二、明顧夢麟(1585—1653)《詩經說約》卷二五、明張次仲(1589—1676)《待軒詩記》卷八、明何楷(1594—1645)《詩經世本古義》卷一一、明朱朝瑛(1605—1670)《讀詩略記》卷六、明胡紹曾《詩經胡傳》卷一〇、清萬斯同(1638—1702)《群書疑辨》卷一、清李光地(1642—1718)《詩所》卷八、清姚際恒(1647—1715)《詩經通論》卷一六、清陸奎勳(1663—1738)《陸堂詩學》卷一一、清顧棟高(1679—1759)《毛詩訂詁》卷八、清汪梧鳳(1725—1771)《詩學女爲》卷二四、清崔述(1740—1816)《考信録·豐鎬考信録》卷六、清牟應震(1744—1825)《詩問》卷六、清郝懿行(1757—1825)《詩問》卷七、清牟庭(1759—1832)《詩切》、清李黼平(1770—1832)《毛詩紬義》卷二二、清徐璈(1779—1841)《詩經廣詁》、清馬瑞辰《毛詩傳箋通釋》卷二八、清陳奐(1786—1863)《詩毛氏傳疏》卷二六、清方玉潤(1811—1883)《詩經原始》卷一六、清尹繼美(1814—1888)《詩管見》卷六、清喬松年(1815—1875)《蘿藦亭札記》卷一、清方宗誠(1818—1888)《說詩章義》下、清黄中松《詩疑辨證》卷六、清胡文英《詩經逢原》卷一〇、清張映辰《昊天有成命講義》、清佟保《昊天有成命講義》、清李龍官《昊天有成命講義》、高麗丁鏞《與猶堂集》之《詩經講義》卷一二、王先謙(1842—1917)《詩三家義集疏》卷二四。

清范家相《詩瀋》卷十八謂爲"成王"謂成王誦,而此詩仍爲祀天地者。清人紀大奎《雙桂堂稿》卷八雜録二云:"韋昭注用賈唐諸説,以爲二后能讓有德,文理太曲,而義不可通矣。故朱子以《國語》證其爲成王誦,此無可疑者也。第疑其爲祀成王之詩,則亦未知其確否。蓋此詩亦不見其必非康王郊祀之詩也。夫祀天地者,述其成命之重,而因述其祖考受命基命之德,以致其不敢不法祖考、以敬天命之誠,此於辭義似未爲不協。"①俞樾(1821—1907)認爲:"正以其能成文武之德,故生號之曰成王,及其没也,遂以爲謚,古人固有生而立號者。"②後來王國維也證明可以生稱謚,實亦本俞樾之説。即是指成王爲成王誦,且此詩作於成王時。要之,亦當屬於後者。

今人吳闓生(1877—1949)、于省吾(1896—1984)、高亨、程俊英(1901—1993)、黄焯(1902—1984)、公木(1910—1998)、周振甫③、孫作雲(1912—1978)、楊寬(1914—2005)、金啟華、馬持盈、聶石樵、黄典誠(1914—1993)、袁梅、陳振寰、費振剛、洪湛侯、蘇東天、劉道英、王延海、劉松來、姚小鷗、蔣立甫、沈家宜、李立成、唐莫堯、于夯、楊合鳴、劉精盛、鄧啟桐、楊任之、祝敏徹、韓崢嶸、褚斌傑、袁濟喜、樊樹雲等皆以爲成王,且以高亨之影響爲大,致很多譯注皆以高説爲本。唯馮浩菲、陳雪梅、梁錫鋒作"成就王業之命"解④。今人採用成王誦説,没有提出新的理由。

---

① [清]紀大奎:《雙桂堂稿》,《續修四庫全書》第 1470 册,第 439 頁。
② [清]俞樾:《茶香室經説》卷四,《續修四庫全書》第 177 册,第 460 頁下。
③ 周振甫《昊天有成命》"成王不敢康"譯作"成王不敢求安樂",而註釋後又引詩序"成此王功"云云,前後亦未一致。見氏著《詩經譯注》,第 499、500 頁。
④ 馮説見後。陳雪梅《〈昊天有成命〉"成王"考辨》,《哈爾濱學院學報》2010 年第 10 期,第 84—89 頁。梁錫鋒《〈昊天有成命〉屬〈大武樂章〉考辨》(《四川師範大學學報》2004 第 2 期,第 91—96 頁)認爲《昊天有成命》和成王誦没有任何關係,舉三點理由:(1)若"成王"爲成王誦,合文武而爲三王,可叔向説全詩主旨爲"道成王之德",與理不通;(2)若是成王誦,則全詩分兩部分,前部分贊文武,後部分贊成王誦,可是叔向最後的總結是"始於"、"中於"、"終於",一氣貫通,與理不合;(3)若"成德"爲成王誦之德,則對應復興的初興當是成王誦,但是按照叔向的意思,是文武初興。以其前後矛盾,故理解爲成王誦是錯誤的。又李慶《關於〈詩經·周頌〉中〈大武〉諸詩的探討——王國維〈周大武樂章考〉商榷》(《復旦學報》2005 年第 5 期,第 80—87 頁)第四節"關於〈昊天有成命〉問題"把存在問題進行列舉,並認爲有進一步探討的必要,未置結論。

審各家的理由爲：（一）贊成成王誦者以叔向之釋《昊天有成命》即云成王誦，如姚際恒《詩經通論》卷一六云："《國語》叔向曰道成王之德，及成王，能明文昭、定武烈，此一證也。"①俞樾云："《國語》載叔向説是詩云：'是道成王之德也。成王，能明文昭、能定武烈者也。'則成王爲周之成王無疑。"②贊成"成王"爲動賓結構者以叔向之釋《昊天有成命》即爲動賓結構，如紀大奎云："自歐陽子以成王爲成王誦，朱子引《國語》證之，後儒或未之信，何也？曰：《國語》'是道成王之德，成王能明文昭、能定武烈'之語，以爲成王誦固然矣，即以爲成王業之義，亦未嘗不可。此所以或不信也。"③胡承珙云："觀其釋'二后受之'爲讓德，而以始於德讓爲成王。則所言'成王'即二后，並非指成王誦甚明。鄭、賈、唐固皆如此解，非韋昭一人獨從毛説也。惟賈子《新書·禮容篇》雖亦引叔向語，而與《國語》大異，以此'成王'爲文王孫、武王子。孔疏所云'時人有疑是成王身'者，蓋即用《新書》之説。"④則贊成成王誦説者以叔向之釋爲據實本賈誼《新書》而非《國語》。（二）傳言周公制禮作樂，歌必從之，故頌當作在成王初，即蘇轍所謂"周公制禮，禮之所及，樂必從之，樂之所及，詩必從之，故頌之施於禮樂者備矣，後世無容易之"，故"成王不敢康"之"成王"非成王誦，故姚際恒云："毛鄭輩必以成王作其王解，固泥于凡頌皆爲成王時周公作耳。"⑤（三）郝敬云："朱子改爲祀成王，則詩當作于康王後，郊廟之歌，周公所定一代憲章，後王詩焉得列《天作》、《我將》之間？《周頌》三十一篇無康王以後詩。泥文生解，引《國語》爲徵。按《國語》解'成'字之德，無以辨其必爲王誦也。"又云："又據《商頌》祀武丁，謂《周頌》亦當有康王以後詩。夫《商頌》古樂僅存，無容再删。周公所定内外百祀之樂，夫子删存，止三十一篇，焉得更有後人制作雜其中？有之，亦當附《小毖》、《載芟》後，不宜攙入祖考廟樂之前，不然，則頌亦錯亂矣。"⑥（四）詩序云該詩爲郊祀天地，而詩中僅及天不及地。郝敬云："又據《周禮》圜丘方澤，謂天地不當

---

① ② ③ 按：姚氏舉三證，除此之外，另有二證："賈誼《新書》曰：'后，王也。二后，文王、武王也。成王者，武王之子、文王之孫也。文王有大德而功未既，武王有大功而治未成，及成王承嗣，仁以莅民，故稱昊天焉。'此一證也。楊雄謂康王之時，頌聲作於下，班固謂成康没而頌聲寢。此一證也。"見於
　　［清］姚際恒《詩經通論》卷一六，《續修四庫全書》第 62 册，第 218 頁。
④ ［清］胡承珙撰、郭全芝校點《毛詩後箋》，黄山書社 1999 年版，第 1519 頁。
⑤ ［清］姚際恒：《詩經通論》卷一六，《續修四庫全書》第 62 册，第 218 頁下、第 219 頁上。
⑥ ［明］郝敬《毛詩序説》卷八，《續修四庫全書》第 58 册，第 621 頁。

合祀。蓋信以《周禮》爲周公之書，承訛久矣。夫廟祀，考、妣合食。王者，父天母地，母不得別父，地不得殊天，陰不得離陽，妻不得違夫，此理甚明。今拘《周禮》，謂天地當分祀，則自不肯以此詩爲郊祀天地之詩，何怪乎?"①（五）"成王"與"二后"並提。如即云："詩篇'二后'與'成王'並提，'成王'指周成王確定不移。"②聚訟紛紜，莫衷一是。故清人陳孚主張兩説皆可通。依從成王爲成王誦者亦有以祀天地備説者，如清人陳奐、今人唐莫堯等。

就上面統計，從絶對數量上來講，主張祀成王者或成王誦者占多數，古代 51 家，近代今人 37 家，合共 88 家；主張祀天地、"成王"爲"成其王業"者古代 27 家，近代今人 3 家，合共 30 家。但是這裏面絲毫看不出哪一方的證據更充分，支持衆多的説法原因在於宋代疑經的興起以及歐陽修、朱熹在文學史和理學上的地位，元明清三代贊成朱熹學説者很多本身就説明了這一點。近人、今人衹是在更大程度上接受前代學説而已。其思想實質，同我在《小學要籍引〈國語〉斠證》引言中所論賈逵注的散佚淡出過程原理是相同的。就《周語下》本文語境而言，理解爲"成其王業"似更合理。《毛詩集解》卷三七云："此詩蓋言昊天有成命，文武受之，故成王業則不遑安寧，夙興夜寐，必爲受命之基而行寬大之政，所以答天之命也。成王者，成王業也，自《國語》爲此説，至賈誼則以爲成王武王之子也，以成王不敢康爲武王之子可也，若如此説，則下文之説不行矣。故成王當以爲成王業，爲後世子孫者當繼而廣大之，而大盡其心，庶幾能保大平之基業也。文武以奉天爲心，爲子孫者當以文武之心爲心，然後相須以成大平之業也。"③戴震云："是乃爲能明文德而昭之謂成、能定武功而烈之謂成也，是乃爲頌之極甚盛德也。頌之體，語少而意深遠。此詩蔡邕《獨斷》亦以爲郊祀天地之所歌，則魯詩與毛詩同，詩陳二后奉若天道、成王事、求靖民之盛德，周之能事天地在是。毛鄭説詩，賈唐注國語，皆以成王非謂周成王身，據叔向之全文可推也。"④故此處當從"成此王功"之釋，不當作"成王"解，馮浩菲根據對毛、鄭解釋和朱、范、魏

---

① ［明］郝敬:《毛詩序説》卷八，《續修四庫全書》第 58 册，第 621 頁下。

② 李山:《周初詩歌創作考論》，汕頭大學新國學研究中心編《新國學研究》第 2 輯，人民文學出版社，2005年，第 198 頁。

③ ［宋］李樗:《毛詩李黄集解》，文淵閣《四庫全書》第 71 册，第 719 頁下。

④ ［清］戴震:《毛鄭詩考正》卷四，《續修四庫全書》第 63 册，第 594 頁下。

三家解釋比較後認爲毛鄭之説有三便："第一，祇合寫文、武二王受天命、締造周家王朝的事情，符合《周頌》篇幅短小、主題集中的文法。第二，由於歌頌文、武二王創王業、革殷命、定天下之功勳，既符合《大序》所論以其成功告神明的體例，又符合《小序》'郊祀天地也'的篇章詮釋。第三，由於所歌之主是文、武二王，在周公之前，符合該詩由周公所定的傳統説法。"而朱氏之説則有三不便："第一，短短七句詩，既寫文王、武王，又寫成王，主題分散，而且輕重顛倒，既不符合《周頌》篇幅短小、主題集中的文法，也不符合一般行文法則。第二，由於受命締造國家王業，以致成功的是文、武二王，成年年幼，確乎無與於其事。故既與《大序》所論頌詩體例不合，又與《小序》所解篇意不合。第三，由於成王與周公同時，而且周公先薨，與詩由周公所作的傳統説法不合。"故而馮氏進一步認爲"成王"的解釋"還是按毛、鄭的觀點解釋較爲可靠。'成是王事'或'成此王功'的意思是從前二句導出，因爲二后受天命之後不可能戛然而止，無所作爲，其唯一的目標就是'成此王功'。"①俞樾云："成王爲成此王功，固自古相傳之師説矣。"②馮説從文本與主題的角度立意，此前人所未道及者，説可從。如是，則《昊天有成命》當斷句作"昊天有成命，二后受之、成王，不敢康"，或於理解不致生扞格。

《國語》各注本亦頗見參差，汪遠孫云："毛公此詩無傳，下《噫嘻》'成王'傳始云：'成王，成是王事也。'是毛意亦指成王之身，故不發傳，《箋》未必合毛指，且《序》止言郊祀天地，何以知其必在成王之初乎？……賈以'成'爲成王之身，自是西京經説，且下《傳》云：'成王能明文昭，定武烈。'亦似謂成王之身，《集傳》疑此詩爲祀成王之詩，要非無據。"③陳瑑云："自《詩序》以至漢唐諸儒，皆以《昊天有成命》爲郊祀天地之樂歌，文王受天命，成其爲王業，其詩作在周公，成王之世。《解》於'成其王功，非謂成王身'特詳言之者，以下文有'是道成王之德也'。《解》曰：'是詩道文武能成其王德也。'成王，能明文昭能定武烈云云，恐誤認'成王之功'爲成王誦也。然宋儒即據是道'成王之德'三語，定《昊天有成命》爲祀

---

①　馮浩菲：《鄭氏詩譜訂考》，上海古籍出版社，2008 年，第 196、197 頁。
②　[清]俞樾：《茶香室經説》卷四，同上。
③　[清]汪遠孫：《國語發正》卷三，《清經解續編》卷六三，上海書店 1988 影印本，第 163 頁中。

成王之詩。蓋葦早見及之。"①黄模引朱子《詩集傳》。王煦云："大約漢儒多宗是説。然三復《詩》詞及本《傳》文,實多未安。"②備引賈誼、申公詩説、歐陽修《時世論》、范蜀公正書、朱子《詩集傳》,贊成"成王誦"之説是顯而易見的。日本秦鼎云："按《新序》載此事曰:'成王者,武王之子,文王之孫。'漢初已有成王之説,故朱《傳》用之。"③沈鎔、李維琦、黄永堂贊成成王爲周成王誦之説,他皆守韋注。

叔向釋語中出現 3 次"成王"結構,但是並未明言是周成王,但是很多主張"成王"之"成"爲諡號者亦以叔向之語爲釋。實際上就叔向的解釋本身而言,倒是理解爲"成其王功"爲更恰切,俞志慧以爲如果解釋爲"成其王功",則與"道成王之德"、"成王能明文昭、能定武烈者也"、"單子朝夕不忘成王之德"相扞格,這也是很多解"成王"之"成"爲諡號的一個緣由。實際上把"成王"解釋爲"成其王功"的話,"成王之德"是"成其王功所具備的德行",不是哪一個人的德行,"成王能明文昭、定武烈"也是這個意思,不祇是周成王而然,所有能夠"成其王功"者皆然,叔向在此處祇是通過這樣一首詩表達單靖公能夠使周再興的緣由,"興"就是"成",所以其主要在釋"成"。未必非要把叔向之釋理解爲"周成王"。而到了《禮容語》中,纔直接把成王理解爲周成王。也就是説現在能夠看到的文獻當中,第一個明確提出"成王不敢康"之"成王"爲周成王誦的是賈誼,不是叔向。何以賈誼解爲成王誦? 首先的一個原因,可能賈誼也和後來的解釋者一樣,認爲叔向所釋是成王誦。但是更主要的,則是出於其解説目的。審《新書》除本篇之外,《保傅篇》和《脩政語》中亦載成王之事。《脩政語》上篇依次記黄帝、顓頊、帝嚳、帝堯、帝舜、大禹、湯之語,下篇依次記周文王、周武王與鬻子問答,周武王與王子旦問答,周成王與鬻子問答。根據統計,《脩政語》上下篇共 2 787 字,黄帝之言 174 字(6.24%),顓頊之言 104 字(3.73%),帝嚳之言 108 字(3.88%),帝堯之言 160 字(5.74%),帝舜之言 101 字(3.62%),大禹之事與言 268 字(9.62%),湯之言 398 字(14.28%),周文王與鬻子之言 188 字(6.75%),周武王與鬻子之言 218 字,周武王與王子旦之言 287 字(合前與鬻子之言共占

---

① 〔清〕陳瑑:《國語翼解》卷二,清光緒廣雅書局刻本,本卷第一五頁。
② 〔清〕王煦:《國語釋文》卷一,清咸豐戊午觀海樓刻本,本卷第二六頁。
③ 〔日〕秦鼎:《春秋外傳國語定本》卷三,日本文化六年滄浪居刻本,本卷第一三頁。

18.12％），周成王與鬻子之言 781 字（28.02％），就篇幅數量而言，言周成王占了將近三分之一弱，五帝、禹、湯有言而無問，文、武、成則問而受命。前引劉向比賈誼以伊、管，有王佐之才，賈誼在文帝時就已經在移風易俗、改革制度方面頗有建議，儼然有帝師之相，唯朝中舊臣嫉妒，故爲長沙王太傅，經年召回，文帝歎云："吾久不見賈生，自以爲過之，乃不及也。"這是對賈誼的進一步肯定，故而拜賈誼爲梁懷王太傅，徐復觀以爲："梁懷王爲文帝愛子，且系襃封大國，賈誼傅之，有實質意義，且與朝廷之聲氣未斷。"①而賈誼爲梁懷王太傅，亦數以得失問對，實際上就是教以修政，故推測《脩政語》當作於爲梁懷王太傅之時②，教梁懷王以修政者。在帝系上，周文、武、成是一脈相承、前後接續，成王年幼登基，周公輔佐，故《吕氏春秋·慎大覽》云："文王造之而未遂，武王遂之而未成，周公旦抱少主而成之。故曰成王。"梁懷王爲文帝少子，很得文帝喜愛。賈誼實際上是把梁懷王當作漢朝將來的國君進行輔佐教育的，故以"成"爲"成王誦"，這樣可以完成一個文、武、成前後的直接續接。或即賈誼之所以解"成王"爲周成王的理由所在。賈誼既然在"成王"的理解上和叔向不同，則在下面的幾句理解上也會有分歧。

（1）《周語下》"是道成王之德也"總釋全詩。《周語下》"成王能明文昭，能定武烈者也"對應《禮容語》"承順武王之功，奉揚文王之德"。觀《禮容語》前云"文王、武王"、"成王者，武王之子、文王之孫也"，後又云"文王有……武王有……"、"歌謡文武"，"文"、"武"語序非一，按實當先言文、而後言武。"明"有"揚"義，"奉順"有"定"義。

（2）《周語下》"夫道成命者，而稱昊天，翼其上也"對應《禮容語》"文王有大德而功未就，武王有大功而治未成。及成王承嗣，仁以臨民，故稱'昊天'焉。不敢怠安，早興夜寐，以繼文王之業。布文陳紀，經制度，設犧牲，使四海之內懿然葆德，各遵基道，故曰'有成'"，所釋較《周語下》爲詳盡，審其釋稱"昊天"之由，與《周語下》所云不同，叔向認爲"稱昊天"是因爲"翼其上"，而賈誼認爲稱昊天

① 徐復觀：《賈誼思想的再發現》，載於氏著《兩漢思想史》第二卷，華東師範大學出版社，2004 年，第 70 頁。

② 王興國《賈誼評傳》即已推測《脩政語》、《禮容語下》俱作於賈誼任梁懷王太傅之時。南京大學出版社，1997 年，第 72 頁。

是"仁以臨民"，角度不同。《禮容語》之"昊天"是對成王之讚譽，而叔向之認爲"昊天"是上天之號，故鄭玄云："昊天，大號也。"①高亨云："昊天，猶蒼天，皇天。"②韋注云："稱，舉也。翼，敬也。"上博簡（一）所收《孔子詩論》第 6 簡又云："＜昊＝（昊天）又（有）城（成）命＞，'二句（后）受之'，貴戲（且）惡（顯）矣，訟……"③鄭玉姍案云："貴且顯矣，指文武二王承受先人之成命，施行道德，成此王功，尊貴而昭顯。"④孔子《詩論》的命意和叔向、賈誼又不同，是從身份地位等俗世角度進行認定的，不類孔子之語，倒如同《史記·高祖本紀》所記"高祖嘗繇咸陽，縱觀，觀秦皇帝，喟然歎曰：'大丈夫生當如此。'"審《論語》中言文武，往往言其斯文、德道，不言其社會地位，如果從這個角度來看廖名春補的"吾頌之"的話，則仍有待進一步討論的必要。

（3）叔向釋"夙夜"爲"恭"，而賈誼祇釋"夙"字。《説文·夕部》："夙，早敬也。从丮持事，雖夕不休，早敬者也。"⑤《説文》此釋恐亦由叔向之釋化來者，故訓多有

---

① ［清］阮元校刻：《十三經注疏》，第 587 頁下。

② 高亨：《詩經今注》，上海古籍出版社，1980 年，第 480 頁。

③ 馬承源主編：《上海博物館藏戰國楚竹書（一）》，上海古籍出版社，2001 年，第 133 頁。廖名春云："此'頌'字並非指《風》、《雅》、《頌》之'頌'，而是'歌頌'之'頌'。'頌'前簡文抄漏一'吾'字，'頌'後脱簡當有'之'字。這樣，本句當作："'昊天有成命，二后受之'，貴且顯矣。〔吾〕頌〔之〕。'"（氏著《上海博物館藏詩論簡校釋札記》，劉信芳《孔子詩論述學》見引，安徽大學出版社，2003 年，第 145—146 頁）審廖氏之説，恰可與 21 簡"虖〔吾〕善之"、"虖〔吾〕惡（喜）之"、"虖〔吾〕信之"、"虖〔吾〕兂之"句式相應，可信度比較大。又李學勤、李零補綴 21、22 簡云："〈昊＝又城命〉，虖〔吾〕□之。"（李學勤：《〈詩論〉分章釋文》，劉信芳《孔子詩論述學》後附，第 279 頁）廖名春所補第 6 簡"〔吾〕頌〔之〕"可與二李連綴之文相呼應。就上下文語境上言，"吾頌之"當是因"貴且顯矣"而起的情感價值判斷，但是這是否符合孔子詩論本身語義，還需要進一步考慮。劉信芳云："在'頌'前後補字的做法並不妥當。'貴且顯矣'是引《詩》之後的評語，在句式位置上與上文'吾敬之'、'吾悦之'相類，語氣上'矣'已是句群之後的暫大停頓，如簡 2'至矣'，簡 7'信矣'例。'頌'居于句末，是否屬於'大題在下'？此疑而未能明也。"（氏著《孔子詩論集解》，見載於氏著《孔子詩論述學》，第 146 頁）劉以"頌"爲風雅頌之頌，與廖理解不同。又劉氏根據"矣是句群之後的暫大停頓"和 2 簡例"矣"後無文句即判定本句"貴且顯矣"之後亦不當有文句，似亦未盡妥當。"矣"字亦可用於句中起舒緩語氣的作用，如《詩·周南·漢廣》"漢之廣矣，不可泳思。江之永矣，不可方思"，《論語·里仁》"惡不仁者，其不仁矣，不使不仁者加乎其身"（中國社科院語言研究所古代漢語研究室編《古代漢語虛詞詞典》引例，北京商務印書館，1999 年，第 720 頁）

④ 季旭昇主編，陳霖慶、鄭玉珊、鄒睿智合撰：《上海博物館藏戰國楚竹書（一）讀本》，北京大學出版社，2009 年，第 83 頁。李鋭云："后'當隸定爲'句'（見紐侯部），讀爲'後'（匣紐侯部），習見于郭店簡。簡二十四'后稷'同。《新書·禮容下》：'夫《昊天有成命》，頌之盛德也。'疑可據補'之盛德也'……'于下簡。"（氏著《讀上博楚簡札記》，劉信芳《孔子詩論述學》見引，第 145 頁）

⑤ ［漢］許慎：《説文解字》，第 142 頁上。

釋"夙"爲"肅"者,高天忠周云:"夙之音肅也,其義亦同肅也。"①釋"恭"者重辭采,釋"早"者重本義。韋注亦云:"夙,早也。夜,暮也。"審《新書》"夙"字唯此處1見,《國語》"夙"字除此處之外另有3見,韋注亦釋爲"早",著眼不同,義不相違。

(4)叔向釋"基"爲"始",而《禮容語》釋爲"經也,勢也"。《說文·土部》:"基,牆始也。"②《詩·周南·關雎序》"王化之基"孔疏云:"高以下爲基。"③《爾雅·釋言》云:"基,經也,設也。"郭璞注云:"基業所以自經營。"鄭樵曰:"經營其始。"《爾雅正義》云:"《釋詁》亦言'基始也謀也',此又廣其義也。《康誥》云:'周公初基。'言始經營也。"④是叔向釋"基"爲其常用義,而《新書》所釋爲語境義。盧文弨以爲"義頗未安",亦未必是。《說文》無"勢"字,徐鉉《新附》云:"勢,盛力,權也。"⑤《韓非子·八經》云:"勢者,勝衆之資也。"王念孫(1744—1832)云:"勢者,位也,所居曰勢。"⑥朱子《詩集傳》謂:"基者,積累乎下,以承藉乎上者也。"⑦樊樹雲從朱子說。程俊英因釋"基命"爲"經營設置政令",韓崢嶸釋"基"爲"謀"⑧。高亨云:"基,借爲丌。《說文》:'丌,舉也。'兩手舉起,就是奉持。"故高氏釋"基命"爲"奉持天命,即奉持上帝所給的王業"⑨,黃國良編著《詩經通假字集釋》、楊合鳴與趙愛武《詩經詳解》、陳子展《詩經直解》、吳雲與李春臺《賈誼集校注》、李爾鋼《新書全譯》、黃永堂《國語全譯》、趙望秦等《白話國語》、蕭漾《國語故事》、楊合鳴等編著《詩經》、袁梅《詩經譯注》、楊任之《詩經探源》、向熹《詩經詞典》、沈澤宜《詩經新解》、姚小鷗《詩經譯注》並從之。馬持盈則釋"基"爲"本"⑩,金啟華因于說而以"基"、"其"可通,故釋"基"爲"其"⑪,黃典誠從之。此本於《經

---

① 轉引自《古文字詁林》第6冊,第530頁。
② [漢]許慎:《說文解字》,第287頁上。
③ [清]阮元校刻:《十三經注疏》,第273頁上。
④ 朱祖延:《爾雅詁林》,第1023頁。
⑤ [漢]許慎:《說文解字》,第293頁上。
⑥ [清]王念孫:《讀書雜誌·荀子第四》,《續修四庫全書》第1153冊,第359頁下。
⑦ [宋]朱熹撰、夏祖堯標點:《詩集傳》,同上,第268頁。
⑧ 程俊英:《詩經注析》,第944頁。韓崢嶸:《詩經譯注》,吉林文史出版社,1995年,第416頁。
⑨ 高亨:《詩經今注》,第480頁。
⑩ 馬持盈:《詩經今注今譯》,臺灣商務印書館,1979年,第512頁。
⑪ 金啟華:《詩經全譯》,江蘇古籍出版社,1984年,第869頁。又見其編著《詩經》,安徽文藝出版社,2003年,第684頁。

典釋文》,《經典釋文》作"其命"並云:"音基,本亦作其,始也。"①劉運興因《禮記·孔子閒居》引作"其"因定此詩"基"形義當作"其"②。邵寶《簡端録》卷云:"'基命'二字,《詩》、《書》皆稱之。《詩》自人言,《書》自天言。"③牟庭以爲"基"即"立基",袁濟喜、李家生云:"基命,以天命爲根基。"④與牟説近似。趙建偉則認爲因"基"本亦作"其","其"、"共"形近,且先秦多言"恭命",故以"基命"作"恭命"⑤。戴震云:"基命也者,能新受天命之謂也。"⑥錢澄之因用朱子之説。江陰香云:"基命就是承接下去的意思。"⑦

(5)叔向釋"命,信也",劉又辛認爲這是義隔相訓,云:"'命'和'信'意義相差很遠。但凡有命,無論對發出者或承受者來説,都與'信'相關。"⑧牟庭云:"《説文》曰:'命,使也,從口從令。''令,發號也,從△卪。''卪,瑞信也。'象相合之形。然則造字之始,命與卪義相因。故古謂使命往來曰信使。……天之降命,是其信通於人,而人之立命,是其信通於天也。"⑨《禮容語》以"命,制令也"。馬瑞辰以爲叔向之釋與賈子之釋同義⑩,俞樾云:"制令當爲制度,蓋訓命爲制度。"⑪方師引劉師培云:"此文'制'下脱'也'字。蓋'命'訓爲'制',又訓爲'令',與上文'諡,寧也,億也'同例。今脱'也'字,'制令'聯文,遂不可通。"⑫方師以劉説爲是,可從。叔向釋爲"信",是自其效能而言,《周語上》云:"制義庶孚,信也。"又云:"非信不行。"《國語》"信"字 96 見,可見其重視程度。今注則如高亨釋爲"天命"如上,馬持盈釋爲"天之明命",程俊英釋爲"政令",江陰香、黃典誠

---

① [唐]陸德明:《經典釋文》,中華書局 1983 年影通志堂經解本,第 101 頁下。
② 劉運興:《詩義知新》,同上,第 466 頁。
③ 邵寶:《簡端録》,文淵閣四庫全書,本卷第一六頁。
④ 袁濟喜、洪祖斌註釋:《詩經譯注》,大連出版社,1998 年,第 328 頁。李家生説見伍心鎮、魯洪生主編:《詩經析釋》,春風文藝出版社,1986 年,第 715 頁。
⑤⑥ 趙建偉:《〈詩·昊天有成命〉'夙夜基命宥密'新詁》,《文史》第 20 輯,第 14 頁。
⑦ [清]戴震:《毛詩補傳》卷二四,見載於張岱年主編《戴震全集》第 1 卷,黃山書社,1995 年點校本,第 521 頁。[清]錢澄之:《田間詩學》,黃山書社 2005 年點校本,第 870 頁。江陰香:《國語注解詩經》卷八,本卷第 7 頁。
⑧ 劉又辛:《毛傳條例探原》,載於氏著《文字訓詁論集》,中華書局,1993 年,第 27 頁。
⑨ [清]牟庭:《詩切》,第 2505、2506 頁。
⑩ [清]馬瑞辰:《毛詩傳箋通釋》,第 1052 頁。
⑪ [清]俞樾:《諸子平議》卷二八,中華書局,1956 年,第 576 頁。
⑫ 方師:《賈誼集匯校集解》,第 393 頁。

釋爲"福命"。劉運興則認爲"命"或作"盟","盟"通作"孟","孟"有"勉"義,"勉"又作"黽",故以"命"字當作"黽"①。是説過於迂曲,兹所不取。周振甫"基命"釋從叔向作"始信"。

(6)"宥,寬也",《禮容語》無釋。毛傳因叔向釋云:"宥,寬仁也。"《説文・宀部》:"宥,寬也。"②或即本此。朱熹《詩集傳》云:"宥,宏深。"楊慎、姚旅皆不以朱説爲然,明人孫鼎、路斯道則深然朱子之説,③今江陰香因朱注釋"宥"爲"遠大",馬持盈因朱注釋"宥"爲"深宏"。程俊英則從叔向、毛傳釋爲"寬大"。錢澄之云:"宥者,舉天下皆在其覆冒之中。"④仍是古注"寬仁"、"宏深"之遺意。皆形容詞。于省吾云:"宥,又古通。又、有金文同用。"⑤故高亨釋云:"宥,讀爲有,語助詞。"⑥吴雲等、李家生、韓崢嶸、劉運興、于夯、袁濟喜、楊合鳴等從之。金啟華、趙建偉並與于同,皆副詞。

(7)"密,寧也",《禮容語》作"謐者,寧也,億也"。方師云:"二字通。"⑦《説文・山部》:"密,山如堂者。"段注云:"主謂山,借爲精密字而本義廢矣。"則《國語》之"密"字爲後起義,非字本義。《説文・宀部》云:"宓,安也。"《言部》云:"謐,靜語也。一曰無聲也。"《文選・張協・七命》"函夏謐寧"李善注引《爾雅》曰:"謐,寧也。"《説文・人部》:"億,安也。"⑧朱子《詩集傳》即釋爲"靜密",明孫鼎從之。程俊英從叔向、毛鄭之注。于省吾云:"密應讀作勉。"⑨高亨、金啟華等、吴雲等、韓崢嶸、褚斌傑、姚小鷗、沈澤宜、劉運興、李家生、袁濟喜等並與于説同。錢澄之云:"密者,不示人以功德,所謂陰行善也。"⑩馬持盈從朱注釋爲

---

① 劉運興:《詩義知新》,第 466 頁。
② [漢]許慎:《説文解字》,第 151 頁上。
③ [明]孫鼎:《詩義集説》,清阮元輯《宛委別藏》第 6 册,江蘇古籍出版社 1988 年影印,第 461 頁。[明]楊慎《升庵經説》卷六,姚旅《露書》卷一,路斯道《夙夜基命宥密講義》,皆見載於劉毓慶等編纂:《詩義稽考》第 10 册,學苑出版社,2006 年,第 3631、3632 頁。
④ [清]錢澄之:《田間詩學》,黃山書社 2005 年點校本,第 871 頁。
⑤ 于省吾:《澤螺居詩經新證》,中華書局,1982 年,第 78 頁。
⑥ 高亨:《詩經今注》,上海古籍出版社,1980 年,第 480 頁。
⑦ 方師:《賈誼集匯校集解》,第 392 頁。
⑧⑨ [漢]許慎:《説文解字》,第 190 頁下、第 150 頁下、第 53 頁上、第 165 頁下。[清]段玉裁:《説文解字注》,第 439 頁下。[梁]蕭統編、[唐]李善注:《文選》,中華書局 1977 年影清胡克家刻本,第 497 頁下。
⑩ [清]錢澄之:《田間詩學》,黃山書社 2005 年點校本,第 871 頁。

“靜密”。唐莫堯釋“宥密”爲“謹愼貌”，程俊英釋“宥密”爲“形容政教的寬大而又能安定人心”①。吳雲、李春臺依高亨譯“夙夜基命宥謐”爲“早早晚晚都在努力奉持上天所賜予的‘成命’。”②馬瑞辰云：“叔向以‘恭儉信寬，帥歸於寧’釋‘夙夜基命宥密’，則基、命與宥、密各爲一德，基、命二字平列，不連讀。”祝敏徹等從之。③馬説考慮到了叔向訓釋語言的前後一致性，可從。又上博簡（二）《民之父母》第 8 簡云：“孔＝（孔子）曰：‘善才（哉）！ 商也，迺（將）可㕦峕（詩）矣。“城（成）王不敢康，酒（夙）夜晉（基）命又（宥）窨（密）”，亡（無）聖（聲）之樂。’”④孔子此論，似非專論樂理，更在言德行也。

（8）“亶，厚也。肆，固也。靖，龢也。”爲《周語下》獨具，《禮容語》無。高亨釋爲：“肆，遂也，於是。”⑤馬持盈則釋爲“故也，所以也”，與高近似。程俊英釋作“鞏固”。陳子展以“肆”爲語助無義，沈澤宜、楊任之與之同。鄭箋以“固當作故”，嚴元照《娛親雅言》卷二云：“《外傳》叔向説此詩云：‘其終也，廣厚其心而固龢之。’是《外傳》未嘗有謫字。不得據《爾雅》以破之。《箋》自爲説，則云：‘既光明矣，又能厚其心矣，爲之不解倦，故於其功，終能和安之。’其義亦與《外傳》不同。則是《傳》依《外傳》，《箋》改《傳》以從《爾雅》，各不相謀。”⑥馬瑞辰云：“肆可訓爲語詞之故，亦可訓爲堅固之固，非誤字也。”⑦牟庭云：“固、故音同，古字通用。《周語》曰‘而咨於故實’，《史記·魯世家》作‘固實’。《論語》曰‘固天縱之將聖’，《論衡·知實篇》作‘故’。《哀公問》鄭注曰：‘固猶故也。’《士昏禮》、《士相見禮》、《燕禮》、《少儀》鄭注皆曰：‘固，如故也。’《投壺》鄭注曰：‘固之言如故也。’故鄭箋曰‘固當爲故’是也。而云字之誤，則非矣。”⑧黃焯亦云：“語詞之‘故’，多爲申上之詞，亦多爲必然之詞，其於詞爲必然者，於事則爲堅固。故古於故、故常通用。”⑨審叔向之釋“固”爲形容詞，非爲語詞，然今各本多處理作語

---

① 唐莫堯：《詩經新注全譯》（增訂本），巴蜀書社，2004 年，第 774 頁。程俊英：《詩經譯注》，第 518 頁。
② 吳雲、李春臺：《賈誼集校注》（增訂版），第 309 頁。
③ ［清］馬瑞辰：《毛詩傳箋通釋》，第 1052 頁。祝敏徹等：《詩經譯注》，甘肅人民出版社，1984 年，第 733 頁。
④ 馬承源主編：《上海博物館藏戰國楚竹書（二）》，上海古籍出版社，2002 年，第 166 頁。
⑤ 高亨：《詩經今注》，上海古籍出版社，1980 年，第 480 頁。
⑥ ［清］嚴元照：《娛親雅言》，《續修四庫全書》第 175 冊，第 517 頁下。
⑦ ［清］馬瑞辰：《毛詩傳箋通釋》，第 1052 頁。
⑧ ［清］牟庭：《詩切》，第 2509 頁。
⑨ 黃焯：《毛詩鄭箋平議》，上海古籍出版社，1985 年，第 391 頁。

詞。《詩經》"肆"字共 13 見,向熹《詩經詞典》列 5 個義項,其中第 5 個義項即爲"故,遂",《大雅·縣》"肆不殄厥愠"、《大雅·抑》"肆皇天上夫"和《周頌·昊天有成命》"肆其靖之"3 例,並引朱子《集傳》云:"肆,故也,猶言遂也,承上起下之詞。"①《昊天有成命》之"肆"與《縣》、《抑》相同點爲都用於句首,又審《詩經》中"×其×之"結構,"其"前皆爲體詞性成分或虛詞,則以"肆"字爲虛詞者有據,可通。叔向之"固"字亦通。

錢澄之釋"單通殫",從朱子釋"靖"爲"安"②,高亨釋"單通殫","靖"爲"平定"。劉運興釋"單"爲"戰"、"顫",憚敬之貌。以"肆"當作"聿",發語詞;"靖"當訓"敬",釋本句爲:"當祗敬其心而謹言慎行也。"③馬瑞辰云:"亶之本義爲多榖,引申爲信厚。毛詩作'單'者,雙聲假借字。"④竹添光鴻即用馬氏之説而未注出。程俊英因叔向釋"單"爲"誠厚"。黄典誠釋"肆其靖之"爲"所以應該賜他平安"⑤。此當以叔向所釋爲允當。

(9)"其始也,翼上德讓,而敬百姓。其中也,恭儉信寬,帥歸於寧。其終也,廣厚其心,以固龢之。始於德讓,中於信寬,終於固龢,故曰成"這一段内容是叔向對於"成"字的解釋,"始"、"中"、"終"恰恰是對《昊天有成命》三段的解釋。韋注云:"成,成其王命也。"《札記》云:"段云:《周頌》正義'故曰成王',疑今本正文少'王',注文衍'成'。"⑥汪遠孫云:"《詩》疏'成'下有'王'字。"⑦張以仁云:"阮校以爲韋注誤删'王'字,《札記》則以爲誤衍'成'字,二説皆通,可兩存。"⑧言是。

(10)"康,安也;后,王也;二后,文王、武王。

[按]對於"康"字的解釋,《周語下》、《禮容語》近似,二后的解釋則同,毛傳亦云:"二后,文武也。"然牟庭云:"二后承上章言大王、文王也。"⑨古今既皆以文

---

① 向熹:《詩經詞典》,第 435—436 頁。

② [清]錢澄之:《田間詩學》,黄山書社,2005 年點校本,第 871 頁。

③ 劉運興:《詩義知新》,第 468 頁。

④ [清]馬瑞辰:《毛詩傳箋通釋》,第 1052 頁。

⑤ 黄典誠:《詩經通譯新詮》,華東師範大學出版社,1992 年,第 450 頁。

⑥ [清]黄丕烈:《校刊明道本國語札記》,第 246 頁。

⑦ [清]汪遠孫:《國語明道本攷異》,第 281 頁。

⑧ 張以仁:《國語斠證》,第 110 頁。

⑨ [清]牟庭:《詩切》,第 2499 頁。

武爲説,當可依從,未可遽立新論。

(11) 成王者,武王之子,文王之孫也。文王有大德而功未就,武王有大功而治未成。及成王承嗣,仁以臨民,故稱'昊天'焉。不敢怠安,夙興夜寐,以繼文王之業。布文陳紀,經制度,設犧牲,使四海之内懿然葆德,各遵其道,故曰'有成'。承順武王之功,奉揚文王之德,九州之民、四荒之國,歌謠文武之烈,累九譯而請朝,致貢職以供祀,故曰'二后受之'。方是時也,天地調和,神民順億,鬼不厲祟,民不謗怨,故曰'宥謐'。成王質仁聖哲,能明其先,能承其親,不敢惰懈,以安天下,以敬民人。

[按]此一段爲賈誼闡釋《昊天有成命》之主體。吳雲、李春臺云:"臨,對。"① 不確。方師云:"臨,治理。"②甚是。又"神民順億"徐復先生解云:"《左傳·昭公三十年》:'我盡姑億吾鬼神。'杜預注:'億,安也。'又《荀子·修身》:'以善和人者謂之順。'是億對神言,順對民言。"方師引徐復先生之説並云:"厲祟,惡鬼爲禍。"③亦謂允當。

(12) 關於《周語下》、《禮容語》叔向之釋、毛鄭之注與宋代歐陽修、朱熹之注的繼承演化關係問題,吳闓生(1877—1948)云:"至《國語》逐字詮釋,不必盡與本義相符,乃古人解經之恒例。因本義已明,故推衍以暢其旨。實則基命宥密、單厥心、肆其靖之,皆當從朱子所説也。"④胡承珙評賈誼之釋云:"蓋其時詩未萌芽,群言淆亂,賈生雜述所聞,恐未足爲據耳。"⑤然朱子之説亦當是解經之需要,正如楊新勛所説:"疑經的思想根源於儒學思想的新變,雖然也有文獻學、史學、文學等方面的原因,但疑經主要還是經學演變的產物。"⑥故亦未必"盡與本義相符"。説法不同,還宜從各家的學術立場、立論目的等諸多方面入手分析其所以然者,並對詩本身做儘量合理的解釋。叔向之世離《詩》最近,其説自然較後世爲可信;《國語》約成書於戰國初期,早於賈誼二百餘年,其所記載當較賈誼所記

---

① 吳雲、李春臺:《賈誼集校注》(增訂版),第 309 頁。

② 方師:《賈誼集匯校集解》,第 393 頁。

③ 徐復:《〈新書〉臆解》,載於氏著《徐復語言文字晚稿》,江蘇教育出版社,2007 年,第 273 頁。方師:《賈誼集匯校集解》,第 393 頁。

④ 吳闓生:《詩義會通》,中華書局,1959 年,第 247 頁。

⑤ [清]胡承珙撰、郭全芝校點:《毛詩後箋》,黃山書社,1999 年,第 1519 頁。

⑥ 楊新勛:《宋代疑經研究》,中華書局,2007 年,第 373 頁。

爲可信；毛鄭之世早於歐陽、朱子之世幾近千年，毛鄭之説自較歐陽、朱子之説爲更可信。制度更革，典章改易，隔代則如隔山海，何信今而疑故？在没有充分證據的前提下對舊説提出質疑並另立新説，不僅收不到解決問題的效果，還會使某些問題更爲複雜化，爲後世的解讀造成更大煩難。

結　語

叔向説《昊天有成命》《周語下》和《禮容語》在語序、用詞上都有不同，兩篇各自獨出的字都比較多。這些不同反應了各自的認識以及不同的闡釋目的，未必存在此是彼非的情況，也不必求其一致而言此是彼非，穩妥的處理方式是彼此皆是，祇是由於不同的學術立場、不同的闡釋目的，從而產生了不同的文本解讀。通過叔向説《昊天有成命》的比勘，我們初步得出幾點認識：

第一，他校作爲一種校勘方法固然有著它自身的價值，此無可置疑，尤其是具有相同内容的兩部專著相互作爲校勘依據，具有相當重要的指導意義和現實操作可能，而且前人在這方面也取得了很多的成績。但是必須認識到我們所相互以爲比勘依據的這兩部專著是相互獨立的，有著自己獨立的理論架構、叙述脈絡和邏輯層次的，因爲著者的學術背景、思想立場、著述動機以及其所處時代的語言實際狀況、整體社會思潮、社會生產生活水平，對於同一故事藍本的具體細節，允許做不同程度的表述處理，而且我們也應當承認這樣一種客觀實際，不能因爲兩書在具體用字用詞上不同就以彼是此非或者此是彼非。要充分考慮到上述因素，要尊重該書的獨立性和完整性，在充分考慮到該書的完整性的基礎上再進行更符合該書實際的推導以期得出比較穩妥的結論。我們在看到兩書之異的時候，不是首先斷定哪一個是錯的，而是首先要考慮兩者爲什麽説法不同，理據何在？要充分尋找二者不同之理據。在無理據可尋的前提下，纔去考慮彼此的是非問題。實際上在很多情況下，正是具體細節包括用字、語詞、語序等的不同使得該書保持個性，而擺脱他性。以本文爲例，即我們必須充分考慮到社會背景的差别，認識到《周語下》作"彫鏤"和《禮容語》作"蟲鏤"都是正確的，代表不同時代社會生產發展水平的人對奢侈的定位，對於叔向解《昊天有成命》的具體闡釋也就不要苛責二者相同。

第二,《周語下》和《禮容語》都有相當數量的各自獨具的文字,這些各自獨具的字有些是出於各自表達目的和表述對象不同而爲兩部書所獨有的,但是也有一些是《禮容語》對《周語下》同語法功能、同句法位置、同語義環境的詞的替代,這些替代現象反映了漢字在發展演化過程中的應用狀況,如《禮容語》的"訏"替代《周語下》的"迶",通過文字形體表義的效果更佳明顯;《禮容語》用"正"代替《周語下》的"定",使得情感色彩凸顯。文字的替代不僅僅反映了文字的應用,而且還對同義詞研究提供了很多材料,這樣的同句法位置、同語法功能、同語義環境的字代替實際上反映了兩個字所記錄的詞之間的語義關係,或者同源,如"迶"與"訏";或者義近,如"招"與"暴"、"喪"與"亡"、"齊(zhāi)"與"肅"、"聳"與"恭"。還有一些字恰恰是對不同時代語言特徵的一種直觀反映,如《禮容語》相對《周語下》的增字現象,實際上是漢代語言線性序列的完整性和漢代語言顯性結構的彰顯使得其表義更確切,比如相比於《周語下》,《禮容語》出現了中心語,或者説《禮容語》用"修飾詞+中心語"的語言結構形式來復述《周語下》中的中心語不出現的表達形式,使其表義更加明確,這是時代的共同語言特徵在具體的專書語言中的體現。

　　第三,第一條主要在於強調不要過於依賴於兩部專書之間的比勘而忽略了該書自身的完整性和獨特性。但是,同内容專書的比勘確實會給文本的校勘和正確理解帶來便利。由於文字形體的演化,圖書形態的變遷,歷代避諱和後世改諱的糾葛,給文本中某些文字的正確識讀帶來很大困難。比如《周語下》、《漢書·五行志》中"夫合諸侯,民之大事"的"民"字,正是由於《禮容語》"夫合諸侯,國之大事"的同樣記載,爲我們的進一步推斷提供了有力的材料依據,從而推斷"民"字應該是"或"字的形近字,而形近而混,而譌,而成爲俗體字,如"圝"字等。再比如"居"後加數詞加時間詞表示時間段的表示形式中,"居"後的數詞以基數詞爲最常見,可是我們檢索到《晉語二》和《禮容語》中"居"字後面的數詞祇有看做序數詞理解纔能與文義不相扞格,而且這種用法極爲罕見,故認爲是在傳抄或刊刻過程中本來作"一"字,譌作"二"字。這些都是靠兩書互校發現的文字上的一些問題,從而引起的對具體字的字形演化、傳抄刊刻中引起的字形訛誤進行的合理化推斷。

《世说新语》前源文献考索

刘　强①

　　古典学意义上的"世说学"之体系及方法论诸问题,笔者曾撰文详加论述,其中特别指出:"作为对一部传世文献的研究,《世说》学首先是文献学。也就是说,《世说》文献学不仅是'世说学'的重要组成部分,也是广义的'文献学'的一个分支,它必然要在传统文献学的背景和基础上展开,遵循诸如目录学、版本学、校勘学、考据学等文献研究的一般方法和基本规范。"②顺此理路,本文欲对《世说新语》这部传世经典的前源文献加以考索,以明其渊源所自,体例所本,以及材料所出。

　　鲁迅《中国小说史略》称,《世说新语》"乃纂辑旧文,非由自造"③。这话用来概括《世说新语》(下称《世说》)整体的编撰情况,基本上是公允的。本文所谓"前源文献",正是指《世说》编撰过程中所"纂辑"的那些"旧文",即《世说》所取材的各种原始文献。这些材料的背景情况,在刘孝标的《世说注》里有较充分的

① 刘强,1970 年生,复旦大学文学博士,同济大学人文学院中文系副教授。著有《世说新语会评》、《曾胡治兵语录译注》、《今月曾经照古人:古诗今读》、《一种风流吾最爱:世说新语今读》(上下册)、《有刺的书囊》、《竹林七贤》、《惊艳台湾》等多种。
② 参见刘强:《"世说学"论纲》,载《学术月刊》2003 年第 11 期。
③ 参见鲁迅《中国小说史略》第七篇《〈世说新语〉与其前后》,《鲁迅全集》卷九,人民文学出版社,1981 年,第 61 页。

展示，但刘注的目的，主要在察漏补缺、考订纠谬；要了解《世说》取材和编撰的具体情况，还必须在刘注的基础上按图索骥，从史籍、类书及其他文献中寻绎钩稽，从而彻底解决诸如：《世说》的前源文献主要有哪些类型？其分布情况及使用频率如何？所占比例怎样？出处无考的条目如果暂作"自撰"处理，那么其在全书所占比例有多大？《世说》选材时有何倾向？对"原材料"进行了怎样的"加工"？传达出编撰者怎样的思想意识和审美旨趣等等问题。过去的研究或有揭示，但仍不够全面。今试从正史、杂史别传、志人小说、其他文献四方面加以考寻，力求展示《世说》取材及编撰之概貌。

一、《世说》对正史材料的剪裁

今之所谓正史者，《世说》成书之前仅有《史记》、《汉书》、《三国志》三种。《后汉书》虽记东汉历史，然作者范晔（398—445）和刘义庆（403—444）系同时人，二书作年亦相去不远，①加之刘义庆亦曾著《后汉书》五十八卷，则二书所记一部分相同人物之事迹究竟孰先孰后，谁引据谁，实很难说。况且当时流传的记载东汉历史的史书共有十五家，故这里不将范晔《后汉书》视为《世说》的前源文献，二书记载重出互见者，均视为对其他私家后汉史书的采撰引录，其具体情况笔者已有专题论文发表[1]，此不赘。

今查《世说》，采用正史材料甚少，《史记》、《汉书》、《三国志》均只有零星记载被直接采用。如《贤媛》第1条：

> 陈婴者，东阳人。少修德行，著称乡党。秦末大乱，东阳人欲奉婴为主，母曰："不可。自我为汝家妇，少见贫贱，一旦富贵，不祥。不如以兵属人，事成，少受其利；不成，祸有所归。"

此条出自《史记·项羽本纪》，其文云：

---

① 按：《世说》最有可能编撰于刘义庆江州刺史任上，即元嘉十六年（438年）前后，而《后汉书》则在范晔死时尚未完成。

陈婴者,故东阳令史,居县中,素信谨,称为长者。东阳少年杀其令,欲置长,无适用,乃请陈婴。婴谢不能,遂强立婴为长。县中从者,得二万人。少年欲立婴便为王,异军苍头特起。陈婴母谓婴曰:"自我为汝家妇,未尝闻汝先古之有贵者。今暴得大名,不祥,不如有所属。事成,犹得封侯;事败,易以亡,非世所指名也。"婴乃不敢为王。……以兵属项梁。

今按,刘向《列女传》卷八《陈婴母传》与此略同,故出处不定为《史记》。然刘孝标注则引作《史记》,虽被余嘉锡指为"此注所引过求省略,遂失本意",但孝标显然认为此条出自《史记》无疑。由于《世说》所载大抵起于后汉,止于东晋,受此时间断限制约,明采《史记》事入书者仅此一例。此外,《规箴》第1"汉武帝乳母尝于外犯事"条,显然亦受到《史记·滑稽列传》的影响,只不过《史记》以智救乳母者为"帝所幸倡郭舍人",《世说》则附会于鼎鼎大名的东方朔。至于人物语言,《史记》作:"郭舍人骂之曰:'咄!老女子!何不疾行?陛下已壮矣,宁尚须汝乳而活邪?尚何还顾邪?'"《世说》则为:"朔亦侍侧,因谓曰:'汝痴耳!帝岂复忆汝乳哺时恩邪?'"前者口语生动,后者简约明快,可谓各擅胜场,但二者的因果传承之关系还是不辨自明的。

《世说》中另外几条汉代故事则本自《汉书》。如《规箴》第2条:

京房与汉元帝共论,因问帝:"幽、厉之君何以亡?所任何人?"答曰:"其任人不忠。"房曰:"知不忠而任之,何邪?"曰:"亡国之君各贤其臣,岂知不忠而任之?"房稽首曰:"将恐今之视古,亦犹后之视今也。"

此条出自《汉书·京房传》,其文云:

……房尝宴见,问上曰:"幽、厉之君何以危?所任者何人也?"上曰:"君不明,而所任者巧佞。"房曰:"知其巧佞而用之邪,将以为贤也?"上曰:"贤之。"房曰:"然则今何以知其不贤也?"上曰:"以其时乱而君危知之。"房曰:"若是,任贤必治,任不肖必乱,必然之道也。幽、厉何不觉悟而更求贤,曷为卒任不肖以至于是?"上曰:"临乱之君各贤其臣,令皆觉寤,天下安得危亡之君?"……房曰:

"夫前世之君亦皆然矣。臣恐后之视今,犹今之视前也。"上良久乃曰:"今为乱者谁哉?"房曰:"明主宜自知之。"上曰:"不知也,如知,何故用之?"房曰:"上最所信任,与图事帷幄之中进退天下之士者是矣。"房指谓石显,上亦知之,谓房曰:"已谕。"

又《贤媛》第 3 条:

> 汉成帝幸赵飞燕,飞燕谮班婕妤祝诅,于是考问。辞曰:"妾闻死生有命,富贵在天。修善尚不蒙福,为邪欲以何望?若鬼神有知,不受邪佞之诉;若其无知,诉之何益?故不为也。"

此条亦当出自《汉书·外戚传》,其文如下:

> 鸿嘉三年,赵飞燕谮告许皇后、班婕妤挟媚道,祝诅后宫,詈及主上。许皇后坐废。考问班婕妤,婕妤对曰:"妾闻死生有命,富贵在天。修正尚未蒙福,为邪欲以何望?使鬼神有知,不受不臣之诉;如其无知,诉之何益?故不为也。"上善其对,怜悯之,赐黄金百斤。

两相比照,最能看出《世说》采录史籍所采取的编撰策略,即截取片段,化繁为简。

比之《史》《汉》,《世说》对《三国志》的采撰应该更多,然事实却非如此,今所见仅三两条而已。不过这仅有的几条改动甚微,有的几乎是原样照抄。如《三国志·陈群附陈泰传》:

> 司马景王、文王皆与泰亲友,及沛国武陔亦与泰善。文王问陔曰:"玄伯何如其父司空也?"陔曰:"通雅博畅,能以天下声教为己任者,不如也;明(统)[练]简至,立功立事,过之。"

《世说·品藻》第 5 条录此事,仅加上人物姓氏以明文意,武陔答语几乎一字不易。又《三国志·庞统传》:

（周）瑜卒，统送丧至吴，吴人多闻其名。及当西还，并会昌门，陆绩、顾劭、全琮皆往。统曰："陆子可谓驽马有逸足之力，顾子可谓驽牛能负重致远也。"谓全琮曰："卿好施慕名，有似汝南樊子昭。虽智力不多，亦一时之佳也。"

《世说·品藻》第 2 条将此事和张勃《吴录》（裴注引）综合，其文云：

庞士元至吴，吴人并友之。见陆绩、顾劭、全琮，而为之目曰："陆子所谓驽马有逸足之用，顾子所谓驽牛可以负重致远。"（或问："如所目，陆为胜邪？"曰："驽马虽精速，能致一人耳。驽牛一日行百里，所致岂一人哉？"吴人无以难。）"全子好声名，似汝南樊子昭。"

《世说》插入的两句问答（"或曰"至"所致岂一人哉？"）即出自张勃《吴录》，紧接着又承接上文继续评价全琮，看似语序错乱，实际上十分符合当时对话七嘴八舌的实况，此种对话之中插入他语的情况在我国叙事文中并不鲜见，俞樾《古书疑义举例》称之为"叙论并行"，并举《左传》《史记》为例加以阐明。①

综上可知，尽管很多人将《世说》作为历史材料的汇编，甚至径直以史书目之，但事实上，《世说》的编者对正史的采用不仅相当吝啬，而且，还进行了不少剪裁与加工，因而在文风和趣味上与正统史传相去甚远。究其原因，当与《世说》作者"变史家为说家"、②"远实用而近娱乐"③的编撰宗旨密切相关。至于《世说》在文体上是如何对史传的叙事传统加以扬弃，从而确立自己的文体风格的，笔者有专文论之[2]，可以参看。

二、《世说》对杂史别传的采撰

魏晋时期，由于"文学的自觉"和统治者的提倡，文字撰述的风气盛行不衰。

① 参见程炎震《世说新语笺证》，《国立武汉大学文哲季刊》第七卷第二期（1942）、第三期（1943）。
② ［清］钱曾《读书敏求记》评《世说》语。
③ 鲁迅《中国小说史略》第七篇《世说新语》与其前后》，《鲁迅全集》卷九，人民文学出版社，1981 年，第 60 页。

主要表现在以下四个方面：(1)诗文辞赋创作的勃兴；(2)经典注释的发达；(3)子书写作的流行；(4)私家修史的兴盛。前面三点与我们关注的问题稍远，姑置不论；后一点即私家修史之风气却直接为《世说》的编撰提供了材料来源，因而必须稍作说明。

私家修史的风气肇自汉末。《隋书·经籍志二》言及当时私家修史风气时说：

> 灵、献之世，天下大乱，史官失其常守。博达之士，愍其废绝，各记闻见，以备遗亡。是后群才景慕，作者甚众。又自东汉已来，学者多钞撮旧史，自为一书，或起自人皇，或断之近代，亦各其志，而体制不经。

这里的"亦各其志，而体制不经"，十分明确地表明，私家所修之史无论从思想意识，还是从编撰体制上，都无法与官修史著相比，可谓准的无依、朱紫相夺。故《隋书·经籍志》将这一类史著称为"杂史"。有了"正史"的概念后，"杂史"的范围更大了，有的带有官方色彩、经某一史官独立完成的断代史书，如著名的十五家《后汉书》、十八家《晋史》，以及《魏氏春秋》、《魏略》、《中兴书》、《晋阳秋》之类，即可归入此类。有的则围绕一个主题展开，为同一类型的历史人物立传，具有"列传"的性质，这一类传记又称为"杂传"，如《文士传》、《高士传》、《列女传》、《高逸沙门传》、《海内先贤传》等等。还有一类专门记载某一个人物生平事迹的传记，因其所记内容或与正史有别，故称为"别传"。① "别传"作者大多为传主至亲密友，因为掌握许多第一手材料，下笔常常感情饱满，细节生动，读来引人入胜。此外，因为庄园经济的发展，门阀家族的势力空前壮大，从而带来了"家传"、"谱叙"等写作的盛行。总之，事情实在有些奇怪，正如"市场经济"远比"计划经济"更能带来实际的效益一样，当时文化圈里人人竞写、家家有传的修史盛况，偏偏来自于大一统局面的瓦解和官修史著的阙如。有些论者指出，在这些著述里，"人们已经不乏看到优秀的人物传记篇章，而如雨后春笋般涌现的'杂传'创作，则更充分展示了这一时期传记文学创作欣欣向荣的面貌"。[3]

---

① 按：为归类简约起见，本文将《曹瞒传》、《高坐传》、《王中郎传》等一类传记，亦归入"别传"一类。

这种自然而然的无序状态一直持续到曹魏时期才有所改观。魏明帝时,始设著作郎一职,掌管史事。《晋书·职官志》称:

魏明帝太和中,诏置著作郎,于此始有其官……著作郎一人,谓之大著作郎,专掌史任。又置佐著作郎八人。著作郎始到职,必撰名臣传一人。

著作郎制度的建立,既是对私家修史的一种"招安"或"收买",同时也未尝不是一种"鼓励","著作郎始到职,必撰名臣传一人"的规定,似乎还将能够撰写一篇人物传记作为检验史官是否"达标"的一个"硬件"。可想而知,既然是一种晋身之阶,就像后来的科举以诗文取士一样,文人们没有理由不将撰写传记当作一件正事去做。《晋书·阎缵传》记载:

国子祭酒邹湛以(阎)缵才堪佐著作,荐于秘书监华峤。峤曰:"此职闲廪重,贵势多争之,不暇求其才。"遂不能用。

可见这一职务还是个"贵势多争之"的肥缺。晋代著名的史学家如陈寿、王隐、郭璞、虞预、孙盛、干宝、谢沈、徐广、袁乔等人均曾担任著作郎或佐郎。另据《梁书·张缵传》:"秘书郎有四员,宋、齐以来,为甲族起家之选,待此入补。其居职例数十百日,便迁任。"又《初学记》载:"秘书郎与著作郎,江左以来,多为贵游起家之选。故当时谚曰:'上车不落为著作,体中何如则秘书。'"这一制度一直延续到隋代。《隋书·百官志》说:

著作郎一人,佐郎八人,掌国史,集注起居。著作郎谓之大著作,梁初周捨、裴子野,皆以他官领之。又有撰史学士,亦知史书。佐郎为起家之选。

关于著作郎如何撰写名臣传,《世说·赏誉》有一条非常生动的记载:

谢胡儿(朗)作著作郎,尝作《王堪传》,不谙堪是何似人,咨谢公。谢公答曰:"世胄亦被遇。堪,烈之子。阮千里姨兄弟,潘安仁中外。安仁诗所谓'子亲

伊姑,我父唯舅'。是许允婿。"(《赏誉》139)

又如同篇 152 条:

> 张天锡世雄凉州,以力弱诣京师,虽远方殊类,亦边人之桀也。闻皇京多
> 才,钦美弥至。犹在渚住,司马著作往诣之。言容鄙陋,无可观听。天锡心甚悔
> 来,以逷外可以自固。王弥有俊才美誉,当时闻而造焉。既至,天锡见其风神清
> 令,言话如流,陈说古今,无不贯悉。又谙人物氏族,中来(按:"来",疑当作
> "表")皆有证据。天锡讶服。

上述材料说明:(1)自司马迁开创的纪传体取代国别、编年二体,成为中国古代史学正宗之后,传记写作成了史官必须具备的一项基本技能。(2)人物传记的写作方式除了依据文献材料外,还不得不依靠向熟悉传主渊源、生平和本事的权威人士"咨询",从而获得鲜活的第一手材料。像谢安、王珉一类熟悉"人物氏族"、"中表关系"的名士特别受人尊重。因此,六朝人对家谱世系、中外姻亲格外重视,《隋志》有齐永元《中表簿》五卷,就是明证。[4](3)传记写作的"公文化"趋势,反过来势必又会促进家传别传的写作,后者的盛行一方面出于家族自身的现实需要,一方面也有为官修国史提供"素材"的潜在动机,甚至,对于世家子弟来说,为至爱亲朋撰写一篇传记,也未尝不是将来"起家为著作郎"的一种"描红"训练。史载"魏武作《家传》,自云曹叔振铎之后"①,"(辛)毗女宪英,适太常泰山羊耽,外孙夏侯湛为其传",②此外,钟会为其母作传,③管辰为其兄管辂作传,④陆机为顾谭(顾邵子)作传,⑤等等,皆为其例。可见,魏晋南北朝时期史学之所以发达,就如同唐代文学与唐代科举的关系一样,也是时风相扇、上行下效的结果。

　　杂史别传的兴盛是与正统史传的衰落并行不悖的,"杂"、"别"之特点使这

---

① 《三国志》卷十四《蒋济传》注。
② 《三国志》卷二十五《辛毗传》注引《世语》。
③ 《三国志》卷二十八《钟会传》注。
④ 《三国志》卷二十九《管辂传》注。
⑤ 《三国志》卷五十二《顾雍传附子邵传》注。

一类著作渐渐偏离正史的撰述模式,而成为史传向小说蜕变的一个过渡环节和热身训练。正如王瑶在《中古文学史论》中所说:"正因为史传和小说有这样密切的关系,所以私家著史的风气,先贤名士和高士孝子,以及家传别传等的写作风气,也都和小说同样地在魏晋盛极一时。……这些传记的性质也同样注重在搜求遗逸,注重在'奇',而且在不少故事中也带有方术的性质;扩大一点看,也都可视为小说。""小说和史传最重要的不同点,就是小说注重在传说或事件本身的奇异性质,而史传却注重在这事件和传说中的人物。……因为小说注重在传说本身的奇异,所以常常有同一故事而记载中人物相异的情形;这在史籍中是最不许可的。"[5]惟其如此,这些"搜求遗逸,注重在'奇'"的杂史别传,才会成为"变史家为说家"、"远实用而近娱乐"的《世说》吸纳取资的主要对象。

根据叶德辉《世说新语注引用书目》(共 484 种)及余嘉锡《世说新语笺疏》卷后《引书索引》,刘孝标引用魏晋时期各类杂史 40 余种,杂传 20 余种,别传80 余种,地志载记及起居注 30 余种,家传世谱近 50 种,杂史别传的分量举足轻重。可想而知,当时私家修史的成果远不止这些;尽管刘注之目的不在考据出处,但刘注所引的这些文献属于《世说》编撰时的参考依据和灵感来源,应该是没有问题的。这里,我们不打算详尽描述《世说》编撰过程中对杂史别传类文献的取舍细节,只想举两个典型的例子略作说明。《世说·赏誉》第 23条载:

> 卫伯玉为尚书令,见乐广与中朝名士谈议,奇之曰:"自昔诸人没已来,常恐微言将绝。今乃复闻斯言于君矣!"命子弟造之,曰:"此人,人之水镜也,见之若披云雾睹青天。"

刘孝标注则说:

> 《晋阳秋》曰:尚书令卫瓘见广曰:"昔何平叔诸人没,尝谓清言尽矣,今复闻之于君!"王隐《晋书》曰:卫瓘有名理,及与何晏、邓飏等数共谈讲,见广奇之,曰:"每见此人,则莹然犹廓云雾而睹青天。"

显然,《世说》此条乃由《晋阳秋》和王隐《晋书》记载的两条妙语"嫁接"而来,时间、场景未必全为"写真",但略加赞润的语言的确比原素材更为"传神"。

这是通过刘注可以推测其出处的例子。还有一类条目则须从刘注以外的材料寻绎其来源。如《文学》第18条:

阮宣子有令闻。太尉王夷甫见而问曰:"老庄与圣教同异?"对曰:"将无同?"太尉善其言,辟之为掾。世谓"三语掾"。卫玠嘲之曰:"一言可辟,何假于三!"宣子曰:"苟是天下人望,亦可无言而辟,复何假于一!"遂相与为友。

此条刘注只引《文士传》交代阮修(字宣子)其人,未详材料取自何书。考诸类书,方可解此疑惑。《艺文类聚》卷十九《人部三·言语》和《太平御览》三百九《言语门》均引《卫玠别传》:

太尉王君见阮千里而问曰:"老庄与圣教异同?"(按:《类聚》无"同"字而《御览》则有)阮曰:"将无同?"太尉善其言,辟之为掾。世号阮瞻"三语掾"。王君(按:细推文意,疑此"王君"当为卫玠之误。)见而嘲之曰:"一言可以辟,何假于三!"阮曰:"苟是天下民望,亦可无言而辟,复何假于一!"

虽然两则记载有人物之异(一为阮修、王衍,一为阮瞻、王戎),但《世说》所载源自《卫玠别传》的可能性更大。再如《雅量》第2条:

嵇中散临刑东市,神气不变。索琴弹之,奏广陵散。曲终,曰:"袁孝尼尝请学此散,吾靳固不与,广陵散于今绝矣!"太学生三千人上书,请以为师,不许。文王亦寻悔焉。

刘注与此事相关的材料为《文士传》,其中有"康颜色不变,问其兄曰:'向以琴来不邪?'兄曰:'以来。'康取调之,为《太平引》,曲成,叹曰:'《太平引》于今绝矣!'"的记载,但显然不是此条的直接出处。考《三国志·王粲传》注引《康别传》:

称康临终之言曰："袁孝尼尝从吾学《广陵散》，吾每固之不与。《广陵散》于今绝矣！"

显然，此条故事当直接取材于《康别传》。而据此条刘注，太学生上书之事当本自王隐《晋书》。如上可知，考察《世说》的前源材料，途径大致有三种：一是依靠刘孝标的注，二是通过唐宋的各种类书，三是凭借裴松之的《三国志注》。关于裴注和《世说》编撰及刘注之关系，是非常重要的一个话题，我们也将另文探讨。

三、《世说》对志人小说的纂辑

除了杂史别传，《世说》的另一重要材料来源是兴起于魏晋之际的志人小说，具体说就是《裴启语林》和郭澄之《郭子》。目前学界有一种看法，认为《世说》的蓝本乃《语林》、《郭子》和郭颁《魏晋世语》三书。① 这一看法有两个可商榷之处：其一，郭颁的《魏晋世语》性质上乃杂史之属，并非《语林》《郭子》一类的志人小说，这一点只要对照裴松之《三国志注》的大量引文即可明白。其二，《语林》《郭子》虽则可以说是《世说》取材之渊薮、文字之圭臬，但却不能说是编撰体制和谋篇布局的"蓝本"。根据周楞伽的缉佚和校注，《语林》可能是按时代为顺序编撰而成，与《世说》的分门隶事、以类相从不可同年而语。"蓝本"之说，无意中抹煞了《世说》在文体上的形式感和创新性，而后者恰是《世说》所以为《世说》的本质特点和身份证明。鲁迅曾说："《世说》文字，间或与裴、郭二家书所记相同，殆亦《幽明录》、《宣验记》然，乃纂辑旧文，非由自造。"这里，鲁迅只提"裴、郭二家书"而未及《世语》，恐怕也是出于同样的考虑。不过，鲁迅仅以《世说》"间或"与《语林》《郭子》"所记相同"，就说《世说》"乃纂辑旧文，非由自造"，亦不免失之武断。因为《世说》在采用既往材料时，不仅有剪裁、加工，也有属于"自造"的虚构和杜撰，真正原样照搬的情况还在少数。

---

① 参见王先谦《世说新语考证》，见光绪十七年（1891 年）思贤讲舍本《世说新语》；又见王能宪《世说新语研究》，江苏古籍出版社，1992 年，第 45 页；宁稼雨亦认同此说，见《世说新语与中古文化》，河北教育出版社，1994 年，第 286 页；以及《魏晋士人人格精神》，南开大学出版社，2003 年，第 10—11 页。

《语林》,东晋裴启撰。据《世说·轻诋》第 24 条刘注引檀道鸾《续晋阳秋》及《文学》第 90 条注引《裴氏家传》,可知裴启(一说裴荣,非是)字荣期,河东人,晋隆和年间(362—363)撰成《语林》一书,主要记载汉魏以至当时"言语应对之可称者"。《世说》采用《语林》的情况,尽管刘孝标的注释有所反映(刘注引《语林》共 40 次),但尚不够全面。周楞伽认为:"裴启《语林》虽然在隋代已经亡佚,但在唐宋类书如《艺文类聚》、《北堂书钞》、《初学记》、《六帖》、《太平御览》、《太平广记》、《续谈助》、《类说》、《事类赋注》中犹时见其遗文,刘孝标注《世说》也引用了一部分。不过这些类书和注释的引文都有一个普遍的缺点,就是或者迁就门类的要求,或者限于说明和补充正文,多半出于摘引,一鳞片爪,使人难以窥见原貌,有些甚至仅摘取数字,不列上下文,更使人如坠五里雾中。"[6]他在鲁迅《古小说钩沉·裴子语林》的基础上辑录的《裴启语林》,为我们提供了更为翔实的材料。周氏共辑得《语林》佚文 176 条,又附录 9 条,计 185 条。据笔者统计,其中,为《世说》所采用的多达 64 条,占《语林》现有条目数的三分之一强。这说明,《世说》编者对《语林》的确青眼有加。而相对于《世说》全书 1 130 条来说,平均每 18 则条目中就有 1 条采自《语林》,也实在让人叹为观止。

《世说》采撰《语林》,有三种情况值得注意:一是删削人物的背景介绍(所谓"乡里姓字"),如"杨修字德祖,魏初弘农华阴人也"、"陶侃字士行"、"何晏字平叔,以主婿拜驸马都尉"等史传味道浓重的文字,皆被删去无遗。二是对《语林》语焉不详的地方加以增润修饰,使之简明易懂,形象生动。如《语林》有云:

林公云:"文度箸腻颜,挟《左传》,逐郑康成,自为高足弟子。笃而论之,不离尘垢囊也。"

而《世说·轻诋》第 21 条则作:

王中郎与林公绝不相得。王谓林公诡辩,林公道王云:"箸腻颜帢,纟翕布单衣,挟《左传》,逐郑康成车后,问是何物尘垢囊?"

比之《语林》,《世说》对人物关系的交代和对话的个性化改写,显然更为明晰而

生动。三是对《语林》语繁或传闻异辞的条目进行简化和定型。如《语林》载:

> 满奋字武秋,体羸,恶风,侍坐晋武帝,屡顾看云母幌,武帝笑之。或云:北窗琉璃屏风,实密似疏。奋有难色,答曰:"臣为吴牛,见月而喘。"或曰是吴质侍魏明帝坐。

而《世说·言语》第 20 条则云:

> 满奋畏风。在晋武帝坐,北窗作琉璃屏,实密似疏,奋有难色。帝笑之,奋答曰:"臣犹吴牛,见月而喘。"①

这说明,志人小说在草创阶段,史传的"实录"原则仍在作者的潜意识里起作用,而到了《世说》时代,这一包袱才算彻底甩掉。《世说》的"二度创作"使这个故事简洁明快,人物形象更为鲜明。这也是"志人小说"观念日益成熟的一个重要表征。

《郭子》一书,乃东晋末年郭澄之所撰。《晋书·文苑·郭澄之传》说:"郭澄之字仲静,太原阳曲人也。少有才思,机敏兼人。调补尚书郎,出为南康相。值卢循作逆,流离仅得还郡。刘裕引为相国参军。"据此可知,《郭子》成书当晚于《语林》数十年,而距《世说》成书颇近。鲁迅《古小说钩沉》辑录《郭子》佚文,共得 84 条,其中,有 74 条为《世说》所采用,比例更是惊人。相比《语林》,《郭子》在语言风格上似乎更接近《世说》,因而除少数条目外,《世说》对所用《郭子》改动较少。如《郭子》记载:

> 庾公为护军,属桓廷尉觅一柱吏。桓后遇见徐宁而知之,致与庾公而称云:"是海内清士。"

《世说·赏誉》第 65 条则作:

---

① 按:此条与《郭子》所记略同,但仍可视为《世说》本自更早的《语林》。

庾公为护军，属桓廷尉觅一佳吏，乃经年。桓后遇见徐宁而知之，遂致于庾公，曰："人所应有，其不必有；人所应无，己不必无，真海岱清士。"

《世说》所加"人所应有"二句，含蓄隽永，堪称警句。《世说》作者还对选用材料提出疑义，如《郭子》有一条说："世中称'庾文康为丰年玉，庾稚恭为荒年谷'。"而《世说》同篇69条则在保留此句的基础上，加上了"庾家论云是文康称'恭为荒年谷，庾长仁为丰年玉'。"的不同说法。再如《郭子》记载：

卢志于众中问陆士衡（陆机）："陆抗是卿何物？"答曰："如卿于卢毓。"士龙（陆云）失色，既出户，谓兄曰："何至于此？彼或有不知。"士衡正色曰："我祖父名播海内，宁有不知？"识者疑两陆优劣，谢安以此定之。

此条被收入《世说·方正》篇（第18条）：

卢志于众坐，问陆士衡："陆逊、陆抗是君何物？"答曰："如卿于卢毓、卢珽。"士龙失色，既出户，谓兄曰："何至如此，彼容不相知也？"士衡正色曰："我父、祖名播海内，宁有不知，鬼子敢尔！"议者疑二陆优劣，谢公以此定之。

《世说》作者不仅改《郭子》的"祖父"为"父祖"，涉及了对答双方的两代直系亲属的名讳，从而增强了戏剧效果，而且，还加上了"鬼子敢尔"一语，凭空更添一桩离奇公案[①][7]。

这些事实都说明，《世说》作者对《语林》、《郭子》一类的志人小说极为珍视，对其史传痕迹虽则加以删削，而对那些机智的对答和有趣的故事，则作了增饰和润色。毫无疑问，对此二书的借鉴和采撰，既使那些生动的言行得以流传，也为《世说》本身增添了迷人的光彩。

---

① 据此条刘注引孔氏《志怪》所载，卢氏祖先卢充与鬼女"幽婚"乃有后来的卢氏家族，可知"鬼子"（即鬼之子孙）绝非空穴来风，而是渊源有自。孝标因《世说》有'鬼子敢尔'之语，遂引《志怪》之说以实之。余嘉锡谓："此殆刘义庆著书时之所加。义庆尝作《宣验记》、《幽明录》，固笃信鬼神之事者。其于干宝辈之书，必读之甚熟，故于《世说》特著此语，以形容士衡之怒骂，而不悟其言之失实也。"

《语林》《郭子》之外,还有《刘氏小说》(即《旧唐书·经籍志》著录的"刘义庆《小说》十卷")、《幽明录》等小说间或与《世说》所载相同。此二书亦为刘义庆所作,故很难说孰先孰后。如《世说·言语》第22"蔡洪赴洛"条,亦见于《刘氏小说》,与《世说》一字不异。①《术解》第3"人有相羊祜父墓"条,及同篇第8"王丞相令郭璞试作一卦"条,在《幽明录》中也有大致相同的版本。②不过,比起《语林》《郭子》来,像《幽明录》这样的志怪小说所占的比重几乎可以忽略不计了。

四、《世说》对其他文献的著录

在刘孝标《世说注》引用书目中,尚有题目赞论类著述10余种,诗赋杂文70余种,释道30余种,《世说》的不少条目,就是从这些文献材料中辑录而成。一种是原文照录。例如:

王大将军《与元皇表》云:"舒风概简正,允作雅人,自多于邃,最是臣少所知拔。中间夷甫、澄见语:'卿知处明、茂弘。茂弘已有令名,真副卿清论;处明亲疏无知之者。吾常以卿言为意,殊未有得,恐已悔之?'臣慨然曰:'君以此试。顷来始乃有称者。'言常人正自惠知之使过,不知使负实。"(《赏誉》46)

桓宣武《表》云:"谢尚神怀挺率,少致民誉。"(同篇103)

一种是略加剪裁,如《赏誉》第12条:

山公举阮咸为吏部郎,目曰:"清真寡欲,万物不能移也。"

据此条刘注引《山涛启事》称:

---

① 《太平广记·俊辩类》引。
② 分见《太平御览》三百六十九、九百五十四引。

吏部郎史曜出，处缺当选。涛荐咸曰："清真寡欲，深识清浊，万物不能移也。若在官人之职，必绝妙于时。"

三是对原材料进行较大的增删和加工。如《赏誉》第20"有问秀才'吴旧姓何如?'"条，就是对《蔡洪集》所载蔡洪《与刺史周俊书》的"名言摘录"。《排调》第7"头责秦子羽"条本于张敏《头责子羽文》。这几条篇幅均较长，兹不赘引。由于这些条目作者皆标明其来所自，反倒给人一种"自撰"的印象。对这些文献进行考察，庶几可以部分解决《世说》中一些条目的来源问题。

通过上述分析，可以总结出如下几点：

（1）《世说》基本上是一部有本可依、有据可查的采撰之书，它的前源文献主要包括正史、杂史别传、志人小说和诗赋杂文等。在对前源文献的取舍上，杂史别传和志人小说中的言行逸事特别受到青睐，所占比例至少在全书的四分之三；正史和其他文献虽然也有涉及，但分量极小。

（2）《世说》对材料的处理方法，约有数端：一是剪裁删削，如对首尾完具的正史材料的删汰繁芜；二是拼接重组，如一条之内同时采用不同出处的多个材料；三是增润修饰，如对文意晦涩或太过简单的材料进行合理的加工和演绎；四是求同存异，如对传闻异词或加以甄别，定型，或错综并置，以广异闻；五是原样照搬，只做单字只语的细微改动，如对《郭子》的著录和对诗赋杂文的征引。

（3）总体上说，《世说》对材料的取舍、编撰和加工，有着鲜明的思想倾向和独特的审美趣味，魏晋清谈风气影响下的玄远气质，肇自杂史别传和志人小说的尚奇风格，再加上结构上的以类相从，语言上的整饬锤炼，都使这部书推陈出新，夺胎换骨，成为文化史和艺术史上形式和内容结合得近乎完美的"这一个"。因此，不能仅把《世说》当作一个"史料汇集"或"志人小说选本"，而应视作在有文献可征基础上的、有采有撰的"二度创作"。那种因为《世说》所记均为历史人物，就以为其全系"真人真事"的看法，显然是有失偏颇。这是我们经过认真考察和细致考证后得出的结论。

【参考文献】

[1] 刘强.《世说新语》与《后汉书》比较研究[J].《天中学刊》2006年第

1 期。

［2］刘强.对历史真实的冲淡与对艺术真实的强化:论《世说新语》的叙事原则［J］.《上海师大学报》2000 年第 4 期。

［3］李祥年.汉魏六朝传记文学史稿［J］.上海:复旦大学出版社 1995 年.页 134。

［4］余嘉锡.世说新语笺疏·修订本［M］.上海:上海古籍出版社 1993 年.页 494、页 302。

［5］王瑶.古文学史论［M］.小说与方术［J］.北京:北京大学出版社 1998 年.页 133、134。

［6］周楞伽.裴启语林［M］.北京:文化艺术出版社 1988 年.页 9。

［7］余嘉锡.世说新语笺疏·修订本［M］.上海:上海古籍出版社 1993 年.页 494、页 302。

北大本、上古本《仪礼注疏·士昏礼》点校商榷

黄　铭[①]

　　1999 年,北京大学出版社出版了《十三经注疏》的整理本,(下面简称北大本)。2008 年,上海古籍出版社也出版了《十三经注疏》的整理本,(下面简称上古本)。就《仪礼注疏》而言,北大本的底本是清嘉庆二十一年阮元校刻的《十三经注疏》本,同时全面吸收了阮元《十三经注疏校勘记》和孙诒让《十三经注疏校记》等成果。上古本的底本是清代张敦仁本,经文参照了唐开成石经,郑注参照了宋严州单注本,贾疏参照了宋景德官本,又配上了宋元递修本的《经典释文》,同时又吸收了众多校勘成果。两个本子可谓各具特色。整理《十三经注疏》是一项巨大的工程,点校者和出版社都付出了辛勤的劳动。然而《仪礼》一书,素来难读,经文简奥,注疏之文又数倍于经,对其施以现代标点,则是难上加难。如此浩大的工程,难免会有疏漏,而集众人之力来完善古籍的点校,应该是不错的选择。因此本人不揣陋愚,将平时阅读中遇到的疑问献出;同时又把将疑问分为三类:一为输入和校勘之疑问,二为引文点校之疑问,三为理解之疑问。关于输入和校勘的问题,北大本则参照 1980 年中华书局影印清嘉庆二十一年阮元校刻《十三经注疏》本(以下简称阮本);上古本由于找不到张敦仁本,只好参照《开成石经》以及《四部丛刊续编》影印清汪士钟刊宋景德本《仪礼疏》(以下简

---

① 黄铭,复旦大学哲学学院博士生。

称单疏本）。当然，本人学力有限，误改、遗漏之处在所难免，恳请方家指正。

北大本输入错误

1. 若《春秋》内纳之义。（第 60 页，贾疏倒 5 行）
案：查阮本，"内"应作"纳"。

2. 必言两者，欲得其配合之名，卜象五行十日相成也。（第 68 页，贾疏倒 10 行）
案：查阮本，"卜"应作"十"。

3. 《特牲》、《少牢》亦用全，《士丧》大敛与《士虞》皆用左胖，不全者，《丧礼》略文。今文冪皆作密者，郑以省文，故兼下绤冪总叠之，故云"皆"也。（第 71 页，贾疏第 5 行）
案：查阮本，"略文"之"文"应作"云"。
应点为：《特牲》、《少牢》亦用全，《士丧》大敛与《士虞》皆用左胖，不全者，丧礼略。云今文冪皆作密者，郑以省文，故兼下绤冪总叠之，故云"皆"也。

4. 主人与视亦以肝从，加於俎不加于豆者，下尸，故不敢同之也。（第 84 页，贾疏第 2 行）
案：查阮本，"视"应作"祝"。

5. 妇彻于房中，媵御馂，姑酳之。虽无娣，媵先。于是与始饭之错。（第 89 页，经文倒 6 行）
案：此条经文下之郑注、贾疏中"侄"都应作"姪"。（繁体版已改正）

6. 婿馂妇送者丈夫、妇人，如舅姑馂礼（第 95 页，经文第 4 行）
案：查阮本，"婿"应作"壻"，贾疏中亦如之。（繁体版已改正）

7. 及升堂致命，主人对，或理有不须而言，或理须辞而文不其以情商度，义可皆知也。（第102页，贾疏倒11行）

案：查阮本，"其"应作"具"。

8. 云致"命曰，某敢纳徵"者，是所升堂致命辞也。（第103页，贾疏倒13行）

应点为：云"致命曰，某敢纳徵"者，是所升堂致命辞也。（繁体本已改正）

9. 今此云归以反命，故知一是所执脯也。（第104页，贾疏倒7行）

案：查阮本，"一"应作"礼"。

10. 示之以衿鞶者，皆托戒使识之也。（第106页，郑注第1行）

案：查阮本"托"作"讬"。（繁体本已改正）

北大本引文错误

11. 《聘礼》卿亦云"无摈"，注云："无摈，辟君是大夫已上尊，得有礼、摈两名。"士以下卑，唯称礼也。（第64页，贾疏倒10行）

应点为：《聘礼》卿亦云"无摈"，注云："无摈，辟君。"是大夫已上尊，得有礼、摈两名；士以下卑，唯称礼也。

12. 又庄二十七年何休注："公羊云：无子弃，绝世也；淫佚弃，乱类也；不事舅姑弃，悖德也；口舌弃，离亲也；盗窃弃，反义也；嫉妒弃，乱家也；恶疾弃，不可奉宗庙也。"（第77页，贾疏第9行）

案：此处引文为《公羊》何休注，非《公羊传》之文。

应点为：又庄二十七年何休注《公羊》云："无子弃，绝世也；淫佚弃，乱类也；不事舅姑弃，悖德也；口舌弃，离亲也；盗窃弃，反义也；嫉妒弃，乱家也；恶疾弃，不可奉宗庙也。"

13. 云"设湆于酱北"者,案上设婿湆于酱南,在酱黍之南,特俎出于馔北,此设妇湆于酱北,在特俎东,馔内则不得要方,上注云:"要方者,据大判而言耳。"(第82页,贾疏第15行)

案:此处"婿"亦应为"壻"(繁体本已改正)。郑注之文仅为"要方"二字,下文为贾公彦的推断。又上文贾疏解释"馔要方",以为"豆东两俎,酱东黍稷,是其要也",则贾疏以壻之醯菹酱黍稷为馔之要方,而不及湆,因湆在酱南,即馔外也。而设妇馔,则湆在特俎、黍稷东,酱北,即在馔(醯菹酱黍稷)内,而馔(醯菹酱黍稷)则不方也。故"特俎东馔内"为妇湆之位,不应点开。

应点为:云"设湆于酱北"者,案上设壻湆于酱南,在酱黍之南,特俎出于馔北,此设妇湆于酱北,在特俎东馔内,则不得要方,上注云"要方"者,据大判而言耳。

北大本理解错误

14. 授雁讫,宾降,自西阶出门。主人降,自阼阶授老雁,于阶立,待后事也。(第63页,贾疏倒8行)

案:"降自西阶","降自阼阶"不应点开。

应点为:授雁讫,宾降自西阶,出门。主人降自阼阶,授老雁,于阶立,待后事也。

15. 宾进,讶受几于筵前。(第65页,贾疏倒2行)

案:讶受为两人相向而授受,不应点开。

应点为:宾进,讶受几于筵前。

16. 不言纳徵者,孔子制《春秋》,变周之文从殷之质,故指币体而言周文,故以义言之。(第68页,贾疏第12行)

案:此处文质对举,币体为质,以义言之为文。

应点为:不言纳徵者,孔子制《春秋》,变周之文从殷之质,故指币体而言,周文,故以义言之。

17. 期,初昏,陈三鼎于寝门外东方,北面,北上。其实特豚,合升,去蹄。举肺脊二,祭肺二,鱼十有四,腊一肫,髀不升。(第69页,经文第7行)

案:此条讲豚、鱼、腊三鼎之实,举肺脊、祭肺在豚鼎,三鼎之实宜分清。

应点为:期,初昏,陈三鼎于寝门外东方,北面,北上。其实:特豚,合升,去蹄,举肺脊二,祭肺二;鱼十有四;腊一肫,髀不升。

18. 云"饭必举之,贵之也"者,但一身之上体总有二十一节,前有肩、臂、臑,后有肫、胳、脊,在中央有三脊:正、脡、横脊,而取中央正脊,故云体之正。(第70页,贾疏倒7行)

案:凌廷堪《礼经释例·仪礼释牲上》"中体谓之脊",则"脊在中央"不应点断。

应点为:云"饭必举之,贵之也"者,但一身之上体总有二十一节,前有肩、臂、臑,后有肫、胳,脊在中央,有三脊:正、脡、横脊,而取中央正脊,故云体之正。

19. 孤卿大夫士为臣卑,复摄盛取助祭之服,以亲迎则天子诸侯为尊,则衮矣,不须摄盛,宜用家祭之服,则五等诸侯玄冕,以家祭则亲迎不过玄冕,天子亲迎当服衮冕矣。(第72页,贾疏倒8行)

案:此条言亲迎服饰摄盛之事,孤卿大夫士摄盛,以助祭之服亲迎,天子诸侯不摄盛,以家祭之服亲迎。

应点为:孤卿大夫士为臣卑,复摄盛取助祭之服以亲迎,则天子诸侯为尊,则衮矣,不须摄盛,宜用家祭之服,则五等诸侯玄冕以家祭,则亲迎不过玄冕,天子亲迎当服衮冕矣。

20. 若然,自卿已上更有异饰,则又名玉金,象夏篆、夏缦之等也。(第73页,贾疏第10行)

案:据下文云"玉路""金路""象路""革路""木路""夏篆""夏缦",则"玉金象夏篆夏缦"为"五路"之车。

应点为:若然,自卿已上更有异饰,则又名玉、金、象、夏篆、夏缦之等也。

21. 礼,妇人谓嫁曰归,明无大,故不反于家。(第74页,贾疏第4行)

案:《曲礼》"女子许嫁,缨,非有大故,不入其门",郑注"大故,宫中有灾变若疾病",则"大故"二字不应点开。

应点为:礼,妇人谓嫁曰归,明无大故,不反于家。

22. 五等诸侯、上公夫人与王后同侯伯夫人,自揄翟而下,子男夫人自阙而下。(第76页,贾疏第13行)

案:此条言五等诸侯夫人之服制,上公夫人为一等,侯伯夫人为一等,子男夫人为一等。言"五等诸侯",则包下文"公侯伯子男"。

应点为:五等诸侯:上公夫人与王后同,侯伯夫人自揄翟而下,子男夫人自阙而下。

23. 公之臣、孤为上,卿大夫次之,士次之。(第76页,贾疏倒11行)
案:此条言公之臣之等级。

应点为:公之臣,孤为上,卿大夫次之,士次之。(繁体本已改正)

24. 然就七出之中余六出,是无德行不堪教人,故无子出。能以妇道教人者,以为姆,既教女,因从女向夫家也。(第77页,贾疏倒4行)

案:此条言犯七出之人,唯有因无子出者,其德行能教人,其余六出者,德行均不堪教人。

应点为:然就七出之中余六出,是无德行不堪教人。故无子出,能以妇道教人者,以为姆,既教女,因从女向夫家也。

25. 据大夫子有三母:子师、慈母、保姆。其慈母阙,乃令有乳者,养子谓之为乳母,死为之服缌麻。师教之乳母,直养之而已。(第77页,贾疏倒1行)
案:此条言大夫子之乳母与三母不同,仅是养子而不教子。

应点为:据大夫子有三母:子师、慈母、保姆。其慈母阙,乃令有乳者养子,谓之为乳母,死为之服缌麻。师教之,乳母直养之而已。

26. 案《诗》云:"衣锦褧衣,裳锦褧裳。"郑云:"褧,也。盖以縠为之中衣,裳用锦而上加縠焉。"(第80页,贾疏第6行)

案:《毛诗》孔疏云"衣在外,而锦衣在中,故言'中衣裳用锦,而上加縠焉'",则褧衣盖以縠为之,而在锦衣外也。非以縠为中衣也。

应点为:案《诗》云:"衣锦褧衣,裳锦褧裳。"郑云:"褧,也,盖以縠为之。中衣裳用锦,而上加縠焉。"

27. 豆东,两俎酱东,黍稷是其要方也。(第82页,贾疏第2行)

案:豚、鱼二俎在脀之菹、醢二豆之东,酱在菹南,黍、稷二敦在酱东,依贾疏之意,菹醢酱黍稷之方位为"要方"。

应点为:豆东两俎,酱东黍稷,是其要方也。

28. 经云"乃彻于房中,如设于室",虽据豆俎而言,理兼于尊矣,故云彻尊。不设有外尊,明彻中兼尊也。(第84页,贾疏倒8行)

案:"彻尊不设,有外尊"为上郑注文。此言因有外尊,故彻内尊,不设于房中。

应点为:经云"乃彻于房中,如设于室",虽据豆俎而言,理兼于尊矣,故云"彻尊不设,有外尊",明彻中兼尊也。

29. 腶脩,取其断,断自脩正。(第87页,贾疏第5行)

案:《辞源》"断断,专诚守一"。

应点为:腶脩,取其断断自脩正。

30. 又案《大行人》云"王礼再祼而酢"之等用郁鬯,不言王鬯,再祼而酢而言礼,则此诸文虽用醴礼宾,不得即言主人醴宾,故皆从上于下曰礼解之。(第87页,贾疏倒1行)

案:此条解郑注"'醴'当为'礼'",引《大行人》王礼上公以鬯,言"礼"不言"鬯"以证之。又"上于下曰礼"为上引《司仪》郑注之文。

应点为:又案《大行人》云"王礼再祼而酢"之等用郁鬯,不言"王鬯再祼而酢"而言"礼",则此诸文虽用醴礼宾,不得即言主人醴宾,故皆从"上于下曰礼"

解之。

31. 言"将"者,事未至,以其此始。言妇馂之意至下文"妇馂姑之馔"乃始馂耳。(第89页,贾疏倒12行)

案:经文之意,妇馂舅之馔,舅辞易酱,则妇未馂舅之馔。此处虽始言"妇馂",实则妇未馂,故言"将"馂。之后妇馂姑之馔,方为"始馂"。故"始言妇馂"不应点开。

应点为:言"将"者,事未至,以其此始言妇馂之意,至下文"妇馂姑之馔"乃始馂耳。

32. 诸侯夫人自有侄娣,并二媵各有侄娣,则九女是媵,与侄娣别也。(第90页,贾疏第2行)

案:此条言诸侯一娶九女,诸侯夫人及其姪娣则三女,二媵各有姪娣则六女,共九女。非言九女是媵也。又查阮本,"侄"字应作"姪"。

应点为:诸侯夫人自有姪娣,并二媵各有侄娣,则九女,是媵与姪娣别也。

33. 云"女奠爵于荐东,立于位而俟婿"者,案《士冠礼》子与醮子及此篇礼宾、礼妇皆奠爵于荐东,明此亦奠荐东也。(第99页,贾疏第3行)

案:礼子或醮子,是《士冠礼》之节目。此条则将冠礼之礼子、醮子与昏礼之礼宾、礼妇作比较。又查阮本,"婿"应作"壻"。

应点为:云"女奠爵于荐东,立于位而俟壻"者,案《士冠》礼子与醮子及此篇礼宾、礼妇皆奠爵于荐东,明此亦奠荐东也。

34. 女出于母左,父西面戒之,必有正焉。若衣、若笄,母戒诸西阶上,不降。(第99页,经文第6行)

案:父"正"衣笄,有托戒之意,"衣""笄"是父托戒之物;母则"施衿结帨"。故"若衣若笄"属上。

应点为:女出于母左,父西面戒之,必有正焉,若衣、若笄。母戒诸西阶上,不降。

35. 故《礼运》云"玄酒在室"，彼配郁鬯，五齐是明水，名为玄酒也。(第100页,贾疏第5行)

案:五齐为泛齐、醴齐、盎齐、缇齐、沈齐,皆为有滓未沛之酒,与明水别。

应点为:故《礼运》云"玄酒在室",彼配郁鬯、五齐,是明水名为玄酒也。

36. 房与室相连为之房,无北壁,故得北堂之名,故云"洗在北堂"也。(第100页,贾疏倒4行)

案:此条言因房无北壁,故得北堂之名。

应点为:房与室相连为之,房无北壁,故得北堂之名,故云"洗在北堂"也。

37. 郑知"对曰者,摈出纳宾之辞"者,以其上文宾告摈者辞,下经致命主人,明此是中间摈者出领宾告者辞,下经致语入告主人摈者,又领主人此语,以告使者知也。(第102页,贾疏第11行)

案:此条言摈者于宾主之间传通之事,摈者领宾之辞以告主人,领主人之辞以告宾(即使者),故"主人摈者"宜点开。

应点为:郑知"对曰者,摈出纳宾之辞"者,以其上文宾告摈者辞,下经致命主人,明此是中间摈者出领宾告者辞,下经致语入告主人,摈者又领主人此语,以告使者知也。

38. 知"某,使者名也"者,以使者对主人称某,既受命,明是使者之名也。(第102页,贾疏倒10行)

案:"某既受命",为上文使者对主人之辞,不应点开。

应点为:知"某,使者名也"者,以使者对主人称"某既受命",明是使者之名也。

39. 郑知三族是父、己、子三者之昆弟者,若大功之丧服内不废成礼,若期,亲内则废,故举合废者而言。(第103页,贾疏倒3行)

案:"期亲"应为专有名词,不宜点开。

应点为:郑知三族是父、己、子三者之昆弟者,若大功之丧服内不废成礼,若期亲内则废,故举合废者而言。

上古本输入错误

1. 案《春秋·左氏·莊公二十二年》
應點爲:案《春秋左氏》莊公二十二年

2. 若平生人,則與此異,故公食大夫一命者七魚,(第100頁,賈疏倒2列)
案:查單疏本"平"作"乎",宜從單疏本。
應點爲:若乎生人,則與此異,故《公食大夫》一命者七魚,

3. 姆纚笄,宵衣,在其右。(第112頁,經文)
案:"纚",上古本所配之《經典釋文》亦作"纚",查《開成石經》及所配之宋元遞修本《經典釋文》皆作"纚",宜作"纚"。

4. 《公羊傳》曰"議始不親迎也",(第115頁,賈疏第1列)
案:查單疏本,"議"作"譏",宜從單疏本。

5. 《少牢》佐食先以舉肺者,授尸乃爾黍者,大夫禮與士異故也。然《士虞》亦先授舉肺者,後乃爾黍者,喪禮與吉反故也。(第119頁,賈疏倒4列)
案:查單疏本,此條兩處"肺者"均作"肺脊",案文意,此條言贊爾黍與授肺脊之次序,則宜從單疏本。

6. 云"人,有司"者,几行事者,皆主人有司也。(第126頁,賈疏第7列)
案:查單疏本,"几"作"凡",宜從單疏本。

7. 《士冠》、《內則》、《昏義》諸文體皆破從禮者,(第126頁,賈疏倒4列)
案:查單疏本,"體"作"醴",上文鄭注云"醴當爲禮",則宜從單疏本。

8. 此注云"奠菜者,以筐"案下云"婦執笄菜",筐即笄,一也。(第137頁,賈

疏第 7 列）

案:此處"筓"疑爲"筝"。

9. 注"許嫁"至"其醴"(第 141 頁,賈疏倒 6 列)

案:查單疏本,"醴"作"禮",上鄭注云"許嫁,已受納徵禮也。筝女之禮猶冠男也,使主婦、女賓執其禮",則宜從單疏本。

10. 案《匠人》云"廟門容大扃七个",注云"大扃,牛鼎之扃,長三尺,每扃爲一个,七个二丈一尺,彼天子廟門";此士之廟門,降殺甚小,故云"門中阨陜",故隨入得並也。(第 143 頁,賈疏倒 1 列)

案:鄭注《匠人》之文爲"大扃"至"一尺",故"一尺"之後宜有一下引號。

11. 云"不示之以衣、筝者,尊者之戒不嫌忘之"(第 156 頁,賈疏倒 2 列)

案:查單疏本,"筝"作"筓",宜從單疏本。

上古本引文错误

12. 云"用玄纁者,象陰陽備也。束帛,十端也"者,《周禮》"凡嫁子,娶妻,入幣,緇帛無過五兩";鄭彼注云:"納幣帛緇,婦人陰也,凡於娶禮,必用其類。五兩,十端也。必言兩者,欲得其配合之名。十象五行,十日相成也。士大夫乃以玄纁束帛;天子加以穀圭;諸侯加以大璋。"《雜記》云:"納幣一束,束五兩,兩五尋。"然則每端二丈。(第 98 頁,賈疏第 3 列)

案:"納幣帛緇"至"每端二丈"均爲鄭注《周禮》之文。

應點爲:云"用玄纁者,象陰陽備也。束帛,十端也"者,《周禮》"凡嫁子,娶妻,入幣,緇帛無過五兩",鄭彼注云:"納幣帛緇,婦人陰也,凡於娶禮,必用其類。五兩,十端也。必言兩者,欲得其配合之名。十象五行,十日相成也。士大夫乃以玄纁束帛;天子加以穀圭;諸侯加以大璋。《雜記》云:'納幣一束,束五兩,兩五尋。'然則每端二丈。"

13. 是以《禮記·郊特牲》云"玄冕齋戒,鬼神陰陽也。將以爲社稷主,以社稷言之",據諸侯而説,故知諸侯玄冕也。(第 103 頁,賈疏倒 7 列)

案:《郊特牲》之文爲"玄冕"至"社稷主",以下爲賈疏之推測。

應點爲:是以《禮記·郊特牲》云"玄冕齋戒,鬼神陰陽也。將以爲社稷主",以社稷言之,據諸侯而説,故知諸侯玄冕也。

14. 宵讀爲《詩·素衣》"朱綃"之綃,《魯詩》以綃爲綺屬也。(第 112 頁,鄭注第 8 列)

應點爲:宵讀爲《詩》"素衣朱綃"之綃,《魯詩》以綃爲綺屬也。

15. 云"姆在女右,當詔以婦禮"者,案《禮記·少儀》云"贊幣自左,詔辭自右,地道尊右之義",故姆在女右也。(第 113 頁,賈疏第 10 列)

應點爲:云"姆在女右,當詔以婦禮"者,案《禮記·少儀》云"贊幣自左,詔辭自右",地道尊右之義,故姆在女右也。

16. 知女從是姪娣者,案下文云"雖無娣媵",先鄭云:"古者嫁女,必姪娣從,謂之媵",即此"女從",故云"女從者,謂姪娣也"。(第 113 頁,賈疏倒 2 列)

案:"雖無娣,媵先"爲《士昏禮》之經文,不應點開。

應點爲:知女從是姪娣者,案下文云"雖無娣,媵先",鄭云:"古者嫁女,必姪娣從,謂之媵",即此"女從",故云"女從者,謂姪娣也"。

17. 知有衣者,下記云"笄,緇被纁裏加于橋",注云"被,表也。笄有衣者,婦見舅、姑以飾爲敬,是有衣也"。(第 125 頁,賈疏倒 6 列)

應點爲:知有衣者,下記云"笄,緇被纁裏加于橋",注云"被,表也。笄有衣者,婦見舅、姑以飾爲敬",是有衣也。

18. 云"婦東面拜,贊北面荅之",變於丈夫始冠成人之禮者,案冠禮禮子與此禮婦俱在賓位,彼禮子南面受醴,此則東面,不同,故決之。(第 127 頁,賈疏倒 8 列)

案："婦東面拜,贊北面答之,變於丈夫始冠成人之禮"爲上鄭注之文。

應點爲:云"婦東面拜,贊北面答之,變於丈夫始冠成人之禮"者,案《冠禮》禮子與此禮婦俱在賓位,彼禮子南面受醴,此則東面,不同,故決之。

19. 知送者是"女家有司"者,故《左氏傳》云"齊侯送姜氏,非禮也",凡公女嫁于敵國,姊妹則上卿送之,以禮於先君,公子則下卿送之;於大國,雖公子亦上卿送之,於天子則諸卿皆行,公不自送;於小國,則上大夫送之。(第131~132頁,賈疏)

案："齊侯"至"上大夫送之"皆爲《左傳》之文。

應點爲:知送者是"女家有司"者,故《左氏傳》云"齊侯送姜氏,非禮也,凡公女嫁于敵國,姊妹則上卿送之,以禮於先君,公子則下卿送之;於大國,雖公子亦上卿送之;於天子則諸卿皆行,公不自送;於小國,則上大夫送之。"

上古本理解错误

20. 是以《聘禮》宰夫"奉兩端以進",《有司徹》云"尸進二手,受于手間",注云"受從手間,謙也",雖不言兩手,兩手授之可知。(第94頁,賈疏倒4列)

案："二手受于手間"意爲用兩隻手受,故不宜點斷。

應點爲:是以《聘禮》宰夫"奉兩端以進",《有司徹》云"尸進,二手受于手間",注云"受從手間,謙也",雖不言兩手,兩手授之可知。

21. 於聘,賓則一拜,故《聘禮》云"公一拜送",鄭注云"公尊也"是也。(第94頁,賈疏倒2列)

案:此言公一拜送,而非賓一拜,故"聘賓"二字不宜點開。

應點爲:於聘賓則一拜,故《聘禮》云"公一拜送",鄭注云"公尊也"是也。

22. 鄭知義然者,案下記云"納吉曰:吾子有貺,命某加諸卜。占吉,使某也敢告",凡卜並皆於禰廟,故然也。(第97頁,賈疏倒6列)

案:據此記文之鄭注"貺,賜也。賜命,謂許以女名也",則"貺命"指前問名之事,故不宜點開。

應點爲:鄭知義然者,案下記云“納吉曰:吾子有貺命,某加諸卜。占吉,使某也敢告”,凡卜並皆於禰廟,故然也。

23. 夫家必先卜之,得吉日乃使使者往辭,即告之。(第98頁,鄭注倒7列)

案:“辭”爲推辭之意,即男家使者先讓女家主人定日期,女家主人一旦推辭,使者即告知所定之日期。

應點爲:夫家必先卜之,得吉日乃使使者往,辭即告之。

24. 期,初昏,陳三鼎于寢門外東方,北面,北上。其實特豚,合升,去蹄,舉肺脊二,祭肺二,魚十有四,腊一肫,髀不升。(第99頁,經文)

案:“三鼎”爲豚鼎、魚鼎、腊鼎,而舉肺脊、祭肺在豚鼎,故宜用分號點斷,使得三鼎之實更加清晰。

應點爲:期,初昏,陳三鼎于寢門外東方,北面,北上。其實:特豚,合升,去蹄,舉肺脊二,祭肺二;魚十有四;腊一肫,髀不升。

25. 云“飯必舉之,貴之也”者,但一身之上體,總有二十一節,前有肩、臂、臑,後有肫、胳,脊在中央,有三脊、正脡、橫脊,而取中央正脊,故云“體之正”。(第100頁,賈疏倒7列)

案:凌廷堪《禮經釋例》云“脊骨三:前骨謂之正脊,中骨謂之脡脊,後骨謂之橫脊。”

應點爲:云“飯必舉之,貴之也”者,但一身之上體總有二十一節,前有肩、臂、臑,後有肫、胳,脊在中央,有三脊:正、脡、橫脊,而取中央正脊,故云“體之正”。

26. 從者畢玄端,乘墨車。從車二乘。(第102頁,經文倒3列)

案:士親迎攝盛,得用墨車,故“乘墨車”者是壻,非從者也,故“乘墨車”前宜用句號。

應點爲:從者畢玄端。乘墨車。從車二乘。

27. 若然，巾車、安車次厭翟，在翟車之上者，（第105頁，賈疏第7列）

案：此處"巾車"應指《周禮·巾車》。《巾車》言王后之五路爲重翟、厭翟、安車、翟車、輦車。安車在厭翟之下，翟車之上。

應點爲：若然，《巾車》安車次厭翟，在翟車之上者，

28. 其實安車無翟飾，不用，爲嫁時所乘也。（第105頁，賈疏第8列）

案：賈疏之意，王后始來乘重翟，上公夫人用厭翟，侯伯子男夫人用翟車。安車爲宮中所乘，嫁時不乘安車，故"不用"二字宜屬下。

應點爲：其實安車無翟飾，不用爲嫁時所乘也。

29. 婦人尚專一德，無所兼連，衣裳不異其色。（第111頁，賈疏第5列）

案：此條言婦人尚專一，故而衣裳相連，衣裳同色。

應點爲：婦人尚專一，德無所兼，連衣裳不異其色。

30. 又云"外內命婦衣鞠衣、襢衣者，服褊衣、褖衣者，服次"，（第111頁，賈疏第7列）

案："褊"、"次"均爲女子之首飾，"褊"之等級高于"次"。此條將外內命婦分爲兩等，衣鞠衣、襢衣者方能服褊；衣褖衣者則服次。

應點爲：又云"外內命婦衣鞠衣、襢衣者服褊，衣褖衣者服次"，

31. 公之臣孤爲上卿，大夫次之，士次之。（第111頁，賈疏倒4列）

案：孤、卿大夫、士皆爲公之臣。

應點爲：公之臣，孤爲上，卿大夫次之，士次之。

32. 其天子之后，雖失禮，鄭云"嫁於天子，雖失禮無出道；遠之而已。若其無子，不廢，遠之"，后尊如，故其犯六出則廢之。（第112頁，賈疏倒1列）

案：此條言天子之后不因無子而見廢，其尊如故。若犯"七出"中除無子外的其餘六出，則廢之。

應點爲：其天子之后，雖失禮，鄭云"嫁於天子，雖失禮無出道，遠之而已。

若其無子，不廢遠之，后尊如故；其犯六出則廢之。"

33. 執匕者、執俎者從鼎而入，設之匕所，以別出牲體也。（第117頁，鄭注第2列）

案：下賈疏所引"匕所以別出牲體也"，故"匕所"二字宜屬下。

應點爲：執匕者、執俎者從鼎而入，設之。匕，所以別出牲體也。

34. 云"設涪于醬北"者，案上設㞦涪於醬南，在醬黍之南，特俎出於饌北，此設婦涪於醬北，在特俎東饌。《內則》"不得要方上"，注云"要方者，據大判而言耳"。（第119頁，賈疏第1列）

案："內則"二字非指《禮記·內則》，《內則》亦無此經文。"要方"爲上鄭注之文。"特俎東饌內"爲婦涪之方位，詳見前北大版此條之案語，故"在特俎東饌內"六字，不應點斷。

應點爲：云"設涪于醬北"者，案上設㞦涪於醬南，在醬黍之南，特俎出於饌北，此設婦涪於醬北，在特俎東饌內，則不得要方，上注云"要方"者，據大判而言耳。

35. 必見舅用棗、栗，見姑以腶脩者，案《春秋》莊二十四年經書"秋八月丁丑，夫人姜氏入。戊寅，大夫、宗婦覿用幣"，《公羊傳》云"宗婦者何？大夫之妻也。覿者何？見也。用者何？用者不宜用也，見用幣非禮也。然則曷用棗、栗云乎，腶脩云乎"？注云："腶脩者，脯也。禮，婦人見舅，以棗、栗爲贄；見姑，以腶脩爲贄，見夫人至尊，兼而用之。云乎，辭也。棗、栗取其早自謹敬，腶脩取其斷斷自脩正，是用棗、栗、腶脩之義也。"案《雜記》云"婦見舅、姑、兄弟、姑姊妹，皆立于堂下，西面，北上，是見已"，（第125頁，賈疏第5列）

案："大夫宗婦"指大夫之妻，爲一人，非大夫與宗婦也，故不宜用頓號。"然則曷用"爲設問，問見夫人本應用何物。"棗、栗云乎？腶脩云乎？"則是以推測之語氣爲回答"然則曷用"。又《雜記》所言爲婦見舅姑，是時舅姑在堂，兄弟、姑姊妹則在堂下，故"舅姑"後面之頓號宜改爲逗號。又《雜記》之文應爲"婦見"至"見已"。

應點爲:必見舅用棗、栗,見姑以腵脩者,案《春秋》莊二十四年經書"秋八月丁丑,夫人姜氏入。戊寅,大夫宗婦覿用幣",《公羊傳》云"宗婦者何?大夫之妻也。覿者何?見也。用者何?用者不宜用也,見用幣非禮也。然則曷用?棗、栗云乎?腵脩云乎?"注云:"腵脩者,脯也。禮,婦人見舅,以棗栗爲贄;見姑,以腵脩爲贄;見夫人至尊,兼而用之。云乎,辭也。棗、栗取其早自謹敬,腵脩取其斷斷自脩正",是用棗、栗、腵脩之義也。案《雜記》云"婦見舅、姑,兄弟、姑姊妹皆立于堂下,西面,北上,是見已",

36. 室户、西牖東南面位。(第 126 頁,鄭注倒 3 列)

案:此條解釋經文"户牖間"之具體位置,當在室户之西,室牖之東。

應點爲:室户西,牖東,南面位。

37. 云"宗室,大宗之家"者,案《喪服小記》"繼別爲宗",謂別子之世,適長子族人來宗事之者。(第 142 頁,賈疏倒 8 列)

案:此條言大宗宗子爲繼承"別子爲宗"者之世世代代之適長子,故"世適長子"四字不宜點開。

應點爲:云"宗室,大宗之家"者,案《喪服小記》"繼別爲宗",謂別子之世適長子,族人來宗事之者。

38. 問名如納采之禮,故亦楹間,南面,授贐於彼,唯不云"西面",故記之也。(第 142 頁,賈疏倒 2 列)

案:納采、問名之授贐,賓主于堂上兩楹間南面並授受,故"南面授贐"四字不宜點開。

應點爲:問名如納采之禮,故亦楹間,南面授贐,於彼唯不云"西面",故記之也。

39. 以納采與問名同,使親迎,又無使者,故據此四者而言也。(第 143 頁,賈疏第 7 列)

案:納采、問名,男家使使者爲之,親迎則壻爲之。

應點爲：以納采與問名同使，親迎又無使者，故據此四者而言也。

40. 案經直云"納徵，玄纁、束帛、儷皮，如納吉禮"，（第 143 頁，賈疏倒 6 列）

案："玄纁"爲"束帛"之色，"玄纁束帛"非二物也，不宜點開。

應點爲：案經直云"納徵，玄纁束帛、儷皮，如納吉禮"，

41. 云"壻見於寢"者，《聘禮》凡見賓客及上親迎，皆於廟者，聘禮敬賓客，故在廟親迎，在廟者，以先祖之遺體許人，故在廟；此壻見外舅、姑非賓，非親迎，故知在適寢也。（第 160 頁，賈疏第 2 列）

案：《聘禮》見賓客在廟，《昏禮》親迎亦在廟，故"親迎在廟者"五字不宜點開。

應點爲：云"壻見於寢"者，《聘禮》凡見賓客及上親迎，皆於廟者，聘禮敬賓客，故在廟。親迎在廟者，以先祖之遺體許人，故在廟。此壻見外舅、姑，非賓，非親迎，故知在適寢也。

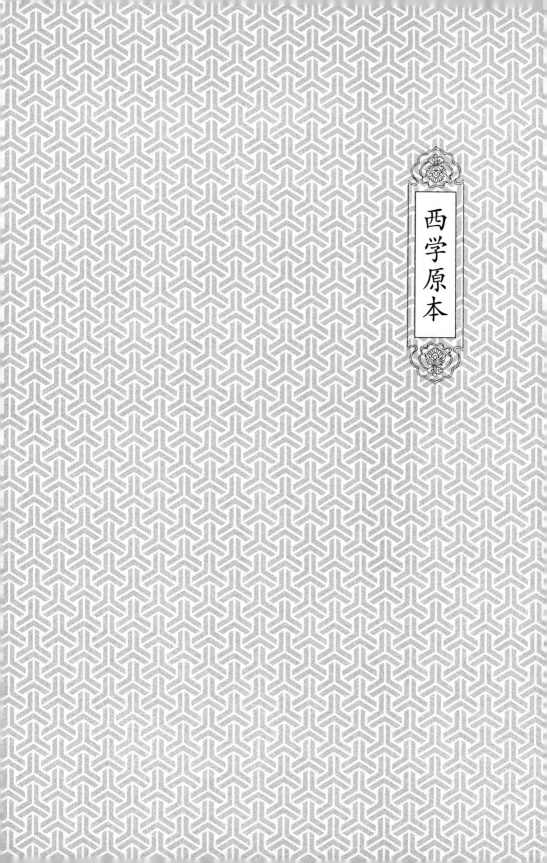

西学原本

哲学与完成式:论柏拉图《情人》的开局

戴维斯(Michael Davies) 文 吴明波 译①

柏拉图哲学似乎围绕着事件而非准则来组织。我们与其说它以"理念论"还不如说它以苏格拉底这人来维系各式各样的对话。苏格拉底是万物转动的阿基米德支点。即使他没有出现,或者出现时他没开口,人们还是能觉察到他的存在。苏格拉底安排了蒂迈欧的任务(见《蒂迈欧》17b,19b);他与青年苏格拉底讨论哲人的本性,以此来衡量他与埃里亚异乡人讨论智术师与治邦者的对话;亚里士多德竟然认为他就是《法义》中来自雅典的异乡人(《政治学》1265a 以下)。如果柏拉图认为苏格拉底这个角色至关重要,那么,苏格拉底死于雅典城邦之手,就是柏拉图所有对话的结。他那个时代最伟大的城邦能判处他的时代最伟大人物死刑,这让柏拉图开始反省哲学与城邦的窘境。"政治哲学是哲学的核心"。②

柏拉图如此关注苏格拉底之死,与他专注苏格拉底的生活正好相反。柏拉

① 本文译自 Michael Davis, *Philosophy and the Perfect Tense: On the Beginning of Plato's Lovers*, Graduate Faculty Philosophy Journal, Vol. 10, 1984, pp. 85—97. 译者简介:吴明波,哲学博士,中山大学中文系博士后。

② Seth Benardete,《施特劳斯的〈城邦与人〉》(*Leo Strauss' The City and Man*), *The Political Science Reviewer*, Vol. VIII, p. 5, 1978([译注]中译本见《施特劳斯与古典政治哲学》,上海三联书店,2004 年);我对《情人》的很多解释都得益于 1981 年春夏与伯纳德特一起阅读这部对话。我很感激他给这篇小文提供的多次建议与评论。

西学原本 · 509

图说不上是个传记家。他并没有全面展现苏格拉底的生活。它需要一系列对话,有些人苏格拉底从未交谈过,有些人他从未遇见过,甚至有些人不曾存在过。柏拉图虚构了苏格拉底,当然,这是哲学历史上最有力的虚构。苏格拉底成为"古代最可疑的现象"①,这主要归功于柏拉图。

柏拉图哲学在两方面独一无二。首先是个老生常谈的看法,柏拉图使用了对话。当然,正是柏拉图使用了对话,苏格拉底才能以哲学生活的范例出现。我们要想理解哲学生活在柏拉图哲学中的位置,就必须这样展现苏格拉底。另外不那么老生常谈的观点是,我们得注意到,只有柏拉图才将哲学生活视为范例。当然,有些思想家也接近他,亚里士多德赞扬了沉思生活,卢梭含混地展现了孤独梦想者生活,尼采也以超人(Uebermensch)的名义攻击哲学。然而,柏拉图对哲学生活的检视和赞扬冠绝古今。我们不得不考虑,是否柏拉图哲学的两种特质不能合二为一。至少,柏拉图使用对话这种形式与突出哲学生活这两者间就没有些许联系吗?

柏拉图只有一部对话明确而完全适用于哲学生活范例这个主题。我们得非常细致地检视这篇对话才能注意到对话的问题。这部对话就是《情人》,讽刺的是,这部对话完全被忽视了。这是部"伪"对话,它的真实性受到十九世纪德国学者的质疑。②即使是《情人》的支持者,也将它当成不成熟的作品,或者说是柏拉图认可的不成熟作品之一。至少,讽刺的是,这部对话关注哲学与对话的联系,常常让人觉得这篇对话无论作为对话还是哲学作品都是败笔。然而,对话符合它自己的本质,关注它自己的限度,可能看起来是败笔。如果确实如此,我们会期望,柏拉图作品中经常出现言辞与行动的亲密关系,在《情人》上空前

---

① 尼采:《悲剧的诞生》,第 13 节,我依从 Walter Kaufmann 的翻译。

② "几乎不能不承认这部对话是伪造的。除了古人的怀疑外,几乎所有现代评论者都认为它是假的。"(W. A. Heidel, *Pseudo-Platonica*, Baltimore, 1896, p. 49)但是,这并不像 Heidel 说的那样一致(比如,在他之前的格罗特(Grote)以及他之后的克龙比(Crombie)都认为《情人》是真作),古代的证据最多也是非决定性的,它依赖于模糊引用第欧根尼中式拉绪洛斯的说法,《情人》引出的真伪问题是那些其他存疑作品的一部分。实际上,围绕真伪的论争主要决定于充分阅读《情人》。不管《情人》的作者是不是柏拉图,他肯定非常了解柏拉图哲学。没什么可以阻止我们假设,他完全为柏拉图的作品负责。实际上,我们最好认为,某人在柏拉图死后写作了这部对话。当然,《情人》中哲人的身份仍然成问题,我们只有从内部检视这部对话,才能判断这部对话是否值得我们关注。

紧密。如果我们发现这部对话复杂精妙，我们就不会当它是部次要对话，尤其是它的开场。

《情人》(Erastai)这部对话中，两个有情人(lovers)成对，两个青年也成对，但是却不能认为有情人与情伴(beloved)成对。①在这部对话中，爱与情伴只有非常间接的关系。因此，在某个手稿中，它被冠以《情敌》(Anterastai 或 Rivals)之名。有情人只有以情敌面目出现，才能成对，但他们成为情敌时，他们就更关注争取情伴而非争取情伴。爱本该谦逊，在情敌关系中反而成了某种竞争。②在某种程度上，竞争强调结果，它更加 erizein(争论或者争辩)，而非 eran(爱)。《情人》从 erizein 与 eran 竞争的视角出发，关注某种类型的爱，爱智慧。因此，这也为鉴别哲学与政治学(138c 以下)埋下伏笔。

对话的开头是十足的老生常谈。苏格拉底向匿名同伴或同伴们讲述：

> 来到狄奥尼西斯文法师那，我看到那有几个看起来样子出众、父辈名声好的年轻人，还有他们的情人。刚好有俩青年在争执，关于什么，我倒听不大清。似乎为阿纳克萨哥拉，或者欧诺庇德斯争执。至少，他们似乎在画圆圈，还合起手来，摹仿某些倾角，非常专注。(132a1—b3)

然而，某些事情不同寻常。苏格拉底来到表面上教写作或者画(grammata)的学校，但是他却见到身体的模仿。③在此，画(graphein)由体操来完成。他们并非真的在画，因为"他们似乎在画(ephainesthen)"，同时男孩还合起手来。他们先"画(graphein)"，然后"他们模仿(emimounto)"，这个次第表明，这两个行为同时发生而非交替。正是借助写(或画)，言辞(logoi)变得可见。言辞(logoi)变成了行动(erga)。柏拉图对话在某种程度上也是借行动(erga)展示言辞(logoi)。

苏格拉底进入文法学校后，描述他的见闻，这才是开头中最特别的东西。

---

① ［译注］本译文试将 lover 译为有情人，表明情爱关系中的主动者，belover 译为情伴，表示被动者。
② 参看 133a6 的例子，我通篇都使用了 Burnet 的本子，都由我翻译。（［译注］《情人》译文均为译者依 Burnet 本译出，同时参考了本文作者的英译，特此注明。）
③ 在《泰阿泰德》147d3"epigraphe"常常意味着"证明"或者"论证"。写下某些东西意味着固定它们。如果写作固定事物，那么此处也在固定事物。

他称自己看到几个年轻人，显得（或者他觉得）外形出众（epieikestatous）。我们很难知道，苏格拉底如何能看到本质特征，尤其他用的是最高级；我们更难知道，他怎么能看到他们父辈名声好（eudokimon）。[1]我们通常也下如此断语。我们常常从周围人的着装和举止来下结论。我们从事物的属性来推出本质。但这是种危险的方式。苏格拉底声称他从外表（ten idean）不仅可以看出他们是谁，而且知道他们的父亲有名，除非他能从结果推出原因。严格说来，每个结果很可能追溯到一个原因，而且是唯一原因。只有我们居于机运不起作用的世界，居于意见（doxa）与视觉（opsis）同一的世界中，[2]这种夸张说法才可能实现。

苏格拉底称他不仅看到这些孩子，也看到他们的情人。我们难以理解他说看到情人意味着什么。毫无疑问，其中有稍微年长的年轻人在场，毫无疑问他们瞅着这些男孩，甚至可能盯着。但是，这只是苏格拉底叙述他看到的情景，也即，他以言辞（logos）来呈现它，他由此可以说"看到"情人。当然，他也得出某些可靠的结论，但这些结论混杂着他的见闻，周边环境，还有某种预感——他估计这么多人盯着看，肯定有什么事情。[3]鉴于苏格拉底在133a谈到，他不知道有情人在情伴在场时怎么想，那么人们有十足的理由来怀疑以上的结论。《情人》在一开始，就有意夸大了他的视觉，这种有意的夸大与分离言辞（logos）和行动（ergon）的困难有关。

他也以夸大的视觉来描述两个家伙。这部论哲学的对话中，哲学给人的第一印象就出自俩男孩的行为。最早出现的是前苏格拉底哲学。前苏格拉底哲学最大的问题在于它是非自我反省式的哲学。苏格拉底转向就是想要了解整全。苏格拉底将哲学拉向人事。他不是个宇宙论者。这些年轻人如此天真地热衷于他们的行为，却没认识到他们显得很可笑，因为他们展现的前苏格拉底哲学最大特点是非自我反省。哲学由真正的求知欲推动。将哲学转向人事非常危险。哲学可能由于某些错误的理由吸引人。将哲学生活视为范例，它遇到

---

① 荷马（《伊利亚特》XXIII, 246）有一段话中 epieikeia 似乎首先指体型大小。上下文是帕特罗克洛斯（patroklos）的墓冢适合他的身体。然而，这个例外似乎验证了惯例，因为上下文暗示出，这不仅仅物理比较。

② 参看《王制》509d—510b。

③ 参看《卡尔米德》154b 以下，这是看似更有理的同类推论。

的问题是,它可能因为范例而吸引人,而非因为哲学。这也就是为何聪明人一开始(133b 以下)将哲学赞为美或者高贵(kalon)。他一旦觉得羞愧,他就总结说哲人学习"那些最美和最适合(suitable)的学问,由此,他在哲学上拥有巨大的名声(doxan)"(135b1—3)。最后,到了对话结尾,哲学等同于政治学也就势所必然。苏格拉底似乎并不认可极力想称赞哲学生活的有情人。当人们认识到,有情人称赞哲学生活却缺少哲学,就像他身为情敌缺少爱欲,这就不那么让人吃惊了。

苏格拉底承认他听不清男孩们说什么。因此,他仅仅依据他们的行为,他们的动作,推断出他们在讨论阿纳克萨哥拉或欧诺庇德斯。这暗示了某些东西。苏格拉底必然非常了解阿纳克萨哥拉和欧诺庇德斯的学说,才知道男孩们正在描述二者之一。另外,男孩本身必然有非同寻常的老练(sophistication)。虽然如此,我们得再次面对苏格拉底诡异的视觉。但这次有明显缺陷。为何苏格拉底无法准确指出他们讨论什么? 很明显,阿纳克萨哥拉和欧诺德斯的言辞(logoi)无法完全转化为动作。他们的学说想将天体运动转化为言辞(logoi),这点比较奇怪。即使阿纳克萨哥拉和欧诺庇德斯都是爱智慧者,他们仍然是敌对的。他们的宇宙理论必然要再现宇宙。这也意味着男孩以身体来展现宇宙也只是种再现。阿纳克萨哥拉和欧诺庇德斯最终指向同一事物。在某种意义上,描述他们的理论也就是描述他们的对象。至此,我们也就无法完全区分各种宇宙理论。另外,我们也很难区分他们讨论宇宙还是讨论有关宇宙的学说(宇宙论)。

宇宙不是事物,与其他物体没有可比性,这才是困难所在。男孩论争的对象,ta meteora,可能意指天体或者有关天体的只言片语。因为我们很难研究天体,研究天体就像什么也没研究。哲学看起来就像胡诌(phluaria)。哲学背负着坏名声,它看起来像胡说八道,跟它缺乏明确对象有关。哲人看来是吹牛家,或者博学者(133b9—11)或者聪明的五项竞技运动员,所有专家面前次好的人(136a 以下),百无一用的人。哲学很难从外部识别。从外部看来,讨论言辞就像讨论事物。情敌看起来像情人。

不管男孩想展示什么理论,他们都得将其付诸行动。他们展示天体的理论也意味着让天体运行。确实,正是这种表面上的自我运动让人难以理解。男孩们想展现天体,必须将灵魂转向天体,他们以他们正模仿的学说将天体描述成石头(即无灵魂的事物)。①这样,他们察觉不到自己的灵魂。他们模仿前苏格拉底哲人关注的天体,最终也就模仿前苏格拉底哲人;他们忘了自己。他们模仿天体的同时,赋予了它们灵魂,也就无意中模仿了神。因为他们的所作所为,和前苏格拉底哲人的所为,采纳了整体中的个人无法拥有的视角。它无意中采纳了神的视角。

第一个有情人很快被问到,是否觉得他们关注的东西大而美(mega kai ka-lon)。这要视情况而定。至少其中一个男孩肯定美,但肯定不大。他们想展现的天体可能大,但难以让人觉得美。只有神才能集大和美这两个形容词于一身。《情人》在柏拉图对话中非常惹人注意,因为只有这部对话没有提到神(theos)。完美的情伴应该大(mega)而美(kalon)。身为男孩他们符合其中一个要求,天体则符合另一要求。它们很难同时拥有两者。只有杜撰出神,才能联合两者。

男孩们因为模仿宇宙才成为聪明人中意的情伴,但他们不仅模仿宇宙;他们还合起手围成圈。虽然此处没用到用于摔跤的词,strephomai,但这词也适合于天体的环绕。而运动员是个摔跤手(132c8—10)。那么,这个开场就有双重含混。一方面,男孩们备受关注,是因为他们摹仿天体画圈,或者依阿纳克萨哥拉和欧诺庇德斯描述的天体画圈。在这方面,他们与男孩本身没关系。另一方面,他们在争执,他们受到关注要么是因为身体,要么因为他们身体的行为,也即争执。这是种更进一步的含混。这俩男孩并非同时是情伴。另外,苏格拉底并不确定,这个运动员只喜欢其中一个(132 3—4)而非两者。他也不确定,这俩有情人是否喜欢同一个男孩。因此,这俩男孩里面其中一人必非情伴。如果这个男孩没吸引力,我们才能看得更清楚。其中一个男孩长得丑。当他们与宇宙相伴时两人皆美,离之则一人为丑。

第一层只有爱音乐与爱体操之间的含混。Mousike 以及 gymastike 在此联合(132d1—2),它后来分离出聪明的有情人与运动员有情人。但这种含混明显不够。第二层,音乐与体育的首次联合,某种程度仍是音乐的,如今则与另一种形式的体操(即争执)形成对照。是什么留住了运动员?展现宇宙,还是展现对

---

① 参看《申辩》26d 以下。

宇宙的描述（两种可能的宇宙论之一），因为观点的交锋，身体的竞争（争执），或者情伴的身体呢？这里的一种（或多种）对象能以某种方式吸引其他人吗？爱一个男孩可能意味着爱他的全部。流行音乐的歌词表明爱的力量如此之大，人们不仅爱他们的情伴而且爱情伴生存的世界。"爱让世界转动"。被遗弃的有情人不仅不再沉迷情伴：也不再沉迷于整个世界。特定的情伴和宇宙都有相同的吸引力，它们都导致自我忘记。另外一种可能性则与竞争相关，即争执以及宇宙论交锋两者的吸引力。他们忘却自我成了情敌的看客，为情敌喝彩。

开场中还有更进一步的含混。男孩都沉浸在他们的所作所为中，所以前苏格拉底哲人似乎沉醉于无自我意识中（charmingly unselfconscious）而又幼稚，只要没有人观看（133a1以下），他们就会停下他们的行为。他们表面上聚精会神似乎也并非如此无知。即使他们并非只想得到赞扬，但这种可能性也足以解释当人们发现哲学时认识哲学之难。

我们无从得知苏格拉底如何从学校的大门最终坐到运动员身边。他说两个男孩似乎在画圈，这也很奇怪。如果男孩从自己的角度来画圈，也即，如果他们看来是圆圈，我们很难知道苏格拉底如何能看到圆圈。它们似乎只是椭圆。如果他看到是圆圈，也即，如果男孩们展现的理论是天体运行的椭圆轨迹，那么弄清苏格拉底以何种视角看到圆圈就非常重要。苏格拉底叙述的进场似乎只有单一视角。他隐藏了自己的行动，接着改变了自己的视角。毫无疑问，苏格拉底无法告诉我们这两个男孩展现的是两种理论中的哪一种。他的动作妨碍他固定他的目光。他叙述时隐藏了自己的行动，这暗示出一种全面的视角，全面而非片面（non-perspectival）地观看全部行为。叙述中的东西与该叙述讲述的前苏格拉底哲学一致。苏格拉底忽略了进场与坐下之间的步骤，柏拉图指出这在某种意义上不值得叙述。同时，这些步骤对行动来说又必不可少。一旦我们可以提供这些步骤，我们发现叙述中不可能采纳这种全面视角。人们容易忘记，《情人》不是论文，而是对话，其中一个参与者缄默不言。

苏格拉底和有情人似乎被这种情景吸引，他用肘子碰了下这个有情人。这次触碰吸引了运动员的注意，但没有让其他人目光从俩男孩那移开。对话中身体的第二次移动（仅仅九行之后）伴随着言辞。一方面，身体的行为，ergon，想要取代言辞，而此处则以言辞来展现行动。苏格拉底叙述他用肘碰了那个运动员,这是言辞想要取代行动(而这个行动又想要取代言辞)。这是柏拉图对话的一种形象。

接下来苏格拉底问运动员两个问题,或者说同一个问题他问了两次:

我呢,因为刚好坐在其中一人的有情人边上,于是用肘挑他,问他那俩青年对什么如此专注,并且问道:"可能是关于某些大而美的东西啊,他们做得如此专注?""你说什么大而美?"他说,"他们不过正闲扯天上事务,而且胡诌哲学。"

而我惊讶于他的回答,问道:"孩子哟,在你看来,爱智慧丑吗? 不然,你怎么说得这么刺耳?"(132b3—c3)

在此,要么是苏格拉底仅仅重复他的问题,或者他将问题叙述成行为,然后展现叙述的行为(他可能颠倒了顺序),或者更可能的是,他第一个问题想问为何这两个男孩如此专注,将这个问题与问他们专注什么区分开来。我们想要区分就得承认,那些男孩(不仅男孩)常对不需要如此关注的事物感兴趣。苏格拉底刚现身时发现他们热心他们的行为,而且他假定不管男孩们关心什么,肯定大而美(mega kai kalon)。如果这两个问题是同一个问题,那必然只能这样解释,如果这两个问题不同,那也最自然不过。但问题是"为何他们如此专注"? 这意味着他们可能专注得没理由。甚至人们可能无法从结果(如此专注)推断出原因——大而美(mega kai kalon)。你从外在无法得出,专注严肃事务以及专注琐事之间的差别。当然,当你看了专注的对象后可以知道。然而,此处的对象,ta meteora,重现了它本身的含混。当人们谈论 ta meteora 时,我们不清楚人们谈论天体,还是对天体的猜测,"自大物"(highfallutin' things)。①一方面可能专注宇宙,另一方面可能关注阿那萨哥拉和欧诺庇德斯。除了爱智慧这个可识别的行为外,哲学美或者丑(kalon or aischron)依赖于某些其他东西。它得依赖于某些不可见的东西。

苏格拉底首先问了两个问题,虽然看起来像一个,他的第二个问题最终证明这是两个问题。他问他们是否关注某些大而美的事物。我们已经看到,这两

---

① 伯纳德特建议我这样翻译 ta meteora。

者明显不相容。运动员给了双关回答。他首先说他们在扯谈天体，ta meteora，这可能意味着天体并非大而美（mega kai kalon），或者关于天体的言辞并非大而美。言辞必然有缺陷，它们无法解释它想解释的东西。在此情况下，他们只是扯谈。或者，那个运动员的意思是，即使言辞可以达成目的，他们仍然不大而美（mega kai kalon）。运动员的第二句回答是，"他们在胡诌哲学"。这部分有意味深长的含混。运动员的意思是他们爱智慧所以是胡诌？当他们爱智慧时？他的意思更可能是，虽然他们爱智慧，他们仍然在胡诌。他的含混保留到最后。他的第一句回答确定了 ta meteora 是他们扯谈的对象，运动员的意思是男孩们言辞愚蠢是因为他们谈论愚蠢的对象。他的第二句回答似乎意味着，男孩们愚蠢的言辞出自愚蠢的行为。如果他们没有对 ta meteora 进行哲学探究，他们就不会胡诌。虔敬地谈论上天就不至于愚蠢。我们仍然有另一种方式来理解运动员的看法。苏格拉底和运动员都没听清男孩们的说话；两人仅仅听到他们在辩论。运动员稍稍能恰切描述他的所闻。无法理解的言辞与胡诌无异。如果言辞无法交流也就无法辨别。

苏格拉底很惊讶于运动员的回答，这也不足为奇。他最可能惊讶的原因是，这个年轻人如此关注行动（erga），却忽略了男孩们的动作，仅仅基于听不清的言辞来判断男孩的行为。之后我们会发现运动员对言辞（logoi，132d2—5）完全无经验，他认为哲学仅由言辞（logoi）组成。另外，他在对话中首先提到哲学，似乎抓住了哲学必然的自我贬低特征。爱智慧也就是知道某人不聪明。可能哲学不丑（aischron），但它同时也不美（kalon）。

苏格拉底如此吃惊有几个更直接的理由。他发现这男孩喜欢其中一个男孩。运动员如此专心地盯着情伴，他甚至没发现苏格拉底坐下。但苏格拉底发现讨论中的情伴沉浸在哲学中。有情人怎么能轻视情伴如此珍视的东西呢？我们换个方式，我们很吃惊，有情人并非出于自己的有情人身份来回答苏格拉底的问题。运动员似乎忘了他自己。苏格拉底也从中知道他不善言辞（logoi）。运动员似乎没想到在情爱关系中，他得用言辞来让情伴了解他的爱。他不能只是盯着看。通常人们向有情人示爱就赞扬他，告诉他为什么喜欢他。运动员应该借机赞扬情伴的行为。苏格拉底吃惊的是，他反而奚落情伴的行为。这个运动员，他盯着看和说真话，就像那典型的前苏格拉底哲人。他没有自我认识，不了解自己的利益所在。与聪明人相比,即两者中更聪明的那个,他似乎天真地以为言辞只为了说真话。①在这方面,他直白的回答又十分平庸(predictable)。聪明人看透了运动员(132c5 以下);他清楚地知道从运动员那能得到什么回答。正是因为运动员的回答如此平庸,所以才令人吃惊。我们并不希望人们说出不利于他们的真话。在此意义上,运动员似乎非常愚蠢,或者非常聪明。他十分平庸所以能够同时非常愚蠢和非常精明。阿那克萨哥拉认识到完美有序的宇宙需要心灵(mind)。但此处没有心灵的位置,也不需要它。②完全精明的宇宙与完全愚蠢的宇宙似乎一样。

苏格拉底回应运动员怪异行为时,提出个问题,推动对话往下发展。他问运动员爱智慧是否丑。运动员还没来得及回答,聪明人就打断了话头。

另一个人,刚好坐在那人边上,是他的情敌,听到我与他的问答。"你不用这样做,"他说,"苏格拉底,询问这人是否觉得哲学丑? 你不知道,他就在摔跤,宴乐,睡觉中度过一生吗? 你竟然想让他回答什么,不就是哲学丑么?"(132c4—10)

聪明人似乎很投入,因为他觉得运动员的回答十分平庸,十足平庸的答案并非答案。这个答案偏离了问题的目的。聪明人含蓄表示他不会十分平庸;他的优势,他身为有情人的优势,在于他自称不平庸。他公开称赞他自己,以他自己的讥讽方式(133d8—10)。当然,他并不想在外表上胜过情敌(134a9—b4)。聪明人觉得苏格拉底已经了解得很清楚了,而不用再问他问题。他也将这种超能力归之于视觉。他的意思似乎是人们一看到运动员,就知道他关注事物而非言辞。那也就是将一种非同寻常的重要性归于这人(即运动员)所属的类,而不怎么关注个人本身。他几乎把个人和类等同,就像他想说"他们都这样"。只有在言辞(logos)中,这种同一才可能真正存在。

《情人》中多次关注言辞的特质。对话中唯有苏格拉底才有固定的名字。两个情人被描述成(甚至赋予了)多种类型名称,但他们都没名字。这两人一直

---

① 比较 133d9—e1 以及 134c1—6;

② 比较《斐多》97b—99d;

合为一体，所以没有名字。实际上，整部《情人》中，包括地名，只出现了八个名字。①因为对话中没有提到神，他们口中也就没有提到神示。与柏拉图其他对话相比，苏格拉底的两个对话者似乎代表一种完美的类型。他们没有给出特别的建议，不像《王制》中的格劳孔。《情人》这个对话中提出的问题是"哲学是什么"。对话在苏格拉底和两个年轻人之间展开，其中一个聪明（sophos），另一个愚昧（amathes，139a6—8）。苏格拉底式的哲学，无知之知，与他们的争执有某些关系，但他们的争执排除了自满的智慧或自满的无知。也即，它排除了言辞中才可能出现的完美类型，这些完美类型某种程度上是言辞最明显的特征。

聪明人的打断有某种含义。如果我们严肃看待他在 133a 以下的说法，这意味运动员无法回答这问题。如果他想回答说哲学丑（aischron），他就可能不像人，也不相信哲学美（kalon）。聪明人似乎认为运动员等同于身体，即使可能是大而美的身体。当然，这也有点奇怪。人们看到运动员就足以发现其他东西在起作用。人们看到他自己时也足以认识到自己知道这点。他必须考虑到运动员不仅仅摔跤，暴食和嗜睡。如果真是这样，他就不用担心他成为情敌。换而言之，聪明人遗漏了眼前最明显的东西。运动员并非来文法学校练摔跤。他是个有情人。

聪明人用眼睛来了解苏格拉底；他直呼他名字（132c6）。他认为苏格拉底是个好听众，在他斥责了运动员的时候，他同时也斥责了苏格拉底。运动员斥责了苏格拉底所处的行列，哲人。聪明人特别斥责苏格拉底是该行当中不济的一个。人们看到运动员就能告诉苏格拉底他想说什么。聪明人似乎觉得所见与言辞（logoi）之间有完美的和谐。他是逻辑式的前苏格拉底式哲人。因为他也是非反省式的人，才可能下如此断语。因为他不承认运动员是个有情人，他才觉得运动员如此平庸。因此，他避免承认自己是个情敌；他缺少自我认识。他以为他只要指出运动员如此平庸（即使为了爱，也不说谎或冷嘲热讽），就会获得欢心。当然，他没有认识到，他公然讽刺别人，这很难让人接受他为真诚的

---

① 名字依次为：狄奥尼西斯（132a1），阿那克萨哥拉（132a5），欧诺庇德斯（132b1），苏格拉底（132c6，133d9，135c8，136a5，136b6，138d8），梭伦（133c4，重复出现），荷马（135a4），希腊（135c3），德尔菲（138a9）。

有情人。公然的讽刺只是另一种形式的天真。好笑的是,苏格拉底刚证明了聪明人对情敌的看法错了。苏格拉底曾惊讶运动员的回答。另一方面,对话一开始就关注苏格拉底看事物的离奇能力。如果聪明人说得对,苏格拉底可能从一开始就发现了这点。聪明人的回答也十分平庸。他的身体与他的回答相称。他看起来有点像阿里斯托芬《云》中苏格拉底的学生。苏格拉底放弃了运动员,转而跟聪明人交谈。换而言之,他替换了运动员是因为聪明人的自负。更深的问题即在于此。对话一方面得避免从一开始就显得十分平庸。然而,事后聪明又必不可少。为了与《情人》中言辞(logos)的本质一致,这意味着要用行动(erga)来描述不得不加之于言辞(logoi)中的限度。

苏格拉底听到两个情人的谈话,他谈到他得出某种看法:

> 这俩情人的后者音乐(mousike),而另一个,他反诘的那个,爱体操(gymnastike)。但是,在我看来,我应该放弃开头那人,就我问的那人。这人没有自鸣长于言辞,而是长于行动,我应该盘诘自鸣更聪明的人,这样,看是否我能从他那得点帮助。(132d1—9)

苏格拉底在此使用了双数,这让我们注意到他之前也用双数提到男孩。因为某种原因,这两个有情人也成对。苏格拉底继续描述他们完全对立,这更让人吃惊。男孩们潜心于展现,这需要他们通力合作,即使在另一层次上他们似乎争论谁展现的东西才正确。他们的展现需要体操(gymnastike)和音乐(mousike)的合作。曾经合在一起的东西如今分开了。其中一个有情人自鸣长于行动,另一个自鸣更聪明。这两个妄想者都缺少自我意识。可能这也是他们成对的原因。

我们可以从外表以及聪明人的看法清楚知道运动员爱体操(gymnastike)。但苏格拉底如何知道聪明人爱音乐(mousike)呢? 这不能仅仅从外表进行判断,因为一个人不是"音乐型"也可能是非运动型。苏格拉底知道的东西都出自聪明人对运动员的批评。聪明人至少知道如何开展情事。他批评情敌也就是含蓄赞扬他自己,要想赢得情伴欢心就需要这种间接的赞扬。很明显,当他意识到言辞在情事中的重要性时,并且认识到言辞不仅仅是种媒介来说他想要什么,他肯定会关注音乐(mousike)。音乐(mousike)和讽刺之间(133d9 以下)有某种关联。美言通常并非信言。

运动员并没有自称他自己善于言辞,而是长于行动,所以苏格拉底称他放弃了运动员。苏格拉底如何知道这点呢? 这似乎与运动员的直白有关。擅长言辞的人都不直白。如果真是这样,我们不得不认为苏格拉底觉得他无法从说话直白的人那获益。一方面,这似乎显得荒谬,因为直白的人更可能告诉我们他想什么。另一方面,运动员之所以如此直白,是因为他不关心自己说什么。他觉得这不重要。因为他认为言辞无法伤害他。当这种冷淡很好地取代了客观(objectivity),也就无法保证有人会向他谈起有趣的事情。当聪明人攻击他时,苏格拉底甚至"刺激"他为自己辩护(134a3 以下)。

因为聪明人自认为他更聪明,所以苏格拉底转向聪明人。此处仍然不确定苏格拉底认为谁更聪明。不管如何,聪明人比情敌在言辞上更有雄心。因为他很关心他的发言,他会被质询。一开始看来两者都必不可少。运动员的长处在于他的冷淡,他不考虑自己的言辞。聪明人的长处在于他私下关注如何实现言辞。哲学要求两者成对。苏格拉底问聪明人"以便我能从他那获益"。他需要聪明人的看法,这样能有所获益;也需要运动员的怀疑,运动员怀疑能从言辞中获得任何东西。这也是他向两人都发问的原因。这也是为何苏格拉底称他问的同一问题,却以否定的方式向多疑的运动员提问,而以肯定的方式向自负的聪明人提问。

苏格拉底首次正面提出爱智慧是否美这个问题,就在这时,两个男孩都对哲学探讨失去兴趣。当苏格拉底问到他们的行为是否丑时,他们并没有听到;当问到他们的行为美不美时他们才听到。当哲学自身的模范形象成问题时,哲学特别脆弱。

刚好我们说这些时,那俩青年,听到了我们的谈话也静了下来,停止他们的争执,成了我们的听众。情人们感觉如何,我不知道,我自己则惶恐不安。因为一直以来,我在年轻人和美人间都惶恐不安。反正我觉得,那人丝毫没有我的苦恼,反而想回答我,雄心勃勃(133a1—7)。

苏格拉底在此承认他不知道有情人怎么想。人们必然马上有疑问,他怎么能确认他们是有情人。苏格拉底谈到他对他们的印象时才支持这个看法。他叙述对话时没有明确指出情人关系。然而,苏格拉底猜其中一个有情人怎么想。这个如此平庸的人表面上一本正经,苏格拉底无法与他交谈。苏格拉底称运动为neania,或者年轻人(132c1),到底谁大而美则神秘莫测。比起你爱的人,可能我们更容易猜到有情人(喜欢你的人)感觉如何。我们最想预料到情伴的回答,但我们最有可能预测情敌的回答。至少,苏格拉底这么看待聪明人。另外,我们完全不清楚苏格拉底有什么证据称他们相似。就算苏格拉底能"看到"非同寻常的事物,但他否定他知道聪明人怎么想。他似乎基于我们通常区分内在和外在的方法来否认这点。你能知道人们做什么;而他们的思考和感觉,动机,就不是很清楚。如果内在和外在的区分能够成立,这个从一开始就依赖于苏格拉底"视觉"的论证将被削弱。我们仍然知道苏格拉底看到两个男孩时想什么。因为他的言辞(logos),因为他向匿名伙伴的叙述,我们才可能知道。我们承认苏格拉底自己的感觉以及聪明人的表现可能给了苏格拉底线索,聪明人不就是用这种混杂的言辞(logos)来清楚陈述他混杂的状态? 在这两种情况下,言辞(logos)都是我们进入内在的方法。

如果苏格拉底从聪明人离奇混淆的命题中得出结论,我们就不可能没注意到叙述中结论先于命题。正是叙述让苏格拉底能够呈现他的回忆,好像他预先就知道似的。苏格拉底展现从结果到原因的论证,而看起来是从原因到结果的论证。他说聪明人的回应雄心勃勃,尽管他觉得苦恼。实际上,苏格拉底只听了聪明人的回答感到苦恼。他的叙述让苏格拉底展现出他合理推测的真实状况,似乎这是种必然结果。他展现的行动(erga)看起来是言辞(logos)。因此,苏格拉底叙述了聪明人雄心勃勃,他热爱荣誉,也即,他想打败情敌,这些他都打算在交谈中完成。

他说:"苏格拉底哟,倘若我认为爱智慧丑(可耻),那我就不把自己当人,别人也不会这么看。"他向情敌指明这点,并且提高(megale)说话的声音,以便他的爱人听到。

我于是问:"那么,你觉得爱智慧美喽?"(133a7—b5)

聪明人的命题在多方面都比较特殊。这个生动的将来时条件从句在言辞（logos）范围内设定了条件，"倘若我认为爱智慧丑……"它的子句也仅在言辞范围内，"那我就不把自己当人"。这似乎宣称了两种信念之间的必然联系，但这种联系与信念的真假无关。哲学美或丑并不影响他陈述的事实；也不影响他是不是人。事实上，这个条件句中声称聪明人认为他是人这个信念依赖于他认为哲学不丑这个信念。即使我们能论证这两种信念的内容间有必然联系，此处陈述的命题可能仍然不真。因为我们说一种信念意味着另一种信念，这并不是说如果我相信某些东西，我必然会相信别的东西。这只有我完全理性的情况下才有可能。但我是被迫相信，而不只是认识到，这表明我并非完全理性。只有秩序井然的灵魂，也即，十分平庸的灵魂，一种信念才会这样符合另一种信念。人们会跟聪明人一样怀疑，是否这种灵魂是灵魂。如果他的信念不符合他的说法，他就不是个人。

这个命题在另一种方式上也非常有趣。聪明人无疑想说谁认为哲学丑或者可耻，那就不能当人看。如果不是人，也就不是潜在的有情人。他想在共同的情伴面前中伤情敌。运动员则在 134a9—b4 以其人之道还治其人之身，他回答说即使猪都知道适当的练习练出好身形。聪明人中伤运动员时没有发现（除了低于人），他忽视了另一种可能性。从神的视角来看，哲学，爱智慧似乎丑，因为哲学意味着缺乏智慧。因此，谁认为哲学丑就当他自己不是人，也就是像神。鉴于《情人》中没有提到神，这另一种可能性值得特别关注。只有神不在，才能认为哲学美（kalon），也即，完全不会认为丑。只有从神的视角出发才可能轻视哲学。苏格拉底问聪明人是否认为哲学美（kalon），其实苏格拉底问他是否信仰神。他的回答太过草率，这表明他并不信。

《情人》中神的缺席提供了关键线索，来揭示出人们质询哲学的视角。神在此处缺席，人才可能采纳神的视角，而没有认识到他们正在用神的视角。缺乏自我认识，这是前苏格拉底哲人，讷言的运动员以及公然挖苦人的聪明人的共同特征。也正是从这个视角出发，言辞（logos）才表达纯粹的类型，这也是论文与对话（即使用的是叙述）的区别。有种种迹象表明，这样采纳神的视角实际上是散落在整部《情人》中的关键问题。聪明人首先引用梭伦来描述哲学（133c4以下）。梭伦的诗句，"吾年来为学（自学）愈勤"这句话很复杂，在这部错综复杂的《情人》中更是如此，但我们对聪明人如何用这句话来理解哲学仍有话可说。聪明人这样解释这句话，哲学就是尽可能地学习。但是，每个事物都与其他事物分离。学习者在学习中似乎没有任何性质上的变化。你只是继续下去直到你停止。年老时学的东西在年轻时所学的知识之上。学习的多少依赖于寿命长短。这句并非无关紧要的话让人想起梭伦另一句话，可能比这句更有名，至死方知人乐（希罗多德 I：32）。我们无法判断人类生活整体，除非跳出来。这意味着各门学问都只是整体的一部分，指向整全却无法达到整全。只有死才能到达整全的生活，所以我们无法衡量它。梭伦这句著名的话与神一样在对话中缺席，这点非常重要。人们只有把梭伦两句话合在一起，才能知道 133a7 以下那句将来条件句的特征。要想知道爱智慧美（kalon），就得要求某人从整体来看待自己的生活。然而，只有人死了才有可能。

《情人》的核心问题，神的缺席指向什么，这必然让人们对哲学的看法大吃一惊。聪明人永远没有认识到他在做什么。苏格拉底在对话中以动词不定式或者分词形式来提到哲学，聪明人却喜欢名词 philosophia。他将哲学当成某种东西，一个名词而非动词。当他用动词时，却以特殊的方式使用它。在 133c7—8，他使用 ton mellonta philosophesein 这个表达，想要或者打算爱智慧的人。但是，想爱智慧这是特殊行为。对哲学来说，意图就是行动。聪明人的说法出卖了他。很明显，他认为哲学是有限的，人们可以做做停停。更明显的是，他在 136a3 非同寻常地使用了完成时分词，当时他们正讨论哲人是个聪明的五项竞技运动员，所有事情上的二等人，什么事上也不拔尖，说到"曾爱智慧的人就成了所有方面次高的人"。如果说使用爱智慧的将来时不定式就已经很特殊了，那么使用完成时就更为特殊。"曾爱智慧"这要么意味着已经完成了本质上无法完成的行为，也即变得智慧或者像神，要么意味着停止思考曾经思考的问题。这意味着在某些方面不如人。哲学使用完成式，这是反常的。《情人》就关注这种反常。这与写作的问题相关，言辞（logos）似乎一直在某种意义上采纳终极视角，认为行动已经完成或结束。并非只有柏拉图才看到写作如何能够毁灭哲学。尼采非常清楚地看出了问题：

　　啊，毕竟你是什么啊，我写下和画出的思想。不久前，你仍然多姿多彩，年轻和恶毒,充满荆棘和神秘——你让我打喷嚏和大笑——如今呢？你已经摆脱新颖,我恐怕,你们中有些已经准备变成真理:它们看来如此不朽,如此端庄,如此愚昧！它曾有所不同吗？我们复制的东西,写和画,我们用中国毛笔来写,我们让能写的东西不朽——我们能画什么东西？啊,只有风暴过去,疲惫,感觉才有秋色和黄色！啊,只有鸟飞倦了,偏离正道,才能被手抓住——我们的手！我们让那些不能长久生活和飞翔的东西不朽——那些令人厌倦和成熟的事物！只有在你的午后,你啊,我写下和画下的思想,我为你着色,可能很多颜色,斑驳杂色,十五种黄色,褐色,绿色和红色:但突然间,我的孤独出现火花和奇观,你我的爱人,我羸弱的思想。(《超善恶》,格言 296)①

聪明人在谈到哲学次好时使用了动词爱智慧的完成式。我们也知道只有从结束的视角我们才能知道竞争中的运动员赢得的名次。聪明人对哲学的不同理解常常采纳那个视角。

133a7 处的将来时条件式从整体上设定《情人》的问题。如果前提为真,如果聪明人认为哲学丑或可耻,那么结论就不可能为真,也即,他会认为他自己不是个人。结论中的"认为"不可能发生。猪不会相信它们是人。它们只不过是非人。因此,聪明人属于人由结论中别的东西来确认,但这些东西与前提完全无关。从结果来论证原因,或者苏格拉底马上表明的,从属性论证本质,这些都很危险。聪明人确实认为他是个人,但他认为他是人并不是因为他认为哲学美。很清楚,他并不知道哲学是什么。然而,它想从结果来推出原因;苏格拉底的"视觉"也暗示了这种推导,苏格拉底看外面却能看到内部。然而,这也暗示出,除非内外之间,似乎与确定之间能完全匹配,不然你不可能做到这点。聪明人无意中发现,只有在言辞(logos)中两者才可能匹配,在言辞中表面就是真实,没有类与个体的差别。苏格拉底只有虚构这种完全的匹配,他才能看到他在对话中的所见。

我们看这个命题的语法,就更加清楚聪明人将来时条件句的困难。聪明人想推而广之,他补充了这句话"oud'allon ton houto diakeiminon","别人也不会

---

① 我使用了卡夫曼德英译文。[译按]中译据此译出,同时参考中译本。

这么看"。他用了宾格,这表明这话是子句动词的对象。实际上,我们不能将它用作主语,这个语法表明,别人会被"认为"不是人,而非认为他自己不是人。这个语法的问题指出了这命题更深层的问题。接下来他不会谈到其他人,他提到自己这只能证明自己的信念与命题的说法逻辑上不冲突。然而,最令人吃惊的是,他不仅仅在言辞(logos)中夸大言辞(logos);它还有意含混使用言辞(logos)。《情敌》的整个引言就是如此。

聪明人大声说出他令人困惑的刻薄话,并且转向情敌。他没有得到回应,这话太过深奥。男孩们后来嘲弄了他(134b3—4),但此时他们却意味深长地沉默。没人能理解他的意思。他转向情敌是种行为,这种行为表明他的评价针对谁。他提高声音是想分辨听众。言辞有两个目的(区别和交谈),依赖于不同的行动(erga)。一方面,转向和高声说话都外在于逻辑。两者都补充言辞,从而让两个目的得逞。这迹象表明,言辞必须以某种方式指向特殊事物,而事物无法完全用言辞囊括——特殊目的和特殊听众。另一方面,这个转向是种行为(ergon),所以属于体育(gymnastike),而大声说话则与言辞关系更密切,这个行为此处用于情爱,属于音乐(mousike)。《情人》开局的特征就在于两门技艺不能完全分开。

最终,苏格拉底再次得出这些行为(erga)的目标。他叙述聪明人转身和提高声音两者的区别,以及叙述聪明人做这些行为(erga)是为了让爱人(favorite)听到,这两者无法区分。苏格拉底的叙述不仅再次模糊了我们理解原因和结果这两者方式的差别,也模糊了行动与目的的差别;以及两种行为的差别。转身和高声说话都是为了让爱人听到。当他说大声时,他就不可能转身。只有叙述中才能模糊转身与大声说话的差别。这两者本来如此截然不同;在叙述中它们为了同一目的,所以成了同样的行为。

《情人》不断强调它的角色处于叙述之中,这点并非无足轻重。文中频繁地用到认为、相信、考虑等等。比如,苏格拉底没有问哲学是否好,他问对话者是否"认为"哲学好。我们想知道对话的对象,我们却获得对话者的精神状态。苏格拉底提问的是灵魂,内在,而非外在。叙述的特殊性在于它模糊了两类问题的差别。《情人》是奇怪的,因为尽管它关注角色的内在,但是这些角色比其他柏拉图对话中的角色更有类型性。我们没有看到运动员和聪明人,而是那运动员和那聪明人。对话关注言辞(logos)中的行动(erga)的结果,内外之分消解了。因此,讨论自我认识时,叙述会变身为对话,两者似乎可以互换(137d5以下)。

柏拉图如此关注叙述也就是在评注对话的局限性。论文不可避免产生随意、偶然以及特殊的推理。这就是完成式的哲学。对话不会将个体转变成类,或者动作(erga)变成言辞(logoi),而是言辞(logoi)中展现动作(erga),在言辞中展现无序的行为(erga)。因此,这似乎可以避免言辞(logos)的问题。但这仍有几分幻想;它仍然是言辞(logos),最终必须陈述合理的无序行动(erga)。因此,柏拉图对话的开头似乎比结尾要随意。①在开头看来无关紧要的东西后来变得必不可少。然而,它愚弄了我们,让我们以为回忆中的某些东西如其所言确实存在。《情人》中的问题就反映在将来时条件句中,它先揭示出正是用双重视角才可能让视角看起来单一。《情人》的反讽在于,因为它是叙述,它就可以改变这种必然性:在对话没有完全展开的情况下,它以终极视角出现,所以让对话看起来可疑。这样,《情人》非同寻常的复杂性(即使对柏拉图来说)应归功于它不仅完成每部柏拉图对话的所为;它还评述它的所作所为。所以,在这部副标题为论哲学(Peri Philosophias)的作品中,柏拉图写了部对话,苏格拉底在里面告诉他如何写作对话,并且顺便告诉我们如何阅读对话。

---

① 比如,我们得注意到这部对话如何结束。聪明的有情人为其之前所言感到羞愧,静了下来,完成式的哲学的危险性似乎得到承认,这个危险并未完全克服。对话以这句评述结尾:"其他人[此处用了复数而非前面的双数]赞扬我说的话"。《情人》中的最后一个词是动词"说"的完成式分词,他这样使用是表明我们"目见"的对话已经完成,这暗示出柏拉图知道,他最后并没有谈到完成式的哲学。

希罗多德与悲剧

格里芬 文 樊黎 译①

古代的传记传统告诉我们,希罗多德(Herodotus)曾在雅典生活过,其后的一些希腊人指责他过分偏袒雅典人。②尤其,他被描述为索福克勒斯(Sopho-cles)的朋友,后者在前 445—440 年有一首诗献给他,这首诗现在还有残篇流传下来。③索福克勒斯现存的作品中的某些段落明显与希罗多德的一些段落相关,而且看起来可以肯定,是这位悲剧家借用了这位史家,而不是相反。④

曾有人认为,在阿提卡的居留使希罗多德成为了一位历史学家,而不仅仅是年谱编纂者或古物研究者,他作品中的道德关注(moral interest)来自悲剧的

---

① 格里芬(Jasper Griffin),生于 1937 年,牛津大学古典文学荣休教授,贝列尔学院(Balliol College)研究员,曾任牛津大学古典学系公共发言人(Public Orator),研究领域涉及荷马、阿提卡悲剧、西塞罗及奥古斯都时代的罗马诗歌。樊黎:同济大学哲学硕士,英国圣安德鲁斯大学古典学博士候选人,道里书院网站管理员。

② 参见 Gould(1989)14—18;Ostwald(1991)。这一点是很显著的,即希罗多德用延伸的阿提卡(Attic)海岸线作为标尺,以之说明斯奇提亚(Scythia)某部分的大小,而且还"为了那些没有在阿提卡的那一部分的海岸航行过的人"增添了另外一种对照的说明,4.99.4—5;参见 2.7;6.131;7.139。

③ 《希腊谐句与挽歌》(IEG=Iambi et Elegi Graeci,edited by M. L. West. 2 vols. 2nd edn. Oxford:1989—92)卷二 166,残篇 5[应为卷二 146,残篇 5——译者]。关于希罗多德与索福克勒斯,进一步的讨论见本卷 Dewald、Kitzinger 两人合撰的"Herodotus, Sophocles and the woman who wanted her brother saved"一文。

④ Powell(1939)34;参见 West 在《安提戈涅》(Antigone)904—24 特别让人困惑的一处给出的令人信服的证明;又见 Finkelberg(1995),关于希罗多德作为《特剌喀斯少女》(Trachiniae)634—9 行的出处。

影响:"雅典是他的大马士革(Damascus)"。①他看起来是从一个远未发展成熟的历史写作传统中突然出现的。丹尼斯顿(Denniston)敏锐地指出:"希罗多德是文学史上一个无法解释的现象,他是散文记事家[早期历史作家如赫卡泰乌斯(Hecataeus)和赫拉尼库斯(Hellanicus)]的直接继承者,但他们显然不具备任何技巧,而他立刻就轻松地掌握了某种技巧,并足以应付任何要求。"②同样的,像希罗多德在这门艺术中表现出来的对语言的圆熟驾驭,也不仅仅是一个风格问题,而关乎他的观念与眼界。③

对希罗多德影响最显著的不是散文作家而是诗人。众所周知,一位希腊批评家称他"十足荷马式的(very Homeric)"[朗吉努斯(Longinus)13.3]。④悲剧本身就是荷马史诗的女儿,并且是这一传统在[前]五世纪最重要的代表,它描述了人类的行动是如何从神和人的行为与动机的相互作用中产生的。悲剧仿效荷马,它们的主人公亦敏于表达,而表现和经验重大的事件离不开有力的言辞。⑤因此希罗多德把巨吉斯(Gyges)和坎道列斯(Candaules)妻子的民间传说(1.8—12)加以改造,加入了巨吉斯与王后之间的关键对话:她使他面对一个道德抉择,就像阿伽门农(Agamemnon)在奥利斯(Aulis)决定祭献他的女儿,或奥瑞斯忒斯(Orestes)决意对抗他邪恶的母亲,⑥由此故事便染上了悲剧色彩。

我们可以从好几个方向来探讨悲剧与希罗多德的问题。⑦像悲剧诗人们一样,希罗多德也从神话(myths)开始;主人公们以通常的方式出现。⑧他的历史以希腊人和亚细亚人的相互劫掠开场,双方都从对方那里拐走了神话的女主角们:伊俄(Io),欧罗巴(Europa),美狄亚(Medea),海伦(Helen);这也是两块大陆

---

① Aly(1921/1969)278。希罗多德只有一次使用了 *tragikos* 这个词,"悲剧歌队"(5.67.5),而且并不是在雅典,而是在希巨昂(Sicyon),于前六世纪演出的。它们肯定不像阿提卡悲剧。

② Denniston(1952)5。比较 Fowler(1996)和本卷中"Herodotus and his prose predecessors"。

③ 亚里士多德在《诗学》(*Poetics*)中用了一章来论证,希罗多德确实是个历史学家而不是诗人:1451a36以下;参本卷中 Marincola,"Herodotus and the poetry of the past"。

④ 关于荷马与希罗多德,见本卷 Marincola 文。

⑤ Regenbogen(1961)80—91 谈到了言辞与行动的区分,《言辞与行动》,希罗多德从史诗和悲剧中继承了这种区分,而他的权威则为后世的希腊与罗马史家树立了标准。比较 Griffin(2004)。

⑥ 埃斯库罗斯《阿伽门农》192—257;《奠酒人》892—930。

⑦ 希罗多德提到过悲剧诗人弗吕尼库斯(6.21)和埃斯库罗斯(2.156.6)的名字,他们都是早期悲剧家。

⑧ Vandiver(1991)。

之间纷争的开端(1.1—5)。戈麦(Gomme)称之为"幽默的引言",但雅可比(Felix Jacoby)很早就严肃的表示,希望人们尽快停止在那里搜寻幽默故事。①在这些神话角色中,有三位都出现在现存的悲剧《被缚的普罗米修斯》(*Prometheus Vinctus*),《美狄亚》(*Medea*),《海伦》(*Helen*)和《特洛伊妇女》(*Troades*)里;而第四位,即欧罗巴,则至少出现在一部失传的作品中。②我们能找到阿尔戈英雄们(Argonauts, 4.145,179);铁美诺斯(Temenus)的三个儿子,其中最小的取得了王国(8.137—8);希巨昂(Sicyon)僭主克利斯提尼(Cleisthenes)拒绝崇奉阿尔戈斯(Argive)英雄,进攻忒拜的七将之一的阿德拉斯托司(Adrastus),而代之以他的敌人,忒拜人美兰尼波司(Melanippus)的崇拜仪式(5.67)。斯巴达人声称他们作为阿伽门农(荷马从未把他称作斯巴达人)的继承者是伯罗奔尼撒的首领;他们发现并取回了其子奥瑞斯忒斯的遗骨(1.67—8),③而且他们告知叙拉古(Syracuse)僭主盖隆(Gelon),如果斯巴达人听命于一个叙拉古人,阿伽门农将无法安息(turn in his grave)(7.159)。④普拉提亚之役(Plataea)前,雅典人和铁该亚(Tegea)人的首领争论该由谁来占据阵线的一翼,双方都引据他们神话时代的先祖⑤的业绩(9.26—7)。⑥

其至连波斯人都被卷入了这种游戏。薛西斯(Xerxes)声称这块土地曾经被弗里吉亚人(Phrygian)佩洛普斯(Pelops)占据(7.8.3),他是传说中从东方来的移民,伯罗奔尼撒就是以他的名字命名的;薛西斯巡视了特洛伊遗址,向特洛伊的雅典娜和众英雄供奉了牺牲(7.43.1—2)。还有个故事说,他曾写信到阿

---

① "在这些章节中寻找笑料的风尚必将过去"Jacoby(1913)84.15以下。莱因哈特(Karl Reinhardt)评论 "希腊传说的材料,被重新塑造得有悖于它原本的精神:它的语调成了反讽,而不是崇高"(1960)152。同时代的人确实看到了滑稽的一面:阿里斯托芬(Aristophanes)在《阿卡奈人》524—9中嘲弄了这一段落。参本卷 Dewald, "Humour and danger in Herodotus"。

② 关于埃斯库罗斯的《卡利亚人或欧罗巴》,见《希腊悲剧残篇集成》(*TrGF = Tragicorum Graecorum Fragmenta*, edited by B. Snell, R. Kannicht and S. Radt. Berlin:1971—)卷三,残篇99。

③ Boedeker(1993)。

④ 7.159,模仿了《伊利亚特》(*Iliad*)7.125的措辞。

⑤ 在一个类似的环境中,修昔底德不无夸耀地让他笔下的雅典人不听取任何"只能依赖传闻,而非亲眼所见的远古事件":1.73.2。

⑥ 我们还可以提到诸如5.94.2这样的章节,声称特洛伊战争英雄们的后裔拥有土地;7.169.2,克里特人为德尔斐(Delphi)神谕所阻,有鉴于他们在特洛伊战争中的行为,放弃与波斯人作战;7.197,薛西斯(Xerxes)听了一个冗长的关于普利克索斯(Phrixus)后代的故事。

尔戈斯,声称两个民族有血缘关系,因为波斯人是佩耳修斯(Perseus)的后裔(7.150,参7.61);关于米底亚人(Medes),希罗多德说,他们自己声称他们的名字是从美狄亚来的(7.62.1)。一个狡猾的波斯人还借助希腊神话来欺骗国王。[1]

所有这些并不仅仅指向悲剧;希罗多德的作品,与他所处的世界一样,都浸润在神话中。阿耳忒弥米西昂之役(Artemisium)前,雅典人恳请波列阿斯(Boreas)帮忙是有用的,因为这位北风神娶了一位雅典公主;[2]而萨拉米司之役(Salamis)前,派战舰去埃吉那(Aegina)接回埃阿科斯(Aeacus)和他的族人(Aeacidae)也是如此(8.64,83.2)。希罗多德偶尔会以非同寻常的态度拒斥神话中的人物,因为他们从根本上与一般的知识相抵触,或超出后者的范围,[3]但更常见的态度是接受它们。它们是现实的一部分。

我们也能看到诸多悲剧舞台上的典型情境在希罗多德的《历史》中再现。乞援者为其生命而请求庇护[4]的主题在早期抒情诗或史诗中并不显著。然而,这却是阿提卡悲剧的中心主题。它造成了尖锐而无可逃避的道德抉择。我们可以比较埃斯库罗斯的《乞援人》(Supplices)中歌队的恳请("如果你们不冒着战争的风险保护我们,我们就会吊死在你们的神像面前!"455—67)与希罗多德对帕克杜耶斯(Pactyes)的故事的处理(1.157—61):神表面上同意库麦(Cyme)人交出乞援者——但他们将因为这一罪行而被毁灭。荷马没有描述过乞援者在祭坛寻求庇护,这样的场景具有强烈的视觉感染力,因而尤其适于戏剧。

此外,悲剧作家还偏好其他一些包含可怕的道德抉择的场景,而这位史家

---

[1] 阿尔塔乌克忒斯(Artaÿctes)请求国王允许将"进攻您的国土的希腊人的田产"充公(9.116)——指普洛忒西拉奥斯(Protesilaus),第一个在特洛伊阵亡的希腊人。

[2] 7.189;参新版西蒙尼德斯残篇第三(IEG 卷二 115)。这个故事似乎被埃斯库罗斯改编过,有证据表明他很可能写过一部《欧列图娅》(Oreithyia),参 TrGF 卷三,残篇 281;而索福克勒斯的同名作品似乎不太可能。

[3] 1.5(神话的女主角,与"我所知"的,即六世纪的事件不同);3.122,米诺斯(Minos)与"我们称之为人的一代"相对;6.53.2,家族的谱系上溯到佩耳修斯为止,因为他的父亲只有神而没有凡人。

[4] 比较 Gould(1973)的杰出论文。在希罗多德那里,例如 1.158 以下,帕克杜耶斯;3.48,柯尔库拉子弟在萨摩岛;5.51,阿里斯塔哥拉斯(Aristagoras);5.71,库隆(Cylon);6.108.4,普拉提亚人;7.141,雅典人在德尔斐;8.53.2,雅典人在卫城。在悲剧中:《和善女神》(Eumenides)中的奥瑞斯忒斯;《赫拉克勒斯》与《赫拉克勒斯的儿女》中的赫拉克勒斯的家人;《俄狄浦斯在科罗诺斯》(Oedipus Coloneus)中的波吕涅刻斯(Polynices);埃斯库罗斯和欧里庇得斯的《乞援人》中的歌队;等等。

也是如此。其中之一是自我牺牲：欧里庇得斯的《乞援人》(*Supplices*)中的欧阿德涅(Evadne)，《伊菲革涅亚在奥利斯》(*Iphigenia in Aulis*)中的伊菲革涅亚，《腓尼基妇女》(*Phoenissae*)中的美诺埃凯乌斯(Menoeceus)，《赫拉克勒斯的儿女》(*Heracleidae*)与《埃瑞克透斯》(*Erechtheus*)中高贵的公主们；而在希罗多德那里则有，克桑托斯人的骨肉相残(1.176)，阿米尔卡斯(Hamilcar)投身于祭火之中(7.166)，地米斯托克利(Themistocles)劝告欧里比亚德(Eurybiades)坚守萨拉米司(8.60—3)，尤其是列欧尼达司(Leonidas)(7.205)和占卜师美吉司提亚斯(Megistias)(7.219，221)英勇地选择死在铁尔摩披莱(Thermopylae)。①

褒渎神圣是另一个对希罗多德和悲剧来说都很重要的主题。②在《历史》中一个极其重要的时刻，地米斯托克利声称，打败薛西斯的是受到冒犯的诸神和英雄们，他们不允许一个人同时统治欧罗巴与亚细亚，尤其是像薛西斯这样一个渎神者，他把圣物当世俗的物件一般对待，焚毁诸神的圣地，妄图羞辱和囚禁大海(8.109.3)。相关的主题，像洗劫城市，③在悲剧中也十分重要，如《阿伽门农》，《特洛伊妇女》和《酒神的伴侣》(*Bacchae*)。疯狂是另一个被偏爱的主题：疯狂的刚比西斯(Cambyses)和克列欧墨涅(Cleomenes)(3.30；5.72.3；6.66.2—3，6.75.3，79—81)可以和胡言乱语的伊俄，赫拉克勒斯和彭透斯(Pentheus)相提并论(《被缚的普罗米修斯》，《赫拉克勒斯》，《酒神的伴侣》)。

复仇能在每个人的胸中激起共鸣，这一重大主题在二者[指希罗多德与悲剧]中俯拾皆是。④我们确信，上天会惩罚那些过于残忍的报复行为。⑤关于人牲

---

① 同时比较 3.75，普列克撒司佩斯(Prexaspes)的献身。

② 比如，3.27—30，刚比西斯；5.72.3，6.66.2，6.75.3，6.79—81，6.84，克列欧美涅斯；8.32，33，53.2，波斯人；9.36—9，进攻德尔斐；9.65，厄琉西斯(Eleusinian)神殿。再一次，荷马对这一主题保持缄默。

③ 例如，1.162—5，169(伊奥尼亚诸城)，4.201—2，6.101[厄列特利亚(Eretria)]，6.18—21(米利都)，8.53(雅典)；在悲剧中，洗劫特洛伊[《阿伽门农》，《安德洛马刻》(*Andromache*)，《赫卡柏》(*Hecuba*)，《特洛亚妇女》，《海伦》]；俄卡利亚(Oechalia)(《特剌喀斯少女》)；忒拜[《七将攻忒拜》(*Septem*)]。

④ 克吕泰墨涅斯特拉，美狄亚，赫卡柏，达那奥斯的女儿们(Danaids)，当然还有受复仇心驱使的神明(尤其是女神)：《埃阿斯》中的雅典娜，《希波吕托斯》(*Hippolytus*)中的阿弗洛狄忒，《赫拉克勒斯》中的赫拉，《酒神的伴侣》中的狄奥尼索斯。在希罗多德那里，坎道列斯的妻子，法涅司(Phanes)，3.11；斐列提墨(Pheretime)，4.202—5；赫默提莫斯(Hermotimus)对帕尼奥尼奥斯(Panionius)的报复，"我们所知的人类当中最残酷的报复"，8.105—6。

⑤ 斐列提墨，4.202—5。欧里庇得斯的《赫拉克勒斯的儿女》和《赫卡柏》的结尾立意同此。

与同类相食的可怕主题也出现在二者之中,拒绝埋葬死者亦然。①"是死者在杀生者!"(《奠酒人》886;索福克勒斯《埃阿斯》661—5,815—19,1026—7;《厄勒克特拉》1420—2)这一悲剧主题出现在3.128;7.137;9.64;另见8.114。受害者在其间无意中吞食了至亲之肉的堤厄斯忒斯式的(Thyestean)宴会,希罗多德和在悲剧舞台对此都不陌生(1.73.5,1.119;另参3.11)。我们注意到,荷马大多回避了这些恐怖的主题。它们也不是抒情诗的典型素材。在五世纪的作家——悲剧诗人和史家——那里,它们才凸显出来。在这些令人焦虑的主题方面,希罗多德与悲剧诗人有着密切的联系。

弃婴最终归来,不免带来灾难性的后果,这是神话中常见的主题。在悲剧中我们能看到《俄狄浦斯王》(*Oedipus Tyrannus*),欧里庇得斯和索福克勒斯的《亚历山德罗斯》(*Alexandros*)(帕里斯的遗弃和归来),《伊翁》(*Ion*)。希罗多德将这一古代主题扩展到波斯人居鲁士(Cyrus)的崛起,他一夜之间推翻了吕底亚王国(1.95—130)。当他笔下的居鲁士说道"我想我是应神圣的机运而生……"(1.126.6)时,就仿佛索福克勒斯笔下的俄狄浦斯:比较《俄狄浦斯王》1080,"我自认是仁慈的机运女神的儿子。"②

希罗多德展开了一幅广阔的画卷,从玛撒利亚(Massilia)到印度,从斯奇提亚(Scythia)到尼罗河大瀑布,从波斯帝国的前任到米卡列(Mycale)之役;但他对他的主题有着总体的把握,所有的离题话③都使读者注意到中心主题之一:民族间与文化间的冲突。④而政治军事后果常常不如对人类性格和命运的阐发那么有趣。

他创造了一系列人物,他们的故事仍未被忘却。这些人物中大部分是"悲

---

① 索福克勒斯的《安提戈涅》,《埃阿斯》,欧里庇得斯的《乞援人》;希罗多德7.238,列欧尼达司;9.75,玛尔多尼奥斯(Mardonius)。

② Immerwahr(1966)165。

③ "我的故事(*logos*)从一开头就想把穿插的事件加进去",4.30.1;"希罗多德组织材料的艺术就在于他放置离题话的方式"Jacoby(1913)380.43f。关于离题话,另见本卷Bakker, "The syntax of historiē: How Herodotus writes"; Griffiths, "Stories and storytelling in the Histories"及Fowler。

④ 有时候,希罗多德被指责为*philobarbaros*,过于偏爱野蛮人。早期悲剧同样爱好野蛮人与异域情调,从弗吕尼库斯的《腓尼基妇女》(*Phoenissae*)和《埃及人》(*Egyptians*)到埃斯库罗斯的《波斯人》,《奠酒人》;参Hall(1989)。

剧性的(tragic)"——按照这个词的通常意义来说：波律克拉底(Polycrates)的结局，像阿伽门农王一样，在辉煌(*megaloprepeiē*)之后，由于愚蠢而遭遇了与他和他的抱负极不相称的死亡(3.125.2)；克洛伊索斯(Croesus)想要成为最幸福的人，却失去了他的儿子和王国；科林斯(Corinth)的佩里安德洛斯(Periander)杀了他的妻子，又被儿子所诅咒(3.50—3)①——所有这些故事都是悲惨的。佩里安德洛斯的儿子吕柯弗隆(Lycophron)由于母亲被父亲所杀而拒绝同父亲说话，并因此被迫流亡，不得与任何人接触。这个传说早已被拿来与索福克勒斯笔下的厄勒克特拉和莎士比亚(Shakespeare)笔下的哈姆雷特(Hamlet)的处境相比较。②弗里吉亚人阿德雷斯托斯(Adrestus)无意中杀死了他的恩人克洛伊索斯的儿子(1.35—45)，从而实现了注定的命运；这又与索福克勒斯笔下的俄狄浦斯相仿。③

撒尔迪斯(Sardis)的陷落本身比不上国王克洛伊索斯的命运更能吸引人；④萨摩斯(Samos)，拥有所有希腊人中最伟大的三件业绩的城邦(3.60.1)，在波律克拉底的故事面前黯然失色；对波斯人征服埃及的叙事在一个道德故事中达到高潮，即对普撒美尼托斯(Psammenitus)的考验以及刚比西斯的反应(3.14—15.1)：如同居鲁士面对被打败的克洛伊索斯一样，刚比西斯尽管疯狂，但也产生了怜悯(1.86.6；3.14.11)。对铁尔摩披莱的故事来说，关键在于列欧尼达司的决断与美吉司提亚斯的违抗(7.219—21)。薛西斯远征的整个故事，在一个极其重要的方面上说，本身就是一个关于神的诱惑、凡人的傲慢与抱负超出了界限，最终落得失败与绝望的故事(7.17；8.109.3)。这是非常埃斯库罗斯式的。在《奥瑞斯忒亚》(*Oresteia*)中，我们知道了有害的劝告之神是难以抗拒的，这位劝告之神是先行筹划一切的毁灭之神的孩子。也就是说：神明通过一个无法抗拒的诱惑推动着人。在这里，我们接近了《麦克白》(*Macbeth*)的世界。⑤薛西斯

---

① Sourvinou-Inwood(1988)167—82 出色地展示了这个故事的神话模型。

② Aly(1921/1969)94。

③ Carrière(1966)17—18。

④ Aly(1921/1969)38。

⑤ "一切补救都无济于事，他像一个孩子追逐飞鸟"，结果对城邦是个灾难(*Agam.* 385—98)。比较《波斯人》93—100。麦克白也是在预言与征兆的欺骗下走向罪行、绝望和毁灭。

的故事完结于一起可怕的事件，这一事件恰好被安排在《历史》的结尾：家族内的乱伦，这一罪行注定将遭到他儿子的报复(9.108—13)。①

故事以满怀恨意的薛西斯的王后为中心，她给了她卑鄙的丈夫两种选择：要么在公众面前受辱，要么把他情妇的母亲——在故事中是完全无辜的——交给她去残害；她的行为促使王室进一步毁坏。这是第一卷开篇的回响：愤怒的坎道列斯王妃让不幸的巨吉斯选择杀死他的主人或自杀(1.8—11)。在这两个故事中，主人公都发现自己落入进退两难的窘境，这让人想起阿伽门农王在奥利斯所承受的悲剧性的抉择(献祭你的女儿伊菲格涅亚，否则你将失去王权，背弃宙斯交给的使命：惩罚特洛伊！)，以及他的儿子奥瑞斯忒斯(为你的父亲报仇——杀死你的母亲！)；②故事中的王后也与埃斯库罗斯笔下的克吕泰墨涅斯特拉(Clytemnestra)和欧里庇得斯笔下的美狄亚相似。

敏锐的观察者早已注意到了坎道列斯妻子的故事与一出阿提卡悲剧的类似之处。1951 年出土的一段纸莎草上的残篇似乎证实了这一点，上面正是以此为主题的一部悲剧的片断：愤怒的王妃讲述了她看见巨吉斯溜出卧室，而此时，他的夫君虽醒着，却对此毫不在意。于是她知道了他的密谋，"忍住耻辱的眼泪"，一夜无眠。翌日召见巨吉斯，授以大任。也许这部悲剧就是希罗多德故事的来源。③但现在的大多数学者都认为，这一片断来自更晚的年代，受到了希罗多德的影响，甚至主要就是对后者的转译。④然而，这并没有取消希罗多德的叙事与五世纪的悲剧之间的关联：希罗多德专注于巨吉斯的选择，自由意志与强

---

① 9.108—13，和 Wolff(1964)。希罗多德那个时代的读者知道这个故事和它的结局，与之相似的堤厄斯忒斯和阿特柔斯(Atreus)的故事，以及塞墨勒(Semele)的故事，都在悲剧中出现过。

② 这并不仅仅存在于埃斯库罗斯的悲剧中。我们可以想到《乞援人》中的国王，被迫收留了达那奥斯的女儿们，其代价是一场战争，他自己将在战争中被杀；还有《七将攻忒拜》中的厄特奥克勒斯(Eteocles)，他选择迎击入侵祖国的敌人——他的亲兄弟。在索福克勒斯那里，我们能够想起安提戈涅和厄勒克特拉的两难处境；在欧里庇得斯那里，则有那些自愿充当牺牲的人——玛卡里亚(Macaria)，美诺凯乌斯(Menoeceus)，伊菲格涅亚；还有在《赫卡柏》和《伊菲格涅亚在奥利斯》里软弱的阿伽门农，就像《奥瑞斯忒斯》中墨涅拉奥斯(Menelaus)，《厄勒克特拉》中的奥瑞斯忒斯一样进退维谷。

③ Page(1951)发表的一部颇具影响的作品就持这种观点；这段残篇编入 *TrGF* 卷二，残篇 664。编者没有表明对年代问题的意见，他们审慎地观察到"一部埃斯库罗斯时代的悲剧只保存到二世纪或三世纪，这并不比这样一部作品被[希腊化]七子(Pleiad)之一所保存更令人惊讶"。

④ Lesky(1953)。

制的相互作用,这肯定来自悲剧的影响。

巨吉斯意外取得了政权,这需要一个故事来解释。从前,东方的君主是坎道列斯;然而一夜之间就变成巨吉斯。这是怎么回事呢? 关于这个故事,有另外两个版本。其中一个由于柏拉图而为人熟知。[①]在这个版本的故事中,巨吉斯是个牧羊人,发现了一枚能使人隐身的指环。在这枚指环的帮助下,他杀死了国王,得到了王后。这是一个关于愿望达成的普遍主题。而另一个版本则来源于五世纪的编年史作者,吕底亚的克桑托斯(Xanthus)。[②]在其中,巨吉斯被描述为国王忠诚的仆人,他被派去迎娶国王的新娘。像崔斯坦(Tristan)一样,巨吉斯自己爱上了她。但她拒绝了他的求爱,并向国王告发了他,国王准备在早上将他处死。一位爱恋着巨吉斯的女仆事先向他透露了消息,于是他趁国王熟睡之际杀死了国王。

很显然,这两个版本都要单纯得多。前一个版本中,巨吉斯不过是把一个普遍的幻想付诸实现:要是我们能够随心所欲地隐身该多好! 在后一个版本中,他也不过是个抓住机会保住性命的罪人。它们都没有希罗多德的版本中显示出来的道德关注。起初,巨吉斯试图逃出国王愚蠢的计划但失败了;而后又发现自己处在另一个道德困境中:"他乞求她不要让他在这样两件事中作出选择。"(1.11.3)

巨吉斯本来是无辜的,他被迫——像埃斯库罗斯笔下的阿伽门农和奥瑞斯忒斯一样——去做出一个灾难性的抉择。他杀死了主人,但主人之死是命定的,"坎道列斯注定要遭受不幸的结局"(1.8.2);从某个层面上说,他的报应不过意味着"事实上,这就是他的遭遇";而在另一个层面上则让人想起悲剧中那种神秘的,关于在劫难逃的故事:比如《俄狄浦斯王》。个人的责任与神的强制的相互作用处在悲剧的中心。而最后,是严酷的清算。巨吉斯的后代克洛伊索斯将为他祖先的罪付出代价(1.13.2;1.91.1)。我们可以联想到悲剧中阿特柔斯和拉伊奥斯(Laius)被诅咒的家宅。在[希罗多德的]这个世界中,鲜明生动的对话片段同样适于颁上悲剧舞台。

---

① Plato, *Republic* 359c—e。关于这个故事,见 Schadewaldt(1934)409—13＝Marg(1982)112—17。

② 叙述:大马士革的尼古拉,《希腊史家残篇集成》(*FGrHist＝Die Fragmente der griechischen Historiker*, edited by F. Jacoby, et al. Berlin and Leiden: 1923—58; Leiden: 1994—   )90 残篇 47。

篇幅更大且更加重要的是克洛伊索斯的故事。希罗多德解释了为什么如此突出这个人物。不管神话中的那些女人们究竟是如何被拐走的,克洛伊索斯是"最开始向希腊闹事的那个人",而且他强调"他是我们所知的第一个迫使一些希腊人向其纳贡,同时与另一些希腊人结盟的蛮族人……克洛伊索斯统治之前,所有希腊人都是自由的"(1.5.3,1.6.2)。但我们立即发现这不是真的。克洛伊索斯的前任们全都干过这些事。巨吉斯进犯过米利都和士麦拿(Smyrna),并占领了科洛封(Colophon);他的继任者阿尔杜斯(Ardys)攻占了普里耶涅(Priene)并袭击了米利都;而其后的继任者则占领了士麦拿并侵入克拉佐美纳伊(Clazomenae);等等(1.14.4 以下)。雅可比称之为"公然自相矛盾"。[1]

希罗多德要以克洛伊索斯作为他《历史》的开场,并令人信服地处理了过渡("一切便是从此而起")。但为什么以克洛伊索斯开场?因为他曾成就一番事业但最终失败了,而他的失败阐明了人的本性以及他与神的关系。他的成功诱使他走得太远,以至于忘记了人类的界限;因此他以失败告终。事实上,他是薛西斯的前车之鉴。[2]但克洛伊索斯的故事,不仅引人入胜,而且能够帮助我们理解这些事件的真正含义。这是一出悲剧。[3]

在克洛伊索斯的故事里充满了神谕,而他也是德尔斐的重要人物。因此,他对希罗多德这位熟知德尔斐,关注神谕,并且为此不惜笔墨的史家更具吸引力。[4]这也是悲剧的一个重要特征;在《俄狄浦斯王》中,所有的情节都被德尔斐事前预告出来就是一个极端的例子。神谕的言辞在大多数现存的剧本中都是非常重要的。先知和预言经常出现,伴随着梦、[5]预兆和诅咒。在悲剧和希罗多

---

[1] Jacoby(1913)338.55。他的猜测是,希罗多德原先单独记述了吕底亚,创作了一个吕底亚故事,只是在后来把它加入了现在我们现在看到的《历史》中。这让人想起十九世纪晚期德国学术界的风潮,他们推断《奥德赛》的前四卷原本是一部单独的《特勒马科纪》(Telemachy):一部没有任何英雄事迹发生的史诗……但是看到如下这一点是正确的:希罗多德区分了只是为了夺取战利品的劫掠,和永久性的占领与成为常规的税收制度。

[2] Hellmann(1934);参 Gould(1989)121—5,他很正确地看到了,克洛伊索斯和薛西斯的故事在叙述上的相似性是很重要的,而下述事实并不与之相悖:对于年代上更近的薛西斯,希罗多德掌握了更多也更精确的资料。

[3] 比较 Waters(1971)86—100。

[4] Kirchberg(1964);Asheri(1993)。

[5] Frisch(1968)。

德那里,所有这些超自然的设置都有双重功能。它们一方面使情节变得意味深长:不仅仅是就这么发生了的事情,而是被预言过,使人担忧,想要逃避,却最终无法逃避的事情;另一方面则展示了神的旨趣(the interest of the divine),并说明了它是如何起作用的。

索福克勒斯笔下的俄狄浦斯,他的一生都被预言和预知了,他也(尽人事所能)想要逃避他的宿命。他的故事揭示了世界的运作和人类的脆弱性:歌队明确地表达了这一点。① 伴随着克洛伊索斯一生的预言亦然。"直到骡子下崽"之前他都是安全的;进攻居鲁士将"毁掉一个伟大的王国",而这一神谕也实现了:他和他的王国被毁灭了。在悲剧《埃阿斯》中,有预言说,如果他今日不死,一切都无碍;以凡人的视角,这似乎是在说他能够得救;但以神的眼光看来,这意味着今日他在劫难逃;下一场正是他的自杀,② 我们对此并不感到惊讶。在《特剌喀斯少女》中,赫拉克勒斯得知一条预言,说"在这时候"他将从劳役中解脱出来;结果证明指的是他的死亡。③

在希罗多德那里也是这样,刚比西斯将死在阿格巴塔拿(Agbatana),他以为这是指美地亚的那座城;但却发现,他发病的那这座城就叫做阿格巴塔拿,只是地处叙利亚。他于是明白了,④ 并接受了他的死亡(3.64)。斯巴达国王克列欧墨涅得到一条神谕,说他将攻取阿尔戈斯;在攻打这座城市的时候,他焚烧了一位英雄的圣林,结果发现(太晚了!)这位英雄的名字就是阿尔戈斯,他立即悲叹道:"预言神阿波罗啊,你是如何欺骗我,说我将攻陷阿尔戈斯!我知道这一预言已经实现了。"之后便带着自己的人马回到了斯巴达。回国后,他被指控是收受了贿赂才离开了阿尔戈斯;于是他便讲述了这件事情,还加上了一条超自然的预兆。"我也没法确实地搞清楚,"希罗多德说,"这是真的还是假的";但他

---

① 《俄狄浦斯王》1186—96;"哦,凡人的子孙,我把你们的生命当作一场空! ……你的命运作为示范,我不会称任何凡人是幸福的。"

② 索福克勒斯《埃阿斯》748—82;Diller(1950)10—11。

③ 索福克勒斯《特剌喀斯少女》1164—72。神谕和76—81行以及165—70行略有不同,后者是这样说的:这时候,他要么会结束生命,要么从劳役中解脱。值得注意的是,索福克勒斯给出了情节发展"所需的"更多的神谕。

④ 希罗多德说他"清醒过来",这在对这位疯狂的国王的记述中的确是罕有的;但我们需要他这时候清醒过来,否则他就不会理解神的诡计。

的陈述在斯巴达人看来似乎是可靠并且合理的；于是他以压倒多数被无罪开释（3.74—82）[应在6.74—82——译者]。这样一个故事对于希罗多德的世界来说是极具启示性的。但这并不妨碍史家以有教养的和理性的方式讲述这个故事；这也使他的手法与一般的悲剧诗有所不同。

克洛伊索斯十分慷慨，他向德尔斐的进贡比其他任何人都多。但他很幼稚地告诉希腊智者梭伦（Solon），他自信是最幸福的，不顾如梭伦所言的这样一个事实：神是嫉妒而爱破坏的；而人的一生包含着悠长的岁月，任何一天都有可能带来新的东西；"人事完全系于机运"（1.32）。薛西斯鞭打大海，并以"野蛮和凶暴的言辞"辱骂它（7.35.2）；他妄图统治欧罗巴与亚细亚，当他听说希腊人看见他的大军时不会逃跑，仅把这当成笑谈（7.105）；他最后也必将得到惨痛的教训，即保持谦卑。在审判到来之前预见故事的结局，不可称一个还未寿终之人幸福：梭伦向克洛伊索斯宣示了这样的教谕，但后者记起它的时候已经太迟了（1.86），阿玛西斯（Amasis）给波律克拉底上的这一课（3.40）经常出现在悲剧中：如《俄狄浦斯王》中的歌队（1186—1222），又如智慧的奥德修斯，当他谋划埃阿斯的死亡之时（索福克勒斯《埃阿斯》125—6），又如欧里庇得斯的《赫拉克勒斯的儿女》中好说教的仆人（865—6）。[1]

希罗多德笔下反复出现的主题之一，是机运的不定与人类的脆弱。[2]他在一开始就明确地表明了这一点："先前强大的城邦，现今多已没落，而在我的时代强大的城邦，在往昔又是弱小的"（1.5）。与之一致的是薛西斯向阿尔塔巴诺斯（Artabanus）发出的感叹，那时他正检阅他在阿比多斯（Abydos）的军队。由于想到眼前这些人都活不过百岁，他突然哭了出来。而得到回答是："甚至这也不是最可悲的。即使人的生命是如此短暂，也没有一个人足够幸福到不时常希望与其生毋宁死。"（7.44—7）普拉提亚之役前的一次宴会上，一位波斯显贵含泪说，不久之后，这些强大的宴会主人中还能活着的寥寥无几；神安排必然要发生的事情是无法逃避的，没有什么悲哀比得上人知道得多，却无能为力（9.16）。

---

[1] 相关的悲剧，进一步参考Wilkins（1993）关于此处的评注。

[2] 梭伦对克洛伊索斯的教谕即如此，1.32.4；克洛伊索斯对居鲁士说，1.207.2；"人类事务有个转动的轮，它不允许一个人永远走运。"比较阿玛西斯队波律克拉底的话，3.40.3；阿尔塔巴诺斯对薛西斯的话，7.10ε，以及7.49.3；事情，而不是人，才是主宰者。

这些希罗多德笔下的发言人都以诸神解释那些令人恐惧的无常世事。

悲剧中的相似之处是很明显的。凡人是诸神谋划的变故的受害者,这是《俄狄浦斯王》中包含的令人沮丧的智慧,这智慧也属于在《阿伽门农》(1327—30)中的卡珊德拉(Cassandra)。雅典娜谈到埃阿斯之死,"你们看到诸神的力量是多么强大么?你们见过比这里的埃阿斯更有远见,在行动中更有力的人么?……[诸神]可以在某一天毁灭凡人的一切,也能在某一天成就它"(索福克勒斯《埃阿斯》118 以下)。希罗多德以同样的语气评论了波律克拉底(3.125):波律克拉底是个伟大的人物,却得到了悲惨的结局——他的埃及朋友阿玛西斯预言了这一结局,而他女儿甚至梦见了细节(3.40;3.124),就好像他是悲剧中的一个角色,如克吕泰墨涅斯特拉(埃斯库罗斯《奠酒人》32—41,523—52)或赫卡柏(欧里庇得斯《赫卡柏》30—3,69—78)。在欧里庇得斯的《赫拉克勒斯》中,这位英雄的遭际,或者赫卡柏、波吕克塞娜(Polyxena)和安德洛马刻这些特洛伊王妃和公主的悲叹,都指向他们美好的过去与悲惨的现在之间的反差。①

是否像选择主题一样,希罗多德在组织和叙述情节的技巧方面也受到悲剧的影响?我们有时可以找到一些相似之处:有人已经在这方面对巨吉斯的故事和他决定性的选择进行了分析。②但这位史家拥有更广大的视野和更深邃的视角,他常常插入一些其他的材料,而这些地方在悲剧中本应是直叙而下。在克洛伊索斯的历史中就包含了一大段对雅典和斯巴达的叙述(1.53—70),虽然二者的关联很细微:德尔斐让他与希腊的头两号强国结成同盟;而他发现那就是雅典与斯巴达,于是便开始叙述它们的历史……同样地,科林斯的佩里安德洛斯的悲惨故事也被艺术性地分割为相距很远的两部分(3.48—53;5.92),而这两部分都与斯巴达和雅典的历史有关。即便如此,这位史家在他最引人入胜的情节中也没有失去对整体结构和意义的把握,这与悲剧集中[于单一事件]的方式没有什么不同。而如同希罗多德自己所说的,离题话是他技巧的中心。③正是这一手法使他与阿提卡的悲剧作家拉开了距离。

---

① 例如,欧里庇得斯《安德洛马刻》109 以下,《赫卡柏》349 以下,475 以下,《特洛伊妇女》577 以下。

② Page(1951)7—12。比较之前注 3 和 38。

③ Immerwahr(1966)165。

对话与叙述的交替,这一希罗多德《历史》的中心形式让人想起荷马的《伊利亚特》与《奥德赛》,而非悲剧中对白与唱段的划分;而清楚明白的道德议论和教训也不是由歌队,而是由角色(例如 1.32,梭伦,克洛伊索斯在 1.86 承认了他的话;1.207,又是克洛伊索斯;3.40,阿玛西斯;7.10,7.46 阿尔塔巴诺斯)或史家自己(例如 1.5,人间的兴盛是脆弱的;2.3 一切民族对宗教都知之甚少;3.38,只有疯狂的人才会攻击其他人的信念;5.78,雅典的历史显示民主政治的价值;8.77,我拒绝质疑神谕)作出的。

　　史家提供若干解释,让读者进行选择(例如 3.122.1,波律克拉底之死;3.32,刚比西斯王后之死;3.85—7 大流士即位),这一方式也与悲剧不同。悲剧喜欢并置正反双方的发言,在其后通常会给出一行诗的总结(*stichomythia*);①希罗多德从未仿效这种 *stichomythia*,*他有时会发表一段非常简短的话,他可能制造一种不是双方而是三方的冲突(3.80—2,关于最佳政制)。他的技巧更像荷马,而他的道德关注类似于悲剧。

　　最后,让我们看看一个令人注目的案例。有一部悲剧与希罗多德的一个令人难忘的段落处理了同样的主题。②埃斯库罗斯的《波斯人》在 472 年上演。这部悲剧生动地记述了发生在八年前的萨拉米司之战(249—531)。希罗多德对

---

① 例如,Duchemin(1968);Lloyd(1992)。

* [译注]《牛津古典学辞典》(*OCD*＝*The Oxford classical dictionary*, edited by Simon Hornblower and Antony Spawforth. 3rd ed., rev. Oxford:2003—　)的"*stichomythia*"词条如下:*stichomythia* 是这样一种形式的戏剧对话:每个角色的交替发言由单独的一行诗构成。同样被称作 *stichomythia* 还有每次发言包含两行诗句(有时也被称作 *distichomythia*)或半行诗句(有时也被称作 *hemistichomythia*)的形式。*stichomythia* 在希腊悲剧中常常用来表现迅速的交流。因此,在对话场景中,它通常用来替代长篇发言(*rhēseis*),虽然诗人也会采用更随意自然的交流形式,尤其是索福克勒斯。*stichomythia* 能持续很长的篇幅,尤其在欧里庇得斯那里(例如《伊翁》255—368, 113 行,其中包含一个两行的段落),尽管这样会有单调的危险(在现代人看来),并且偶尔需要拼凑。这一形式一般应用于如下场合:一方提问,另一方回答(例如,埃斯库罗斯《波斯人》231—45,欧里庇得斯《伊菲格涅亚在陶洛人里》492—569);一方劝说,另一方拒绝(例如,埃斯库罗斯《奠酒人》908—30,欧里庇得斯《美狄亚》324—39);双方互相攻击(例如,索福克勒斯《安托尼奥斯》726—57,并且经常是伴随着火气上升的口头辩驳)。持续的 *stichomythia* 在希腊喜剧中远不及悲剧中那么常见(例如阿里斯托芬《阿卡奈人》1097—1142,《吕西斯忒拉忒》212—36,都服务于某种特殊的效果;演说家米南德《剪短头发的女孩》(*Perkeiromenē*)779—809,有插importe);在罗马悲剧中也较少见(例如塞涅卡《阿伽门农》145—57);而在罗马戏剧中极少出现。

② 见 Pelling(1997);Hall(1996)5—10。

此的记述更为详尽(8.56—96)。这位史家首先描述了惊慌中的希腊人,他们决定放弃阿提卡,退守科林斯地峡;幸亏地米斯托克利的辩才,希腊人才收回了这一灾难性的决定。而他所说的是从别人那里听来的(8.58.2)。经过互相争论和谩骂(8.61),伯罗奔尼撒人急着返航(8.74)。最后,地米斯托克利派人到波斯人那里佯装报信,引诱他们包围了萨拉米司,这样,即使伯罗奔尼撒人想跑也跑不掉了(8.75—6)。然后他为了让人相信,又必须让阿里斯提德(Aristides)来宣布这个消息,因为他是唯一一个所有人都信任的雅典人(8.80)。甚至在战役之后还有[对科林斯人的]指控(8.94)。

所有这些不那么光明正大的东西玷污了"我们最伟大的时刻"的光辉,即使数世纪之后的普鲁塔克(Plutarch)仍然对此感到不快;[1]埃斯库罗斯的剧作则没有去探究这些东西,他把希腊人描绘为团结一心奔赴战场(《波斯人》384—411)。对于悲剧来说,争论与纠纷过于复杂了,过于"政治化"了(在这个词的不好的意义上);它们模糊了希腊人与野蛮人之间的明确对立,以及天神的旨意。[2]因此在《波斯人》中,希腊舰只没有像在希罗多德笔下那样,使用倒划桨和复杂的战术:他们径直冲向敌人。个人成就的细节并不符合悲剧的朴素审美,因此这部悲剧根本没有提到地米斯托克利的名字。关于给波斯人的消息,"报仇神或恶魔现身发动了这灾难:一个人从雅典营中带来了这个消息……"(353—68),[3]在埃斯库罗斯那里,这位信使在夜幕降临之前到来,而在希罗多德那里,则是在夜里(8.75)。[4]

悲剧诗人演出了这一战役的精简版本。希罗多德强调了地理因素在击败薛西斯中发挥的作用,而在战役中,他注意到了地形及其影响;这适合他的目的,就像忽略这些适合埃斯库罗斯的目的一样。这位史家让这次战役成为他漫长、复杂而令人激动的叙事中的一个元素。这一叙事包含了东西方之间争端的

---

[1] 普鲁塔克《论希罗多德的邪恶》37—40=《道德论丛》869c—71e。

[2] 埃斯库罗斯没有提及,正如希罗多德提及了,来自希腊城邦的一股队伍为波斯舰队效力;Hall(1996)论21—58行。

[3] 对照8.85,希罗多德告诉了我们两个腓尼基统帅因对希腊的战勋而声名卓著;8.87,哈利卡那索斯(希罗多德自己的城邦)女王阿尔忒弥西亚(Artemisia)的谋略;等等。

[4] Pelling(1997)2—3 关于埃斯库罗斯对于光亮与黑暗的运用的象征性。

整个故事，从吕底亚人克洛伊索斯到薛西斯，中经居鲁士与大流士，马拉松与铁尔摩披莱，直到无比幸运的普拉提亚；它包含了各种补充，关于前史、地理学、神话、民族志、尼罗河、不死鸟、巴比伦城、库列涅、斯巴达、雅典和埃及的历史。神意是存在的，但经常被其他的东西遮盖。埃斯库罗斯式的悲剧只需聚焦于关键的冲突，以此展现天神的意志。是上天让薛西斯进行了傲慢的冒险；它欺骗了他（《波斯人》107，353—68，472，724）；并谋划了他的毁灭。

这也是希罗多德故事的一部分，但也仅仅是一部分。希罗多德并不以悲哀的哭喊和《波斯人》中的异域情调吸引观众，这种方式适合于剧场中短暂的强烈体验；他以一种广阔的，显然也更加从容的方式展现了与悲剧一样强大的吸引力。但他同样也展示了无人能够逃脱的神的狡计：阿忒（Atē），惑人心智的女神，起初向一个人绽开迷人的微笑，随后就使他深陷罗网；而一旦陷入其中，便无法逃脱（《波斯人》93—100）。在此，悲剧作家与史家看到了同样的黑暗。

参考文献：

Aly，W.（1921/1969）Volksma¨rchen，Sage und Novelle bei Herodot und seinen Zeitgenossen；2nd edn.，with additions by L. Huber（Göttingen）.

Asheri，D.（1993）'Erodoto e Bacide'，in M. Sordi，ed.，*La profezia nel mondo antico*（Milan），63—76.

Boedeker，D.（1993）'Hero Cult and Politics in Herodotus：the Bones of Orestes'，in C. Dougherty and L. Kurke，eds.，*Cultural Poetics in Archaic Greece：Cult，Performance，Politics*（Cambridge），164—77.

Denniston，J. D.（1952）*Greek Prose Style*（Oxford）.

Diller，H.（1950）*Göttliches und menschliches Wissen bei Sophokles*（Kieler Universitätsreden II；Kiel），repr. in H. Diller，*Kleine Schriften zur antiken Literatur*（Munich 1960），255—70.

Finkelberg，M.（1995）'Sophocles Tr. 634—639 and Herodotus'，*Mnemosyne* 48.146—52.

Frisch，P.（1968）*Die Träume bei Herodot*（Beitr. zur klass. Phil. 27；Göttingen）.

Grifm, J. (2004) 'The Speeches', in R. Fowler, ed. , *Cambridge Companion to Homer* (Cambridge), 156—70.

Gould, J. (1973) 'Hiketeia', *JHS* 93. 74—103; repr. (with addendum) in J. Gould, *Myth, Ritual, Memory, and Exchange* (Oxford 2001), 22—77.

———. (1989) *Herodotus* (London and New York).

Hall, E. (1989) *Inventing the Barbarian. Greek Self-Definition through Tragedy* (Oxford).

———. (1996) *Aeschylus: Persians* (Warminster).

Hellmann, F. (1934) *Herodots Kroisos-Logos* (Neue Philologische Untersuchungen 9; Berlin).

Immerwahr, H. R. (1966) *Form and Thought in Herodotus* (APA Philological Monographs 23; Cleveland).

Jacoby, F. (1913) 'Herodotos', *RE* Suppl. II. 205—520.

Kirchberg, J. (1964) *Die Funktion der Orakel im Werke Herodots* (Hypomnemata 11; Göttingen).

Lesky, A. (1953) 'Das hellenistische Gyges-Drama', *Hermes* 81. 357—70 = A. Lesky, *Gesammelte Schriften* (Bern 1966), 204—12.

Ostwald, M. (1991) 'Herodotus in Athens', *BICS* 16. 137—48.

Page, D. L. (1951) *A New Chapter in the History of Greek Tragedy* (Cambridge).

Pelling, C. B. R. (1997) 'Aeschylus' *Persae* and History', in C. Pelling, ed. , *Greek Tragedy and the Historian* (Oxford), 1—19.

Powell, J. (1939) *The History of Herodotus* (Cambridge).

Regenbogen, O. (1961) 'Herodot und sein Werk', in O. Regenbogen, *Kleine Schriften* (Munich), 57—100; orig. in *Die Antike* 6 (1930), 202—48; also repr. in Marg (1982) 57—108.

Schadewaldt, W. (1934) 'Herodot als erster Historiker', *Die Antike* 10. 144—68; repr. in Marg (1982) 109—21.

Vandiver, E. (1991) *Heroes in Herodotus* (Frankfurt am Main).

Waters，K. H. (1971)*Herodotus on Tyrants and Despots*. *A Study in Objectivity* (*Historia* Einzelschriften 15；Wiesbaden).

Wilkins，J. (1993)*Euripides*：*Heraclidae*(Oxford).

Wolff，E. (1964)'Das Weib des Masistes'，*Hermes* 92. 51—8，repr. with alterations in Marg (1982) 668—78.

文中引用(包括间接引用)希罗多德处，中译以商务本为参照(《希罗多德历史》，王以铸译，商务印书馆，2005 年)，有改动。

关于神话的通信

（第九封）

托马斯·布莱克维尔（Thomas Blackwell） 著　蔡乐钊　译①

　　译者按：托马斯·布莱克维尔（1701—1757），苏格兰古典学者和历史学家，生于阿伯丁（Aberdeen），在马修学院（Marischal College）修习希腊文和哲学，1718 年获得硕士学位，1723 年起任该校希腊文教授直至去世，苏格兰启蒙运动不少重要人物如坎贝尔（George Campbell）、贝蒂（James Beattie）、杰拉尔德（Alexander Gerard）都是他的弟子，他在德国知识界也有相当影响，其中不乏赫尔德（Johann Gottfried Herder）、歌德（Johann Wolfgang von Goethe）和沃尔夫（Friedrich August Wolf）等名家。布莱克威尔的主要作品包括：《荷马生平和著述研究》(1735)、《关于神话的通信》(1748)和《奥古斯都官廷回忆录》(1753—1763)。《荷马生平和著述研究》是布莱克维尔最有影响力的作品，也是当时最重要的荷马批评，奠定了十八世纪文学原始主义（Primitivism）和古典学历史批评的基础，其中关于史诗口头传统的论述尤其影响深远。三卷本的《奥古斯都官廷回忆录》被视为布氏最具雄心的作品，它在某种程度上像一则披着历史外衣的道德寓言，表面上是在探究罗马为何丧失自由与美德，实则意在向当时刚刚成为世界主导力量的不列颠发出警告。《关于神话的通信》是布莱克维尔另

---

① 蔡乐钊，法学硕士，上海交通大学凯原法学院博士生。

一部别开生面的作品。根据布氏的自述，撰写《关于神话的通信》是继承他一位亡友的遗志，该书的前六封信及第七、八封信的大部分即这位友人所作，从这里译出的第九封信开始，布莱克维尔系统地阐述了自己的观点。布氏把"神话"定义为"一个故事所传达的教诲"，至于传达教诲的手段则不拘一格，可以用语言来叙述，也可以通过实物来表现，甚至可以是人的某种行为，因此他区分了神话的四种类型，一是经过扩充的明喻或隐喻，二是伊索的寓言，三是美德或罪行的物质表象（即石刻、木刻等），四是仪式。在后面的书信中，他运用这一分类来阐释各类神话叙事，试图调和各种宗教体系，展现古代多神论向基督教一神论演进的必然进程。布氏特别重视神话形塑人类心灵和规范社会风尚的功能，认为人类能够脱离野蛮状态，步入文明社会，正是神话和哲学联手缔造的伟大功业。关于野蛮社会与文明社会的讨论，后来成为苏格兰启蒙运动中一个备受瞩目的话题，在这里我们可以看到其较早的形式。如果说布莱克维尔毫不隐讳地在其文学批评和历史作品中注入"神话"因素，那么日后诸如休谟之类的一些苏格兰学者的史书，也未尝不是重构一种"神话"叙事的努力，担负着把野蛮的苏格兰融入欧洲文明秩序的任务。本文译自 Thomas Blackwell, Letters Concering Mythology, London, 1748。方括号内的注释为译者注，其余为原注。

"你说，关于这种神话是何含义，你开始觉见着一些 *Lueurs*[①] 了，但是你还是担心，生怕如果追寻它，它会把你领入歧途，像鬼火一样把你引到沼泽地里。"[②]——莫怕，我的朋友！这是一种无害的媒介（Medium），你不可透过它就近观察许多美丽的对象，或者，倘若你细细端详，这些对象就会彻底消失。可是如果保持适当的距离，则可以稳妥地将之观摩。在灵巧的手中，它可以随心所欲地放大或缩小，但见

> 空气中飘送来上万种颜色，
> 魔术的闪光戏弄着眼睛，

---

① 光亮。
② 原文给间接引语加上引号，译文保留了这一用法。

它们无穷的奇幻形式拼合成

一个狂野的造物。①

确实，如果一个对它已经习以为常，并且不时以它那些生动活泼的景象来愉悦自己，那么要将它弃之不理，就不是那么容易了。有一位善良的主教，不在《圣经》上花功夫，却把他的大部分时间都用来给荷马（Homer）的诗歌撰写长篇评注，他在其著作的导论中坦言：

假若一开始就不倾听那些塞壬的歌声，用蜡堵住双耳，或者转向另一条路，以躲避那蛊惑人心的魅力，那也许会更好罢。但是，这位诗意的主教补充道，如果有人起先没有弃绝此事，而是贸然去聆听她们诱人的声音，我不相信他此后可以轻而易举地通过——哪怕他被重重锁链给束缚住，也是不可能的；就算他可以，我也不认为这是明智的或是可喜的作为。正如他普遍认为，世界上计有七大奇迹值得一看，我们同样可以确定最值得一听的东西的数目，其中的翘楚无疑是荷马的《伊利亚特》和《奥德赛》。

不过，我的朋友，你却毫无危险。你正处于无忧无虑的年华，不会因为静观那些不过是你同类的栩栩如生的对象就大受震动。万一，像最近一样，你突然陷入深思无法自拔，玩玩夸德里尔牌（Quadrille），或者去拜访一下 Υ****，必可药到病除。然而，为了彻底驱散你的忧虑，并且根据更合理的缘由，我就依了你的愿望，写信给你，就神话的性质和不同类型作一个简短的记述。因为对于不谙抽象推理的心智，光秃秃的定义不过是枯燥的娱乐，而一两个例子则可以极好地描绘出这种模仿的艺术的每一种类。

一般而言，神话（MYTHOLOGY）是一个故事所传达的教诲（Instruction conveyed in a Tale）。一个寓言（Fable）或单纯的传奇（Legend），若其中没有道德训诫（Moral），或者你也可以说，没有意义（Meaning），而仍称之为神话，那就不太妥当了。但是神话并不严格地限于叙述（Narration）：符号（Signs）和象征（Symbols）有时也会参与其中，教诲是通过一些重要的仪式（Ceremonies），甚至

---

① 出自《想象之乐》（*The Pleasures of the Imagination*）：一首高贵纯正的诗歌，真正天才的产物，充满重要的教诲。

通过物质的表象(Representations)来传达的。

第一种也是最简单的一种,是未经教化的纯朴天性的自然流露。一个明喻(Similitude),一个隐喻(Metaphor),就是处于胚胎状态的寓意(Allegory),经过拓展并注入生气,就会变成一个发育完全的尽善尽美的神话。例如,俗话说,世界是一个舞台:这句话本身是多么简单,可是对它加以敷衍又是多么容易啊!"在这个大剧场上(神话作家会说),每天都上演着一出新戏。昨天还只是观众的人,明天自己就会成为戏剧的主题。命运女神端坐着,俨然是这出戏的绝对女主人,她随心所欲地分配角色,指定某人当国王或鞋匠,治国者或江湖骗子,小丑或主教,任性地定夺。之后场景转换,某人方才还是一个可笑的哑剧伶人,如今却开始演起君主的角色了,被驱逐的暴君在乞丐身边徘徊,牧猪人摇身一变成为枢机主教和最高主教①。无论身居高位还是低位,都能恰如其分地演好分配给他的角色,退下时有观众席上的真正判官为他鼓掌喝彩,这样的人是幸福的。"

隐喻则是所有民族的产物——尤其是东方各族②;那里的人民沉默寡言,怀着强烈的激情,炽热的幻想,因此极少开口,只说些隐晦的话和神秘的譬喻。隐喻是激情(Passion)的语言,正如明喻是热烈想象(warm Imagination)的结果,一旦这种想象冷却(cooled)并受到节制(regulated),便以散漫的寓言和精微的寓意来解释自己。

第二种类型冠以神话之名就更是当之无愧了,那就是绝妙的《伊索故事》(Esopic Tales)。它保持了古代的简朴,却又那么精致地适应了他笔下的鸟兽的特殊本能,那么地与生活和风尚恰相吻合,以致自然的拉封丹(La Fontaine)、文雅的拉莫特(La Motte),甚至我们才华横溢的盖伊(Gay)的模仿之作,尽管很可以用来消遣娱情,却只是证明了这位弗里吉亚人是不可模仿的。他们所有人的才智,各种精雕细琢的手法,都无法弥补他素雅的简朴(elegant Simplicity)。事实上,这才是教诲的最快乐的方式。心灵可以轻易察觉到道德训诫,并且愉

---

① 即教皇。

② 因此叙利亚的父长中,流便滚沸如水,犹大是头小狮子,以萨迦是头骨格粗大的驴,但是道上的蛇,拿弗他利是被释放的雌鹿,约瑟是多结果子的树枝,便雅悯是头撕掠的狼。《创世记》49.3—27。

快地保留着它,正如记忆维持着传达道德训诫的意象,使之不致黯淡下来。两者联合起来给人的印象是那么地持久和有说服力,可以毫不费力地进入那些最生疏的幻想,以至人性的伟大鉴赏家(grand Connoisseur)①以为,这是塑造幼儿心灵的最恰当的途径,他们的母亲和保姆应该在他们咿呀学语的时候就给他们讲一些道德小故事。不过这些诱人的故事倘若带有不良倾向,那就可能把稚嫩的心灵引向邪恶;他必须花大力气,对他所要讲的那些故事的类型作相当大的限制,只能讲某些类型。首先,不允许任何故事宣称天国曾有过战争,或神性伴随着纷争或不适当的激情。其次,既然最高的存在者总是公正、善良和仁慈的,那就永远不能说某位神灵是人类任何真实祸害的原因。最后,既然神祇绝对是一种单一的本质,言行永不作假,他就不会幻化成各种形状在人们面前现身,也不会把空洞的魅影强加于我们的感官,更不会用虚伪的言辞,或向酣睡或者醒着的人发出各种荒诞的征兆,来欺骗我们。因此,任何故事都绝不能把诸神表现为像变戏法的人那样变形,或在言行中掺入诡诈而把人们引入迷途。②

这些预防措施主要是针对赫西俄德(Hesiod)、荷马和埃斯库罗斯(Eschy-lus),他就从他们的诗中取得那类配不上神性的故事,他们惑人的意象令那位哲人③十分担忧,因此他不允许人们对年青人讲述这类故事,无论它们带有还是不带有寓意。"因为(他说),幼小的生灵无力识辨故事中哪些部分可能蕴含寓意,哪些部分没有;与此同时,这些年来那些作用于想象的印象日后几乎很难被抹除,大部分都会伴随他们终生"。

可是,尽管由于这些更丰满的寓言一般是从古代神学独立出来的部分,而不见容于这位具有道德感的治国者设计的严苛的教育范式,他却不会指责他那位雄辩的同胞④有一次摒弃了他那锋芒毕露的修辞,用伊索那种卑微的语调对雅典人说话。当时腓力(Philip)的儿子⑤,雅典人之自由的宿敌,要求他们把八

---

① 大法官。

② Δεῖ περὶ ΘΕΩΝ καὶ λέγειν καὶ ποιεῖν, ὡς μήτε αὐτοὺς ΓΟΗΤΑΣ τῷ μεταβάλλειν ἑαυτοὺς, μήτε ἡμᾶς ψεύδεσι παράγειν ἐν λόγῳ ἢ ἐν ἔργῳ. ΠΛΑΤΩΝ. Πολιτ. Β. 在关于诸神的言谈和诗歌中,他们既不是会变形的术士,也不会在言行上弄虚作假来误导我们。柏拉图,《理想国》383a。

③ 柏拉图。

④ 狄摩西尼(DEMOSTMENES)。

⑤ 亚历山大大帝。

个领头人物交给他,视其为相互间的友好关系的障碍。"从前(这位演说家对他的公民同胞们说),狼群派遣一名使者到羊群中去,向它们保证说,看护它们的狗是战争的唯一诱因,所以,如果它们肯放弃这些狗,一切都会好起来,并获得持久的和平。羊群被说服了,放弃了它们的狗,于是狼群便随心所欲地吃掉它们"。

罗马元老院派去见暴动平民的使节墨涅尼乌斯·阿格里帕(Menenius Agrippa)讲述的那个诚实的训诫故事(Apologue)亦属此类。这个故事是关于人体各器官之间发生的争执,脚和手拒绝继续为偷懒的胃卖力干活,直到差点把它们自己饿死。也许我得承认,较之杰出的李维(Livy)所载录或者毋宁说构造的最精妙的演讲,我更欣赏这个简朴故事的美。在我看来,李维说话就像一名十足的当代才子,他说阿格里帕,intromissus in Castra, prisco illo dicendi et horrido modo, nihil aliud quam hoc narrasse fertur,①得到批准进入营地,平民退守的地方,据传用旧时粗俗的方式讲话,仅仅告诉他们——上述的故事。这位追随时髦新风的文雅之士有创造出更合适,或更令人信服的东西吗?抑或,在前一个例子中,是否因为狄摩西尼茫然无措——因为他平素那种滔滔雄辩竟不起作用——故他必须求助于伊索的一个寓言?那些光辉的意象和惊人的词语——在他的嗓音和动作的衬托下,似乎更像雷霆而不是人声,更像凶兆而不是申辩——都已经枯竭了吗?抑或他想象,这个训诲小故事不那么令人厌恶且招人嫉恨,比他能作的最能引起同情的慷慨陈词更能说服雅典的人民?不过,这类神话最美丽和最生动的样本之一,就记录在那份伟大的古代宝藏中,它也是宗教的宝藏,即我们的《圣经》。

犹太的父长们,和东方的君主一样,后房里妻妾成群,有一大堆孩子。这些孩子长大后,有时就像高门(Porte)的儿子那样为继位而互相谋杀。豪勇的基甸(Gideon)有七十一个儿子,其中有一名宠姬给他生的一个,他把他养在示剑(Shechem)。②这个有大志的青年,在其父死后,设法雇了一伙歹徒,带着他们闯进他父亲的家里,抓住他的众弟兄,杀了他们,七十个人,都杀在一块磐石上。但是最小的儿子约坦(Jotham)逃走了,去站在附近一座山的顶上,从那里向立

---

① 李维《自建城以来》2.32.8,意思见下行。

② 《士师记》8.29—31。

他的私生子弟兄为王的人们喊道:"有一时(他说),树木要膏一树为王,就去对橄榄树说,请你作我们的王。可是橄榄树对它们说,我岂可抛下我那被用来敬奉神和人的油,去凌驾于众树之上呢? 它们又对无花果树说,请你来作我们的王。可是无花果树对它们说,我岂可抛下我甜美的佳果,去凌驾于众树之上呢? 众树于是对葡萄树说,请你来作我们的王。葡萄树对它们说,我岂可抛下使神和人喜乐的酒,去凌驾于众树之上呢? 于是所有树木都对荆棘说,请你来作我们的王。荆棘对众树说,你们若真心要膏我为王,就要投到我的荫下,不然愿火从荆棘里出来,烧灭黎巴嫩的香柏树。"①

我要**指出**的第三种神话,初听之下可能会令你感到诧异,而且如你所见,不能被纳入前述的定义。它是美德或罪行的物质表象(material Representations of Virtue and Vice),或由木头和石头代替一个故事传达的教诲。在某些方面,这就是诸神的一切纹章或标帜,用金属雕刻或铸造而成,以及他们在几种秘仪中递交给入会者的一些秘密象征(secret Symbols)。他们小心翼翼地不让大众看到这类东西,像共济会会员一样,某些符号只向同会的得道者(Fellow-Adepts)展示。② 不过最能阐明神话的这种物质类型的范例,同时也包含着一个美好的道德训诫。它是**荣誉**的圣殿,自身没有入口——通向它的唯一道路就是穿过**美德**的圣殿。在第一座圣殿里礼拜的人有福了,无论同代人的无知或嫉妒是否允许抵达第二座圣殿,然而可以肯定,他迟早会在那里得到与其价值相匹配的位置。

我们或可恰切地称之为仪式神话(ritual Mythology)的东西,**同样**是无声的,同样意味深长,尽管有时候,像厄琉西斯秘仪(Eleusinian Mysteries)③一样,伴随着被圣化的一套说辞,和一些灵验的莫名其妙的声音,然而其主要部分在于行动(Action),亦即履行一些纪念某位神或英雄的仪式,甚至指出生命的道德义务。古人的大多数宗教行为,我是指献祭时举行的圣礼和每年的肃穆仪式,都属于第一种;埃及的不少森严的制度、克里特的习俗以及吕库古(Lycur-

①《士师记》9.1—15。
② 参见阿普列乌斯(Apuleius)的《申辩》。
③ 入会者深受惊吓之后,从 ΠΕΤΡΩΜΑ(两块石板)得到训诲 Paus. 8. 15. 1—2,待听到到两个奇妙的词 ΚΟΓΞ,ΟΜΠΑΞ 便离开。

gus)的法律,属于第二种。穷举一切例子也许能引起你的兴趣,却会使我们远离目标:那些短小精悍的毕达哥拉斯箴言,源自埃及并以思虑纯熟见长,它们可以立即向你揭示出这种实践神话的精神与目的。不要拿剑去拨火,这位肃穆的哲人说;不要从天平的横梁上跨过,也不要坐在斗上。意即"火气大的时候不要碰致命的武器;在一切行为中敬畏正义;别忘了明天完了还有后天"。禁食豆子,那位圣贤继续道,不要吃心,不要没洗手就去拿琴。意即"不要对任何形状的人造孽;①不要忧愁苦恼,折磨你的心;不要鲁莽地去干一些需要权衡与思考的事情"。

如果你见过沉默兄弟会②中的一员面对着一粒豆蔻退缩,不敢伸手,或者取下琴前洗手时那副虔敬的样子,恰如一名用餐前的法利赛人(Pharisee),他的恭谨肯定会令你吃惊,并促使你去思考为什么会有这类仪式,因为,毫无疑问,小心翼翼地遵行这些仪式是一名深思熟虑的毕达哥拉斯信徒的日课。不要站在门槛上;但是在出入时向你的门致意;抵达一国的边境时绝不要回转,因为**复仇神**(FURIES)就挡在道上;似乎只是这位伟大教师的一些简陋的(且不说愚蠢的)的规定。不过对于那些开了窍的信徒而言,它们时刻叮咛着他们留意懒散和犹豫的危害,退隐和自立的美好,还有一种更重要的义务,即安于自己的生活和命运。走到那里了,就不要徒劳地想着回头,或者愚蠢地盼望一些与自然的秩序和无所不知的天命相违的东西。

这些,我的朋友,便是这位伟大的女教诲者从前用来形塑人类的心灵并规范其风尚的一些拟形(mimic Shapes),为了使他们适合社会,即适合公共和私人的幸福。可是她那至为璀璨的华服,她在其中绽放光芒并即刻令人心生爱慕与敬意的那件衣裳,尚未得到描述。

---

① 这一解释的理由可参见琉善(Lucian)的 BIΩN ΠΡΑΣΙΣ《拍卖学派》,或译《出售哲学》;又见阿里斯托克桑努斯(Aristoxenus),格利乌斯(Gellius)的引文;又见亚里士多德**关于豆子**的论述,第欧根尼·拉尔修(Diogenes Laertius)的引文;但最明显的是奥利金(Origen)的《哲学杂录》(*Philosophic Miscellanies*),其中转述了迦勒底人**扎雷塔斯**(ZARETAS)的意见。在琉善的《拍卖学派》中,毕达哥拉斯认为蚕豆是"人的种子",剥开来看其"构造和男根相像"。据第欧根尼·拉尔修的引述,亚里士多德也持类似看法。

② 根据第欧根尼·拉尔修的记载,毕达哥拉斯的门徒必须"在五年中保持沉默,只能聆听毕达哥拉斯的谈话而不可见他的面"。另外他的信徒也以严守教派秘密而著称。

那是一件变化多端、眩目迷人的长袍,有三重织体,上面有天国与大地,天空与海洋,并其一切所有,以每种可能的姿态呈现出来,随着光线的转换,依据你举着它端详的角度的不同,变幻着各种花样。创世的历史,或宇宙的起源,我们称为自然哲学,而古人称为神谱(Theogony)的东西,是这件衣服的基底。统治世界的各种力量(我们没有分别给它们不同的称呼),进行构图和壁画;而人的各种激情,人类心胸的和谐(道德哲学),赋予长袍光泽和色彩,随着它们衰弱或焕发,它便黯淡并凋零或与生命一同绽放,且凭着一种神秘的魔法,似乎不时燃烧起来,升腾为熊熊的烈焰。

这就是那件神妙的长袍,很久以来,迷住人类,把他们从野兽和蛮人转变为文明造物,并从狮子和豺狼造出社会人的那股**力量**,就一直披覆着它。正是她领着树木起舞,其旋律中止了河流的进程,引得岩石跟在她身后,为她的歌声所驯服。在千年以上的岁月里,她那袭长袍一直是那么绚烂,后来有两度,它开始慢慢地失去光彩,此后被撕裂、糟蹋得厉害,几经补缀,已大大地失去了昔日的美德,晚近更几乎为人所遗忘。你想见到在掩盖下行了许多奇迹的女神本尊吗? 她形象既已模糊不清,她的力量也随着减弱,不过她那赋予灵感的精神依然如故。

"看那边,朝神话作者所指的方向看去,**留意**那高贵的场面,一个形象秀美的女子,庄严地端坐在一辆移动的战车上! 围绕她的是多么灿烂眩目的光彩! 她整个身体洋溢着一种交织着欢快与甜蜜的情绪。她的脸上永远覆着一方随风飘拂的薄薄的面纱,透过它透明的织体可以窥见她脸上有一种忘我的神情,不时升级,逐渐燃烧起来,接近一种神圣的愤怒;然后一点点地,降为一种较温婉的欢欣和默想的愉悦。可是看哪! 多大的变化! 祝福我罢! 她的容貌改变了,她的姿势转换了,她的两眼迸射出惊异和狂喜,她整个人都激动不已:她在干什么? 她凝神注视着一个怪异的表象,拿在她手里的一个亮闪闪的圆球,上面刻着 $\Phi\Upsilon\Sigma\Iota\Sigma$(**自然**)的字样。她不断地转动它的各个面,时近时远地观看它;或直看,或斜睨,或定睛,或扫视。随着她转动圆球,便有新的图形呈现出来,而随着图形的呈现,就像变色龙一样,女神的颜色、姿势、模样都发生了变化。她为何斜眼注视着她的另一只手,在她心醉神迷的当儿偷偷地瞥了那里一眼? 一块神秘的书板(A mysterious Tablet),其和谐与别的表象有几分相似,只是上面画着相等或不等的各种数字，六，五，三，十一，还有中间的 ΡΥΘΜΟΣ。①看呵！她的目光从那里移开，似乎在倾听一个喃喃的声音。她听着，她注视着书板，接着又陷入忘我的状态，看着她那个完美的球体（Ideal-Orb）。一个轻悄的声音在她身后吐出 ΝΟΜΟΣ 和 ΑΡΜΟΝΙΑ（**章法**与**和谐**）这两个词，她惊动起来，在这声呼唤下改变了姿势。她那辆不停歇的车子遍挂着月桂、桃金娘和常春藤编成的花环，她的一大群信徒贪婪地伸手去抓取，却往往劳而无功：因为要从那辆入迷的战车上拔下一根枝条，首先必须争取到她的贴身侍从 ΠΕΙΘΩ（**劝说**），况且还有一群娇羞处女组成的合唱队②在一旁守护，假若没有阿波罗（Apollo）、基西拉岛的女神（Cytherea）或塞墨勒（Semele）之子的举荐，任谁也无法靠近。"

我的朋友，在你的闲暇时刻，就看看这幅真正神话的母亲（Parent）的图画吧。把未受教化的野蛮部落文明化的伟大功业，就是她和哲学联手缔造的。你会发现，她那袭三重织体的长袍，就是一个故事，怪诞但却动人，其中有虚构的寓意人物投身于行动，一言一举，无不与性格契合无间，立即就呈现出起因（Causes），叙述了嬗变（Transactions），通过激发幻想，降伏心灵，势不可挡地向头脑灌输了教诲（Instruction）。

---

① 英语和拉丁语中都没有与之相当的词。这个词表示一篇韵文的格律/数字（Numbers）应当与它描绘的激情（Passion）相似：是感觉（Sense）与声音（Sound）之间的明喻。

② 缪斯。

灵魂的教育者:《王制》中的苏格拉底与荷马

张轩辞①

在《王制》(*Politeia*)的卷二、三和卷十中,柏拉图笔下的苏格拉底对以荷马为代表的史诗、悲剧诗人有诸多批评。这些批评被看作是哲学家对诗的拒斥而得到后世的广泛讨论。在卷十中,苏格拉底明确提出:"我们有充分的理由把诗人逐出城邦"(607b2—3),并指出,"诗与哲学之争古已有之"(607b5—6)。虽然在这一卷中,苏格拉底多次强调他是在重新讨论之前谈过的诗的问题,但是在卷二至三中,苏格拉底对待诗的态度与卷十中的态度不尽相同。较之卷十中对诗的完全拒斥,在卷二至三中,苏格拉底的态度要温和一些。虽然不满意传统诗中的很多段落和用词,苏格拉底还是为诗人们在城邦中保留了位置:诗(音乐、神话)在儿童教育中的重要地位得到了承认,诗人们作为教育者的地位也相应得到了认可。经过删改,符合要求,通过审查的诗可以在城邦中流传。苏格拉底不仅在与格劳孔和阿德曼图斯的对话中肯定了好诗的作用,而且亲自实践。在全部讨论的末尾,在又一次严厉批评了诗人(主要是荷马)和诗之后,苏格拉底像诗人那样讲了一个神话(故事)。在把诗人逐出城邦之后,苏格拉底自己变成了一位诗人。苏格拉底对待诗的态度是吊诡的:他有时部分地肯定诗,有时对诗持全然否定的态度,有时又以自己的行动来实践诗在城邦生活中的价

---

①   张轩辞,哲学博士,中国人民大学文学院博士后。

值。如何理解柏拉图笔下的苏格拉底对待诗的态度,如何理解他对荷马和传统史诗的批评,如何理解柏拉图借苏格拉底之口所讲的新诗(新神话),苏格拉底的新神话与荷马的史诗神话之间的关系究竟是什么,这些问题是我们阅读《王制》时必然会面临的。通过分析苏格拉底对诗的两次批评,我们可以看到,苏格拉底对诗的讨论与灵魂的教育问题密切相关。诗人和哲学家作为灵魂的教育者既彼此区别又彼此关联。苏格拉底对旧诗人的驱逐和自己成为新诗人的行为可以在诗人和哲学家都是灵魂教育者的层面上得到理解。理解这一点是至关重要的,这不仅关涉我们对何为诗的理解,也帮助我们在诗与哲学相争的背景下认识何为哲学。

一、《王制》中对诗的两处批评

在《王制》卷二,苏格拉底在面对格劳孔和阿德曼图斯对何为正义的询问时避免了对问题的直接回答,即对何为个人正义的回答,而是通过大小字的比喻转向了对何为城邦正义的探讨(368d)。苏格拉底希望通过对城邦成长的想象来考察城邦中的正义和不正义如何产生。在从只有必需品的健康国家到经过扩大的繁华城邦的成长过程中,护卫者被认为是所有人中工作量最大的,所以需要最多的知识和最多的训练(374e)。一个真正善的城邦离不开好的护卫者,那么如何在护卫者的天性基础上对其进行教育就显得非常重要。而对护卫者的教育必须从儿童时期开始。诗作为儿童教育的第一项内容被苏格拉底和阿德曼图斯引入了城邦建设的谈话中。儿童时期的教育是重要的:“凡事开头很重要,特别是生物。在幼小柔嫩的阶段,最容易接受陶冶,你要把他塑成什么型式,就能塑成什么型式”(377b)。①而首先能在儿童教育中起作用的是音乐(诗)和体育:体育用来训练身体,音乐用来陶冶灵魂(376e)。

《王制》中对诗的第一次集中讨论就是在这里由教育问题带起的。教育是塑造灵魂,带来灵魂转向的工作。根据希腊人过去的一般经验,教育工作必需

---

① 柏拉图:《理想国》,郭斌和、张竹明译,商务印书馆,1986年,第71页。文中引用的柏拉图引文基本采用郭斌和、张竹明译本,个别地方作修改。

借助可以陶冶灵魂的诗来进行。诗人们,特别是荷马,是所有希腊人的老师。这一经验在这里得到了苏格拉底的认同。苏格拉底虽然承认了诗人的教师地位,却对诗人们向希腊人所讲述的故事不甚满意。既然诗是儿童最先接受的教育,而开始的教育又是那么地重要,那么对诗的严格要求就是必须的。为了让儿童受到有利于成为城邦护卫者的教育,苏格拉底对既有的史诗和悲剧进行了严厉的批评,同时对诗的内容、形式做了详细的规定。就诗的内容来说,对于神的描述要符合神的本性,即神只能是善的原因(380c)。神既然最好,就应该不会改变自己,也不会用谎言引导我们走上歧途(381b—c,383a)。为了让护卫者从小就培养勇敢的美德,苏格拉底大胆删诗:他删去对地狱恐怖情形的描述,删去可怕、凄惨的名字,删去挽歌,删去对神的嚎啕大哭和老是欢天喜地的描写(386c,387c,388a,e)。就故事的形式来说,苏格拉底要求叙述抒情要表达对神的赞美,模仿要模仿好人的言语(398b)。苏格拉底为了按照他自己设想的型式来塑造年轻的护卫者,使他们拥有节制、勇敢、大度、高尚等美德,他就必须对诗进行严格的审查,只留下那些他认为的好诗。

与通过讨论教育问题引人对诗的讨论不同,在《王制》的卷十里,对诗的再次讨论看起来很突兀。苏格拉底充分肯定自己所建立的言辞中的城邦后,再次特别提到诗。他在这里明确指出,我们有理由把诗人驱逐出城邦。因为城邦拒绝任何模仿(mimē tike),而诗的特点就是模仿。诗的这一特点决定了它被驱逐的命运(607b)。诗与荣誉、财富、权力一样把我们引向对正义和一切美德的漠视(608b)。所以我们要抵制诗的魅力,防止它对灵魂产生不良影响(608a)。对于护卫者来说,他们需要的是可以把自己从洞穴带到光明世界的真实知识,以便最后可以看到美、正义和善。对于他们的这一要求,诗似乎无法满足。因为音乐

通过习惯以教育护卫者,以音调培养某种精神和谐(不是知识),以韵律培养优雅得体,还以故事的语言培养与此相近的品质。可是这些途径没有任何一个可以通向理智所能认识的那个善(522a)。

依据苏格拉底在这里的表述,和真实隔了两层的诗只是对影像的模仿而已。它离真实最远,所以不可能给理智以正面的帮助。不仅如此,诗还因为作

用于激励、培养和加强灵魂中的低贱部分,从而对灵魂中的理性部分起到毁坏作用(605b)。因此,我们要时刻警惕诗可能带来的对美德的破坏,在这场与诗的斗争中,把诗人逐出城邦似乎是个一劳永逸的方法。

但是,如果把诗人逐出城邦,之前对作为儿童教育第一步的诗的内容和形式的讨论是不是就变得没有意义了? 同时出现的问题还有:如果城邦中没有诗人,那么谁来教育儿童? 一般认为,《王制》中苏格拉底对诗的两处讨论存在矛盾和不一致。学者们对这里的不一致给出了各种解释:或者把这种不一致归结为不是同一时期的作品的结果;[①]或者认为这里表面上的不一致其实是因为讨论的侧重点不同,即一个偏向伦理,一个偏向形而上学;[②]或者通过对有着决定意义的具体概念的解释,比如对 mimētikē(仅仅制造影像(eidōlon)的模仿)和 mimēsis(模仿)的甄别来证明这两处实际上是非常一致的。[③]这些解释为我们理解《王制》中的苏格拉底对诗的讨论提供了一定的帮助。除了第一种解释之外,其他的两种解释多是偏向于承认,苏格拉底在这里的论述是一贯的,表明上的不一致包含了内在的一致性。《王制》是柏拉图精心创作的对话,苏格拉底在不同地方的不同表述肯定不会是简单的自相矛盾。那些表明上的差异一定蕴含着更深的用意。

《王制》中关于诗的两次讨论一次位于整部对话的开始部分,一次位于对话的结尾。这两次看似存在差异的讨论在对话中处于首尾呼应的位置。如果我们进一步考察这两次讨论的具体语境,我们会发现,这两次关于诗的讨论其实都与关于灵魂的讨论有关:第一次对诗的批评是在教育儿童、陶冶灵魂的讨论中进行的;第二次批评虽然看起来有些突兀,但也符合前面关于灵魂的表述。在卷十开头,紧挨着对模仿的拒绝,苏格拉底强调,这一拒绝符合对灵魂的理解。在前面的讨论中,苏格拉底不仅清楚辨别了灵魂的各个部分,而且讲述了与城邦结构相应的灵魂的堕落过程。他认为,正是因为有了之前对灵魂的讨论,特别是对灵魂各部分的讨论,现在拒绝模仿的理由才变得更充分(607b)。

---

① 参见 R. Nettleship, *Lectures on the Republic of Plato*, Macmillan and Co., London, 1901, p. 341。

② 参见 E. E. Sikes, *The Greek View of Poetry*, Barnes & Noble, Inc., New York, 1969. pp. 63—90。

③ 参见 Elizabeth Belfiore, "A theory of Imitation in Plato's Republic", *American Philological Association* (*1974—*), Vol. 114. (1984), pp. 121—146。

通过分析为什么要拒绝模仿，苏格拉底在这里说出了他对诗的两点主要谴责：一、用影像（eidōlon）假装真实；二、纵容灵魂中的低贱部分。这两点谴责都与《王制》中的灵魂理论相关。按照卷四中的灵魂三分说，灵魂中存在三个不同的部分：理性部分（logistikon）是其中的统治部分，血气部分（thumoeides）虽然是理性部分的天然帮手但它和欲望部分（epithumētikon）一起都是被统治的对象。与灵魂三分的理论相应，对灵魂的好的教育就应该是使灵魂中的各部各安其位，各司其职。而已有的诗并不能给人们提供这样的好教育。因为，首先诗人们对他的模仿对象并没有知识，如此一来，诗就无法作用于灵魂中的理性部分，无法加强理性部分的力量。其次，为了获得大众的喜爱和追捧，诗人们还刻意模仿灵魂中非理性部分的多变特性，从而纵容和加强了这一部分的力量来对抗理性。因为灵魂的秩序受到了破坏，好的城邦秩序也就很难维持，因此对于好的城邦来说，诗人们是不受欢迎的。

与卷二、三中对诗的批评关涉灵魂教化相应，卷十中对诗的批评与灵魂的善恶密切相关。苏格拉底对诗的两处批评都是在理解灵魂结构的基础上进行的，都直接关系到教育培养灵魂，帮助灵魂转向的问题。而灵魂问题正是《王制》中一个非常核心的问题。在耶格尔（Jaeger）看来，柏拉图《王制》的最终兴趣是人的灵魂，塑造灵魂的教育（paideia）就像是一个杠杆可以移动整个城邦。①对诗的问题的重新提及作为对第一次批评的呼应，可以被看作是对灵魂问题的再一次强调。如果注意到苏格拉底在批评完诗之后，接着讨论灵魂不朽的问题，并以通过神话故事的形式讲述的一段灵魂旅程为整个对话的结尾，那么，卷十中对诗的再次讨论与对灵魂的讨论间的亲密关系就显得更为清楚了。

虽然两处批评有着共同的关于灵魂的认识基础，但两处批评态度间的差异也很明显。第一次的时候，在充分肯定诗在儿童教育中的首要位置的前提下，苏格拉底才批评现有诗中存在的问题，进而提出具体的改进方案。而对诗的第二次批评基本上不再含有肯定的成分。虽然苏格拉底仍在城邦中给歌颂神明和好人的诗留有位置，但诗在这里主要呈现为对灵魂的败坏。在对灵魂有相同认识的基础上，讨论与灵魂密切相关的诗的问题时，苏格拉底表现出不一样的

---

① Werner Jaeger, *Paideia: the Ideals of Greek Culture*, Vol II, Oxford University Press, 1943, p. 199.

态度,这不由得让我们思考为什么在对话的首尾存在这种表述上的差异。结合这两处批评的讨论背景和所处理的问题,我们发现,在第一处批评中,关注的重点是儿童灵魂的教育问题,而在第二处批评中,关注的重点不再是儿童的灵魂,而是成人灵魂的善恶问题。这两处态度之间的差别,表面上看是在城邦是否需要诗人的问题上存在认识上的差别,实际上,这两处处理的是不同阶段的人所应受的不同教育问题。之所以要求不一样的教育,关键在于灵魂中的理性部分在受教育过程中的参与程度。

在儿童那里,灵魂的理性部分很弱,血气部分生来比理性部分强:孩子们"一出世就充满激情,但是有些孩子我们从未看到他们使用理智,但是大多数孩子他们能使用理智都是很迟很迟以后的事情"(441b)。根据儿童灵魂的这一特点,对儿童的教育,或者说人在一开始所应该接受的教育不是知识。因为知识作用于人的灵魂的理性部分,而儿童的理性还非常弱,还不能很好地接受这样的教育。所以苏格拉底认为,适合孩子们的教育不是知识而是包含音乐文艺的诗。可以陶冶灵魂的诗歌作用于灵魂中的血气部分。灵魂中的血气部分虽然比理智低,但却是理智的天然盟友,可以帮助理智领导欲望使其恪守本分,从而使整个灵魂达到和谐。既然对儿童进行理智教育很困难,那么培养儿童恰当的血气便是教育的主要任务,而这个任务由诗教来完成无疑是首选。如果让儿童耳濡目染来自好精神状态的好言语,好音调,好风格,好节奏,就能培养儿童的好习惯和对善恶的正确好恶(400e)。虽然他们还没有关于美丑、善恶的知识,但他们通过熏陶所养成的习惯与将来获得相关知识后所做出的判断会一致。这种一致可以强化理智的力量,在长大成人之后,儿童时期所受的来自诗的教育仍能持续发挥作用。

随着年龄的增长,灵魂中的理智部分得到了发展,成长为整个灵魂的统治者。对于成年人来说,灵魂中的理性部分,而不是血气部分是最需要得到关注的。在卷十中,儿童教育的问题一次也没有被提起,苏格拉底讨论的是诗对成年人灵魂的腐蚀。苏格拉底批评荷马没有关于自己所讲的指挥战争、城邦治理和美德教育的知识,而仅仅是这些东西的影像的模仿者(599c—600e)。因为没有关于被模仿对象的知识,所以对于被模仿者孰优孰劣的知识也就无从谈起。诗人模仿爱情(aphrodisios)和愤怒(thumos),以及灵魂的各种欲望和苦乐,使这些情感在应该枯竭时蓬勃生长,在应该被统治时占据统治地位(606d)。这些诗使得灵魂中最善的理性部分得不到帮助,而与理性相对,应该接受理性统治的非理性部分变得强大。虽然作为理性天然帮手的血气部分在接受好诗滋养的时候可以更好地帮助理性实现统治,但是血气终究处于低于理性的位置,如果不合时宜地加强血气甚至欲望的力量,对于理性的统治来说非常不利。成年人要拥有美德就必须拥有关于美善的知识,要确立灵魂中理性的绝对统治地位。如果诗不能为人们提供这样的知识的话,对于城邦的建设和维持来说就是无益的。

在人的成长过程中,随着理性的逐步增强,诗的教育地位逐渐弱化,并且最终被哲学所替代。根据卷七中对教育次第的讨论,诗教和体育之后是算术、几何教育(平面几何和立体几何),然后是天文、合音教育,最后是辩证法的教育。人所受的教育,从诗的最初教育到哲学的最高教育,是理性越来越强,灵魂秩序在理性统治下得以逐步建立的过程。在灵魂的成长过程中,诗和哲学分别站在两端,彼此承担着不同的教育功能,同时也彼此呼应。卷二、三中对诗的批评是出于幼小灵魂接受到好的教育的需要,而卷十中对诗的批评是为了给哲学让位,使哲学在灵魂教化中承担主要角色。在人的教育过程中,诗和哲学虽然发挥不同的作用,但其最终的目的都一样,皆是要使人拥有美德,过上幸福的生活。诗教作为教育的第一步,其地位和作用无法否认和忽视。但是,当诗人完成了他对儿童的教育任务之后,真的就不再有价值了吗? 对于接受哲学教育的成年人来说,真的不再需要诗了吗? 如果还需要诗,那会是怎样的一种诗?

苏格拉底在批评荷马之后,像荷马那样讲述了一个神话故事。他不仅以这个故事结束了与格劳孔、阿德曼图斯和留在客法洛斯家的其他人的整夜谈话,而且认为,这个故事可以帮助我们在今生和死后获得幸福。如果对于成年人来说诗已不再需要,那么我们就无法理解苏格拉底在对话的最后要讲一个可以救度我们的神话。要理解苏格拉底在否认诗之后所进行的诗作,就要思考苏格拉底与荷马、哲学与诗之间到底是什么样的关系。

二、苏格拉底的新神话与荷马的史诗神话

《王制》末尾的伊尔神话是在一种让人颇感冲突的情形下被讲述的。在拒

斥诗人之后,苏格拉底讲述了勇士伊尔在死后至复活前经历的一段灵魂之旅。在这一段旅程中,伊尔的灵魂见到了死后接受审判的灵魂们,见到了纺锤型的宇宙图景,并见证了各个灵魂对自己未来命运的选择。伊尔在死后的第十二天早晨醒来,苏格拉底的谈话也在黎明时分结束。正如辛奈柯(Herman L. Sinaiko)所言,这种时间上的相合暗示着伊尔神话与之前对话之间存在着的某种对应关系。①辛奈柯认为,伊尔神话与对话之间存在着一种平行关系:对死后审判的描写对应卷一中克法洛斯老人对死后审判的担心,对宇宙图景的描写对应卷六末尾至卷七开始的太阳喻,对灵魂选择的描写对应卷九中对何种生活是幸福生活的讨论。在卷九中,苏格拉底完成了他建立言辞中的城邦的任务,关于正义的讨论也似乎可以在这里结束。可是苏格拉底却没有终止他的谈话,而是以重提诗的方式开始了进一步的论述。我们在前面关于苏格拉底对诗的批评的讨论中指出,对诗的批评直接体现出苏格拉底对个人灵魂的关注。而灵魂中最值得关注的是其中的理性部分。对诗人的驱逐是为了灵魂中的理性部分可以受到更好的教育,其实质是在给哲学家让位。但是,诗人让位的结果并不是迎来哲学家而是迎来另一位诗人。

苏格拉底最终仍借助了诗人的言说方式——神话。如果说辩证法的教育是对人的灵魂的最高教育,那么,在通过辩证的方式完成对作为灵魂美德的正义的讨论之后,为什么还要加一个之前已经受到批评的诗的言说才是对话的真正完成? 苏格拉底最后讲述的神话诗与他所批评的诗之间究竟是什么关系? 苏格拉底通过神话方式讲述的故事与哲学讨论之间的对应关系,似乎可以为我们提供一些启示:这种对应让我们思考哲学与诗结合的可能。诗与哲学作用于灵魂的不同部分,这些部分之间有高低之分而彼此相争。但同为灵魂教育者的诗人和哲人又因有帮助灵魂转向的共同任务而可以彼此合作,就像灵魂中的血气部分可以帮助理性部分共同维持灵魂秩序一样。在诗与哲学的古老争论中,人们往往容易忘却诗与哲学之间有可以合作的基础。由于有着共同的任务,在彼此相争的同时诗与哲学还能成为同谋。这种同谋关系在苏格拉底的谈话中

---

① 张文涛编:《戏剧诗人柏拉图》,"古老的纷争:《王制》卷十中苏格拉底对诗的批评",华东师大出版社,2007 年,第 527 页。

已然表现出来,比如最后所讲的神话是一个哲学神话,而前面的哲学讨论则是一部精心的诗作。诗与哲学可以成为彼此的帮手,帮助人们选择过最好的生活。在对诗与诗人有很多具体而严厉批评的对话里,在把诗与哲学的斗争看作一场艰苦斗争的对话里,结尾的伊尔神话似乎显示了诗与哲学的握手言和。而且富有意味的是,这种讲和是以诗的形式而非以哲学的形式出现的。在这个意义上,诗变成了可以包含哲学的更高概念。卷十中驱逐诗人给哲人让位的行为更像是在驱逐旧诗人给新的哲学诗人让位。

就像诗与哲学是相争同谋的关系一样,新诗人与旧诗人之间并非完全对立、毫无关联,它们之间的亲缘关系很明显。虽然苏格拉底对荷马的诗作进行大量的删改,虽然苏格拉底批评荷马是对所讲事物没有知识的模仿者,但是,当他开始讲述伊尔神话的时候,他首先提到的还是荷马的奥德修斯,而且奥德修斯的身影在神话接近尾声时又再度出现。苏格拉底对他的谈话者说,他要讲的故事没有奥德修斯对阿尔基诺奥斯所讲的故事那么长,但都是关于一位勇士的故事(614b)。奥德修斯向费埃克斯国王阿尔基诺奥斯讲述自己回家途中的遇险经历,并得到费埃克斯人的帮助,在酣睡中得以返回家园。苏格拉底所讲述的故事的主人公伊尔,则是死于战争而又复活的一位勇士。苏格拉底转述了伊尔向人讲述的自己灵魂在另一个世界的一段经历。奥德修斯在讲完自己的长故事之后获得了返家的救助。而苏格拉底认为,如果我们相信伊尔的讲述我们就会得到救助,我们的灵魂就能永远走在追求正义和智慧的路上(621c)。这样的灵魂不正是哲人的灵魂吗?奥德修斯在伊尔神话中的再次出现暗合了对这种哲学生活的追求,也表明苏格拉底讲述伊尔神话的目的所在。在伊尔神话的最后,当伊尔讲述诸灵魂选择自己命运的时候,他说,最后一个抽到号来选择自己生活的是奥德修斯的灵魂。奥德修斯在死后选择过一种关心自己事物的生活。对自己的关心也就是对自己灵魂的关心。而对灵魂的关心也就意味着选择过一种最符合不朽灵魂本性的生活,这种生活就是哲人的生活。这位史诗中的著名人物选择过一种哲人的生活。虽然最后能救度我们的是对神话(诗)的相信,但这一神话指向的是一种哲学生活。在伊尔神话的开始和结尾处对奥德修斯的提及,不仅显示了诗与哲学之间的结盟,而且暗示了苏格拉底所讲的新诗与以荷马为代表的旧诗之间的某种对应关系。荷马的价值从开始(卷二至卷三中)到最后(伊尔神话中)都没有被全盘否定。即使承认"荷马没有知识"这个值得商榷的论断,诗对人而言的价值也一直存在。用以教育培养儿童的诗虽不诉诸于知识,但通过诗所培养出的习惯与通过知识所获得的理智判断可以一致,并且这种一致能够强化理智判断的结果,从而使所获得的知识真正在人的生活中发挥作用。

虽然在《王制》中,柏拉图对荷马有诸多批评,但柏拉图与荷马的相似之处远大于他们之间的差别。柏拉图借苏格拉底之口所讲的神话,与他所从事的新诗创作无疑有着极深的荷马渊源。作为灵魂和城邦的教育者,柏拉图的苏格拉底和荷马一样,把诗和神话视为维持灵魂秩序和建构城邦制度的重要力量。不同的是,苏格拉底所进行的诗的创作是对善的直接模仿,他所讲的诗是哲学诗。但他们的任务是一样的,都是净化灵魂、规范社会。与荷马相同,苏格拉底关注个人灵魂和城邦政治;跟荷马一致,苏格拉底的制礼作乐是为了管理个人和城邦生活。无论苏格拉底最终是否成功,无论他是否像荷马受到自己批评那样受到后人的严厉批评,作为希腊最为重要的教育者,荷马与苏格拉底是同路人。

苏格拉底的哲学转向

张　爽[①]

如今,真正的哲学总是处于危机之中,它至少面临着两方面的质疑:政治强调的共同体生活的正当性以及技术所要求的精确性。在这个审判席上,政治与技术联手,要求哲学放弃"无用的"对自然整全的思考,命令它或融于政治生活之中,或为技术提供一些理论上的援助。哲学既然声称其所从事的是最为高贵和善好的事业,就不得不拒绝两位审判者的要求,同时为自己申辩。哲学为这场审判准备的申辩词无比熟悉,因为平日里它所做的正是不停的省察自身,这些省察总是使其回溯到一些最基本的问题,例如,既然哲学自己声称其所从事的事业高贵且善好,那么何谓高贵与善好? 甚至它时常更彻底地向自身发问到——何谓哲学? 这问题显得过于简单,甚至幼稚,似乎不免为自己的笨拙落下口实。然而这种"笨拙"正标识着哲学高贵的品质——苏格拉底解释德尔斐的神谕说:"世人啊,你们之中,惟有如苏格拉底这样的人最有智慧,因他自知其智实在不算什么。"[②]

审视与指引绝对主义与虚无主义的临界思想典范,莫过于苏格拉底的"无知之问"。苏格拉底身处雅典启蒙思潮的洪流中,却既不同意智术师们对传统习俗的彻底颠覆,也并非简单的回到荷马、赫西俄德开创的古老宗法中去,而是

---

①　张爽,哲学博士,中国人民大学文学院博士后在站研究人员。

②　柏拉图:《苏格拉底的申辩》,见《游叙弗伦·苏格拉底的申辩·克力同》,严群译,商务印书馆,2005 年,23b。

力图把二者引导、还原到思的界面上来，进行"第二次起航"。正是苏格拉底省察生活这一哲学精神与苏格拉底之死这一哲学事件的张力，赋予了柏拉图的每一篇对话以"成事意义"。

黑格尔在《哲学史讲演录》中讲到：从柏拉图的对话里能够认识柏拉图的哲学体系。他说，因为柏拉图的哲学没有达到成熟，所以对话中确定的哲学观点没有以"合我们要求的那样确定的形式出现"（167页）。直到亚里士多德，哲学才发展出了对理念科学系统的阐述。既然如此，柏拉图的对话形式虽有艺术之美，但不及纯粹哲学作品那样简单晓畅，对话中"讨论绝对存在的真正的哲学理论，是与关于绝对存在的想象夹杂在一起的"（161页）。黑格尔提醒学生们："我们决不可因此就认为对话体是表达哲学思想最好的形式。"（164页）他认为哲学思想在占有哲人时，不可能被哲人隐藏，所以他不承认在柏拉图那里有一个"隐微"与"显白"的实质性区别。[1]

如果不是哲人隐藏哲思，而是思想本身具有显隐性，又当如何呢？黑格尔似乎不愿承认有这种情况。可是，与黑格尔认为的理念的"坦诚无欺"不同，古希腊哲人赫拉克利特却说："自然爱隐匿自身"。[2]古今哲学的差异由此可见一斑。以近代形而上学的眼光看古代哲人，尤其是深具临界眼光的哲人，就难免看走眼。至少在柏拉图的对话中，并没有一个哲学体系——哲学体系是17世纪才出现的新事物。深悉古今之争，并以古人的眼界审视现代性问题的思想家施特劳斯如此评价柏拉图：

柏拉图本人既不是一个独断论者，也不是一个怀疑论者，他的后继者不能保持在这个度上（on this level）。帕斯卡尔有句名言：我们知道得太少而不能成为独断论者，又知道得太多而不能成为怀疑论者，这句话优美地说明了柏拉图通过其对话所传达给我们的东西。[3]

---

① 黑格尔：《哲学史讲演录》第二卷，贺麟、王太庆译，商务印书馆，1997年，第160页以下。

② 参见《西方哲学原著选读》（上册），北京大学哲学系外国哲学史教研室编译，商务印书馆，1982年，第26页。

③ 施特劳斯（Leo Strauss）：《论柏拉图的〈会饮〉》（*On Plato's Symposium*），The University of Chicago，2001年，第4页。

因此，面对这样一种思想，只能是通过扭转现代性偏见之后，方可趋而近之。在柏拉图的对话中，"隐微"与"显白"的区分是其思想核心，这就是说，柏拉图那里的"隐微术"是哲学的隐微，而不是政治的隐微。①这与他的老师苏格拉底的思想转向有关。

可以说，柏拉图对话显示的意图恰恰是有悖论相关的特性：为了引导好的读者去思想，柏拉图对话都具有谜一样的特点。②这种谜一样的思想因苏格拉底这一反讽的人物常常是对话中的主要角色而被加深了。要理解柏拉图的对话，恐怕必须修炼一种临界的眼光，慢慢趋近柏拉图的哲学意图。在修身向度的过程中，关键是首先要找到进入"柏拉图迷宫"的门径。我们可以从"苏格拉底之死"的一系列对话入手，重新发现苏格拉底的"第二次起航"。

《苏格拉底的申辩》是理解柏拉图对话的基点。苏格拉底在雅典民众面前进行的申辩是哲学成事的典范。③当苏格拉底面对雅典城邦的审判时，他所进行的申辩，与其说是为他自己，不如说是为了哲学本身。色诺芬与柏拉图分别以这次事件为主题创作了同名对话——《苏格拉底的申辩》。④有趣的是，在色诺芬与柏拉图写下的多篇"苏格拉底对话"中，只有这两篇同名作品的题目中出现了苏格拉底的名字。⑤柏拉图将苏格拉底的申辩看作自身哲学之根，他使自己从专名中脱身，以苏格拉底的专名来标识哲学成事的意义，凸现了苏格拉底式的作为生活方式的哲学。苏格拉底在事件中展现的"赴死与处于死"的哲学品质，是其"知无知"确定的一面。苏格拉底之所以不同于后世的怀疑论者，关键因为其"知无知"的知向品质：

---

① 参见伯纳德特对古代的"哲学式隐微"与现代的"政治式隐微"区分。见氏著《施特劳斯论柏拉图》，载于《宫墙之门》，郑兴凤译，华夏出版社，2005 年，第 208 页。
② 参见恩伯莱、寇普编：《施特劳斯与沃格林通信集》，华东师范大学出版社，2007 年，第 113 页。
③ 参见张志扬，《成事与记事》，未刊稿。
④ 称他们的作品为"创作"，首先是因为的确没有充分的理由能证实他们对这次事件大为迥异的描述是对审判过程的真实记录，更重要的是二者对苏格拉底申辩的**重述**蕴含着他们深刻的思想意图。称两部作品为"对话"，则是因为两部《苏格拉底的申辩》的确都是苏格拉底与雅典民众之间的对话。另外，一般被翻译为《苏格拉底回忆录》的色诺芬著作的希腊文原名就是"回忆录"，并没有提到苏格拉底的名字。参见色诺芬：《回忆苏格拉底》，吴永泉译，商务印书馆，2004 年，第 202 页（译后记）。
⑤ 参见施特劳斯著：《城邦与人》(*The City and Man*, Chicago, 1982)，第 56 页。

知有两层含义："知得"与"知向"。"知有"者，侧重于对终极本体的"知得"，"知无"者侧重于对终极域的"指向"。同理，"知可知"重在"知得"；"知不可知"重在"知向"，即总在知的界面上"知向"——"不知"的领域，最后在人的界面上"知向"——"不可知"的神的领域。①

"苏格拉底之死"这一事件贯穿了柏拉图一生的哲学思考。由"苏格拉底之死"这一事件回溯，看苏格拉底与他人在不同场合的对话，方能看出每一次对话并非任意的兴之所至，也决不是总能上升到确定的结论的"乐观的辩证法"，相反，每一次对话都有哲人苏格拉底确实的"立言"意义。在《苏格拉底的申辩》中，苏格拉底提醒人们，他与阿那克萨格拉不同。苏格拉底在强调他的哲学转向。苏格拉底从事的哲学不是探究天上、地下的事物，而是通过谈话省察自己与他人的灵魂。这种谈话即是所谓的"辩证法"。对话与哲学的紧密关联使得苏格拉底能够以"无知之问"审视政治、城邦，使得哲学反抗各种形式的僭政，以保卫哲学自身。②因此苏格拉底在雅典法庭上说，他宁愿死，也不会保持沉默。同时，苏格拉底通过对话，考察各种意见，从城邦最基本的现象得以上升。

在《苏格拉底的申辩》中，苏格拉底没有详述，也不可能向雅典民众讲清楚其哲学意义（参《申辩》37a7—37b4）。要更深入地理解"苏格拉底之死"的意义，需要联系与此事件相关的一系列对话。将这话按事件发生的时间顺序排列如下：《泰阿泰德》、《游叙弗伦》、《智者》、《政治家》、《苏格拉底的申辩》、《克力同》、《斐多》。其中《斐多》是苏格拉底临死前与爱好哲学的青年们的最后一次谈话。苏格拉底的学生斐多复述了那一天发生的事。苏格拉底与他们谈论灵魂不死，并声称，他会正式提出一项比在法庭上更有说服力的申辩（《斐多》63b）。在《斐多》的核心部分，苏格拉底讲述了他本人哲学转向的经历：苏格拉

① 张志扬：《偶在论——仍是一个未思的领域》，载于《启示与理性 2》，萌萌主编，中国社会科学出版社，第262—263 页。

② 参见墨哲兰：《谁能终止"恐怖主义"的再生产?》，载于《论证 3》，赵汀阳主编，广西师范大学出版社，2003 年，第 140 页。另参见 Seth Benardete, *The Rhetoric of Morality and Philosophy*, The University of Chicago, 1991, p. 2.

底是如何由自然哲学转入理式论,进行"第二次起航"的(《斐多》95e—100a)。我们从他的叙述中知晓,"前苏格拉底的苏格拉底"关注的自然首要的是人的自然(《斐多》96b,对比97d)。他对追寻本原的形而上学提出"无知之问":人的智慧如何能探究万物的第一因?苏格拉底以算术为例,意在说明,自然哲学的数学目的论无法解释现象本身——例如,当推算了美产生的原因之后,人们就会假定问题"美是什么"的问题已经得到了解答,实则,有关美本身的问题却因此已经被人遗忘了。苏格拉底并不是反目的论的怀疑论者,他试图沟通现象与原因。苏格拉底之所以赞赏阿那克萨格拉"心灵"(nous)是万物的本原,是因为"心灵"与"好"对于各种现象的连接作用。苏格拉底认定"好"是包罗万象、团结一切的力量(99c)。"好"存在于各种意见、各种事物之中,但无法将好从其中抽离出来。阿那克萨格拉虽然以心灵为万物的本原,在解释万物的生灭时,却仍用机械目的论来说明之。这使苏格拉底明白了,有必要放弃直观存在者,避免在发生日食时瞪视太阳,苏格拉底转向了运用言辞的技艺。借助言辞(logoi)观察各事物间的联系,就犹如在水中看太阳的影子,这样灵魂的眼睛才不会变瞎。[①]

苏格拉底提醒我们,"理式论"的"假设方法"[②]是苏格拉底哲学转向的起点(100a)。我们可以从亚里士多德的批评中看到一些有关苏格拉底转向的痕迹:

苏格拉底正忙着谈论伦理问题,他遗忘了作一整体的自然世界,却想在伦理问题中求得普遍真理;他开始用心与为事物寻觅定义……柏拉图更其名为:事物之存在,"参"于"意式"。至于怎样能对通式过"参"或"效",他们留给大家去捉摸(《形而上学》987b2—14)。[③]

[①] 对苏格拉底"第二次起航"的详细疏解,参见 Ronna Burger, *The Phaedo: A Platonic Labyrinth*, ST. Augustine's Press, 1999, pp. 135—160。

[②] 关于苏格拉底的绝对的、分离的"相"是以他的假设原则为基础的,苏格拉底并不认定真的存在这些本体,参见刘小枫:《〈斐多〉中的"相"》,载于氏著《拣尽寒枝》,华夏出版社,2007年,第193—194页。苏格拉底从分离的"相"到对现象的关注的转向,参下文对《帕墨尼德》与《会饮》的分析。

[③] 亚里士多德:《形而上学》,吴寿彭译,商务印书馆,1997年。

从亚里士多德的这段话,我们能够知道:第一,苏格拉底认为直接研究自然整全不可能(遂转向 logoi)。第二,柏拉图的理式论并非是其哲学的完成,遑论柏拉图有何哲学体系;相反,理式论诱发人进一步去思考,因而,理式论是哲学探究的起点而非终点。在人们通常的意见中,或者说人们在日常的语言的使用中,就常常容易受语言习惯的误导,使人对事物作固化的理解。可以说这就是理式论的由来所在。[①] 只是苏格拉底的语言转向与英美分析哲学不同,苏格拉底并不着急去掉他探究的众多意见的"本体论曾诺",甚至先用言辞假设更多的可能性,引起谈话者注意这些违背常情之处,然后两个人在谈话中一起反省何以这种可能性会导致荒谬,再从错误中转向。[②] 正如张志扬教授所分析的,面对知识的"绝对主义"与"相对主义",苏格拉底将"哲学方法"与"生活态度"结合起来,苏格拉底积极肯定意见,将赫拉克利特对逻各斯本性的洞见运用于对于意见的检审:

　　(苏格拉底)尊重意见的自然倾向即意见保留着原初的生活质地("拯救现象"),它一方面拒绝"哲学的抽象"(自演的逻辑技术理性),另一方面期待意见与意见的"辩解"(比专为同一的"辩证"好)以"带有辩解的真正意见"作为过渡过敞现"逻各斯"的中介。按赫拉克利特的说法,"逻各斯"爱隐匿自身,它不是一个"固有物"可以伸手摘取的。[③]

　　我们可以把苏格拉底的这种临界探问方式描述为:探讨那些可言说的事物;以言辞的运动来指涉并朝向那些不可说之神秘。"理式"须被置于"谈话"(即"辩证法")的运动中。因此必须注意"理式"的基本含义。Idea 以及 Eidos 是两个意思相近的词,这两个可以用来表示"理式"的词都源于"看",其最基本的意思即"一个事物的样子"。它们的区别是:Idea 更接近于"看",而 Eidos 接近于

---

① 伯纳德特称这种受语言习惯误导的现象必然导致"伪柏拉图式理式论"。苏格拉底则从"伪柏拉图式理式论"中治愈我们。参氏著,*The Argument of The Action*,前揭,第 295—296 页。

② 苏格拉底谈话方法虽违背经验却能把人迷住,参考阿得曼托斯对此的惊诧。见《王制》487b1—c4。

③ 参见墨哲兰:《中国现代性思潮中的"存在"漂移?》,载于萌萌编,《古今之争背后的"诸神之争"》,华东师范大学出版社,2006 年,第 43 页。

"种类",其用法如:"一种事物"。① 因为事物之所以总是定型于人们对它们的言说或意见中。于是,苏格拉底借助于言辞,"从人们关于事物本性的意见来了解它们的本性。而每项意见都是基于人们对某一事物的某种意识或某种心灵的知觉的"②。在色诺芬的《回忆录》中,他提到,苏格拉底认为,谈话(dialegesthai)就是指人们聚在一起,为了讨论的目的而将事物区分(dialegein)、归类。③伯纳德特指出,"中间语态的 dialegesthai 包含在主动语态的 dialegein 之中,人们的交流包含了事物间的连接"。这意味着苏格拉底吸纳了赫拉克利特对 logos 的双重自然的洞见,伯纳德特认为施特劳斯对柏拉图的阅读也以此洞见为基础。④在柏拉图对话中包含着对事物种类关系的探讨,以及言辞的转动(参《游叙弗伦》11d—e)与灵魂转向。苏格拉底式的哲学转向不是一次完成的,毋宁说"转向"是苏格拉底辩证法及其哲学的特有结构,是"知向"的进路所在。与苏格拉底"知无知"而以言辞求索辩证进路相比,自以为发现了本原的本质主义者与断定没有本原、没有任何道理(logos)可讲的虚无主义者都是"厌辩症"(misology)患者(参《斐多》,89b—91b)。

既然《斐多》中论述的 logoi 的技艺——假设理式,探讨言辞中的关系是苏格拉底第二次起航的顶点,而"转向"是爱智活动本身不断省察的经历,《斐多》对苏格拉底哲学的描述就不可能是完全的。至少在《斐多》中,苏格拉底没有提及他在《苏格拉底的申辩》中说道的他省察城邦意见的"政治哲学"转向。因此要更深入地理解苏格拉底与柏拉图,我们需要**转向**其他对话。在柏拉图的

---

① 参见列奥·施特劳斯:《自然权利与历史》,彭刚译,生活·读书·新知三联书店,2003 年,第 124—125 页:

   eidos[理念]一词原本指的是无须特殊的努力就对所有人来说都是可见的,或者说是人们可以称之为事物之'表面'的东西,这一点并非出于偶然。苏格拉底的出发点无不是在其本身为最初或就其本性为第一位的东西,而是对我们来说最初的东西,进入我们视野的最初的东西,也即现象。

   关于 eidos 与 idea 的区别,参见 Bloom 译,*The Republic of Plato*,New York,1968,第 446 页注;Seth Benardete,*The Tragedy and Comedy of Life*,Chicago,1993,第 9 页注 23。

② 参见列奥·施特劳斯:《自然权利与历史》,彭刚译,前揭,第 125 页。

③ 色诺芬:《回忆苏格拉底》,吴永泉译,前揭,卷四,章五,第 12 页。

④ Seth Benardete,*The Argument of The Action*,第 408 页。"The middle voice dialegesthai contains within it the active, dialegein(中动态的 dialegesthai 包含在主动态的 dialegein 之中)",中译本作"其中交谈的声音包含在激烈的对话之中",似不妥,中译文载于《宫墙之门》,前揭,第 279 页。

叙述性对话中,只有《斐多》、《帕墨尼德》、《会饮》三篇不是由苏格拉底本人讲述的。[①]在这三篇对话中又都包含着对苏格拉底早期思想的描述。按苏格拉底思想由自然哲学开始发生转向的顺序排列,首先是《斐多》。《斐多》是三篇对话中唯一包括了前苏格拉底的苏格拉底形象的对话。前苏格拉底的苏格拉底还没有转向对话,因而在《斐多》中是苏格拉底向年轻人叙述,而非采用对话的形式。[②]接着是在《帕墨尼德》中,不再是《斐多》中苏格拉底的独白形式,而是由别人回忆了青年苏格拉底与老帕墨尼德之间的一次对话。帕墨尼德与苏格拉底一道省察"理式论",帕墨尼德引领苏格拉底看到,即便是假设,完全与事物分离的、绝对的理式也是不可能的。之后他向苏格拉底建议如何更好地运用言辞(136a—c)。

据说,《斐多》中苏格拉底结合情节的论证正是依照帕墨尼德的这个建议来做的,论证的结果是,表面看似可以分离的肉体与灵魂实则是彼此连接着、不可分离。[③]在这之前帕墨尼德还提醒苏格拉底,不要忽视头发、污泥等卑下可笑之物的"理式"(130c—e)。与此相关的是苏格拉底对"丑"的发现。这是青年苏格拉底转变为成年苏格拉底的关键。帕墨尼德提醒他不可忽视"丑陋"的东西之后,苏格拉底又从异乡女子第俄提玛那里学习并开始关注"丑"。[④]第俄提玛告诉苏格拉底,爱若斯(eros)本身并不美,但并非如青年苏格拉底所想的那样——他以为凡不美的就必然丑(《会饮》,201e—202a)。第俄提玛告诉他,爱若斯是某种居间的东西——他居于美与丑之间、居于智慧与无知之间。爱若斯渴求美,因为他认识到自己不美。智慧算得最美的东西之一,爱若斯知道自己欠缺智慧,所以他也是爱智慧的(204b)。爱若斯正是"知—无知"式的哲人的写照。爱

---

① Ronna Burger 认为有四篇这样的对话,她加进了《泰阿泰德》。将《泰阿泰德》归入其中的理由参见 Ronna Burger, *The Phaedo: A Platonic Labyrinth*,前揭,xi-xii 页,注 2。

② 参见 Seth Benardete, *The Argument of The Action*,前揭,第 277 页。柏拉图采用"对话"这一对其哲学至关重要的形式及其"悖论式偶在性"。苏格拉底—柏拉图遵从"逻各斯"之教,以"对话逻各斯的可变性"表达哲学问题,到了亚里士多德却变成以逻辑论证为主,奠定了西方形而上学概念论文的写作形式的基础,技术逻辑沿此一路"凯歌行进",不能自拔。参墨哲兰《中国现代性思潮中的"存在"漂移?》,载于萌萌编,《古今之争背后的"诸神之争"》,前揭,第 41、44 页。

③ 参见伯纳特,*On Plato's Phaedo*,载于,*The Argument of The Action*,前揭,第 292—293 页。

④ 参见施特劳斯,*Leo Strauss On Plato's Symposium*,Seth benardete 编,前揭,第 186—187 页。

若斯的"知—无知"使其向更美、更好的事物敞开,并向美好的事物上升。同时,爱若斯知道自身的界限是不可能达到绝对美好的境界,因此他不会"自我膨胀"(参《苏格拉底的申辩》,20c),反而安于贫乏,对"无家可归"感到自在。爱若斯是不渴望归家的奥德修斯。①这种居间的智慧正是苏格拉底转向临界思想后的表现。②

　　柏拉图如何运用苏格拉底的转向经验进行哲学思考,并开始"第二次起航"呢?让我们以对《政治家》简短分析作结。据说《政治家》是柏拉图写的七篇关于"苏格拉底之死"对话的核心对话,因为它处于这一事件系列的中间。③对话的时间是苏格拉底被雅典法庭判处死刑前夕。苏格拉底除了在对话开头与数学家忒奥多洛交谈了几句外,就一直保持沉默,倾听着爱利亚异乡人与数学家小苏格拉底的谈话。在使用两分法甄选王者之艺时,异乡人指出小苏格拉底分类的错误:他把群居的动物分为人与野兽。异乡人告诉他,这种"勇敢"的分类法错在把一小"部分"当成一类,使之对立于"无限"多的本不属于一类的其他部分。并举例说,将人类分为希腊人与野蛮人,是源于前者的自负。异乡人略带戏谑地让小苏格拉底设想,在人之外,有另一种智慧的动物,这种动物在分类时可能会按照小苏格拉底的办法,使自己与其他动物相对,而把人与其他动物一起划为野兽一类(《政治家》262a—263e)。异乡人的例子暗示,小苏格拉底的"勇敢"更接近于他本人分类中的"野兽"一类,这正是因为他缺乏自知。过于自负才会以自身为整体而拒绝他者。在二分法无力将王者的技艺与其他放牧的技艺区别开后,异乡人想用讲神话的方式做出区别。异方人讲完神话后,他们发现:在牧者与牧群的关系不适合王者与其属民的关系,因为前一种关系中的牧者与牧群属于不同的种,那么人的牧者只能是神而不是人(275c)。于是他们再次更换方式,以编织(一般认为属于女人的技艺)为范例继续寻找王者之艺

①　伯纳特:《柏拉图的〈会饮〉义疏》,何子健译,载于《柏拉图的〈会饮〉》,刘小枫译,华夏出版社,2003年,第256页。*Leo Strauss On Plato's Symposium*,前揭,第193页。

②　"施特劳斯发现第俄提玛陈述的作为精灵的爱若斯——其处于神与有朽者之间,明显为了克服帕墨尼德发现的苏格拉底的理式的困难,施特劳斯提出,爱若斯或灵魂的本质,意味他是不能被简化成范例理式或摹本的中介匆。"参见伯纳德特为 *Leo Strauss On Plato's Symposium* 一书写的序。*Leo Strauss On Plato's Symposium*, Seth benardete 编,前揭,ix 页。

③　罗森:《诗与哲学之争》,张辉译,华夏出版社,2004年,第62页。

（一般认为属于男人的技艺）。《政治家》中的论证就是这样一步一步发现错误、再转向另一种进路的过程。通过认识自身的局限向他者敞开，通过向他者学习而认识自身。这可以解释为什么《政治家》是柏拉图对话中提到"第二次起航"的三篇对话之一（另外两篇是《斐多》与《斐勒布》）。在古希腊谚语中，"第二次起航"并不是指优于"第一次起航"的定能到达终点的航行，它是指水手在无风甚至逆风的情况下划桨航行，[1]所以有的英译者将它翻译为"次好的进程"（the second-best course）。[2]正如苏格拉底的自知所意指的：对于哲学没有"第一次起航"，哲人不可能直接观察日食中的太阳（《斐多》99d—100a），不可能直接解决本原问题。哲人需要借助于言辞的影像来指涉那不可言说的神秘。作为超出形而上学的哲学生活方式只能是在"次好"的境地中艰难上升。

---

① Seth Benardete, *Plato's Theaetetus*, *Sophist*, *and Stateman*, The University of Chicago, 1984,, III. 154,注 42。

② Plato *Stateman*, translated by Robin Waterfield. 中国政法大学影印本，2003，300c2。

启蒙、理念与数学知识

刘　振①

与所有早先的时代一样,启蒙时代追求正确的生活。启蒙时代的抱负在于凭借启蒙哲学彻底批判一切据说错误的生活,从而为人类照亮正确的生活。②启蒙时代不相信早先时代所看到的混沌。可是,既然作为混沌的整全并非最高的同一性,倘若最初的世界起源于混沌,这意味着它并非起源于单一的原则;有形世界的产生源于整全的分裂,在整全本身的自然分裂中,源于混沌的原初差异或冲突并未消失。因此,源于混沌的世界所建立的自然秩序乃是世界的冲突运动;单一原则或族类的统治必然只能出自单个族类建立新秩序的意志。即使在《圣经·旧约》中,黑暗的渊面最初也与神的灵同在。神的创世行为从创造光开始,然而,神的第一次创世以人的堕落告终,第二次大洪水创世同样无法消除世界之中固有的黑暗,因为黑暗与最初的渊面有关。"太初有道"彻底否定最初的混沌,这种否定的根本原因在于,基督教相信道仅仅是逻各斯。

启蒙哲学力图建立单一的世界原则,就此而言,启蒙哲人将基督世界的最高原则作为形而上学的最终根据就并非仅仅出于道德上的原因。启蒙哲学并

---

① 刘振,中山大学哲学系博士生。
② 无论如何,将启蒙哲学作为一个整体加以论述都是一件十分困难和冒险的事情,因为,要在这里讨论所有启蒙哲人的哲学几乎是不可能的,因此,这里的讨论主要涉及斯宾诺莎、笛卡尔、康德等欧陆哲人。

非与基督教对立，甚至，启蒙哲学在本质上具有与基督教相同的精神意志。因为，启蒙哲学与基督教同样追求新的单一秩序原则，否定最初的混沌。然而启蒙时代的哲人看到，仅仅凭借形而上学的最终原则，启蒙所建立的单一秩序原则还只是空洞的原则。启蒙哲人必须使这个最高原则下降到具体事物之中，通过这个原则建立一切事物的属性。这意味着启蒙哲人必须建立一套将所有事物包含在内的新知识法则。起初，启蒙哲人将目光转向希腊人的数学，可是，希腊人的数学似乎不能满足启蒙哲人的要求，于是启蒙哲人转而追求一种新的数学：

> 对于柏拉图来说，实在(das Reale)是对理念的或多或少完全的分有。这一思想为古代的几何学提供了初步的实际使用的可能性。通过伽利略对自然的数学化，自然本身在新的数学的指导下被理念化了；自然本身成为——用现代的方式来表达——一种数学的集(Mannigfaltigkeit)。①

希腊人的古代几何学本质上还只是"丈量术($\gamma\epsilon\omega\mu\epsilon\tau\rho\acute{\iota}\alpha$)"，因为，古代的几何学还是以柏拉图的理念($\epsilon\tilde{\iota}\delta o\varsigma$)思想为基础。②古代几何学由于仅仅以一种并不完全的柏拉图哲学为基础，因而仅仅具有"初步的实际使用的可能性"；几何学尚未摆脱实际使用的实践性质，原因似乎在于作为其根基的柏拉图哲学尚未获得完全的理论形式。柏拉图哲学从前苏格拉底哲学倒退到理念，因为，理念尚未摆脱类的概念；事物各有其理念。但是，事物却不能各有其始基($\alpha\rho\chi\acute{\eta}$)，因为一切事物共有同一个始基，始基是一。始基甚至可以是水，因为水是一切事物的本质。③由于理念并非始基，启蒙哲学要切断理念与善的关系：

---

① 胡塞尔(Edmund Husserl)：《欧洲科学危机和超验现象学》，张庆熊译，上海译文出版社，2005 年，第 32 页。

② 毕达哥拉斯学派最早将几何学本体化，但在雅典的哲人苏格拉底或柏拉图那里，作为丈量术的几何学始终是一门技艺($\tau\acute{\epsilon}\chi\nu\eta$)，近代几何学的本体化并非源于柏拉图。因此，问题的关键在于，晚于毕达哥拉斯的柏拉图为何没有将几何学从一门技艺转变为本体论，海德格尔试图通过恢复希腊人关于技艺的理解批判近代哲学的本体论，见 Martin Heidegger, *Platon：Sophistes*, Gesamtaufgabe Band 19, Vittorio Klostermann GmbH, Frankfurt am Main, 1992, 第 44 页以下。然而，海德格尔的存在论也并非意在原原本本地解说柏拉图关于技艺的理解，因为，他并不同意柏拉图关于理念的理解。

③ 亚里士多德：《形而上学》983b22—29。

尽管它（意识）把自己巩固起来，成了一种心情，在这种心情之下，它确信一切东西就其自己的类属而言都是好的，但有这样的确信的意识也同样地感受到暴力，它感受从理性方面来的暴力，因为理性正是认为某个东西之所以不好是由于它只是一个类属。①

启蒙哲学反对"类属"的概念本质上出于双重原因。因为，倘若启蒙哲学仅仅出于理论的原因反对作为理念的"类属"，那么，启蒙哲学还不能完全证明自身的正当性。哲学之为哲学必须追问整全，启蒙哲学必须向自身提问：在理论上反对"类属"的概念在实践上是善是恶。倘若理论上的反对仅仅出于理论的必然性，那么，启蒙哲学必须承认，启蒙放任实践的偶然性。如此一来，启蒙哲学就并非真正意义上的哲学，因为，启蒙放任理论的必然性，它并不认为理论与实践都是而且必须成为哲学应当同时追问的问题。真正意义上的哲学并不作这样的设定，理论问题理当或只是作为先行解决的问题，实践哲学必须等待理论哲学的最终结论，因而它必须在理论哲学得以完成之时才有权开端。真正的哲学自觉地将理论问题与实践问题作为同一个问题思考，或者说，真正的哲学思考整全。

启蒙哲学不能将理论哲学与实践哲学作为两个哲学问题，因为，它不能仅仅出于理论的必然性反对"类属"的概念。新哲学反对"类属"概念的原因在于，一方面理论的必然性迫使哲学从"类属"重新上升到"始基"并最终超越"始基"，亦即从柏拉图的理念经过"水"上升到帕默尼德的"一"；另一方面理性也会证明，在理论哲学上升到"一"的同时，实践哲学恰恰也从"恶"上升到"善"。唯有基于这两个恰恰同时完成的上升，启蒙哲学才能表明自身并非偏狭盲目的哲学，而是自觉的哲学。比如，康德哲学将理论哲学与实践哲学仅仅作为自身的两个部分加以考察，但批判哲学本身不过指向同一个问题，理论哲学与实践哲学不过是理性或纯粹理性在两个领域的不同运用。问题只不过在于，由于同一个理性在实践领域所产生的只是法则，批判哲学必须证明理性的必然性并不违背善的原则；因此，康德不得不让道德法则借助上帝存在与灵魂不朽实现幸福。

---

① 黑格尔：《精神现象学》，贺麟、王玖兴译，商务印书馆，2010 年，第 64 页。

康德相信批判哲学是正确的哲学，因为他相信批判哲学通过纯粹理性同时解决了形而上学与伦理学的问题。因而启蒙哲学相信，这种哲学不仅达到了对于自然的正确理解，而且达到了对于生活正确的理解。

但是，要达到对于自然和生活的正确理解，为何必须反对柏拉图的理念和古代的几何学？问题的关键自然在于，在启蒙哲学看来何为对于自然和生活的正确理解。然而事情的前提似乎在于，自笛卡尔以降的启蒙哲学对于上述问题本质上采取了相同的立场。①与古代哲学一样，启蒙哲学致力于认识自然，然而关于自然的知识还不是确定的知识。启蒙哲学认为，古代哲学虽然思考知识与灵魂的关系，但是它还没有将认识本身的确定性作为哲学必须首先甚至唯一需要探究的问题。正如海德格尔所言，近代哲学的真正开端诚然是作为意识的"我思"，但这个开端真正说来应该是意识的自我意识，"我思"本质上是"我思我之思"。②在启蒙哲学看来，由于古代哲学的灵魂学说还没有彻底思考人的认识，甚至灵魂在古代有时还是实体性的东西，知识的确定性本质上不在自我之内，相反，知识的确定性依然在自然之中。可是，启蒙哲学不允许知识的确定性存在于自我之外，因此它不允许古人将知识置于自然之中，它为哲学重新建立统一的基础；因而，启蒙哲学本质上是以自我意识为基础的形而上学，知识本质上必须成为对自然部分或完全的观念化。与古代哲学的知识不同，观念化的知识是属人的知识，哲学认识最终只是自我认识。③既然认识的最终根据只是在人类自身之中，那么，尽管有些哲人并未明言，启蒙形而上学实际上对应于一种启蒙伦理学——人性的自然秩序对应于一种人性的伦理秩序。但是，启蒙认为正确的知识只是普遍的知识，而普遍的知识必须建基于普遍的对象，最广大的天体与最微小的尘埃必须成为同一个东西。不过，既然作为对象的自然

---

① Krasnoff 将启蒙哲学的形而上学和伦理学上看作本质上一致的统一体，由笛卡尔开端的启蒙哲学本质上并非仅仅是一场形而上学革命，它同时是一场伦理学革命，甚至不能说启蒙哲学革命的根本原因在于新的形而上学的出现，相反，启蒙哲学很可能源于一种新的伦理观念。Larry Krasnoff, *Hegel's Phenomenology of Spirit*, Cambridge University Press, 2008, pp. 18—61.

② Martin Heidegger, *Hegel*, Gesamtausgabe, Band 68, Vittorio Klostermann GmbH · Frankfurt am Main, 1993, p. 76。

③ 黑格尔完成了近代哲学最后的形而上学体系，由于哲学认识本质上是对于自然的观念化，所以哲学本质上是精神(Geist)的自我认识，精神在自我认识中不断发现那被认识的自然其实就是自身。

已经进入观念之中或自然甚至就是观念本身,外在的异质自然现在已经成为同质自然。①但问题还在于,作为观念的自然虽然在本质上具有相同的质,但知识不能仅仅停留于实体的同一性,知识必须走向实体的形式或事物的法则。本体论上的同一性还不是知识的全体,知识必须寻求一种并不违背同一性的形式法则,于是,对自然的观念化必然走向作为普遍形式法则的数学知识,启蒙哲学借助数学知识达到一种特殊的具体知识。②

可是,数学知识要成为普遍形式法则,前提依然在于异质自然必须转变为同质自然。因此,倘若柏拉图凭借古代的辩证术始终坚持"如若一在(εἰ ἓν ἐστιν)",哲学不得不在这个"如若"之中放弃追求单一的秩序原则。换言之,启蒙哲学必须以人性为基础建立本体论,基于人性的同一性建立事物的同一性或自然的同质性。所以,启蒙哲学批判柏拉图的哲学,因为理念正是"如若一在"的"如若"。③由于理念并非最高的普遍性或同一性,柏拉图哲学既放弃了前苏格拉底哲学的始基概念,也没有达到亚里士多德的存在概念。柏拉图似乎没有像亚里士多德那样严肃地思考类(γένος)的层级,因此,理念论似乎还没有达到本体论的高度。事物的理念使得事物始终保有差异性,因此,数学在柏拉图那里始终不是理论科学,或者说,作为实践技艺的古代数学始终不是形而上学。可是,启蒙哲学有其关于自然和生活的理解,就几何学而言,普遍知识不允许它仅仅作为一门实践技艺或仅仅作为古代人在大地之上生活的"丈量术"。作为实践技艺的几何学受制于自然或大地,自然或大地在古代人那里始终同样是具有立法意义的秩序来源。然而,启蒙哲学的本质要求不允许世界秩序具有多重本源。不仅如此,启蒙哲学并非仅仅基于理论上的必然性反对古代几何学,它还为了技术反对古代人的技艺,因为基于普遍知识的技术比基于"正确意见"的技艺更有力量。所以,灵魂中的自然必须转变为意识中的自然或属人的自然,以使数学成为事物的普遍法则。事物或许可以成为这样的事物:一切实体本质上只是广延,实体的一切变化本质上只是广延的变化,而广延本质上只是数学属

---

① 这里将笛卡尔的实体也看作观念,因为将实体仅仅作为广延本质上已经是对外在自然的观念化。

② 尽管在黑格尔看来,作为 Größe 的数学知识不是具体知识,但是,黑格尔用逻辑学取代了数学的位置。

③ 但是启蒙哲学不接受古代的辩证法,因为即使从"如若一在"的假设中,古代的辩证法也可以得出"一不存在"的结论。参见柏拉图:《帕默尼德》(旧译《巴曼尼得斯篇》)141e。

性。或者,事物本质上只是"一种数学的集(Mannigfaltigkeit)",隐藏在自然之中的既非 κόσμος 亦非神性之光,而是自然哲学的数学原理。

　　然而,启蒙哲学相信,基于另一个或许更为重要的理由,必须将古代的"丈量术"转变为新的数学知识。这个理由在于,一切正确的知识不仅就其内容而言必须是真理,而且就其形式而言也必须是真理。因此,就柏拉图哲学的内容而言,"如若—在"的"如若"显得是一个过于审慎的假定;而就其形式而言,古代辩证法也显得是一种过于审慎的探究真理的形式。只有将哲学看作爱欲,古代辩证法才是正确的知识形式;但是,倘若哲学必须成为知识,古代辩证法则是哲学的深渊(Abgrund)。苏格拉底的辩证术只是提问与回答的技艺,它通往无知而非知识。但是,启蒙哲人相信哲学只是知识,它不允许哲学从无知开端并且以无知终结。启蒙哲人还相信,柏拉图将辩证术与神联系起来并非出于哲学或真理的必然性,因为这还只是混沌的哲学;哲学显然应该从知识开端并且以知识终结,古代辩证法是错误的知识形式。真理必须以数学的形式展开,从确定不移的公理或作为最小单位的"一"开始,经过普遍的推论形式得出唯一正确的结论。启蒙哲学的信仰是:自然应该成为数学的集,而哲学真理应该成为正确命题的集。所以,启蒙哲学必须将数学作为唯一正确的知识形式;这意味着数学不仅是理论哲学的正确形式,也是伦理学的正确形式。[①]

　　伦理学在古代以探究德性为中心,伦理生活的目的在于提升灵魂。古代的伦理学不是数学式的伦理学,古代的伦理学与政治学都是技艺,然而启蒙相信伦理学也应该是知识。既然正确的知识只能是普遍必然的知识,伦理学的真正问题就不是德性,而是人类行动的普遍法则。换言之,启蒙可以承认伦理学的中心是探究德性,因为它可以说数学式的伦理学探究人这个类的普遍德性,德性就是根据人类行动的普遍法则生活。这个数学式的法则是关于伦理行动的命题系统。古代哲人苏格拉底只关心个体的灵魂,他只是通过谈话的技艺提醒格劳孔(Γλαύκων)或阿尔喀比亚德(Ἀλκιβιάδεν)关心灵魂的事情,而且,苏格拉底显得像一位灵魂的教诲师,摆着权威的派头。因此,启蒙哲学将数学作为伦理学的形式,还因为它看不惯苏格拉底。它相信苏格拉底之所以能够教育美诺

---

① 斯宾诺莎直接将他的伦理学表达为几何学式的伦理学,《伦理学》的结构乃是公理—定理—命题体系。

（Μένων），是因为古代的哲人们还没有发现伦理学的命题系统并且将它公之于众，或者说，古代的哲人们还没有发现伦理学也是数学。倘若伦理学只是一门关于特殊灵魂的技艺，而一切技艺之为技艺也只属于特殊的灵魂，启蒙就无法实现其特殊的伦理抱负。

但是，启蒙至此还不能将伦理学转变为数学。因为，数学原来只是形而上学或自然哲学的形式，而形而上学或自然哲学只与λόγος有关；然而启蒙哲学发现伦理行动即使不像古代哲人所说的那样与血气和欲望有关，至少也与意志和情感之类的东西有关。但这似乎不是根本问题，因为启蒙可以放弃数学式的伦理学；启蒙哲人可以主张，启蒙的抱负是人性，只要伦理学的根基是属人的意志和情感，启蒙就已经实现了自身的抱负，换言之，伦理学的根基不必是被看作理性的λόγος。①激进的启蒙哲人认为原初的启蒙哲人还过于保守，因为自由未必要像亚里士多德所理解的那样，自由只是自由本身。然而，原初的启蒙哲人还是相信，必须证明伦理行动本质上只与λόγος有关，或者意志和情感本质上必然服从λόγος；倘若如此，启蒙就无须放弃数学式的伦理学。但这依然意味着反对柏拉图的理念学说，因为，柏拉图的理念学说与其灵魂学说同在。灵魂能否达到理念知识在柏拉图那里只是个体的事情，换言之，数学知识在希腊人那里只是欧几里德或学园门墙之内的事情。柏拉图将理念知识仅仅看作灵魂的可能性，可是，倘若启蒙哲学要实现自己的伦理抱负，它就必须不仅将理念知识看作理性的可能性，还要将它看作理性的现实性。启蒙哲学必须证明，理念知识并非个体的或偶然的事情，而是人类的事情。

启蒙哲人要反问柏拉图：难道知识不是回忆？②既然知识是回忆，那么一切知识本身已经存在于灵魂之中；所以，理念知识也已经存在于灵魂之中，它既是可能性也是现实性，因为实现性就是存在。可是，启蒙哲人又不得不看到，古代哲学的灵魂还只是实体性的东西，在柏拉图那里，个体的灵魂还不是意识的普遍结构，灵魂与精神（Geist）还不是同一个东西，不同的灵魂选择进入不同的身体，给不同的身体带来不同的知识。倘若如此，理念知识对于个体而言依然只

---

① 启蒙哲学在这里不仅依然是绝对属人的东西，而且转向人性中更不稳定的部分。

② 柏拉图，《美诺》81c 以下。

是偶然的事情,可能性依然只能是可能性而非现实性。但是,启蒙出于自己的抱负始终要将可能性转变为现实性。启蒙哲学宣称,一切知识的本质在于知识的开端与形式规则;知识的开端是清楚明白的公理和作为最小单位的"一",知识的形式规则是推理形式或逻辑。而且,启蒙恰恰在可能性与现实性的对立中将自身看作道德上必须推进的事业,或者说,启蒙将自身看作哲人的道德义务。因为,正是由于知识的形式规则是已然存在的客观事实,任何有理性的人都具有相同的推理形式,所以哲人的在道德上有义务探求最初的公理并将它们公之于众,这样一来,理性人就会运用客观的形式规则发现人类所需要的一切知识。只要哲人首先推动世界,知识就会像天体的一样依据自身的规则自行运动。

启蒙相信通过这样的努力可以将伦理学转变为数学,因为它相信伦理行动在这里可以摆脱意志、情感或欲望的控制。原因在于,在数学中错误的前提一定会引出错误的结论;同样,哲人之所以在伦理行动中仅仅听从 λόγος 或理性的引导,因为哲人能够看到,任何看似有利可图的恶经过普遍的推理形式一定会引出更大的恶,谎言只能导致普遍的谎言,战争只能导致普遍的战争。[①]所以,即使一切伦理行动的动机只是趋善避恶,人们也会听从 λόγος 或理性的引导。此时,人们既获得了作为原初知识的公理,也具有客观存在的推理逻辑,这意味着启蒙所建立的伦理主体只能是哲人,启蒙的抱负成为完全哲学的抱负。不仅如此,启蒙还在如下事实中看到了实现抱负的机会。这个事实就是,古代数学只是毕达哥拉斯或欧几里德的技艺,然而,作为哲人技艺的数学定理在启蒙时代不过是常识。既然数学式的伦理学只是关于伦理行动的命题集,在每个时代都重新探究已然成为公理与定理的命题系统肯定是多余的事情,重要的是正确的行动法则本身而非探究行动法则的活动。

由于启蒙哲学坚持它的形而上学和伦理学,启蒙哲学必须反对柏拉图的理念。因为,理念不是一,柏拉图反而将理念知识置于数学知识之上,这意味着技艺高于普遍知识。[②]启蒙哲学反对柏拉图将善置于存在之上,因为,事物的存在并无任何目的,事物为何存在不是一个问题。启蒙哲学不作这样的追问:既然

---

① 康德伦理学的基本预设就是,恶的伦理原则一定会导致自身的瓦解。

② 参柏拉图在《王制》(旧译《理想国》)卷七提出的知识序列。

事物完全可以不存在，它何以非存在不可。因此，启蒙坚定地认为普遍知识高于技艺，而数学知识是普遍知识的唯一形式。人的使命绝非仅仅在技艺中认识具体事物，而是把握整个自然；因为人的生活不必受制于事物的理念，人的生活自有其目的。理念论的困难似乎在于，理念虽然已经是共相，但是这个初步的共相还必须上升为最终的共相，上升为整个世界的共同本质。理念论还不是真正的本体论，因为理念始终处在具体事物与世界的共同本质中间。

而且，启蒙哲学认为理念也并非不可能成为最终的共相，因为，既然事物的理念是事物的类，只要将"存在"作为最广泛的范畴，一切事物自然共属同一个类，因为一切事物都是存在物。自然学必然可以上升为形而上学。既然如此，启蒙哲学就可以将一切事物看作本质上相同的质，关于事物之目的的异质知识就可以转化为关于事物之数量同质知识。况且，既然普遍知识的共同根基只是人的理性，那么问题的关键就不在于自然是否能够成为同一个类；因为只要人的理念使得人本身成为一个类，而非具体的人，那么一切源于理性的知识都必然成为人这个类的共同真理。在这个意义上，自然本身显得并不那么重要，因为人的认识只是人的认识，灵魂并非在身体中暂时停留的自然实体。启蒙哲学相信，由于柏拉图哲学将灵魂看作自然实体，所以认识自然本质上成为自然的自我认识，而非人的自我认识。

可是，柏拉图的理念论既是关于共相的学说，也是关于共相如何存在的学说；换言之，柏拉图的理念论是关于事物如何"分有"共相的学说。尽管启蒙哲学可以不关心自然的理念，但它必须关心人的理念，或者说它必须关心人如何分有其理念。启蒙的信念是在作为类存在的事物中看到现存的共相或理念，因为，倘若共相并非已经完全存在于事物之中，事物就不成其类。同样，倘若人的理念并非现存于人自身之中，人也不成其类。然而，一切共相学说的根本困难在于，帕默尼德始终质疑苏格拉底的"分有"说；换言之，在柏拉图的《帕默尼德》中，帕默尼德的辩证术将理念也权且看作实体性的东西："苏格拉底啊，理念本身就是可分的($\mu\epsilon\rho\iota\sigma\tau\alpha$)，而且这些分有者($\tau\grave{\alpha}\mu\epsilon\tau\acute{\epsilon}\chi o\nu\tau\alpha$)分有它们的一部分，不再是整个理念，而是每个理念的一部分存在于每一个中。"①

---

① 柏拉图：《帕默尼德》131c，中译文由笔者据 Burnet 本希腊文译出。

图书在版编目(CIP)数据

儒学与古典学评论.第1辑/柯小刚主编.—上海：
上海人民出版社,2012
（同济·中国思想与文化丛书）
ISBN 978-7-208-11131-8

Ⅰ.①儒… Ⅱ.①柯… Ⅲ.①儒学-文集②古文献学-
西方国家-文集 Ⅳ.①B222.05—53②G256.1—53

中国版本图书馆 CIP 数据核字(2012)第 274666 号

出 品 人 邵 敏
责任编辑 张玉贞 任 柳
封面装帧 赵 瑾

儒学与古典学评论(第一辑)

柯小刚 主编

世纪出版集团
上海人民出版社出版
(200001 上海福建中路 193 号 www.ewen.cc)
世纪出版集团发行中心发行
上海商务联西印刷有限公司印刷
开本 720×1000 1/16 印张 36.75 插页 2 字数 560 千
2012 年 12 月第 1 版 2012 年 12 月第 1 次印刷
ISBN 978-7-208-11131-8/G·1573
定价 58.00 元